Die Apostelgeschichte

Das Neue Testament Deutsch

Neues Göttinger Bibelwerk

In Verbindung mit Paul Althaus, Horst R. Balz, Jürgen Becker,
Hans Conzelmann, Joachim Jeremias, Friedrich Lang, Eduard Lohse,
Ulrich Luz, Helmut Merkel, Karl Heinrich Rengstorf, Jürgen Roloff,
Wolfgang Schrage, Siegfried Schulz, Eduard Schweizer, Gustav Stählin,
August Strobel und Heinz-Dietrich Wendland

herausgegeben von Gerhard Friedrich und Peter Stuhlmacher

Teilband 5

Die Apostelgeschichte

17. Auflage

63.–70. Tausend

1. Auflage dieser neuen Fassung

Mit einer Karte

Göttingen · Vandenhoeck & Ruprecht · 1981

Die Apostelgeschichte

Übersetzt und erklärt
von
Jürgen Roloff

Göttingen · Vandenhoeck & Ruprecht · 1981

CIP-Kurztitelaufnahme der Deutschen Bibliothek

Das Neue Testament deutsch: neues Göttinger Bibelwerk / in Verbindung mit Paul Althaus ... hrsg. von Gerhard Friedrich u. Peter Stuhlmacher. – Göttingen : Vandenhoeck und Ruprecht
NE: Friedrich, Gerhard [Hrsg.]
Teilbd. 5 → Roloff, Jürgen: Die Apostelgeschichte

Roloff, Jürgen:
Die Apostelgeschichte / übers. u. erkl. von Jürgen Roloff. – 17. Aufl., 1. Aufl. dieser neuen Fassung, 63. – 70. Tsd. – Göttingen : Vandenhoeck und Ruprecht, 1981.
(Das Neue Testament deutsch; Teilbd. 5)
ISBN 3–525–51361–5

© Vandenhoeck & Ruprecht, Göttingen 1981.
Printed in Germany. Ohne ausdrückliche Genehmigung des Verlages ist es nicht gestattet, das Buch oder Teile daraus auf foto- oder akustomechanischem Wege zu vervielfältigen.
Gesamtherstellung: Hubert & Co., Göttingen

DIE APOSTELGESCHICHTE

Jürgen Roloff

Einführung

Die Apostelgeschichte (= Apg) stellt innerhalb des Neuen Testaments und – soweit wir erkennen – darüber hinaus in der gesamten frühchristlichen Literatur einen Sonderfall dar. Sie ist als zweiter Teil eines Doppelwerkes konzipiert, dessen erster das Lukas-Evangelium darstellt (1,1). Schon dieser Umstand, daß ein Evangelienbuch eine Fortsetzung erhält, die sich in die Zeit der frühen Kirche hinein erstreckt, ist überraschend und ohne Analogie. Noch erstaunlicher ist jedoch die Tatsache, daß dieses Buch in keine der uns bekannten literarischen Gattungen, die das Urchristentum hervorgebracht hat, bzw. derer es sich bedient hat, einzuordnen ist. Der erste Teil des Doppelwerkes gehört zweifellos zur Gattung der Evangelienschriften und teilt deren Merkmale voll und ganz, auch wenn der Verfasser dieser Gattung weithin entsprechend seiner schriftstellerischen Eigenart eine sehr stark individuelle Note aufgeprägt hat. Auch die übrigen neutestamentlichen Schriften repräsentieren durchweg geläufige Gattungen. So ist die Form des Briefes, nachdem sie Paulus maßgeblich geprägt hatte, von vielen urchristlichen Schriftstellern übernommen worden. Und selbst die Johannes-Offenbarung, die scheinbar isoliert im Neuen Testament steht, bleibt äußerlich im Rahmen einer dem Judentum und Urchristentum geläufigen literarischen Gattung, nämlich der der Apokalypse. Sucht man Entsprechungen zur Apg, so wird man einerseits an die alttestamentlichen Geschichtsbücher, andererseits aber auch an die Werke profaner Historiker, etwa eines Thukydides, eines Sueton, aber auch eines Josephus, zu denken haben.

1. Die *Überschrift*, die das Buch im griechischen Text trägt, „Die Taten der Apostel" *(Práxeis Apostólōn)*, kann uns bei der Suche nach dem Verständnis seiner Eigenart nicht weiterhelfen. Sie ist – wie die Überschriften aller neutestamentlichen Bücher – erst im 2. Jahrhundert hinzugefügt worden und ist überdies in ihren beiden Teilen sachlich unzutreffend. Denn weder hat das Buch etwas zu tun mit jener vom 2. Jahrhundert an üppig ins Kraut schießenden Literatur, die von „Taten" einzelner Apostel und Gottesmänner handelt und darunter eine Aneinanderreihung von Wundern und erbaulichen Anekdoten versteht (vgl. Hennecke-Schneemelcher II, 1964), noch kann seine Thematik im Sinne des Verfassers auf „die Apostel" eingegrenzt werden: Nach Überzeugung des Lukas gehören nur die zwölf Jünger der Erdentage Jesu zu den Aposteln (vgl. zu 1,21f. 26), und diese stehen keinesfalls im Mittelpunkt seines Buches; mehr als die Hälfte seines Umfangs ist dem Weg eines Mannes gewidmet, der nach dem Verständnis des Lukas gerade kein Apostel war, nämlich dem Völkermissionar Paulus. Eine Näherbestimmung der literari-

schen Eigenart und des schriftstellerischen Zieles ist also nur aufgrund einer formalen und inhaltlichen Analyse des Buches möglich. Schon hier kann jedoch vorwegnehmend gesagt werden: Es geht in ihm primär weder um die Taten einzelner Gestalten der christlichen Frühzeit, noch um deren Biographie, sondern um die Darstellung des Handelns Gottes, das zur Entstehung der Kirche aus Juden und Heiden als des Gottesvolkes der Endzeit führte.

2. Der *Verfasser* wird in keinem der beiden Teile des Doppelwerkes namentlich genannt. Nach altkirchlicher Tradition war er identisch mit Lukas, dem „geliebten Arzt" (Kol 4,14; vgl. Phlm 24; 2.Tim 4,11), der zum Kreis der Mitarbeiter des Paulus während der Epoche der großen Mission in Kleinasien und Griechenland gehörte. Der älteste direkte Beleg für diese Auffassung findet sich im Canon Muratori, dem Ende des 2. Jahrhunderts entstandenen Verzeichnis der in der römischen Gemeinde in Gebrauch und Geltung stehenden neutestamentlichen Schriften. Sie wird auch heute noch von manchen Forschern vertreten, da wichtige Gründe für sie zu sprechen scheinen: so das dezidierte Interesse, das der Verfasser der missionarischen Tätigkeit des Paulus entgegenbringt, so die Anteilnahme, mit der er – vor allem in den letzten Kapiteln seines Werkes – das persönliche Schicksal des Heidenapostels auf der Reise nach Rom schildert, so vor allem der Umstand, daß in den Berichten über die Reisen des Paulus vielfach die Erzählung in die 1. Person Plural überwechselt (sog. „Wir-Stücke"). Darüber hinaus hat man aus sprachlichen Einzelheiten zuweilen auf die Abfassung des Werkes durch einen Arzt schließen wollen. Trotzdem wird man in der heutigen Forschungslage den Argumenten, die gegen die Verfasserschaft eines Paulus-Begleiters sprechen, die größere Durchschlagskraft zubilligen müssen. Um nur die wichtigsten zu nennen:

2.1 Es unterlaufen dem Verfasser an zentralen Punkten der Biographie des Paulus schwerwiegende Fehler. So erzählt er in 11,30 von einer weiteren Reise des Paulus nach Jerusalem zwischen seinem ersten Besuch dort, bei dem ihn Barnabas bei den Aposteln eingeführt hatte (9,26f.), und der Jerusalemreise, die er – wieder gemeinsam mit Barnabas – als Abgesandter der Gemeinde von Antiochia anläßlich des sog. Apostelkonzils unternahm (15,2). Demgegenüber betont Paulus im Galaterbrief, der entscheidenden, weil authentischen Quelle für seine Biographie, auf die wir uns noch häufig werden beziehen müssen, daß er zwischen seiner Berufung und der Reise zum Apostelkonzil nicht in Jerusalem gewesen sei. Ein Irrtum seinerseits ist ebenso ausgeschlossen wie ein bewußtes Verschweigen jener zweiten Reise von Apg 11,30. Denn seine Argumentation in Gal 1, die auf die Betonung seiner Unabhängigkeit von den „Aposteln" in Jerusalem hinausläuft, steht und fällt mit dem Nachweis, daß er tatsächlich über lange Jahre nicht in Jerusalem gewesen ist. Auch alle Versuche, den zweiten Jerusalembesuch von Apg 11,30 mit der Reise von Gal 2,1 zu identifizieren und die Reise von Apg 15,2 in eine Zeit nach der Abfassung des Galaterbriefes zu verlegen, waren zum Scheitern verurteilt. Ein ähnlich schwerwiegender Fehler ist es, wenn die Apg berichtet, den heidenchristlichen Gemeinden sei auf dem Apostelkonzil das sog. Aposteldekret (15,23–29), das sie zur Einhaltung einiger fundamentaler Bestimmungen des jüdischen Gesetzes verpflichtet hätte, auferlegt worden, denn dies steht in ausdrücklichem Widerspruch zu der betonten Versicherung des Paulus, ihm sei von den „Angesehenen (in Jerusalem) darüber (d.h. über die Verpflichtung zur Kollekte) hinaus nichts auferlegt worden" (Gal 2,6).

2.2 Wäre die Apg das Werk eines Mannes aus dem unmittelbaren Umkreis des Paulus, so müßte man eigentlich erwarten, daß sie vor allem für die Frühzeit des Heidenapostels einige biographische Züge beibringen würde, die über das, was sich aus den Briefen erschließen läßt, hinausgehen. Gerade das ist jedoch nicht der Fall. Gewiß enthält das Buch einige Einzelheiten, die von den Briefen nicht gedeckt werden: so die Beteiligung des Paulus an der Steinigung des Stephanus (7,58), seine Taufe durch Hananias in Damaskus (9,17f.) sowie seine Ausbildung durch Rabban Gamaliel den Großen in Jerusalem (22,3). Sie alle gehen jedoch nicht über das hinaus, was in den christlichen Gemeinden als volkstümliche Überlieferung über den früheren Christenverfolger Paulus, seine Bekehrung und sein machtvolles Wirken erzählt worden sein dürfte.

2.3 Man hat in diesem Zusammenhang mit Recht darauf hingewiesen, daß der Verfasser der Apg von den spezifischen Zügen paulinischer Theologie so gut wie nichts aufgenommen hat. Der für den Paulus der Briefe zentrale Gedanke, daß Gott durch Christi Tod Heil für alle Menschen gewirkt habe, klingt in den Paulus-Reden unseres Buches nur am Rande an (13,27ff.; 20,28). Ebensowenig wird in ihnen die Rechtfertigungsbotschaft des Paulus angemessen zum Ausdruck gebracht. Es ist zwar die Rede davon, daß der Glaubende ohne das Gesetz gerechtgemacht wird (13,38), doch fehlt die für Paulus entscheidende Begründung dafür, nämlich der Hinweis darauf, daß durch Christus das Gesetz als Heilsweg grundsätzlich überwunden ist (Röm 3,25; 10,4) und daß darum Christus als Quelle und Ort des Heils an die Stelle des Gesetzes getreten sei. Ja, ganz allgemein wird man sagen können, daß die Reden, die der Verfasser der Apg Paulus in den Mund legt, nirgends etwas von der sehr spezifischen theologischen Denk- und Ausdrucksweise, die uns in den echten Paulusbriefen begegnet, erkennen lassen. Nun wird man allerdings diesen Umstand keineswegs überbewerten dürfen. Es wäre an sich sehr wohl vorstellbar, daß ein Mann aus dem Umkreis des Paulus dieses in theologischer Hinsicht unspezifische Paulusbild entworfen hätte, zumal es doch wohl einige andere für Paulus recht spezifische Momente zu enthalten scheint: Das Interesse unseres Verfassers gilt nämlich dem Missionar und Kirchengründer Paulus, dem Manne also, dessen großes Werk die Durchdringung des ganzen bewohnten Erdkreises mit dem Evangelium und die Schaffung der heidenchristlichen Kirche gewesen ist. In dieser Wirkungsgeschichte steht Lukas, sie allein ist ihm wichtig, und auf sie hin entwirft er sein Bild des Paulus, nicht jedoch auf die Wirkungsgeschichte seiner Theologie hin. Er schreibt sein Buch 25–30 Jahre nach dem Tode des Paulus, zu einer Zeit also, in der die Kämpfe und Kontroversen, aus denen heraus Paulus seine Theologie entwickelt hatte, schon längst ein Stück Vergangenheit waren, und es wäre an sich nicht undenkbar, daß auch in der Rückschau eines Paulus nahestehenden Mannes diese Theologie, zusammen mit den sie provozierenden Anlässen, ihre scharfen Konturen verloren hätte. Man wird überdies generell fragen müssen, inwieweit es überhaupt im Umkreis des Paulus zu einer tiefer gehenden Rezeption seiner Theologie gekommen ist.

2.4 Trotzdem bleibt ein Punkt, der mit der Annahme einer Verfasserschaft durch einen Paulusschüler auf keinen Fall in Einklang gebracht werden kann. Unser Verfasser rechnet Paulus nicht zum Kreis der Apostel. Er folgt vielmehr einer Vorstellung, die wohl auf alte judenchristliche Traditionen zurückgehen dürfte. Nach ihr sind lediglich die 12 Jünger, die zum engsten Kreis des irdischen Jesus gehörten, Apostel. Ihr Amt wird auf eine vorösterliche Einsetzung durch Jesus zurückgeführt (Lk 6,13), seine Bedeutung wird vorwiegend darin gesehen, daß seine Träger als Zeugen der Geschichte Jesu (Apg 1,22) die für die Kirche grundlegende Tradition gewährleisten. Für den Paulus der Briefe war das Bewußtsein, Apostel zu sein, und zwar aufgrund einer Berufung durch den Auferstandenen (Gal 1,1), die entscheidende Grundlage seines Selbstverständnisses. Es war ihm gelungen, auch von den judenchristlichen Kreisen in Jerusalem als Apostel anerkannt zu werden (1.Kor 15,10f.), und er betonte von da her mit Nachdruck seine Stellung als Apostel, die ihn grundsätzlich als gleichberechtigt neben Petrus treten ließ (Gal 2,8). Vollends läßt der Galaterbrief erkennen, mit welcher Leidenschaft sich Paulus gegen Kreise zur Wehr setzte, die ihm die Gleichberechtigung mit den Jerusalemer Aposteln absprachen. Mit Recht: denn sie war die unerläßliche Voraussetzung für sein von Jerusalem und den Judenchristen unabhängiges missionarisches Wirken. Gewiß hat Lukas, auch ohne Paulus den Aposteltitel zu gewähren, seine faktische Stellung und Bedeutung weithin sachgemäß dargestellt. Doch das steht auf einem anderen Blatt. Hier bleibt zunächst nur die Feststellung, daß ein Paulusbegleiter doch schwerlich das zentrale Motiv des Selbstverständnisses des Paulus in dieser Weise hätte übergehen können.

2.5 Was läßt sich nun positiv über den Verfasser der Apg (den wir im folgenden, der kirchlichen Tradition gemäß, Lukas nennen wollen) sagen? Er war zweifellos Heidenchrist, und zwar ein Mann der zweiten, wenn nicht gar der dritten Generation. Die Heidenkirche ist für ihn und seine Zeitgenossen schon längst zu einer selbstverständlichen Realität geworden. Die großen Kämpfe, die zu ihrer Entstehung führten, sind bereits der unmittelbaren Gegenwart entrückt und beginnen, Gegenstand des historischen Interesses zu werden, das fragt, wie und warum sich die Dinge entwickelt haben. In die Vergangenheit entrückt sind auch die großen Gestalten der Anfangszeit; sie beginnen, zu ehrfürchtig bestaunten Heroen zu werden. Man hat die Heimat des Lukas vielfach in Antiochia suchen wollen. Den Anlaß dafür gab die Beobachtung, daß er sich über Vorgänge und Personen in der antiochenischen Gemeinde gut informiert zeigt (z.B. 11,19ff.; 13,1–3; 15,1f.), sowie die weitergehende Vermutung, daß ihm eine antiochenische Quelle für die Darstellung der paulinischen Mission zur Verfügung gestanden habe. Gegen seine Herkunft aus Antiochia spricht allerdings der Umstand, daß er über die geographischen Verhältnisse im syrisch-palästinischen Raum nur sehr allgemeine Vorstellungen hat. Mit mindestens dem gleichen Recht könnte man vermuten, daß Lukas seine Heimat in einer der von Paulus geprägten Gemeinden an der kleinasiatischen Westküste (Ephesus, Troas) oder in Griechenland hatte. Noch stärker sind allerdings die Indizien, die für eine Entstehung seines Werkes in Italien sprechen. So ist das Interesse auffällig, das er der Reise des Paulus nach Rom und seiner Ankunft dort entgegenbringt. Wie noch genauer zu zeigen sein wird, ist der Weg der Kirche von Jerusalem nach Rom eines der seine Darstellung beherrschenden Themen. Hinzu kommt, daß die äußere Bezeugung der Apg im Westen sehr stark ist. Sie scheint schon sehr früh in zahlreichen Handschriften im Westen verbreitet gewesen zu sein, während sie sich im Osten erst später allgemein im kirchlichen Gebrauch durchzusetzen vermochte.

3. Das Werk enthält keinen direkten Anhaltspunkt für seine *Entstehungszeit*. Vielfach hat man daraus, daß es scheinbar unvermittelt mit dem zweijährigen Wirken des Paulus in Rom abbricht (28,30f.), ohne von seinen weiteren Schicksalen und seinem Lebensausgang zu berichten, eine Abfassung im unmittelbaren zeitlichen Umkreis dieser Ereignisse folgern wollen. Demnach wäre das Buch um das Jahr 60 entstanden. Doch ist dieses Argument hinfällig, sobald man erkennt, daß das Buch an seinem Ende keineswegs unvermittelt abbricht, sondern daß der Abschluß einem genau überlegten literarischen und historischen Programm entspricht: Mit der Ankunft des Paulus in Rom hat Lukas das Ziel seiner Erzählung erreicht. Über den weiteren Weg des Paulus und sein Martyrium zu berichten lag nicht in seiner Absicht. Überdies sprechen eine Reihe von indirekten Anhaltspunkten für eine spätere Abfassung. So kann als sicher gelten, daß Lukas bei der Abfassung seines Buches vom Märtyrertode des Paulus Kenntnis hatte (20,25.38; 21,13) und darauf mehrfach anspielte. Ein weiteres wichtiges Argument ist die Entstehungsgeschichte des Lukasevangeliums. Dieses späteste der synoptischen Evangelien dürfte erst in einigem zeitlichen Abstand vom Markusevangelium verfaßt worden sein, d.h. man wird es schwerlich vor 80 ansetzen dürfen. Andererseits ist deutlich, daß die Apg als zweiter Band erst nach dem Evangelium abgefaßt worden ist (1,1), wobei möglicherweise zwischen beiden Werken wiederum ein Abstand von mehreren Jahren gelegen hat. Hinzu kommt, daß die kirchliche Situation, aus der heraus Lukas schreibt und deren Bild immer wieder zwischen den Zeilen in Erscheinung tritt, eindeutig in die ausgehende zweite Generation gehört. So ist das palästinische Judenchristentum für Lukas keine Größe von aktueller Bedeutung mehr. Die Zeit, in der das Evangelium von Judäa und Jerusalem seinen Ausgang genommen hat (1,8), ist für ihn nur noch im Rückblick des Historikers erfaßbar. Die Gemeinden, die er voraussetzt, haben bereits eine feste Verfassung mit Presbytern (14,23; 20,17) und wohl auch mit Diakonen (s. zu 6,1–6), und dies ist eine Situation, die weitgehend der der zwischen 90 und 100 entstandenen Pastoralbriefe entspricht. Die Kirche des Lukas steht in der Auseinandersetzung mit Irrlehrern vermutlich gnostischer Prägung, die aus ihren eigenen Reihen aufstehen (20,30), und sie beruft sich ihnen gegenüber mit Nachdruck auf die Tradition. So wird die Sicherung der rechten Lehre, die die gegenwärtige Kirche mit den Anfängen verbindet, zu einem zentralen Anliegen. Auch in dieser Hinsicht bietet das lukanische Werk ein Bild, das weitgehend dem der Pastoralbriefe entspricht.

Man wird nun allerdings mit der Datierung auch nicht, wie zuweilen vorgeschlagen worden ist, die Grenze zwischen dem 1. und 2. Jahrhundert überschreiten dürfen. Dagegen spricht unter anderem, daß Lukas die Paulusbriefe nicht benutzt und die meisten von ihnen offensichtlich auch nicht gekannt hat. Sammlungen der Paulusbriefe entstanden um die Jahrhundertwende und setzten sich dann schnell im kirchlichen Gebrauch durch. Nach alledem dürfte wohl die Annahme, daß die Apg etwa um 90 entstanden sei, die größte Wahrscheinlichkeit für sich haben.

4. Weit schwieriger und zugleich auch ungleich wichtiger ist die Frage nach dem *literarischen Charakter* und die damit zusammenhängende weitere Frage nach der *historischen Zuverlässigkeit* unseres Buches. Die Geschichte der Forschung hat für beide die unterschiedlichsten Antworten hervorgebracht. Wir müssen hier wenigstens auf die wichtigsten von ihnen kurz eingehen, denn nur auf ihrem Hintergrund können die unsere eigene Auslegung leitenden grundsätzlichen Erwägungen verständlich werden.

4.1 Von der Zeit der Alten Kirche bis hinein in die Neuzeit galt es als unhinterfragbare Selbstverständlichkeit, daß Lukas einen *zuverlässigen theologischen und historischen Interpretationsrahmen für das Verständnis der Paulusbriefe* biete. Die Tradition von der Verfasserschaft eines Mannes aus dem Umkreis des Paulus bot die Basis für diese Auffassung. Sie kommt in typischer Weise in Luthers „Vorrede auf die Apostelgeschichte" zum Ausdruck: „Darumb dies Buch wohl möcht heißen eine Glosse über die Episteln S. Pauli. Denn das S. Paulus lehret und treibet mit Worten und Sprüchen aus der Schrift, das zeiget hie S. Lucas an, und beweiset es mit Exempeln und Geschichten, daß es also ergangen sei und also ergehen müsse, wie S. Paulus lehret, nämlich daß kein Gesetz, kein Werk die Menschen gerecht mache, sondern allein der Glaube an Christum."

4.2 Ende des 18. Jahrhunderts brach der Geist der *historischen Kritik* in die Bibelwissenschaft ein. Die Einheit und Widerspruchsfreiheit der Schrift war nun keine unhinterfragbare Voraussetzung mehr. Zunächst galt alle Aufmerksamkeit den Widersprüchen und Spannungen innerhalb der Evangelien und der Suche nach natürlichen, vernünftigen Erklärungen für sie. Doch schon bald entdeckte man die *Widersprüche zwischen der Apostelgeschichte und den Paulusbriefen*. Da Paulus als authentischer und darum glaubwürdiger Zeuge galt, war die Folgerung ein negatives historisches Urteil über die Zuverlässigkeit der Apostelgeschichte. Aber warum – so fragte man – berichtete Lukas fehlerhaft? Am nächsten schien die Antwort zu liegen: Weil er bestimmte Gründe dafür hatte, die historische Wahrheit zu entstellen. Er wollte der Nachwelt ein bewußt verfälschtes Bild der Geschichte des Urchristentums überliefern! D.h., er ordnete die Wahrheit einer bestimmten historischen bzw. theologischen Tendenz unter. Der bedeutendste Vertreter dieser sog. Tendenzkritik, dessen Gedanken bis in die Gegenwart hinein nachwirken, war der Tübinger Theologe Ferdinand Christian Baur (1792–1860). Seiner Auffassung nach hatte Lukas, den er in das 2. Jahrhundert versetzt, mit seinem Werk einen Ausgleich zwischen zwei einander gegensätzlichen Flügeln des Urchristentums, deren Kampf die früheste Kirchengeschichte bestimmt hatte, herstellen wollen: dem gesetzestreuen Judenchristentum Jerusalemer Prägung, dessen Exponent Petrus war, und dem gesetzesfreien Heidenchristentum, dessen wichtigster Vertreter Paulus war. Lukas verschleiere bewußt die Gegensätze, die in den paulinischen Briefen klar erkennbar seien; er zeichne eine Harmonie und theologische Übereinstimmung zwischen beiden Gruppen, die den historischen Tatsachen widerstreite, und er bereite so bewußt den Weg für die werdende frühkatholische Kirche. Die Position Baurs und seiner zahlreichen Nachfolger hat sich in ihrer Einseitigkeit nicht halten lassen. Trotzdem war mit ihr ein entscheidender Durchbruch zu einer geschichtlichen Betrachtungsweise erzielt. Davon wird die Auslegung nach Baur nicht mehr absehen können, daß das lukanische Werk, ebenso wie die übrigen neutestamentlichen Schriften, nicht im luftleeren Raum steht, sondern als Hintergrund konkrete kirchliche Erfahrungen und Situationen hat, zu denen auch Gegensätze und Kontroversen gehören.

4.3 Ende des 19. Jahrhunderts wurde, wie in der Evangelienforschung, auch in der Erforschung der Apg die *Quellenkritik* zur alles beherrschenden Methode. Man suchte nunmehr die Ursache für die Unausgeglichenheit der Erzählweise des Buches und seine historischen Lücken nicht mehr in einer bewußten schriftstellerischen Tendenz seines Verfassers, sondern in der Natur der ihm zur Verfügung stehenden Quellen, wobei man vorwiegend an schriftliche Quellen dachte. Eines der leitenden Motive dabei war die an sich nicht unbegründete Hoffnung, daß, wenn schon Lukas selbst nicht als unmittelbarer Zeuge für die von ihm berichteten Ereignisse in Anspruch genommen werden konnte, doch wenigstens ausschnittweise die Quellen als unmittelbare geschichtlich zuverlässige Zeugnisse für einen Teil dieser Ereignisse gelten könnten. Freilich führte die Quellenkritik trotz vieler scharfsinniger Vermutungen zu keinen eindeutigen und wirklich überzeugenden Ergebnissen. Das lag vor allem daran, daß es nicht gelang, klare Kriterien für die Aussonderung und Scheidung von Quellen zu gewinnen. Daß Lukas in seinem Evangelium Quellen benutzt hat, können wir im wesentlichen aufgrund des Vergleiches mit den beiden anderen synoptischen Evangelien erkennen. Läge uns jedoch nur sein Evangelium vor, so fänden sich darin kaum hinreichende Anhaltspunkte, die es uns erlauben würden, die Zweiquellentheorie, die die Abhängigkeit des Lukas wie auch des Matthäus vom Markusevangelium sowie von der Logienquelle (Q) besagt, eindeutig zu erschließen. Denn er hat in diesem seinem ersten Buch die Quellen in starkem Maße seiner Erzählweise und seinem Stil anverwandelt. Analoges gilt dann aber auch für mögliche schriftliche Quellen seines zweiten Buches.

4.4 In den Jahren nach 1920 wurde in Deutschland die *formgeschichtliche Arbeitsweise* auf die Apostelgeschichte übertragen (u.a. durch Martin Dibelius). Sie rekonstruiert den Zusammenhang, der zwischen Form und Tradierung von Texten einerseits und gesellschaftlichen Lebensvollzügen andererseits besteht und gelangt auf diese Weise zu oft weitreichenden Einsichten in Entstehung, Funktion und Entwicklungsgeschichte von Überlieferungen. Während die formgeschichtliche Arbeitsweise bei ihrer Anwendung auf die Evangelien zu raschem Erfolg führte, weil es hier gelang, eine Fülle von kleinen vorliterarischen Einheiten auszumachen und deren Funktion im urchristlichen Gemeinschaftsleben (Predigt, Unterweisung, Polemik usw.) zu bestimmen, schienen diese Möglichkeiten bei der Apg nicht gegeben zu sein. Denn hier ließen sich mit dem anfänglich verfügbaren Instrumentarium nur wenige solcher kleiner Einheiten (z. B. Legenden über Wundertaten der Apostel) ausmachen und einem bestimmten Sitz im Leben zuordnen. So verengte sich die Anwendung der Formgeschichte sehr schnell auf den Aspekt der Stilkritik, d. h. auf die Analyse der stilistischen und schriftstellerischen Mittel des Lukas, auf deren Einzeichnung in den Horizont zeitgenössischer hellenistischer und jüdischer Literatur sowie auf die Bestimmung der ihnen zugedachten Funktion.

Diese Linie setzte sich verstärkt nach dem Zweiten Weltkrieg, vor allem in den Jahren zwischen 1950 und 1970, in der deutschen Forschung fort. Einige Untersuchungen und Kommentare (Hans Conzelmann, Ernst Haenchen) erschienen in dieser Periode, die ihr Augenmerk so gut wie ausschließlich auf die schriftstellerische Kunst des Verfassers, die Technik seiner Komposition und die darin zum Ausdruck kommende ihm eigene theologische Konzeption richteten. Von großer Bedeutung für diese Entwicklung wurde der Umstand, daß die formgeschichtliche Analyse des Lukasevangeliums gezeigt hatte, in welch großem Maße Lukas dem ihm vorgegebenen Stoff durch die Weise seiner Anordnung und Verarbeitung den Stempel seiner schriftstellerischen und theologischen Individualität aufgeprägt hatte. Es war deutlich: hier war ein Autor, der eine ganz eigenständige theologische Sprache sprach und in seinem Werk eine klare Intention zum Ausdruck zu bringen vermochte. Von da her lag es nahe, im zweiten Werk dieses Autors, das, anders als das erste, weder einer vorgegebenen Gattung folgte noch inhaltlich durch traditionellen Überlieferungsstoff festgelegt war, in noch stärkerem Maße den Ausdruck seiner schriftstellerischen Individualität zu finden und demgegenüber die Frage nach dem Geschichtswert wie die nach den Quellen ins zweite Glied zu verweisen. In gewissem Sinne nahm diese Forschungsrichtung die alte Frage nach der Tendenz des Lukas wieder auf. Im Unterschied zur Tendenzkritik des 19. Jahrhunderts ging sie dabei jedoch nicht von vorgefaßten Ideen zum Verlauf der Geschichte des Urchristentums aus, um diese durch Lukas bestätigen zu lassen, sondern sie setzte bei der literarischen Komposition des Verfassers ein, um von ihr her Aufschlüsse über seine theologischen Konzeptionen zu gewinnen.

Die dabei erzielten Ergebnisse waren eindrucksvoll und weithin überzeugend. Wir können heute in ihrem Lichte die Apg nicht mehr einfach als einen Tatsachenbericht über die Geschichte des Urchristentums lesen, sondern müssen immer zuerst fragen: Was will Lukas uns mit seiner Erzählung sagen? Welche Intention verfolgt er mit seiner Darstellung? Freilich darf diese Frage nicht die allein maßgebliche bleiben. Die konsequent kompositionsgeschichtliche Forschungsrichtung stand in der Gefahr, sie zu isolieren. Auf diese Weise konnte der Eindruck entstehen, als sei Lukas nichts weiter gewesen als ein theologischer Erbauungsschriftsteller, der einige wenige Legenden, Anekdoten und Notizen aus der Frühzeit des Christentums hineinverwoben habe in eine seiner eigenen Phantasie entsprungene romanhafte Erzählung, die im wesentlichen der Vermittlung seiner theologischen Intentionen habe dienen sollen.

4.5 Dafür, daß sich diese einseitige Sicht durchsetzen konnte, war freilich noch ein weiterer Faktor maßgebend. Im Zeichen einer weithin vorherrschenden Theologie des Wortes, die stark an Paulus und Johannes orientiert war und als deren

Exponenten einerseits Karl Barth, andererseits Rudolf Bultmann gelten können, durfte das Unternehmen des Lukas, das die Geschichte Jesu historisiert und sie so einer Biografie annähert, und das die Geschichte der Urkirche in gerader Linie als Fortsetzung dieser Geschichte Jesu erscheinen läßt, nicht mit großer theologischer Sympathie rechnen.

Es entwickelte sich, vor allem in Deutschland, eine scharfe *Lukaskritik*, die dazu neigte, nicht nur die Distanz zwischen Paulus und Lukas möglichst schroff herauszustellen, sondern darüber hinaus Lukas ganz allgemein vom urchristlichen Kerygma abzuheben. Die Theologie, die man in seinen Werken fand, galt vorwiegend als die beachtliche und zugleich fragwürdige Leistung eines einzelnen. So habe er – um nur ein paar Punkte dieser Kritik herauszugreifen – die apokalyptisch geprägte Naherwartung des urchristlichen Kerygmas durch ein heilsgeschichtliches Schema ersetzt, in dem die Zeit der Kirche als Fortsetzung der Zeit Jesu gilt (H. Conzelmann); er habe ferner den christlichen Glauben an Gott mit dem wahren Gehalt allgemeiner menschlicher Religion gleichgesetzt und so eine Synthese von Christentum und griechisch-römischer Kultur vorbereitet; er habe schließlich – etwa in der Schaffung des Konzepts der „zwölf Apostel" und in der damit verbundenen Betonung der Tradition – die kirchliche Institution zur Garantin des Heils gemacht und sie dem Wort übergeordnet (Günter Klein).

4.6 Aufgrund der allgemeinen Veränderung der theologischen Lage, vor allem aber aufgrund der Fortschritte, die die Lukasforschung in den letzten Jahren gemacht hat, erweist sich heute eine *Revision dieser verengten Sicht* als legitim und notwendig. Und zwar vor allem an den folgenden Punkten:

4.6.1 Die Bedeutung des *Lukas als Geschichtsschreiber* muß wieder mehr Aufmerksamkeit finden. Lukas war nicht nur ein Geschichtenerzähler und Theologe, der die Historie als Staffage benutzte, sondern er war „Theologe als Geschichtsschreiber" (Martin Hengel). Er verstand Geschichtsschreibung als theologische Aufgabe. Dieser Anspruch, den er im Vorwort seines Evangeliums programmatisch formuliert (Lk 1, 1 ff.), gilt auch für die Apg. Wir müssen Lukas bei ihm behaften, indem wir neben und mit der Frage nach dem, was er theologisch sagen will, die Frage nach den tatsächlichen Vorgängen zu ihrem Recht kommen lassen. Lukas als Geschichtsschreiber wird dabei nicht so schlecht abschneiden, wie einige seiner Kritiker meinten. So weisen Historiker immer wieder mit Nachdruck darauf hin, daß er sich über politische und rechtliche Vorgänge – etwa im Zusammenhang mit dem Prozeß des Paulus – erstaunlich gut informiert zeigt.

4.6.2 Die Frage nach den *Quellen* darf, so schwierig sie auch sein mag, nicht vorschnell ad acta gelegt werden. Sicher unterscheidet sich die Quellenlage des zweiten lukanischen Werkes erheblich von der des ersten. Lukas konnte sich bei seiner Abfassung nicht auf umfangreiche schriftliche Quellen stützen. Was ihm zur Verfügung stand, war ein höchst disparates Material an Information und Traditionen, das weithin noch keine schriftliche Gestalt gewonnen hatte. Es gibt jedoch Indizien dafür, daß unter diesem Material auch einige umfangmäßig begrenzte schriftliche Quellen waren. Einiges an Erzählweise und Stil in der zweiten Hälfte des Buches läßt sich nur von der Annahme der Benutzung von Vorlagen befriedigend erklären. So dürften der Darstellung der paulinischen Mission in Kp 13–14 ein Missionsbericht der antiochenischen Gemeinde (s. zu 13,1–3) und in Kp 16–18 ein Wege- und Stationenverzeichnis aus dem Kreis der Paulusmitarbeiter zugrunde liegen (s. Exkurs zu 15,40). Für die Erzählung vom weiteren Weg des Paulus scheint Lukas sich auf einen Rechenschaftsbericht der Kollektendelegation (s. zu 20,1–6), einen von Freunden des Paulus verfaßten Haftbericht (s. zu 21,27–36), sowie einen von einem Paulusbegleiter stammenden Bericht über die Romreise des Apostels (s. zu 27,1–44) gestützt zu haben. Darüber hinaus kann man fragen, ob nicht auch weiteres Traditionsmaterial – wie etwa Kränze von Petrus- und Pauluslegenden (s. zu 3,1–10; 13,4–12) – Lukas bereits in Form schriftlichen Quellenmaterials vorgelegen hat.

4.6.3 Vor allem aber müssen die bisher nur ausschnittweise für die Erforschung der Apg herangezogenen Methoden der *formgeschichtlichen Arbeitsweise* entschlossener genutzt werden. So ist genauer als bisher nach Traditionen und Überlieferungen, die Lukas aufgenommen hat – etwa in den Apostelreden – zu fragen. Dabei wird sich zeigen, daß vieles von dem, was zunächst als ihm eigene theologische Vorstellung erschien, in Wirklichkeit frühchristlicher Tradition entstammt. Dieses Material repräsentiert die verschiedenartigsten Gattungen: christologische Formeln, Schemata der Missionspredigt für Juden und Heiden, Erzählungen von Apostelwundern, Personallegenden, Gründungstraditionen von Gemeinden und liturgische Stücke, um nur die wichtigsten zu nennen. Seine Analyse kann uns ein faszinierendes Bild der verschiedenen Lebensvollzüge der ältesten Kirche geben.

Es versteht sich von selbst, daß diese Aufgaben im beschränkten Rahmen unserer Auslegung nicht bewältigt werden können. Sie werden jedoch notwendig den Horizont bilden müssen, innerhalb dessen sie sich bewegt.

5. *Stil und Erzähltechnik* des Lukas zeichnen sich durch Lebendigkeit und Variationsbreite aus. Lukas schreibt die Umgangssprache seiner Zeit, das Koinegriechische. Man hat ihm in seinem Gebrauch sogar eine Reihe von Fehlern nachweisen können (z.B. 17,31; 19,35); doch fällt das nicht ins Gewicht gegenüber seiner Fähigkeit, die Sprache zum Spiegel von Situationen zu machen. So ist kaum ein größerer Gegensatz denkbar als der zwischen den Petrusreden im ersten Teil (2,14–36; 3,12–26; 4,8–12) mit ihrem ungelenken semitisierenden Stil und der Rede des Paulus in Athen (17,22–31) mit ihren eleganten griechischen Perioden. Selbst wenn man in den ersteren Elemente ursprünglich aramäischer Quellen finden wollte, so ist doch Lukas für ihr endgültiges sprachliches Gewand verantwortlich. Es kann kein Zweifel daran sein, daß er bewußt auf die Möglichkeit verzichtete, diese Abschnitte in ein eleganteres Griechisch zu kleiden, ja daß er im Gegenteil hier mit Absicht den Ton eines stark mit hebraisierenden Elementen durchsetzten Griechisch anschlägt. Es war dies für ihn der spezifische Ton der griechischen Bibel, der Septuaginta (LXX), der für ihn bereits die Patina einer heiligen Sprache, gleichsam einer ‚Sprache Kanaans' trug. Umgekehrt war er imstande, da, wo er die Begegnung des Evangeliums mit der geistigen Welt des Griechentums schildert (17,22–31) oder wo er hochgestellte und gebildete Persönlichkeiten der griechisch-römischen Welt in Erscheinung treten läßt (24,2–8), den Ton eines

literarisch gefärbten, weltläufigen Griechisch anzuschlagen. Auf einer mittleren Ebene zwischen beiden Extremen liegen jene Abschnitte, die in breit ausholendem, volkstümlichem Erzählton von Taten und wunderbaren Widerfahrnissen der Apostel und Missionare berichten (z.B. 12,6–17; 13,7–18; 19,24–40). Lukas kann also bereits durch die Wahl seiner sprachlichen Mittel Atmosphäre und Stimmung einer Szene lebendig werden lassen. Überhaupt ist er ein Erzähler, der auf Anschaulichkeit drängt. Seine Art ist nicht das Referieren von Fakten und das Explizieren theologischer Einsichten. Wo immer es ihm möglich ist, ersetzt er beides durch lebendige Szenen, die dem Leser die Fakten und Einsichten, die ihm vermittelt werden sollen, scheinbar unaufdringlich, aber dafür um so plastischer vor Augen stellen. Besonders markante Beispiele dafür sind, neben dem Pfingstbericht (Kp 2), die Korneliuserzählung (10,1–11,18), die Areopagszene (17,16–34) sowie die Abschiedsszene in Milet (20,17–38). Wie erfolgreich er mit dieser Methode des szenischen Erzählens war, läßt sich daran ablesen, daß die im kirchlichen Leben lebendigen Traditionen, bis hin zu den Festen des Kirchenjahres und den Motiven christlicher bildender Kunst, in hohem Maße durch die lukanische Erzählkunst inspiriert sind: Man denke nur an die Weihnachtstraditionen und die großen Marienszenen, an die 40 Tage zwischen Ostern und Himmelfahrt sowie an Pfingsten!

Aber nicht nur in den großen Szenen, sondern auch in kleinen Einzelheiten findet die Kunst des szenischen Erzählens reiche Möglichkeiten. So veranschaulicht Lukas die Tätigkeit des Saulus als Christenverfolger dadurch in unvergeßlicher Weise, daß er ihn bei der Steinigung des Stephanus als Bewacher der Kleider der Exekutoren gleichsam am Rande mit ins Bild bringt (7,58). Vielfach setzt Lukas notwendige Hintergrundinformation, die die Leser zum Verständnis brauchen, in Rede um. So läßt er Petrus über das schreckliche Ende des Judas berichten (1,18f.); und die beim Pfingstwunder anwesenden Juden kleiden die von Lukas abgelehnte irrtümliche Auffassung, als habe es sich lediglich um eine rauschhafte Ekstase gehandelt, in Worte, indem sie sagen: „Sie sind voll süßen Weines!" (2,13). Ein besonders auffälliges Merkmal des lukanischen Stils ist der häufige Wechsel im inneren Rhythmus der Erzählung. Die Kapitel 2–5, die sich ausschließlich mit den Anfängen der Jerusalemer Gemeinde beschäftigen, scheinen sich auch in ihrem erzählerischen Ablauf kaum von der Stelle zu bewegen. Eine Reihe von innerlich und äußerlich ähnlichen Szenen (Predigten des Petrus, Apostelwunder, Konfrontationen mit jüdischen Autoritäten) werden zusammengehalten durch drei einander fast wörtlich entsprechende Summarien (2,41–47; 4,32–35; 5,12–16), die vom inneren und äußeren Wachstum der Gemeinde und ihrem gottesdienstlichen Leben berichten. Diese scheinbare Monotonie kann nicht mit der Benutzung verschiedener Quellen erklärt werden. Sie dürfte vielmehr beabsichtigt sein: Lukas will hier ein Zustandsbild geben. Er will zeigen, daß das, was die Kirche nach Gottes Willen ist, zu Anfang ihrer Geschichte in modellhafter Weise zum Ausdruck gekommen ist. Ein ganz anderer, gleichsam vorwärtsdrängender Rhythmus löst die Statik des ersten Teils ab in Kp 6–15. Rasch folgen hier einander Szenen, die an verschiedenen Orten (Jerusalem, Samaria, Damaskus, Cäsarea, Antiochia) spielen und deren Protagonisten (z.B. Philippus) z.T. ebenso schnell und unerwartet wieder von der Szene verschwinden, wie sie auf ihr erschienen sind. Hier gewinnt der Leser unwillkürlich den Eindruck, Zeuge einer raschen, geradezu dramatischen Expansion zu sein, für die es kaum räumliche Grenzen gibt.

In dem Bericht von der paulinischen Mission in Kleinasien und Griechenland, der mit 15,36 beginnt, gibt es keinen solchen abrupten Szenenwechsel mehr. Der Gang der Erzählung folgt hier kontinuierlich dem Weg des Apostels. Dafür ist das Tempo des Ablaufs der Ereignisse deutlich beschleunigt. Kaum ein unvorbereiteter Leser würde auf den Gedanken kommen, daß sich die Ereignisse in Korinth (18,1–28) und Ephesus (19,1–20) jeweils über etwa anderthalb Jahre erstreckten, obwohl Lukas die Zeiträume durchaus exakt angibt (18,11; 19,10). Er wird viel eher den Eindruck eines ständigen rastlosen Unterwegsseins des Heidenapostels gewinnen – und eben dieser Eindruck scheint vom Erzähler beabsichtigt zu sein. Denn für ihn ist in der Gestalt des Paulus die dynamische, vorwärtstreibende Kraft des Evangeliums personifiziert.

Wieder anders ist der erzählerische Rhythmus im abschließenden Teil des Buches, der vom letzten Jerusalembesuch des Paulus und seinem Weg nach Rom als Gefangener handelt (19,21–28,31). Er wird bestimmt von den verschiedenen Konfrontationen der Hauptfigur mit jüdischen Gegnern und römischen Machthabern. Wir finden hier eine Aneinanderreihung von Einzelszenen, die inhaltlich weitgehend parallel sind, zugleich aber ein zentrales Hauptmotiv in einer ständigen Steigerung variieren: Im Weg des Paulus von Jerusalem nach Rom wird hier dem Leser der endgültige Bruch zwischen der Kirche und dem Judentum verdeutlicht und zugleich die von Gott gewollte Notwendigkeit dafür vor Augen geführt, daß Rom zum neuen Zentrum des Heidenchristentums werden mußte.

Gerade dieser letzte Abschnitt verdeutlicht ein weiteres wesentliches Merkmal der Erzähltechnik des Lukas: seine Redundanz. Er stellt das Mittel der Wiederholung bewußt in den Dienst seiner Darstellung. Ereignisse, die seiner Meinung nach exemplarische Bedeutung haben, bzw. Wendepunkte der Geschichte darstellen, erzählt er mehrfach in großer Breite. Dies gilt etwa von der Bekehrung des Paulus, die nicht weniger als dreimal erscheint (9,1–29; 22,3–21; 26,9–20), und zwar einmal als direkter Bericht, zweimal jedoch im Rahmen von Paulusreden, sowie von der Taufe des heidnischen Hauptmanns Kornelius, die ebenfalls zunächst direkt berichtet wird (10,1–48), um dann nochmals in einer Rede des Petrus nacherzählt zu werden (11,1–18).

6. Die *Gliederung* des Buches ist nicht ganz leicht zu ermitteln. Vor allem ältere Ausleger haben sie von biographischen Gesichtspunkten her finden wollen. Sie sahen in Petrus und Paulus die beiden zentralen Gestalten und unterschieden von da her zwischen einem Petrus-Teil (1–12) und einem Paulus-Teil (13–28). In der Tat scheint der Parallelismus zwischen Petrus und Paulus eine gewisse Rolle zu spielen. So berichtet Lukas von beiden eine Reihe ähnlicher Taten und Widerfahrnisse wie Wunderheilungen (3,2ff.; 14,8ff.), Totenerweckungen (9,40f.; 20,10), Dämonenaustreibungen (5,16; 16,16), wunderbare Befreiungen aus dem Gefängnis (5,17ff.; 12,2ff.; 16,23ff.), Auseinandersetzungen mit Magiern (8,14–24; 19,13–17). Ja, man hat sogar festgestellt, daß von beiden jeweils etwa neun Reden berichtet werden. Trotzdem liegt hier nicht das den Aufbau des Buches bestimmende Prinzip.

Wäre es so, dann müßte das biographische Interesse des Lukas an beiden Gestalten ungleich größer sein.

Mehr hat der Vorschlag zahlreicher neuerer Ausleger für sich, aus dem Wort des Auferstandenen in 1,8 („Ihr sollt für mich Zeugen sein in Jerusalem und in ganz Judäa und Samaria und bis zu den Enden der Erde") ein geographisches Gliederungsprinzip herzuleiten. Demnach wäre zu gliedern: Zeugenschaft in Jerusalem und Judäa (1,1–8,3); Zeugenschaft in Samaria und den angrenzenden Küstengebieten (8,4–11,18); Zeugenschaft bis zu den Enden der Erde (11,19–28,31). Diese rein geographische Gliederung macht allerdings schon im zweiten Teil Schwierigkeiten; sie erweist sich als vollends unbefriedigend darin, daß ihr dritter Hauptteil viel zu lang und thematisch viel zu disparat ist.

Sachgemäßer scheint es deshalb zu sein, nach einem Aufriß zu suchen, der sowohl den geographischen Gesichtspunkten von 1,8 wie auch den unterschiedlichen thematischen Bezügen der einzelnen Abschnitte des Werkes Rechnung trägt. Wichtige Hinweise ergeben sich daraus, daß Lukas gern Teile seines Werkes mit feierlichen Schlußbemerkungen abschließt, die rückblickend ein Fazit ziehen und den Ertrag des Geschehens für die Kirche und ihre Entwicklung beschreiben. Ein in sich geschlossener erzählerischer Block ist die Schilderung der Ursprungszeit in Jerusalem (2,1–5,42). Mit der Erzählung vom innergemeindlichen Konflikt um die Armenversorgung (6,1–7) wird zwar äußerlich der Schauplatz Jerusalem noch nicht verlassen, doch beginnt Lukas deutlich einen neuen Erzählungszusammenhang, dessen Themen die Jerusalemer Verfolgung und die daraus resultierende Ausbreitung des Evangeliums über Jerusalem hinaus nach Samarien und in die Küstengebiete ist. 9,31 hält feierlich den Ertrag dieser Phase fest. – Nunmehr beginnt ein neues Thema, nämlich die Auseinandersetzung um die Anfänge der Heidenmission (9,32–15,35). Es klingt zentral auf in der ausführlichen Kornelius-Erzählung, aber es beherrscht nicht minder den Bericht von den Anfängen der antiochenischen Gemeinde (11,19–28) sowie die Darstellung der ersten Missionsreise (12,25–14,28). Die Klimax bildet der Bericht vom Apostelkonzil (15), der wiederum mit einem feierlichen Fazit (15,35) schließt. – Nunmehr ist der Weg bereitet für die missionarische Tätigkeit des Paulus in Kleinasien und Griechenland (15,36–19,20). Zwar steht Paulus auch im noch folgenden Rest des Buches im Mittelpunkt. Dennoch kann kein Zweifel daran sein, daß Lukas hier ein neues Thema anschlägt: Es ist der Weg des Paulus als Zeuge des Evangeliums von Jerusalem nach Rom. Mit dem feierlichen Hinweis auf das durch die Kraft des Herrn gewirkte Wachsen des Wortes beschließt 19,20 die paulinische Wirksamkeit in Kleinasien. Und in 19,21f. klingt, nicht minder feierlich, ein neuer Ton an. Paulus gibt seinen Plan bekannt, nach Jerusalem und Rom reisen zu wollen. Unter welchen unvorhergesehenen Umständen er verwirklicht worden ist, das will Lukas im letzten Teil (19,21–28,31) berichten. Somit ergibt sich folgender Aufriß:

Prolog: Die Weisung des Auferstandenen 1,1–26
Teil I: Die Anfangszeit in Jerusalem 2,1–5,42
Teil II: Das erste Stadium der Ausbreitung der Kirche 6,1–9,31
Teil III: Antiochia und die Anfänge des Heidenchristentums 9,32–15,35

Teil IV: Die Mission des Paulus in Kleinasien und Griechenland 15,36–19,20
Teil V: Paulus als Zeuge des Evangeliums in Jerusalem und Rom 19,21–28,31.

7. Der *Text* der Apg ist in zwei stark voneinander abweichenden Fassungen überliefert:

7.1 in der des sogenannten ägyptischen Textes, repräsentiert vor allem durch die Majuskelhandschriften Vaticanus, Sinaiticus, Alexandrinus, Ephraemi rescriptus und die Papyri 45 und 74.

7.2 in der Fassung des sogenannten „westlichen" Textes, die geboten wird von der Majuskelhandschrift des Codex Bezae Cantabrigiensis, den Papyri 38 und 48, den altlateinischen und einem Teil der syrischen Übersetzungen. Während der westliche Text bei den meisten neutestamentlichen Schriften da, wo er vom ägyptischen Text abweicht, nur „verwilderte" Lesarten bietet, liegt der Fall bei der Apostelgeschichte deutlich anders. Es kann kein Zweifel daran sein, daß er hier eine einheitliche, eigenständige Textfassung enthält, die bereits im 2. Jahrhundert entstanden sein muß. In der Forschung ist deshalb zuweilen die Möglichkeit der Ursprünglichkeit der westlichen Textfassung erwogen worden. Daneben ist die Vermutung geäußert worden, daß beide Textfassungen auf Lukas zurückgehen könnten, in der Weise, daß der westliche Text eine vom Autor erweiterte und überarbeitete Zweitfassung darbieten würde.

Keine dieser Meinungen dürfte sich jedoch halten lassen. Wir haben keinen Anlaß zu bezweifeln, daß, wie bei den übrigen neutestamentlichen Büchern, auch bei der Apostelgeschichte die ägyptische Textform der Urfassung relativ am nächsten steht. Eine Analyse des westlichen Textes ergibt, daß er das Ergebnis einer planmäßigen Bearbeitung ist, die nicht die Handschrift des Lukas trägt. Sie pflegt Vorgänge in etwas pedantischer Art zu verdeutlichen (z.B. 5,15), Einzelheiten auszumalen (z.B. 19,9) und die Größe des göttlichen Handelns herauszustellen (z.B. 19,1). Die berühmteste Veränderung, die der westliche Text vornimmt, betrifft das sogenannte Aposteldekret (15,29; s. Exkurs z. 15,1–34). Seine auffälligste theologische Tendenz besteht darin, daß er die Schuld der Juden steigert und den Abstand der Urgemeinde zu ihnen unterstreicht.

Daß eine derartig freie Bearbeitung der Apg, wie sie der westliche Text bietet, möglich war, ist ein Indiz dafür, daß sie erst viel später als die Evangelien und die Paulusbriefe zur vollen Anerkennung als heilige Schrift gelangt ist. Andererseits besteht die Bedeutung dieser Bearbeitung darin, daß sie uns Einblick in das Verständnis der Apg im 2. Jahrhundert gibt. Sie hat gewissermaßen die Funktion des ältesten Kommentars.

8. *Unsere Auslegung* gliedert sich jeweils in eine allgemeine Analyse (A) und eine dem Text Vers für Vers folgende Erläuterung (B).

Allgemeinverständliche Auslegungen: H.W. Beyer, Die Apostelgeschichte, NTD 5, [4]1947; W. Lüthi, Die Apostelgeschichte, 1963; B. Reicke, Glaube und Leben der Urgemeinde. Bemerkungen zu Apg 1–7, AThANT 32, 1957; A. Schlatter, Die Apostelgeschichte, EzNT 4, [4]1928; G. Stählin, Die Apostelgeschichte, NTD 5, [6]1978; W. Wiater, Wege zur Apostelgeschichte, 1974; A. Wikenhauser, Die Apostelgeschichte, RNT 5, [3]1956; C.S.C. Williams, A Commentary on the Acts of the Apostles, BNTC, 1957.

Neuere wissenschaftliche Kommentare: O. Bauernfeind, Die Apostelgeschichte, ThHK V, 1939; F.F. Bruce, The Acts of the Apostles, ²1952; H. Conzelmann, Die Apostelgeschichte, HNT 7, 1963; E. Haenchen, Die Apostelgeschichte, KEK III, ⁷1977; K. Lake-H. Cadbury, English Translation and Commentary (F.J. Foakes Jackson-K. Lake, Hrsg.), The Beginnings of Christianity IV, 1933; J. Munck, The Acts of the Apostles, AncB, 1967; J. Schneider, Die Apostelgeschichte, HThK V/1, 1980; H.H. Wendt, Die Apostelgeschichte, KEK III, ⁹1913; Th. Zahn, Die Apostelgeschichte des Lucas, KNT 5, 1919/21.

Literaturberichte: W. Gasque, A History of the Criticism of the Acts of the Apostles, BGBE 17, 1975; E. Gräßer, Die Apostelgeschichte in der Forschung der Gegenwart, ThRNF 26 (1960) 93–167; (ders.), Acta-Forschung seit 1960, ThRNF 41 (1976) 141–194. 259–290; 42 (1977) 1–68.

Zu Fragen des Urchristentums allgemein: H. Conzelmann, Geschichte des Urchristentums, NTD Erg.-R. 5, 1969; L. Goppelt, Die apostolische und nachapostolische Zeit (Die Kirche in ihrer Geschichte, Lfg.A), ²1966; Ferd. Hahn, Das Verständnis der Mission im Neuen Testament, WMANT 13, ²1965; (ders.), Der urchristliche Gottesdienst, SBS 41, 1970; M. Hengel, Die Ursprünge der christlichen Mission, NTS 18 (1971) 15–38; H. Kasting, Die Anfänge der urchristlichen Mission, BEvTh 55, 1969; H. Lietzmann, Geschichte der Alten Kirche I. Die Anfänge, ³1953; E. Meyer, Die Apostelgeschichte und die Anfänge des Christentums. Ursprung und Anfänge des Christentums III, 1923; W.-H. Ollrog, Paulus und seine Mitarbeiter, WMANT 50, 1979; W. Schmithals, Paulus und Jakobus, FRLANT 85, 1963; A. Suhl, Paulus und seine Briefe, StNT 11, 1975.

Ausgewählte wichtige Abhandlungen und Aufsätze: C.K. Barrett, Luke the Historian in Recent Study, 1963; K. Beyschlag, Simon Magus und die christliche Gnosis, WUNT 16, 1974; R. Bultmann, Zur Frage nach den Quellen der Apostelgeschichte, in: (ders.), Exegetica, 1967, 412–423; Chr. Burchard, Paulus in der Apostelgeschichte, ThLZ 100 (1975) 881–895; (ders.), Der dreizehnte Zeuge, FRLANT 103, 1970; H.J. Cadbury, The Making of Luke-Acts, ³1961; H. Conzelmann, Der geschichtliche Ort der lukanischen Schriften im Urchristentum, in: G. Braumann (Hrsg.), Das Lukas-Evangelium, WdF CCLXXX, 1974, 236–260; M. Dibelius, Aufsätze zur Apostelgeschichte, ⁵1968; W. Dietrich, Das Petrusbild der lukanischen Schriften, BWANT 14, 1972; W. Elliger, Paulus in Griechenland. Philippi, Thessaloniki, Athen, Korinth, SBS 92/93, 1978; W. Eltester, Israel im lukanischen Werk und die Nazarethperikope, in: E. Gräßer u.a., Jesus in Nazareth, 1972, 76–147; J.E. Epp, The Theological Tendency of Codex Bezae Cantabrigiensis in Acts, MSSNTS 3, 1966; J. Ernst, Herr der Geschichte. Perspektiven der lukanischen Eschatologie, SBS 88, 1978; B. Gärtner, The Areopagus Speech and Natural Revelation, 1955; E. Haenchen, Acta 27, in: Zeit und Geschichte, FS R. Bultmann, 1964, 235–254; M. Hengel, Zwischen Jesus und Paulus. Die ‚Hellenisten', die ‚Sieben' und Stephanus (Apg 6, 1–15; 7, 54–8, 3), ZThK 72 (1975) 151–206; (ders.), Zur urchristlichen Geschichtsschreibung, 1979; T. Holtz, Untersuchungen über die alttestamentlichen Zitate bei Lukas, TU 104, 1968; J. Jervell, Paulus – der Lehrer Israels, NT 10 (1968) 164–190; (ders.), Luke and the People of God, 1972; G. Klein, Der Synkretismus als theologisches Problem in der ältesten christlichen Apologetik, in: (ders.), Rekonstruktion und Interpretation, 1969, 262–301; (ders.), Die zwölf Apostel, FRLANT 77, 1961; E. Kränkl, Jesus der Knecht Gottes, 1972; J. Kremer, Pfingstbericht und Pfingstgeschehen, SBS 63/64, 1973; W.G. Kümmel, Lukas in der Anklage der heutigen Theologie, in: (ders.), Heilsgeschehen und Geschichte 2, 1978, 87–100; K. Löning, Die Korneliustradition, BZ 18 (1974) 1–19; (ders.), Die Saulustradition in der Apostelgeschichte, NTANF 9, 1973; G. Lohfink, Die Himmelfahrt Jesu, StANT XXVI, 1971; (ders.), Die Sammlung Israels, StANT XXXIX, 1975; I.H. Marshall, Luke: Historian and Theologian, 1970; H.-J. Michel, Die Abschiedsrede des Paulus an die Kirche Apg 20, 17–38, StANT XXXV, 1973, E. Norden, Agnostos Theos. Untersuchungen zur Formengeschichte religiöser Rede, ⁵1971; J.C. O'Neill, The Theology of Acts in its Historical Setting, ²1970; H. Patsch, Die Prophetie des Agabus, ThZ 28 (1972) 282–232; R. Pesch, Die Vision des Stephanus Apg 7, 55–56 im

Rahmen der Apostelgeschichte, SBS 12, 1966; (ders.), Der Anfang der Apostelgeschichte Apg 1,1–11, in: EKK V 3, 1971, 7–36; E. Plümacher, Lukas als hellenistischer Schriftsteller, StUNT 9, 1972; (ders.), Art.: Apostelgeschichte, TRE 3, 1978, 483–528; W. Radl, Paulus und Jesus im lukanischen Doppelwerk, 1975; M. Rese, Alttestamentliche Motive in der Christologie des Lukas, StNT 1, 1969; W. C. Robinson, Der Weg des Herrn. Studien zur Geschichte und Eschatologie im Lukas-Evangelium, ThF 36, 1964; J. Roloff, Apostolat – Verkündigung – Kirche, 1965; (ders.), Die Paulus-Darstellung des Lukas, EvTh 39 (1979) 510–531; G. Schneider, Der Zweck des lukanischen Doppelwerks, BZ 21 (1977) 45–66; A. N. Sherwin-White, Roman Society and Roman Law in the New Testament, 1963; V. Stolle, Der Zeuge als Angeklagter. Untersuchungen zum Paulus-Bild des Lukas, BWANT 102, 1973; E. Trocmé, Le ‚Livre des Actes' et l'histoire, 1957; W. C. van Unnik, The ‚Book of Acts' the Confirmation of the Gospel, NT 4 (1960) 26–59; (ders.), Luke-Acts, A Storm Center in Contemporary Scholarship, in: Studies in Luke-Acts, FS P. Schubert, 1966, 15–32; Ph. Vielhauer, Zum ‚Paulinismus' der Apostelgeschichte, in: (ders.), Aufsätze zum Neuen Testament, TB 31, 1965, 9–27; A. Wikenhauser, Die Apostelgeschichte und ihr Geschichtswert, NTA 8,3–5, 1921; U. Wilckens, Lukas und Paulus unter dem Aspekt dialektisch-theologisch beeinflußter Exegese, in: (ders.), Rechtfertigung als Freiheit, 1974, 171–202; (ders.), Die Missionsreden der Apostelgeschichte, WMANT 5, ³1974; S. G. Wilson, The Gentiles and the Gentile Mission in Luke-Acts, MSSNTS 23, 1973; H. Zimmermann, Die Sammelberichte der Apostelgeschichte, BZNF 5 (1961) 71–82.

Prolog: Die Weisung des Auferstandenen 1,1–26

1. Jesu Abschied und Himmelfahrt 1,1–12

¹Das erste Buch habe ich verfaßt, lieber Theophilus, über alles, was Jesus von Anfang an tat und lehrte ²bis hin zu dem Tag, an dem er den Aposteln, die er durch den heiligen Geist erwählt hatte, Weisung gab und dann entrückt wurde. ³Ihnen erwies er sich durch viele Zeichen nach seinem Todesleiden als lebendig, indem er ihnen während vierzig Tagen erschien und zu ihnen vom Reiche Gottes sprach. ⁴Und während er mit ihnen gemeinsam aß, gebot er ihnen, nicht aus Jerusalem zu weichen, sondern (dort) die Verheißung des Vaters zu erwarten – „wie ihr von mir gehört habt: ⁵‚Johannes taufte mit Wasser, ihr aber sollt mit heiligem Geist getauft werden in wenigen Tagen'". ⁶Die Versammelten befragten ihn: „Herr, wirst du in dieser Zeit das Reich für Israel wieder aufrichten?" ⁷Er erwiderte ihnen: „Es ist nicht eure Sache, die Zeiten und Stunden zu wissen, die der Vater in seiner Herrschermacht bestimmt hat. ⁸Jedoch sollt ihr dadurch Kraft empfangen, daß der heilige Geist auf euch kommen wird, und ihr sollt meine Zeugen sein in Jerusalem, in ganz Judäa und Samaria und bis zu den Enden der Erde!" ⁹Und als er das gesprochen hatte, wurde er vor ihren Blicken emporgehoben, und eine Wolke nahm ihn auf und verbarg ihn vor ihren Augen. ¹⁰Wie gebannt starrten sie zum Himmel, während er auffuhr – doch siehe, da standen (plötzlich) zwei Männer in weißen Gewändern bei ihnen, ¹¹die sprachen: „Ihr Galiläer! Was steht ihr da und blickt zum Himmel? Dieser Jesus, der von euch weg in den Himmel entrückt worden ist, wird in der gleichen

Weise wiederkommen, wie ihr ihn habt zum Himmel fahren sehen!" ¹²Da kehrten sie nach Jerusalem zurück von dem Berge, der Ölberg genannt wird und der nahe bei Jerusalem liegt, einen Sabbatweg weit.

Lukas beginnt sein zweites Buch mit einer ungemein kunstvollen Komposition. Er verbindet die Widmung an seinen Gönner Theophilus mit einem Rückblick auf das erste Buch (V. 1f.), die fast unmerklich hinübergleitet in eine nochmalige Erzählung der Szene, mit der jenes schloß, der Himmelfahrt Jesu. Zugleich macht er diese jedoch zum Rahmen, in den er die Inhaltsangabe des neuen Werkes hineinbettet (V. 6–8). Die Himmelfahrtserzählung ist hier also nicht mehr, wie Lk 24,50–53, feierlicher Abschluß des Berichts vom Erdenwirken Jesu, sondern Auftakt für die neue Geschichte vom Weg der Gemeinde Jesu unter Leitung des heiligen Geistes. Im Zentrum steht darum nicht mehr, wie Lk 24,51, die Segensgeste des scheidenden Jesus, sondern sein beauftragendes Wort, das die Zukunft der Jünger bestimmen soll.

A 1–12

Alle Unterschiede zwischen den beiden Fassungen des Berichtes finden in dieser Veränderung der erzählerischen Perspektive ihre hinlängliche Erklärung. Weder hatte Lukas, als er den Anfang der Apostelgeschichte schrieb, neue Quellen über Jesu Abschied und Himmelfahrt zur Verfügung, die er bei der Abfassung des Evangeliums noch nicht gekannt hatte, noch geht, wie zuweilen vermutet, Apg 1,1–12 auf einen späteren Bearbeiter zurück, der das ursprünglich einheitliche Geschichtswerk des Lukas in zwei Bücher aufgeteilt und dem zweiten einen neuen Anfang vorangestellt hätte. Der Abschnitt ist nicht nur nach Sprache und Stil eindeutig lukanisch, sondern er ist für das Verständnis alles Folgenden geradezu unentbehrlich, weil er das literarische Programm des Buches enthält.

Zwar hat Lukas weder in Apg 1,1–12 noch in Lk 24,33–53 nach allem, was sich erkennen läßt, schriftliche Quellen benutzt, doch hat er keinesfalls beide Abschnitte ganz frei geschaffen. Hinter ihnen dürften vielmehr vorliterarische Überlieferungen stehen, die Lukas seinen schriftstellerischen Zielen gemäß ausgestaltet hat:
1. Apg 1,1–12 weist ebenso wie Lk 24,33–53 formal und inhaltlich alle wesentlichen Züge auf, die für eine bestimmte Gattung von Ostererzählungen kennzeichnend sind, die sog. „Gruppenerscheinungen". Diese sind zu unterscheiden von den Erzählung vom leeren Grab (Mk 16,1–8; Mt 28,1–10; Lk 24,1–12; Joh 20, 1–19) sowie von den Berichten über Erscheinungen des Auferstandenen vor Einzelnen (z.B. Lk 24,13–35; Joh 20,24–29). Sie handeln von einer Erscheinung des Auferstandenen vor dem gesamten Jüngerkreis (Joh 20,19–23), bzw. vor dem Kreis der „Zwölf" (Mt 28,18–20; vgl. 1.Kor 15,5). Jesus gibt sich dabei jeweils den Jüngern in seiner Identität zu erkennen (Mt 28,17; Joh 20,20; Lk 24,36ff.; Apg 1,3), erteilt ihnen Vollmacht (Mt 28,18; Joh 20,21b; Lk 24,49; Apg 1,4.8a) und sendet sie als seine Boten aus (Mt 28,19f.; Joh 20,22f.; Lk 24,47; Apg 1,8b). Es läßt sich leicht erkennen, daß Lukas aus dem Grundmuster dieser Gruppenerscheinung seinen erzählerischen Rahmen gebildet hat. Er hat es lediglich an einem Punkt gemäß seiner eigenen theologischen Konzeption abgewandelt: Aus der direkten Vollmachtserteilung wurde die Verheißung des – von ihm als separater Akt gedachten – Geistempfanges (Lk 24,49; Apg 1,4f.8a). Und er hat ein für ihn theo-

logisch wichtiges Moment neu hinzugefügt: die Unterweisung der Jünger durch den Auferstandenen (Lk 24,44–48; Apg 1,3b). – 2. Eine in ihren Konturen allerdings weit weniger exakt faßbare Überlieferung dürfte hinter der Erwähnung des gemeinsamen Essens der Jünger mit dem Auferstandenen (V. 4) stecken. Eine alte, möglicherweise galiläische Tradition scheint davon gewußt zu haben, daß sich der Auferstandene einem Kreis von Jüngern bei einer Mahlzeit zu erkennen gegeben hatte (Joh 21,9–14; Lk 24,30f.). In Lk 24,41ff. ist sie umgestaltet zu einem Essen Jesu vor seinen Jüngern, das die Leiblichkeit seiner Erscheinung beweisen soll. – 3. Auch das Motiv der Himmelfahrt scheint von der Tradition vorgeprägt zu sein. Zwar fehlt jedes Anzeichen dafür, daß es vor Lukas bereits Berichte von einer Himmelfahrt Jesu als einem eigenen, von der Auferstehung getrennten Ereignis gegeben hätte. Das Urchristentum hat vielmehr durchweg die Auferstehung als Einsetzung Jesu in die Stellung des endzeitlichen Herrschers im Himmel verstanden (Röm 1,4; 8,34; 14,9). Die Erhöhung, durch die Jesus zum Herrn über alle Mächte wird (Phil 2,11), war nichts anderes als die kosmische Dimension des Ostergeschehens (s. Exkurs zu 2,21). Allerdings enthält das apokryphe Petrusevangelium (2. Jahrhundert) eine Ostererzählung, die auf eine Weiterentwicklung der Überlieferung vom leeren Grab (Mk 16,1–8) zurückgeht und ihre Wurzeln sicher bereits im 1. Jahrhundert hat. Nach ihr stiegen am Ostertag „zwei Männer in einem großen Lichtglanz" aus dem geöffneten Himmel hernieder. Vor ihnen wich der das Grab verschließende Stein von selbst zur Seite, und die umstehenden römischen Soldaten sahen „drei Männer aus dem Grabe herauskommen und die zwei den einen stützen und ein Kreuz ihnen folgen und das Haupt der zwei bis zum Himmel reichen, dasjenige des von ihnen an der Hand geführten aber die Himmel überragen" (PetrEv 39,40). Auch Lukas läßt in V. 10 zwei Männer „in leuchtend weißen Gewändern" in Erscheinung treten – es sind die gleichen, die bei ihm bereits in der Erzählung vom leeren Grab auftauchten (Lk 24,4). Dies ist ein starkes Indiz dafür, daß er eine Fassung der Grabesgeschichte kannte, die im wesentlichen der des Petrusevangeliums entsprach und die bereits von der Erhöhung Jesu in den Himmel erzählte. Lukas hat diese Tradition zur Ausgangsbasis genommen, um die Aufnahme Jesu in den Himmel in der Weise einer antiken Entrückungsszene zu erzählen.

B 1–2 Das kurze Proömium erinnert, trotz seines schlichteren Stils, an das Vorwort des Lukasevangeliums (Lk 1,1–4). Die dort ausgesprochene Widmung an Theophilus wird erneuert, und zugleich wird der Inhalt des ersten Buches kurz rekapituliert. Die Widmung entspricht einem Brauch der Zeit. Ein Autor dedizierte sein Buch einem einflußreichen und wohlhabenden Patron, der als Dank dafür zumeist die Kosten für die Vervielfältigung und Verbreitung übernahm. Bereits dieser Zug zeigt, daß Lukas sich an geläufige literarische Formen anschließt und daß er bewußt eine weitere Öffentlichkeit erreichen möchte. Beides unterscheidet sein Doppelwerk von den meisten übrigen Schriften des Neuen Testaments. Es ist in gewissem Sinne das erste Stück urchristlicher Literatur! Spekulationen über die Person des Theophilus sind müßig. Man wird lediglich mit einiger Sicherheit vermuten können, daß er bereits zur christlichen Gemeinde gehört, wie auch, daß Lukas in erster Linie für christliche Leser schrieb. Eine Schrift, die Außenstehende für den christlichen Glauben werben oder diesen Glauben ihnen gegenüber verteidigen wollte, müßte nach Stil und Inhalt anders aussehen! Auch hier geht es vielmehr, wie schon im ersten Buch, primär um die „Versicherung" dessen, worin die Leser bereits unterwiesen sind (Lk 1,4).

Inhalt dieses ersten Buches war das gesamte Wirken Jesu in Tat und Wort. Nicht umsonst wird das Tun Jesu vor seinem Lehren erwähnt; für Lukas löst das Kommen Jesu einen in der Geschichte einmalig dastehenden Geschehenszusammenhang aus, der in erster Linie durch Taten und Ereignisse (vgl. Lk 1,1) sein Gepräge erhält. Als Abschluß dieses Geschehenszusammenhangs, bis zu dem das Evangelium geführt hatte, wird die Himmelfahrt und die ihr vorausgehende letzte Weisung an die Apostel erwähnt. Lukas rechnet also die Erscheinungen des Auferstandenen noch zur Epoche des Tuns und Lehrens Jesu. Erst mit der Himmelfahrt bzw. Entrückung ist deren Abschluß erreicht. Diese Auffassung unterscheidet sich grundlegend von der der übrigen Evangelisten und vor allem des Paulus, für die das entscheidend Neue, nämlich die Endzeit, schon mit der Auferweckung Jesu angebrochen ist.

Schwierigkeiten macht das Verständnis des Hinweises auf den „Anfang". Viele Ausleger sehen in ihm eine übergreifende Kennzeichnung des irdischen Wirkens Jesu und übersetzen demgemäß: „... was Jesus anfänglich tat und lehrte". Demnach wäre das Erdenwirken Jesu nur ein Anfang, der durch das Wirken des Erhöhten bzw. seiner Jünger fortgeführt würde, und der Inhalt der Apostelgeschichte wäre demnach die zweite Periode des Wirkens Jesu, die diesem Anfang folgte. Aber Lukas sieht die Zeit der Kirche nicht in solch unmittelbarer Weise als lineare Fortsetzung des Wirkens Jesu. Andere haben in dem Hinweis auf den „Anfang" lediglich eine pleonastische Umschreibung des Hauptverbums finden wollen, wie sie in feierlicher biblischer Sprache häufig ist (z.B. 1.Mose 2,3 LXX wörtlich: „... von allen seinen Werken, die Gott anfing zu tun", aber im Deutschen unübersetzt bleiben kann. Am wahrscheinlichsten ist jedoch, daß hier betont auf den *Anfang* des Wirkens Jesu, seine zeitliche Begrenzung nach rückwärts, verwiesen werden soll (vgl. Lk 1,1: „die von Anfang an Augenzeugen und Diener des Wortes waren ..."), denn dem entspricht die folgende Erwähnung des Abschlusses dieses Wirkens („bis hin zu dem Tage ..."). Beides zusammen soll den Anspruch auf Vollständigkeit unterstreichen, der in der Wendung „alles, was Jesus tat und lehrte" erhoben ist. Die Zeugen haben die gesamte Zeit des Wirkens Jesu erlebt (1,21f.), deshalb können sie alles bezeugen (10,39). Und Lukas hat diese Gesamtheit ihres Zeugnisses in seinem ersten Buch berichtet (Lk 1,3).

Besonders hervorgehoben wird bereits hier die Stellung der „Apostel": Jesus hat sie durch den heiligen Geist erwählt, d.h. er hat sie – nämlich die Glieder des Zwölferkreises – bereits zu Beginn seines Erdenwirkens in ihre besondere Stellung eingesetzt. Lukas will hier an die Lk 6,12f. berichtete feierliche Bestellung dieses Kreises erinnern. Für ihn sind die zwölf Apostel deshalb wichtig, weil sie das Kontinuum zwischen der Zeit des Tuns und Wirkens Jesu und der Zeit der Kirche darstellen: sind sie doch sowohl Träger und Zeugen der Tradition über die Jesus-Zeit (1,22) als auch Empfänger und bevollmächtigte Treuhänder der Weisung Jesu für die Zeit nach der Himmelfahrt.

3   Eigentlich erwartet der Leser nur einen Satz, der als Gegenstück zu V. 1f. den Inhalt des nun beginnenden Buches umrisse; das hätte dem Stil antiker Geschichtsschreibung entsprochen. Dieser Satz könnte etwa lauten: „Nun aber will ich das darauf Folgende beschreiben, nämlich die Ausbreitung des Evangeliums in Taten und Worten, bis hin zur Ankunft des Paulus in Rom". Statt dessen schwenkt Lukas unmittelbar in eine Erzählung über, die die letzte Szene des Evangeliums nochmals aufnimmt. Das ist keine Nachlässigkeit, sondern ein überlegter schriftstellerischer Kunstgriff. Im Mittelpunkt der neuen Fassung dieser Szene steht nämlich das Wort des Auferstandenen, das die Themaangabe des Buches enthält (V. 5-8) und die Erwartungen des Lesers in die richtige Richtung lenken soll. Sie hat also – und das ist wichtig zu erkennen – einen Doppelcharakter: formal ist sie eine Erzählung, ihrer Funktion nach ist sie eine Verlängerung des Proömiums. Daraus erklärt sich die schwebende Unbestimmtheit der erzählerischen Einzelheiten. Ohne erzählerische Vorbereitung werden wir in die Mahlszene (V. 4) hineingeführt, und an sie wird die Himmelfahrt unmittelbar und ohne Übergang angeschlossen (V.9). Lukas möchte anscheinend den Eindruck einer Einheit von Zeit und Ort beim Leser entstehen lassen, und er vermeidet alle konkreten Details, die diesen Eindruck zwangsläufig zerstören würden. Konkret wäre ja das gemeinsame Mahl nur in einem Haus vorstellbar, während die Himmelfahrt, wie die seltsam nachklappende Ortsangabe (V. 12) verrät, ihren Ort auf dem Ölberg hat.

In einem sehr präzise formulierten Satz wird zunächst die Bedeutung der Ostererscheinungen zusammenfassend umrissen. Mehrere Momente treten hier als für Lukas wichtig hervor: 1. Die Empfänger der Erscheinungen waren die zwölf Apostel – und zwar sie ausschließlich! Das ist eine deutliche Verengung der von Paulus bezeugten älteren Auffassung (1. Kor 15,5 ff.). – 2. Jesus selbst war das in den Ostererscheinungen handelnde Subjekt; er hat sich den Jüngern zu neuer Gemeinschaft dargeboten, indem er ihnen „erschien" (vgl. Lk 24,34; 1.Kor 15,5). Es geht nicht um ein „Sehen" der Jünger im Sinne eines bis in die jenseitige Welt hinein gesteigerten Aktes sinnlicher Wahrnehmung, sondern um ein In-Erscheinung-Treten Jesu. Dieser Zug ist ebenso zentral für das neutestamentliche Auferstehungszeugnis wie jener, wonach der Auferstandene nach seinem Todesleiden als Träger unverlierbarer göttlicher Lebenswirklichkeit in Erscheinung trat (Lk 24,5; Apg 3,15; Röm 14,9; Offb 1,18). Auch Lukas denkt nicht nur an eine Rückkehr Jesu in die beschränkte Lebendigkeit menschlicher Existenz, sondern an endzeitliche Lebenswirklichkeit. – 3. Jesus hat die Realität seiner Auferstehung durch „Beweise" bezeugt. Lukas hat dabei wohl Vorgänge wie das Sich-betasten-lassen und das Essen des Auferstandenen vor den Jüngern (Lk 24,39–43) im Blick. Solche Betonung der massiven Leiblichkeit der Auferstehung ist den älteren Schichten des Neuen Testaments noch fremd und wird nur aus der Abwehrstellung des Lukas gegen eine doketische Christologie verständlich. – 4. Als Auferstandener wiederholte und bekräftigte Jesus seine vorösterliche Verkündigung, indem er von den „Dingen des Reiches Gottes" sprach (vgl. 8,12; 14,22; 19,8). – 5. Die Erscheinungen beschränkten sich auf einen Zeitraum von 40 Tagen. Diese Angabe hat im Neuen Testament sonst keine Entsprechung. Wie aus 1.Kor 15,8 hervorgeht, hat man sich zwar den Zeitraum der Erscheinungen des Auferstandenen als beschränkt vorgestellt; Paulus weiß sich nicht nur als den letzten Auferstehungszeugen, sondern er weiß auch um die zeitliche Distanz der ihm zuteilgewordenen Erscheinung von der Mehrzahl der übrigen Erscheinungen. Aber eine geprägte kerygmatische Formulierung, die den Erscheinungszeitraum abgegrenzt hätte. gab es offenbar nicht. Auch innerhalb des lukanischen Werkes steht die Angabe hier vereinzelt. In Apg 13,31 heißt es lediglich, der Auferstandene sei „eine größere Zahl von Tagen hindurch" erschienen. Hingegen fehlt in Lk 24,50f. jegliche Zeitangabe, so daß dort fast der (von Lukas freilich nicht beabsichtigte) Eindruck entstehen könnte, als sei die Himmelfahrt noch am Abend des Ostertages erfolgt. Besonders auffällig ist, daß die Zeitangabe beim Himmelfahrtsbericht selbst (Apg 1,9–12) nicht wiederholt wird. Dem entspricht der liturgiegeschichtliche Befund: Bis ins 4. Jahrhundert hinein gab es im kirchlichen Festkalender kein eigenes Himmelfahrtsfest am 40. Tag nach Ostern; die Himmelfahrt wurde vielmehr mit dem Pfingstfest als dem Abschluß der festlichen Osterzeit verbunden. Ja es gibt bis zu dieser Zeit auch kaum Belege für eine Verbindung der Zahl 40 mit der Himmelfahrt! Aus alledem wird man schließen müssen, daß Lukas diese Zahl nicht aus der Tradition übernommen, sondern selbst hier eingetragen hat. Was er damit beabsichtigt, wird klar, wenn man sie auf dem Hintergrund der übrigen Aussagen des Summariums von V.3 sieht. Er will zweifellos nicht die Himmelfahrt datieren, sondern den Zeitraum der Erscheinungen Jesu umreißen! Und zwar ist dieser Zeitraum hier als eine besonders hervorgehobene Periode der Zurüstung und Vorbereitung der Apostel für ihre kommenden Aufgaben gesehen. Die 40 gehört in der Bibel zu den bevorzugten runden Zahlen. Sie erscheint im Alten Testament vor allem da, wo es um die Kennzeichnung von längeren Zeiträumen geht, die zwischen 8 und 100 Tagen bzw. Jahren liegen. Darüber hinaus ist damit zu rechnen, daß Lukas einen symbolischen Bezug zu einem der mit der Zahl 40 verbundenen Zeiträume im Alten Testament hat herstellen wollen. Vom Kontext her kommt dafür eigentlich nur der vierzigtägige Aufenthalt des Mose auf dem Gottesberg 2.Mose 24,18 in Frage. Denn auch dort dienen die 40 Tage dem Empfang der Offenbarung durch einen bevollmächtigten Gottesboten, sowie dessen Vorbereitung für die nachfolgende öffentliche Verkündigung vor dem Volk. Lukas hat sich dieses vierzigtägige Zusammensein Jesu mit den Jüngern schwerlich als ein ununterbrochenes Miteinander im Sinne einer Fortsetzung der vorösterlichen Lebensgemeinschaft vorgestellt. Er dachte vielmehr, wie die Formulierung von V.3 nahelegt, an eine sich über die 40 Tage hinziehende Kette von Erscheinungen, wobei ihn die Frage, wo sich Jesus denn in der Zeit zwischen den Erscheinungen aufgehalten habe, kaum beschäftigt haben dürfte. Hätte man sie ihm gestellt, so hätte er sicherlich in Übereinstimmung mit dem gesamten neutestamentlichen Auferstehungskerygma geantwortet: „Im Himmel."

Ein solches Zusammensein des Auferstandenen mit den Aposteln wird nun etwas genauer beschrieben. Die Wendung „und als sie miteinander aßen" scheint anzudeuten, daß Lukas an die Mahlszene Lk 24,36–43 denkt. Das dafür verwendete griech. Wort begegnet nur hier im Neuen Testament und bedeutet wörtlich „miteinander Salz essen". Das Interesse des Erzählers haftet jedoch nicht an den äußeren Vorgängen, sondern an der Weisung, die der Auferstandene bei dieser Begeg- 4–5 nung den Aposteln gab. Sie liefert nicht nur ein Beispiel für das Sprechen Jesu von den „Dingen des Gottesreiches" (V. 3), sondern bildet den ersten Teil der Inhaltsangabe unseres Buches. – Jesus gebietet den Jüngern, in Jerusalem zu bleiben und dort die Erfüllung der vom Vater gegebenen Verheißung des Kommens des Geistes zu erwarten. Diese Weisung erscheint bei den übrigen Evangelisten nicht. Im Gegenteil: sie wissen von einem Befehl des Auferstandenen an die Jünger, nach Galiläa zu gehen (Mk 16,7; Mt 28,10; Lukas korrigiert ihn stillschweigend in Lk 24,6) und lassen darüber hinaus auch noch erkennen, daß die ältesten Auferstehungstraditionen nach Galiläa verweisen. Lukas hingegen tilgt den Bericht von der Flucht der Jünger nach Galiläa und berichtet ausschließlich von Erscheinungen des Auferstandenen in Jerusalem. Wir stoßen hier auf ein für die theologische Konzeption des Lukas fundamentales Motiv. Es kommt ihm darauf an, zu zeigen, daß die Anfänge der Kirche unauflöslich mit Jerusalem verbunden sind. Deshalb betont er nicht nur Jesu Weg nach Jerusalem (Lk 9,51) und die Erfüllung seines Erdenweges dort, sondern stellt auch in der ersten Hälfte der Apg die Vorgänge in Jerusalem eindeutig in den Mittelpunkt. Jerusalem, die heilige Stadt, mit der die eschatologischen Hoffnungen Israels verknüpft waren, ist für ihn Kontinuitätssymbol. Darin, daß Jesus und seine Kirche ihren festen Stand in Jerusalem haben, kommt zum Ausdruck, daß sich in ihnen die Israel gegebene Verheißung erfüllt. Wenn Gott trotzdem seine Kirche schließlich einen Weg gehen läßt, der von Jerusalem wegführt, dann steht das nicht im Widerspruch zu seiner Verheißung, sondern hat seinen Grund im Ungehorsam Israels (s. zu 19,21 f.).

Lukas fand offensichtlich in seiner Tradition kein Jesuswort, mit dem er die Verheißung der Geistausgießung auf die Jünger hätte belegen können. Er behilft sich deshalb damit, daß er den Auferstandenen – und zwar nunmehr in direkter Rede – auf ein Wort Johannes des Täufers verweisen läßt (Mt 3,11; Lk 3,16). Der Täufer hatte damit ursprünglich wohl das kommende endzeitliche Gerichtshandeln in Feuer und Sturm angekündigt, vor dem seine Taufe retten sollte, aber die christliche Gemeinde hat dies wohl schon bald als Zusage des endzeitlichen Geistes verstanden (Wind und Geist werden mit dem gleichen griech. Wort bezeichnet). In 2,17–21 wird Lukas das Kommen des Geistes, anders als hier, auf einen alttestamentlichen Schriftbeweis gründen (s. d.). Die Zeitangabe am Schluß ist als Interpretation für den Leser hinzugesetzt. Sie soll ihn auf die in Kürze folgende Pfingsterzählung vorbereiten.

6–8 Ein erzählerischer Neueinsatz deutet einen Szenenwechsel an. Es scheint, als dächte hier Lukas an eine neue Begegnung des Auferstandenen mit den Jüngern, deren Ort schon der Ölberg ist. Aber all das bleibt ganz beiläufig. Alles Gewicht liegt auf dem Dialog zwischen Jesus und den Jüngern, der sich in Frage und Antwort abspielt. Wichtige Aussagen Jesu durch Fragen seiner Gesprächspartner vorzubereiten und ihr Verständnis in die gewünschte Richtung zu lenken, ist ein häufig von Lukas geübter erzählerischer Kunstgriff (vgl. Lk 1,34; 11,45 f.; 12,41; 17,37 u. ö.).

An unserer Stelle enthält der Fragesatz der Jünger streng genommen *drei verschiedene Fragen*, denen *drei Antworten* seitens Jesu entsprechen: 1. Die erste Frage bezieht sich auf den Termin der eschatologischen Wende: „Wirst du *zu dieser*

Zeit das Reich für Israel wiederherstellen?" Jesus antwortet darauf, indem er das Nachrechnen von „Zeiten und Stunden" verwehrt und auf die souveräne Entscheidungsfreiheit Gottes bei der Herbeiführung der Endereignisse hinweist. Die klare Absage Jesu an alle Versuche, einen apokalyptischen „Fahrplan" für den Ablauf der Endzeitereignisse aufgrund bestimmter innergeschichtlicher Zeichen aufstellen zu wollen, ist in der Überlieferung fest verankert (Mt 24,36f.; Mk 13,32). In unserem Kontext wird sie darüber hinaus zu einer Stellungnahme gegen die Naherwartung. Lukas weiß, daß in den Anfängen der christlichen Gemeinde die Auferstehung Jesu als der unmittelbare Beginn der Endereignisse verstanden worden ist, und er möchte dagegen die Autorität Jesu selbst ins Feld führen, indem er ihn sagen läßt: Ostern ist noch nicht das Ende; es bleibt eine Frist von ungewisser Länge, auf die es sich einzustellen gilt. – 2. Die zweite Frage betrifft den Umfang des Endheils: „Wirst du das Reich *für Israel* wiederherstellen?" Sie hat ebenfalls einen ganz realen Hintergrund in der Anfangsgeschichte der Gemeinde: Das frühe palästinische Judenchristentum verstand sich als das Israel der Endzeit und erwartete, daß der Anspruch, den Jesus auf Israel in seiner Gesamtheit erhoben hatte (Mt 19,28), in unmittelbarer Zukunft durch die Bekehrung ganz Israels zum Glauben an Jesus eingelöst würde. Auch diese Erwartung rückt der Auferstandene zurecht, indem er den Jüngern den Auftrag gibt zu missionarischem Wirken „in Jerusalem, in ganz Judäa und Samaria und bis zu den Enden der Erde". Die Erwartung der Jünger wird nicht zurückgewiesen: Es wird tatsächlich zur Verkündigung in Jerusalem und Judäa kommen, Menschen aus Israel werden das Reich erben, ja die Kirche wird das wahre Israel der Endzeit sein. Aber sie wird zugleich zurechtgerückt: dieses Israel wird eine andere, unerwartete Gestalt haben; es wird seine Mitte nicht in Jerusalem haben! Die Wendung „bis zu den Enden der Erde" deutet den Weg der Zeugen bis nach Rom, der Hauptstadt des die Enden der damaligen bekannten Welt umfassenden Reiches, an. Sie ist im Anklang an die prophetische Verheißung „Ich habe dich zum Licht der Heiden gesetzt, auf daß du zum Heil bis an das Ende der Erde bist" (Jes 49,6) formuliert. – 3. Die dritte Frage schließlich zielt auf die Rolle, die Jesus selbst in diesem Geschehen spielen wird: „Wirst *du* das Reich für Israel wiederherstellen?" Sie hängt mit den beiden ersten unmittelbar zusammen. Denn wie ist, wenn der Auferstehung Jesu erst noch eine unbestimmte Frist folgen wird, in der seine Boten bis an die Enden der Erde gehen sollen, Jesu Beteiligung an diesem Geschehen zu denken? Hat nicht die Erfüllung seines Auftrages seine bleibende leibliche Gegenwart zur Voraussetzung? Die Antwort verweist auf das Kommen des Geistes: Zwar bleibt die Parusie in unberechenbarer Ferne; zwar hat auch die leibliche Gegenwart des Auferstandenen bei den Seinen ein Ende – trotzdem sind sie nicht auf sich selbst gestellt, denn der Heilige Geist wird jetzt kommen. Nicht Jesus selbst, sondern der Geist wird bei den Jüngern sein. Aber er wird sie zum Zeugnis von Jesus ermächtigen. Lukas kann sich das Geisteswirken konkret nur als Zeugnis von Jesus, d.h. als Glauben wirkende Bekundung der Worte und Taten des Irdischen vorstellen.

Hätten die Jünger unmittelbar nach Ostern tatsächlich diese Sätze als Botschaft des Auferstandenen gehört, dann wäre der Fortgang der urchristlichen Geschichte unverständlich. Denn dann bliebe unklar, wie es jemals zur Naherwartung der

Parusie kommen konnte, und vor allem, warum die Heidenmission erst so spät und nach so schwierigen inneren Auseinandersetzungen, wie sie uns in Apg 10–15 berichtet werden, aufgenommen wurde. Trotzdem handelt es sich hier nicht einfach um erbauliche Fiktion. Ganz im Gegenteil: Wir haben hier ein markantes Beispiel für die Art der Geschichtsdarstellung des Lukas – und für ihre Zuverlässigkeit. Denn die Sätze, die er dem Auferstandenen in den Mund legt, ziehen gleichsam eine Summe aus den entscheidenden theologischen Lern- und Erfahrungsprozessen, die das junge Christentum in den ersten Jahrzehnten seines Bestehens durchlaufen hat. Lukas will deutlich machen, daß diese Prozesse, die zur Überwindung der Naherwartung, zur Aufnahme der Heidenmission und zur Gestaltung angemessener Formen der Verkündigung geführt haben, durch das lebendige Zeugnis des Geistes von Jesus zustandegekommen sind. Wie das im einzelnen sich vollzog, davon will Lukas berichten. Und so sind diese Sätze des Auferstandenen zugleich eine Inhaltsangabe seines zweiten Buches. Sein Thema ist die Darstellung des Weges der Kirche von Jerusalem bis zu den Enden der Erde als eines Weges, der trotz radikaler äußerer Veränderungen durch die Konstanz der leitenden Gegenwart des Geistes bestimmt war und durch den darum das wahre Israel als das Gottesvolk aus Juden und Heiden seine von Gott bestimmte Gestalt gewann.

9–11 Unmittelbar nach seinen Abschiedsworten wird Jesus vor den Augen der Jünger „emporgehoben" und gleichzeitig den Blicken der Jünger durch eine ihn umhüllende Wolke entzogen. Mit ihren staunenden Blicken verfolgen sie den Vorgang seiner Entrückung in den Himmel. Sie sind – dies will die sich ganz ihre Perspektive zu eigen machende Erzählung andeuten – von dem Vorgang so gebannt, daß sie die beiden Männer in weißen Gewändern, die neben ihnen stehen, erst wahrnehmen, als sie von ihnen angesprochen werden. Es handelt sich um Engelsgestalten, deren Funktion, wie auch sonst häufig in der Bibel (z. B. Lk 1,26 ff.; 2,9 ff.), die Deutung wunderbarer, von Gott gewirkter Vorgänge ist. Vor allem in der Tradition von der Leerfindung des Grabes am Ostermorgen hat die Geschehensdeutung aus Engelmund einen festen Platz (Mk 16,5 ff.; Mt 28,5 f.; Lk 24,4 f.; Joh 20,12 f.). Die strahlend weißen Gewänder sind geläufige Attribute himmlischer Wesen (2. Makk 11,8; Mk 9,3 u. ö.). Die Worte der Engel enthalten einen Tadel an die Jünger: Wenn sie sehnsüchtig dem entschwindenden Herren nachstarren, so verstoßen sie damit gegen die Weisung, die ihnen Jesus eben zuvor noch gegeben hat (V. 8). Was jetzt an der Zeit ist, ist weder die Klage über das leibliche Fernsein des Herrn noch das Berechnen der „Zeiten und Stunden" bis zu seiner Wiederkunft, sondern die Befolgung seines Auftrags in der Welt! Damit ist die Erwartung der sichtbaren Wiederkunft Jesu, der Parusie, nicht für gegenstandslos erklärt. Im Gegenteil: Daß die Jünger Jesus haben zum Himmel fahren sehen, sollte ihnen Grund für die Gewißheit seiner Wiederkunft vom Himmel sein. Das Entrückungsgeschehen bietet bis in Einzelheiten hinein gleichsam ein Gegenbild der Parusie; so entspricht die Wolke, die Jesus verhüllt, jener Wolke, auf der nach herkömmlicher urchristlicher Erwartung Jesus bei der Parusie erscheinen wird (Mk 13,26 par Mt 24,30; Lk 21,27; Mk 14,62; Offb 1,7; vgl. Dan 7,13). Die unverlierbare Gewißheit des Daß der Parusie sollte die Frage nach ihrem Wann gegenstandslos machen. Natürlich ist diese Kritik der Naherwartung auf die Zeitgenossen des

Lukas gemünzt, die noch an ihr festhalten. Sie sollen begreifen, daß die sich dehnende Zeit, in die die Kirche hineingestellt ist, keine negative, Glauben und Heil gefährdende Größe ist, sondern eine Gabe, die ihnen ihr Herr zur rechten Nutzung anvertraut hat. Es ist der Kirche Zeit gegeben, die Botschaft weiterzutragen, Zeugnis abzulegen, diese Welt mit dem Wort Jesu zu durchdringen und heilvoll zu verwandeln. Die Zeit der Kirche tritt bei Lukas gerade nicht, wie vielfach behauptet worden ist, an die Stelle der aus der Geschichte hinausgedrängten Parusie. Sie ist vielmehr eine Zeit, die ganz umklammert ist durch die einander entsprechenden und aufeinander bezogenen Ereignisse der Himmelfahrt und der Parusie.

Die Jünger folgen der Weisung der Engel. Ihr Weg vom Ölberg nach Jerusalem wird so zur ersten Etappe des Weges der Kirche durch die Geschichte. Hier erst erhält der Leser die Ortsangabe der letzten Szene nachgeliefert. Diese ist nicht ohne tiefere Bedeutung: Nach Sach 14,4 (LXX) wird am Ölberg der Messias dereinst vom Himmel herniederkommen. Ein Sabbatweg, die Entfernung, die der Jude am Sabbat zurücklegen durfte, betrug 880 m. 12

Jesu Himmelfahrt. Die Himmelfahrtsgeschichte bringt den modernen Ausleger meist in nicht geringe Verlegenheit. Er scheint vor die Wahl gestellt, entweder sich in fruchtlose Apologetik zu verlieren, oder vor der Naivität zu kapitulieren, in der hier das Christusgeschehen in den Rahmen eines für uns vergangenen mythischen Weltbildes gespannt wird. Aber der Schein trügt. Manches spricht dafür, daß Lukas keineswegs so naiv die Christologie an den Mythos preisgibt, sondern daß er umgekehrt sehr bewußt den Mythos als Interpretament der Christologie einsetzt. Altes Testament und Judentum kannten die Vorstellung, nach der besonders bevorzugte Menschen nach Abschluß ihrer irdischen Wirksamkeit durch eine Entrückung leiblich in das Paradies oder in den Himmel aufgenommen werden. Häufig wird vor allem auf die Entrückung Elijas Bezug genommen (2.Kön 2,1–18; Sir 48,9.12; 1.Makk 2,58; aethHen 93,8 u.ö.). Auch von Henoch (1.Mose 5,24; Sir 44,16; aethHen 70f.; 81; Hebr 11,5 u.ö.), Esra (4.Esr 14,9.49) und Baruch (syr. Bar 13,3; 25,1; 43,2; 46,1.7) wurden Entrückungen berichtet. Es ist sicher, daß Lukas solche Erzählungen kannte. Darüber hinaus dürfte er, wie oben angedeutet, auch schon eine Tradition gekannt haben, die von einem direkten Aufstieg Jesu aus dem Grab heraus in den Himmel handelte (PetrEv 39f.). Das eigentliche Bezugsfeld, in das hinein Lukas seine Himmelfahrtserzählung stellen wollte, dürfte jedoch jene Vorstellung von der Entrückung von Heroen und Herrschern gewesen sein, die in der hellenistischen Welt weit verbreitet war. Leibliche Entrückungen in den Himmel wurden u. a. von Herakles, Empedokles, Iphigenie, Platon und Aristoteles erzählt. In der römischen Kaiserzeit wurde die Entrückung zum stehenden Requisit der Herrscherapotheose, und damit zum Werkzeug einer vom politischen Kalkül gesteuerten Massenpropaganda. Erst dann konnte ein verstorbener Kaiser als unter die Götter versetzt erklärt werden, wenn der römische Senat Zeugen fand, die die leibliche Entrückung in den Himmel bestätigen konnten. So beschworen Zeugen, sie hätten Augustus, Claudius und Drusilla vom Scheiterhaufen mit eigenen Augen in den Himmel fahren sehen. Zum Schema einer Entrückungserzählung gehören: das plötzliche Verschwinden, die verhüllende (bzw. tragende) Wolke mit Donner und Blitz, weitere himmlische Erscheinungen (Sonnenfinsternis, Erdbeben, ein aufsteigender Adler), Anwesenheit von Zeugen, himmlische Bestätigung, etwa durch Auftreten himmlischer Personen oder des Entrückten selbst) sowie nachfolgende göttliche Verehrung durch Einrichtung eines Kults.

Nun sind freilich solche Entrückungsberichte bereits in der frühen Kaiserzeit von den Gebildeten nicht mehr für bare Münze genommen worden. Zahlreiche literarische Parodien sprechen eine deutliche Sprache. Aber auch da, wo man ihnen nicht mehr wörtlich glaubte, gebrauchte man die Elemente der Entrückungsvorstellung in einer symbolisch-übertragenen Weise. Sie lieferten die sprachlichen Ausdrucksmittel, mit denen die Unsterblichkeit eines Menschen, seine Versetzung in die Welt der Götter und das Weiterwirken seines Einflusses in der Geschichte ausgesagt werden konnten.

Lukas hat seine Himmelfahrtserzählung nicht einfach als Analogie zu heidnisch-antiken Entrückungsberichten frei geschaffen. Er hat vielmehr, wie unsere Analyse ergab, das Himmelfahrtsmotiv in der Tradition vorbereitet gefunden, wo es bereits der Interpretation der Auferstehung als Erhöhung diente, und er hat es als Abschluß eines Erscheinungsberichtes verwendet. Allerdings dürfte er – sei es bewußt, sei es unbewußt – in seine Erzählung einige Motive aus dem Bereich hellenistischer Erhöhungsvorstellungen eingebracht haben. Der Grund ist leicht einzusehen: Hier lagen ja bereits sprachliche Ausdrucksmittel und Symbole vor, die es möglich machten, Lesern, die aus der geistigen Welt des Hellenismus kamen, den Inhalt des christlichen Bekenntnisses, wonach Jesus zu Gott erhöht sei, anschaulich nahezubringen. Es mußte ihn, den großen Erzähler, reizen, durch solche Ausdrucksmittel den an sich unanschaulichen Vorgang der Erhöhung Jesu erzählbar zu machen. So konnte er damit rechnen, daß seine Leser die Wolke als Symbol der Jesus aufnehmenden Gegenwart Gottes und die Auffahrt in den Himmel als Hinweis auf seine Einsetzung in eine göttliche Stellung verstehen würden. Ja, vielleicht sollten diese Leser sogar einen kritisch-polemischen Unterton heraushören: diese Entrückung ist – anders als die der römischen Kaiserapotheosen – die Einsetzung des wahren Weltherrschers! So hat Lukas ja Jesus bereits bei seiner Geburt mit dem aus dem Kaiserkult bekannten Prädikat des Weltheilands (*sotēr*) bezeichnet (Lk 2, 11).

Wir haben es hier also mit einer kühnen erzählerischen Deutung der Erhöhung Jesu zu tun. Daß sie, wie jede theologische Interpretation, die aus den Geleisen der Konvention ausbricht, ihre Gefahren hat, kann nicht übersehen werden (s. zu 2,33). So ist Lukas, indem er Auferstehung und Erhöhung faktisch voneinander trennte, einer Auffassung gefährlich nahegekommen, nach der die Auferstehung nur eine Rückkehr Jesu in das irdische Leben, nicht aber das zentrale eschatologische Heilsereignis ist. Darüber hinaus hat er, wohl ungewollt, durch seine Erzählung dem Mißverständnis Vorschub geleistet, als sei die Erhöhung ein raum-zeitlicher Vorgang. Was hier auf dem Spiel steht, ist nicht weniger als der Gedanke der Jenseitigkeit Gottes.

2. Die Vorbereitung auf das Kommen des Geistes 1,13–14

¹³Und als sie hineinkamen, stiegen sie hinauf in das Obergemach, wo sie sich aufzuhalten pflegten: Petrus und Johannes und Jakobus und Andreas, Philippus und Thomas, Bartholomäus und Matthäus, Jakobus, der Sohn des Alfäus und Simon der Zelot und Judas, der Sohn des Jakobus. ¹⁴Diese alle verharrten einmütig im Gebet, gemeinsam mit den Frauen und Maria, der Mutter Jesu, sowie mit seinen Brüdern.

Die Erzählung erreicht hier ihren ersten Ruhepunkt. Es ist kennzeichnend für die Erzähltechnik des Lukas, daß er in regelmäßigen Abständen zwischen den Berichten von einzelnen Ereignissen Zustandsschilderungen einblendet, die ein Fazit aus dem Vorhergegangenen ziehen und die folgenden Aktionen vorbereiten. Er hat diese literarische Form des sogenannten „Summariums" keineswegs selbst geschaffen, sondern bereits im Markusevangelium vorgefunden, wo sie jeweils an zentralen Punkten der Erzählung dazu dient, das Wirken Jesu zusammenfassend zu charakterisieren (Mk 1,39; 3,7f.; 4,33f. u.ö.). Bereits in seinem Evangelium hat Lukas diese Form sehr kunstvoll weiterentwickelt und sie zu einem den inneren Rhythmus seiner Darstellung bestimmenden Stilmittel gemacht (z.B. Lk 1,80b; 2,40.51f.; 4,14f.). Er setzt sie nun auch in der Apg ein. Sie gibt ihm eine willkommene Möglichkeit an die Hand, aus z.T. sehr fragmentarischen Quellen und Traditionen über Einzelepisoden ein übergreifendes Gesamtbild zu entwickeln, das den Anschein der Vollständigkeit erweckt. Aber sicher hat er Summarien nicht nur deshalb geschaffen, um aus der Not der dürftigen Quellen eine Tugend zu machen, sondern um dem Leser deutliche Hinweise auf das im jeweiligen Erzählungszusammenhang theologisch und historisch besonders Wichtige zu geben. Sie bilden vielfach geradezu das innere Gerüst seiner Darstellung. So steht unser Summarium formal zwischen den beiden Erzählungen des Prologs (1,1–12; 1,15–26) und weist seinem Inhalt nach auf das für die Zeit zwischen Himmelfahrt und Pfingsten Entscheidende: die Vorbereitung der Jünger auf das Kommen des Geistes im gemeinsamen Gebet.

Als Traditionsmaterial stand Lukas neben dem bereits in Lk 6,14ff. benutzten Katalog des Zwölferkreises möglicherweise noch eine Überlieferung über die Zugehörigkeit von Gliedern der Familie Jesu zur Jerusalemer Urgemeinde zur Verfügung. Bereits Paulus hat ja eine Tradition über eine Erscheinung des Auferstandenen vor dem Herrenbruder Jakobus gekannt (1.Kor 15,7; vgl. HebrEv 7).

Bereits die sprachliche Formulierung macht deutlich: Hier soll nicht ein einzelnes Ereignis berichtet, sondern eine Zustandsschilderung gegeben werden. Die in gemeinsamem Gebet auf das Kommen des Geistes wartende Versammlung der Jünger Jesu wird uns hier gleichsam in einem lebenden Bild vor Augen gestellt. Der Schauplatz ist ein Obergemach, d.h. jener auf dem flachen Dach von größeren Häusern aufgesetzte, nur über eine Außentreppe zugängliche zusätzliche Raum, der, anders als der untere große Wohnraum, in seinem Gebrauch nicht durch die allgemeinen, täglichen Lebensfunktionen (Schlafen, Kochen, Essen usw.) festgelegt war. Das Obergemach ist ein Ort der Ruhe, an den man sich zu Gebet und Schriftstudium zurückzieht (1.Kön 17,19ff.; 2.Kön 4,10f.; Dan 6,11). Es ist der bevorzugte Platz für die Diskussionen der Schriftgelehrten. Man sollte hier nicht konkrete Erinnerungen an ein bestimmtes Jerusalemer Haus suchen: es handelt sich hier, wie so oft im Neuen Testament (vgl. z.B. den „Berg" als Ort der Gottesoffenbarung Mt 5,1) um eine typische Ortsangabe (Lk 22,12; Apg 10,9; 20,8). Die Namen der elf Apostel entsprechen der Zwölferliste Lk 6,14ff. Auffällig sind lediglich einige Abweichungen in der Reihenfolge. In Lk 6,14ff. sind die führenden Glieder des Zwölferkreises, die dort am Anfang stehen, gemäß dem Zeitpunkt ihrer Berufung aufgeführt; so eröffnet das Brüderpaar Simon Petrus und Andreas (vgl. Mk 1,16 par) die Liste; ihm folgt das zweite Brüderpaar, Jakobus und Johannes, die Zebedäus-Söhne (vgl. Mk 1,19; Lk 5,10). An unserer Stelle sind hingegen Bedeutung und Reihenfolge des Auftretens innerhalb der Apg maßgebend: Petrus (er wird hier nur noch mit seinem ihm von Jesus verliehenen Funktionsnamen ‚Fels' eingeführt) und Johannes stehen am Anfang, weil der Leser ihnen bald (3,1–7; 8,14) an hervorgehobener Stelle begegnen wird. Ihnen folgt Jakobus, der in 12,2 als erster Blutzeuge des Zwölferkreises besonders erwähnt wird. Rätselhaft ist dagegen, warum Thomas vom 8. auf den 6. Platz aufgerückt ist. Der Verräter Judas Iskariot, der in Lk 6,16 die Liste beschloß, wird hier nicht mehr erwähnt. Was mit seinem freigewordenen Platz geschah, ist Inhalt der unmittelbar nachfolgenden Erzählung (1,15–26).

B
14
In deutlichem Abstand hinsichtlich ihrer Bedeutung nennt Lukas zwei weitere Gruppen, die „Frauen" und die Familie Jesu. Mit den Frauen sind keineswegs (wie Codex D durch die Hinzufügung von „und Kindern" interpretierte), die Angehörigen der Apostel, sondern der Kreis der Jüngerinnen Jesu gemeint, dem Lukas bereits in seinem Evangelium eine hervorgehobene Stellung einräumte (Lk 8,2f.; 10,38–42; 23,49.55; 24,10). Ähnlich stark ist sein Interesse an Maria, der Mutter Jesu. Während sie in der älteren synoptischen Tradition lediglich in einer Bemerkung erscheint, die die Verständnislosigkeit der Familie Jesu gegenüber seinem Wirken zum Ausdruck bringt (Mk 3,21 par), ist sie im Lukasevangelium zur beherrschenden Figur der Vorgeschichte geworden (bes. Kap. 2). Lukas sieht in ihr nach Lk 2,19 sogar die Zeugin, die die Ereignisse der Geschichte Jesu von Anfang an „bewahrte" und „in ihrem Herzen bewegte", d.h. sie entspricht dem in Apg 1,22 aufgestellten Kriterium der Zeugen für das Erdenwirken Jesu. Mag so das Marienbild des Lukas auch manche Züge einer idealen theologischen Konstruktion aufweisen, so wird man andererseits aus der Existenz älterer judenchristlicher Traditionen, die sowohl hinter Lk 2,26–38; 2,1–20 wie auch hinter Joh 2,1–11; 19,26f. stehen dürften, mit einem gewissen Recht darauf schließen können, daß Maria tatsächlich der Urgemeinde angehört hat. Über ihren weiteren Weg schweigt das Neue Testament. Diesen wie auch ihre Vorgeschichte phantasievoll auszumalen, blieb den späteren Marienlegenden vorbehalten. Die Brüder Jesu werden hier nur ganz allgemein und ohne weitere Namensnennung erwähnt. Einer von ihnen, Jakobus, wird später (12,17; 15,13) ins Rampenlicht treten und als die maßgebliche Gestalt der Jerusalemer Urgemeinde Petrus ablösen. Ob auch die übrigen Brüder Jesu in der Gemeindeleitung eine Rolle spielten, geht aus der Apg nicht hervor. Eine Überlieferung aus dem 2. Jahrhundert (Hegesipp bei Euseb, KG III, 11; vgl. Lk 24,18; Joh 19,25) macht es zumindest wahrscheinlich. – Wie auf einem Pro-

grammzettel, der die Personen eines Theaterstücks in der Reihenfolge ihres Auftretens nennt, werden hier also einige Gestalten, die im Fortgang der zu berichtenden Ereignisse eine Rolle spielen sollen, dem Leser vorgestellt. Darüber hinaus wird ihm die zentrale Charakteristik der ersten Jüngergemeinschaft nachdrücklich eingeprägt: Es ist eine Gemeinschaft, die sich in beharrlichem Gebet auf das Kommen des Geistes vorbereitet. Das nachdrückliche Ausharren im Gebet (2,42.46; 6,4) wie das einträchtige Gemeinschaftsleben (2,42.46; 4,24; 5,12; 15,25) sind beides Züge, die Lukas in seiner Darstellung der Urgemeinde immer wieder hervorhebt.

3. Die Ergänzung des Zwölferkreises 1,15–26

[15] Und in diesen Tagen stand Petrus inmitten der Brüder auf und sprach – es war nämlich eine Menge von 120 Personen versammelt –: [16] „Ihr Brüder, die Schrift(stelle) mußte erfüllt werden, die der Heilige Geist durch den Mund Davids vorausgesagt hatte im Blick auf Judas, der zum Anführer der Häscher Jesu geworden ist; [17] denn er war ja unserer Zahl zugezählt und hatte das Los dieses Dienstes empfangen. [18] Dieser hat ein Gehöft vom Lohn seiner unrechten Tat gekauft, aber er stürzte vornüber und barst mitten entzwei, und alle seine Eingeweide traten heraus. [19] Dies hat sich in ganz Jerusalem herumgesprochen, so daß man dies Gehöft in der dortigen Sprache Hakeldamach, d.h. Blutacker nennt. [20] Es heißt nämlich im Buch der Psalmen:
,Es soll sein Gehöft öde werden
und niemand soll darin wohnen',
und:
,sein Aufsichtsamt soll ein anderer empfangen'.
[21] Es muß also einer von den Männern, die mit uns gekommen sind während der ganzen Zeit, als der Herr Jesus bei uns ein- und ausging, [22] angefangen von der Johannestaufe bis zu dem Tag, da er weggenommen wurde von uns, Zeuge seiner Auferstehung zusammen mit uns werden, einer von diesen (muß es sein)!" [23] Und sie stellten zwei (als Kandidaten) auf: Josef, genannt Barsabbas mit dem Beinamen Justus, und Matthias. [24] Und sie beteten: „Du, Herr, bist aller Herzen kundig! Zeige, welchen unter diesen beiden du auserwählt hast, [25] die Stellung dieses Dienstes und Apostelamtes zu empfangen, die Judas verlassen hat, um an die ihm zukommende Stelle zu gehen." [26] Und sie gaben ihnen Lose, und es fiel das Los auf Matthias, und er wurde den elf Aposteln zugezählt.

Vers 16: *Ps 41,10;*   Vers 20: *Ps 69,26; 109,8.*

Diese Erzählung mag auf den ersten Blick zwar klar, einheitlich und folgerichtig aufgebaut erscheinen – auf eine knappe Situationsangabe (V. 15) folgt die Rede des Petrus (V. 16–22), die wiederum die abschließende Handlung der Gemeinde auslöst (V. 23–26) –, doch zeigen sich bei näherem Zusehen erhebliche inhaltliche Unausgewogenheiten, die zu dem Schluß nötigen, daß Lukas hier recht verschiedenartige Elemente zu einer künstlichen literarischen Einheit zusammengezwungen hat. So ist die Petrusrede der erzählten Situation unangemessen: Warum sollte Petrus den in Jerusalem sich aufhaltenden Jüngern etwas, was nach V. 19 ganz Jerusalem weiß,

A
15–26

erst als Neuigkeit mitteilen müssen? Was sollte ihn veranlaßt haben, einer aramäischsprechenden Hörerschaft ein aramäisches Wort zu verdolmetschen, als handelte es sich um eine ihnen ganz fremde Sprache (V. 19 b)? Ganz abgesehen davon, daß die Erzählung über das Ende des Judas klingt, als blicke sie auf ein weit dahinterliegendes Ereignis zurück, während es sich doch allenfalls um einige Wochen gehandelt haben könnte. Verständlich wird das alles, wenn man erkennt: Diese Rede richtet sich in Wirklichkeit an den Leser! Sie soll ihm jene Informationen an die Hand geben, die er zum Verständnis des Folgenden braucht und ihm darüber hinaus das theologische Verständnis des Apostelamts im Sinne des Lukas vermitteln (V.21 f.). Befremdlich ist auch, daß keiner der beiden Männer, über die das Los entscheidet, letztlich dem in V.22 genannten Kriterium des Apostels entspricht – keiner von ihnen war Augenzeuge des Erdenwirkens Jesu, keiner von ihnen wurde Zeuge des Auferstandenen! Umgekehrt ist zu fragen, ob von diesen Kriterien her eine Nachwahl – nach welchem Modus auch immer – nicht letzten Endes ausgeschlossen wäre.

So ergibt sich: Lukas hat die Szene unter Benutzung zweier ihm vermutlich mündlich vorliegender Traditionsstücke geschaffen. Das eine war eine volkstümliche Legende vom Ende des Judas, das andere ein, vermutlich aus dem palästinischen Judenchristentum stammender, sehr altertümlicher Bericht von der Ergänzung des die Jerusalemer Gemeinde leitenden Zwölferkreises, der etwa V.23 und 26 umfaßt haben dürfte.

Vom Ende des Judas liefen in der Urchristenheit mehrere voneinander abweichende Berichte um. Ihre Gemeinsamkeit liegt lediglich darin, daß sie die Ortsangabe „Blutacker" mit dem Ende des Verräters in Verbindung bringen und daß sie, von allerdings jeweils verschiedenen alttestamentlichen Zitaten her, die näheren Umstände dieses Endes erklären wollen.

1. Nach Mt 27,3–10 warf der reuige Judas das „Blutgeld", die 30 Silberstücke, in die Tempelkasse und erhängte sich. Daraufhin kauften die „Hohenpriester" von diesem „Blutgeld" den Töpfersacker als Begräbnisplatz für Fremde, der deshalb den neuen Namen „Blutacker" erhielt. Hinter dieser Version steht neben Jer 18,2ff. Sach 11,12 f. – 2. Nach Apg 1,18 ff. erwarb Judas vom Verräterlohn ein Gehöft und verunglückte dort auf grauenhafte Weise durch einen Sturz (offenbar vom Dach des Hauses). Die Kunde von diesem schrecklichen Ende habe dem Gehöft den Namen „Blutacker" eingetragen und es – in Erfüllung von Ps 69,26 – zu einer gemiedenen und verrufenen Stätte werden lassen. – 3. Eine weitere Version erzählt der Bischof Papias von Hierapolis (fr. 3, Mitte des 2. Jahrhunderts): Judas sei von der Wassersucht befallen worden und sein Leib sei unförmig aufgedunsen worden (Ps 109,18: „der Fluch komme in das Innere seiner Gebeine wie Wasser"!); ja sogar seine Augen seien völlig vom Fleisch überwuchert worden, so daß er erblindete (Ps 69,24: „... ihre Augen sollen verfinstert werden, so daß sie nicht sehen"!). Schließlich sei er gestorben, und der Geruch seines verwesenden Leibes habe sein Gehöft zu einer von allen gemiedenen Stätte werden lassen (wiederum Ps 69,26).

Bei allen drei Berichten handelt es sich um Legenden, die nach den gleichen überlieferungsgeschichtlichen Gesetzmäßigkeiten zustandegekommen sind: Die Gemeinde hat Schriftstellen, die von Verrat und vom Schicksal des Gottlosen handelten – darunter vor allem Sach 11, 12; Ps 69 und Ps 109 – zunächst dazu verwendet, um die rätselhafte Tat des Judas zu deuten; allmählich wurden die in dieser Deutung enthaltenen Motive aber in anschauliche Erzählungen umgesetzt und zugleich mit der Erklärung eines Ortsnamens, des „Blutackers" bei Jerusalem, verbunden. Da dieser Blutacker die einzige Konstante in allen drei Erzählungen ist, besteht guter Grund zu der Annahme, daß er in irgendeinem Zusammenhang mit Judas gestanden hat, ja daß er der Ort seines Todes oder seines Grabes gewesen ist. Vielleicht war er ein Schindanger, auf dem sich Judas erhängt hat. Aber wie das Motiv seiner Tat, so bleibt auch sein Lebensausgang letztlich im Dunkel.

„In diesen Tagen", d. h. innerhalb der in V. 13 f. charakterisierten Zeit des Wartens und der Vorbereitung, kommt es zu einem besonders hervorgehobenen Ereignis: Es ist eine Versammlung aller Jesusjünger, die der Ergänzung des Zwölferkreises dienen soll. Zum erstenmal nach Ostern tritt Petrus als dessen Sprecher und damit zugleich als Leiter der Jüngergemeinde in Erscheinung. Diese ist – wie eine Zwischenbemerkung andeutet – inzwischen auf 120 Personen angewachsen. Diese Zahl ist die erste von drei Zahlenangaben (2,41: 3000; 4,4: 5000), die das kontinuierliche Wachstum der Gemeinde veranschaulichen sollen. Beachtung verdient allerdings der Umstand, daß diese Zahl genau das Zehnfache des Zwölferkreises ausmacht. Nach 2. Mose 18, 21 soll Mose Vorsteher über je 1000, 100 und 10 Personen einsetzen. Daraus leitete man später das Prinzip des „Vorstehers über Zehn" ab (1. Makk 3, 55; Sanh 1, 6). Die Zahl 12 ist demnach also die Grundzahl der ersten Gemeinde. Das ist insofern von Bedeutung, als sie ja zugleich auf die Zahl der 12 Stämme Israels, d. h. auf Israel in seiner ursprünglichen, in der Endzeit von Gott wiederherzustellenden Ganzheit verweist. Jesus hatte mit der Einsetzung des Zwölferkreises seinen Anspruch auf dieses endzeitliche Israel bekundet und zugleich dessen Wiederherstellung verheißen (Mt 19, 28). So bringt die Zahl 120 zum Ausdruck, daß Anspruch und Verheißung Jesu auf dem Wege der Verwirklichung sind. Angesichts der Altertümlichkeit und des judenchristlichen Horizonts dieser Vorstellung liegt die Vermutung nahe, daß Lukas die auf sie verweisende Zahl 120 nicht selbst gebildet, sondern in dem verwendeten Traditionsstück bereits vorgefunden hat. Auf ihn selbst geht jedoch die Bezeichnung der Gemeindeglieder als „Brüder" zurück (vgl. 9, 30; 10, 23; 11, 1 u. ö.).

Die Anrede „ihr Männer, liebe Brüder" wird von Lukas häufig gebraucht (2, 29.37; 7, 2; 13, 15.26.38; 15, 7.13 u. ö.). Der Rückblick auf das Schicksal des Verräters Judas soll zeigen, warum ein Platz im Zwölferkreis frei geworden ist, und zugleich die Notwendigkeit seiner Neubesetzung begründen. Nicht nur der Leidensweg Jesu als ganzer (Lk 24, 26 f.; Apg 2, 21–28; 8, 31 ff.), sondern auch alle seine dunklen und unbegreiflichen Einzelheiten galten dem Urchristentum als von Gott vorherbestimmt und in seinem Willen begründet. Den Ansatz für dieses Verständnis bildete wohl eine Selbstaussage Jesu, wonach sein Weg ins Leiden von einem übermächtigen, von Gott selbst verhängten „Muß" bestimmt sei: „Der Menschensohn muß viel leiden und verworfen werden" (Mk 9, 31); es gehört zu den unvermeidlichen Drangsalen der Endzeit, daß der Gerechte den Weg des gehorsamen Leidens gehen muß. Diesen Ansatz hat das Urchristentum weitergeführt, indem es nachzuweisen suchte, daß alle Einzelheiten der Leidensgeschichte Jesu bereits im

Alten Testament vorhergesagt seien. Und zwar beruhte diese Methode des Schriftbeweises im wesentlichen auf zwei elementaren theologischen Einsichten: 1. Gottes gegenwärtiges Handeln in der Geschichte Jesu ist von seinem vergangenen Handeln an Israel nicht zu trennen. Jesu Geschichte ist hineingebunden in Israels Geschichte als deren Weiterführung und Vollendung. – 2. Die Schrift, das Alte Testament, ist darum nicht nur Zeugnis von Gottes Handeln und seiner Willenskundgabe in der Vergangenheit, sondern das Christusgeschehen ist ihr Ziel und ihre Mitte, von dem her sie allein verstanden werden kann. Bei der Suche nach Weissagungsbeweisen, d.h. nach Stellen, die die Geschichte Jesu und seiner Gemeinde vorauszusagen schienen, spielte nicht nur die für den heutigen Ausleger fundamentale Frage nach dem ursprünglichen geschichtlichen Ort einzelner Texte keine Rolle, sondern man scheute auch nicht vor kleinen Änderungen des Wortlauts und der Wortfolge zurück, wenn dadurch die Weissagung klarer zum Ausdruck gebracht werden konnte. In diesem Sinn spielt V. 16 auf eine Psalmaussage an, die als Weissagung des Verrates Jesu durch ein Glied seiner nächsten Umgebung verstanden wurde. Vermutlich handelt es sich dabei um Ps 41,10 („Der mein Brot ißt, hat seine Ferse gegen mich erhoben"), denn diese Stelle spielt in den Judas-Traditionen der Evangelien eine große Rolle (Mk 14,18; Joh 13,18). Nicht David – traditionell der Verfasser der Psalmen – sondern der Heilige Geist gilt als der eigentliche Urheber dieser Weissagung. Während Judas sonst stereotyp als der, „der Jesus verriet (bzw. preisgab)" bezeichnet wird, wird hier seine Tat genauer definiert: er war der Anführer derer,

17 die Jesus gefangennahmen (Lk 22,47). Diese Tat erhält ihr besonderes Gewicht dadurch, daß Judas, indem er sie beging, aus dem Apostelkreis ausbrach und die ihm zugewiesene Stelle des „Dienstes" verließ. Das Wort „Los" begegnet in ähnlichem Zusammenhang in der Sektenregel von Qumran. Dort ist davon die Rede, daß der Platz des Sektengliedes mittels einer priesterlichen Losentscheidung bestimmt wird (1QS II,22 f.). Man wird aus dieser Parallele zwar keine direkte Abhängigkeit der urgemeindlichen Verfassung von der der Essener folgern dürfen, wohl aber ergibt sie, daß der Begriff „Los", wie er hier gebraucht wird, jüdisches sakralrechtliches Denken zum Hintergrund hat: Es handelt sich um eine Stellung innerhalb eines Gremiums, die aufgrund einer durch das Los herbeigeführten göttlichen Rechtsentscheidung zugewiesen wird. Die nähere Kennzeichnung dieser Stellung als „Apostelamt" (vgl. V.25) bleibt hier noch ausgespart; statt dessen erscheint der Begriff „Dienst", der ganz allgemein im Neuen Testament das Wesen gemeindlicher Funktionen umschreibt (vgl. 2. Kor 3,7–9; 4,1; 5,18). Nicht Selbstverwirklichung durch Ausübung von Macht über andere ist das Ziel, sondern die dienende Selbstpreisgabe um der anderen willen nach der von Jesus gesetzten Norm (Mk 10,43 ff.; Lk 22,27). Der deutsche Begriff „Amt" entspricht dem hier Gemeinten zwar insofern, als er die geordnete Regelmäßigkeit dieser Funktionen und ihre Bindung an bestimmte Personen zum Ausdruck bringt; leider erfaßt er jedoch das zentrale theologische Moment des sich selbst preisgebenden Dienens nicht.

18–19 Lukas läßt nun Petrus weiter ausholen, indem er ihm einen deutlich für seine Leser bestimmten Bericht über das Ende des Judas in den Mund legt, der den auf die Nachwahl hin ausgerichteten Gang der Erzählung unterbricht. Der Verräter wurde seiner Tat nicht froh, sondern erlag in dem vom Verräterlohn erworbenen

Gehöft einem Unfall, der, wie hier zwar nicht ausgesprochen, später jedoch angedeutet wird, ein Gottesgericht war (V.25). Und alle Einwohner Jerusalems haben dies sehen können. Die beiden als Schriftbeweise herangezogenen Psalmstellen (Ps 69,26; 109,8) sind in ihrem ursprünglichen Zusammenhang freilich keineswegs Voraussagen eines zukünftigen Geschehens, sondern Verwünschungen des leidenden Gerechten gegen seine Feinde. Abgesehen davon, daß nicht der hebräische Urtext, sondern die an einigen Punkten abweichende Fassung der griechischen Bibel verwendet ist, sind beide Zitate durch kleine Veränderungen ihrem Zweck angepaßt worden. So wurde in Ps 69,26 die Mehrzahl („ihr Gehöft") durch die Einzahl („sein Gehöft") ersetzt, und in Ps 108,8 ist an die Stelle der Wunschform die Befehlsform getreten, so daß die Aussage als eine Weisung an die Kirche verstanden werden konnte, den leergewordenen Platz im Zwölferkollegium wieder zu füllen. So liefert dieser zweite Schriftbeweis zugleich die Begründung für das folgende Geschehen. Der von uns mit „Aufsichtsamt" übersetzte griechische Begriff *(episkopē)* hat die gleiche Wurzel wie der im Neuen Testament häufig für gemeindliche Aufsichts- und Leitungsfunktionen verwandte Begriff *episkopos* (vgl. 20,38). Das ist sicher nicht von ungefähr: Lukas versteht das Apostelamt, um das es hier geht, als Urbild und Grundform aller kirchlichen Dienste (s. Exkurs).

Die Benennung der Voraussetzungen, denen ein Kandidat genügen muß, benutzt Lukas, um sein Verständnis des Apostelamtes klar zu umreißen. Apostel kann nur sein, wer zwei Voraussetzungen genügt: 1. Er muß Augenzeuge des gesamten öffentlichen Wirkens Jesu gewesen sein, von seinem Beginn, der Taufe durch Johannes (Lk 3,21f.) bis zu seinem Abschluß, der Himmelfahrt (Apg 1,9f.). Wieder zeigt sich: Lukas rechnet die Erscheinungen des Auferstandenen noch zur Periode des Erdenwirkens Jesu. Alles, was zwischen diesen beiden Grenzpunkten liegt, wird zusammengefaßt mit der formelhaften Wendung „die Zeit, in der der Herr Jesus bei uns ein- und ausging", d.h. in der er ständigen Umgang und feste Gemeinschaft mit „uns", dem Zwölferkreis, pflegte. – 2. Der Apostel muß „Zeuge der Auferstehung" Jesu sein. Auf den ersten Blick erscheint diese zweite Bedingung bereits in der ersten mit enthalten zu sein. Doch dürfte hier etwas anderes im Blick sein als lediglich die Augenzeugenschaft der Erscheinungen des Auferstandenen, nämlich die Beauftragung und Sendung durch den Auferstandenen, die Bestellung zum Zeugnis für die Wahrheit des Evangeliums (1,8). Und zwar entspricht diese zweite Bedingung dem, was auch Paulus als Wesen des Apostelamtes herausstellt: dem Gesandt- und Beauftragtsein durch den Auferstandenen zur grundlegenden Bezeugung des Evangeliums (Röm 1,1; 1.Kor 15,10; Gal 1,15). Lukas nimmt dieses Verständnis des Apostelamtes grundsätzlich auf, grenzt es jedoch zugleich durch die Hinzufügung der ersten Bedingung ab: Seiner Meinung nach kann nur der wirklich im Vollsinn Apostel sein, der den Auferstandenen zugleich in seiner Identität mit dem Irdischen zu bezeugen vermag, und zwar aus eigener Anschauung. Lukas ist daran gelegen, einer willkürlichen Verfälschung des Auferstehungszeugnisses zu wehren. Er betont darum: das Zeugnis vom Auferstandenen hatte von den ersten Tagen der Kirche an im zuverlässigen Zeugnis von Wort und Tat des Irdischen sein Kriterium, denn der Auferstandene ist kein anderer als der Irdische. Die für die Kirche maßgeblichen Zeugen des Auferstandenen sind darum

zuverlässig, weil sie zugleich Zeugen des Irdischen und somit imstande waren, ihre Verkündigung verantwortlich an diesem Kriterium zu messen. Strenggenommen entspricht jedoch diesen beiden Bedingungen nicht einmal der Zwölferkreis; denn selbst dessen erstberufene Glieder sind nach dem eigenen Bericht des
23 Lukas erst nach der Taufe Jesu dessen Jünger geworden (Lk 5,1–11). Noch weniger entsprechen ihnen jedoch die beiden zur Wahl gestellten Kandidaten. Nach Auffassung des Lukas gehörten sie zwar zum weiteren Kreis der Nachfolger des irdischen Jesus, dessen Existenz er in seinem Evangelium mehrfach (z.B. Lk 10,1) voraussetzt, doch macht gerade Lukas einen erheblichen Unterschied zwischen den Zwölfen, deren Beteiligung an allen zentralen Ereignissen des Erdenlebens Jesu er betont, und diesem weiteren Jüngerkreis. Vor allem aber beschränkt er die Erscheinungen des Auferstandenen und die Unterweisung der 40 Tage auf die 11 Apostel. Das legt den Schluß nahe, daß Lukas seine Bestimmung des Apostelamtes in die aus alter palästinischer Tradition stammende Nachwahlgeschichte eingebracht hat, ohne die dadurch entstehenden Spannungen restlos ausgleichen zu können.

Die Gemeinde (nicht nur die Apostel) wählt zunächst zwei Kandidaten aus dem Kreis der in Frage kommenden Männer aus. Der erste wird durch seinen dreifachen Namen auffällig hervorgehoben: Josef Barsabbas (aram. „der am Sab-
24–25 bat geborene") mit dem lat. Beinamen Justus (= der Gerechte). Von dem zweiten wird nur ein Name erwähnt: Matthias. Die endgültige Auswahl bleibt Gott überlassen. Ihn ruft die Schar der Versammelten in einem feierlichen Gebet an: Er, der Herzenskenner, möge kundtun, welchen von den beiden er bestimmt hat, die Stelle im Apostelkreis einzunehmen, die durch den „Weggang" des Judas an die ihm zukommende Stelle – d.h. in die Hölle – freigeworden ist. Trotz der Anrede „Herr", die sonst im Neuen Testament meist Jesus zukommt, kann kein Zweifel daran sein, daß nicht er, sondern Gott der Empfänger dieses Gebetes ist. Lukas nimmt hier, wie auch sonst (z.B. 4,29) alttestamentliche Gebetssprache auf; hinzu kommt, daß das Prädikat „Herzenskenner" als Gottesbezeichnung (nicht jedoch als Christusbezeichnung) im hellenistischen Christentum häufig verwandt wird. Die Wendung „Ort des Dienstes" ist inhaltlich gleichbedeutend mit „Los des Dienstes" (V. 17) und hat den gleichen altertümlichen Klang.

26 Das Werfen des Loses galt im Alten Testament und im Judentum als sakralrechtlicher Akt: Gott selbst wurde damit eine letzte, von menschlichem Einfluß freie Entscheidung eingeräumt. Der sakralrechtlichen Institution des Zwölferkreises entsprach es, daß seine Glieder durch Gott selbst bestimmt werden mußten. Es handelt sich also keinesfalls um eine Wahlentscheidung der Gemeinde. Allerdings bleiben die näheren Einzelheiten des Vorgangs unklar. Am wahrscheinlichsten ist wohl, daß die Gemeinde den beiden Kandidaten die Lose gab und diese die Auslosung vollzogen. Das Los fiel auf Matthias; damit hatte der Kreis der Apostel wieder die ihm von Gott zugemessene heilige Zwölfzahl zurückgewonnen.

Die „Zwölf" – die Apostel – die „zwölf Apostel". Ein Urteil über den tatsächlichen historischen Hintergrund dieser Szene ist nur dann möglich, wenn man sie in einen weiteren Rahmen stellt und nach der Geschichte der in ihr erscheinenden zentralen Vorstellungen und Begriffe fragt.

1. Daß der Kreis der „Zwölf" in die Erdentage Jesu zurückreicht, dürfte sich historisch schwer bestreiten lassen. Daß der Verräter Judas „einer der Zwölf" war, ist alte Überlieferung (Mk 14,10) und wäre ohne Not bestimmt nicht von der Gemeinde erfunden worden. Die Zahl der Jünger, d.h. der Männer, die von Jesus in eine besondere Dienst- und Schicksalsgemeinschaft mit ihm berufen worden waren, war wohl um einiges größer, aber die Zwölf bildeten seine Kerngruppe. Ihr gehörten die Jesus besonders nahestehenden Jünger Simon Petrus – er war der Sprecher des Jüngerkreises (Mk 8,29) –, Jakobus und Johannes an. Die Auswahl des Zwölferkreises (Mk 3,14) dürfte eine kerygmatische Symbolhandlung gewesen sein. 12 war die Zahl der Stämme des Gottesvolkes Israel in seiner Ursprungszeit, und man erwartete von der Endzeit die Wiederherstellung ganz Israels als Zwölfstämmevolk. Jesus bekundete damit seinen Anspruch auf Israel in seiner Gesamtheit und zugleich Gottes Absicht seiner endzeitlichen Rekonstitution (Mt 19,28). Nach allem, was sich aus der Tradition erkennen läßt, hat Jesus den Zwölferkreis nicht für Aufgaben in der Zeit nach seinem Tode vorbereitet, wie er denn überhaupt nicht das Entstehen einer „Kirche" für die Zukunft ins Auge gefaßt haben dürfte. – Petrus und die Zwölf wurden jedoch nach dem Karfreitag die ersten Zeugen von Erscheinungen des Auferstandenen (1.Kor 15,5). Unter ihrer Führung vollzog sich kurz darauf die Sammlung der Jünger Jesu in Jerusalem. Wir haben uns den Zwölferkreis in der Anfangszeit weniger als Leitungsgremium denn als kerygmatisches Symbol zu denken, das dem Selbstverständnis der Jüngergemeinschaft Ausdruck verlieh: er war der Kern des endzeitlichen Israels, das – wie man überzeugt war – Gott jetzt zu sammeln begonnen hatte. Die Apg 1,15–26 zugrundeliegende Tradition fügt sich in dieses Bild überraschend gut ein. Denn daß der Gemeinde an der Wiederherstellung der eschatologischen Symbolzahl 12 gelegen war, war ebenso selbstverständlich, wie daß man sie von einem Handeln Gottes selbst, d.h. von einer von ihm getroffenen Losentscheidung erwartet.

2. In der Folgezeit scheint mit der Hoffnung auf eine baldige Sammlung ganz Israels auch die Bedeutung des Zwölferkreises rasch geschwunden zu sein. Ca. 2 Jahre nach seiner Bekehrung, etwa im Jahre 36, fand Paulus als maßgebliche Männer in Jerusalem nicht mehr die Zwölf, sondern die „Apostel" vor (Gal 1,19). Zwar gehörten die maßgeblichen Männer des Zwölferkollegiums, wie Petrus, Jakobus und Johannes, nun ebenfalls zu den Aposteln, doch war das Selbstverständnis dieses Kreises ein anderes: Als Apostel galt in Jerusalem, wer durch eine Erscheinung des Auferstandenen berufen und zum Dienst am Evangelium bestellt worden war. Wie groß der Kreis dieser Apostel gewesen ist, wissen wir nicht. Nach 1.Kor 15,3–11 war er jedoch durch die Erscheinungen des Auferstandenen begrenzt und mit deren Ende abgeschlossen. Sicher gehörte der Herrenbruder Jakobus (1.Kor 15,7), vermutlich auch Barnabas zu ihm. Auf alle Fälle wurde Paulus aufgrund seines Widerfahrnisses vor Damaskus (Gal 1,15f.) von den Jerusalemer Autoritäten als Apostel anerkannt (Gal 2,7ff.). – Das Bild wird nun allerdings dadurch komplizierter, daß es offensichtlich außerhalb von Jerusalem, im palästinisch-syrischen Raum, zeitweise einen weiteren Apostelbegriff gegeben hat. Von einer Gemeinde (z.B. der von Antiochia, s. zu 13,2; 14,4.14) ausgesandte Prediger und Missionare wie auch freie wandernde Charismatiker bezeichneten sich als

Apostel Christi. Paulus hatte es in Korinth mit solchen wandernden Aposteln zu tun, die in seiner Abwesenheit Agitation gegen ihn betrieben und ihm die Gemeinde abspenstig zu machen suchten (2. Kor 12, 11 ff.).

3. Die Vorstellung der „12 Apostel" ist nach alledem eine späte dogmatische Konstruktion. Lukas war zwar nicht ihr Urheber – er dürfte sie in judenchristlichen Überlieferungen vorgefunden haben (Offb 21, 14), doch hat er entscheidend zu ihrem Ausbau beigetragen. Das hinter ihr stehende Anliegen ist kennzeichnend für die Lage der ausgehenden zweiten Generation: es geht um die Absicherung der die Kirche begründenden Überlieferung! Lukas ist zunächst sachlich durchaus im Recht, wenn er die Apostel mit dem Evangelium zusammensieht. Das tut auch Paulus (z. B. Röm 1, 1; Gal 2, 7). Aber das Evangelium ist für ihn nicht mehr primär ein endzeitliches Handeln Gottes aufgrund der Auferstehung Jesu, sondern eine auf Jesus, den Irdischen, zurückführbare Überlieferung, von deren Vollständigkeit und Unversehrtheit alles abhängt. So können für ihn die Apostel nur dann Auferstehungszeugen sein, wenn sie auch die Überlieferung vom gesamten Erdenwirken Jesu zu garantieren vermögen (1,21). Lukas hat diese Position im Blick auf bestimmte theologische und kirchliche Gegebenheiten seiner Zeit entwickelt: Gerade im Zuge der gegen Ende des 1. Jahrhunderts um sich greifenden gnostischen Irrlehre berief man sich vielfach auf geheime Offenbarungen des Auferstandenen, die in seinem Auftrag von dazu berufenen Männern aufgezeichnet worden seien. Demgegenüber versucht nun Lukas, ein Kriterium für die rechtmäßige kirchliche Tradition zu gewinnen, indem er zeigt: diese Tradition ist von den „Aposteln" – einem in sich geschlossenen, überschaubaren Kreis von Zeugen – in die Kirche eingebracht worden, und sie umfaßt als notwendiges Kriterium neben dem Auferstehungskerygma auch die Überlieferung vom irdischen Jesus.

Diese Konzeption ist nun freilich mit einer Hypothek belastet: Lukas konnte Paulus nicht unter die Apostel rechnen, weil er den Kriterien von 1,21 f. nicht entsprach! Ausgerechnet die Gestalt des Urchristentums, der die theologische Präzisierung des Apostelverständnisses in der ersten Generation in erster Linie zu verdanken ist und für deren Selbstverständnis der Apostel-Titel entscheidend war, wird von Lukas zum bloßen „Zeugen" Jesu Christi zurückgestuft (26, 16) – und dies, obwohl Paulus andererseits für Lukas der Hauptheld seines zweiten Buches ist. Lukas ist hier Gefangener seiner eigenen theologischen Theorie, und manches spricht dafür, daß er ihre Problematik selbst erkannt hat. Die zwei Stellen (14, 4.14), an denen der Aposteltitel auf Paulus (und Barnabas!) angewandt wird, entstammen offensichtlich vorlukanischem, von Lukas nicht genau redigiertem Traditionsmaterial.

I. Die Anfangszeit in Jerusalem 2,1–5,42

1. Pfingsten und das Kommen des Geistes 2,1–13

¹Und als sich der Pfingsttag erfüllte, waren alle an einem Ort beisammen; ²und es entstand plötzlich vom Himmel her ein Brausen wie von einem heftig daherfahrenden Winde und erfüllte das ganze Haus, in dem sie saßen; ³und es erschienen ihnen sich verteilende Zungen wie von Feuer, und es setzte sich auf jeden einzelnen von ihnen, ⁴und sie wurden alle vom heiligen Geist erfüllt und begannen in anderen Sprachen zu reden, je nachdem der Geist es ihnen zu sprechen eingab. ⁵Es wohnten aber in Jerusalem Juden, gottesfürchtige Männer aus jedem Volk unter dem Himmel. ⁶Als aber diese Stimme erscholl, strömte die Menge zusammen und wurde verwirrt, denn es hörte sie ein jeder in seiner eigenen Sprache reden. ⁷Da gerieten sie außer sich und sprachen voll Staunen: „Sind nicht alle, die da reden, Galiläer? ⁸Wieso hören wir sie ein jeder in unserer eigenen Sprache, in der wir aufgewachsen sind? ⁹Parther und Meder und Elamiter und die, die wohnen in Mesopotamien, Judäa und Kappadozien, Pontus und Asien, ¹⁰Phrygien und Pamphylien, Ägypten und in den Gebieten Libyens bei Zyrene, und die ansässigen Römer, ¹¹Juden wie auch Proselyten, Kreter und Araber – wir hören sie in unseren Sprachen die großen Taten Gottes verkündigen." ¹²Sie alle staunten und waren ratlos, einer sprach zum anderen: „Was soll das bedeuten?" ¹³Andere aber spotteten und sprachen: „Sie sind voll süßen Weines."

Der Pfingstbericht, mit dem der erste Hauptteil beginnt, ist zugleich einer der Höhepunkte des Buches. Mit dem Empfang des Geistes erfüllt sich die Verheißung des Auferstandenen (1,8), und die Jünger können nun erstmals seinen Auftrag erfüllen, indem sie vor der Öffentlichkeit als seine Zeugen in Erscheinung treten – und zwar in Jerusalem, der heiligen Stadt, an die sie zu allererst durch diesen Auftrag gewiesen sind. Es ist dies – auch wenn der Begriff selbst hier noch nicht in Erscheinung tritt (s. zu 5,11; 8,1) – der Anfang der Kirche als der Schar der vom endzeitlichen Geist Gottes bestimmten Jünger Jesu. Der Pfingstbericht hat für die nun beginnende Epoche eine ähnliche Bedeutung wie Jesu Geistempfang bei seiner Taufe (Lk 3,21f.) und die ihr folgende Antrittspredigt in Nazaret (Lk 4,16–21) für die Epoche des Erdenwirkens Jesu. Die zahlreichen Entsprechungen zwischen diesen Berichten sind nicht von ungefähr: hier wie dort wird durch ein sichtbares Kommen des Geistes (Lk 3,22; Apg 2,3) eine Verheißung erfüllt (Lk 4,18; Apg 2,17ff.) und prophetische Verkündigung ausgelöst (Lk 4,18; Apg 2,14ff.); hier wie dort schließt das Kommen des Geistes eine Zeit der Vorbereitung ab und eröffnet den Weg der Botschaft in die Öffentlichkeit.

Die Erzählung ist in einer feierlich-altertümlichen, vielfach an das Alte Testament anklingenden Sprache gehalten. Sie ist von einer eigentümlichen Zwiespältigkeit: Auf den ersten Blick erscheint sie ungemein plastisch. Die wunderbaren Vorgänge werden bildhaft ausgemalt, die beteiligten Personen kommen in direkter Rede zu Wort, und das Ganze schließt mit einer drastischen Pointe (V.13). Bei näherem

A
1–13

Zusehen erkennt man jedoch, daß der Bericht, trotz seiner scheinbaren Plastizität, weithin von einer schwebenden Unbestimmtheit beherrscht wird, die die genaue Erfassung von Einzelheiten und ihre logische Verknüpfung zu einem eindeutigen Geschehenszusammenhang unmöglich macht. Lukas wollte und konnte nicht die fotografisch genaue Nachzeichnung eines einmaligen, vergangenen Vorgangs geben. Er hat vielmehr das ihm zur Verfügung stehende Traditionsmaterial – das allerdings in letzter Instanz auf einen geschichtlichen Vorgang zurückzugehen scheint – so bearbeitet und gestaltet, daß eine Erzählung entstand, die eine Reihe von Aspekten der Geisterfahrung der jungen Christenheit aufnahm und dem Leser eine Reihe von theologischen Assoziationen aufdrängt. Unbestimmt bleibt schon der örtliche Rahmen: Könnten V.1–4, wie die Erwähnung des „Hauses" in V.2 nahelegt, noch im Obergemach von 1,13, dem Versammlungsort der Jünger, spielen, so scheint die in V.5 erwähnte Menschenmenge, die Zeugin des wunderbaren Vorgangs wurde, auf den Tempel oder einen anderen öffentlichen Ort zu verweisen, ohne daß jedoch von einem Ortswechsel berichtet wäre. Aber es ist fruchtlos, Vermutungen darüber anzustellen, wo sich nach Meinung des Lukas die Geschichte abgespielt habe, denn offensichtlich war er selbst an dieser Frage völlig uninteressiert. Unklar bleibt auch der Charakter des Wunders. Hatte es nach V.4 den Anschein, als gehe es um die Befähigung der Jünger zum „Reden in fremden Sprachen", d.h. um ein Sprachenwunder, so legt V.11 eher den Gedanken an ein Hörwunder nahe: Jeder der Anwesenden vermag das Gotteslob der Jünger jeweils in seiner eigenen Sprache zu hören! Wieder eine andere Deutung gibt V.12f.: Demnach handelte es sich um einen Ausbruch ekstatisch-glossolalischen Redens, d.h. um Äußerungen unverständlicher, keiner menschlichen Sprache vergleichbarer Laute, die die Vermutung der Trunkenheit nahelegen. Diese letzte Deutung ist, wie V.15 zeigt, die von Lukas selbst vertretene. Eine weitere Unstimmigkeit liegt darin, daß nach V.5 die Anwesenden durchweg in Jerusalem ansässige Diaspora-Juden sind, bei denen eine hinreichende Kenntnis der aramäischen Landessprache vorausgesetzt werden konnte, so daß sie also letztlich auf das Sprachen- bzw. Hörwunder gar nicht angewiesen waren.

Vielfach hat man versucht, diese und weitere Unstimmigkeiten mit der Annahme der Benutzung zweier verschiedener Quellen zu erklären: die eine (etwa V.4.12f.) habe vom Auftreten von Glossolalie im Apostelkreis berichtet, während die andere (V.1–3a.5f.9f.) davon erzählt habe, daß die Stimme Gottes wie seinerzeit am Sinai (2.Mose 19) an alle Weltvölker ergangen sei um sie zu berufen. Ein Redaktor habe beides verknüpft (V.3b) indem er Feuerzungen vom Himmel fallen ließ und aus der Gottesstimme an alle Völker eine Rede der Jünger in fremden Sprachen machte. Aber eine solche Quellenhypothese wird schon durch die sprachliche Einheitlichkeit der Erzählung widerlegt. Wahrscheinlicher ist, daß Lukas eine Überlieferung benutzt hat, die bereits einen längeren Entwicklungsprozeß hinter sich hatte. Ihr wird man in erster Linie alle jene Motive zuschreiben dürfen, die sich weder von der theologischen Konzeption noch von der erzählerischen Technik des Lukas her erklären lassen.

Ein solches Motiv steckt zunächst in der Zeitangabe: Im Unterschied zu den „vierzig Tagen" zwischen Ostern und Himmelfahrt (1,3), die für Lukas eine theologische Funktion haben, ist für den „fünfzigsten Tag" nach Ostern (so der Sinn des griech. Wortes *pentēkostē* = 50, das unserem deutschen Wort „Pfingsten" zugrundeliegt) eine solche Funktion nicht nachweisbar. Unlukanisch erscheint auch der Hinweis auf das Reden in „fremden Sprachen" (V. 4), denn er widerspricht der lukanischen Deutung in V. 13 und 15, wie denn Lukas überhaupt den Gedanken der weltweiten Ausbreitung der Botschaft (in fremden Sprachen) hier gerade noch nicht betonen will; für ihn ist das Pfingstgeschehen ja zunächst ein Vorgang, der sich an Israel richtet. Die Weltmission wird später begründet werden (vgl. 10, 1–48). Nicht von Lukas formuliert ist sicherlich auch die Völkerliste (V. 9–11a), denn sie nennt gerade die Gebiete nicht, die in der Apg eine große Rolle spielen (z. B. Griechenland). Offensichtlich hat die von Lukas benutzte Überlieferung die Ausgießung des Geistes am Pfingsttag im Sinne eines Sprachenwunders gedeutet, durch das die Jünger zur Verkündigung in fremden Sprachen befähigt und bevollmächtigt wurden. Diese Interpretation kann nicht in Jerusalem entstanden sein, denn der dortigen Urgemeinde war der Gedanke an eine über den palästinischen Raum hinausgreifende Mission auf lange Zeit hinaus fremd. Alles spricht dagegen für ihre Herkunft aus Antiochia, dem ersten Zentrum einer planmäßigen und gezielten missionarischen Arbeit. In der vorliegenden Gestalt der Erzählung scheint die Reflexion der antiochenischen Gemeinde über Wesen und Begründung ihres missionarischen Auftrages ihren Niederschlag gefunden zu haben. Dafür spricht auch der Umstand, daß Lukas dieser Gemeinde eine Reihe von Überlieferungsstükken verdankt, die sich mit den Anfängen der Mission befassen (s. zu 13, 1–3).

Fragt man noch weiter zurück, so stößt man auf einen kleinen, aber festen geschichtlichen Kern, der durch die Faktoren „Pfingsten" und „Erfülltwerden mit Geist" bestimmt ist. Hier liegt aller Wahrscheinlichkeit nach eine Erinnerung an ein Widerfahrnis der Jünger Jesu am ersten Pfingstfest nach seinem Tode vor, das von ihnen als Überwältigtwerden vom Heiligen Geist begriffen worden ist. Eine historische Rekonstruktion ist nur ansatzweise möglich. Sie hat davon auszugehen, daß – entgegen der Darstellung des Lukas – die Jünger Jesu nach dem Karfreitag nach Galiläa geflohen waren und daß Petrus und anderen Gliedern des Zwölferkreises dort die ersten Erscheinungen des Auferstandenen zuteil wurden (Mk 16, 7; vgl. Mt 28, 16–20; 1. Kor 15, 5). Dadurch veranlaßt, kehrten Petrus und die Zwölf nach Jerusalem zurück und sammelten dort die versprengten Jünger Jesu. Daß diese Neukonstituierung des Jüngerkreises und zugleich sein erstes öffentliches In-Erscheinung-Treten an Pfingsten, dem auf das Pascha folgenden Wallfahrtsfest, geschah, war durchaus naheliegend. Bei dieser Gelegenheit begriffen die Jüger offensichtlich, daß sie von Gott zur öffentlichen Verkündigung nicht nur beauftragt, sondern durch die Gabe des Geistes auch zugerüstet waren, ja es scheinen in ihrem Kreis Phänomene aufgetreten zu sein, die sie gewiß werden ließen, der Israel für die Endzeit verheißenen Gabe des Geistes teilhaftig geworden zu sein. Dabei mag es auch ekstatische Erscheinungen gegeben haben; doch das bleibt Vermutung, da der älteste Traditionskern darüber nichts sagt. Ob man, wie vielfach vorgeschlagen worden ist, dieses erste Pfingsten mit der von Paulus 1. Kor 15, 6 erwähnten Erscheinung des Auferstandenen „vor 500 Brüdern" gleichsetzen darf, ist ganz unsicher. Dagegen spricht, daß die älteren Überlieferungen durchweg zwischen Erscheinungen des Auferstandenen und dem Empfang des Geistes trennen: Waren diese auf einen abgeschlossenen Kreis von Zeugen beschränkt (1. Kor 9, 1; 15, 8), so war von jenem grundsätzlich kein Christ ausgeschlossen (Gal 3, 2 ff.; 1. Kor 12–14). Außerdem ist es schwer denkbar, daß eine in der Pfingsttradition ursprünglich verwurzelte Christophanie in einem Zweig dieser Überlieferung verdrängt und vergessen worden sein sollte. Eher könnte man einen Reflex der Pfingsttradition in Joh 20, 29; Eph 4, 10 und 1. Petr 1, 10 f. sehen, wo der Geist als Gabe des auferstandenen Christus erscheint.

B „Pfingsten" (griech. *pentēkostē*) ist die griechische Bezeichnung (Tob 2, 1;
1 2. Makk 12, 32) für das alte „Wochenfest" (2. Mose 34, 22; 4. Mose 28, 26 u. ö.), das am Ende der mit dem Paschafest beginnenden 7wöchigen Erntezeit stand. Es war das kleinste der Wallfahrtsfeste. Ursprünglich brachte man die Erstlinge der Weizenernte, zwei aus dem neuen Mehl mit Sauerteig gebackene Brote, im Tempel dar (5. Mose 16, 9 f.). Wie alle großen Feste Israels, so vertauschte auch das Wochenfest im Laufe der Zeit seinen ursprünglichen agrarischen mit einem heilsgeschichtlichen Inhalt. Allerdings geschah dies bei ihm sehr spät. Erst in der Zeit nach 70, d. h. nach der Zerstörung des Tempels, wurde es zum „Schwurfest", an dem man die Erneuerung des Bundes, den Gott mit Israel am Sinai durch seinen feierlichen Eidschwur geschlossen hatte, beging. Ansätze für ein solches Verständnis finden sich zwar in Qumran (1 QS I 8–II 18) sowie in dem Qumran nahestehenden Buch der Jubiläen (6, 17–22), doch läßt sich weder seine allgemeine Verbreitung für die Entstehungszeit der christlichen Pfingsttradition nachweisen, noch finden sich in dieser Anzeichen für ein typologisch-heilsgeschichtliches Verständnis des christlichen Pfingsten als einer wiederholenden Überbietung des Sinaigeschehens. Allerdings besaß Pfingsten zur Zeit des Urchristentums einen gewissen politischen Charakter: es kam mehrfach zu Volkszusammenrottungen und Demonstrationen, und kurz nach dem Tode Herodes des Großen (4 v. Chr.) brach am Pfingsttag sogar ein Volksaufstand los: „Nicht der festliche Gottesdienst, sondern die Erbitterung ... rief das Volk zusammen. Eine unübersehbare Menge strömte aus Galiläa, Idumäa, Jericho und Peräa jenseits des Jordan herbei" (Josant XVII, 254).

Die feierlich-umständliche Eingangswendung (wörtl. „als der Tag der Pfingsten sich erfüllte") will das Folgende als ein Geschehen auszeichnen, das Erfüllungscharakter hat (vgl. Lk 1, 57; 2, 21; 9, 51) und darum einen Zeitabschnitt abschließt. Erfüllt werden durch das Kommen des Geistes die alttestamentliche Geistverheißung (Joel 3) sowie die Ankündigung des Auferstandenen in Apg 1, 8. Zum Abschluß gebracht wird die Zeit des Wartens und der Vorbereitung der Jüngergemeinschaft (1, 12 ff.). Mit dem, was nunmehr geschieht, beginnt eine neue Epoche.

Der Kreis der anwesenden Personen wird nicht näher bestimmt. Meint Lukas mit „alle" den in 1, 15 erwähnten Kreis von 120 Personen? Was gegen diese Annahme spricht, ist weniger die Überlegung, daß ein so großer Kreis in einem gewöhnlichen „Haus" – vor allem, wenn man sich darunter das Obergemach von 1, 13 vorstellt – schwerlich Platz gehabt hätte, denn die Ortsangabe hat lediglich typische Bedeutung. Maßgebend ist vielmehr, daß „alle" in 1, 14 auf den Zwölferkreis bezogen ist, dessen Ergänzung unmittelbar vorher – offenbar als Voraussetzung für Pfingsten – erzählt ist, und daß in 2, 14.32 die Zwölf als Träger des Geschehens gelten. So

wird man schließen dürfen, daß Lukas auch in 2,1 nur an den Zwölferkreis denkt.
Die Darstellung des nun folgenden Geschehens nimmt Elemente alttestamentlicher 2
Theophanieschilderungen, d.h. Schilderungen des In-Erscheinung-Tretens Gottes,
auf, wobei vor allem Anklänge an das Sinai-Geschehen, die klassische alttestamentliche Theophanie (2. Mose 19), auffallen. Der Rückgriff auf diese Stilelemente lag
vom Thema her nahe und erfolgte wohl unbewußt. Nichts deutet darauf hin, daß
Lukas dem Leser eine direkte theologische Entsprechung zwischen Pfingsten und der
Sinai-Offenbarung hätte vor Augen führen wollen. Daß das Geschehen „plötzlich"
eintrat, ist ein erster Hinweis auf seinen Widerfahrnis-Charakter: Hier handelt es
sich um etwas, was grundsätzlich dem Zugriff und der Berechnung der Menschen
entzogen ist. Das wird unterstrichen durch die räumliche Angabe: Es geschieht
„vom Himmel her", d.h. aus dem Bereich Gottes (Lk 11,13; 3,21f.; 20,4f.). Es
ist möglich, wenn auch nicht eindeutig nachweisbar, daß darüber hinaus an den
Himmel als den gegenwärtigen Ort des Auferstandenen gedacht ist (1,9–11; 3,21).
Zunächst wird ein hörbares, vom Himmel herkommendes Phänomen geschildert:
Ein Geräusch wie das Brausen eines gewaltigen Sturmwindes erfüllt das Haus.
Wind und Sturm, für den antiken Menschen geheimnisvolle Elemente, galten als
Begleiter des Erscheinens Gottes im Alten Testament (1.Kön 19,11; Jes 66,15;
Ps 50,3). Für das Kommen des Geistes legte sich das Bild des brausenden Windes
zusätzlich dadurch nahe, daß das griechische Wort für „Geist" *(pneuma)* auch
„Wind" bedeuten kann (vgl. Joh 3,8; 20,22). Daß das Brausen das ganze Haus
erfüllt, soll die unwiderstehliche Gewalt des Vorgangs veranschaulichen (vgl.
2.Mose 19,18). Der bildhaften Schilderung des hörbaren Phänomens folgt eine 3
solche des sichtbaren, und zwar nunmehr aus der Perspektive der Jünger. Wiederum ist der Widerfahrnis-Charakter betont: es handelt sich nicht um ein subjektives
Sehen, sondern – nicht anders als bei den Erscheinungen des Auferstandenen – um
ein „Erscheinen", ein Hervortreten aus der Welt Gottes. Was in Erscheinung tritt,
sind „Zungen" bzw., der übertragenen Bedeutung des griech. Wortes *(glōssai)*
nach, „Sprachen", die sich verteilen, d.h. die von einem gemeinsamen Ursprung –
vom Himmel her – ausgehen. Wurde das Brausen mit einem Sturmwind verglichen,
so werden die Zungen als „wie von Feuer" beschrieben. Feuer ist ebenfalls Zeichen
der Nähe Gottes: Jahwe war im Feuer auf den Sinai herabgefahren (2. Mose
19,18), und seine Gegenwart war mit Israel in der Wüste in Gestalt einer Feuersäule (2. Mose 13,21). Mose erfuhr seine Offenbarung im brennenden Dornbusch
(2. Mose 3,2f.). Im Judentum wird auch oft das Gesetz als Gottes heiliges Wort mit
Feuer in Verbindung gebracht. So weiß man davon zu berichten, daß auf Schriftgelehrte, die das Gesetz studierten, himmlisches Feuer herniederkam (Bill II 602).
Eine andere Überlieferung erzählt, daß vom Himmel herabsteigendes Feuer die
Geschöpfe – auch Tiere und Pflanzen – zum Lobpreis Gottes fähig werden lasse
(Chag 14). Vom Sprachlichen her könnte man im Zweifel darüber sein, worauf sich
das „es" von V.3b bezieht. Viele Ausleger sehen hier bereits eine direkte Aussage
überdies eine solche Aussage hier deutlich hinter dem anschließend in V.4a Gesag-
in der Bibel von einem „Sich Setzen" des Geistes auf jemanden die Rede ist und
überdies eine solche Aussage hier deutlich hinter dem anschließenden V.4a Gesagten zurückbliebe, nötigt die Einsicht, daß V.3 ganz parallel zu V.2 aufgebaut ist, zu

einer anderen Erklärung. Wie V.2 mit der unmittelbaren Auswirkung des akustischen Phänomens schloß, so beschreibt V.3c die des sichtbaren: Die feurigen Zungen verteilen sich in der Weise, daß sich jeweils eine auf jeden einzelnen der Jünger sichtbar niederläßt! Beide Phänomene zusammen verweisen auf die Objektivität des Vorgangs: Es ist ein von außen her kommendes Geschehen, das sich der Jünger bemächtigt, ein Geschehen, das – in Sturmwind und Feuer – die Zeichen der Selbstkundgabe Gottes trägt. Ähnlich sichtbar-objektiv hatte Lukas auch das Herabkommen des Geistes auf Jesus bei seiner Taufe geschildert (Lk 3,22). Und doch bleibt ein gradueller Unterschied: die Jünger werden wie Jesus vom Geist erfaßt, ja der Geist ist eine von Gott kommende, jeden einzelnen von ihnen leiblich erfassende Realität, aber nur im Blick auf Jesus ist von einem „leibhaften" Herabkommen des Geistes „auf ihn" die Rede, er ist für Lukas in einer unvergleichbaren Weise der endzeitliche Geistträger schlechthin.

4   Daß hier der Geist am Werk war, erfährt der Leser erst jetzt, und zwar im Rahmen einer theologischen Ausdeutung der zuvor geschilderten Vorgänge: Die Jünger wurden von „heiligem Geist" – so die von Lukas bevorzugte Wendung für den Geist Gottes – „erfüllt"; sie wurden gleichsam von einem von Gott ausgehenden übernatürlichen Machtstrom durchdrungen, so daß Gott selbst der eigentlich durch sie Redende und Handelnde wurde. Die von uns mit „in anderen Sprachen reden" übersetzte Wendung ist von schillernder Mehrdeutigkeit. In der vorlukanischen Tradition meinte sie, wie aus dem unmittelbaren Kontext (V.6) deutlich wird, ein Reden in fremden Sprachen. Für Lukas selbst jedoch gewinnt sie einen darüber hinausgehenden neuen Sinn. Er will betonen: es handelte sich um andere als gewöhnliche menschliche Sprachen, nämlich um vom Geist gewirkte Glossolalie, die aber, ebenfalls durch das Wirken des Geistes, für die Zuhörer verständlich wird, und zwar als prophetisches Gotteslob (V.11.18; vgl. 10,46).

Glossolalie (Zungenreden) gehört allgemein zu den wichtigsten Erscheinungsformen religiöser Ekstase: In einem Zustand der Begeisterung werden unzusammenhängende, keiner menschlichen Sprache verwandte Laute hervorgestoßen. Daß die radikale Neuheitserfahrung der nachösterlichen Gemeinde auch in solchen ekstatischen Spracherscheinungen Ausdruck gefunden hat, ist historisch durchaus wahrscheinlich. Andererseits sprechen gute Gründe gegen die Annahme, daß die Jerusalemer Urgemeinde in ihnen den wesentlichen Ausdruck für das Kommen des Geistes gesehen haben sollte. So hat das Judentum die distanzierte Haltung zu ekstatischen Phänomenen, die sich im Alten Testament findet (1.Sam 10,5; 19,20) nie aufgegeben. Anders war es in der hellenistischen Welt, wo der Enthusiasmus, das Einströmen des Geistes in den Menschen mit seinen ekstatischen Begleiterscheinungen, positiv gewertet und mit teils verschiedenen Techniken herbeigeführt wurde. Bekanntestes Beispiel ist die Pythia von Delphi, die der Gott Apoll mit seinem göttlichen Geisthauch erfüllte und so zu seherischer Rede befähigte. Wer des „Gottes voll" war, aus dem sprach die Gottheit selbst, obwohl oder gerade weil er selbst kein Wissen mehr hatte von dem, was er sprach. Es bedurfte nur eines menschlichen Interpreten, um die Stimme der Gottheit zu deuten und in rationale Rede umzusetzen. Zumindest entfernte Analogien dazu finden sich in den christlichen Gemeinden auf hellenistischem Boden: Das Zungenreden gilt hier als Merkmal höchster religiöser Perfektion, es ist Sprache der Engel in Menschenmund (1.Kor 13,1), und es bedarf, weil unverständlich, der Interpretation (1.Kor 12,30; 14,9). Bezeichnend aber ist, daß der stark im alttestamentlich-jüdischen Erbe verwurzelte Paulus diesem Phänomen mit kaum verhohlener kritischer Distanz gegenübertritt (1.Kor 14,18f.). Diese Distanz teilt der Hellenist Lukas nicht. Für ihn ist Glossolalie ein legitimes Kennzeichen der Gegenwart des Geistes, – allerdings nur eines unter anderen. Und sie gilt ihm – anders als Paulus und den korinthischen Christen (1.Kor 14,13.23ff.) – nicht als ihrem Wesen nach unverständliche, der nachträglichen Deutung bedürfende Sprache, sondern als universale Sprache des Lobpreises und Gebets.

Die Erzählung wendet sich nun der Wirkung des Geschehens zu. Dabei vollzieht sich ein abrupter Szenenwechsel, der alle jene Ausleger in Schwierigkeiten bringt, die konkrete Anschaulichkeit erwarten. Die Wände des „Hauses", in dem die Jünger versammelt waren, lösen sich gleichsam auf, und ganz Jerusalem wird nunmehr zum Schauplatz der Handlung. Wieder, wie schon in V.3f., zeigt sich, daß die Erzählweise des Lukas zwar dramatisch, aber deshalb doch keineswegs konkret anschaulich ist, sondern eher einen Zug ins Typisierende hat. Er versucht gerade nicht, das Geschehen in den äußeren Rahmen eines jüdischen Pfingstfestes einzuzeichnen: Weder wird der Tempel mit einem Wort als Geschehensschauplatz angedeutet, noch werden die nun in Erscheinung tretenden Menschen als jüdische Festpilger gekennzeichnet. Der Grund dafür ist nicht erzählerische Unbeholfenheit, sondern Treue zur historischen Wahrheit! Lukas will bereits hier deutlich machen, daß die Verkündigung des Evangeliums in den Kreisen der in Jerusalem ansässigen griechisch-sprachigen Diasporajuden auf Widerhall stieß (s. zu 6,1). Daß in anderen Ländern aufgewachsene und beheimatete Juden, wenn sich ihnen die Möglichkeit dazu bot – etwa aufgrund ihrer wirtschaftlichen Unabhängigkeit und ihrer Vermögensverhältnisse – nach Jerusalem übersiedelten, war nichts Außergewöhnliches. Wer in Jerusalem wohnte, hatte für sich gleichsam die von der Endzeit erhoffte Sammlung der Zerstreuten aus Israel am Zion schon ein Stück weit vorweggenommen. Auch als Heimgekehrte blieben diese Diasporajuden jedoch teilweise der Kultur ihrer fast durchweg griechisch-hellenistischen Herkunftsländer verhaftet, was am deutlichsten in der Existenz diasporajüdischer Synagogen in Jerusalem zum Ausdruck kommt (6,9).

In sich steigernder Dramatik wird nun die Reaktion dieses Personenkreises auf das Wunder beschrieben. Daß sich Staunen und Ratlosigkeit verbreiten, wird nicht nur in dreifachen fast parallelen Wendungen in V.6,7 und 12 direkt gesagt, sondern kommt noch drastischer darin zum Ausdruck, daß den Anwesenden drei Fragesätze in den Mund gelegt werden, deren zweiter durch die Aufnahme der Völkerliste erläutert wird (V.8–11). Diese bis in den sprachlichen Rhythmus hinein spürbare Dramatik hat wiederum nichts mit einem vordergründigen Realismus zu tun, ja steht ihm geradezu im Wege. Weder wird angedeutet, wir die Hörerschaft das ihr zunächst als eine einzige „Stimme" entgegenschlagende laute „Brausen" (V.2) mit einmal so zu differenzieren vermochte, daß jeder den in seiner Muttersprache redenden Jünger heraushören konnte, noch wird gesagt, woran sie die Jünger Jesu als „Galiläer" erkannte. Ganz zu schweigen davon, daß man sich die komplizierte literarische Satzkonstruktion von V. 8–11 nicht gut als spontane Äußerung einer erregten Menschenmenge vorstellen kann. Und schließlich ist auch nicht zu übersehen, daß – bedingt durch die verwendete Tradition – der Akzent zunächst (V. 6–11) auf dem Sprachenwunder liegt, während am Schluß (V. 12f.) die Glossolalie im Vordergrund steht.

6 Erst durch das Erschallen der „Stimme" wird die Menge aus allen Teilen der Stadt zusammengeführt, offenbar am Ort der Jünger. Bestürzung stellt sich ein, als
7 jeder einzelne sie in der Sprache seines Heimatlandes reden hört. Die erste dadurch ausgelöste Frage läßt die Redenden zum Gegenstand des Staunens werden: Wie kommt es, daß sie als Galiläer in diesen vielfältigen Sprachen sprechen können? Dabei scheint weder auf provinzielle Rückständigkeit Galiläas noch auf den dortigen lokalen Dialekt angespielt zu sein; „Galiläer" sind vielmehr, wie Lk 22,59 und
8 Apg 1,11, die Jünger als die zu Jesus, dem „Galiläer", Gehörigen. Die zweite Frage hat die Situation der Hörenden zum Gegenstand: Wie kommt es, daß sie als Menschen so verschiedener sprachlicher Herkunft die Jünger jeweils in ihren eigenen
11b Sprachen reden hören können? Dabei wird auch erstmals der Inhalt des Redens charakterisiert; und zwar mit einer aus dem griech. Alten Testament geläufigen Wendung: es sind die „Großtaten Gottes" (5. Mose 11,2; Ps 71 u. ö.), seine geschichtlichen Machterweise, mit denen er heilvoll an den ihm zugehörigen Menschen handelt. Was Lukas darunter versteht, geht weniger aus der folgenden Pfingstpredigt des Petrus hervor, denn sie ist eine Missionspredigt und hat darum eine andere inhaltliche Struktur, als aus dem Bericht über Lobpreis und Gebet der Gemeinde (4, 23–31), wo sich ein Bogen spannt vom Schöpfungswerk über das Christusereignis bis hin zur gegenwärtigen gnädigen Bewahrung der Gemeinde. Geht es also hier in erster Linie um hymnisches Gotteslob, so heißt das jedoch nicht, daß der damit Angeredete allein Gott wäre. Das gemeinschaftliche Bekennen der Großtaten Gottes hat im Alten Testament und Judentum immer zugleich den Charakter des öffentlichen Bekennens und der Verkündigung. Trotzdem besteht – und das ist wichtig – ein struktureller Unterschied zur nachfolgenden Rede des Petrus. Denn diese ist werbende, überführende Anrede an Menschen, d.h. missionarische Predigt. Keineswegs jedoch versteht sie Lukas als die bloße Übersetzung des glossolalischen Redens von V. 11, zumal es seiner eigenen Darstellung nach da, wo der Geist selbst wirkt, einer solchen Übersetzung gar nicht bedarf.

9–11a Kaum lösbare Probleme wirft die an die zweite Frage angefügte sogenannte „Völkerliste" (V. 9–11a) auf, und zwar sowohl hinsichtlich ihres Inhalts wie auch der Anordnung der einzelnen Glieder. Ähnliche Listen, die wir aus den Werken antiker Schriftsteller kennen, unterscheiden sich von der hier vorliegenden deutlich in ihrer Einheitlichkeit und klaren Systematik. 17 Namen werden genannt, die teils Völker („Parther, Meder, Elamiter"), teils Landschaften („Mesopotamien", „Gebiete Libyens bei Kyrene"), teils römische Provinzen („Kappadozien, Asien") bezeichnen.

Als besonders unpassend wurde seit den Tagen der Alten Kirche die Erwähnung Judäas empfunden: Denn von Jerusalem, dem Schauplatz der Pfingstgeschichte aus gesehen kann Judäa nicht als fremdes Land gelten, und selbstverständlich sprach man dort die gleiche aramäische Umgangssprache wie in Jerusalem. Man hat deshalb vielfach hier eine Textverderbnis sehen wollen und entsprechend Änderungsvorschläge (z.B. Armenia, Syria, Indien, Lyzien) gemacht, von denen freilich keiner überzeugt. Überdies verbietet die starke und einhellige Bezeugung von „Judäa" in der Handschriftentradition solche Operationen. Die Anordnung der Namen geht zwar in großen Zügen von Osten nach Westen, doch dies keineswegs geradlinig, sondern eine S-förmige Kurve beschreibend. Diese beginnt mit den Parthern und Medern im Nordosten, um dann südwestlich über Mesopotamien nach Judäa zu schwenken. Von hier aus führt sie zunächst nordwestlich nach Kleinasien, das in einem großen Bogen (Pontus, Asien, Phrygien, Pamphylien) durchzogen wird, lenkt dann zur Südküste des Mittelmeers (Ägypten, Libyen) zurück und erreicht schließlich in abermaliger Wendung nach Nordwesten Rom. Völlig unorganisch scheinen jedoch die vier letzten Glieder nachzuklappen: Juden wie Proselyten, Kreter und Araber. Sie lassen sich in der von Ost nach West führenden geographischen Ordnung nicht mehr unterbringen. Vermutlich sind sie Zusätze, durch die Lukas der ihm vorgegebenen Liste noch einige zusätzliche Akzente aufsetzte.

Was aber kann der ursprüngliche Sinn dieser Liste gewesen sein? Eine Reihe von Möglichkeiten sind in der Forschung diskutiert worden, und zwar mit weitgehend negativem Ergebnis: 1. Es kann sich nicht um eine Aufzählung von Sprachen bzw. Sprachgebieten gehandelt haben. Denn selbst wenn man davon ausgeht, daß in den östlichen Provinzen des Römerreiches neben der koinegriechischen Umgangssprache noch eine Reihe von lokalen Sprachen lebendig waren, entsprechen die genannten kleinasiatischen Gebiete keineswegs dem Verbreitungsgebiet solcher Sprachen; auch sind weder Mesopotamien noch Libyen eigene Sprachgebiete. – 2. Es kann sich auch nicht um eine profane Völkerliste, die politische Verhältnisse – etwa die Zugehörigkeit zu den Diadochenreichen – widerspiegelt, gehandelt haben. Denn gerade politisch wichtige Gebiete (wie Syrien, Mazedonien und Achaja) fehlen. – 3. Aus ähnlichen Gründen muß auch der Vermutung widersprochen werden, daß wir es hier mit einer Aufstellung der für die frühchristliche Mission wichtigen Gebiete zu tun hätten; gerade die entscheidenden Wirkungsbereiche des Paulus in Griechenland fehlen ja. – 4. Interessant, aber mit zu großen Unwahrscheinlichkeiten behaftet ist die Vermutung, daß es sich um die Wiedergabe einer astrologischen Liste handelte, in der verschiedene Länder den 12 Tierkreisbildern zugeordnet gewesen seien (z.B. Widder: Persien = Parther, Meder, Elamiter; Stier: Babylon = Mesopotamien; Zwillinge: Kappadozien usw.). Nur durch Streichungen und Umstellungen ließe sich nämlich Übereinstimmung mit diesem Tierkreisschema erzielen.

Was aber läßt sich positiv über die Liste sagen? Zunächst ergibt sich eindeutig, daß durchweg Gebiete mit einer starken jüdischen Bevölkerung genannt werden. Die Liste dürfte also dem Interesse an einer Gesamterfassung der Judenschaft zu verdanken sein. Zweitens aber ist die Konzentration auf Vorderasien unverkennbar, und hier wiederum nimmt Kleinasien den breitesten Raum ein. Syrien wird auffallenderweise nicht genannt, und dies, obwohl es im geographischen Mittelpunkt, der von der S-Kurve umspielt wird, liegt. Daraus und aus der Nennung Judäas wird man schließen dürfen, daß die Liste in Syrien entstanden ist und daß sie von dort aus gleichsam den Horizont der jüdischen Welt ausleuchtet.

Doch nun noch zu den Einzelheiten. Die Parther saßen südöstlich des Kaspischen Meeres. Sie hatten Rom gegenüber ihre staatliche Selbständigkeit behauptet. Ihre

Sprache war vermutlich das Aramäische. Nordöstlich von ihnen wohnten die Meder. Sie gehörten politisch zum Perserreich, wurden jedoch vielfach als eigenes Volk erwähnt, zumal sie eine eigene Sprache hatten, das Medische. Gleiches gilt von den nördlich des persischen Golfes ansässigen Elamitern. Die elamitische Sprache wird sogar im Talmud erwähnt (Schab 115 a). Mesopotamien hingegen ist ein Landschaftsname, der das zum Teil von Parthern bewohnte Gebiet zwischen Eufrat und Tigris bezeichnet. Judäa könnte die politische Bezeichnung der imperatorischen römischen Provinz sein; wahrscheinlich liegt jedoch hier der unter Hellenisten übliche verbreitete weitere Sprachgebrauch vor, der Galiläa mit einschließt (so auch Apg 1,8; 10,37). Es folgen die Namen von drei römischen Provinzen in Kleinasien: Kappadozien liegt im Zentrum der Halbinsel; nördlich davon, entlang der Schwarzmeerküste, erstreckt sich Pontus, und Asien liegt an der der Ägäis zuge-

10 wandten Westküste. Die zwei restlichen kleinasiatischen Namen beziehen sich auf Landschaften: Phrygien ist der östliche Teil der Provinz Asien, Pamphylien liegt an der Südküste und bildet den östlichen Teil der Provinz Zilizien. Ägypten war in neutestamentlicher Zeit römische Provinz. Vor allem seine Hauptstadt Alexandria bildete einen Schwerpunkt der dortigen jüdischen Diaspora, die wohl fast durchweg griechischsprachig war, auch wenn die koptische Landessprache unter der ländlichen Bevölkerung noch weite Verbreitung hatte. Westlich an Ägypten schließt die Landschaft Libyen an; sie wird hier in etwas unbestimmter Weise mit der römischen Provinz Zyrene in Verbindung gebracht („bei Zyrene"), der sie im wesentlichen zugehörte. Zyrene hatte eine starke jüdische Bevölkerungsgruppe, deren Angehörige mehrfach im Neuen Testament erwähnt werden (Mk 15,21; Apg 6,9; 11,20; 13,1). Mit „die ansässigen Römer" sind wohl die in Jerusalem (zeitweilig als Fremde) ansässigen Bürger der Stadt Rom gemeint. Auch in Rom war ja, nicht anders als in Alexandria, eine starke jüdische Bevölkerungsgruppe vertreten. Die dortige Landessprache war das Lateinische, wobei allerdings auch das Griechische

11a eine große Rolle spielte. „Juden und Proselyten" werden weder als zwei weitere Völkerschaften, noch, was sprachlich ebenfalls möglich wäre, als Näherbestimmung der „Römer" eingeführt; vielmehr handelt es sich hier um eine abschließende Charakteristik der gesamten Liste, die die Aussage von V.5 noch einmal präzisierend aufnimmt: Alle Genannten sind Juden, teils durch Geburt, teils durch eigene Wahl. Handelt es sich hier demnach um einen kommentierenden Zusatz des Lukas, so geht wohl auch das letzte Namenspaar, „Kreter und Araber", auf seine Hand zurück. Aber darüber, was ihn zu dieser Anfügung veranlaßt haben könnte, können wir nur raten. Wollte er die Bewohner der Insel Kreta und der arabischen Wüste noch einbringen, weil er aus eigener Kenntnis wußte, daß unter ihnen zahlreiche Juden lebten? Handelt es sich – wie vielfach, wenn auch ohne eindeutige Anhaltspunkte, vermutet – um eine formelhafte Bezeichnung für Meeresanwohner und Wüstenbewohner? Möglich wäre es, daß in den Begriffen eine uns Heutigen nicht mehr verständliche sprichwortartige Anspielung steckt, oder auch, daß Lukas sie schlicht um des sprachlichen Rhythmus willen an das Ende der Reihe stellte.

12 Aus dem allgemeinen ratlosen Staunen kristallisieren sich zwei Haltungen unter den Zuhörern heraus. Auf der einen Seite stehen die, die sich dem Anspruch des Geistes geöffnet haben. Sie hören das, was durch das Wirken des Geistes für sie

vernehmbar wird: das Lob der großen Taten Gottes. Auch wenn sie – wie ihre Frage erweist – den Sinn noch nicht verstehen, sind sie in erwartungsvolle Unruhe versetzt. Sie bleiben offen für weiteres Hören. Die Möglichkeit zur Kommunikation ist geschaffen.

Auf der anderen Seite aber stehen „andere" – nach Meinung des Lukas offenbar eine Minderheit –, die den Vorgang mit oberflächlichem Spott abtun: Süßer Heurigenwein sei an allem schuld; er habe die Köpfe benebelt und die Zungen schwer gemacht. Mit ähnlich überlegen-witzigen Äußerungen pflegt Lukas auch sonst den Unglauben zu charakterisieren (z.B. 17,32; 26,24; 26,28). Durch diese doppelte Stellungnahme ist der Anknüpfungspunkt für die Predigt des Petrus geschaffen. Sie setzt ein mit einer Widerlegung der Meinung der Spötter und gibt dann den Hörbereiten Antwort auf die Frage nach der Bedeutung des Geschehens.

2. Die Pfingstpredigt des Petrus 2,14–41

¹⁴Da trat nun Petrus mit den Elf auf, erhob seine Stimme und sprach zu ihnen: „Ihr jüdischen Männer und alle ihr Bewohner von Jerusalem, dies sei euch kund, und hört auf meine Worte! ¹⁵Keineswegs sind jene, wie ihr meint, betrunken, es ist ja erst 9 Uhr morgens! ¹⁶Sondern es bedeutet das, was durch den Propheten Joel gesagt ist:

¹⁷‚Und es wird geschehen‘ in den letzten Tagen, spricht Gott,
‚da werde ich von meinem Geist auf alles Fleisch ausgießen,
und es werden eure Söhne und eure Töchter prophetisch reden,
und eure Jünglinge werden Gesichte sehen,
und eure Alten werden Traumgesichte träumen.
¹⁸Und zwar werde ich in jenen Tagen über meine Knechte und über meine Mägde
von meinem Geist ausgießen‘, und sie sollen prophetisch reden.
¹⁹‚Und ich werde Zeichen setzen‘ oben ‚am Himmel
und Wunder‘ unten ‚auf der Erde, Blut und Feuer und Rauchwolken.
²⁰Die Sonne wird sich in Finsternis verwandeln
und der Mond in Blut,
bevor der große und herrliche Tag des Herrn kommt.
²¹Und es wird geschehen, daß jeder, der den Namen des Herrn anruft, gerettet wird!‘

²²Ihr Israeliten, hört diese Worte! Jesus, den Nazoräer, einen von Gott euch gegenüber durch Zeichen und Machttaten, die Gott durch ihn in eurer Mitte tat, ausgewiesenen Mann, wie ihr selbst wißt, ²³diesen, der nach dem vorherbestimmten Willen und Ratschluß Gottes dahingegeben wurde, habt ihr durch die Hand von Gesetzlosen angenagelt (ans Kreuz) und umgebracht. ²⁴Ihn hat Gott auferstehen lassen, indem er die Wehen des Todes löste, wie es denn auch nicht möglich war, daß er von ihm festgehalten würde. ²⁵Denn David sagt im Blick auf ihn:

‚Ich sah den Herrn vor mir immerdar;
denn er ist zu meiner Rechten, damit ich nicht wanke.

> ²⁶Darum freute sich mein Herz und frohlockte meine Zunge;
> zudem wird auch mein Fleisch auf Hoffnung ruhen;
> ²⁷denn du wirst meine Seele nicht der Unterwelt überlassen
> und wirst auch nicht zugeben, daß dein Heiliger der Verwesung anheimfalle.
> ²⁸Du hast mir Wege des Lebens kundgetan,
> und du wirst mich mit Freude vor deinem Angesicht erfüllen.'

²⁹Ihr Brüder, ich darf offen zu euch sprechen über den Patriarchen David, daß er gestorben und begraben ist, und sein Grab ist in unserer Mitte bis zum heutigen Tag. ³⁰Da er nun freilich ein Prophet war und wußte, daß ihm Gott eidlich zugeschworen hatte, es werde einer aus der Frucht seiner Lenden auf seinem Thron sitzen, ³¹darum sprach er vorausblickend von der Auferstehung des Gesalbten, daß er nicht der Unterwelt überlassen wurde und daß sein Fleisch die Verwesung nicht sah. ³²Diesen Jesus hat nun Gott auferstehen lassen, dessen sind wir alle hier Zeugen: ³³Nachdem er zur Rechten Gottes erhöht worden ist und die Verheißung des heiligen Geistes vom Vater empfangen hat, hat er dies ausgegossen, was ihr seht und hört. ³⁴Denn nicht David ist zum Himmel aufgefahren, er sagt ja selbst:

> ‚Es sprach der Herr zu meinem Herrn: Setze dich zu meiner Rechten
> ³⁵bis ich deine Feinde zum Schemel unter deinen Füßen mache!'

³⁶So erkenne also das ganze Haus Israel mit Gewißheit, daß Gott ihn zum Herrn und Gesalbten gemacht hat, nämlich eben jenen Jesus, den ihr ans Kreuz geschlagen habt." ³⁷Als sie das hörten, ging es ihnen durchs Herz, und sie sprachen zu Petrus und den übrigen Aposteln: „Was sollen wir denn tun, ihr Brüder?" ³⁸Petrus erwiderte ihnen: „Tut Buße, und ein jeder von euch lasse sich taufen auf den Namen Jesu Christi zur Vergebung eurer Sünden, so werdet ihr die Gabe des heiligen Geistes empfangen. ³⁹Denn euch gilt die Verheißung und euren Kindern, sowie allen denen in der Ferne, soviele der Herr unser Gott hinzurufen wird."

⁴⁰Auch noch mit vielen weiteren Worten legte er Zeugnis ab und mahnte sie: „Laßt euch aus diesem verkehrten Geschlecht erretten!" ⁴¹Die nun sein Wort annahmen, ließen sich taufen, und es wurden an jenem Tage gegen dreitausend Seelen (der Gemeinde) hinzugefügt.

Vers 17–21: *Joel 3,1–5*; Vers 25–28: *Ps 16,8–11*; Vers 30: *Ps 132,11*; Vers 31: *Ps 16,10*; Vers 34f.: *Ps 110,1*.

A
14–41

Die Pfingstpredigt des Petrus hat im Rahmen der Apg programmatische Bedeutung. Mit ihr wenden sich die Jünger Jesu erstmals nach der Himmelfahrt mit ihrer Botschaft missionarisch an die Öffentlichkeit. Sie erfüllen damit den Befehl des Auferstandenen (1,8), nachdem ihnen durch die Gabe des Geistes die Fähigkeit dazu verliehen worden ist. Die Predigt ist hinsichtlich ihrer Stellung und Funktion mit der Antrittspredigt Jesu in Nazaret (Lk 4,16–30) vergleichbar (s. zu 2,1–14). Eine inhaltliche Gemeinsamkeit besteht überdies darin, daß beide Reden von alttestamentlichen Texten ausgehen (Jes 61,1f. in Lk 4), um sie als durch das gegenwärtige Heilsgeschehen erfüllt zu deuten. Gerade auf dem Hintergrund solcher Gemeinsamkeiten wird aber auch der große Unterschied in stilistischer und kompositorischer Hinsicht besonders augenfällig, der ganz allgemein zwischen den Jesusreden der synoptischen Evangelien und den Reden der Apostelgeschichte besteht.

Die Reden der Apostelgeschichte. Die synoptischen Jesusreden sind gleichsam von ihren Einzelbausteinen her entwickelt. Sie entstanden dadurch, daß ursprünglich einzeln überlieferte Jesusworte im Laufe eines längeren Überlieferungsprozesses zu größeren thematisch gegliederten Einheiten zusammengefaßt wurden (vgl. z.B. Lk 6,20–49; 11,37–54; Mt 5,2–7,27), wobei die redaktionelle Kunst der Evangelisten im wesentlichen nur bei der Zuordnung und Verknüpfung von einzelnen Bausteinen und Elementen zum Tragen kam. Sie machen darum auf den heutigen Leser auch nicht den Eindruck wirklich gehaltener Reden; es fehlt ihnen die für die mündliche Rede charakteristische Entfaltung, Steigerung und Verknüpfung von Gedanken. Ganz anders steht es mit den Reden der Apostelgeschichte. Trotz ihrer relativen Kürze – ihr Umfang übersteigt kaum je ein Viertel der Länge einer üblichen Rede – könnte man sie sich ohne weiteres in einer bestimmten Situation mündlich vorgetragen vorstellen. Man hat den Eindruck, einem stetig fortschreitenden Gedankenduktus zu folgen; man begegnet Argumenten, in denen die Situation der Hörer vom Redner zugleich gespiegelt und aufgenommen wird. Die Einzelelemente sind ganz der Gesamtkonzeption untergeordnet: So etwas wie ein Einzellogion aus einer Apg-Rede herauszulösen ist nur in seltenen Fällen möglich.

Dieser Eindruck der Situationsechtheit und Lebendigkeit berechtigt freilich nicht zu dem Schluß auf eine unmittelbare Historizität der Reden. Denn die Möglichkeit, daß Lukas protokollarische Aufzeichnungen von tatsächlich gehaltenen Petrus- oder Paulusreden zur Verfügung gehabt hätte, ist aufgrund unserer Einsichten über die Traditionsbildung im frühesten Christentum mit großer Wahrscheinlichkeit auszuschließen. Vor allem aber treten in den Reden der Apg (mit Ausnahme der Stephanus-Rede 7,2–53) die spezifischen Merkmale der Sprache und Theologie des Lukas so stark hervor, daß die Annahme lukanischer Verfasserschaft sich als zwingend erweist.

Ganz allgemein läßt sich sagen: die Reden der Apg sind nicht in erster Linie, wie die synoptischen Jesusreden, Gefäße für die Bewahrung von Traditionen, sondern erzählerische Werkzeuge zur Veranschaulichung von Situationen. Lukas verwendet sie vorzugsweise dazu, um den „Richtungssinn des Geschehens" (M. Dibelius) herauszustellen. Das heißt jedoch keineswegs, daß die Frage nach der Tradition ihnen gegenüber von vornherein gegenstandslos wäre. Sie muß vielmehr in sachgemäßer Weise gestellt werden. Lukas hat nicht seinen Personen ideale Musterpredigten in den Mund gelegt, und er hat in ihnen erst recht nicht die Predigtpraxis seiner eigenen Zeit abgebildet. Er will mit ihnen nicht Vorlagen dafür geben, wie seiner Meinung nach in der Juden- und Heidenmission gepredigt werden sollte, sondern er will zeigen, wie seiner Kenntnis bzw. Vermutung nach in bestimmten Situationen tatsächlich gepredigt worden ist. Daß bei ihm Petrus anders spricht als Paulus, erklärt sich aber nur zum Teil aus den unterschiedlichen Situationen von Juden- bzw. Heidenmission, auf die Lukas die Redner eingehen läßt; es müssen dabei auch unterschiedliche Traditionen mit im Spiel gewesen sein. Solche Traditionen können in einzelnen Aussagen und Formulierungen innerhalb der Reden bewahrt worden sein. In erster Linie wird man jedoch nach ihnen in den den Reden zugrunde liegenden Aufrissen und Gesamtschemata suchen müssen. –

Nun läßt es sich in der Tat wahrscheinlich machen, daß der Aufriß des christolo- 22–40 gischen Hauptteils unserer Rede (V. 22–40) von einem sehr alten Verkündigungsschema geprägt ist. Hier wird zunächst der Tod Jesu als Folge des Ungehorsams der Juden gegen das sich in Jesu Geschichte manifestierende Handeln Gottes gedeutet (V. 22f.); diesem Unheilsgeschehen wird sodann das heilvolle Handeln Gottes in der Auferweckung kontrastierend gegenübergestellt (V. 24.36), und schließlich wird aus beidem der Aufruf zur Umkehr und Buße abgeleitet (V. 37f.). Das gleiche Schema – wir wollen es aufgrund seiner Deutung des Todes Jesu „Kontrastschema" nennen – begegnet in nicht weniger als 5 Missionspredigten des Petrus in der Apg: 1. Unheilstat der Juden („Ihr habt ihn getötet!") (2,23; 3,13b–15a; 4,10; 5,30; 10,38f.). – 2. Heilstat Gottes (Gott hat ihn auferweckt [und zum Herrn und Gesalbten gemacht]") (2,24.36; 3,13a. 15b; 4,10; 5,31a; 10,40). – 3. Aufruf zur Umkehr (2,38; 3,19; 4,11; 5,31b; 10,42f.). – Es ist höchst auffällig, daß dieses Schema eine sehr einseitige Sicht des Todes Jesu vertritt, die sich etwa von der des Paulus fundamental unterscheidet: Dieser Tod ist hier als solcher nicht Heilsgeschehen; jede Andeutung, daß Jesus „für uns" bzw. „für unsere Sünden" (vgl. die alte vorpaulinische Verkündigungsformel 1. Kor 15,3b–5) gestorben sei, fehlt ebenso wie jeder Hinweis darauf, daß das Passionsgeschehen durch Gottes rätselvollen Ratschluß über Jesus verhängt worden sei (vgl. die synoptischen Leidensankündigungen Mk 8,31; 9,31) sowie ganz allgemein den synoptischen Passionsbericht. Man hat daraus verschiedentlich auf die lukanische Herkunft des Schemas schließen wollen: Es repräsentiere in typischer Weise die Lukas eigene Auffassung von der Bedeutung des Sterbens Jesu. Ein Argument, das diese Auffassung auf den ersten Blick zu stützen scheint, liegt in dem Umstand, daß Lukas bis auf wenige Ausnahmen (Lk 22,19f.; Apg 20,28) den Gedanken an ein sühnendes Sterben Jesu „für uns" verschweigt, während er andererseits die Schuld der „Juden" an seinem Tode durchweg stark betont. Doch dieses Argument verliert sein Gewicht, sobald man erkennt, daß die Deutung des Todes Jesu als Sühntod im Neuen Testament keineswegs der Normalfall ist. Sie ist nur in einem sehr schmalen Sektor alter Tradition verwurzelt, nämlich im Umkreis des Abendmahls; ihr unmittelbarer Ansatz liegt im „für die Vielen" des Becherwortes (Mk 14,24; vgl. 1. Kor 11,25). Universale Bedeutung hat sie erst durch Paulus erreicht. Hingegen war sie sicher noch nicht Bestandteil der ältesten missionarischen Verkündigung. Daß sie in den Apg-Reden fehlt, beweist also noch nicht, daß deren christologischer Grundansatz eine lukanische Sonderbildung ist. Im Gegenteil: verschiedene Erwägungen drängen zu dem Schluß, daß wir in den Apg-Reden tatsächlich das der ältesten missionarischen Verkündigung an Israel zugrundeliegende Schema vor uns haben. Bereits Jesus selbst scheint seinen Tod vorausgesehen und in Analogie zu der Verwerfung und Tötung der Propheten durch Israel gedeutet zu haben (Lk 13,33f.). Auf alle Fälle aber hat die Urgemeinde für ihre Deutung des Weges Jesu auf das schon im Alten Testament und im Judentum verbreitete Motiv zurückgegriffen, das in der Verwerfung der von Gott gesandten Gerechten und Propheten einen Ausdruck des Ungehorsams Israels sah. Spuren dieses Schemas finden sich in zahlreichen alten Traditionen (u. a. Mt 23,29ff. par Lk 11,47; Mk 12,1–9; Apg 7,52). Auch Paulus zog in seiner Verkündigung eine Tradition heran, die das Leiden Jesu unter dem Aspekt des schuldhaften Handelns der Juden deutet

(1. Thess 2,15 f.). Daß sich diese Deutung des Leidens Jesu mit der Umkehrforderung verband, war überaus naheliegend. Während seines irdischen Wirkens hatte Jesus seine Umkehrforderung mit der Ansage der von ihm vollmächtig repräsentierten Nähe der Gottesherrschaft, des befreienden endzeitlichen Heilshandelns Gottes, verbunden (Mk 1,15). Nach Karfreitag und Ostern konnten Heilsangebot und Umkehrforderung Israel gegenüber nicht mehr unter Absehung von Jesu Geschick vertreten werden; alles hing davon ab, ob es gelang zu zeigen, daß Jesus und seine Verkündigung nicht durch das Kreuz widerlegt waren! Entscheidenden Stellenwert hatten dabei die Auferweckung Jesu und seine Erhöhung zu Gott. Durch sie ist Jesus endgültig ins Recht gesetzt und die Umkehrforderung legitimiert worden. Nicht Gott hat Jesus widerlegt, sondern die Jerusalemer Juden und ihre Führer haben, indem sie ihn töteten, ihren Ungehorsam erwiesen. Gott hat jedoch Jesus Recht gegeben und seine Sendung bestätigt. Deshalb gibt es für Israel nur noch eine Möglichkeit, zum Heil zu kommen, nämlich jetzt vor dem unmittelbar nahen Ende umzukehren zu Gott im Glauben an Jesus.

Lukas hat nun freilich das traditionelle Grundschema an mehreren Stellen mit Elementen seiner eigenen theologischen Konzeption zum Ausgleich zu bringen versucht. So hat er (1.) die Bedeutung der irdischen Geschichte Jesu unterstrichen (V.22) und (2.) die Funktion der Jünger als Zeugen der Auferstehung (vgl. 1,22) hervorgehoben (V.32). Er hat ferner (3.) seinem Verständnis der Auferstehung gemäß eine Unterscheidung zwischen ihr und der (in der Himmelfahrt erfolgten) Erhöhung Jesu einzuführen versucht (V.33), während das vorgegebene Schema, wie das urchristliche Kerygma generell, Auferweckung und Erhöhung als Aspekte des gleichen Handelns Gottes deutete (V.34.36). Vor allem aber – und hier liegt sein schwerster Eingriff – läßt er (4.) den Ausblick auf das nahe Kommen des erhöhten Christus zum Gericht, der im Schema die Dringlichkeit des Bußrufs motivierte (vgl. 10,42), völlig in den Hintergrund treten. Statt dessen läßt er die Notwendigkeit der Umkehr durch die von den Anwesenden als unmittelbare Realität einsehbare Tatsache der Sendung des Geistes durch den Erhöhten begründet sein (V.33). Hier zeigt sich die für Lukas charakteristische Aufweichung des Zusammenhanges zwischen Christologie und Eschatologie ganz deutlich.

Der Rede liegt ein klarer *Aufbau* zugrunde. Der Eingangsteil (2,14b–21) hat anknüpfende und hinführende Funktion. Mittels des langen Prophetenzitats aus Joel 3 soll das vorher berichtete rätselhafte Geschehen als die im Alten Testament verheißene Ausgießung des Gottesgeistes gedeutet und als für Israel unmittelbar relevant dargestellt werden. Der *Hauptteil* (V.22–40) gibt dafür die christologische Begründung, und zwar in mehreren Gedankenschritten: 1. Israel hat Jesus, den von Gott Gesandten, verworfen (V.22 f.). – 2. Gott hat Jesus auferweckt (V.24–32). – 3. Als der von Gott Erhöhte hat Jesus den Geist gesandt (V.33–35). – 4. Für Israel ist darum Umkehr und Anerkennung Jesu als des Herrn an der Zeit (V.36–40).

Petrus und die „Elf" stehen furchtlos da im Angesicht der riesigen Menschenmenge, – ein Bild von zeichenhafter Bedeutsamkeit. Auch wenn Petrus allein spricht, so tut er dies nicht als einzelner, sondern im Namen der übrigen Zeugen. So wird erstmals „in Jerusalem" Zeugnis für Jesus abgelegt (vgl. 1,8). Anders als Jesus in der Synagoge von Nazaret (Lk 4,20), der nach der Weise der Toraausleger 'im Sitzen spricht, steht Petrus, darin dem antiken Rhetor gleich, an herausgehobenem Ort. Das Gewicht dieses Vorgangs wird durch die Anrede unterstrichen: Grundsätzlich wendet sich die Rede nicht nur an einen zufällig anwesenden Kreis von Menschen – mag dieser auch als noch so groß gedacht sein –, sondern in den Hörern wird das von ihnen repräsentierte Israel in seiner Gesamtheit angeredet. Die Aufforderung zum Hören – sie wird später in V.22 und V.36 wiederholt – unterstreicht, daß Petrus Dinge zu sagen hat, die von entscheidendem Gewicht für

15 Israel sind. Der Ausgangspunkt, an dem die Hörer abgeholt werden, ist das böswillige Mißverständnis der Spötter (V.13), das den ekstatisch redenden Jüngern Trunkenheit unterstellt. Es wird widerlegt durch den Hinweis auf die frühe Tageszeit: Wo wird man schon um 9 Uhr morgens, noch vor der ersten Tagesmahlzeit also, die um 10 Uhr eingenommen wurde, einen Haufen laut randalierender Trinker finden?

16 Nicht auf so banalen Anlaß läßt sich das Geschehen zurückführen, sondern hinter ihm steht ein Handeln Gottes, das bereits durch alttestamentliche Prophetie verheißen worden ist: Gott hat über die 12 Männer seinen Geist ausgegossen!

17–21 Das lange Zitat soll dies belegen und zugleich auf den Predigthauptteil hinführen. Wiederum folgt es nicht dem hebräischen Bibeltext, sondern dem griechischen der LXX; dieser Anachronismus nötigt zu der Folgerung, daß es in dieser Form in der aramäischsprechenden Urgemeinde nicht benutzt worden sein kann. Andererseits wird Lukas diesen Schriftbeweis kaum selbst eingeführt, sondern ihn bereits im hellenistischen Urchristentum vorgefunden haben. In Joel 3,1–6, einer im 4. Jh. v.Chr. entstandenen stark apokalyptisch gefärbten Prophetie, verbinden sich dem ursprünglichen Sinn nach Heilsansage und Heilszusage für die Endzeit: Alle Glieder des Volkes Israel, Alte und Junge, ja sogar die am Ende der sozialen Skala stehenden Knechte und Mägde werden Gottes Geist empfangen, sie werden der von ihm ausgehenden, alles erneuernden Lebenskraft teilhaftig werden. Gedacht war dabei weder an eine Geistbegabung einzelner, noch an prophetisches Reden und Ekstase. Ausgießung des Geistes bedeutet hier vielmehr, vermutlich in Weiterführung älterer Prophetenworte wie Jes 32,14f. und Ez 36,26f., eine grundlegende Erneuerung des Volkes in seiner Gesamtheit zu einem neuen Gottesverhältnis durch Gottes lebenschaffenden Geist: Alle Glieder Israels werden dann Propheten sein und unmittelbar durch Offenbarungen – Träume und Visionen – in Gottes Willen eingeweiht werden, alle werden unmittelbar und ohne Vermittlung in seiner Gemeinschaft leben. Aufgrund dieser Zusage können sie auch angesichts der unheilvollen Vorzeichen des „großen und furchtbaren Tages Jahwes", die Kosmos und Weltgeschichte heimsuchen werden, die Gewißheit naher Rettung durchhalten. Am Tag Jahwes wird jeder, der sich zu ihm bekennt und von seinem Namen alles erwartet, in Jerusalem Verschonung erfahren. – Wie aber versteht Lukas den Joel-Text? Es kann zunächst davon ausgegangen werden, daß er von einem sachgemäßen Verständnis seiner zentralen Mitte im Licht der nunmehr eingetretenen Erfüllungssituation ausgeht; auch wenn er es hier nicht weiter betont, gilt für ihn wie für das gesamte Urchristentum, daß durch Gottes Handeln in Jesus tatsächlich das von den Propheten für die Endzeit verheißene neue Gottesverhältnis mit seiner unmittelbaren Nähe zu Gott möglich und in der christlichen Gemeinde wirklich geworden ist. Trotzdem ergeben sich aufschlußreiche Neuakzentuierungen. So hat sich für Lukas die eschatologische Perspektive verschoben; er denkt weder wie Joel an zukünftige Ereignisse der Endzeit noch teilt er die Sicht der ersten christlichen Naherwartung, wonach die Geistausgießung der gegenwärtige Beginn der Endzeitereignisse sei. Geistausgießung wie Umkehrangebot sind für ihn vielmehr Geschehnisse, die für die gegenwärtige, den Endzeitereignissen vorauslaufende Epoche, charakteristisch sind. Dem scheint zwar zu widersprechen, daß Lukas mit der Zeitangabe „in den letzten Tagen" das indifferentere „danach" von Joel 3,1 ersetzt. (Einige späte Handschriften machen diese Veränderung rückgängig, indem sie wieder dem Wortlaut der LXX angleichen). Er denkt dabei wohl an die letzte Epoche vor der Aufrichtung des eschatologischen Reiches, nicht jedoch an dieses selbst, was übrigens auch sonstigem Sprachgebrauch der zweiten Generation entspricht (2.Tim 3,1; Jak 5,3; 2.Petr 3,3; 2.Kl 14,2). – Lukas sieht die prophetische Weissagung speziell in der Glossolalie und, darüber hinaus, in der Fähigkeit der Jünger zu prophetischer Verkündigung erfüllt, weshalb er am Ende von V.18 nochmals „und prophetisch reden" einfügt. Wichtiger ist jedoch, daß er durch den zweimaligen Einschub von „meine" in V.18 die „Knechte und Mägde" aus Vertretern einer bestimmten sozialen Gruppe zu Knechten und Mägden Gottes werden läßt. Er will damit sagen: Der Geist ist speziell den Gliedern der endzeitlichen Heilsgemeinde gegeben. Diese aber ist keineswegs identisch mit dem empirischen Israel; sie wird durch die in ihr manifeste Geistwirkung vielmehr zum Zeichen, das Israel zur Umkehr und zum Glauben an Christus als den Herrn ruft. Lukas hat, weil er diesen Umkehrruf an Israel in Joel 3,5 a (= V.21), der für ihn zentralen Stelle des Joel-Zitates, ausgesprochen fand, dieses bis dorthin weitergeführt. Auf diese Weise wurden auch V.19 und 20 (= Joel 3,3f.) mit aufgenommen, ohne daß ihnen im Zusammenhang stärkeres Gewicht zukäme. Möglicherweise hat Lukas bei den „Wundern am Himmel oben" an das Kommen des Geistes vom Himmel her (V.33) und bei den „Zeichen auf der Erde unten" wiederum an das durch den Geist gewirkte Wunder der Zungenrede gedacht. Ein Bezug auf die Wunder Jesu kommt hingegen kaum in Betracht. Mit V.21 wird die eigentliche Pointe des Zitates erreicht, die sich allerdings nur vom LXX-Text von Joel 3,5 a her ergibt (der hebr. Text spricht nicht von „Namen des Herrn", sondern vom „Namen Jahwes"; s. dazu den folgenden Exkurs). Es ist die Aufforderung an Israel, sich angesichts der allen sichtbaren Geistausgießung auf die Heilsgemeinde in seiner Mitte dem, der von Gott zum „Herrn" dieser Heilsgemeinde gemacht worden ist, nämlich Jesus, nicht mehr länger zu entziehen. Es gibt nur eine Konsequenz aus dem jetzigen Geschehen: den Namen Jesu anzurufen und so Rettung vor dem drohenden Gericht zu erlangen. Und das bedeutet nicht weniger als sich zu diesem „Herrn" zu bekehren. „Anrufer des Herrennamens" ist eine der frühesten Selbstbezeichnungen der Christen (9,14.21; 1.Kor 1,2 u.ö.). So haben wir es hier letztlich mit einer Zusammenfassung des Umkehrrufes an Israel zu tun. Der hier zunächst weggelassene Schluß der Joelstelle (Joel 3,5 b) wird später bei der Entfaltung dieses Umkehrrufes (V.39) noch eine Rolle spielen. Zunächst jedoch wird im Hauptteil der Rede ausgeführt, wer jener geheimnisvolle „Herr" ist, von dem das Prophetenwort sprach, wie es zu seiner Erhöhung kam, und was die Gabe des Geistes mit ihm zu tun hat.

Die Bezeichnung Jesu als „Herr" (kyrios). Das Kyrios-Prädikat, das Zentrum und Ausgangspunkt des christologischen Kerygmas der Pfingstpredigt ist, geht in seiner Entwicklung auf mehrere Wurzeln zurück, die hier z.T. wenigstens indirekt noch sichtbar werden. 1. In der vorösterlichen Überlieferung ist die Anrede Jesu als „Herr" (aram. *mari*) durch seine Anhänger bezeugt (Mk 7,28; Mt 8,8). Sie ist hier jedoch nur Ausdruck respektvoller Höflichkeit, nicht jedoch Hoheitstitel im eigentlichen Sinne. – 2. Gut bezeugt ist für die aramäisch sprechende Urgemeinde der gottesdienstliche Gebetsruf *marana tha*! (= unser Herr, komm!; 1.Kor 16,22; Offb 22,20; Did 10,6). Mit ihm erflehte man die Wiederkehr Jesu zur Parusie und, darüber hinaus, seinen gegenwärtigen Beistand für seine Gemeinde. Der Kommende wurde hier zugleich als der bekannt, dessen wirksamer Gegenwart man sich im Gottesdienst unterstellte. Das aber impliziert die Vorstellung, daß Jesus bereits jetzt, vor seiner für die Zukunft erwarteten Parusie, als der „Herr" im Himmel anwesend und der Anrufung durch seine Gemeinde zugänglich sei. – 3. Die Übertragung des griechischen *kyrios*-Titels auf Jesus im hellenistischen Judenchristentum ist unter dem Einfluß der LXX erfolgt. Bereits die griechischsprechende Synagoge pflegte an Stellen, an denen im hebräischen Urtext der unaussprechbare heilige Gottesname des Tetragramms, Jahwe, gestanden hatte, *kyrios* (= Herr) zu lesen, selbst da, wo der schriftliche griechische Text noch das hebräische Tetragramm enthielt. Dies machte es dem griechischsprechenden Christen möglich, alttestamentliche Aussagen, die ursprünglich vom *kyrios* = Jahwe sprachen, auf den *kyrios* Jesus zu deuten. Das geschah freilich nicht wahllos und undifferenziert, sondern zunächst im wesentlichen nur bei solchen alttestamentlichen Stellen, an denen zentrale Motive, die die Gemeinde mit ihrem Bekenntnis zum „Herrn Jesus" verband, anklangen, wie Gottes endzeitliches Handeln, seine Herrschaft über die Welt und seine helfende bzw. richtende Gegenwart bei den Seinen. Joel 3,5a scheint in diesem Zusammenhang schon früh von Bedeutung gewesen zu sein, denn auch Paulus führt diese Stelle in Röm 10,13 zur Begründung des gemeindlichen Bekenntnisses „Herr ist Jesus" an. – 4. Von noch größerer Bedeutung war jedoch Ps 110,1 (LXX): „Der Herr sprach zu meinem Herrn: ‚Setze dich zu meiner Rechten, bis ich deine Feinde zum Schemel deiner Füße mache'." Es ist dies nicht von ungefähr die im Neuen Testament am häufigsten angeführte Stelle aus dem Alten Testament (vgl. V.34f.; 1.Kor 15,25; Kol 3,1; Eph 1,20; Hebr 1,13). Bereits das vorchristliche Judentum hatte diesen Psalm messianisch gedeutet, zumal er als einer der Königspsalmen in einer gewissen sachlichen Verbindung mit der Messiasvorstellung stand. Das Urchristentum las ihn als Zeugnis über die Einsetzung des Kyrios Jesus in eine himmlische Herrschaftsfunktion zur „Rechten Gottes" (vgl. Mk 12,35–37). Ps 110,1 wurde so einerseits zur Ausgangsbasis für die Verbindung des *kyrios*-Titels mit dem Motiv der Königsherrschaft des Erhöhten über die Weltmächte; andererseits gab er die Möglichkeit für eine Verbindung des Kyrios – mit dem Christus(= Messias)-Titel (s. zu V. 36; vgl. Mk 12,35–37). Die alte Vorstellung von einem königlichen Messias kann nunmehr übergehen auf den erhöhten Jesus als Träger himmlischer Herrschaft. – 5. Eine neue Dimension gewann der *kyrios*-Titel schließlich durch die Verbindung mit der Präexistenz-Vorstellung. Bereits das hellenistische Judentum hatte den Gedanken der Präexistenz und Schöpfungsmittlerschaft der (als ein Himmelswesen gedachten) Weisheit ausgebildet (Spr 8,22–31; Sir 24,33). Sie wurde nunmehr auf Jesus übertragen. So kam es zur Ausbildung des Schemas der sog. Drei-Stufen-Christologie, das besagt: Jesus war bereits von Anfang an der Schöpfungsmittler; er hat sich in seiner Menschwerdung erniedrigt, um so den Heilswillen Gottes an der Welt vollziehen zu können. Darum hat ihn Gott erhöht und ihn zum Herrn der den Kosmos beherrschenden feindlichen Gewalten gemacht (Phil 2,6–11; Hebr 1,3f.). Mit dieser Vorstellung war zugleich die Übertragung göttlicher Hoheit auf Jesus impliziert: Der „Herr Jesus Christus" (Phil 2,11) galt nunmehr als göttliches Wesen, auf den die Gott gebührende Verehrung übertragen werden konnte und dessen Macht und Herrschaft in polemischem Kontrast zum Machtanspruch aller heidnischen Kultgottheiten, vor allem aber zum *kyrios Kaisar* des Herrscherkultes, gesehen wurde (Offb 17,14; 19,16).

Es ist ohne Zweifel ein Anachronismus, wenn Petrus bereits an Pfingsten die Deutung von Joel 3,5a auf den „Herrn Jesus" in den Mund gelegt wird, denn sie war nur vom LXX-Text her möglich, während Petrus damals auf alle Fälle aramäisch gesprochen haben würde. Trotzdem wird man urteilen müssen, daß Lukas zumindest den Ansatz der ältesten Christologie bei der Anrufung Jesu als „Herr" sachgemäß wiedergibt. Im übrigen ist er sichtlich bemüht, den christologischen Aussagen der Pfingstpredigt ein archaisches Gepräge zu geben. So vermeidet er es, Petrus die erst später entwickelte Präexistenzchristologie in den Mund zu legen, und läßt ihn statt dessen betont die alte palästinische Zwei-Stufen-Christologie vertreten, nach der Jesus erst durch die Auferstehung bzw. Erhöhung zum Herrn und Messias geworden ist (s. zu V.36). –

Eine erneute feierliche Anrede hebt das Gewicht des nunmehr zu entfaltenden christologischen Kerygmas hervor. Sie ist insofern gezielter als jene in V.14, als sie die allgemeine ethnische Bezeichnung „Juden" durch die heilsgeschichtlich bedeutsame „Israeliten" ersetzt. Die Zuhörer sollen damit betont als Israel, das von Gott berufene und geführte Volk, dem die Verheißungen der Schrift gelten, angesprochen werden (vgl. 3,12; 5,35). Denn von einem Geschehen zwischen Gott und seinem Volk soll ja nun die Rede sein, wenn Petrus seine Zuhörer auf das irdische Geschick Jesu und seinen Lebensausgang anspricht. Der Kernsatz, der in seiner Grundstruktur von der alten Tradition des Kontrastschemas geprägt sein dürfte, lautet: „Ihr habt ... Jesus den Nazoräer getötet." In ihm wird Israels Verhalten Jesus gegenüber auf eine knappe Formel gebracht. In ihn sind nun aber zwei gleichsam gegenläufige Partizipialsätze eingeschoben, die Gottes Beteiligung an der irdischen Geschichte Jesu herausstellen und damit Israels Verhalten zu Jesus als Ungehorsam gegen Gott brandmarken sollen: 1. Gott selbst hat Jesus Israel gegenüber „ausgewiesen" durch seine Zeichen und Wunder, ja er selbst war letztlich deren Urheber. Gemeint ist damit nicht, daß Jesu Taten rational einsichtige Beweise und Demonstrationen seiner von Gott kommenden Vollmacht seien – daß Jesus die Zeichenforderung seiner Gegner abgelehnt und ihr die Forderung nach Glauben entgegengesetzt hat, weiß auch Lukas (Lk 11,29–32) –, wohl aber, daß sie für den Glauben Hinweise und Zeichen auf Gottes Handeln in Jesus hätten sein können; aber eben diesen Glauben hat Israel verweigert. Wie so oft betont Lukas dabei die

Öffentlichkeit, in der sich Jesu Geschichte abgespielt hat (Lk 24,18; Apg 4,16; 26,26): Ganz Israel weiß, was sich zugetragen hat und ist darauf ansprechbar! – 2. Der zweite Partizipialsatz (V.23a) charakterisiert den Tod Jesu als Erfüllung des Heilsratschlusses Gottes und bringt damit ein dem Kontrastschema ursprünglich fremdes Motiv ein, das wir aus den synoptischen Leidensankündigungen (Mk 8,31; 9,31) und aus dem Passionsbericht kennen: Jesu Weg ans Kreuz unterstand einem dunklen, von Gott gesetzten „Muß", in ihm erfüllte sich bis in alle Einzelheiten hinein Gottes bereits im Alten Testament kundgegebener Plan für das Leiden seiner Gerechten. – Erstmals erscheint hier die vielumrätselte Bezeichnung Jesu als „Nazoräer". Gegenüber vielen problematischen Ableitungsversuchen (u.a. von *nozri* = „Nasiräer", Ausgesonderter, von *nezer* = „[messianischer] Sproß" [vgl. Jes 11,1] und von *nazir* = „Fürst") hat die herkömmliche Herleitung vom Ortsnamen Nazaret (aramäisch *nazarja*) heute wieder an Boden gewonnen. – Weil V.22f. sich nur auf eine Darlegung und Deutung des für Israel sichtbaren Weges Jesu beschränkt, unterbleiben Aussagen über Jesu Herkunft und den gottgewirkten Anfang seiner irdischen Existenz. Mehr als daß er ein „von Gott ausgewiesener Mann" war, wird nicht gesagt, denn das allein war es, was Israel hätte sehen können, wovor es aber

24 seine Augen schuldhaft verschlossen hat. Obwohl V.24a formal ein an das Vorige anschließender Relativsatz ist, ist er seiner inneren Struktur nach ein Hauptsatz, der einen neuen Unterabschnitt (V.24–33) eröffnet. Nun tritt dem heillosen, sich gegen Gott richtenden Handeln Israels das heilvolle Handeln Gottes gegenüber, um sich alsbald als übermächtig zu erweisen! Vielleicht klingt hier Josefs Wort an seine Brüder (1.Mose 50,20) nach: „Ihr gedachtet mir Böses zu tun, aber Gott gedachte es zum Guten zu wenden." Auf alle Fälle ist die Auferstehung hier, wie überhaupt im ältesten Kerygma, streng als ein von Gott ausgehendes Geschehen verstanden. Man wird im übrigen das Bild vom „Lösen der Wehen des Todes", mit dem es weiter beschrieben wird, nicht pressen dürfen. Es entstammt der LXX (Ps 17,5f.; 114,3; 2.Sam 22,6; Ijob 39,2), wo es durch eine Fehlübersetzung eines hebräischen Wortes (die Pluralform *cheble* kann sowohl „Stricke" als auch „Schmerzen" heißen) Eingang gefunden hatte. Schwerlich ist hier die Auferstehung als eine Neugeburt verstanden, in der der Messias aus dem Schoß des Todes bzw. des Hades hervorgeht. Es mag allerdings der eschatologische Klang mitschwingen, den das Wort „Wehen" in apokalyptischer Sprache gewonnen hatte: Die Drangsale und Schrecknisse, die das Kommen der messianischen Zeit ankündigen und zugleich durch ihren Anbruch überwunden werden, heißen Wehen (Mk 13,8; Mt 19,28; 24,8). Wenn der Tod Jesus festzuhalten sucht, so ist dies eben auch ein letztes Aufbäumen widergöttlicher Mächte vor dem Durchbruch des Heils. Eben darauf aber liegt das Hauptgewicht, daß der Tod als eschatologischer Widersacher Gottes gesehen wird (vgl. 1.Kor 15,26; Offb 20,14; 21,4), der in geradezu mythischer Weise personifiziert wird. Er kann Jesus nicht „halten", sondern muß ihn zum Leben freigeben. Der Grund dafür liegt nicht etwa im Wesen Jesu selbst – etwa darin, daß er durch die ihm eigene unzerstörbare Lebenskraft dem Tod überlegen ist –, sondern einzig in Gottes Handeln: Weil er eingreift, darum muß der Tod hier weichen.

25–28 Daß dieser Sieg über den Tod in Gottes Plan festgelegt war, soll der folgende Schriftbeweis weiter untermauern. In Ps 16, dem er entnommen ist, artikuliert ein alttestamentlicher Beter sein grenzenloses Vertrauen gegen Gott angesichts der Bedrohung durch den Tod. Zwar erhofft dieser Beter nicht von Gott eine Bewahrung vor dem Sterbenmüssen und erst recht nicht eine leibliche Auferweckung, sondern lediglich die Bewahrung in seiner Gemeinschaft angesichts der gegenwärtigen Bedrohung durch lebensmindernde Mächte. Trotzdem ist dieser Psalm auf das Neue Testament hin transparent, denn sein Beter preist die Gottesgemeinschaft als den letzten tragenden Grund menschlicher Existenz, der auch da bestehen bleibt, wo der Mensch selbst sich nicht mehr halten kann. Bei der Übertragung des Psalms auf Jesus und seine Auferweckung geht Lukas nun allerdings von einer Reihe nicht deutlich ausgesprochener Voraussetzungen aus: 1. Der Psalm spricht von einer leiblichen Auferweckung aus dem Tode. In der Tat war das bereits die Meinung des pharisäischen Judentums. – 2. Sein Verfasser war der König David, der in ihm als Prophet (V. 30) spricht. – 3. Jesus ist Davids Sohn, er gehört „nach dem Fleische" (Röm 1,3) dem davidischen Geschlecht an. David konnte also in Ich-Aussagen, die nicht auf seine individuelle Person begrenzt waren, sondern, antikem jüdischem Denken entsprechend, kollektiv seine gesamte Nachkommenschaft umfaßten, von der Auferstehung Jesu sprechen. In der Tat ist die Zugehörigkeit Jesu zum davidischen Geschlecht ein in der Überlieferung fest verankertes Faktum (vgl. Mk 10,48; 12,35–37).

Wenn Lukas den Psalm so auf Jesus überträgt, denkt er dabei zunächst sicher an sein irdisches Leben: Jesus lebte ständig in der Gewißheit der Nähe Gottes: „Gott war mit ihm" (10,38). Diese Gewißheit wurde auch in der Stunde seines Todes nicht in Frage gestellt; ganz auf dieser Linie bleibt ja auch die lukanische Darstellung des Sterbens Jesu als eines Sterbens in nie getrübter Gottesgewißheit, wenn in ihr an die Stelle des Aufschreis der Gottverlassenheit (Mk 15,34 = Ps 22,1) als letztes Wort Jesu die vertrauensvolle Selbstübereignung an Gott tritt (Lk 23,46 = Ps 31,6). Gott hat dieser Gewißheit Recht gegeben, indem er Jesus nicht den Todesmächten überließ. Dem Wortsinne nach ist der Hades (hebr. sch^{e}ol) zwar der Ort der Toten, die Unterwelt, aber es ist kaum anzunehmen, daß Lukas hier dieses räumliche Verständnis im Auge hat, zumal es strenggenommen seiner Auffassung widerspräche, daß Jesus unmittelbar nach seinem Sterben zu Gott, ins „Paradies", versetzt worden ist (Lk 23,43; s. zu 7,59). Noch weniger ist hier die spätere Vorstellung von einem aktiven Wirken Jesu im Todesreich im Blick (1.Petr 3,19; 4,6). Der Hades ist hier vielmehr Verkörperung der Todesmacht im Sinne von V.24 (vgl. Offb 1,18; 6,8; 20,13f.). Der Schluß des Zitats umschreibt Jesu Leben bei Gott, hat also seine Erhöhung zum Gegenstand. 25–26

27–28

Ein relativ breiter exegetischer Beweisgang soll die Angeredeten davon überzeugen, daß der Psalmist tatsächlich nichts anderes im Auge haben konnte als die Auferweckung Jesu. In einer erneuten Anrede schließt sich Petrus eng mit den Hörern zusammen. Sie sollen nicht den Eindruck haben, daß er sich gegen sie und ihr Verständnis der Schrift richte. Er will nur ein Problem offen zur Sprache bringen, das allen Gliedern Israels, die gemeinsam auf die Schrift hören, gleichermaßen zu schaffen machen müßte: Sie alle kennen das Grabmal Davids auf dem Südhügel Jerusalems innerhalb der Stadtmauer. Dieses prominente Bauwerk überdauerte sogar den jüdischen Krieg und war zur Zeit des Lukas noch vorhanden. Erst wäh- 29–32

29

rend des Bar-Kochba-Aufstands (132–135 n.Chr.) stürzte es ein, was als böses Vorzeichen gewertet wurde. Die Existenz dieses Grabmals, in dem Davids Leiche liegt, ist dann aber ein handfester Beweis dafür, daß David in der Tat nicht selbst auferstanden sein kann. Dies läßt nur die Wahl zwischen zwei Möglichkeiten: Entweder hat David unwahr geredet, oder er hat nicht von sich selbst gesprochen! Wobei nun allerdings anzumerken ist, daß dieser Schluß nur so lange zwingend ist, als man wie Lukas und seine hellenistischen Leser die Auferstehung als Entrückung, d.h. als unmittelbar nach dem Tod erfolgende leibliche Aufnahme in die göttliche Sphäre versteht. Pharisäischer Auferstehungsglaube, der mit einer leibhaften Erwekkung der Toten beim kommenden Endgericht rechnet, würde von dieser Argumentation kaum getroffen. Also – so die Folgerung – kann David nicht sich selbst gemeint haben; er hat vielmehr einen anderen aus seinem Geschlecht im Auge, und zwar jenen zukünftigen messianischen Herrscher, von dem die Weissagung des Propheten Natan dem König David Kunde gegeben hatte, er werde dereinst auf seinem Thron sitzen (2.Sam 7,12f.). Zitiert wird die Natanweissagung nach der Fassung von Ps 132,11, vermutlich weil diese sie, ihre Verbindlichkeit verschärfend, als einen Eidschwur Gottes bezeichnet. David hat demnach, einer verbindlichen eidlichen Zusage Gottes folgend (vgl. Hebr 6,13.17f.), auf den Weg Jesu, des letzten Nachkommen auf seinem Thron, prophetisch ausgeblickt, als er im Psalm von dem sprach, über den der Tod keine Macht haben und der der Verwesung nicht anheimfallen sollte. Dieser Gedankengang mündet abschließend wieder in die Kernaussage ein, von der er ausgegangen war (V.24a), wobei diese allerdings im Licht des Schriftbeweises eine neue, zusätzliche Dimension erhält: Indem Gott Jesus auferweckte, stand er zu seinem Eidschwur, seiner den Vätern gegebenen Zusage, er blieb sich selbst und seinem Worte treu. Im Weg und Gottesverhältnis Jesu kommt das, was im Weg und Gottesverhältnis der alttestamentlichen Frommen angelegt war, zu seinem Ziel. Als weiteres neues Element gegenüber V.24 tritt die Zeugenformel hinzu. In das Auferstehungskerygma gehörte von Anfang an die Person des Auferstehungszeugen mit hinein (1.Kor 15,5). Für Lukas gewinnt nun die Funktion des Zeugen eine noch stärker präzisierte Bedeutung (s. zu 1,8.22; vgl. 3,15; 4,33; 5,32; 10,41; 13,31). Die Zuverlässigkeit der christlichen Botschaft wie die Legitimität der Kirche hängen für ihn davon ab, daß sie sich auf die Zeugen der Anfangszeit beziehen können. Und zwar sind für Lukas Tatsachen- und Wahrheitszeugnis unmittelbar verschränkt: Der Zeuge geht davon aus, daß ihm etwas als Realität widerfahren ist, aber er entfaltet zugleich Bedeutung und Tragweite dieser Realität. In diesem Sinn besteht das Zeugnis der Jünger in V.32 wohl nicht nur in der Beglaubigung der Faktizität der Auferstehung Jesu, sondern in ihrer Deutung, die sie an Pfingsten durch den Mund des Petrus geben. Sie stehen dafür ein, daß das, was geschehen ist, Heilstat des einen wahren Gottes ist, der sich schon in der Schrift als der Gott Israels erwiesen hatte. In solchem deutenden Zeugnis liegt der Anfang aller christlichen Theologie.

Mit V.33 beginnt eine neue Argumentationsstufe, die bis V.36 reicht. Nunmehr soll dargelegt werden, daß der zur Rechten Gottes erhöhte Christus den Geist ausgegossen hat. Dabei ist deutlich, daß Lukas die von ihm aufgenommenen Elemente des traditionellen Kerygmas seiner Konzeption anzupassen sucht, nach der Auferstehung und Erhöhung zwei getrennte Ereignisse sind. Zwar gehören letztlich auch für ihn beide als Teile des göttlichen Heilshandelns an Jesus sachlich eng zusammen. Er ist jedoch zu Konsequenzen aus seiner dieses Heilshandeln historisch konkretisierenden Erzählung in Kp 1 genötigt. Und zwar identifiziert er die Erhöhung mit der Himmelfahrt. Das wird daraus ersichtlich, daß er bei der Einführung des Schriftbeweises für die Erhöhung ausdrücklich den Gedanken einer Entrückung Davids abwehrt (V. 34). Umgekehrt hatte er in V. 30 den Schriftbeweis aus Ps 16,10 nur auf die Auferstehung gedeutet und die von der Tradition her vorgegebene Möglichkeit einer Interpretation auf die Erhöhung nicht wahrgenommen. Allerdings geht V. 33 sachlich weit über 1,6–11 hinaus. War dort gleichsam nur die heilsgeschichtliche Außenseite der Erhöhung angesprochen, so wird hier ihr theologisches Zentrum zum Thema: Gott hat Jesus zu seiner Rechten erhöht. Die „Rechte" ist der Ehrenplatz, die „rechte Hand" Gottes nach biblischer Sprache die Hand, mit der er seine Herrschaft ausübt. Damit soll gesagt sein: Jesus hat durch die Erhöhung Teil bekommen an der Herrschaft Gottes; Gott herrscht jetzt durch ihn. Rein sprachlich ließe sich der Anfang von V. 33 auch anders deuten, nämlich als instrumentaler Dativ. Die „Rechte" Gottes wäre dann nicht *die Stellung, in die Jesus* durch die Erhöhung *versetzt ist*, sondern *das machtvolle Handeln Gottes, durch das Jesus erhöht wurde* (vgl. Ps 118,16). Aber diese Auslegung hat das Zitat in V. 34 f. gegen sich und widerspricht dem Kontext: Es geht ja darum, daß durch die neue *Stellung* Jesu „zur Rechten Gottes" die Voraussetzung für die Ausgießung des Geistes geschaffen ist, von der das Folgende spricht. Weil Jesus jetzt Träger herrscherlicher Macht ist, darum kann er den Geist senden. Freilich bleibt er beim Vorgang der Geistausgießung wie allgemein bei der Ausübung seiner Herrschaft Werkzeug und Organ des Vaters. Ursprung des Geistes ist Gott (5,32; 15,8), aber man empfängt ihn nunmehr durch die Vermittlung Jesu. In ganz ähnlicher Weise hat auch Johannes die Erhöhung Jesu und die Spendung des Geistes verbunden, wenn er davon spricht, daß Jesus nach seiner Verherrlichung den Geist vom Vater her auf die Glaubenden ausgießt (Joh 7,39; 15,26; 16,7; 20,22). – Indem Gott als „Vater" bezeichnet wird, ist die Stellung des Erhöhten zu ihm als die des Sohnes impliziert. Das entspricht dem frühen christologischen Kerygma, nach dem Jesus durch die Auferweckung und Erhöhung zum „Sohn Gottes" eingesetzt worden ist (Röm 1,4). Allerdings tritt das Sohnes-Prädikat bei Lukas auffallend zurück. In der Apg erscheint es nur 9,20 und 13,33 (8,37 ist spätere Einfügung). Mit der Erwähnung der Geistausgießung führt die Rede zu ihrem Ausgangspunkt (V. 14 f.) zurück: Nunmehr ist das rätselhafte Phänomen der Glossolalie nach Wesen und Ursache erklärt; ja, was die Predigthörer „sehen und hören", ist, im Verein mit dem Zeugnis der Apostel und dem Schriftbeweis, für sie zum Erweis dessen geworden, daß Gott sich zu Jesus bekannt und sein Geschick entscheidend gewendet hat. Weil der eigentliche Zielpunkt der Rede jedoch nicht in der Aussage über den Geist, sondern in der Entfaltung des christologischen Kerygmas liegt, darum verzichtet Lukas auf einen Schriftbeweis für die Geistausgießung – er wäre von Ps 68,19 (vgl. Eph 4,8) her durchaus möglich gewesen –, sondern bringt statt dessen mit Ps 110,1 den klassischen Schriftbeweis für die Erhöhung Jesu (vgl. Mk 12,36; Hebr 1,13; 1.Kor 15,25; Eph 1,20; Kol 3,1). Seine Einleitung variiert

34–35

den Gedankengang von V.30f.: David ist nicht zum Himmel aufgefahren, er kann also die Aussage seines Psalms, die von der Erhöhung des „Herrn" spricht, nicht im Blick auf sich selbst gemacht haben. Deren wahre Bedeutung enthüllt sich also vom Weg Jesu her. Im Gesamtduktus der Rede scheint auch der zweite Teil des Zitats, V.35, seine Funktion zu haben: Wenn Jesus nunmehr „Herr" ist, dann sind die Feinde, deren Unterwerfung ihm Gott zusagte, eben jene, die sich zuvor gegen ihn als den Irdischen gestellt hatten, um ihn zu vernichten (V.22). Für sie wird, wie bereits in V.21 angedeutet worden war, und wie im letzten Redeteil (V.38ff.) ausgeführt werden wird, die einzige Rettung darin bestehen, daß sie jetzt „den Namen des Herrn anrufen" und den Umkehrruf hören. – Eben in diesem Sinne werden die Hörer jetzt nochmals angeredet, und zwar indirekt in der 3. Person mit der LXX-Wendung „Haus Israel". Sie als Glieder des Gottesvolkes haben nun in dem, was sie hörten und sahen, den sicheren Nachweis ihrer Schuld empfangen. Von nun an können sie sich nicht mehr auf Unkenntnis berufen. Das entscheidende Zeugnis, das ihnen gegenüber erbracht worden ist, wird noch einmal zusammengefaßt, wiederum in Gestalt einer Kontrastformel, allerdings inhaltlich über V.24 und 32 hinausführend. Die Reihenfolge der Glieder scheint hier absichtsvoll vertauscht zu sein: Gottes Heilstat an Jesus wird zuerst genannt, die Unheilstat der Juden zuletzt, weil die Anklage ja den Bußruf (V.38) vorbereiten soll. Die Aussage, daß Gott Jesus „zum Herrn und Gesalbten (= Christus) gemacht hat", dürfte alter hellenistisch-judenchristlicher Tradition entstammen. Lukas hat sie schwerlich selbst geschaffen, da sie seinen eigenen christologischen Vorstellungen widerspricht. Für ihn ist nämlich Jesus bereits in seinem irdischen Wirken „Gesalbter" und „Herr" (Lk 2,11; 4,18). Was den Christus-Titel betrifft, so scheint er ihn zu assoziieren mit der Salbung des irdischen Jesus mit dem Heiligen Geist als der sein Erdenwirken ermöglichenden messianischen Gabe (Lk 3,22). Hier jedoch gibt er der älteren Vorstellung Raum, derzufolge Jesus erst auf Grund der Erhöhung zum Christus und Herrn geworden ist (s. den Exkurs zu 2,21). Man sollte diese Vorstellung freilich nicht mit einem Schlagwort der späteren Dogmengeschichte als „adoptianische" Christologie bezeichnen, sondern besser als Erhöhungs- bzw. Zweistufenchristologie. Denn die Frage, ob der irdische Jesus, falls er noch nicht Christus und Kyrios war, nur ein gewöhnlicher Mensch gewesen sei, steht hier noch jenseits des Problemhorizonts. Der Akzent liegt bei dieser alten christologischen Konzeption nicht auf dem, was der Irdische noch nicht war, sondern auf dem, was der Erhöhte ist! Einiges spricht darüber hinaus dafür, daß auch die Verbindung des Christus-Titels mit der Kontrastformel auf Tradition zurückgeht. Der irdische Jesus hatte diesen in starkem Maße mit irdisch-politischen Implikationen belasteten Titel weder für sich beansprucht, noch dessen Anwendung auf ihn durch seine Anhänger toleriert (Mk 8,27ff.). Nachdem er auf Grund der falschen Anklage, „König der Juden", d.h. politischer Messiasprätendent zu sein, von den Römern hingerichtet worden war (Mk 15,26), scheint jedoch die Meinung, Jesus sei ein falscher Messias gewesen und als solcher durch seinen Tod widerlegt worden (Gal 3,13), bei der frühen jüdischen Polemik gegen die Urgemeinde eine große Rolle gespielt zu haben. Das zentrale Gegenargument der Jesusjünger wurde von der Auferstehung her gewonnen: Gott hat Jesus, indem er ihn auferweckte, gerechtfertigt und ihm die

Stellung des „Gesalbten" Israels in einer von Menschen nicht mehr anfechtbaren Weise verliehen. Der Messias ist keine isolierte Gestalt; zu ihm gehört stets Israel als das messianische Volk (vgl. die 14. Bitte des Achtzehnbittengebets). Daß Gott Jesus zum Messias gemacht habe, besagt demnach, daß er durch seine Machttat den von Israel abgewiesenen Anspruch Jesu bestätigt und ihm eine unabweisbare Rechtsbasis gegeben hat, so daß sich Israel diesem Anspruch nicht mehr wird entziehen können. Die Verbindung des Kyrios-Titels mit dem ihm ursprünglich fremden Kontrastschema dürfte schließlich durch Ps 110,1 zustande gekommen sein.

Die Unterbrechung der Rede auf ihrem Höhepunkt ist ein literarischer Kunstgriff. Die Reaktion der Hörer läßt das Ziel des bisher Gesagten anschaulich werden und leitet damit zum Schlußteil (V. 38–40) über: Darum war es ja gegangen, Israel seiner Schuld zu überführen und ihm zugleich den unausweichlichen Anspruch der durch Gottes Handeln an Jesus geschaffenen neuen Situation vor Augen zu stellen. Die Frage „was sollen wir tun?" bringt die Betroffenheit durch diesen Anspruch zum Ausdruck. Nicht anders läßt Lukas die Hörer der Bußpredigt des Täufers fragen (Lk 3,10). Ganz anders als die Antwort des Täufes ist allerdings die des Petrus. Sie fordert nicht zu neuem sittlichem Verhalten, sondern gemäß der christologischen Grundlinie der gesamten Predigt zur Aneignung des Christusgeschehens auf. Dabei entfaltet sie V.21, indem sie ausführt, auf welche Weise die Anrufung des heilschaffenden Namens des Herrn jetzt zu erfolgen hat, nämlich durch Umkehr und Vollzug der Taufe „auf den Namen Jesu". Der sehr gedrängte Satz gibt trotz seines formelhaften Gepräges wohl kaum direkt alte Tradition, sondern das Taufverständnis des Lukas wieder. Obwohl es zunächst den Anschein hat, als würden in ihm vier verschiedene Vorgänge teils als Bedingung (Umkehr und Taufe), teils als Verheißung (Sündenvergebung und Gabe des Geistes) genannt, kann kein Zweifel daran sein, daß es sich in Wirklichkeit um einander zugeordnete Aspekte des Taufgeschehens handelt. Die Taufe wirkt Umkehr und Vergebung, weil der Erhöhte den Täufling zu sich in Beziehung setzt. Mit Jesus Christus so verbunden sein, heißt aber, dem Wirken seines Geistes ausgeliefert sein. Lukas rechnet zwar mit der Möglichkeit einer Geistverleihung auch ohne Taufe (10,44), doch bleibt für ihn die Bindung des Geistes an die Taufe der Normalfall (s. zu 19,1–7).

Ursprung und Bedeutung der christlichen Taufe. Die christliche Taufe tritt uns hier bei ihrer ersten Erwähnung im lukanischen Werk gleich als etwas Fertiges entgegen. Eine nähere Erklärung, wie es zu ihrer Entstehung kam, vermissen wir ebenso wie eine exakte Bestimmung ihres Verhältnisses zur Johannestaufe. Diese Selbstverständlichkeit des Hinweises auf die Taufe ist ein Stück weit programmatisch: Lukas will zeigen, daß Taufe und Kirche untrennbar zusammengehören. Mit der Heilsgemeinde Jesu ist die Taufe da, und umgekehrt. Sicher ist dieses Bild gegenüber der historischen Wirklichkeit vereinfacht; ob die Jünger tatsächlich schon an Pfingsten auf den Namen Jesu getauft haben, ist zumindest zweifelhaft. Andererseits aber wird der Grundzug der lukanischen Darstellung darin vom gesamten neutestamentlichen Befund bestätigt, daß die Taufe auf den Namen Jesu überall mit erstaunlicher Selbstverständlichkeit vorausgesetzt wird und daß es einer besonderen Herleitung und Begründung anscheinend nicht bedarf. Im Unterschied zum Abendmahl gab es für sie auch keine ätiologische Herleitung vom irdischen Jesus: Der Bericht von der Taufe Jesu durch Johannes (Mk 1,9–11 par) bringt diese keineswegs mit der kirchlichen Taufpraxis in Verbindung, und der nur von Matthäus berichtete Taufbefehl des Auferstandenen (Mt 28,18–20) ist in der vorliegenden Form eine späte Bildung, die die Taufpraxis nicht historisch herleitet, sondern theologisch begründet. Jesus selbst hat – außer möglicherweise in einer kurzen Anfangsphase seines Wirkens (Joh 3,22.26) – nicht getauft (Joh 4,1f.). Die nachösterliche Taufe kann also nicht als Weiterführung einer von Jesus geübten Praxis verstanden werden. Wie aber ist dann ihre plötzliche Entstehung und allgemeine Durchsetzung zu erklären?

Offenbar war es die eschatologische Hochspannung der ersten nachösterlichen Zeit, die die Jesusjünger zur Wiederaufnahme der Taufe veranlaßte, nicht ohne freilich deren Inhalt entscheidend zu verändern. Die Johannestaufe war ja ebenfalls Zeichen gesteigerter eschatologischer Erwartung gewesen; sie war „Bußtaufe zur Vergebung der Sünden" (Mk 1,4 par), ein Waschungsritus, der zeichenhaft die bisherige Existenz eines Menschen dem nahen Gericht Gottes unterstellte und die Möglichkeit der Rettung in diesem Gericht vermittelte. Für die christliche Gemeinde, die in der Gewißheit lebte, daß mit Jesu Tod und Auferweckung die Endzeitereignisse bereits angebrochen waren, bot sich die so vorgeprägte Taufe als sichtbares Zeichen für die Unterstellung unter die Endzeitereignisse an. Dies lag schon darum nahe, weil Jesus selbst die Johannestaufe als von Gott gegebenes Zeichen der eschatologischen Umkehr anerkannt hatte (Mk 11,30 par). In der christlichen Taufe ist der zentrale Bezugspunkt, auf den hin Umkehr und Sündenvergebung orientiert sind, nicht mehr das nahe Gericht, sondern das Reich Gottes, das durch Jesus ermöglichte und zugesagte Heil (Mk 1,15). Das bedingt eine tiefgehende strukturelle Veränderung: Die Umkehr ist nun nicht mehr nur Forderung, sondern Gabe, Umgestaltung des geschichtlichen Lebens durch die Heilsmacht Jesu. Und ebenso ist die Sündenvergebung nicht mehr nur Bedingung für die zukünftige Rettung, sondern Ausdruck für die Realität des schon gegenwärtig durch Jesus zugewandten Heils. Diese zentrale Orientierung der christlichen Taufe auf Jesus und sein Werk kommt zum Ausdruck durch die Formel „im Namen Jesu Christi" (vgl. 10,43) bzw. durch die sachlich gleichbedeutende Formel „auf den Namen Jesu" (8,16; 1.Kor 1,13.15; vgl. 1.Kor 10,2; Mt 28,19). Diese Formeln haben zugleich kausalen und finalen Sinn: 1. Einerseits meinen sie die Unterstellung des Taufaktes unter das gegenwärtige Wirken Jesu als des Erhöhten (analog dem Hebräischen l^eschem = „im Hinblick auf ...", „mit Rücksicht auf ..."). Jesus als der Erhöhte ist demnach der eigentliche Spender der Taufe; er wirkt durch sie Vergebung und Umkehr. – 2. Andererseits haben sie die Übereignung an Jesus im Blick. Wie im Alten Testament Israel durch die Ausrufung des Gottesnamens über ihm als Gottes Eigentumsvolk ausgewiesen war (5.Mose 28,10; Jes 43,7), so werden nunmehr die Christen durch die Nennung des Namens Jesu über ihnen der gegenwärtigen Herrschaft des Erhöhten unterstellt (Jak 2,7). Christliche Taufe blieb so, wie die Johannestaufe, zwar Bereitung auf das Eschaton, allerdings nicht mehr im Sinne der Antizipation eines kommenden Gerichtsereignisses, sondern im Sinne der Anteilgabe an einem bereits gegenwärtigen, personhaften Geschehen. So steht die Taufe nach Ostern gleichsam an der Stelle, die vor Ostern der Ruf Jesu in die Nachfolge eingenommen hatte.

Der abschließende Satz bindet das Ganze ein in die zu Anfang der Rede zitierte 39 prophetische Verheißung. Die Wendung „soviele der Herr unser Gott hinzurufen wird" ist eine fast wörtliche Anspielung auf Joel 3,5b, die unmittelbare Fortsetzung des in V.21 angeführten Satzes Joel 3,5a. Demgemäß ist wohl unter der „Verheißung" die dort ausgesprochene Zusage zu verstehen, daß „alle, die den Namen des Herrn anrufen, gerettet werden" sollen. Daß sie Israel in seiner Gesamtheit gilt, wird hier noch einmal hervorgehoben. Wie Verwerfung und Tötung Jesu Geschehnisse waren, in die das Volk in seiner Gesamtheit verstrickt war (V.23.36), so betrifft nun auch das Heilsangebot grundsätzlich Israel als Ganzes. Die christliche Gemeinde ist ihrem Selbstverständnis nach keine von Israel gesonderte Gruppe, sondern sie weiß sich zunächst nur als Sachwalterin des ganz Israel betreffenden endzeitlichen Heilsgeschehens, und sie ist darum grundsätzlich Israel gegenüber offen. Dies ist ein die gesamte Apg durchziehendes Grundmotiv der Darstellung des Lukas. Die Zusage gilt nicht nur den Anwesenden selbst, sondern den zeitlich und räumlich Fernen: mit den „Kindern" sind wohl zukünftige Geschlechter gemeint, und unter den „Fernen" wird man die verstreut in der Diaspora lebenden Juden zu verstehen haben (22,21; Jes 57,19; Sir 24,32). Einen Ausblick auf die Heidenmission hier suchen zu wollen, verbietet der Duktus der gesamten Rede mit seiner strengen Konzentration auf Israel. Die christliche Mission der ersten Jahrzehnte wird nicht müde werden, dieses Heilsangebot an das Gottesvolk immer neu zu wiederholen; in letzter Instanz wird es Gott selbst sein, der darüber zu entscheiden hat, ob es ein Echo findet.

Lukas will hier den Leser wissen lassen, daß die wiedergegebene Rede nur ein 40 Grundgerüst und Auszug sei und daß er sie sich weit länger und mit weiteren Einzelheiten aufgefüllt vorzustellen habe. Ähnliche Andeutungen sind aus der klassischen griechischen Literatur bekannt (Xen hell II 4,42; Pol III 111,11; App Samn 10,2). Der abschließend wörtlich angeführte, mahnende Satz soll den weiteren Inhalt der Rede zusammenfassen und zugleich übergreifend die Zielrichtung der gesamten Rede noch einmal herausstellen: Sie ist Aufforderung zur Umkehr für ganz Israel im Licht des von Gott gewirkten Heilsgeschehens in Christus! Der Aufruf, sich retten zu lassen, nimmt noch einmal das zentrale Motiv von V.21 auf. Neu gegenüber dem Bisherigen ist allerdings die Andeutung, daß diese Rettung zu einer Scheidung führen wird. Es gilt für die Glaubenden, sich retten zu lassen, heraus aus „diesem verkehrten Geschlecht" (vgl. 5.Mose 32,5; Ps 78,8), d.h. aus der Masse jener, die sich dem Heilsangebot verschließen und bei ihrer Ablehnung Jesu verharren. Allerdings ist hier noch nicht die Kirche (das Wort scheint hier von Lukas noch bewußt vermieden zu sein) als Heilsgemeinde den Juden als Unheilsgemeinschaft gegenübergestellt. Es geht vielmehr um die Sammlung des wahren Israel der Endzeit aus dem falschen, das nicht weiß, was jetzt an der Zeit ist.

Die Predigt hat eine gewaltige Wirkung. Spontan lassen sich „ungefähr 3000" 41 Personen taufen. Natürlich handelt es sich hier um eine irreale Zahl, die sich mit den tatsächlichen Verhältnissen in keiner Weise in Einklang bringen läßt: Jerusalem dürfte zur Zeit Jesu kaum mehr als 30 000 Einwohner gehabt haben. Auch Fragen nach dem äußeren Vollzug einer solchen Massentaufe, etwa danach, wie viele Stunden sie gedauert haben müßte, wenn nur die Zwölf sie durchführten, oder ob ihr noch eine Taufkatechese vorausgegangen sei, müssen den Text überfordern. Lukas will nur zum Ausdruck bringen, daß sich sofort am Pfingsttag ein erstaunlich großer Teil des Volkes den Aposteln angeschlossen hat. Wieder vermeidet er, obwohl sein Gebrauch nahegelegen hätte, den Begriff „Kirche" (s. zu 8,31).

1–41 Blicken wir nun auf den Pfingstbericht als ganzen zurück, um nach seiner Bedeutung in historischer und theologischer Hinsicht zu fragen, so ergibt sich: Es geht hier, wie nahezu alle Ausleger mit Recht betonen, um die Geburtsstunde der christlichen Kirche. Durch die Gabe des Geistes zugerüstet, tritt die Gemeinde Jesu nunmehr in die Geschichte ein, um das Neue, das durch das Heilswerk Jesu in die Welt gekommen ist, sichtbar und wirksam zu vertreten. Wichtig ist aber nun zu sehen, daß der Bericht des Lukas über diese allgemeine Bestimmung hinaus zwei Züge hervorhebt, die für den weiteren Weg der Kirche in der Geschichte kennzeichnend sein werden: 1. *Die Zuordnung zu Israel.* Die Gemeinde ist zwar etwas grundsätzlich Neues, insofern in ihr das neue Handeln Gottes in Jesus manifest wird; sie ist jedoch zugleich etwas „Altes", insofern sich in ihrer Existenz die Heilsgeschichte Gottes mit Israel fortsetzt. Sie will und darf sich nicht als Sondergruppe neben Israel stellen, sondern Gott hat sie zum Kern des Israel der Endzeit bestimmt, das er durch sie sammeln will. Diese Anknüpfung an Israels Geschichte wird gleichermaßen in den Schriftbeweisen wie den Wendungen deutlich, in denen Petrus sich mit seinen „Brüdern" solidarisiert (V.22.29.36). – 2. *Der Öffentlichkeitsanspruch.* Die erste Wirkung des Geistes besteht darin, daß die Jünger sich furchtlos an die Öffentlichkeit wenden. Sie tun dies unter Berufung auf ein Handeln Gottes, das sich – wie Lukas immer wieder betont – öffentlich abgespielt und zu erkennen gegeben hat. Zum Kirchesein gehört das Zeugnis von den Taten Gottes vor der Öffentlichkeit der Welt, das sich in der Predigt vollzieht. Damit ist der Kirche der Weg zur Gesinnungsgruppe, die sich in elitärer Weise abgrenzt und ein Geheimwissen pflegt, von vornherein abgeschnitten. Beide Züge sind nicht nur Theologumena des Lukas, sondern dürften nach allem, was sich historisch erkennen läßt, für das Selbstverständnis der frühen nachösterlichen Gemeinde charakteristisch gewesen sein. Ohne sie wäre die weitere Entwicklung innerhalb der ersten Generation kaum erklärbar.

3. Das innere Leben der Jerusalemer Urgemeinde (1. Summarium) 2,42–47

⁴²Sie verharrten aber bei der Lehre der Apostel und bei der Gemeinschaft, dem Brotbrechen und den Gebeten. ⁴³Jedermann aber war von Furcht bewegt: denn es geschahen viele Zeichen und Wunder durch die Apostel. ⁴⁴Alle Gläubiggewordenen aber bildeten eine Gemeinschaft und hatten alles in gemeinsamem Besitz, ⁴⁵und sie verkauften ihre unbewegliche und bewegliche Habe und verteilten sie unter allen, je nachdem einer es bedurfte. ⁴⁶Täglich waren sie einmütig beisammen im Tempel, häuserweise aber brachen sie das Brot und genossen

die Speise mit Jubel und Einfalt des Herzens, ⁴⁷indem sie Gott lobten und in Gunst beim ganzen Volke standen. Der Herr aber fügte ihrer Gemeinschaft täglich die Geretteten hinzu.

Nach der dramatischen Pfingsterzählung schafft Lukas mit diesem Summarium wieder einen Ruhepunkt (vgl. 1,13f.). Und zwar haben wir es hier mit dem ersten von drei Summarien (2,42–47; 4,32–35; 5,11–16) zu tun, die gleichsam das Rückgrat der Darstellung der Jerusalemer Anfangszeit der Kirche in 2,1–5,42 bilden. Lukas will zeigen, daß sich wichtige Einzelzüge aus den verschiedenen erzählten Begebenheiten zwanglos zu einem übergreifenden Wesensbild der Jerusalemer Kirche zusammenfügen; er zeichnet deshalb in den Sammelberichten das zusammenfassend nach, was seiner Meinung nach für das Leben der Kirche jener Jahre charakteristisch und bedeutsam war. Die Sammelberichte dienen also der Verallgemeinerung und Typisierung. Sie geben, indem sie die Einzelberichte zu einem größeren Ganzen verbinden und die Lücken zwischen ihnen füllen, dem Leser ferner den Eindruck, einer kontinuierlichen Entwicklung beizuwohnen, die sich über einen längeren Zeitraum hinzieht. Insofern machen sie aus der Not zahlenmäßig geringer Einzelüberlieferungen eine Tugend.

A
42–47

Die drei Summarien 2,42–47; 4,32–35; 5,11–16 sind inhaltlich einander überraschend ähnlich. Beim ersten Vergleich könnte der Eindruck entstehen, die gleichen Themen seien nur jeweils in anderer Reihenfolge zusammengefügt worden. Die Analyse muß dieses Verwandtschaftsverhältnis berücksichtigen und nach Möglichkeit zu erklären suchen. So sind mehr oder weniger komplizierte Quellenscheidungshypothesen vorgeschlagen worden, die beweisen sollen, daß die vorliegende Gestalt der Summarien mit ihren Wiederholungen und Überschneidungen erst durch eine nachträgliche Überarbeitung schriftlicher Vorlagen zustandegekommen sein soll, entweder in der Weise, daß Lukas drei ursprünglich thematisch jeweils in sich einheitliche Quellenstücke erweitert und durch Querverbindungen ergänzt habe (J. Jeremias, H. Zimmermann), oder aber, indem ein späterer Redaktor in die lukanische Urfassung erweiternd eingegriffen habe (P. Benoit). Eine überzeugende Lösung wurde auf diesem Wege nicht erzielt. Die Gegenposition (H. Conzelmann, E. Haenchen), derzufolge sämtliche Summarien ohne direkte Traditionsgrundlage seien und ausschließlich aus der Feder des Lukas stammten, hat demgegenüber in ihrer bestechenden Einfachheit einiges für sich. Doch auch sie läßt Fragen offen. Sie kann vor allem einige offenkundige Spannungen, Wiederholungen und sprachliche Härten in 2,42–47 nicht erklären. So fällt auf, daß VV.42f. durch ihren knappen Aufzählungsstil und einige unlukanische Wendungen aus dem Rahmen fallen. Befremdlich ist ferner die thematische Doppelung innerhalb des Summariums: In V.46f. wird nochmals das bereits in V.42 geschilderte gottesdienstliche Leben der Gemeinde abgehandelt. Ähnliche Doppelungen und Spannungen finden sich in den übrigen Summarien nicht. Diese Indizien deuten darauf hin, daß in V.42f. ein Überlieferungsstück eingegangen ist, das in knapper Aufzählung die wesentlichen Merkmale des Lebens der Urgemeinde nannte: die *Lehre* der Apostel, die *Gemeinschaft*, das *Brotbrechen* (= die Mahlfeier), das *Gebet* und die *Wunder* der Apostel. In der Tat läßt sich von dieser Annahme her die Struktur aller drei Summarien relativ einfach erklären. 2,44–47 ist nichts weiter als eine Entfaltung mehrerer der in dem vorausgesetzten Traditionsstück genannten Merkmale: in V.44f. geht es um die Gemeinschaft (die Lukas im Sinn seiner eigenen Theorie als Gütergemeinschaft versteht), in V.46 um die Mahlfeier und in V.47 um das Gebet. Im Summarium 4,32–35 werden die Stichworte „Gemeinschaft" (4,32.34f.) und „Lehre der Apostel (4,33) entfaltet, während das Summarium 5,11–16 sich im wesentlichen auf das Thema „Wunder der Apostel" konzentriert und daneben nur noch kurz das Thema „Lehre der Apostel" anklingen läßt (5,12b.).

B 42 Das Traditionsstück nennt an erster Stelle unter den Merkmalen des Lebens der Urgemeinde das beständige Festhalten an der *Lehre der Apostel*. In der ersten nachösterlichen Zeit wird man Worte des irdischen Jesus weitergegeben haben, vor allem solche, die zur Deutung seines Geschickes im Lichte von Karfreitag und Ostern herangezogen werden konnten. Auch in ethischen Fragen waren Jesusworte die entscheidende Autorität (1.Kor 7,10.25). Daneben bildeten sich jedoch eigene christologische und eschatologische Lehrinhalte aus; es ging darum, zu zeigen, daß und warum Jesus Ziel und Erfüllung des göttlichen Handelns ist. Eine zentrale Rolle bei der Entwicklung solcher Lehre spielte der Schriftbeweis (s. zu 2,17ff.). Im übrigen war schon im Lehren Jesu ein fundamentaler struktureller Unterschied zu dem des pharisäischen Schriftgelehrtentums angelegt, der in nachösterlicher Zeit auch das Lehren der Gemeinde bestimmt hat: Hier ging es nicht um gesicherte Weitergabe autoritäter Tradition und um deren Anwendung auf alle Fälle des Lebens, sondern um das Herausstellen der jetzt im Lichte des Christusgeschehens sichtbar gewordenen endzeitlichen Heilsoffenbarung. Zu einer Traditionsbildung im Rahmen christlichen Lehrens ist es wohl erst allmählich gekommen.

Das mit *„Gemeinschaft"* übersetzte griech Wort *koinōnia* ist Lukas sonst fremd; es begegnet jedoch bei Paulus und in vorpaulinischer Tradition als geprägter Terminus (1.Kor 1,9; 10,16; 2.Kor 8,4; 9,13 u.ö.). Und zwar bezeichnet es eine Gemeinschaft, die in der gemeinsamen Anteilhabe an etwas gründet bzw. einen Akt des Teilgebens an einem Besitz zwischen Partnern, in dem sich Gemeinschaft realisiert. Konstitutiv für das Selbstverständnis der Gemeinde war das Bewußtsein, durch Jesu Werk und Gabe zur Gemeinschaft zusammengeschlossen zu sein (1.Kor 10,16f.; vgl. 12,4–31). Diese war nicht ein freier Zusammenschluß Gleichgesinnter zum Zweck gesteigerter religiöser Selbstverwirklichung des einzelnen, sondern Konkretion einer vorgegebenen heilsmächtigen Realität. Ihre Glieder geben einander das weiter, was sie als Gabe des Herrn empfangen hatten, und in dieser Weitergabe nimmt das empfangene Heil in der Gemeinschaft geschichtlich Gestalt an. So ist *koinōnia* letztlich nichts anderes als Christus – durch seine Heilsgabe als geschichtliche Gemeinschaft existierend.

Der konkrete Ort, an dem sich solche Gemeinschaft vollzieht, ist das *Brotbrechen*. Wörtlich ist damit der mit dem Tischsegen verbundene Gestus verstanden, mit dem der Hausvater die Mahlzeit eröffnet (Mk 6,41 par; 8,6f. par; Lk 24,30). Pars pro toto wird Brotbrechen zur Bezeichnung des Herrenmahls (Apg 20,7; 1.Kor 10,16). Dieses wurde in der Frühzeit als Sättigungsmahl begangen, wobei freilich das Brotbrechen am Anfang wie der Segensbecher am Schluß (1.Kor 10,16; 11,25) durch die Erinnerung an Jesu letztes Mahl besonders hervorgehoben waren.

Dafür, daß, wie in der Forschung früher häufig vermutet wurde, die Mahlfeier der ersten Jerusalemer Gemeinde nicht am letzten Mahl Jesu orientiert gewesen sei, sondern an den Mahlen des Auferstandenen mit seinen Jüngern, bietet sich kein Anhalt. Allerdings mag in der Frühzeit bei der Mahlfeier auch die Erinnerung an die Gemeinschaftsmahle Jesu mit seinen Anhängern in vorösterlicher Zeit mitgeklungen haben; die besondere Mahlhandlung Jesu in der letzten Nacht war in diesem Kontext die primäre ausdrückliche Ermächtigung, die Mahlgemeinschaft mit Jesus weiterzuführen bis zu seinem Kommen bei der Parusie (Mk 14,25; 1.Kor 11,26). Jedenfalls bildete das Herrenmahl den Ansatzpunkt für die Entwicklung eines besonderen, vom Judentum getrennten christlichen Gottesdienstes.

Das *Gebet* der ersten Christen knüpfte an jüdische Gebetssitten an, z.B. übernahm man das Psalmgebet. Die Geisterfahrung erschloß jedoch schon bald eine ganz neue Ausdruckswelt des Betens (Röm 8,15; Gal 4,6). Es war den Christen möglich, mit Gott aus einer bislang unerreichbaren Nähe Zwiesprache zu halten, die man durch Jesus vermittelt wußte. Anleitung und Summe zugleich dieses neuen Betens war das Herrengebet (Mt 6,9–13 par Lk 6,2–4) mit der programmatischen Vater-Anrede. Eine schwierige Sonderfrage ist die, wann und wie das Gebet zu Jesus neben das Gebet im Namen Jesu trat. Den Ansatz dazu mag der Maranatha-Ruf im Herrenmahl gebildet haben (1.Kor 16,22; Did 10,6).

Das letzte Merkmal richtet sich nach außen: heilige Scheu bei der Umwelt bewirken die *Wunder* und Zeichen der Apostel. Daß die Kräfte zu Heilungen und anderen Geisterweisen in der ältesten Gemeinde hervorbrachen, wird im Neuen Testament vielfach bezeugt (z.B. Gal 3,5; Hebr 2,4). Und zwar dürften diese Phänomene das Bild nach außen hin entscheidend bestimmt haben. Darüber hinaus ergibt sich aus den zahlreichen Wundererzählungen der Apg (3,1–10; 5,12–16; 9,32–43) sowie indirekt auch aus dem Zeugnis des Paulus (2.Kor 12,12), daß die Apostel in besonderer Weise als Träger von Wunderkraft galten. 43

Lukas deutet die Gemeinschaft von V.42 im Sinne einer totalen Gütergemeinschaft und läßt damit das Hauptthema des zweiten Summariums (4,32–35) und der ihm folgenden Berichte (4,36–5,11; zum Problem s. dort) schon anklingen. Er will dabei den Eindruck erwecken, als sei die Preisgabe allen Privateigentums in Jerusalem und das Leben aller Gemeindeglieder aus einer gemeinsamen Kasse die Regel gewesen, und wenn er dabei die aus philosophischen Diskussionen bekannte Wendung „sie hatten alles gemeinsam" einfließen läßt, so will er wohl andeuten, daß er hier ein in weiten Kreisen verfochtenes Ideal realisiert sieht. Die historische Wirklichkeit dürfte jedoch differenzierter gewesen sein. 44–45

Vermutlich angeregt durch das Stichwort „Brotbrechen" in V.42, charakterisiert Lukas nun das gottesdienstliche Leben, wobei es ihm auf eine Präzisierung ankommt: Gewiß hatten die Christen ihre besonderen Mahlfeiern, die reihum in den Häusern stattfanden und die von eschatologischer Freude (Lk 14,15; 1.Petr 4,13) und ganzer Hingabe an Gott (Mt 6,22f.; Kol 3,22) bestimmt waren. Sie vernachlässigten jedoch darüber keineswegs den Tempelgottesdienst des jüdischen Volkes. Es ist für Lukas sehr wichtig, daß der Tempel als Mittelpunkt Israels von der Gemeinde als der ihr nach Gottes Willen zukommende Ort in Besitz genommen wurde, wie er auch schon den Aufenthalt Jesu im Tempel stark betonte (Lk 2,49; 46

19,47; 20,1; 21,37; 22,53). Denn die Gemeinde ist für ihn das wahre Israel. Allerdings dürfte dieses Bild auch von der historischen Wirklichkeit gedeckt sein. Auf das Stichwort „Gebet" von V.42 anspielend wird das vor aller Öffentlichkeit, d.h. wohl beim Tempelgottesdienst sichtbare Gotteslob der Gemeinde erwähnt und daraus eine positive Haltung des Volkes ihr gegenüber gefolgert. Und zwar handelt es sich um mehr als nur freundliche Duldung: Die Zahl der Bekehrten wächst unaufhaltsam, so daß es zunächst geradezu den Anschein haben muß, als würde bald ganz Israel zur Heilsgemeinde stoßen.

4. Die Heilung des Lahmen im Tempel 3,1–10

¹Petrus aber und Johannes gingen um die Gebetsstunde zum Tempel hinauf gegen drei Uhr nachmittags. ²Da wurde ein von Geburt an gelähmter Mann herbeigetragen, den man Tag für Tag vor der Tempelpforte, die die „Schöne" genannt wird, absetzte, damit er die Tempelbesucher um Almosen anbetteln konnte. ³Als er sah, daß Petrus und Johannes im Begriff waren, in den Tempel hineinzugehen, bat er sie, um ein Almosen zu bekommen. ⁴Petrus blickte ihn an mit Johannes und sprach: „Sieh uns an!" ⁵Er aber faßte sie fest ins Auge in der Erwartung, von ihnen etwas zu bekommen. ⁶Petrus aber sprach: „Silber und Gold besitze ich nicht. Was ich aber habe, das gebe ich dir: Im Namen Jesu Christi, des Nazoräers, gehe!" ⁷Und er faßte ihn bei der rechten Hand und richtete ihn auf. Sogleich wurden seine Füße und Knöchel fest, ⁸und er sprang auf, stand und ging und trat mit ihnen in den Tempel ein, ging und sprang dort umher und lobte Gott. ⁹Und es sah ihn das ganze Volk gehen und Gott loben. ¹⁰Sie erkannten ihn aber, daß er der war, der an der Schönen Pforte des Tempels bettelnd gesessen hatte, und wurden von Staunen und Außersichsein über das, was ihm widerfahren war, ergriffen.

Diese wie auch alle weiteren Wundergeschichten der Apg dürften mündlicher Tradition entstammen. Lukas hatte mehrere Gruppen solch volkstümlicher Erzählungen zur Verfügung, die jeweils um die Person eines Apostels kreisten und deren Ziel es war, die Vollmacht der großen Gestalten der Frühzeit der Kirche wie Petrus, Barnabas und Paulus herauszustellen. 3,1–10 gehört wie 9,36–41 zur Gruppe der Petrusgeschichten. Die Gestalt des Johannes ist, wie man an ihrer ungelenkten Einführung in V.4 noch erkennen kann, nachträglich eingefügt. Es handelt sich um eine Heilungsgeschichte von stark schematischem Zuschnitt, wie sich auch generell die Wundertraditionen der Apg, wenn man sie, was nahe liegt, mit den synoptischen Jesuserzählungen vergleicht, als ungleich schematischer und konventioneller erweisen als jene. Die Exposition (V.1–2) schildert die tragische Lage des kranken Bettlers. Ihr folgt die Konfrontation mit dem Wundertäter, wobei die Enttäuschung der ursprünglichen Bitte um Geld ein die Spannung erhöhendes, retardierendes Moment darstellt (V.3–6a). Die eigentliche Heilung geschieht durch das Aussprechen des wirkkräftigen Namens Jesu sowie durch eine Geste des Wundertäters (V.6f.). Dem folgt die Demonstration des Heilungserfolges durch das Stehen und Herumgehen des Geheilten (V.8) sowie, als weiterer stilgemäßer Zug, die Wirkung des Wunders auf die staunenden Zuschauer (V.9f.). Lukas hat die Erzählung an dieser Stelle aufgenommen, weil sie ihm wegen ihrer Lokalisierung an der „Schönen Pforte" des Tempels die Möglichkeit gab, den täglichen Aufenthalt der Gemeinde und ihrer Führer im Tempel (2,46) zu veranschaulichen. Die von ihm geschaffene Übergangswendung in V.1 unterstreicht dieses Motiv. Darüber hinaus bot sie sich auch als Ausgangspunkt für die folgende Petrusrede im Tempel an. Der Übergang zu ihr wurde vermutlich durch eine entsprechende Umformulierung des Erzählungsschlusses (V.9f.) gegenüber der Tradition vorbereitet.

Als treue Juden halten Petrus und Johannes die täglichen offiziellen Gebetszeiten ein. Und zwar handelt es sich hier um die zweite der drei Gebetszeiten: 3 Uhr nachmittags (wörtlich „zur neunten Stunde") zur Zeit des Abendtamidopfers (Dan 6,11; 9,21; vgl. Bill II 696ff.). Der Übergang von der verknüpfenden Eingangsbemerkung des Lukas zur Wundergeschichte wirkt ungelenk: Natürlich ist es nicht die Meinung des Erzählers, daß erst jetzt am Nachmittag der Kranke von seinen ungenannten Helfern zur Stätte seines täglichen Bettelns gebracht wurde. Bettler gehörten zum Bild des Tempels, denn das Almosengeben galt im Judentum als nicht minder frommes Tun als das Beten (vgl. Mt 6,2ff. 5ff.). Die „Schöne Pforte" ist vermutlich identisch mit dem aus jüdischen Beschreibungen des Tempels (Jos bell II 411; V 201; VI 293) bekannten Nikanor-Tor, einem prächtigen Tor aus korinthischer Bronze, das in ost-westlicher Richtung vom Frauenvorhof in den Männervorhof führte. (Weniger wahrscheinlich ist die Identifizierung mit dem östlichen Portal des Frauenvorhofs.) Allerdings hatte Lukas nur eine ungenaue Kenntnis des Tempels. Nach V.11 scheint er nämlich an ein Außentor des Tempelbezirks zu denken, durch das man in die an der Ostseite des Heidenvorhofs gelegene „Halle Salomos" gelangen konnte. Und wenn er in V.1 vom „Hinaufgehen" der Apostel spricht, hat er offenbar die den Außentoren verbundenen umfangreichen Treppenanlagen im Blick. Die Anrede des Petrus muß bei dem Bettler die Erwartung einer besonders großen Geldgabe erwecken. Er richtet, wie ihm geheißen, den Blick auf den Apostel. Man wird hierin weder den Ausdruck aufkeimenden Glaubens an die Macht des Wundertäters, noch auch – psychologisierend – eine Geste des Wiedererkennens sehen dürfen. Der Zug soll nur die erzählerische Spannung erhöhen. Denn was nun folgt, muß zunächst als Abweisung des Bettlers erscheinen: Petrus hat weder Gold- noch Silberstücke, die er ihm geben könnte! Aber – und damit setzt die unerwartete Wende ein – er hat ihm Besseres zu geben: Heilung im Namen Jesu Christi, „des Nazoräers" (vgl. 2,22). Der „Name" repräsentiert die Macht Jesu. Indem Petrus ihn nennt, unterstellt er den Kranken der von Jesus ausgehenden Heilswirkung; die ungenannte Voraussetzung dabei ist, daß Petrus wie die ganze Gemeinde selbst dieser Heilswirkung untersteht und darum Zugang zu ihr hat. Diese Vergegenwärtigung des Namens Jesu kann nur im Glauben geschehen, der auf eigenes Rechtbehaltenwollen verzichtet und alles auf die Gegenwart der Hilfe Gottes in Jesus stellt. Insofern macht diese Erzählung implizit den Glauben des Petrus anschaulich; sie weiß jedoch in bezeichnendem Unterschied zu den synoptischen Heilungsgeschichten (z.B. Mk 5,34.36; 10,52 u.ö.) nichts von einem Glauben des Kranken. Indem Petrus, im Glauben der Wirkung des Namens Jesu gewiß, ihn bei der Hand faßt und aufrichtet, vollzieht sich die wunderbare Hei-

8 lung. Mit einfühlsamer Anschaulichkeit ist beschrieben, wie der nunmehr Geheilte die neugewonnene Herrschaft über seine Glieder in allmählicher Steigerung erprobt: zuerst steht er fest auf seinen Füßen, dann beginnt er Schritte zu machen, und schließlich springt er umher. So der Heilung gewiß geworden, beginnt er, Gott zu loben, dessen Macht er in dem ihm Widerfahrenen erkannt hat. Dies Letztere vollzieht sich bereits im Tempel, in den ihn Petrus und Johannes mit hineingenommen haben. Bei dieser Bemerkung denkt Lukas nicht an den Männervorhof, sondern an
9–10 den Tempelvorplatz (V. 11). Stilgemäß wird die Reaktion des Volkes beschrieben. Weil die Anwesenden zweifelsfrei erkennen, daß jener Mann, der vor ihren Augen herumspringt und Gott lobt, identisch ist mit dem gelähmten Bettler, befällt sie heilige Scheu und Staunen vor dem Geschehen. Dieser für Wundergeschichten typische „Chorschluß" (vgl. Mk 2,12; 4,41; 6,51 u.ö.) ist im Sinne des Lukas eine weitere Veranschaulichung der Öffentlichkeitswirkung des von Jesus ausgehenden Heilsgeschehens. Denn ihm liegt daran, zu zeigen, daß ganz Israel in der Öffentlichkeit des Tempels das Zeichen für die Macht des Namens Jesu hat sehen können.

5. Die Predigt des Petrus im Tempel 3,11–26

[11] Während er Petrus und Johannes festhielt, lief das ganze Volk voll Staunen bei ihnen zusammen in der Halle Salomos. [12] Als Petrus das sah, hub er an, zum Volk zu reden: „Ihr israelitischen Männer, was staunt ihr über diesen da, und was starrt ihr uns an, als hätten wir mit unserer eigenen Kraft oder Frömmigkeit zustandegebracht, daß er laufen kann? [13] ‚Der Gott Abrahams und Isaaks und Jakobs, der Gott unserer Väter', hat seinen Knecht Jesus verherrlicht, den (gleichen, den) ihr dahingegeben und vor dem Angesicht des Pilatus verleugnet habt, als dieser beschlossen hatte, ihn freizugeben. [14] Ihr aber habt den Heiligen und Gerechten verleugnet und habt gebeten, daß euch ein Mörder geschenkt würde; [15] den Fürsten des Lebens aber habt ihr getötet, welchen Gott aus den Toten auferweckt hat, wofür wir Zeugen sind. [16] Und aufgrund des Glaubens an seinen Namen hat diesen, den ihr seht und kennt, sein Name kräftig gemacht, und der durch ihn gewirkte Glaube hat ihm diese Gesundheit vor euch allen gegeben. [17] Nun weiß ich freilich, Brüder, daß ihr aus Unwissenheit gehandelt habt wie auch eure Oberen. [18] Gott aber hat das, was er vorher durch den Mund aller seiner Propheten verkündigt hatte, daß nämlich sein Gesalbter leiden müsse, auf solche Weise erfüllt. [19] Tut nun Buße und kehrt um, damit eure Sünden getilgt werden, [20] auf daß Zeiten der Erquickung kommen vom Angesicht des Herrn her und er euch den vorherbestimmten Gesalbten, Jesus, sende, [21] den der Himmel aufnehmen muß bis zu den Zeiten der Herstellung alles dessen, wovon Gott durch den Mund seiner heiligen Propheten von Uranfang her geredet hat. [22] Denn Mose hat gesagt: ‚Einen Propheten wie mich wird euch der Herr, euer Gott, aus euren Brüdern erstehen lassen; auf ihn sollt ihr hören, was immer er auch' zu euch ‚spricht'. [23] Es wird aber geschehen: ‚Jede Seele, die nicht auf jenen Propheten hört, wird aus dem Volk ausgerottet werden'. [24] Und alle Propheten von Samuel und den folgenden an, die gesprochen haben, die haben auch diese Tage angekündigt. [25] Ihr seid die Söhne der Propheten und des Bundes, den Gott mit euren Vätern geschlossen hat, als er zu Abra-

ham sprach: ‚Und in deinem Samen sollen alle Geschlechter der Erde gesegnet werden'. ²⁶Euch zuerst hat Gott seinen Knecht erstehen lassen und ihn gesandt, euch zu segnen, wenn sich ein jeder von euch von seinen bösen Taten abkehrt."

Vers 13: *2. Mose 3,6.15*;   Vers 22: *5. Mose 18,15.18*;   Vers 23: *3. Mose 23,29*;   Vers 25: *1. Mose 22,18*.

Wie die Pfingstpredigt des Petrus (2, 14–41) unmittelbar an das Wunder der Geistausgießung anknüpft, indem sie eingangs dessen Mißverständnis durch die Hörer korrigiert, so hat diese zweite große Petrusrede das Wunder der Lahmenheilung als Ausgangs- und Bezugspunkt: Petrus wendet sich an die durch das spektakuläre Ereignis angezogene staunende Menge, und er setzt ein mit der Abwehr des naheliegenden Mißverständnisses, als habe hier lediglich menschliche Wunderkraft ihr Werk getan (V. 12.16). Die dabei angewandte Erzähltechnik berührt sich stark mit der des Johannesevangeliums – ob nur zufällig, muß hier dahingestellt bleiben. Auch dort bildet vielfach die durch eine Tat Jesu geschaffene Situation die Ausgangsbasis für eine Jesusrede, in der das christologische Kerygma entfaltet wird (Joh 5; 6; 9).

A
11–26

Die Entsprechungen zu Apg 2 gehen noch weiter. So ist die Grundlage hier wie dort die gleiche: Wieder werden die schuldhafte Ablehnung Jesu durch die Juden (V. 14f.) und Gottes rettendes Handeln an ihm (V. 15) gegeneinandergestellt, wieder wird an den Erweis, daß Gott somit die Juden ins Unrecht gesetzt habe (V. 16), der Aufruf zu Buße und Umkehr geknüpft (V. 17–26). Auch diese Rede folgt also dem traditionellen Schema der Umkehrpredigt für Israel, und sie benutzt dabei in ihrem ersten Teil weitgehend das gleiche Material. Allerdings sind gegenüber Kp 2 die Proportionen stark verschoben: Hatte dort der Aufweis des Handelns Gottes an Jesus in seiner Auferweckung und Erhöhung, also das christologische Kerygma, den größten Raum eingenommen, während der Bußruf nur ganz knapp am Schluß angedeutet worden war (2,38f. 40), so ist hier das christologische Kerygma stark verkürzt dargeboten, während der Bußruf eine breite Entfaltung erfährt. Insbesondere fällt auf, daß dabei neue Motive hinzutreten, so der Ausblick auf das drohende Gericht (V.20) und die Hinweise auf das Gewicht der gegenwärtigen Entscheidungszeit (V.22–24) sowie auf die heilsgeschichtliche Stellung Israels (V.25f.). Man wird in dieser Verschiebung der Proportionen ein bewußtes Darstellungsmittel des Lukas sehen dürfen: Dem Leser sollen zentrale Punkte – in diesem Fall das Predigtschema als Ganzes – durch Wiederholung eingeschärft werden; zugleich soll ihm schrittweise Neues geboten werden. Darüber hinaus mag auch eine Steigerungsabsicht im Spiel gewesen sein. Denn während die Pfingstpredigt relativ konziliant auszuklingen scheint, ist durch den Ausblick auf das Gericht der Ton hier ungleich schärfer (V.23.26), was denn auch in der Folge Anlaß gibt zur ersten Kontroverse mit den jüdischen Oberen (4, 1ff.).

Geht aus dem Gesagten schon hervor, daß auch diese Rede wieder eine schriftstellerische Schöpfung des Lukas ist, so ist damit die Frage nach verarbeiteten Traditionen noch nicht erledigt. Diese Predigt hat unter allen Reden der Apg nächst der Stephanusrede (Kp 7) den archaischsten Klang. Das betrifft vor allem die Christologie. Statt der sonst im Neuen Testament geläufigen christologischen Titel erscheinen Bezeichnungen, die sonst nicht oder fast nicht bezeugt sind: Jesus ist der „Knecht", der „Heilige", der „Gerechte", der „Prophet". Hier könnte einiges Alte bewahrt sein, wenn auch nur sehr indirekt. Denn der Vorstellungsrahmen, in den diese Bezeichnungen eingeschmolzen sind, ist ganz lukanisch; Anhaltspunkte dafür, daß größere christologische Traditionsstücke in die Rede eingegangen wären, lassen sich nicht gewinnen. Das gilt auch für V. 13, in dem manche Ausleger (E. Schweizer, O. Bauernfeind) ein Stück aus einer Tradition, die Jesus als den leidenden Gottesknecht von Jes 53 deutete, sehen wollten. Wir haben es hier mit nur schwer bestimmbaren Traditionssplittern zu tun, die Lukas dem von ihm gezeichneten Bild eingefügt hat. Offenbar hat er zu ihnen gegriffen, weil sie ihm wegen ihres archaischen Schimmers in dieses Bild der ältesten Verkündigung zu passen schienen, ohne daß er in jedem Fall um ihre ursprüngliche Bedeutung gewußt hätte.

Anders verhält es sich mit V. 20 f. Die Indizien dafür, daß hier ein größeres altes Traditionsstück gleich einem kaum an seinen Kanten abgeschliffenen Findling inmitten der Rede steht, sind stark: 1. Hier häufen sich Formulierungen, die klar einem bestimmten Typ apokalyptisch orientierter jüdischer Eschatologie zugehören: So sind „Zeiten der Erquickung" bzw. des „Aufatmens" in der Apokalyptik Bezeichnungen der messianischen Heilszeit vor dem Ende der Welt (4. Esr 11,37–12,3; vgl. syrBar 73,1; Offb 14,13; 21,4f. Bill II 626; IV 880–976). Verwandt mit dieser Vorstellung ist die des endzeitlichen „Sabbat" in Hebr 3,11; 4,11. Die Zeiten der Erquickung kommen „vom Angesicht des Herrn": dahinter steht die apokalyptische Vorstellung, daß die messianische Zeit als eschatologisches Heilsgut von Gott im Himmel bereitgehalten wird. Dem entspricht, daß Jesu Kommen zur Parusie hier auf ein „Senden" Gottes zurückgeführt ist. Diese Ausdrucksweise ist dem Neuen Testament sonst fremd, sie hat jedoch eine auffallende Parallele in der apokalyptischen Elija-Erwartung, nach der der in den Himmel entrückte Prophet bei Anbruch der Endzeit auf die Erde entsandt wird (Mal 3,23). Und wie mit der Wiederkehr des Elija (Mal 3,24) wird hier mit der Parusie Jesu die „(Wieder-)Herstellung aller Dinge" verbunden, d.h. die prophetisch verheißene Restituierung des heilvollen Zustands der verlorenen Urzeit. – 2. Zum Kontext bestehen deutliche Brüche, was immer ein Anzeichen für das Vorliegen von Tradition ist. So spricht V. 20 („damit Zeiten der Erquickung kommen") für sich genommen eindeutig davon, daß das Kommen der Heilszeit davon abhängt, daß Israel umkehrt und Buße tut. Das aber will Lukas, wie es der weitere Kontext (V. 22 ff.) erweist, nicht sagen. Er will vielmehr deutlich machen: ob die Parusie für Israel eine heilvolle Zeit der Erquickung sein wird, hängt von seiner Umkehr und Buße ab. Ferner fällt auf, daß V. 22 ff. nicht mehr von der kommenden Endzeit, sondern von der Gegenwart sprechen. Der Bruch ist in V. 21a dadurch angelegt, daß Lukas die eschatologische Wiederherstellung aller Dinge zur gegenwärtigen Erfüllung aller prophetischen Voraussagen umdeutet, die sich in der Geschichte Jesu abzeichnet und die darum Israel jetzt in der Gegenwart zur Entscheidung herausfordert.

Schwerlich ist das Traditionsstück, wie aufgrund seiner Berührungen zur Elija-Tradition von Mal 3 vielfach vermutet wurde, direkt aus den Überlieferungen einer apokalyptisch-jüdischen Gruppe, etwa aus dem Täuferkreis, übernommen. Es dürfte eher das Gepräge einer relativ frühen judenchristlichen Eschatologie und

Christologie tragen. In ihm spricht sich die Vorstellung aus, daß die Parusie des Messias Jesus und der Anbruch der Heilszeit dadurch beschleunigt werden, daß Israel sich bekehrt und zum Glauben kommt. Der Finalsatz V.20 nennt ein Ziel, das durch die Mission an Israel, sofern sie Umkehr bewirkt, erreicht werden soll. Und V.21 spricht davon, daß Israel bei der Parusie dem ihm vorherbestimmten, jetzt noch im Himmel verborgenen messianischen König begegnen werde. Die hier vorliegende Vorstellung hat die missionarische Einstellung des frühen Judenchristentums entscheidend geprägt. Nur aus der Auseinandersetzung mit ihr ist das missionstheologische Konzept des Paulus (Röm 9–11) zu begreifen, demzufolge vor der Bekehrung Israels und der mit ihr verbunden gedachten Parusie erst noch das Evangelium zu den Weltvölkern gebracht werden müsse (Röm 11,25ff.). – Lukas hat das Traditionsstück wohl nicht nur wegen seines altertümlichen Klanges hierher gesetzt, sondern auch weil es ihm die Möglichkeit gab, den ihm im Zuge der Verschärfung des Bußrufes naheliegenden Ausblick auf das Israel drohende Gericht mit einzubringen.

Insgesamt ist die Rede als ein vom Standort der ausgehenden zweiten Generation her konzipierter Rückblick auf die Anfänge der Kirche zu verstehen, in dem spätere Entwicklungen und Erfahrungen mit verrechnet worden sind. Wenn in dem „zuerst" von V.26 der Weg des Heils zu den Heiden (vgl. 1,18) angedeutet wird, so spiegelt sich darin die Erfahrung der paulinischen Heidenmission, keinesfalls jedoch der Standpunkt der Urgemeinde, für die der Gedanke an eine Ausdehnung der Kirche über Israel hinaus zunächst nicht in Betracht kam (s. zu Kp 10). Vor allem für das Kirchenverständnis des Lukas ist die Rede von hoher Bedeutung. Lukas sucht in seiner Darstellung einer im Kern richtigen historischen Einsicht Rechnung zu tragen. Demnach verstand sich die Urgemeinde weder als eine jüdische Sondergruppe noch gar als eine neue Größe neben Israel. Sie wollte vielmehr das wahre Israel der Endzeit sein. In diesem Sinn läßt er hier die Juden durch Petrus als Israel angesprochen werden. Kehren sie um, öffnen sie sich der Entscheidung für Jesus (V.19f.26) und sammeln sie sich um die Apostel, so bleiben sie in dem Segen, der auf Israel liegt (V.25). Verweigern sie jedoch die Umkehr, so hören sie auf, Glieder des Gottesvolkes zu sein. Das Werden der Kirche ist für Lukas ein langer Prozeß, der erst mit Apg 28 zu einem gewissen Abschluß kommt und der durch eine zweifache Entwicklung gekennzeichnet ist: einmal durch die Scheidung zwischen dem wahren Israel und dem Judentum, zum andern durch die (mit Kp 10 beginnende) Hineinnahme der Heiden in das wahre Israel. Weil für ihn das zweite nicht ohne das erste möglich ist, darum berichtet er mit so großem Nachdruck von den Missionserfolgen der Apostel in der Jerusalemer Anfangsphase (2,42; 5,14). Darin, daß damals wenigstens ein Teil der Juden Jerusalems zum Glauben an Christus gekommen und somit Israel geblieben sind, findet er den sichtbaren Erweis für die Kontinuität der Kirche mit Israel. Und er will mit der Darstellung dieser Vorgänge seiner heidenchristlichen Kirche eindrücklich vor Augen führen, daß auch sie ihren Ort als Kirche nirgends anders als in Israel hat.

Der Geheilte hält vor den Augen der Menge die Apostel fest und sorgt so dafür, daß sich das ursprünglich ihm geltende Erstaunen auf sie als die vermeintlichen Urheber des Wunders richtet. Die Folge ist ein gewaltiger Menschenauflauf in der

B 11

Halle Salomos, einer sich entlang der östlichen Außenmauer des Tempelbezirks erstreckenden Halle. Daß hier ein Widerspruch zu V. 8 vorliegt, wonach die Apostel und der Geheilte sich im Tempel, d. h. im Männervorhof, befinden, merkt Lukas nicht (der westliche Text versucht einen Ausgleich, indem er die drei wieder
12 „hinausgehen" läßt). Petrus „sieht" nicht nur den äußeren Vorgang des Zusammenströmens der Menge, sondern durchschaut auch dessen Ursachen. Damit ist der Ausgangspunkt für die folgende Rede gewonnen. Wieder spricht Petrus die Hörer, wie schon in 2,22(vgl. 5,35), programmatisch als Glieder Israels, des Gottesvolkes, an, um sogleich ihr offenkundiges Mißverständnis (vgl. 2,15) zu widerlegen: Die Apostel sind keineswegs Träger übernatürlicher Kräfte, wie es nicht wenige wandernde Wundertäter und Gottesmänner zu sein vorgaben, die in damaliger Zeit die Lande durchzogen (vgl. 14,11 ff.); sie stehen überhaupt nicht im Mittelpunkt des Geschehens, selbst die Möglichkeit, daß sie – in der Weise, wie man es einzelnen berühmten Schriftgelehrten zuschrieb – aufgrund ihrer Frömmigkeit auf Gott
13 einzuwirken vermöchten, muß außer Betracht bleiben. Es geht hier um nichts „Eigenes", sondern – das will der abrupte Übergang zu V. 13 andeuten – um ein allein von Gott ausgehendes Geschehen, nämlich um Gottes Handeln in Jesus. Dieses wird in V. 13–15 in Form des christologischen Kerygmas entfaltet und zugleich in dreifacher Steigerung mit dem Unheilshandeln der Juden an Jesus kontrastiert. Mit einem aus 2. Mose 3,6.15 stammenden Schriftwort wird der an Jesus handelnde Gott als der „Gott der Väter" ausgewiesen, der Gott, der in Israels Geschichte von Anfang an heilvoll am Werke war und der sich im Alten Testament bezeugt hat. Lukas wird nicht müde, diese Kontinuität herauszustellen. Es war eben dieser Gott der Väter, der, wie unter deutlicher Anspielung auf Jes 52,13 gesagt wird, Jesus, „seinen Knecht, verherrlicht hat". Es ist zwar sehr wahrscheinlich, daß in dieser liturgisch klingenden Wendung ein altes christologisches Prädikat aufbewahrt worden ist; nichts spricht jedoch dafür, daß Jesus in der Frühzeit im Sinne von Jes 53 als der *leidende* Gottesknecht verstanden worden ist. Wo immer der Titel „Knecht" bzw. „Knecht Gottes" im Neuen Testament auf ihn angewandt wird (V. 26; 4,27.30; Mt 12,8; vgl. Did 9,2 f.; 10,2 f.), werden die Leidenszüge nicht mit angesprochen. Diese auf den ersten Blick überraschende Tatsache erklärt sich daraus, daß bereits das Judentum bei seiner Auslegung der deuterojesajanischen Gottesknechtslieder, die Leidenszüge dieser Gestalt völlig verdrängt hatte. Vermutlich hängt der Titel „Knecht" in seiner Wurzel eng mit dem Titel „Sohn" zusammen, denn die Schriftbeweise (Ps 2,7 und Jes 42,1) für beide sind analog strukturiert und werden in Mk 1,11 par sowie Mk 9,7 par miteinander verschmolzen. Dies wurde durch den Umstand zusätzlich begünstigt, daß das griechische Wort für „Knecht" *(pais)* auch mit „Sohn" übersetzt werden kann. Wie „Sohn" bezeichnet auch „Knecht" in erster Linie die Stellung des Heilsträgers zu Gott, sein Bevollmächtigtsein und Gesandtsein durch ihn. Wenn Lukas den Titel gebraucht, so denkt er dabei vor allem an das letzte: Jesus ist das in der Schrift verheißene Werkzeug, mit dem Gott seine Heilsgeschichte vollendet.

Gott hat Jesus „verherrlicht", d. h. er hat ihn erhöht und in die himmlische Seinsweise eingehen lassen (vgl. Lk 24,26; Joh 13,31 u. ö.) – und zwar nachdem Israel ihn vorher „dahingegeben" und „verleugnet" hatte: Dies ist die erste Antithese, in der das Kontrastschema durchgeführt wird. Die Einzelheiten nehmen direkt auf den lukanischen Passionsbericht Bezug, und zwar auf die Auslieferung Jesu an die Römer durch das Volk (so Lk 23,1 ff.) sowie auf die Erklärung der Schuldlosigkeit Jesu durch Pilatus (Lk 23,4). Dabei knüpft Lukas an die historisch wie theologisch problematische Tendenz seiner Passionsdarstellung an, die Römer von jeder Mitschuld am Tod Jesu freizusprechen und die Juden allein zu beschuldigen.

Eine zweite Antithese spielt auf die Barabbasszene (Lk 23,18 ff.) an: Damals haben die Juden sich von Jesus, dem „Heiligen" und „Gerechten" losgesagt, um sich an seiner Stelle einen Mörder „schenken zu lassen", sie haben also – darauf will wohl die pointierte Formulierung hinaus – Jesus als das heilvolle Geschenk Gottes abgelehnt. „Der Heilige" und „der Gerechte" sind nicht anders als „der Knecht" alte Prädikationen Jesu, deren ursprüngliche Bedeutung sich allerdings nur unzureichend ertasten läßt. „Heilig" im Alten Testament und im Judentum heißt der ganz zu Gott Gehörende, von ihm zu einer besonderen Aufgabe Ausgesonderte (Jer 1,5; Sir 45,6; Weish 11,1), vor allem der Priester und der Prophet. Diese Bezeichnung hat stark liturgischen Klang und ist womöglich in der gottesdienstlichen Sprache mit dem Knechtsprädikat verbunden worden (Apg 4,27.30). Letzteres gilt auch für den Titel „der Gerechte" (7,52; 22,14; 1.Petr 3,18; 1.Joh 2,1; 2,29; 3,7), der vermutlich Jesus als den bezeichnete, der in vollkommenem Gehorsam den von Gott vorgezeichneten Weg ging, wobei der Gedanke des gehorsamen Leidens eine nicht unerhebliche Rolle spielte. Für Lukas steht bei beiden Bezeichnungen der moralische Sinn im Vordergrund: Hier wie Lk 23,47 denkt er an Jesu Unschuld und Makellosigkeit.

Die letzte Antithese „ihr habt den Fürsten *(archēgos)* des Lebens getötet" enthält ebenfalls ein traditionelles Christusprädikat, das allerdings erst aus dem hellenistischen Judenchristentum stammt. Es erscheint in seiner ursprünglichen Bedeutung in Hebr 2,10; 12,2 und ist dort besser mit „Anführer (des Glaubens)" zu übersetzen. Damit wird Jesus in der Funktion dessen bezeichnet, der die Seinen dem ewigen Heil entgegenführt. Diese Bedeutung ist Lukas jedoch fremd. Er interpretiert das Prädikat ganz im Sinne von 2,24; 26,23: Weil Gott an Jesus handelte, darum konnte der Tod ihn nicht festhalten und darum wurde er auch der erste, der aus seinem Machtbereich wieder hervorgegangen ist. Gerade den, der durch Gottes Tat zum Repräsentanten des Lebens werden sollte, haben – das ist der Sinn dieser Anklage – die Juden durch den Tod endgültig auslöschen wollen. Eine nochmalige zusammenfassende Erwähnung dieser Tat Gottes an Jesus, an die sich die Zeugenformel anschließt (vgl. 2,32), führt wieder zurück zum Ausgangspunkt des ersten Redeteils. Denn nun endlich kann gesagt werden, was in Wahrheit hinter dem Heilungswunder steht: Es ist die Macht des von Gott „verherrlichten" Jesus, sein „Name". Nicht die Apostel waren die Handelnden; vielmehr war Jesus selbst mit seinem „Namen" am Werk.

Nun ist allerdings noch eine Präzisierung des Verhältnisses zwischen diesem „Namen" Jesu und den Aposteln erforderlich; das Bemühen des Lukas um sie hat in der umständlichen und überladenen Satzkonstruktion seinen Niederschlag gefunden. Das Mißverständnis, als wirke dieser Name aus sich selbst und ganz ohne die Beteiligung von Menschen, muß einerseits zurückgewiesen werden. Andererseits muß jedoch der Anschein vermieden werden, als verfügten die Apostel über den „Namen" Jesu im Sinn einer von Menschen zu steuernden übernatürlichen Kraft. Lukas löst dieses Dilemma dadurch, daß er als Bindeglied zwischen den Aposteln und dem „Namen" Jesu den Glauben nennt. Damit will er sicherstellen, daß das Verhältnis, um das es hier geht, streng personhafter Art ist. Die Apostel sind Zeugen und Beauftragte des Erhöhten (1,8), sie haben die Aufgabe, die Macht seines Namens zur Geltung zu bringen. Aber dies geschieht nicht, indem sie über diesen Namen verfügen, sondern indem sie sich und andere im Glauben seiner Macht unterstellen, wobei sie in die Freiheit seines Wirkens nicht eingreifen. Selbst dieser Glaube ist nicht menschliche Eigenschaft oder Fähigkeit, sondern eine Möglichkeit, die erst durch Jesus gewirkt wird. – Nach einer weitverbreiteten Auslegung wäre allerdings in V.16 vom Glauben des Geheilten und nicht von dem der Apostel die Rede. Aber dagegen spricht nicht nur die Tatsache, daß die vorhergegangene Wundergeschichte nichts von einem Glauben des Kranken als Vorbedingung der Heilung weiß (s. zu V.5f.), sondern auch der unmittelbare Kontext der Rede. Wäre nämlich der Geheilte in V.16 als Vorbild des Glaubens an Jesus verstanden, das den ungläubigen Juden vor Augen geführt werden sollte, so müßte man im folgenden einen Ruf zum *Glauben* erwarten. Statt dessen wird in V.17ff. zur *Umkehr* aufgefordert. –

17 Mit einer neuen Anrede geht der Redner in einen anderen, versöhnlichen Ton über. Hatte er vorher die Schuld der Juden mit sich steigernder Schroffheit betont, so gesteht er ihnen nun Unwissenheit als Ursache ihres Verhaltens zu. Hier mag vielleicht ein Bezug auf 3.Mose 4,2. 13. 22f. vorliegen: „unwissentliche" Schuld kann durch (Jesu) Sühnopfer gesühnt werden, wissentliche nicht (vgl. 1.Tim 1,13). Unberücksichtigt bleibt die Frage, ob dieses Nichtkennen nicht zutiefst auf einem Nicht-Kennen-Wollen beruht. Gerade nach Meinung des Lukas hätten die Juden aus der Schrift, die sie jeden Sabbat in der Synagoge verlasen (Lk 18,31; 24,25.44), Jesus kennenlernen können, wenn sie nur gewollt hätten. Aber es geht hier nicht um die Analyse der Vergangenheit, sondern um die Kennzeichnung der neuen Situation, die durch die Predigt der Apostel eingetreten ist: Keiner, der sie gehört hat, wird sich in Zukunft mit Unwissenheit entschuldigen können. Für Israel, wie auch für die Heiden (17,30) sind jetzt „die Zeiten der Unwissenheit" vorbei. Wer das klare Christuszeugnis der Verkündigung gehört hat und daraufhin die Umkehr verweigert, kann nicht mehr mit Gottes Nachsicht rechnen, denn er weiß nunmehr, was er tut (vgl. Lk 23,34). So bereitet V.17 bereits die Umkehrforderung von V.19
18 vor. Dazwischen schiebt sich allerdings noch der Hinweis darauf, daß auch das Unheilshandeln der Juden an Jesus letztlich dazu dienen mußte, den Heilsplan Gottes, den er durch die Propheten kundgetan hat, zu erfüllen – ein im Christuskerygma fest verankertes Motiv (vgl. 2,23). An bestimmte Prophetenstellen wird man dabei allerdings nicht denken dürfen. Hier meldet sich vielmehr die Überzeugung des frühen Christentums zu Wort, daß Jesu Weg zum Kreuz in allen Teilen der Schrift vorgezeichnet sei (Lk 24,26.46; Apg 17,3; 26,23; vgl. 1.Petr 2,21; 3,18).
19 Der nun einsetzende zweite Redeteil entfaltet in eindringlicher Weise den Bußruf an Israel. Dieser ist, trotz abweichender Terminologie, seiner Struktur nach dem in

2,38 gleich: Gefordert ist, negativ, die Abwendung von der bisherigen verkehrten Lebensweise und, positiv, das Sich-Unterstellen unter das Heilswirken Gottes in Jesus. Daß das zweite nicht, wie in 2,38, in die Form der Aufforderung zur Taufe gekleidet ist, überrascht zunächst, zumal von V.16 her eine Erwähnung der Taufe „auf den Namen Jesu" unmittelbar nahegelegen hätte. Aber letztlich meint das Getilgtwerden der Sünden ja nichts anderes als das, was in der Taufe geschieht. Mit der passivischen Formulierung ist ein von Gott ausgehendes Geschehen umschrieben: Er selbst ist es, der die Sünden eines jeden, der sich dem Namen Jesu unterstellt, beseitigen wird. Als entscheidendes neues Moment gegenüber Kp 2 bringt Lukas mittels des Traditionsstücks V.20.21a den Hinweis auf das drohende Gericht ein. Er war bereits durch V.17 vorbereitet. Jetzt gibt Gott Israel durch die Predigt der Apostel noch einmal eine Möglichkeit der Umkehr; es ist dies aber die letzte! Im Sinn des Lukas geht es bei der Bekehrung Israels nicht darum, das Kommen der Heilszeit zu beschleunigen. Was zur Entscheidung steht, ist vielmehr, ob die Zukunft für Israel überhaupt noch Heilszeit sein wird. V.20 eröffnet so die eschatologische Dimension der Umkehr im positiven Sinn; die dazugehörige negative Aussage folgt dann in V.23. Für die Umkehrenden wird die Zukunft „Zeiten der Erquickung" bringen, d.h. sie wird heilvolle Zeit sein und zwar dadurch, daß Gott ihnen den vorherbestimmten Messias Jesus senden wird. Israel wird also mit seinem ihm ausersehenen Herrscher bei der Parusie vereinigt werden, ja es wird dadurch erst im vollen Sinn zum Heilsvolk werden. Daß das Kommen Jesu zur Parusie als „Sendung" verstanden wird, geht sicher auf das Konto der verarbeiteten Tradition; das Neue Testament bezeichnet damit sonst das erste Kommen Jesu, seine Menschwerdung (Gal 4,4). Bis zur Parusie hat der Himmel Jesus aufgenommen. Von einem gegenwärtigen Wirken des Erhöhten vom Himmel her ist hier zwar nichts angedeutet, man wird aber daraus schwerlich den Schluß ziehen dürfen, als sei in dieser von Lukas übernommenen Formulierung der Himmel lediglich als Aufbewahrungsort Jesu bis zur Parusie verstanden. Dafür, daß jemals eine Christologie existiert hätte, die von einem Wirksamwerden des Auferstandenen erst bei der Parusie wußte, fehlt jeder Anhaltspunkt. Lukas will hier auch nichts zur Frage des Parusieverzugs sagen. Er legt den Akzent vielmehr darauf, daß der Erhöhte tatsächlich nach einer von Gott gesetzten Frist wieder sichtbar in Erscheinung treten wird (1,11). Und zwar dauert diese Frist „bis zu den Zeiten der Herstellung *(apokatastasis)* von allem, was Gott durch den Mund seiner heiligen Propheten von Urbeginn her geredet hat". Diese Aussage gewinnt Lukas, indem er den Begriff *apokatastasis*, der in seiner Vorlage die erwartete Zeit der Endvollendung meinte, im Sinne von „Herstellung", „Verwirklichung" deutet und ihn auf „alle Prophetenworte" bezieht. Und zwar versteht er, wie aus dem Folgenden deutlich werden wird, unter diesen „Zeiten" sowohl die Jesuszeit wie auch die gegenwärtige Epoche der Sendung des Geistes (auch sie ist nach 2,17ff. ja Erfüllung von Prophetenworten!) und der Bezeugung Jesu. Als Beispiel für das Reden der Propheten von Urbeginn her wird das berühmte Wort des Mose aus 5.Mose 18,15 von dem ihm gleichen Propheten, den Gott in der Endzeit erwecken werde, angeführt. Die Wiedergabe des Wortes fußt auf dem LXX-Text, ist jedoch in ihrer Wortfolge so frei, daß man von einem Zitat im eigentlichen Sinne nicht mehr sprechen kann. Unmittelbar darauf folgt eine Warnung vor dem Nicht-Hören auf den „Propheten", die durch freie Kombination von 5. Mose 18,15–20 mit 3. Mose 23,29 entstanden sein dürfte. Es ist anzunehmen, daß Lukas diese Textmontage in V. 22–23 nicht selbst vorgenommen hat, sondern wiederum der Überlieferung verdankt. Sie dürfte einer Testimoniensammlung entstammen, die das hellenistische Judenchristentum bei seiner Verkündigung an Israel benutzte. Nicht darauf, daß Mose das Kommen Jesu geweissagt hat, sondern darauf, daß er zum Hören auf ihn aufgefordert hat, liegt das Gewicht. Dabei erscheint, wenn auch nur indirekt, eine weitere alte Bezeichnung Jesu, „der Prophet". In manchen Kreisen des Judentums, so in der Qumrangemeinde (4Qtest 5–8; 1QS IX 11), aber auch bei den Samaritanern war die Erwartung eines endzeitlichen Propheten im Sinne von 5. Mose 18,15 lebendig (vgl. zu 5,36). Daß sie im frühen Judenchristentum auch auf Jesus übertragen worden ist, ist aus manchen Indizien der Überlieferung zu erschließen: So scheint bei den Berichten über Jesu Wunder die Vorstellung von der Wundertätigkeit des endzeitlichen Propheten nachzuwirken (Mk 8,11f.; Lk 7,16; in polemischer Abwehr Joh 6,30f.; vgl. auch Lk 9,8.19; 24,19; Mt 21,11.46). Eine ganz ähnliche Tradition, die das Verhältnis Mose-Jesus typologisch auswertet, verarbeitet Lukas in 7,35–38 (s. dort).

23 Der zweite Teil des Mischzitates bringt in direkter Weiterführung von V. 20 die Gerichtsdrohung ein: Gott selbst wird – dies steht wiederum hinter der passivischen Formulierung – die „aus dem Volk ausrotten", die sich dem Worte Jesu verschließen. Der Jude, der sich nicht dem seinem Volk „von Gott bestimmten Messias" anschließt, hört auf, Glied Israels zu sein. Denn das wahre Israel ist nur 24 da, wo Jesu Stimme gehört wird. Summarisch wird die Übereinstimmung aller übrigen Propheten mit dem Zeugnis des Mose festgestellt. Sie alle haben „diese Tage" angekündigt. Damit ist, trotz der apokalyptischen Formulierung, die Gegenwart gemeint im Sinne der von V. 21 umrissenen Frist. Mit einem eindringlichen 25 Appell an Israel erreicht die Rede ihren abschließenden Gipfel. Am Anfang der beiden letzten Verse steht betont die direkte Anrede: „Ihr seid die Söhne der Propheten", euch gilt das angebotene Heil in „diesen Tagen" (V. 24), ihr seid vor eine letzte Entscheidung gestellt! Als letzter Schriftbeweis wird die Verheißung Gottes an Abraham (1. Mose 12,3) angeführt, und zwar nach der Fassung von 1. Mose 22,18 (LXX). Eine aufschlußreiche Veränderung hat Lukas dabei vorgenommen: Er ersetzt das Wort „Völker" durch „Geschlechter". Die Wahl dieses Wortes war nötig, um die Verheißung in dem ihr hier gegebenen Sinn primär auf Israel beziehen zu können. (Für Paulus, der sie in Gal 3,8 auch anführt, liegt die Spitze hingegen gerade in dem ausschließlichen Bezug auf die „Völker", d. h. auf die Heiden!). Der 26 „Same Abrahams" ist Christus. Durch ihn empfangen alle Geschlechter der Erde, und zwar Juden und Heiden, Segen. Aber er ist zunächst zu Israel gesandt. Ihm hat Gott „zuerst seinen Knecht erstehen lassen". Das hier verwendete Wort *(anastēsas)* wird sonst im Neuen Testament nur für die Auferweckung Jesu gebraucht. Lukas meint jedoch, wie in V. 22, wo eine Form des gleichen Zeitwortes steht, die irdische Sendung Jesu. Gott hat keinen Zweifel daran gelassen, daß er Israel zuerst seines Segens teilhaftig lassen werden wollte. Er hat Jesus in seine Mitte gesandt, und er läßt ihm jetzt durch die Apostel die Heilsbotschaft verkündigen – beides gehört für

Lukas untrennbar zusammen. Ob dieser Segen wirksam werden wird, hängt allein daran, daß Israel hört und dem Umkehrruf Folge leistet. Noch ist es dafür nicht zu spät.

6. Petrus vor dem Synedrium 4,1–22

¹Während sie noch zum Volke redeten, traten ihnen die Priester, der Tempelkommandant und die Sadduzäer entgegen, ²aufgebracht darüber, daß sie das Volk lehrten und in Jesus die Auferstehung von den Toten verkündigten. ³Sie legten Hand an sie und nahmen sie bis zum nächsten Tag in Gewahrsam; es war nämlich schon Abend. ⁴Viele aber von denen, die das Wort gehört hatten, wurden gläubig, und die Zahl der Männer lag bei 5000.
⁵Am nächsten Tage aber versammelten sich die Oberen, die Ältesten und die Schriftgelehrten in Jerusalem, ⁶sowie der Hohepriester Hannas, Kajafas, Johannes, Alexander und alle, die von hohepriesterlichem Geschlecht waren, ⁷und sie stellten sie in die Mitte und befragten sie: „In welcher Kraft oder in welchem Namen habt ihr das getan?" ⁸Da sprach Petrus, erfüllt vom Heiligen Geist, zu ihnen: „Ihr Obersten des Volkes und ihr Ältesten! ⁹Wenn wir heute aufgrund einer Wohltat an einem kranken Menschen verhört werden, durch wen ihm Heil widerfahren ist, ¹⁰so sei es euch allen und dem gesamten Volk Israel kundgetan, daß durch den Namen Jesu Christi, des Nazoräers, den ihr gekreuzigt habt, den (aber) Gott von den Toten erweckt hat, dieser gesund vor euch steht. ¹¹Er ist der von euch Bauleuten verworfene Stein, der zum Eckstein geworden ist. ¹²Und es ist in keinem anderen das Heil; es ist ja auch kein anderer Name unter dem Himmel den Menschen gegeben, daß wir in ihm das Heil finden sollten." ¹³Als sie nun den Freimut des Petrus und Johannes sahen und bemerkten, daß sie ungelehrte und einfache Leute waren, staunten sie. Sie wußten überdies, daß sie unter den Begleitern Jesu gewesen waren; ¹⁴und da sie den geheilten Mann bei ihnen stehen sahen, wußten sie ihnen nichts zu erwidern. ¹⁵Sie befahlen ihnen, aus der Sitzung hinauszugehen, und berieten untereinander: ¹⁶„Was sollen wir mit diesen Leuten anfangen? Es ist ja ein offenkundiges Wunder durch sie geschehen; allen Einwohnern Jerusalems ist es sichtbar, da können wir es nicht leugnen! ¹⁷Aber damit es sich nicht weiter im Volk verbreitet, wollen wir ihnen drohen, zu keinem Menschen mehr aufgrund dieses Namens etwas zu sagen." ¹⁸Und sie riefen sie herein und geboten ihnen, überhaupt nicht mehr unter Berufung auf den Namen Jesu zu reden und zu lehren. ¹⁹Petrus und Johannes aber gaben ihnen dies zur Antwort: „Urteilt doch selbst, ob es vor Gott recht ist, auf euch mehr zu hören als auf Gott! ²⁰Wir nämlich sind nicht imstande, das, was wir gesehen und gehört haben, nicht zu sagen." ²¹Da drohten sie ihnen noch mehr und ließen sie frei, da sie wegen des Volkes keine Möglichkeit sahen, sie zu bestrafen, denn alle priesen Gott wegen des Vorgefallenen. ²²Der Mann, an dem jenes Zeichen der Heilung geschehen war, war nämlich über vierzig Jahre alt.

Vers 11: Ps 118,22.

Die erste Konfrontation der Apostel mit den jüdischen Autoritäten, die sich im Anschluß an die Rede des Petrus im Tempel ergibt, wird in einer Folge von vier eng

A
1–22

miteinander verzahnten Szenen geschildert: 1. Festnahme und nächtlicher Arrest (V. 1–4); 2. Zeugnis der Apostel vor dem Synedrium (V. 5–12); 3. verlegene Beratung des Synedriums (V. 13–17); 4. Verwarnung der Apostel und deren abermaliges Zeugnis (V. 18–22). Die erste Szene bildet eine erzählerische Brücke. Die zweite Szene hat als ihre Mitte eine kurze Petrusrede, die die wesentlichen Motive von 3,12–26 zusammenfassend rekapituliert. Die dritte Szene gibt Lukas Gelegenheit, die Haltung der jüdischen Autoritäten gegenüber der Gemeinde näher zu begründen, und die abschließende vierte Szene zeigt anschaulich, wie sich die durch Pfingsten ermöglichte Freiheit und Vollmacht der Apostel zu öffentlicher Verkündigung in einer ersten kritischen Situation bewährt. Anzeichen für die Verwendung von Quellen finden sich nicht. Einzelne Unebenheiten der Darstellung werden auf Nachlässigkeiten des Erzählers zurückgehen: so der Umstand, daß die Apostel erst in V. 13 als Jünger Jesu identifiziert werden, obwohl sie doch in V. 1f. infolge ihrer Verkündigung Jesu bereits arretiert worden waren, oder auch das plötzliche Wiederauftauchen des Geheilten beim Verhör (V. 14). Alte Überlieferung dürfte lediglich die christologische Aussage in V. 11 enthalten, die das „Kontrastschema" (s. zu 2,22f.) von Ps 118,22 her entfaltet. Aber auch wenn Lukas das Szenarium im wesentlichen selbst geschaffen hat, so ist damit über seinen historischen Wert noch nicht die letzte Entscheidung gesprochen. Die von ihm geschilderte Konstellation dürfte nämlich zumindest in ihren Grundzügen historisch zutreffend sein: Wenn die werdende Gemeinde in Jerusalem nach Pfingsten in der Öffentlichkeit missionarisch wirkte und den Kreis ihrer Anhänger erweiterte, so mußte dies gerade auf jene Kreise, die die Verurteilung Jesu durchgesetzt hatten, als Provokation wirken und zumindest Erwägungen über ein mögliches Eingreifen in Gang setzen. Der sadduzäische Priesteradel empfang die Verkündigung der Auferstehung eines vom Synedrium Verurteilten als eine die bestehende Ordnung gefährdende Schwärmerei und als Angriff auf seine Autorität. Andererseits fehlten, solange sich die Gemeinde an Gesetz und Tempel hielt, dem Synedrium Anlaß und Möglichkeit zu wirklich einschneidenden rechtlichen Schritten gegen die Jesusjünger. Der starke pharisäische Flügel plädierte für eine abwartende Haltung (5,34ff.). Lukas scheint zumindest über die grundlegenden Faktoren, die die Situation der Jerusalemer Urgemeinde bestimmten, zutreffend informiert gewesen zu sein.

B 1 Die Apostelrede wird durch das Einschreiten der Gegner jäh unterbrochen. Lukas will nicht andeuten, daß die von ihm in 3,12–26 mitgeteilte Rede ein unvollständiges Fragment sei; sie ist, wie die Analyse ergab, ein planvoll in sich geschlossenes Ganzes. Wohl aber will er zeigen, daß es sich um eine öffentliche Intervention handelt: Vor den Augen der sie in der Halle Salomos umdrängenden Volksmenge werden die Apostel festgenommen. Die Aktion wird geleitet vom Tempelhauptmann, dem *Segan,* einem Mitglied des Priesteradels, der für den äußeren Ablauf des Tempelbetriebs und die Wahrung der Ordnung verantwortlich war. Der von ihm angeführten Tempelwache gehörten wohl die ebenfalls erwähnten Priester an. An dritter Stelle werden „die Sadduzäer" genannt; aber die Mitglieder dieser religiösen Adelspartei hatten keine Befugnis, im Tempel als Ordnungsmacht aufzutreten. So wird hier nicht an eine eigene Gruppe gedacht sein, sondern eher an die Gruppenzugehörigkeit der vorher erwähnten Personen: Der Tempelhauptmann und die ihn unterstützenden Priester gehörten zur Sadduzäerpartei. Daher mußte es ihnen als besonders anstößig erscheinen, wenn im Tempel unter Berufung auf Gottes Tat an Jesus (vgl. 2,24) die Auferstehung von den Toten verkündigt wurde. Hier lag einer der entscheidenden Lehrunterschiede zwischen ihnen und den Pharisäern: während diese eine endzeitliche Totenauferweckung erhofften, lehnten die Sadduzäer diesen Gedanken ab, weil er nicht in der von ihnen allein als Autorität respektierten Tora enthalten war (vgl. Mk 12,18–27). Nach Vorstellung des Lukas hat die Rede des Petrus mehrere Stunden gedauert. So ist es, als die Tempelwache eingreift, bereits Abend. Da das Verhör vor dem Synedrium erst am nächsten Morgen stattfinden kann, müssen die Apostel über Nacht im Gefängnis bleiben. Ehe zu dieser neuen Szene übergeblendet wird, wird als Ruhepunkt eine Erfolgsbilanz dazwischengeschoben: die Zahl der Glaubenden beträgt nunmehr fünftausend! (vgl. 2,47). Auch wenn nicht alle Hörer der Petruspredigt zum Glauben kamen, so waren es doch „viele". Das Maß der Zustimmung im Volk war beträchtlich; ja, Lukas möchte mit diesen die tatsächlichen Verhältnisse weit überhöhenden Angaben beim Leser die Vorstellung erwecken, daß dieser erste Aufbruch des Evangeliums in Israel eine breite Volksbewegung war, die nur mühsam von den Oberen – und nur von ihnen! – erstickt werden konnte.

Das Verhör findet am nächsten Morgen vor dem Hohen Rat statt. Dieses auch mit dem griechischen Lehnwort „Synedrium" (vgl. V. 15) bezeichnete Gremium bestand aus 71 Männern und hatte in römischer Zeit neben der Entscheidungsgewalt in religiösen Angelegenheiten die Verantwortung für die Rechtsprechung und die innere Verwaltung in Jerusalem und der gesamten Prokuratur Judäa. Das Synedrium bestand aus drei Gruppen: den Archonten (im Neuen Testament vielfach auch als „die Hohenpriester" bezeichnet), den Ältesten und den Schriftgelehrten. Zu den Archonten gehörten neben dem amtierenden Hohenpriester, der den Vorsitz führte, jene Mitglieder des priesterlichen Adels, die für die Verwaltung der Angelegenheiten des Tempels und der Priesterschaft zuständig waren, u. a. der Tempeloberst, der Tempelaufseher und die Schatzmeister. Die „Ältesten" waren Mitglieder des Laienadels, alteingesessener Jerusalemer Geschlechter, die durchweg der sadduzäischen Partei verbunden waren. Die Gruppe der Schriftgelehrten war ursprünglich nicht im Rat vertreten gewesen. Ihr Eindringen hängt zusammen mit dem wachsenden Einfluß der pharisäischen Schriftgelehrsamkeit auf das öffentliche Leben. Zwar gab es auch sadduzäische Schriftgelehrte; aber wir werden davon ausgehen können, daß zum damaligen Zeitpunkt die dem Synedrium angehörenden Schriftgelehrten bereits zum allergrößten Teil Pharisäer waren. Lukas führt noch gesondert die Mitglieder des hohenpriesterlichen Geschlechtes auf: Will er sie hervorheben oder ist er der irrtümlichen Meinung, daß es sich bei ihnen um eine eigene Gruppe innerhalb des Synedriums handelte? Ein offenkundiger Irrtum ist die Nennung von Hannas als Hohepriester. Nicht er, sondern sein Schwiegersohn Kajafas hatte von 18–36 diese Würde inne, allerdings blieb er der starke Mann im Hintergrund. Johannes und Alexander sind uns nicht anderweitig bekannt. Möglicherweise ist mit dem ersten Jonatas gemeint (so Codex D), der Sohn des Hannas und Nachfolger des Kajafas. Die Ortsangabe „in Jerusalem" soll einen theologischen Akzent setzen: Es ist das höchste Gremium der heiligen Stadt, vor dem sich jetzt die Apostel verant-

worten müssen. Der genaue Tagungsort des Synedriums ist uns unbekannt. Nach
7 Josephus (bell V 144) war er eine Halle im Südwestteil des Tempelplatzes am Xystus-Tal. Das Verhör wird nicht, wie man nach 4,2 hätte erwarten können, mit der Frage nach der öffentlichen Verkündigung der Auferstehung, sondern mit der nach der Vollmacht, in der die Heilung vollbracht worden war, eingeleitet. Auf diese Weise gewinnt Lukas eine Möglichkeit, Petrus das Zeugnis für die Macht des Namens Jesu (3,16) nochmals vor den höchsten Repräsentanten des jüdischen Volkes
8 wiederholen zu lassen. Der Verheißung Jesu für das Zeugnis der Jünger vor den Herrschern und Mächtigen (Lk 12,11) gemäß, wird Petrus vom heiligen Geist erfüllt: diese Aussage steht in Spannung, aber nicht unbedingt in Widerspruch zu 2,4; 6,3; 11,24. Zwar gelten die Jünger für Lukas als Träger des Geistes, doch ist dieser nicht einfach ein naturhafter Besitz, über den sie verfügen könnten; sie haben den Geist nur in der Weise, daß sie gewiß sein können, Gott werde ihn, sobald sie seiner
9–10 bedürfen, zu ihrer Hilfe senden (vgl. 4,31; 13,9). Die kurze Rede greift in gedrängter Form die Motive von 3,12–16 wieder auf. Wie dort bildet die Gelähmtenheilung als Erweis der Macht des Namens Jesu den Ausgangspunkt für die Entfaltung des Kontrastschemas (s. zu 2,22f.). Anders ist lediglich die Anknüpfung, die sich von der Verhörsituation her ergibt: Petrus geht aus von dem Widersinn, der darin liegt, daß er und Johannes infolge einer Wohltat, durch die einem Menschen Heilung zuteil geworden ist, gerichtlich verhört werden sollen, und nennt als Urheber dieser Heilung den Namen Jesu Christi, des Nazoräers, den das gleiche Gremium, vor dem die Apostel jetzt stehen, verworfen hat. Zumindest implizit wird damit eine Warnung ausgesprochen: soll sich das Widersinnige der Verwerfung Jesu, des Helfers und Retters, nun noch einmal an seinen Jüngern, die in seinem Namen handeln, wiederholen? Als lebendiger Beweis für die Macht dieses Namens gilt wiederum (vgl. 3,12) der (im Gerichtssaal als Zeuge anwesend gedachte) Geheilte.
11 Der Kontrast zwischen dem Unheilshandeln der Juden und dem Heilshandeln Gottes wird anhand eines Schriftwortes herausgestellt. Ps 118 (LXX 119),22, ursprünglich der Lobpreis eines Frommen angesichts einer plötzlichen heilvollen Lebenswende, erscheint im Neuen Testament mehrfach als Schriftbeweis für die Auferstehung Jesu (Mk 12,10f. par; Eph 2,20; 1.Petr 2,4ff.). Er ist auch das Hallel-Psalm vom Abendmahl her bekannt (Mk 14,26). Und zwar dürfte, wie Mk 12,10f. nahelegt, dieses Psalmwort zunächst im Urchristentum als Beleg für das Kontrastschema gebraucht worden zu sein: Jesus, der von Israel Verworfene, ist von Gott als „Eckstein" – gemeint ist entweder der Quaderstein, der eine Ecke des Hauses abstützt (Jes 28,16) oder der Schlußstein im Torgewölbe (Ijob 38,6) – zu Ehren gebracht worden. Die Umformulierung des Wortes in eine direkte Anklage ist schwerlich erst ein schriftstellerischer Einfall des Lukas, sondern dürfte bereits auf den polemischen Gebrauch in der Urgemeinde zurückgehen. Sie lag nahe, da in jüdischer Tradition die Schriftgelehrten mit einem stehenden Bild als „Baumeister" der Tora bezeichnet wurden (Bill I 876). Der Gedanke an den heiligen Bau der Kirche, dessen Grundstein Jesus Christus ist (vgl. Eph 2,20; 1.Petr 2,4) scheint jedoch an
12 unserer Stelle nicht mitzuschwingen. Die kleine Rede endet mit einem Bekenntnis zum Namen Jesu und seiner universalen Heilsbedeutung. Jesus ist kraft seiner Auferweckung von Gott zur alleinigen Grundlage des Heils gemacht worden; die

auf Grund seines Namens an dem Gelähmten gewirkte wunderbare Heilung wird zum Zeichen des von ihm ausgehenden universalen Heils. (Im Wort *sōtēria* = „Heil" klingt das dem gleichen Stamm zugehörige Vb. *sōzō*, das in V. 9 die körperliche Heilung bezeichnet hatte, wieder an). Die feierlich-gehobene Sprache sowie das bekenntnishafte „wir" legen nahe, daß es sich hier um eine traditionelle liturgische Formel handelt. Da sie von der Unterstellung unter den rettenden Namen Jesu handelt, ist ihre Herkunft aus dem Taufgottesdienst wahrscheinlich. Thematisch knüpft sie an das alttestamentliche Bekenntnis zur alleinigen Macht des Jahwe-Namens an. Mit dem Bekenntnis zu dem Namen Jesu als dem einzigen Heilsweg, der der Welt und den Menschen gegeben ist, wird ein universaler Anspruch aufgerichtet, der weit über die konkrete Situation hinausreicht und erst im Horizont der weltweiten Mission seine Erfüllung finden wird.

Die erste Reaktion der Ratsmitglieder unmittelbar nach Abschluß der Rede fällt 13–14 überraschend positiv aus. Und zwar bezieht sie sich auf drei Feststellungen: 1. Sie sehen die Freimütigkeit der Apostel – wieder wird Johannes mit einbezogen –, d.h. ihr gewandtes, vollmächtiges Reden, das ihnen als einfachen, weder rhetorisch noch schriftgelehrt geschulten Leuten eigentlich nicht zuzutrauen wäre. Damit liefern sie dem Leser eine Bestätigung für die Macht des vom Geist gewirkten Christuszeugnisses (V. 8). – 2. Sie stellen fest, daß es sich tatsächlich um Anhänger Jesu handelt; die Macht, auf die sich die Apostel berufen, kann demnach tatsächlich nur die des Namens ihres Meisters sein. – 3. Sie können keinen Widerspruch anmelden gegen die Behauptung, daß dieser Name tatsächlich eine Heilung gewirkt habe, da der Geheilte als eindeutiger Zeuge sich mit im Raum befindet.

Nachdem die Beschuldigten aus dem Saal geschickt wurden, findet eine Beratung 15 hinter verschlossenen Türen statt. Dabei stellt sich schnell heraus, daß das Syn- 16 edrium nicht bereit ist, aus den soeben erhobenen Feststellungen Folgerungen zu ziehen, die sein Selbstverständnis in Frage stellen müßten. Die Frage nach der Wahrheit des von Petrus erhobenen Anspruchs bleibt unberührt; alles konzentriert sich auf die ganz pragmatische Frage, wie man mit der durch die Lahmenheilung in der Öffentlichkeit entstandenen Lage ohne Gesichtsverlust und ohne Einbuße an Macht herauskommen könne. Ganz Jerusalem weiß, daß ein Wunder geschehen ist; also hat es keinen Zweck, es abzuleugnen. Außerdem haben die Apostel aufgrund des Wunders und wohl auch aufgrund ihrer Verkündigung starken Rückhalt im Volk. Gegen sie vorzugehen, hieße deshalb gefährliche Emotionen in der Öffentlichkeit wecken, ganz abgesehen davon, daß eine eindeutige rechtliche Basis für eine Verurteilung nicht gegeben war. Die Verkündigung der Auferstehung Jesu war zwar eine Provokation – vor allem für den sadduzäischen Flügel des Synedriums –, doch keine strafrechtlich verfolgbare Irrlehre; nicht umsonst bleibt sie hier völlig außer Betracht. So entschließt sich der Rat lediglich dazu, eine nachdrückliche 17 Verwarnung auszusprechen: Den Jüngern soll die Nennung des Namens Jesu in der Öffentlichkeit, und zwar – so ist wohl der Satz gemeint – sowohl als Gegenstand der Predigt wie auch als wunderwirkende Macht, untersagt werden.

Die Schlußszene bringt eine Steigerung der Konfrontation, in der sich die Ohn- 18–19 macht des Synedriums enthüllt. Die wieder hereingerufenen Apostel weisen die Verwarnung als unangemessenen Einschüchterungsversuch zurück: Wenn – was

weder bestritten noch gar widerlegt werden konnte – Gott selbst mit seiner Macht hinter dem Namen Jesu steht, dann wäre es Ungehorsam gegen Gott, wenn sie sich durch irgendeine menschliche Instanz oder Autorität daran hindern ließen, diesen Namen zur Geltung zu bringen. Es ist kaum zufällig, wenn die Antwort der Apostel an die jedem Gebildeten in der Antike bekannte Replik des Sokrates an seine Richter anklingt: „Ich will dem Gotte mehr gehorchen als euch" (Plat apol 29 d; vgl. auch Apg 5,29). Und zwar werden die Ratsmitglieder aufgerufen, selbst über die Verbindlichkeit dieses allgemein akzeptierten Grundsatzes (vgl. 2. Makk 7,2; 4. Makk 5,16ff.) zu urteilen. Damit werden sie, in Verkehrung der bisherigen Fronten, gleichsam zu Angeklagten vor den Aposteln, die die Sache Gottes zu vertreten
20 gewiß sind. Diese bekräftigen unter Hinweis auf das ihnen aufgetragene Zeugenamt (vgl. 1,22; 2,32; 3,15) nochmals ihren Standpunkt: Sie können nicht anders als das, was sie gesehen und gehört haben – nämlich die Lehre Jesu und die Botschaft
21 von seiner Auferweckung – weiterverkündigen. Das Synedrium entzieht sich dieser nochmaligen Herausforderung durch die Wahrheitsfrage. Es bleibt bei seiner Verwarnung. Im übrigen läßt es die Apostel frei, wenn auch nur höchst widerwillig, was die nochmalige Nennung der bereits bekannten Gründe unterstreichen soll: Es gibt (1.) keine ausreichende rechtliche Handhabe für eine Verurteilung, und (2.)
22 fürchtet man die durch das Wunder aufgewühlten Emotionen des Volkes. Seltsam nachklappend erscheint der Hinweis auf das Alter des Geheilten. Er soll die Größe und damit den Eindruck des Wunders unterstreichen: nach mehr als 40 Jahren ist der Mann gesund geworden! Möglicherweise bildete diese Bemerkung ursprünglich den stilgemäßen Schluß der traditionellen Heilungsgeschichte 3,1–10.

7. Das Gemeindegebet 4,23–31

23 Nach ihrer Freilassung kamen sie zu den Ihren und berichteten alles, was die Hohenpriester und die Ältesten zu ihnen gesagt hatten. 24 Als sie das hörten, erhoben sie einmütig die Stimme zu Gott und sprachen: „Herr, ‚der du Himmel, Erde und Meer und alles was darin ist geschaffen hast', 25 der du durch den Mund deines Knechtes David, unseres Vaters (durch den heiligen Geist) gesagt hast:

‚Warum tobten die Heiden
und sannen die Völker Nichtiges?
26 Aufgetreten sind die Könige der Erde,
und die Herrschenden haben sich zusammengerottet
gegen den Herrn und gegen seinen Gesalbten.'

27 Wahrhaftig haben sie sich in dieser Stadt zusammengerottet gegen deinen heiligen Knecht, Jesus, den du gesalbt hast, Herodes und Pontius Pilatus samt den Heiden und den Völkern Israels, 28 um zu tun, was deine Hand und dein Wille vorbestimmt hatte, daß es geschehen solle. 29 Und nun, Herr, sieh ihre Drohungen an und gib deinen Knechten, mit allem Freimut dein Wort zu sagen, 30 indem du deine Hand ausstreckst, so daß Heilung, Zeichen und Wunder geschehen durch den Namen deines heiligen Knechtes Jesus." 31 Und als sie

gebetet hatten, erbebte der Ort, an dem sie sich versammelt hatten, und alle wurden erfüllt vom heiligen Geist, und sie redeten das Wort Gottes mit Freimut.

Vers 24: *Ps 146,6; Jes 37,16;*   Vers 25 f.: *Ps 2,1 f.*

Diese Szene stellt das vorher Erzählte in einen weiteren Rahmen: Es soll deutlich werden, daß der Konflikt der Apostel mit den jüdischen Autoritäten die werdende christliche Gemeinde als ganze, nicht nur ihre Anführer, betrifft und darum von allen gemeinsam bewältigt werden muß. Diese Bewältigung erfolgt im gemeinsamen Gebet (V. 24–30). Ihm antwortet Gott unmittelbar mit einem Erweis der Macht des Geistes (V. 31), und darum geht die Gemeinde aus dieser ersten sie treffenden kritischen Situation nicht verängstigt und geschwächt, sondern gestärkt mit neuer Kraft für ihre missionarische Aufgabe hervor. Daß in V. 31 von einem Kommen des Geistes die Rede ist, hat zuweilen zu der Vermutung geführt, Lukas habe hier eine Variante des Pfingstberichts, ja vielleicht sogar dessen älteste Fassung verarbeitet. Doch hierfür spricht so gut wie nichts. Die Erzählung ist in ihrer vorliegenden Form eine Schöpfung des Lukas. Wir sahen bereits, daß für ihn die in bestimmten Situationen ergehenden Manifestationen des Geistes Folgen der Geistausgießung an Pfingsten sind (s. zu 4,8), nicht jedoch in Konkurrenz zu ihr stehen. –

Alte vorlukanische Tradition wird allerdings im Gebet verarbeitet sein. Sie dürfte im wesentlichen V. 24b–28 umfassen. Erkennbar wird sie zunächst an einigen Ausdrücken traditioneller Gebetssprache: so der Anrufung Gottes als Herrscher und Schöpfer von Himmel, Erde und Meer in feierlichem Partizipalstil und einer aus Ps 146,6 (LXX) übernommenen Formulierung, so der Wendung „dein Knecht Jesus" (V. 27), die mehrfach in frühchristlichen Gebeten als festgeprägtes liturgisches Element erscheint (Did 9,2 f.; 10,2; 1. Kl 59,2; Mart Pol 14,2) und hinter der die sehr alte christologische Vorstellung von Jesus als Prophet und Gottesknecht stehen dürfte (s. zu 3,13). Auch die Bezeichnung des Knechtes als „Gesalbter" dürfte alter Tradition entstammen (vgl. 4. Esr 7,28). Ein gewisser Anklang an das Gebet des Hiskija (Jes 37,16–20) ist ebenfalls unüberhörbar. Daß es sich hier jedoch anders als Lk 1,47–52; 1,68–79; 2,29–32 nicht nur um ein aus traditionellen Einzelelementen durch Lukas geschaffenes Gebet, sondern um ein vorgegebenes Traditionsstück handelt, wird durch die Spannung zum Kontext deutlich: Während V. 27 Herodes und Pilatus als Gegner nennt, meint V. 29 mit „ihren Drohungen" die Drohungen des Synedriums. Diese Erwähnung von Herodes und Pilatus aber ist keine Reminiszenz an den lukanischen Passionsbericht, sondern widerspricht diesem geradezu: In Lk 23,1–25 sind beide Machthaber Zeugen der Unschuld Jesu, nicht jedoch, wie hier, Rädelsführer der gegen Jesus gerichteten Verschwörung. Vor allem aber entspricht die passionstheologische Auslegung von Ps 2 nicht der christologischen Argumentation der vorhergegangenen Petrusreden und fällt auch sonst aus dem Rahmen des Üblichen. Der Schriftbeweis zielt nicht auf die Erhöhung Jesu und damit auf den Kontrast des Handelns Gottes zum Handeln der Menschen, sondern auf den Nachweis, daß in dem dunklen Geschehen, das zum Tode Jesu führte, Gottes Hand und Wille am Werk waren. Wenn hier von Ps 2,1 f. her das Passionsgeschehen als der Schrift und darum dem Willen Gottes gemäß gedeutet wird,

A
23–31

so ist dies der gleiche Interpretationsansatz, der hinter Mk 8,31; 9,31 steht und der im Passionsbericht des Markus zur Entfaltung gekommen ist. Ps 2,7, der geläufige Schriftbeweis für Jesu Einsetzung zum „Sohn Gottes" in der Auferstehung (13,33; Mt 3,17; Hebr 1,5; 5,5 u.ö.), wird hier gerade nicht herangezogen! Wir haben demnach also wohl in V.24b–28 ein Stück eines alten Gebetes vor uns, das in liturgischer Sprache und in Anlehnung an Ps 2,1f. Gott für sein verborgenes heilvolles Handeln in der Passion Jesu pries. Sein Sitz im Leben dürfte die Abendmahlsfeier gewesen sein. Die Verbindung zwischen dem Schöpfungswerk Gottes und der Eucharistie ist auch sonst in ältester liturgischer Tradition bezeugt (Did 10,3; Just apol 67; Hipp trad 31). – Lukanischer Zusatz ist vermutlich nur die Wendung „in dieser Stadt" (V.27; vgl. 4,5).

B Ein typisches Bild wird gezeichnet: Die Apostel finden bei ihrer Rückkehr aus der
23 Haft die „Ihren", d.h. die ganze Gemeinde, versammelt. Wie das angesichts der 2,41; 4,4 genannten großen Zahlen räumlich möglich war, darf man wiederum nicht fragen. Unverzüglich erzählen sie von dem ihnen Widerfahrenen, wobei das Gewicht naturgemäß auf der durch die „Hohenpriester" – gemeint ist die priesterliche Führungsgruppe im Synedrium – und die „Ältesten" ausgesprochenen Ver-
24 warnung liegt. Die Gemeinde antwortet darauf mit einem Gebet, in dem sie die akute Bedrohung vor Gott bringt. Die Bemerkung, daß sie „einmütig" gebetet habe, soll nicht nur die Vorstellung eines lauten gemeinsamen, gottesdienstlichen Betens erwecken; mit diesem seinem Lieblingswort (1,14; 2,46; 5,12 u.ö.) will Lukas den inneren Zustand der Gemeinde in der Anfangszeit charakterisieren. Diese von Gott durch den Geist gewirkte Einmütigkeit steht im Gegensatz zu der Unsicherheit der jüdischen Machthaber. Die Gebetsanrede *despota* (= „Herr") ist in der Gebetssprache der LXX geläufig und wird im Urchristentum gern in an Gott gerichteten Gebeten verwandt (Lk 2,29; Offb 6,10; 1.Kl 7,5; 9,4 u.ö.), während das an sich bedeutungsgleiche *kyrie* weithin zur Gebetsanrede Jesu wurde (doch s.
25 zu V.29). Die Überleitung zum Psalmzitat ist textlich schlecht überliefert. Zwei konkurrierende Lesarten scheinen miteinander verschmolzen worden zu sein: „der du durch den Mund unseres Vaters David, deines Knechtes gesprochen hast" und „der du durch den heiligen Geist gesprochen hast", wobei die zweite Lesart eine Korrektur der ersten sein könnte, indem sie den Gedanken der Schriftinspiration stärker hervorhebt (vgl. 2.Tim 3,16). Weil der Psalm als Gottes eigenes, sein zukünftiges Handeln deutendes Wort gilt, darum kann sich die Gemeinde in ihrem Gebet darauf beziehen. Ps 2, der ursprünglich von der Niederschlagung der Feinde des davidischen Messiaskönigs durch Jahwe sprach, wird hier auf die Passion Jesu
26–27 gedeutet. Die Verschwörung der „Könige der Erde" und der „Herrscher" ist als eine im Geschick Jesu erfüllte Weissagung verstanden, wobei Herodes Antipas die „Könige" und der römische Prokurator die „Herrscher" vertritt. Die im Psalm ebenfalls genannten „Heiden und Völker" werden, freilich etwas mühsam, auf die römischen Soldaten und das jüdische Volk gedeutet, die sich, nicht anders als die Mächtigen, ebenfalls im Kampf gegen Jesus verbanden; deshalb der Plural „Völker" in V.27. Die Wendung „in dieser Stadt" ist von Lukas zur Aktualisierung und Verknüpfung mit dem folgenden eingefügt: In Jerusalem, wo bereits Jesus verworfen wurde, trifft nun auch der Widerstand der Mächtigen seine Jünger! Der Hin-

weis auf die Salbung Jesu spielt auf Lk 4,18 an: Lukas versteht Jesu Taufe als Salbung zum messianischen Amt. Gottes „Hand" – in alttestamentlicher Sprache Symbol seines geschichtsmächtigen Handelns – und sein Wille erwiesen sich im Geschick Jesu als mächtig; die Herrschenden und Machthaber, die aus eigener Willkür zu handeln glaubten, wurden so, ohne es zu wissen, zu Werkzeugen Gottes bei der Durchsetzung seines Heilsratschlusses: Gerade im Leiden und in der äußeren Erniedrigung Jesu hat Gott selbst sich durchgesetzt. „Und jetzt" ist eine Übergangswendung (vgl. 5,38; 20,32; 27,22), mit der Lukas die von ihm formulierte Bitte anschließt. Allerdings verändert dieser Anschluß die Stoßrichtung des Gebetes in einer für Lukas bezeichnenden Weise: Er läßt die Gemeinde nicht, wie man erwarten möchte, darum beten, daß Gott auch in den Anfeindungen und Bedrohungen, denen sie jetzt ausgesetzt ist, mit seinem Willen am Werk sein möchte, sondern darum, daß sie diesen Anfeindungen und Bedrohungen mit einem freimütigen Zeugnis begegnen kann. Die Selbstbezeichnung „Knechte" ist die dem Gebetsstil entsprechende Demutsformel: Gott als dem „Herrn" (V.24) vermag der Mensch nur als „Knecht" gegenüberzutreten. Erbeten wird die Kraft zu einem Zeugnis des Wortes und der Tat. „Das Wort sagen" ist geprägter Terminus für die Verkündigung der Heilsbotschaft (4,29.31; 8,25; 11,19f.; 13,46; 14,1 u.ö.). „Zeichen und Wunder" (wörtl. „staunenerregende Dinge") ist eine im Neuen Testament häufige geprägte Wendung, hinter der alttestamentlicher Sprachgebrauch steht (2.Mose 7,3; 5.Mose 6,22; 7,19 u.ö.). Eine exakte Differenzierung beider Begriffe ist kaum möglich. Allgemein wird man sagen können: „Zeichen" ist das auf Gott weisende Ereignis, während im „Wunder" das Moment des Staunens über ein wunderbares, unerklärliches Geschehen stärker hervortritt. Im einzelnen ist die Formulierung des Satzes von dem Bestreben geleitet, möglichst viele Motive des vorhergehenden Traditionsstückes aufzunehmen. So werden die Wunder hier zugleich auf die ausgestreckte „Hand Gottes" und auf den Namen Jesu, des „heiligen Knechtes" Gottes (vgl. 3,13), zurückgeführt. Indem der „Name Jesu" Wunder wirkt, erweist sich Gottes Macht. Das Tun und Verhalten der beiden Apostel Petrus und Johannes wird hier als Leitbild für die ganze Gemeinde festgehalten: Sie haben freimütig Zeugnis abgelegt und in der Gelähmtenheilung die Macht des Namens Jesu demonstriert. Nun erbittet die Gemeinde von Gott Beistand und Kraft zu gleichem Tun. – Die Erhörung folgt dem Gebet auf dem Fuße. Äußeres Zeichen dafür ist das Erbeben des Ortes, nach antiker Vorstellung Zeichen der Gebetserhörung (Ov met XV 672; Verg Aen III 90). Aber es bleibt nicht beim äußeren Zeichen: Der Geist „erfüllt" alle Gemeindeglieder; die erbetene Kraft Gottes kommt zu ihnen und macht sie fähig zu dem erbetenen freimütigen Zeugnis des „Wortes Gottes", auch und gerade angesichts der von den Gegnern drohenden Gefahren. Das Wunder von Pfingsten wird so zwar nicht wiederholt, aber doch bekräftigt und für die neue Situation aktualisiert.

8. Das innere Leben der Jerusalemer Urgemeinde (2. Summarium) 4,32–35

³²Die Menge der zum Glauben Gekommenen aber war ein Herz und eine Seele, und kein einziger nannte etwas von seinem Vermögen sein Eigentum, sondern sie hatten alles gemeinsam. ³³Und mit großer Kraft legten die Apostel Zeugnis ab von der Auferstehung des Herrn Jesus, und große Gnade war auf ihnen allen. ³⁴Denn es war kein Notleidender unter ihnen: Alle nämlich, die Eigentümer von Grundstücken oder Häusern waren, verkauften sie und brachten den Erlös ³⁵und legten ihn zu Füßen der Apostel nieder; es wurde aber jedem zugeteilt, wie er es bedurfte.

A V.32–35 stellt das zweite jener drei Summarien dar, die der Strukturierung des
32–35 Berichts über die Anfangszeit der Kirche in Jerusalem dienen. Wie bereits bei der Analyse von 2,42–47 gezeigt, sind alle drei Summarien durch Weiterentwicklung der in dem Traditionsstück 2,42f. enthaltenen Motive entstanden. Im vorliegenden Summarium werden die zwei Motive „Lehre der Apostel" und „Gemeinschaft" entfaltet, wobei auf dem zweiten das Hauptgewicht liegt. Darüber hinaus hat Lukas allerdings auch Motive und Gesichtspunkte aus den vorhergehenden und unmittelbar folgenden Erzählungen in das Summarium mit hineinverwoben. So ist V.33 Rückblick auf die bisherigen Berichte vom „Zeugnis der Apostel von der Auferstehung", vor allem wohl auf 3,12–26 und 4,7–12. In V.32. 34f. hingegen wird bereits vorweg aus den beiden folgenden Einzelberichten von der Gütergemeinschaft 4,36f. und 5,1–11 ein Resumé gezogen. Wahrscheinlich waren diese beiden Episoden das einzige konkrete Quellenmaterial, das Lukas für die Darstellung der Gütergemeinschaft in Jerusalem zur Verfügung hatte.

B Trotz der am Horizont heraufsteigenden drohenden Wolken entwickelt sich das
32 Leben der Gemeinde in jener Anfangszeit frei von jeder inneren Störung. Durch Gottes Gnade gewinnt so das für alle Zeiten gültige vollkommene Leitbild dessen, was die Kirche sein soll, geschichtliche Gestalt, wenn auch nur für kurze Zeit. Biblische Sprache geht hier mit Motiven der hellenistischen Popularphilosophie eine auf den ersten Blick befremdliche Synthese ein: „Herz" und „Seele" werden im Alten Testament oft zur Umschreibung des menschlichen Personzentrums verbunden (z.B. 5.Mose 6,5; 10,12; 11,13); die Wendung „sie hatten alles gemeinsam *(panta koina)*" hingegen dient im griechischen Schrifttum häufig als Terminus für das Ideal der Gütergemeinschaft. Die Gemeinschaft der zum Glauben Bekehrten war so eng, daß von ihr sogar die Grenzen, die das private Eigentum sonst zwischen Menschen zieht, aufgehoben wurden. Keiner erhob mehr einen exklusiven Besitzanspruch auf sein Eigentum, jeder stellte es, wo nötig, für die Brüder zur
33 Verfügung. Wenn die Schilderung der Gütergemeinschaft durch eine Bemerkung über das kraftvolle Auferstehungszeugnis der Apostel unterbrochen wird, dann wohl deshalb, um zu zeigen, daß es sich dabei um zwei eng zusammengehörige Aspekte des gemeindlichen Lebens handelt: Während die Apostel als die Leiter der Gemeinde „mit großer Kraft" – gemeint ist damit nach V.26 die Kraft zu freimütiger Rede wie auch zu Zeichen und Wundern – ihren Auftrag, die Auferstehung zu bezeugen (1,22), erfüllen, erweist die „Menge der zum Glauben Gekommenen" durch ihr Gemeinschaftsleben die konkrete Wirksamkeit dieses Zeugnisses. Und so

gilt für beide, Apostel wie Gemeinde: „große Gnade war auf ihnen allen" (anders als 2,47 ist die Gnade auf Gott zu beziehen [vgl. Lk 2,40]). Die Verheißung, daß es aufgrund dieses Segens keinen Armen in der Heilsgemeinde geben werde (5.Mose 15,4), hat sich sichtbar erfüllt. Und nun wird der konkrete Vollzug der Gütergemeinschaft geschildert: Wann immer es die Lage erfordert, verkaufen die Besitzer von Häusern und Grundstücken ihr Eigentum und liefern den Erlös bei den Aposteln ab. Diese verwalten die Gemeinschaftskasse, aus der bedürftige Gemeindeglieder bekommen, was sie brauchen (vgl. 6,1f.). Die verwendete Zeitform (Imperfekt) deutet an, daß es sich bei diesem Verkauf um keine einmalige Aktion, sondern um etwas handelte, was zwar von Fall zu Fall erfolgte, jedoch grundsätzlich von der Bereitschaft aller Betroffenen getragen wurde.

Die urchristliche Gütergemeinschaft – Ideal und geschichtliche Wirklichkeit. Zweifellos zeichnet Lukas ein Idealbild der christlichen Frühzeit. Er schildert das Leben der Urgemeinde wohl bewußt in einer Weise, die in einem gebildeten hellenistischen Leser Erinnerungen an eine in der Popularphilosophie allgemein verbreitete Utopie einer verlorenen, aber wieder herzustellenden heilen Urzeit wecken mußte. Der Gedanke an eine Welt ohne die Schranken des Privateigentums, in der allen „alles gemeinsam" sei, strahlte große Faszination aus. Bis in den Wortlaut erinnern Apg 2,44 und 4,32 an die sprichwörtliche Formulierung des Aristoteles (eth Nic 1168b) „gemeinsam ist der Besitz der Freunde". Ähnliches erzählte man sich bewundernd von fernen Völkern wie den barbarischen Skythen, unter denen das Ideal der vergangenen Urzeit noch nicht untergegangen sei: „In ihrer Lebensweise sind sie genügsam und nicht habgierig; untereinander haben sie gute Ordnung, da sie alles gemeinsam besitzen ..." (Strab 7,3,9). Und Seneca sah in der Aneignung von Privateigentum den Sündenfall, der Menschen und Welt verdarb und der durch die Moralpredigt der Philosophen überwunden werden müsse: „Denn die Menschen hörten auf, alles zu besitzen, als sie Privateigentum begehrten. Die ersten Menschen und ihre Nachkommen folgten dagegen noch unverdorben der Natur" (epist 90,3f.; vgl. auch Plat leg 5). Der jüdische Geschichtsschreiber Josephus schließlich stellt die radikale Gütergemeinschaft der Essener zumindest indirekt als Erfüllung dieses philosophischen Ideals dar (bell II 122).

Es spricht für das historische Verantwortungsbewußtsein des Lukas, daß er sich bei der Zeichnung dieses Idealbildes der christlichen Frühzeit große Zurückhaltung auferlegt. Er stellt nicht – was an sich von den popularphilosophischen Analogien her durchaus nahegelegen hätte – die urgemeindliche Gütergemeinschaft als straff organisierte und gesetzlich fixierte Eigentums- und Produktionsgemeinschaft dar. So ist der von E. Troeltsch geprägte Begriff „Liebeskommunismus" völlig fehl am Platz, denn er verdeckt die Tatsache, daß Lukas weder von einer Vergesellschaftung der Produktionsmittel noch von einer gemeinsamen Wirtschaftsführung, sondern lediglich von einem Verkauf des Eigentums der Begüterten zum Zweck des Unterhalts der Bedürftigen spricht: Was der Einzelne besaß, stellte er in selbstverständlicher Freiheit der Gemeinschaft zur Verfügung, so wie es gerade gebraucht wurde. Das Moment ungeplanter Spontaneität ist unüberhörbar.

Gerade in dieser Hinsicht besteht ein unüberbrückbarer Gegensatz zwischen dem hier gezeichneten Bild und der Gütergemeinschaft der Essener von Qumran. Diese war ein umfassendes lückenloses System kollektiver Wirtschaftsführung und Produktion auf der Grundlage des Prinzips radikaler persönlicher Eigentumslosigkeit. Wer in den Orden eintrat, mußte sein Vermögen dem Orden übereignen und ihm darüber hinaus seine Arbeitskraft zur Verfügung stellen (1QS I 11f.); gegen den Übertreter dieser Regel waren drastische Sanktionen vorgesehen (1QS VI 25). Durch gemeinsame Arbeit in Ackerbau und Handwerk wurden alle Bedürfnisse der Gemeinschaft gedeckt.

Daß hinter dem Idealbild des Lukas geschichtliche Wirklichkeit steckt, ist unübersehbar. Gewiß besteht ein Widerspruch zwischen den generalisierenden Aussagen der Summarien (2,44; 4,32) und den aus der Tradition entnommenen Einzelberichten von Barnabas (4,36f.) und Hananias (5,1–11), die erkennen lassen, daß keineswegs alle Gemeindeglieder ihre Habe verkauft haben. Doch dieser Widerspruch ist nicht total, sondern nur partiell. Denn nach 5,1ff. war der Verkauf des Grundstücks des Hananias zwar eine freiwillige, aber – wie aus ihrem institutionellen Rahmen deutlich wird – keineswegs eine außergewöhnliche Handlung. Ebensowenig weist die Erwähnung des Barnabas (4,36f.) auf einen einmaligen Sonderfall; sie dürfte eher ein aus biographischem Interesse (Barnabas war eine Schlüsselgestalt der Gemeinde von Antiochia!) überliefertes Beispiel sein.

Das historische Bild der Jerusalemer Gütergemeinschaft gewinnt klarere Konturen, sobald man erkennt, daß hinter ihr mehrere Faktoren standen:

1. *Die äußere Lage der Jerusalemer Christen.* Die galiläischen Jünger Jesu hatten nach Ostern ihre Heimat verlassen und waren nach Jerusalem gezogen. Als Fischer und Bauern waren sie dort ohne Erwerbsgrundlage. So lag es nahe, daß in Jerusalem ansässige Gemeindeglieder für ihren Lebensunterhalt mit aufkamen. Umgekehrt gaben die aus Galiläa Gekommenen durch das Zurücklassen ihres Besitzes den in Jerusalem Ansässigen ein Beispiel, das für deren Stellung zum Eigentum nicht ohne Wirkung bleiben konnte. Neue, ungewohnte Lebensverhältnisse forderten die Improvisation und erleichterten sie zugleich.

2. Äußerlich konnte man sich dabei an *Modelle der pharisäischen Armenfürsorge* anschließen. So wurde vermutlich in den Mahlversammlungen ähnlich wie in der Synagoge aufgrund von öffentlichen Gelöbnissen, die man vor der gesamten Gemeinde bekanntgab, Geld eingesammelt.

3. Ein wesentlicher Faktor war *die eschatologische Grundstimmung*, die allerdings bei Lukas, dem allgemeinen Charakter seines Werkes entsprechend, nicht zum Ausdruck kommt. Für Menschen, die nach der Erscheinung des Auferstandenen das baldige Kommen des Herrn erwarteten, blieben Fragen der wirtschaftlichen Vorsorge und Existenzsicherung ohne Gewicht. Man war ohne Bedenken bereit, die vorhandenen Mittel je nach Notlage für den Unterhalt der Bedürftigen einzusetzen: Denn konnte es eine bessere Verwendung für sie geben als mit ihnen die Zeit bis zur nahen Parusie zu überbrücken? Diese eschatologische Grundstimmung erklärt einerseits die Freiheit und Spontaneität des Gebens, andererseits das offenkundige Fehlen eines längerfristigen wirtschaftlichen Konzepts.

4. Den wichtigsten Faktor werden wir jedoch in *einem von der Jesustradition ausgehenden Impuls* zu suchen haben: Jesu Besitzverzicht, seine Kritik am Reichtum (Lk 6,24; 16,19–31; Mk 10,23ff.) und seine Warnung vor dem Sorgen (Mt 6,11. 25ff.) wirkten in der Urgemeinde weiter. Zwar hat Jesus nicht von allen seinen Anhängern, sondern nur von den in die unmittelbare Nachfolge und Dienstgemeinschaft für die Gottesherrschaft Berufenen totalen Besitzverzicht gefordert (Lk 9,3; 10,4), wie ihm denn überhaupt Züge der Askese und des Rigorismus fremd waren (Mt 11,19 par Lk 7,34), aber seine kritische Stellung zum Eigentum war für die frühe Christenheit unüberhörbar. Für Jesus ist das Eigentum eine Gefahr, weil es für den Menschen zum Mittel wird, um sich vor dem radikalen Anspruch Gottes und des Nächsten abzuschirmen (Mk 10,21f.). Wer dem Reichtum verfallen ist, steht im Bann einer Macht, die ihn Gott entfremdet (Lk 12,16–21), weil sie ihn dazu verleitet, die Welt für sich in Besitz zu nehmen, statt sie Gott und dem Nächsten zu lassen. Die Urgemeinde hat nicht nur die sorglos-freie Haltung Jesu dem Besitz gegenüber fortgesetzt, sie hat vielmehr versucht, in der Gütergemeinschaft eine Lebensform zu realisieren, in der die materiellen Dinge, weil sie als gute Gaben Gottes verstanden werden, zusammenführen und nicht trennen, nicht den Blick auf das eigene Ich verengen, sondern ihn für Gott und für den Nächsten öffnen.

Äußerlich geurteilt, ist dieses Experiment gescheitert. Bereits in 5,1–11 fallen die ersten Schatten auf das Bild der Urzeit, und sie sollen sich bald verstärken (6,1ff.). Es ergaben sich vielfältige Schwierigkeiten, die man allerdings nicht nur auf die wirtschaftliche Sorglosigkeit der Anfangszeit, sondern auch auf die besondere soziologische Zusammensetzung der Jerusalemer Gemeinde und die allgemeine Lage Palästinas (Hungersnöte; vgl. 11,28) zurückzuführen hat. Andere Gemeinden mußten mit Sammlungen für Jerusalem helfend einspringen. Trotz alledem hat offenbar die Jerusalemer Gemeinde ihr Selbstverständnis als die „Armen" (Gal 2,10; Röm 15,26) nie preisgegeben.

Wenn Lukas hier die Gütergemeinschaft trotzdem als Ideal darstellt, so gehört dies sicherlich zusammen mit der bei ihm durchweg zu beobachtenden Kritik am Reichtum (Lk 1,51ff.; 6,24; 16,13 u.ö.). Wie kein anderer Zeuge des Neuen Testaments betont er mit Nachdruck, daß die Frage: „Wie haltet ihr's mit Eigentum und Besitz?" eine von Jesus her der Kirche eingestiftete Frage ist, die sie nicht ungestraft beiseiteschieben darf.

9. *Zwei Beispiele zur Gütergemeinschaft 4,36–5,11*

[36] Josef aber, der von den Aposteln den Beinamen Barnabas erhalten hatte (das heißt übersetzt „Sohn des Trostes"), ein Levit, Zyprer von Geschlecht, [37] verkaufte einen Acker, den er besaß, und brachte das Geld und legte es zu den Füßen der Apostel nieder.

5 [1] Ein Mann aber namens Hananias mit seiner Frau Saphira verkaufte ein Grundstück [2] und legte mit dem Wissen seiner Frau einen Teil des Erlöses beiseite, brachte einen Teil davon und legte ihn den Aposteln zu Füßen. [3] Da sprach Petrus: „Hananias, warum hat der Satan dein Herz erfüllt, so daß du

den heiligen Geist belogen und von dem Erlös des Ackers etwas beiseitegelegt hast? ⁴Gehörte er nicht dir, wenn er unverkauft blieb, und unterstand er nicht auch verkauft deiner Verfügungsgewalt? Wie kommt es denn, daß du dir in deinem Herzen diese Sache vorgenommen hast? Du hast nicht Menschen, sondern Gott belogen." ⁵Als Hananias diese Worte hörte, fiel er um und gab den Geist auf. Und große Furcht kam über alle, die es hörten. ⁶Die jungen Männer aber standen auf, hüllten ihn ein, trugen ihn hinaus und begruben ihn. – ⁷Als etwa drei Stunden vergangen waren, kam seine Frau, ohne zu wissen, was vorgefallen war. ⁸Da sprach Petrus zu ihr: „Sage mir, habt ihr um soviel den Acker verkauft?" Sie sagte: „Ja, um soviel!" ⁹Petrus aber sprach zu ihr: „Wie kommt es, daß ihr euch zusammengetan habt, um den Geist des Herrn zu versuchen? Siehe, die Füße derer, die deinen Mann begraben haben, sind vor der Tür und werden auch dich hinausschaffen!" ¹⁰Da fiel sie auf der Stelle um zu seinen Füßen und gab den Geist auf. Als aber die jungen Männer hereinkamen, fanden sie sie tot, trugen sie hinaus und begruben sie bei ihrem Mann. ¹¹Und es kam große Furcht über die ganze Kirche und über alle, die das hörten.

A 36–37 Um das Bild von der Gütergemeinschaft zu belegen, fügt Lukas dem Summarium zwei Einzeltraditionen an, die sich in Form, Herkunft und Inhalt stark unterscheiden. Die erste (V. 36f.) ist eine biographische Einzelnotiz über Barnabas. Lukas hat sie seinem antiochenischen Material entnommen; sie dürfte wiedergeben, was man sich in der Gemeinde von Antiochia über die Vorgeschichte des Barnabas erzählte, der in den Anfangsjahren eine zentrale Gestalt dieser Gemeinde war, nämlich daß er bereits an dem bewunderten Experiment der Jerusalemer Gütergemeinschaft durch führende Initiative beteiligt gewesen sei.

5,1–11 Die zweite Tradition ist vermutlich Jerusalemer Herkunft. Es ist zwar möglich, daß Lukas sie in einer Reihe von Petrus-Erzählungen (wie 9,32–35; 9,36–43; 10,1–48; 12,3–17) vorgefunden hat, doch läßt sie sich aufgrund ihres Inhalts und ihrer Form nicht als Petrus-Legende klassifizieren. Zwar werden seine zentrale Stellung in der Gemeinde und sein wunderbares Wissen betont, aber letztlich haftet das Erzählinteresse nicht an ihm. Er ist lediglich das Werkzeug der strafenden und richtenden Macht des heiligen Geistes. Im Mittelpunkt steht eigentlich die Gemeinde: Ihre Ordnung ist verletzt, aus ihrer Mitte wird das sündige Ehepaar ausgetilgt, ihre Reaktion wird zweimal mit Betonung berichtet, und in diesem Zusammenhang erscheint auch – erstmals in der Apg – der Begriff *ekklēsia* („Kirche"; V. 11). Dieser Ausrichtung auf das Ganze der Gemeinde entspricht ein auf den modernen Leser geradezu provozierend wirkendes Desinteresse am individuellen Schicksal der Betroffenen. Wir erfahren weder etwas von der Möglichkeit einer Umkehr für Hananias, noch erhalten wir Antwort auf die Frage, wie er ohne Wissen und Benachrichtigung seiner Frau bestattet werden konnte. Die Erzählung will im Hörer bzw. Leser den gleichen heiligen Schrecken wecken, der die damalige Gemeinde angesichts jenes unheimlichen Vorgangs befiel (V. 5. 11). Auf dieses Ziel ist auch der Erzählungsablauf ausgerichtet. Scheidet man V. 4 als interpretierenden Zusatz des Lukas aus, so wird die strukturelle Geschlossenheit der ursprünglichen Erzählung vollends sichtbar. Einer kurzen Exposition (V. 1. 2a) schließen sich zwei ganz parallel aufgebaute Szenen an (V. 2b–6; 7–10), in denen jeweils auf ein in

Frageform gehaltenes Gerichtswort des Petrus (V. 3. 9) unmittelbar der Vollzug des Gerichtes folgt (V. 5 f. 10). V. 5 b und 11 schildern jeweils die Wirkung auf Augenzeugen und Gemeinde. Wenn sich im zweiten Teil die Vorgänge des ersten nahezu stereotyp wiederholen, so wird dadurch schon äußerlich der Eindruck eines übermächtigen, unentrinnbaren Geschehens erweckt. Am ehesten wird man demnach diese Geschichte als eine Legende klassifizieren können, die die Warnung und Mahnung enthält, den in der Kirche machtvoll waltenden Geist nicht durch Unwahrhaftigkeit zu betrügen. Man wird ihr den geschichtlichen Hintergrund nicht leichthin absprechen können, so unsicher er auch zu erfassen sein mag. Völlig abwegig ist die Vermutung, die Urgemeinde habe die ersten Todesfälle in ihrer Mitte, weil sie der Hoffnung auf die Wiederkunft Christi zu Lebzeiten aller Gemeindeglieder zu widersprechen schien, auf diese fragwürdige Weise zu erklären gesucht. Eher wird man hier die Erinnerung an einen tatsächlichen Fall von Exkommunikation von Gemeindegliedern, die sich gegen die Ordnung der Gemeinschaft vergangen hatten, vermuten dürfen (vgl. 1. Kor 5,5). Die Steigerung des Vorgangs zum Gottesurteil mit Todesfolge entspräche den Gesetzmäßigkeiten volkstümlicher Überlieferung.

Barnabas, eine im weiteren Fortgang des Buches zu großer Bedeutung aufrückende Gestalt (11,22. 25 f.; 13,1 ff.), wird hier erstmalig erwähnt. Wie viele andere Diasporajuden ist der von der Insel Zypern stammende Levit zumindest zeitweilig in Jerusalem ansässig, wo er auch ein Grundstück besitzt. Kaum lösbare Probleme gibt allerdings die Erklärung seines Namens auf: „Barnabas" sei ein von den Aposteln verliehener Beiname mit der Bedeutung „Sohn des Trostes". Nun gibt es in der Tat mehrere Beispiele für von Jesus bzw. der Urgemeinde verliehene besondere Funktionsnamen, wie Kefas/Petrus, Donnersöhne (Mk 3, 16 f.). Jedoch ist die Ableitung „Sohn des Trostes" sprachlich völlig unmöglich; in Frage käme hingegen eine Ableitung von *bar n^ebua* (hebr.) = „Sohn der Prophetie". Oder sollte es sich um gar keinen Beinamen, sondern ganz einfach um den heidnischen theophoren Namen Bar-Nebo = Sohn des Nebo gehandelt haben? Doch daß ein Levit diesen Namen getragen hätte, ist unmöglich. So ergibt sich die Alternative: Entweder war „Barnabas" der ursprüngliche Name, dann ist die Herkunft aus dem Stamm Levi ungeschichtlich und eine Erfindung des Lukas, hinter der das Interesse steht, den Anteil jüdischer Priester (6,7) an der Urgemeinde zu betonen. Oder „Barnabas" war tatsächlich Beiname, dann ist jedoch die von Lukas gegebene Ableitung falsch. Nicht zuletzt die in 13, 1 durchschimmernde Verbindung des Barnabas mit urchristlicher Prophetie spricht für die zweite Möglichkeit. So ist es gut denkbar, daß Lukas bei der Namenserklärung eine Verwechslung mit dem in seiner antiochenischen Liste (13,1 ff.) erwähnten Manaem (aram. Menachem = „der Tröster") unterlaufen ist. Die Wendung „niederlegen zu den Füßen der Apostel" entstammt der Sprache des Rechts. Das Geld wird bei den Aposteln als der dafür autorisierten Instanz abgeliefert. Die spätere Vorstellung eines erhöhten Sitzes, einer cathedra Petri und der Apostel, wird man hier noch nicht eintragen dürfen.

Das Ehepaar Hananias und Saphira will den großen Eindruck, den Barnabas durch seine Tat gemacht hat, wiederholen und verkauft darum ebenfalls ein Grundstück, behält aber insgeheim etwas von dem Erlös zurück. Das übrige Geld bringt Hananias unter der falschen Vorspiegelung, es sei das ganze, in die Gemeindever-

sammlung, um es vor den Augen aller den Aposteln – sie sind als im Mittelpunkt
3 sitzend gedacht – abzuliefern. Petrus, hier wieder der Sprecher der Apostel, hat die
Fähigkeit des Charismatikers, Menschen zu durchschauen (vgl. 4,8; 15,7); er sagt
Hananias sein Vergehen auf den Kopf zu. In seinem ersten Satz verbinden sich
rhetorische Frage und richterliche Feststellung des wahren Sachverhaltes. Hananias
hat, indem er insgeheim etwas von dem Erlös beiseitelegte, den in der Gemeinde
und den Aposteln gegenwärtigen Heiligen Geist belogen; er hat sich, indem er das
tat, dem Satan als Werkzeug bei dessen Kampf gegen die Gemeinde Gottes zur
Verfügung gestellt. Wenn das Vergehen des Hananias nicht anders als der Verrat
des Judas (Lk 22,3; Joh 13,2. 27) auf den Satan als das in ihm handelnde Subjekt
zurückgeführt wird, dann hat das nicht den Sinn einer Entlastung, sondern einer
Enthüllung der transpersonalen Hintergründe des Geschehens: Hananias hat sich
4 dem Widersacher Gottes zur Verfügung gestellt. In Form rhetorischer Fragen sind
auch die weiteren anklagenden Worte des Petrus gehalten. Durch dieses stilistische
Mittel soll die Rätselhaftigkeit des Vergehens unterstrichen werden. Niemand hätte
Hananias zur Ablieferung des gesamten Betrages genötigt; er war frei in seiner
Verfügung über den Acker wie über dessen Erlös. Sein Vergehen liegt allein in
seiner Heuchelei. Er hat – so das Fazit des Petrus – nicht Menschen, sondern Gott
belogen. Damit ist nicht nur die Anklage formuliert, sondern zugleich die für das
5 Urteil zuständige Instanz angerufen. Diese schaltet sich auf der Stelle ein: Gott
selbst vollstreckt das Urteil, indem er Hananias tot umfallen läßt. Numinoser
Schrecken bemächtigt sich der Anwesenden. (Sie, nicht, wie V.11, die weitere
6 Öffentlichkeit sind mit „denen, die es hörten" gemeint.) Betroffenes Schweigen
liegt über dem unheimlichen Abschluß der Szene: Fast als hätten sie sich schon
dafür bereitgehalten, treten die jungen Männer der Gemeinde vor, um den Leichnam wegzuschaffen. In wortloser Eile machen sie sich an das Begräbnis des Frevlers. Daß mit den „Jünglingen" bzw. den „Jüngeren" *(neōteroi)* Träger eines
gemeindlichen Amtes gemeint sein sollten, ist ganz unwahrscheinlich. Es handelt
sich um eine Altersbezeichnung (vgl. 2. Makk 5,22; 1.Tim 5,1; Tit 2,6).

7 Mit dem Eintreten der nichtsahnenden Frau des Hananias in den Versammlungsraum setzt die mit der gleichen unaufhaltsamen Konsequenz ablaufende zweite
Szene ein. Psychologisierende Fragen sind hier nicht am Platz. Darüber, wie es
möglich war, daß Saphira so lange ohne Kunde vom Tod ihres Gatten bleiben
konnte, reflektiert die Erzählung ebensowenig wie über die zeitliche Dauer der
Gemeindeversammlung. Sie will den Eindruck erwecken, als finde Saphira Apostel
und Gemeinde noch im Banne der gleichen lastenden Situation vor, die durch
8 den Tod des Hananias ausgelöst worden war. Diesem lapidaren Stil entspricht es,
daß Petrus, indem er das Wort an Saphira richtet, keine Erklärung des bisher Vorgefallenen gibt, sondern gleich zur Sache kommt. Und zwar will er ihr nicht eine
letzte Chance zum Eingestehen der Wahrheit und damit zur Umkehr geben; seine
im Stil eines richterlichen Verhörs gehaltene Frage soll einzig den noch ausstehenden Nachweis ihrer Mitschuld erbringen: Sie soll ihm sagen, ob sie und ihr Mann
tatsächlich das Grundstück „für soviel" verkauft haben, d.h. für den Betrag, der,

für alle sichtbar, noch unberührt an der Stelle liegt, wo ihn Hananias hingelegt hat. Mit ihrem „Ja" macht sich Saphira ausdrücklich den Betrug ihres Gatten zu eigen, und so nimmt erneut das Verhängnis seinen Lauf. Wieder in der Form der rhetorischen Frage spricht Petrus seine Anklage aus: Saphira und ihr Mann haben mit ihrer Lüge „den Geist des Herrn versucht", sie haben Gott selbst, der alles erforscht (1.Kor 2,10) herausgefordert, ob er den Betrug merken werde (1.Kor 10,9; Hebr 3,8f.). Wieder schließt sich ein Gerichtswort an, diesmal in der Form vollmächtiger Ansage dessen, was gleich geschehen wird. Erst jetzt erfährt Saphira das Schicksal ihres Mannes, aber der Erzählung liegt es fern, ihren Tod etwa auf den durch diese Schreckensnachricht ausgelösten Schock zurückzuführen. Vielmehr ist es wiederum Gott selbst, der das Gericht vollzieht. In geradezu mechanischer Präzision wickelt sich nun das weitere Geschehen ab. Saphira fällt tot zu Boden, und, wie von Petrus angekündigt, betreten im gleichen Augenblick die lemurenhaften Jünglinge, von der Bestattung des Hananias zurückgekehrt, wieder den Raum. Ohne ein Wort, das die lastende Stille durchbräche, machen sie sich wieder ans Werk, um das zweite Opfer des Gottesgerichtes zu bestatten. Der Hinweis auf die Reaktion der Gemeinde ist hier mehr als nur ein stilgemäßer Abschluß, der dem üblichen „Chorschluß" von Wundergeschichten entspräche (3,10), er markiert nochmals (vgl. V.5b) die Zielrichtung der Erzählung. Die Gemeinde und alle in ihrem Umkreis werden von Furcht erfüllt angesichts der unmittelbaren Gegenwart und Wirksamkeit des Geistes in der Kirche. Sie sollen sich warnen lassen, nicht ihrerseits diesen Geist zu versuchen. Der Begriff *ekklēsia*, der hier erstmals in der Apostelgeschichte erscheint, dürfte in der Tat schon sehr früh zur Selbstbezeichnung der Jerusalemer Jesusjünger geworden sein, in der sich ihr Selbstverständnis als endzeitliche Heilsgemeinde niederschlug.

Man hat in dieser Erzählung oft Entsprechungen zu der von Achans Diebstahl (Jos 7,16–26) aufweisen wollen. Das ist insofern berechtigt, als es hier wie dort um die Wiederherstellung der Reinheit und Heiligkeit der Gemeinde durch rigorose Sanktionen gegen einzelne Glieder geht, die sich frevelhaft an ihr vergangen haben. Trotzdem bestehen Unterschiede: Achan hat sich an dem Gott geweihten Beutegut vergriffen und muß deshalb von seinen Volksgenossen getötet werden; der Frevel des Hananias und seiner Frau liegt jedoch nicht in der widerrechtlichen Aneignung von Gott gehörendem Gut, sondern in der Differenz zwischen ihrem Anspruch und ihrem Verhalten, d.h. in ihrer Heuchelei! Vollends auf einer anderen Ebene liegen die in der Disziplinarordnung von Qumran vorgesehenen Strafmaßnahmen gegen „den Mann, der bezüglich des Eigentums falsche Angaben macht" (1QS VI 24f.), d.h. der beim Eintritt in die Sekte Teile seines Eigentums heimlich zurückbehält; denn was dort bestraft werden soll, ist der Versuch, sich der radikalen Forderung auf Eigentumsverzicht zu entziehen. In unserer Geschichte spiegelt sich eine elementare Erfahrung der frühen Kirche, die ihr, gerade weil sie sich als die unter der Führung des Geistes stehende endzeitliche Heilsgemeinde verstand, um so schwerer zu schaffen machen mußte: daß es nämlich in ihren Reihen Glieder gab, die sich nur äußerlich und um ihres Status in der Gemeinschaft willen den Gemeinschaftsnormen unterwarfen, aber zu einer ungeteilten inneren Hingabe nicht bereit waren.

Mit dieser Feststellung ist nun freilich die theologische Problematik keineswegs entschärft. Es sind vor allem zwei Punkte, die zu kritischen Bedenken Anlaß geben. 1. Hier klingt ein Rigorismus auf, der mit dem Geist Jesu kaum vereinbar ist und der darum auch in der weiteren Entwicklung urchristlicher Kirchenzucht nicht Schule machte. Auch da, wo Kirchenzucht unumgänglich sein sollte, darf sie über dem Interesse an der Gemeinschaft, die es zu schützen gilt, die suchende Liebe gegenüber dem Verirrten nicht vergessen (Mt 18,10–17). Sie muß Raum zur Umkehr, Versöhnung und Rettung gewähren (das gilt selbst von 1.Kor 5,3ff.). – 2. Mit dem implizierten Anspruch, die Kirche könne und müsse bereits jetzt auf Erden die von Sündern freie perfekte Heilsgemeinde sein, wird die spannungsvolle Situation der Kirche in der gegenwärtigen Weltzeit verkannt. Hier haben Paulus (1.Kor 10,13) und vor allem Matthäus theologisch klarer gesehen: Die Kirche kann nicht in ihrem gegenwärtigen Sein die perfekte Heilsgemeinde des Eschaton vorwegnehmen. Sie muß mit Sünde und Heuchelei weiterleben und die Scheidung des „Unkrauts" vom „Weizen" dem zukünftigen Gericht Gottes überlassen (Mt 13,37–43).

10. Das innere Leben der Jerusalemer Urgemeinde (3. Summarium) 5,12–16

12 Durch die Hände der Apostel geschahen aber viele Zeichen und Wunder im Volk. Und sie waren alle einmütig in der Halle Salomos. 13 Von den übrigen aber wagte niemand, ihnen zu nahe zu treten, doch rühmte sie das Volk. 14 Noch mehr aber wurden solche hinzugefügt, die an den Herrn glaubten, Massen von Männern und Frauen, 15 so daß man sogar die Kranken auf die Straßen trug und sie auf Betten und Tragbahren legte, damit, wenn Petrus vorüberging, wenigstens sein Schatten auf den einen oder anderen fiele. 16 Ja, es strömte sogar die Menge aus den Städten im Umkreis von Jerusalem herbei, und sie brachten Kranke und von unreinen Geistern Geplagte, und alle wurden geheilt.

A 12–16 Auch dieser dritte Sammelbericht hat, wie schon die vorhergegangenen (2,42–47; 4,32–35), zusammenfassende, gliedernde und verbindende Funktion. Lukas entwirft hier ein abschließendes Gesamtbild der Situation der Jerusalemer Urgemeinde in ihrer Ursprungszeit, mit dem er den Leser aus dem ersten Hauptteil seines Buches entlassen will. Zugleich schafft er durch das Summarium einen Übergang zwischen den inhaltlich sehr weit auseinanderliegenden Erzählungen 5,1–11 und 5,17–42.

Wieder hat Lukas bei seiner Gestaltung im wesentlichen auf die in dem Traditionsstück 2,42f. enthaltenen Motive zurückgegriffen. Im Vordergrund steht das Motiv der Wundertätigkeit der Apostel und der durch sie beim Volk hervorgerufenen Furcht (vgl. 2,43). Mit ihm verbinden sich als weitere Motive das einmütige Zusammensein der Gemeinde (vgl. 2,46) und die Lehre der Apostel mit ihrer machtvollen Wirkung (vgl. 4,33). Schwierigkeiten scheint nun freilich auf den ersten Blick der erzählerische Duktus des Ganzen zu machen: Die mit V.12a einsetzende Schilderung der Wunder der Apostel wird durch V.12b–14 unterbrochen und erst in V. 15 wieder aufgenommen. Dabei ist der Anschluß von V. 15 an V. 14 völlig unvermittelt. Eine weitere Unstimmigkeit glaubte man vielfach zwischen V. 13 a und V. 14 feststellen zu müssen: Denn der Hinweis auf die Distanz, die das Volk zu der Gemeinde hielt, scheint schlecht zu der Bemerkung über das Hinzukommen vieler Männer und Frauen zu ihr zu passen. Viele Forscher haben sich bemüht, diese angebliche Unordnung des Textes mit literarkritischen Mitteln zu beseitigen, sei es, indem sie V. 12 b–14 als störende Zutat eines späteren Redaktors ausschieden (F. Spitta, P. Benoit), indem sie V. 15 f. als unachtsame Anfügung des Lukas an die ihm in V. 12–14 vorgegebene Tradition verstehen wollten (J. Jeremias), oder indem sie durch Umstellung die angeblich gestörte ursprüngliche Textanordnung (12 a. 15–16. 12 b–14) wiederherstellen wollten. Aber zu solchen Operationen besteht kein Anlaß. Das scheinbar unvermittelte Nebeneinander der verschiedenen Motive läßt sich hinreichend von der literarischen Funktion des Abschnitts her erklären. Lukas will einerseits im Blick auf die folgende zweite Verhandlung vor dem Synedrium (V. 17–42) die unangefochtene, respektierte Stellung der Gemeinde in der Jerusalemer Öffentlichkeit herausstellen; dazu bot sich als Begründung das Motiv der Apostelwunder und ihrer Wirkung auf die Öffentlichkeit (2,43) an. Er will aber andererseits die unmittelbar vorher (V. 11) berichtete Wirkung der Hananias-Saphira-Episode auf die Öffentlichkeit aufnehmen und damit verbinden; das geschieht, indem er in V. 13 die Haltung der Bevölkerung zur Gemeinde als fromme Scheu kennzeichnet, die jedoch für den staunenden Lobpreis offen ist. Lukas will und kann aber, wiederum im Blick auf das Folgende, dieses letzte Summarium nicht ohne einen Hinweis auf das Wachstum der Gemeinde lassen, und er bringt ihn folgerichtig im Anschluß an die Bemerkung über das Verhalten der Öffentlichkeit zur Gemeinde ein (V. 14). Ihn erst auf die Schilderung der Wundertätigkeit des Petrus (V. 15 f.) folgen zu lassen, verbot sich für Lukas aus theologischen Gründen. So wichtig ihm die Apostelwunder als die Wirksamkeit des Geistes in der Gemeinde sichtbar erweisende Zeichen sind und so sehr er betont, daß sie Staunen, ja Respekt in der Umwelt auslösen, so wenig kann er sie als unmittelbar zum Glauben überführende Fakten gelten lassen. Was Glauben schafft, ist allein das Wort der Verkündigung. Wenn die Tradition über die Petruswunder so erst im Anschluß an den Bericht über das Gemeindewachstum wiedergegeben wird, so wird damit nicht zuletzt ein theologisches Gefälle markiert.

Lukas liegt an der Verallgemeinerung: er will die aus der Überlieferung übernommenen Petruswunder (3, 1–10; 5, 15 f.) als Beispiele für das, was alle Apostel zu tun vermochten, verstanden wissen. Die Wendung „durch die Hände der Apostel" imitiert alttestamentliche Sprache (z. B. 1. Kön 2, 25; Ez 38, 17; Jer 37, 2), in der das Wort „Hand" in Verbindung mit einer Präposition seinen spezifischen Sinn verliert und nur noch zur Verstärkung der Präposition dient. Der Sinn ist „durch die Apostel"; an Heilung wirkende Gesten darf man hier nicht denken. Auf alle Fälle gelten die Apostel nur als die ausführenden Werkzeuge des Wunder wirkenden Namens Jesu (s. zu 3, 12). Der folgende Satz bringt die gesamte Gemeinde mit in das Bild: „alle" ihre Glieder sind täglich in der Halle Salomos (s. zu 3, 11) zu finden, und die Einmütigkeit, in der sie sich um die – dort wohl als verkündigend in der Kp 3 beschriebenen Weise gedachten – Apostel scharen, verfehlt ihren Eindruck nicht

B 12

13 auf die Außenstehenden. Darüber hinaus haben die Zeichen der Apostel und das von Petrus ausgelöste erschreckende Strafwunder innerhalb der Gemeinde, von dem man überall gehört hat (5,11), eine Zone heiliger Scheu um die Gemeinde gelegt; keiner der „Außenstehenden" – sie sind mit den „übrigen" gemeint (vgl. Lk 8,10) – wagt es mehr, die Versammlungen im Tempel zu stören und den Gläubigen „zu nahe zu treten" (so ist hier das Vb. *kollasthai* zu übersetzen; seine häufigere Bedeutung „sich anschließen" [z.B. 9,26; 10,28; 17,34] kommt hier nicht in Frage. Lukas will, wie die Fortsetzung zeigt, gerade nicht sagen, daß niemand sich der Gemeinde anzuschließen wagte). Diese Distanz ist frei von aller Feindseligkeit: Das Volk erkennt, daß Gott durch die Gemeinde Großes tut und preist sie darum.

14 Ehe wir von diesen großen Taten und ihrer Öffentlichkeitswirkung weiteres erfahren, berichtet uns eine Zwischenbemerkung, daß sich das bisherige erstaunliche Wachstum in gesteigertem Maße fortgesetzt habe. Die Gemeinde wird nicht nur in ihrem status quo respektiert und mit heiliger Scheu umgeben, die Predigt der Apo-
15 stel gewinnt ihr vielmehr immer neue Glieder hinzu. Mit dem etwas ungefügen „so daß" wird der Faden von V. 13 wieder aufgenommen: So groß ist der Eindruck, der von der Gemeinde ausgeht, daß man von Petrus, ihrem Leiter, unbegrenzte Fähigkeit des Helfens und Heilens erwartet. Es bedarf nicht einmal, wie bei andern Wundertätern, der unmittelbaren Berührung bzw. des direkten heilkräftigen Wortes; bereits sein Schatten vermag die von ihm ausgehenden heilenden Kräfte zu übertragen. Der Apostel wird hier (wie zuweilen auch Jesus: Mk 5,30ff.; 6,56) als antiker Gottesmann verstanden, der mit übernatürlicher göttlicher Kraft physisch erfüllt ist und diese auf seine Umgebung ausstrahlen läßt. Der Schatten galt im antiken Heidentum als Abbild und Lebensträger seines Besitzers. Eine Kritik an dem Apostelbild der hier verwendeten Tradition lag nicht im Sinn des Lukas. Er will nicht andeuten, daß Petrus die auf ihn gerichteten magischen Erwartungen abgewiesen hätte; im Gegenteil: er setzt ihre Erfüllung als selbstverständlich voraus. (Insofern trifft die etwas pedantische Ergänzung des westlichen Textes: „Sie wurden nämlich von jeder Krankheit, die ein jeder von ihnen hatte, geheilt", durchaus seine Intention). Für Lukas als antiken Christen ist die Wunderkraft des Petrus sinnfälliger Erweis dafür, daß durch das endzeitliche Heilsgeschehen die konkrete Negativität
16 menschlichen Daseins überwunden wird. Die Wirkung der Wunder strahlt über die Grenzen Jerusalems hinaus. Sogar aus den umliegenden Ortschaften werden die Heilungssuchenden herangebracht. Diese unaufhaltsame Zunahme der Öffentlichkeitsgeltung der Christen begründet die folgende Aktion der Sadduzäer.

11. Die Tolerierung der Gemeinde durch das Synedrium 5,17–42

[17]Es erhob sich aber der Hohepriester und sein ganzer Anhang, nämlich die Partei der Sadduzäer; sie waren voller Eifersucht [18]und legten Hand an die Apostel und warfen sie ins Staatsgefängnis. [19]Ein Engel des Herrn aber öffnete des nachts die Türen des Gefängnisses, führte sie hinaus und sprach: [20]„Geht, tretet im Tempel auf und sagt dem Volk alle Worte dieses Lebens!" [21]Als sie das hörten, gingen sie um das Morgengrauen in den Tempel und lehrten. (Wäh-

renddessen) fand sich der Hohepriester mit seinem ganzen Anhang ein, und man berief das Synedrium sowie die ganze Ältestenschaft der Kinder Israel ein, und man sandte in das Gefängnis, um sie vorzuführen. ²²Als aber die Diener hinkamen, da fanden sie sie nicht im Gefängnis. ²³Sie kehrten aber zurück und erstatteten Meldung: „Wir fanden das Gefängnis sicher verschlossen und die Wachen vor den Türen postiert, als wir aber öffneten, fanden wir drinnen niemanden!" ²⁴Als der Tempelhauptmann und die Hohenpriester diese Worte hörten, waren sie ihretwegen ratlos, was das wohl bedeuten sollte. ²⁵Da kam jemand und meldete ihnen: „Siehe, die Männer, die ihr ins Gefängnis geworfen habt, stehen im Tempel und lehren das Volk!" ²⁶Darauf ging der Tempelhauptmann mit den Dienern hin und holte sie, nicht mit Gewalt, denn sie fürchteten sich vor dem Volk, sie könnten gesteinigt werden. ²⁷Sie führten sie also vor und stellten sie vor das Synedrium. Und es befragte sie der Hohepriester ²⁸und sprach: „Wir haben euch strikte Weisung gegeben, nicht in diesem Namen zu lehren, – und siehe, ihr habt ganz Jerusalem mit eurer Lehre erfüllt und wollt über uns das Blut dieses Menschen bringen!" ²⁹Da antworteten Petrus und die Apostel und sprachen: „Man muß Gott mehr gehorchen als Menschen. ³⁰Der Gott unserer Väter hat Jesus auferweckt, den ihr umgebracht habt, indem ihr ihn ans Holz hängtet. ³¹Diesen hat Gott zum Fürsten und Retter erhöht zu seiner Rechten, um Israel Umkehr und Vergebung der Sünden zu schenken. ³²Und wir sind Zeugen dieser Vorgänge und der heilige Geist, den Gott denen verliehen hat, die ihm gehorchen."

³³Als sie das hörten, ergrimmten sie und wollten sie töten. ³⁴Da erhob sich im Synedrium ein Pharisäer namens Gamaliel, ein beim ganzen Volk angesehener Gesetzeslehrer, hieß die Leute für kurze Zeit hinausführen ³⁵und sprach zu ihnen (den Ratsmitgliedern): „Ihr Israeliten, seht euch bei diesen Leuten vor, was ihr tun wollt! ³⁶Denn vor diesen Tagen stand Theudas auf und behauptete, etwas (besonderes) zu sein, dem hingen etwa 400 Männer an. Er wurde getötet, und alle, die ihm folgten, wurden versprengt und zunichte. ³⁷Nach ihm stand Judas der Galiläer auf in den Tagen der Volkszählung, der brachte auch eine Menge Volks zum Aufruhr hinter sich. Auch er ist umgekommen, und alle, die ihm folgten, wurden zerstreut. ³⁸Und nun sage ich euch: Laßt die Hände von diesen Leuten und laßt sie gehen! Denn wenn dieses Vorhaben oder Unternehmen von Menschen sein sollte, wird es zunichte werden; ³⁹ist es jedoch von Gott, so werdet ihr sie nicht zunichte machen können, wenn ihr nicht als Kämpfer gegen Gott dastehen wollt!" Sie ließen sich von ihm überreden ⁴⁰und riefen die Apostel herein, ließen sie geißeln, befahlen ihnen, nicht unter Nennung des Namens Jesu zu reden und ließen sie frei. ⁴¹Sie aber gingen vom Angesicht des Synedriums weg voller Freude darüber, daß sie gewürdigt worden waren, für den Namen (Jesu) Schmach zu leiden. ⁴²Tag für Tag lehrten sie unermüdlich im Tempel und in den einzelnen Häusern und verkündigten den Messias Jesus.

Auf den ersten Blick scheint dieser Abschnitt kaum Neues zu bringen. Weithin wiederholen sich in ihm die Situationen und Aussagen, die uns bereits aus der ersten Verhörszene der Apostel vor dem Synedrium (4, 5–22) bekannt sind. So entspricht die Inhaftierung der Apostel über Nacht 4, 1–3; im Verhalten des Gerichtes wiederholt sich 4, 15–18.21; die Verteidigung des Petrus nimmt die Motive von

A
17–42

4,10–12. 19f. wieder auf, und das abschließende Ergebnis – die Apostel werden mit einer Drohung und Verwarnung freigelassen und setzen ihre Verkündigung fort – gleicht 4,21.31. Manche Ausleger (A. Harnack, H. H. Wendt, B. Reicke) wollten diese Doppelung damit erklären, daß Lukas zwei ursprünglich vom gleichen Ereignis handelnde Quellenstücke hintereinandergestellt habe in der irrtümlichen Meinung, es handle sich um zwei verschiedene Ereignisse. Doch spricht alles gegen die Verwendung ausführlicher schriftlicher Quellenstücke im ersten Teil der Apg. – Kaum erfolgreicher war andererseits der Versuch, die Historizität der Szene durch den Hinweis auf das pharisäisch-rabbinische Strafrecht zu retten (J. Jeremias): Es habe sich in 4,17 ff. um die offizielle Verwarnung gehandelt, die bei nicht gesetzeskundigen Angeklagten rechtlich gefordert war; erst in Kp 5 folge die rechtskräftige Verurteilung zur Geißelungsstrafe. Abgesehen davon, daß in 4,17 der Grund für die Verwarnung nicht die mangelnde Gesetzeskenntnis der Angeklagten, sondern die offenkundige Unsicherheit der Richter ist, wird man aus 5,40 keineswegs eine rechtskräftige Verurteilung herauslesen dürfen; vielmehr handelt es sich auch hier am Ende des zweiten Verhandlungsberichtes wohl nur um eine durch die Geißelung verschärfte Verwarnung und Einschüchterung, zumal keines der sonst mit Geißelung geahndeten Vergehen vorliegt (Bill III 527 ff.).

Lukas dürfte die Szene weitgehend frei gestaltet haben. Die Wiederholungen und Motivdoppelungen sind – wie so oft bei ihm – bewußt eingesetzte erzählerische Mittel, die dem Leser das für bestimmte Situationen und Konstellationen Charakteristische plastisch vor Augen führen sollen. Und zwar liefern sie hier den Bezugsrahmen und Hintergrund für die Gamaliel-Rede. Diese ist nämlich nicht nur das einzige wirklich neue Element in dieser zweiten Verhandlungsszene, sondern darüber hinaus auch ihre Mitte, ja es scheint sogar, als sei sie als der Zielpunkt des gesamten ersten Hauptteils konzipiert. Der Leser soll als Fazit dieses Hauptteils mitnehmen, daß die jüdischen Oberen die Freiheit der Verkündigung des Evangeliums durch die Jerusalemer Gemeinde in ihrer Anfangszeit nicht zu unterdrücken vermochten, und er soll aus dem Munde Gamaliels, des angesehenen pharisäischen Gesetzeslehrers, selbst den Grund dafür erfahren: Wenn eine Bewegung von Gott ist, dann läßt sie sich nicht durch Menschen eindämmen (V. 39). Der erzählerische Rahmen soll nun aber dem Leser deutlich machen, daß die Urgemeinde in der Tat dieses von Gamaliel genannte Kriterium erfüllt: Auch wiederholte Einkerkerungen, Einschüchterungsversuche und Drohungen können die Apostel nicht von der ihnen von Gott gewiesenen Aufgabe abbringen. Wie wenig Menschen gegen sie vermögen, wird vor allem anhand der Befreiung aus dem Gefängnis (V. 19 ff.) veranschaulicht: Trotz aller Sicherheitsvorkehrungen stehen die Apostel am folgenden Morgen wieder an dem Ort, der ihnen von Gott gewiesen ist – im Tempel – und erfüllen die Aufgabe, die ihnen gesetzt ist: sie lehren das Volk (V. 25).

Ganz ohne Traditionsbasis wird Lukas jedoch auch diese Erzählung nicht geschaffen haben. Wenigstens indirekt könnte die Gefangenenbefreiung (V. 19–26) auf eine Tradition zurückgehen. Einige wörtliche Anklänge lassen vermuten, daß Lukas hier den ihm aus dem Kreis der Petrustraditionen bekannten Bericht von der wunderbaren Befreiung des Petrus aus dem Gefängnis (12,4–10) frei variiert hat. Auch die Gamalielrede dürfte schwerlich ohne Traditionsbenutzung zustandegekommen sein. Sie trägt zwar in ihrer vorliegenden Form alle Merkmale einer von Lukas komponierten Rede; es ist jedoch kaum denkbar und widerspräche dem, was wir sonst durchweg feststellen können, daß er eine hinsichtlich ihrer Stellung im Kontext und ihres Inhalts so exponierte Rede ohne jeden Anhalt in der Überlieferung geschaffen haben sollte. Zumindest ist anzunehmen, daß in der Jerusalemer Gemeinde eine Stellungnahme des angesehenen Pharisäers Gamaliel, die zur Duldung der Christen riet, tradiert und in den Auseinandersetzungen mit jüdischen Gegnern als positives Zeugnis einer bekannten jüdischen Autorität angeführt worden ist. Konkret wird man dabei an V. 38 f. zu denken haben. Gamaliel der Ältere war zwischen 25 und 50 n. Chr. eine der führenden Gestalten des pharisäischen Judentums. Als Enkel des berühmten Rabbi Hillel vertrat er wie jener eine liberale, dem Geist der Toleranz und Humanität verpflichtete Gesetzesfrömmigkeit. Als erster trug er den Ehrentitel „Rabban" (= „unser Meister") anstelle des üblichen „Rabbi". Diesem seinem Bild, wie es die Mischna überliefert (vgl. Bill II 636 ff.), fügt sich sein Ratschlag organisch ein. Es entspricht dem Geist jenes liberalen Pharisäismus, aus Scheu gegenüber der Geschichtshoheit Gottes vor einem vorschnellen Vorgehen gegen eine als häretisch erkannte Gruppe zu warnen; im gleichen Sinne lehnte der mittlere Flügel der Pharisäer den gewaltsamen Widerstand der Zeloten gegen Rom ab.

Überhaupt darf man daraus, daß die Evangelien die Pharisäer als die sterotypen Gegner Jesu darstellen, nicht folgern, daß die gleiche Gegnerschaft auch der Urgemeinde gegolten hätte. Entschlossene Gegner der Jesusjünger waren von Anfang an die Glieder des sadduzäischen Priesteradels, und zwar nicht nur – wie Lukas es darstellt – wegen der Auferstehungsverkündigung, sondern weil sie in ihrem politischen Zweckmäßigkeitsdenken jede die bestehende Ordnung gefährdende Gruppierung ablehnen mußten. Die Haltung der Pharisäer zur Gemeinde war jedoch, solange diese das Gesetz beachtete, grundsätzlich tolerant, wobei es im Einzelfall sogar zu weitergehender Annäherung kommen konnte; so gab es nach 15,5 (vgl. 21,20) Christen, die ihre Zugehörigkeit zu den Pharisäern aufrecht erhielten, auch der Herrenbruder Jakobus scheint – obwohl selbst nicht mehr Pharisäer – um eine gewisse Verbindung zu ihnen bemüht gewesen zu sein. Seine von einem sadduzäischen Hohenpriester veranlaßte Ermordung wurde von den Pharisäern und dem ihnen anhängenden Volk scharf verurteilt (Jos ant XX 200).

Eine offene Frage ist allerdings, ob die Stellungnahme Gamaliels von Lukas zeitlich richtig eingeordnet worden ist. Denn die Möglichkeit besteht, daß sie in Wirklichkeit erst einer späteren Zeit entstammt, in der die Auseinandersetzung um das Verhältnis zwischen Judentum und Gemeinde in ein akuteres Stadium getreten war. Man wird dabei vor allem an die Situation der Agrippa-Verfolgung um 43 (vgl. 12,1f.) denken können. Von der Frage der Datierung ist das Problem der beiden in der Gamaliel-Rede enthaltenen geschichtlichen Beispiele (V. 36 f.) zu trennen.

Der Erzählungsanfang ist stark schematisch. Es handelt sich ja um eine dem Leser bereits bekannte Konstellation (vgl. zu 4,1ff.), deren einzelne Kräfte hier nicht erneut vorgestellt werden müssen: Der Hohepriester (nach 4,6 Kajafas) und sein sadduzäischer Anhang schreiten erneut gegen „die Apostel" ein. Grund dafür ist die große Öffentlichkeitswirkung der vorher (V. 12–16) dargestellten Taten

B 17

der Apostel. Das von uns mit „Partei" übersetzte Wort *(hairesis)* kennzeichnet die Sadduzäer wie später die Pharisäer (15,5) und auch die Christen (24,5. 14; 26,5; 28,22) als religiöse Interessengruppe innerhalb des Judentums. Den Beiklang des „Häretischen" gewinnt der Begriff erst im kirchlichen Sprachgebrauch vom

18 3. Jh. an. Wie in 4,3 werden die Apostel verhaftet, diesmal allerdings nicht nur Petrus und Johannes, sondern – und darin liegt eine beabsichtigte Steigerung – alle zwölf. Über die Lokalisierung des „Staatsgefängnisses" hat Lukas kaum genauere Vorstellungen; handelte es sich um ein reales geschichtliches Ereignis, so

19 hätte man wohl an ein Verlies im Palast des Hohenpriesters zu denken. Das Befreiungswunder wird nur kurz und schematisch erzählt. Einzelheiten bleiben ausgespart. Entgegen der üblichen Ausrichtung solcher Geschichten ist hier nicht die individuelle Rettung im Blick (vgl. 12,4–10; 16,26f.), sondern die Erneuerung und Bekräftigung des göttlichen Auftrages. Lukas folgt der Sprache der LXX, wenn er den Gottesboten, der Gottes Hilfe und Weisung vermittelt, als „Engel des Herrn"

20 bezeichnet (vgl. 8,26; 10,3; 12,7ff.). Das Wort des Engels weist die Apostel an, unverzüglich im Tempel ihre Verkündigung fortzusetzen. Damit wird ein doppeltes deutlich: Einmal ist der Tempel der den Jüngern von Gott selbst zugewiesene Ort; wenn sie dort „die Worte dieses Lebens" – Leben ist hier ein Wechselbegriff für „Heil" (vgl. 13,26) – verkündigen, so erfüllt sich damit die von Gott gesetzte Bestimmung des Heiligtums. Wenn das aber so ist, dann – und das ist das zweite, was hier verdeutlicht werden soll – ist jeder Versuch, die Jünger von diesem Ort zu vertreiben, Widerstand gegen Gott selbst. Vor allem dieser Gesichtspunkt erhält

21 im weiteren Fortgang der Erzählung Gewicht. – Während die Jünger, der Weisung des Engels folgend, frühmorgens mit dem Öffnen der Tempeltore das Heiligtum aufsuchen, wechselt die Szene in den Gerichtssaal über. Ehe die Verhandlung beginnt, kommt es zu einem Vorspiel (V.21b–27a), das der burlesken Züge nicht entbehrt. Im gravitätischen Stil eines offiziellen Protokolls wird die ehrwürdige Versammlung beschrieben, die sich in Erwartung der Vorführung der Gefangenen im Gerichtssaal einfindet, nicht wissend, daß die Gefangenen längst ihrem Gewahrsam entkommen sind! Dabei ist Lukas ein sachlicher Fehler unterlaufen: Er hält – vielleicht in Analogie zu ihm vertrauten römischen Verhältnissen – Synedrium und Ältestenrat für zwei verschiedene Gremien; in Wirklichkeit waren beide jedoch

22–23 identisch. Die Kunde, mit der die Gerichtsdiener kommen, die die Gefangenen hätten vorführen sollen, löst allgemeine Verlegenheit aus. Der Engel hat, wie wir nun indirekt erfahren, die Gefängnistüren wieder sorgsam verschlossen und so alle

24–25 Spuren der Befreiung getilgt. Während die Glieder der hohenpriesterlichen Familie (vgl. 4,6) und der für diesen Fall in besonderem Maße zuständige Tempelhauptmann (vgl. 4,1) einander ihre Ratlosigkeit versichern, platzt ein Bote herein, der das Rätsel wenigstens teilweise aufklärt, damit aber zugleich die Verlegenheit auf die Spitze treibt: Die Apostel sind nicht mehr im Gefängnis, dem Ort, an den sie das Synedrium versetzt hat, um über sie verfügen zu können, sie sind im

26 Tempel und damit an dem Ort, den ihnen Gott angewiesen hat! So bleibt nichts anderes übrig, als sie von dort herbeiholen zu lassen. Dies geschieht jedoch – ein kaum überbietbares Eingeständnis der Ohnmacht des Synedriums – in aller Vorsicht und ohne Gewalt, denn das Volk, das inzwischen ganz auf seiten der Apostel

steht (vgl. 4,21; 5,13–16), soll nicht provoziert werden. Daran wird vollends deutlich, daß – jedenfalls nach der Meinung des Lukas – das Synedrium weder Herr der Lage ist noch das Volk hinter sich hat. Es ist in die Defensive gedrängt angesichts des machtvollen Handelns Gottes, dessen Werkzeuge die Apostel sind.

Das Bild dieser totalen Machtlosigkeit beherrscht auch den ersten Teil der nun endlich beginnenden Verhandlung (V. 27–33). In seinem Verhör verweist der Hohepriester auf das in der ersten Verhandlung ausgesprochene Verkündigungsverbot und konstatiert dessen Übertretung. Eigentlich erwartet man in V. 28 einen Fragesatz. Die in dem anklagenden Aussagesatz implizierte Frage müßte lauten: „Wie kommt ihr dazu, unser Gebot zu übertreten?" Der Hohepriester vermeidet es, den Namen Jesu zu nennen; er spricht nur umschreibend von „diesem Namen". Sein Vorwurf, die Jünger hätten Jerusalem mit ihrer Lehre „erfüllt", ist ungewollte Bestätigung des von den Jüngern bislang Erreichten. Ihre Lehre hat tatsächlich in der heiligen Stadt und bei ihren Bewohnern den Raum gewonnen, der ihr zusteht: Israel hatte Gelegenheit, das ihm bestimmte Wort zu hören, der Widerstand seiner Führer konnte das nicht verhindern! Der in biblischer Sprache (Ri 9,24) gehaltene Vorwurf, die Apostel wollten „das Blut dieses Menschen über uns bringen", ist vermutlich eine Anspielung auf das „ihr habe ihn gekreuzigt" des christologischen Kerygmas (4,10). Die Apostel haben – so sein Sinn – dem Synedrium die Schuld am Tode Jesu gegeben und es damit den Folgen dieser Schuld, d.h. der göttlichen Strafe, unterstellt. Darüber hinaus der Wendung den versteckten Vorwurf einer Aufwiegelung des Volkes gegen das Synedrium zu entnehmen, besteht kein Anlaß; erst recht besteht kein direkter Zusammenhang mit Mt 27,25.

27–28

Petrus antwortet als Sprecher der übrigen Apostel und in ihrem Namen (2,14.38) mit der kürzesten Apostelrede des ganzen Buches. Sie wird eingeleitet durch eine Wiederholung des bereits in 4,19 ausgesprochenen Grundsatzes; war er dort in die äußerlich konziliante Form einer rhetorischen Frage gekleidet, so ist er hier in prägnanter Direktheit und zugleich in größerer Nähe zu dem bekannten Wort des Sokrates (Plat apol 29 d) formuliert. Den unmittelbaren Beweis dafür, daß sie entschlossen sind, in Anwendung dieses Grundsatzes Gott mehr zu gehorchen als Menschen, liefern die Apostel, indem sie durch den Mund des Petrus im Angesicht des Synedriums ihr Zeugnis für den verhaßten „Namen" wiederholen. In äußerster formelhafter Verdichtung wird das christologische Kerygma für Israel (vgl. 2,22–36; 3,12–26; 4,8–12) mit seinen wesentlichen Elementen wiederholt: Tötung Jesu durch die Juden – seine Auferweckung durch Gott – seine Erhöhung zur Rechten Gottes – Angebot von Umkehr und Sündenvergebung für Israel – Zeugenfunktion der Apostel. Sicher hat Lukas hier seinen Lesern zeigen wollen, wie ein Verhalten aussieht, das die von Jesus ausgesprochene Verheißung des Beistandes des Geistes für seine Zeugen (Lk 12,11 f.) ernst nimmt, und wie sich diese Verheißung erfüllt. Neu gegenüber den bisherigen Fassungen des Kerygmas ist der ausdrückliche Hinweis auf die Todesart Jesu: „indem ihr ihn ans Holz hängtet". Dahinter verbirgt sich eine Anspielung auf 5. Mose 21,22 f.: der (wegen einer Todsünde) am Holz Aufgehängte gilt als von Gott verflucht und aus der Volksgemeinschaft ausgestoßen. Auf die gleiche Tradition bezieht sich Paulus in Gal 3,13, legt sie allerdings in einer theologisch weit über Apg 5,30 hinausgreifenden Weise aus.

29

30-32

Neu ist auch die Bezeichnung des Erhöhten mit dem Titel „Retter" *(sōtēr)* (V.31). Wenn Lukas diesen sonst verwendet (Lk 2,11; Apg 13,23), versteht er ihn betont von seinen alttestamentlichen Wurzeln her: Jesus – und zwar bereits der Irdische, Menschgewordene – ist der zu seinem Volk Israel gesandte Helfer und Retter. Hier hingegen gewinnt der Begriff von seinem Kontext her eine etwas andere Nuancierung: denn einmal wird gesagt, Jesus sei erst durch seine Erhöhung von Gott zum *sōtēr* eingesetzt worden, zum andern aber wird eine inhaltliche Parallelisierung von *sōtēr* und 2Fürst" (des Lebens; vgl. 3,15) hergestellt. Durch beides erhält der Begriff einen stärker hellenistischen Klang: Er bezeichnet nunmehr Jesus als den, der durch seine Auferweckung zum Träger und universalen Spender von Leben, Heil und Rettung geworden ist (vgl. Phil 3,20) und der so allen anderen menschlichen und göttlichen Rettergestalten überlegen ist. – Beachtung verdient ferner, daß in V.32 neben den menschlichen Zeugen auch der heilige Geist als Zeuge eingeführt wird. Dieses Geistzeugnis ist nicht eine eigenständige Größe, die unabhängig neben dem Apostelzeugnis stünde (etwa als das sichtbare Ereignis von Pfingsten) oder die ihm zeitlich folgte (im Sinne einer Ablösung des Apostelzeugnisses nach deren Tode); es ist vielmehr das von Gott ausgehende Geschehen, das das Apostelzeugnis umgreift und ermöglicht: Als den ihm Gehorsamen hat Gott den Aposteln den Geist gegeben, der sie fähig macht, seine Sache vor der Welt zu vertreten. Er ist zugleich Triebkraft und Kriterium ihres Zeugnisses.

33 Die Worte der Apostel erregen einen Sturm zorniger Entrüstung. Alle vorher mit Rücksicht auf das Volk praktizierte Vorsicht (V.26) wird von dem spontanen Wunsch, sie zu töten, beiseitegedrängt. Daß Lukas hier nicht so sehr an ein vom Gerichtshof zu fällendes Todesurteil als an einen drohenden Akt spontaner Lynchjustiz denkt, wird durch die Wahl des stark emotional besetzten Wortes „ergrimmen" wie auch durch die Analogie zur Stephanusgeschichte (7,54ff.) nahegelegt.

34 Die Apostel befinden sich in unmittelbarer Todesgefahr! Um so überraschender ist die Peripetie, die durch den Auftritt des Gamaliel eintritt. Er erhebt sich aus den Reihen des Ratskollegiums, und seine unbestrittene Autorität genügt, um den Hexenkessel aufgewühlter Emotionen zum Schweigen zu bringen. Ja er übernimmt die Regie, die dem Hohenpriester entglitten ist, indem er die Gefangenen hinauszuführen befiehlt und so die Möglichkeit zu einer geheimen Beratung des Gerichtshofes eröffnet (vgl. 4,15–17).

35 Die Gamaliel-Rede schlägt einen Bogen von einer rein formalen *Warnung* (V.35) über geschichtliche *Beispiele* (V.36f.) hin zu einer diese auswertenden *Mahnung* (V.38f.). Die Warnung soll die Ratsherren lediglich durch den Hinweis auf mögliche Folgen ihres Handelns rationaler Argumentation wieder zugänglich machen.

36–37 Die beiden Beispiele des Gamaliel haben einen gemeinsamen Ausgangspunkt, der sie zugleich mit der christlichen Bewegung verbindet: Sowohl Theudas wie Judas Galiläus waren messianische Gestalten, die Volksbewegungen auslösten. Theudas trat unter dem Prokurator Cuspius Fadus (ab 44 n.Chr., d.h. also mindestens 10 Jahre nach der lukanischen Datierung der Gamaliel-Rede!) auf mit dem Anspruch, der endzeitliche Prophet im Sinne von 5.Mose 18,15 zu sein. Er verhieß seiner großen Anhängerschaft, daß er sie, wie einst Mose Israel durch das Schilfmeer, trockenen Fußes durch den Jordan führen werde. Noch auf dem Wege dorthin ereilten ihn jedoch seine Verfolger, enthaupteten ihn und brachten seinen Kopf als Siegestrophäe nach Jerusalem (Jos ant XX 5, 1). Judas Galiläus war der Begründer und erste Organisator der gegen Rom gerichteten zelotischen Bewegung und trat ca. 6 n.Chr. zur Zeit der Absetzung des Archelaos auf, als Judäa zum römischen Protektorat wurde. Lukas datiert also richtig, wenn er ihn „nach dem Census", d.h. der Volkszählung des kaiserlichen Legaten Quirinius (vgl. Lk 2, 1 ff.), auftreten läßt. Josephus, der von Judas berichtet (ant XVIII 4.23; XX 102; bell II 433), erwähnt jedoch nichts über sein Ende. Jedenfalls war die zelotische Bewegung seiner Anhänger zur Zeit der Entstehung der Urgemeinde keineswegs erloschen; sie war damals vielmehr in rapidem Aufschwung begriffen. Aber Lukas hat, wie schon die Vertauschung der Reihenfolge zeigt, keine exakte chronologische Vorstellung von diesen Vorgängen. Er entnimmt seine Informationen darüber anscheinend christlichen Berichten aus der Zeit nach 70. Eine direkte Abhängigkeit von Josephus ist unwahrscheinlich.

Der hochgesteigerte Anspruch der beiden Anführer wird für Theudas umschrieben durch die Wendung: „Er behauptete, daß er jemand (Codex D ergänzt sinngemäß ‚großer') sei". Beide Bewegungen aber – und das ist der eigentliche Vergleichspunkt – zerfielen über kurz oder lang nach dem Tode der messianischen Führergestalten. Gott selbst hat in seiner Geschichtshoheit sein Urteil über sie gesprochen. 38 Daraus folgert der fromme Pharisäer Gamaliel die Mahnung, man möge auch jetzt Gott nicht in den Arm fallen. Falls der Anspruch der Apostel, durch ihre Berufung 39 auf den Namen Jesu Gottes Sache zu vertreten, falsch ist, so wird ihn Gottes Geschichtshandeln selbst widerlegen. Ist er aber legitim – und daß es sich dabei nicht nur um eine hypothetische Möglichkeit handelt, deutet der Übergang vom Konjunktiv in den Indikativ im zweiten Bedingungssatz an – so ist jedes Vorgehen gegen die Jünger zugleich ein Kampf gegen Gott und als solcher nicht nur aussichtslos, sondern zugleich frevelhaft. Einen ähnlichen Grundsatz vertritt die Mischna (Aboth 4, 11): „Jede Vereinigung, die im Namen Gottes (stattfindet), wird schließlich bestehen; (die aber) nicht im Namen Gottes, wird schließlich nicht bestehen." V. 39 c („Kämpfer gegen Gott") ist trotz des Anklangs an Euripides (Bacch 45) sicher kein Zitat, sondern Wiedergabe einer sprichwörtlichen Wendung (vgl. zu 26, 14). Auch wenn Gamaliel die Vergeblichkeit des Kampfes gegen die Jünger Jesu nur als eine reale Möglichkeit hinstellt, mit der ernsthaft zu rechnen ist, so sollen seine Worte für den Leser Beschreibung einer einsichtigen Wirklichkeit sein; denn der Leser hat ja bereits aus allem vorher Berichteten, vor allem aber aus V. 17–27 erfahren, daß, obwohl Jesus nicht mehr leiblich bei seinen Jüngern ist, sein machtvoller Name ihnen zur Seite steht und daß darum Gott selbst alles leichtfertige Vorgehen von Menschen gegen sie zunichte macht.

Der Rat des Gamaliel wird angenommen. Das Synedrium geht in seinen Maß- 40 nahmen gegen die Jünger kaum über das Minimum dessen hinaus, was nötig ist, wenn es sein Gesicht nicht ganz verlieren will. Es wiederholt das schon in der ersten Verhandlung ausgesprochene Verkündigungsverbot (4, 18) und läßt sie zur Warnung und Einschüchterung geißeln (vgl. 22, 19; 26, 11; Mk 13, 9). Geißelung zum Zweck der Abschreckung und Warnung war vielfach üblich (vgl. Sanh 8, 4 c). An die Höchststrafe von 39 Geißelhieben (2. Kor 11, 24) braucht hier nicht unbe-

41 dingt gedacht zu werden. Im übrigen aber werden die Apostel freigelassen. Wie in 4,23–31 gehen sie nicht als Eingeschüchterte, sondern als ihrer Sache Vergewisserte. Ein neuer Ton klingt dabei auf: Das Leiden von Schmach „um des Namens (zu ergänzen: Jesu) willen" ist nicht Unehre, sondern Gnade. Die Seligpreisung Lk 6,22f. beginnt, sich an den Jüngern zu erfüllen. Zur Existenz des Zeugen des leidenden und gekreuzigten Jesus gehört das Mit-Eintreten in das Leiden für Gottes
42 Sache. Eine feierliche Schlußbemerkung bildet den Ausklang des ersten Hauptteils: Unangefochten und uneingeschüchtert nehmen die Jünger ihre Aufgabe wieder in Angriff. Die große Gefährdung ist – zunächst wenigstens – abgeschlagen worden. Das Evangelium hat den ihm von Gott zugewiesenen Platz behalten, es wird im Tempel der heiligen Stadt vor Israel laut. Zugleich aber wächst die Gemeinde der Glaubenden, die sich in den Häusern zu Lehre, Brotbrechen und Gebet (vgl. 2,46) versammeln. Dieses Bild einer gefestigten, lebendigen, ihrer Aufgabe gewissen Gemeinde soll der Leser am Schluß des ersten Hauptteils mitnehmen. Er soll darüber hinaus die Zuversicht gewinnen, daß auch in Gegenwart und Zukunft jeder Widerstand feindlicher Gewalten gegen die Gemeinde sich als vergeblicher Kampf gegen Gottes Sache erweisen werde, aber er soll auch begreifen, daß trotzdem der Weg der Zeugen des Namens Jesu durch die Welt ein Weg des Leidens sein wird.

II. Das erste Stadium der Ausbreitung der Kirche 6,1–9,31

1. Die Einsetzung der Sieben 6,1–7

¹In diesen Tagen aber, als sich die Jünger mehrten, entstand ein Murren der Hellenisten gegen die Hebräer, weil ihre Witwen bei der täglichen Speisung übersehen wurden. ²Da beriefen die Zwölf eine Vollversammlung der Jünger ein und sprachen: „Es geht nicht an, daß wir das Wort Gottes vernachlässigen, um uns um den Tischdienst zu kümmern. ³Seht euch, Brüder, statt dessen nach sieben Männern aus eurer Mitte um, die einen guten Ruf haben und voll Geist und Weisheit sind: die werden wir für diese Aufgabe einsetzen. ⁴Wir aber wollen uns weiter dem Gebet und dem Dienst des Wortes (ganz) widmen." ⁵Dieser Vorschlag fand die Zustimmung der Vollversammlung, und sie erwählten Stephanus, einen Mann voll Glauben und heiligem Geist, sowie Philippus, Prochor, Nikanor, Timon, Parmenas und Nikolaus, einen Proselyten aus Antiochia. ⁶Diese stellten sie vor die Apostel; die legten ihnen unter Gebet die Hände auf.

⁷Und das Wort Gottes wuchs, und die Zahl der Jünger in Jerusalem nahm gewaltig zu, auch eine große Menge von Priestern wurden dem Glauben gehorsam.

A Diese Erzählung markiert einen Wendepunkt. Es wird von einem Vorfall berich-
1–7 tet, der zunächst auf den unvorbereiteten Leser so wirkt, als solle er lediglich die

Apg 6, 1–7: Die Hellenisten

Reihe der Berichte über das innere Leben der Jerusalemer Gemeinde fortsetzen und ergänzen, indem er einen Eindruck von den mit ihrem Wachstum unvermeidlich verbundenen Schwierigkeiten gibt. Doch schon bald soll sich zeigen, daß dieser Vorfall eine ganz neue Phase in der Entwicklung der Kirche einleiten wird. Wie ein ins Wasser geworfener Stein konzentrische Wellenbewegungen auslöst, so setzt das In-Erscheinung-Treten einer neuen Gruppe innerhalb der Urgemeinde – der „Hellenisten" – eine Kette von Ereignissen in Gang, durch die das Evangelium über seinen Ursprungsort Jerusalem hinausgreift und in Judäa, Samaria sowie den angrenzenden Gebieten Boden gewinnt. Die wichtigsten Glieder in dieser Ereigniskette sind das Martyrium des Stephanus und die Verfolgung der Gemeinde in Jerusalem (6,8–8,3), der Beginn der Mission in Samaria durch Philippus (8,4–25), die Bekehrung des Christenverfolgers Paulus in Damaskus (9,1–22) und schließlich der erste Besuch des Paulus in Jerusalem (9,26–30). Was diesem zweiten Teil des Buches seine innere Dramatik gibt, ist der Umstand, daß gerade ein Ereignis, das nach menschlicher Voraussicht das Ende der Kirche hätte bedeuten müssen, nämlich die Jerusalemer Verfolgung, den Anstoß zu ihrer weiteren Ausbreitung und damit zur Erfüllung des zweiten Teiles der Weisung des Auferstandenen von 1,8 („in ganz Judäa und Samaria") gegeben hat.

Die Traditionsgrundlage des Abschnitts schimmert in V.1–2a durch, denn hier häufen sich für Lukas untypische Worte und Wendungen (z.B. „die Jünger" als Bezeichnung der Gemeinde, „die Zwölf" statt – wie sonst durchweg – „die Apostel"). Tradition liegt sicher auch in der Namensliste V.5 und möglicherweise auch in V.7 vor. Man wird wohl vermuten dürfen, daß V.1.2a.5(.7?) zu jenen antiochenischen Notizen gehörte, die Erinnerungen an die führenden Gestalten der Anfangzeit – in diesem Fall das Siebenerkollegium – festhielten. Lukas hat daraus eine klar gegliederte Szene gemacht: V.1: Exposition mit Schilderung des in der Gemeinde aufgetretenen Mißstandes; V.2–4: Gemeindeversammlung mit Vorschlag der „Zwölf" zur Behebung des Mißstandes; V.5f.: Verwirklichung des Vorschlags; V.7: Schlußbemerkung.

Versucht man, den historischen Hintergrund mit Hilfe von Angaben, die die Apg selbst enthält, zu rekonstruieren, so wird schnell deutlich, daß Lukas ein zu einfaches Bild gezeichnet hat. In Wirklichkeit dürfte hinter dem Bericht nämlich die einschneidendste Umwälzung in der frühen Geschichte des Urchristentums stehen: die Entstehung einer eigenständigen hellenistisch-judenchristlichen Gemeinde in Jerusalem. Lukas ist, wie noch mehrfach (15,38–41; 21,15–26; 28) zu beobachten sein wird, im Blick auf innergemeindliche Vorgänge ausgesprochen konfliktscheu. Er pflegt, darin wohl bereits von seinen Quellen unterstützt, Spannungen und Auseinandersetzungen in der Kirche bis zur Unkenntlichkeit zu verharmlosen. Daß es sich hier nicht nur um die Einsetzung eines neuen innergemeindlichen Dienstamtes zur Unterstützung der Apostel im karitativen Bereich gehandelt haben kann, wird durch mehrere Beobachtungen bestätigt: 1. Die angeblich nur zum Tischdienst eingesetzten „Sieben" (V.2b.3b) begegnen im folgenden ausschließlich als Wortverkündiger und Missionare, ohne daß von Funktionswechsel bzw. -erweiterung die Rede wäre. Stephanus und Philippus wirken in gleicher Weise wie bisher Petrus und die Apostel. – 2. Aus dem Wenigen, was wir über die Verkündigung der hellenisti-

schen „Sieben" hören, wird deutlich, daß diese gegenüber der des Petrus und der
Apostel einen hervorstechenden neuen Akzent enthielt: Sie übt Kritik am Tempel
und am mosaischen Gesetz (6,14), d.h. sie begibt sich in einen fundamentalen Gegensatz zum pharisäischen Judentum. – 3. Die durch die Stephanus-Kontroverse
ausgelöste Verfolgung der Gemeinde (8,1) betraf offensichtlich nicht alle Jerusalemer Christen, sondern nur die hellenistische Gruppe. Die „Zwölf" bleiben unbehelligt (8,1) und mit ihnen offenbar der ganze aramäischsprechende Teil der Gemeinde. Das ist nur unter der Voraussetzung erklärlich, daß die Jerusalemer Christen sich zur Zeit der Verfolgung für Außenstehende erkennbar als zwei voneinander
unterscheidbare Gruppen präsentierten und daß die Apostel als Anführer der einen
nicht für die Lehre der anderen Gruppe verantwortlich gemacht werden konnten.

Wer aber sind nun konkret die „Hellenisten"? Es besteht kein Anlaß, von der
Antwort abzuweichen, die bereits Chrysostomus (Hom Ac XXI 1 zu Apg 9,29)
gegeben hat: „er (Lukas) nennt die Griechisch Sprechenden Hellenisten". Es handelt sich weder um ehemalige Heiden, noch gar um Anhänger einer häretisch-jüdischen Sondergruppe wie der Qumran-Essener oder der Samaritaner. Das Wort
„Hellenisten" ist abgeleitet von (griech.) *hellēnizein*, das überwiegend sprachlichen
Sinn hat: „Griechisch (einwandfrei) sprechen". Die Bedeutung „nach griechischer
Sitte leben", „sich für griechische Kultur einsetzen", tritt erst in späterer Zeit in
den Vordergrund. Es dürfte sich also um christlich gewordene Diasporajuden griechischer Zunge gehandelt haben, d.h. im wesentlichen um Glieder des in 2,5ff.
genannten Personenkreises. Entsprechend sind die „Hebräer" aus Palästina stammende oder mit Palästina besonders verbundene Juden aramäischer Muttersprache
(Phil 3,5; 2.Kor 11,22). Ganz allgemein war die Sprachbarriere für die im aramäischsprechenden Jerusalem ansässigen griechischsprachigen Diasporajuden ein
erhebliches Problem. Daß sie dort eigene griechische Synagogen unterhielten, ist
uns bezeugt (6,9; 24,12). Analog dürfte sich auch für die zu Christen gewordenen
Diasporajuden das Sprachproblem in besonders zugespitzter Weise im Gottesdienst
bemerkbar gemacht haben, so daß alles dafür spricht, daß es schon frühzeitig zu
einer Spaltung des Gottesdienstes gekommen ist. Das mußte jedoch auf längere
Sicht die Konstituierung einer neuen, auch organisatorisch eigenständigen zweiten
Gemeinde in Jerusalem nach sich ziehen. Die aufgetretene Schwierigkeit in der
Armenversorgung (V.1) mag eine erste Folge des Sich-Auseinanderlebens der
beiden Gemeindegruppen durch getrennte Gottesdienste gewesen sein; daß sie dann
wiederum den Anstoß zu einer völlig den neuen Verhältnissen Rechnung tragenden
organisatorischen Trennung gegeben haben könnte, erscheint durchaus glaubhaft.

Das Siebenerkollegium war das Leitungsgremium dieser hellenistischen Gemeinde. Die Siebenzahl erklärt sich aus der Analogie zum jüdischen Ortsvorstand,
der sieben Männer umfaßte (Bill II 641). Auch jüdische Synagogengemeinden besaßen in der Regel ein aus sieben Männern bestehendes Presbyterium. Immerhin
verdient der Umstand Beachtung, daß die Hellenisten nicht in Entsprechung zu den
Hebräern ein Zwölferkollegium wählten. Während die „Zwölf" ursprünglich kein
eigentliches Verfassungsorgan, sondern ein eschatologisches Symbol für die Voll-

endung des Gottesvolkes darstellten, waren die „Sieben" ein ausgesprochenes Verfassungsorgan, durch dessen Existenz die grundsätzliche Bedeutung des Zwölferkreises nicht in Frage gestellt wurde. Daß die „Sieben" ausschließlich aus dem Kreis der Hellenisten hervorgingen, wird im übrigen durch ihre Namen gesichert, die durchweg hellenistisch sind.

Die Zeitangabe „in diesen Tagen" verbindet mit dem Vorigen. Der Leser soll B wohl vor allem an die Berichte über die Gütergemeinschaft (bes. 4,32–35) erinnert 1 werden, die die Voraussetzung des Folgenden bilden. Im Kreis der „Hellenisten" wächst die Unzufriedenheit gegenüber den „Hebräern". Man behauptet, daß die hellenistischen Witwen bei der täglichen Verteilung von Nahrungsmitteln benachteiligt würden. Ob dieser Vorwurf tatsächlich begründet ist oder nicht, bleibt offen. Tatsächlich wird es sich bei den hellenistischen Witwen um eine besonders bedürftige Gruppe gehandelt haben. Viele fromme Juden aus der Diaspora verbrachten ihren Lebensabend in Jerusalem und wollten dort begraben werden. Ihre Witwen hatten keine Verwandten am Ort und waren ohne Versorgung durch die Großfamilie. Ihre Situation verschärfte sich, wenn sie – wie es den Anschein hat – in die wohlorganisierte Armenpflege der jüdischen Gemeinde nicht mehr einbezogen wurden. Ein entsprechendes Konzept, das Vorsorge und Sicherheit auf längere Sicht ermöglichte, hatte die Gemeinde in der Frühzeit noch nicht entwickelt. Daß man jeweils von Tag zu Tag ohne große Planung die gerade vorhandenen Nahrungsmittel verteilte, entspricht dem enthusiastischen Charakter der Gütergemeinschaft, der Spontanität an die Stelle planender Organisation setzte (s. zu 4,32–35). Die „Zwölf" (so die alte titulare Bezeichnung [vgl. 1.Kor 15,5], die in der Apg nur hier, offenbar durch Tradition veranlaßt, aufgenommen wird) reagieren sofort auf den Vorwurf, indem sie eine Vollversammlung der Gemeinde einberufen. Das dabei vorausgesetzte Modell gemeindlicher Verfassung dürfte kaum auf die Urgemeinde zurückgehen; es scheint eher die Praxis der Kirche des Lukas widerzuspiegeln. Zwei Leitungsorgane stehen einander gegenüber: die Gemeindeleiter – hier die „Zwölf" – und die Vollversammlung. Die Gemeindeleiter berufen die Vollversammlung ein und unterbreiten ihr Vorschläge. Die Vollversammlung bestimmt durch Wahl die Träger innergemeindlicher Dienste; deren Amtseinsetzung erfolgt jedoch durch einen Akt der Handauflegung seitens der Gemeindeleiter. In einer kurzen Erklärung 2 unterbreiten die „Zwölf" der Versammlung ihr Konzept für die Beseitigung des aufgetretenen Mißstandes: Die Armenversorgung muß von nun an durch ein besonderes Amt betreut werden! Gemeint ist nicht, daß die Apostel eine bisher von ihnen mit wahrgenommene Funktion wegen zunehmender Überlastung abgeben und so gleichsam aus ihrem Amt ein neues Amt ausgliedern. Vielmehr soll angedeutet werden, daß sie das nunmehr neu erforderliche Amt nicht zusätzlich übernehmen können, ohne ihren eigenen Aufgabenbereich – „das Wort Gottes" – zu vernachlässigen. Die Formulierung „Dienst des Wortes" dürfte von Lukas in Antithese zu der wohl traditionellen, die karitativen Funktionen kennzeichnenden Formulierung „Tischdienst" geschaffen worden sein. Darüber hinaus geht man kaum fehl in der Annahme, daß Lukas das Wort „Dienst" (griech. *diakonia*) so stark in den Vordergrund treten läßt, weil er an das in seiner Kirche geläufige Diakonenamt denkt (Phil 1,2; 1.Tim 3,8.12). Er will die Einsetzung der „Sieben" nicht direkt als Be-

gründung des späteren Diakonenamtes deuten und vermeidet darum auch die Bezeichnung „Diakonen", aber er benutzt doch immerhin die Gelegenheit, um seinen Lesern einen Hinweis auf Notwendigkeit und Bedeutung des Diakonenamtes zu geben. Er macht also den berichteten Vorgang für spätere Entwicklungen transparent, ohne ihn direkt mit jenen in einen kausalen Verknüpfungszusammenhang
3 zu bringen. Die Kriterien für die Auswahl sind guter Leumund, Klugheit und Geistbesitz. Sie erinnern kaum zufällig an die Bedingungen der Episkopen- und
4 Diakonenordnung 1. Tim 3. Nochmals bekunden die Apostel ihre Absicht, sich auf ihr eigentliches Aufgabenfeld zu konzentrieren. Neben dem „Dienst des Wortes" wird hier noch das Gebet genannt; dabei ist wohl an ihre der ganzen Gemeinde zugute kommende Fürbitte gedacht (und nicht, wie in der Formel 2,42, an das
5 gottesdienstliche Gebet). Der Siebenerkatalog nennt an erster Stelle Stephanus und deutet damit seine führende Stellung unter den Hellenisten an, die der des Petrus als Sprecher des Zwölferkreises entsprochen haben mag. Lukas hebt ihn noch zusätzlich im Vorgriff auf 6,8; 7,55 durch die Prädikate „voll Glaubens und heiligen Geistes" hervor. Hervorgehoben wird auch Nikolaus, der antiochenische Proselyt: Er ist der erste ehemalige Heide, der auf dem Umweg über das Judentum Christ wurde. Für seine Identifizierung mit dem Gründer der „Nikolaiten"-Sekte
6 (Offb 2,6. 15) fehlt jeder konkrete Anhaltspunkt. Nachdem die Gemeindeversammlung die „Sieben" gewählt hat – nach welchem Modus, wird nicht gesagt – vollziehen die Zwölf die eigentliche Amtseinsetzung durch Gebet und Handauflegung. Hier handelt es sich um einen jüdischen Brauch, dessen Urbild in 4. Mose 27, 18, der Einsetzung des Josua zum Nachfolger des Mose, vorliegt. Durch die Handauflegung werden der Auftrag, der zur Führung des Amtes ermächtigt, und zugleich die dafür nötige Gabe der Weisheit mitgeteilt. Obwohl Handauflegung und Gebet an die Ordination erinnern, wie sie in den mit der Apg ungefähr gleichzeitig entstandenen Pastoralbriefen als Akt der Einführung von gemeindlichen Amtsträgern vorausgesetzt ist (1. Tim 4, 14; 2. Tim 1, 6), wird man hier nicht von einer Ordination im eigentlichen Sinne sprechen können. Denn es fehlen die für jene wesentlichen Elemente der Übergabe der grundlegenden apostolischen Lehrtradition (2. Tim 2, 2) und des Bekenntnisses des Ordinanden vor der gemeindlichen Öffentlichkeit (1. Tim 6, 12). Immerhin aber handelt es sich auch hier um einen Akt, in dem die grundlegende Struktur aller gemeindlichen Ämter klar zum Ausdruck kommt: Sie sind Dienste, die sich an der von Jesus Christus der Kirche eingestifteten Norm des Dienens orientieren; sie beruhen auf einem von Gott herkommenden Auftrag, der zugleich den Charakter der Gabe hat; sie sind jeweils ausgerichtet auf die konkrete geschichtliche Situation der Kirche.
7 Wohl um zu unterstreichen, daß es sich bei dem erzählten Ereignis nur um einen Zwischenfall handelte, der Harmonie und Wachstum der Gemeinde nicht ernstlich zu stören vermochte, stellt Lukas eine Bemerkung über die Gesamtsituation der Gemeinde an den Schluß. Das „Wort Gottes" wird hier unmittelbar zusammengeschaut mit seiner leibhaft sichtbaren Wirkung; die wachsende Gemeinde ist letztlich nichts anderes als sichtbare, irdische Manifestation des Wortes Gottes und seiner Macht, sie ist *creatura verbi* (Geschöpf des Wortes). Die Bemerkung, daß sich zahlreiche Priester der Gemeinde angeschlossen haben, soll hervorheben, daß

nunmehr alle Gruppen und Kreise des Volkes in ihr repräsentiert sind. Tatsächlich bildete die Priesterschaft, die zur Zeit Jesu etwa 8000 Personen umfaßte, gerade in Jerusalem und seiner Umgebung eine starke Bevölkerungsgruppe.

2. Der Prozeß gegen Stephanus 6,8–15

⁸Stephanus, voller Gnade und Kraft, vollbrachte große Zeichen und Wunder im Volk. ⁹Es traten aber einige aus der sogenannten Synagoge der Libertiner, der Zyrener und Alexandriner und von denen aus Zilizien und Asien auf, um mit Stephanus zu disputieren, ¹⁰und sie vermochten der Weisheit und dem Geiste, in dem er sprach, nicht standzuhalten. ¹¹Da stifteten sie Leute an, die sagen sollten: „Wir haben ihn Lästerreden gegen Mose und gegen Gott führen hören." ¹²Und sie wiegelten das Volk und die Ältesten und Schriftgelehrten auf, und sie traten herzu und ergriffen ihn und führten ihn vor das Synedrium, ¹³und sie bestellten falsche Zeugen, die sagten: „Dieser Mensch redet ständig gegen die heilige Stätte und gegen das Gesetz. ¹⁴Denn wir haben ihn sagen hören: ‚Dieser Jesus, der Nazoräer, wird diese Stätte zerstören und die Satzungen, die uns Mose überliefert hat, ändern'!" ¹⁵Und als alle, die im Synedrium saßen, gespannt auf ihn blickten, da sahen sie sein Angesicht wie das Angesicht eines Engels.

Aus dem in 6,1–7 eingeführten Kreis der hellenistischen „Sieben" tritt nun eine Gestalt in den Vordergrund: Stephanus, der erste Märtyrer. V.8–15 bildet den ersten Teil eines großen dreiteiligen Berichtes, dessen beherrschender Mittelteil die Rede des Stephanus (7,2–53) ist und der mit dem eigentlichen Martyrium (7,54–8, 1a) zum Abschluß kommt. Der Abschnitt setzt ein mit einer Exposition (V.8–11), die Anlaß und Vorgeschichte des Verfahrens gegen Stephanus darlegt; ihr folgt in V.12–15 eine Verhörszene vor dem Synedrium. Daß Lukas hier Tradition verarbeitet hat, steht außer Zweifel. Die Analyse des Abschnitts stößt jedoch auf außergewöhnliche Schwierigkeiten nicht nur hinsichtlich der klaren Scheidung zwischen Tradition und Redaktion, sondern auch hinsichtlich der gattungsmäßigen Bestimmung der ersteren und der Fixierung der Intention der letzteren. Folgende Anhaltspunkte sind zu berücksichtigen: 1. Die Rede 7,2–53 erweist sich als im Kontext nur schwach verankert. Lukas hat sie offensichtlich in ein Traditionsstück eingefügt, dessen Abschluß wir in V.55–60 zu suchen haben. So dürfte die Beschreibung des himmlischen Lichtglanzes auf dem Antlitz des Stephanus ursprünglich unmittelbar mit seiner Himmelsvision (V.55) zusammengehört haben. – 2. Auffällig ist das Schwanken des Berichtes zwischen einem solennen Gerichtsverfahren mit Zeugenaufruf (6,12b.13), und Verhör des Angeklagten (7,1) einerseits und einem Akt spontaner Lynchjustiz andererseits (V.57ff.). Man wird daraus zwar nicht das Nebeneinander zweier konkurrierender Traditionen folgern können, wohl aber die Möglichkeit in Betracht zu ziehen haben, daß Lukas in eine Überlieferung, die von einem Akt der Lynchjustiz an Stephanus erzählte, Motive eines Gerichtsverfahrens eingebracht hat. Sein Interesse, das Synedrium ins Spiel zu bringen, wurde in Kp 3–5 schon hinlänglich deutlich. – 3. Die Darstellung der zuletzt in der Verhandlung vor

A

8–15

dem Synedrium resultierenden Aktion gegen Stephanus ist umständlich und unklar (6,11–13). So ist das Subjekt von V.12 unbestimmt. Vor allem aber wird der Vorwurf gegen Stephanus zweimal ausgesprochen: in allgemeiner Form in V.11 und, wesentlich schärfer präzisiert und auf die kommende Rede hin ausgerichtet, in V.13. Das deutet darauf, daß Lukas in V.12–14 stark redigierend eingegriffen hat. – 4. Der Bericht ist in starkem Maße mit Motiven eines enthusiastischen Geistverständnisses durchsetzt: Stephanus ist ausgewiesen durch Wunder (V.8) und durch die geistgewirkte Kraft und Weisheit seiner Rede (V.10); er erscheint vor seinen Gegnern wie die Epiphanie eines Engels (V.15), während er, „vom heiligen Geist erfüllt", einer Schauung des himmlischen Menschensohnes teilhaftig wird (7,55f.). Eine Analogie dazu findet sich in der Apg lediglich in der Philippustradition (8,6. 13. 26. 29. 39.; 21,9). – Dies alles gibt Anlaß zu der Vermutung, daß hier eine legendarische Tradition aus den Kreisen des frühen hellenistischen Judenchristentums zugrundeliegt, die Stephanus als Vorbild des christlichen Pneumatikertums darstellte und sein Martyrium als Folge seines Enthusiasmus deutete. Im einzelnen dürfte die Tradition davon berichtet haben, wie Stephanus durch geistgewirkte Predigt und Zeichen den Haß der Glieder der Jerusalemer Diasporasynagogen auf sich zog, wie er den sich eskalierenden Akten des Widerstandes immer neue Erweise des Geistes entgegensetzte und wie er schließlich gehorsam seinem Auftrag den Tod erlitt. Wie weit die typischen Züge des Martyriumsberichtes bereits in dieser Tradition vorgegeben waren, ist eine schwer entscheidbare Frage (s. zu 7,54–60). Mindestens teilweise könnten sie von Lukas im Zuge der Tendenz einer Angleichung an die Leidensgeschichte Jesu eingetragen worden sein. Das primäre redaktionelle Interesse des Lukas lag jedoch auf alle Fälle bei der Darstellung des grundsätzlichen Charakters des Konfliktes. Für ihn ist die Stephanusgeschichte eine wichtige Station auf dem Wege der Kirche. Erstmals kommt es zu einem Ausbruch tiefgreifender Feindschaft gegen die Christen seitens des Volkes von Jerusalem in seiner Gesamtheit. Die Ausstoßung der Gemeinde durch die Juden kündigt sich an, und damit bereitet sich zugleich ihr Weg zu den Heiden vor.

Ein besonderes Problem bietet das Wort der falschen Zeugen V.14. Es ist eine Variante des in mehreren Fassungen im synoptischen Passionsbericht erscheinenden Logions von der Zerstörung und dem Wiederaufbau des Tempels (Mk 14,58; 15,29; Mt 26,61; 27,40; Joh 2,19), dessen Wurzel eine authentische prophetische Gerichtsansage Jesu über den Tempel (vielleicht im Zusammenhang mit der Tempelreinigung? – vgl. Joh 2,19) sein dürfte. Jesus hat damit zum Ausdruck gebracht, daß der irdische Tempel mit seinem Kult an sein Ende gekommen sei, und er hat davon gesprochen, daß Gott in der Endzeit einen neuen Ort seiner Gegenwart schaffen werde. Die lukanische Fassung unterscheidet sich von den übrigen in mehrfacher Hinsicht: 1. Sie verzichtet auf das zweite Glied, das vom Bau eines neuen Tempels spricht. – 2. Sie ergänzt das Wort über die Zerstörung des Tempels mit einem ihm parallelen über das Gesetz: Jesus „wird die Satzungen, die uns Mose überliefert hat, ändern!" – gemeint ist damit die mit dem Tempel zusammenhängende Zeremonialgesetzlichkeit. – 3. Sie bestimmt beides als kommendes endzeitliches Geschehen: Von dem bei der Parusie wiederkommenden Jesus ist die Auflösung des Tempels wie der Zeremonialgesetzlichkeit zu erwarten! Es handelt sich hier um eine theologisch reflektierte Neufassung, die den Ansatz der Verkündigung der Hellenisten exakt wiedergeben dürfte („falsch" ist an der Anklage von V. 14 offensichtlich nur die ihr unterschobene lästerliche Tendenz). Daß Lukas selbständig das Wort der falschen Zeugen aus der Passion Jesu Mk 14,58 in dieser Weise umgeformt und in den neuen Kontext gestellt hätte, um die Parallelität des Stephanus-Martyriums zum Leiden Jesu herauszustellen, ist schon deshalb unwahrscheinlich, weil er in seinem Passionsbericht das Zeugenwort ausläßt (vgl. Lk 22,66ff.). Man wird vielmehr davon ausgehen müssen, daß das Tempelwort Jesu seinen ursprünglichen Sitz im Leben in der Auseinandersetzung des Judentums mit jenen christlichen Kreisen hatte, die die Tempelkritik Jesu aufnahmen und fortsetzten (und das waren offensichtlich die Hellenisten), und daß im Zuge dieser Auseinandersetzung das Logion eine der neuen, veränderten Situation angepaßte Gestalt gewann, die in etwa der von Lukas wiedergegebenen entsprach. Lukas hätte dann das Logion nicht willkürlich aus dem Passionsbericht hierher transponiert, sondern es bewußt an der Stelle eingebaut, an die es seiner historischen Einsicht nach gehörte.

Stephanus wird als Pneumatiker eingeführt. Er ist „voll Gnade und Kraft", d. h. er ist Träger des heilvollen Wirkens des Geistes, das ihn zu kraftvollen Taten befähigt. Wie die Apostel (4,33; 5,12), so erregt auch er durch Wunder die Aufmerksamkeit des Volkes. Lukas gesteht ihm hier noch keine eigenständige Predigttätigkeit zu (vgl. V. 3 f.), obwohl V. 10 eine solche impliziert. Das Wirken des Stephanus ruft alsbald Gegner auf den Plan, und zwar aus dem Kreis der in Jerusalem lebenden Diasporajuden. Die Kontroverse geht nicht, wie in Kp 2–5, vom Tempel, sondern von den griechischsprachigen Synagogen aus. Es gab damals in Jerusalem mehrere griechischsprechende Synagogengemeinden (24,12), und die hier verarbeitete Tradition scheint in der Tat von fünf verschiedenen Synagogen gesprochen zu haben, die sich hinsichtlich der Herkunft ihrer Mitglieder unterschieden. Die Synagoge der Libertiner ist wahrscheinlich die der römischen Landsmannschaft, die sich großenteils aus freigelassenen Nachkommen jüdischer Kriegsgefangener rekrutierte. Daneben waren die große jüdische Diaspora in Alexandria, der Zyrenaika (vgl. Mk 15,21; Röm 16,13), in Nordafrika und der kleinasiatischen Provinzen Zilizien und Asien jeweils durch eigene Synagogen vertreten. Stephanus ist – das dürfte der historische Hintergrund sein – innerhalb seines griechischsprachigen Herkunftsmilieus missionarisch tätig gewesen und hat so den Konflikt ausgelöst. Lukas stellt es freilich so dar, als hätten die Mitglieder der griechischsprechenden Synagogen von sich aus Stephanus in eine verbale Auseinandersetzung verwickelt, wobei sie sich seiner geistgewirkten Weisheit nicht gewachsen zeigten. Offensichtlich verstanden sich die Führer der Hellenisten als Träger besonderer, durch das endzeitliche Geisteswirken vermittelter Weisheit. Weil sie Stephanus in direkter Konfrontation nicht überwinden können, wählen die Gegner den Weg der Intrige. Sie lassen gezielt im Volk die Behauptung ausstreuen, Stephanus habe den Gesetzgeber Mose und Gott gelästert, und sie haben damit Erfolg: War das Volk bisher grundsätzlich auf der Seite der Jesusjünger (2,47; 5,17) und war der Widerstand gegen diese lediglich durch die sadduzäischen Auferstehungsgegner getragen gewesen (5,13. 26), so ergibt sich hier erstmals ein grundsätzlich anderes Bild. Die Feindschaft gegen Stephanus erfaßt weite Kreise des Volkes,

an deren Spitze die (pharisäischen) Schriftgelehrten, und der Grund dafür ist deutlich: Er gilt als einer, der die Grundlagen der jüdischen Religion angegriffen hat. Damit ist eine gegenüber der Anfangszeit der Kirche völlig veränderte Lage entstanden. Nachdem der Boden so vorbereitet ist, schleppen die Gegner – obwohl die grammatikalische Konstruktion nicht eindeutig ist, sind doch wohl die grie-
13 chischsprechenden Juden von V.9 gemeint – Stephanus vor das Synedrium. Die Anklage, die sie dort erheben, untermauern sie wirkungsvoll mit der Aussage der zwei von ihnen aufgebotenen Zeugen. Stephanus soll demnach unaufhörlich gegen
14 den Tempel und das Gesetz polemisiert haben. Als konkretes Beispiel dieser Polemik führen sie zwei seiner Lehraussagen an: der wiederkommende Jesus werde den Tempel zerstören und die mosaischen Satzungen verändern. Beide sprechen zwar erst von einem zukünftigen eschatologischen Geschehen, implizieren jedoch bereits für die Gegenwart ein durch das zukünftige Handeln Jesu grundsätzlich verändertes Verhalten zu den heiligen Institutionen: Weil Jesus den Tempel aufheben wird, darum ist dieser samt seinem Kult bereits jetzt zu einer irrelevanten Größe geworden; und weil er die Satzungen verändern wird, darum ist für die ihm Zugehörigen bereits jetzt, im Vorgriff, eine neue Gesetzesinterpretation verbindlich. Beachtung verdient übrigens, daß nicht von einer Aufhebung, sondern von einer Veränderung der „Satzungen" die Rede ist (wobei das griech. Wort *ethē* die für das Judentum typischen Gesetze meint; vgl. 15,1; 16,21; 21,21; 28,17). Die radikale Gesetzeskritik eines Paulus ist hier noch nicht im Blick. Eher spiegelt sich hier eine Auffassung, die Jesus als den neuen eschatologischen Gesetzgeber versteht und von da her die gegenwärtige jüdische Gesetzespraxis kritisiert (vgl. Mt 5,21 ff.; Mk 2,27 f.;
15 7,15. 18 ff.). Der Anklage der Gegner korrespondiert ein neuer Erweis des Pneumatikertums des Stephanus. Er erscheint vor ihren Augen wie die Epiphanie eines Engels. Das entspricht der im Judentum lebendigen Vorstellung, daß das Antlitz des Geistträgers leuchtet bzw. zur Engelähnlichkeit verwandelt wird (so von Josef in JosAs 14,8 f.; 13,10 f.; vgl. LevR 1,1; Chag 14b).

Insgesamt ergibt sich hier ein überraschend eindeutiges und letztlich wohl historisch zutreffendes Bild von der Verkündigung des Stephanus und der Hellenisten. Sie war geprägt von einem starken eschatologischen Enthusiasmus, der das Vorzeichen lieferte für die Aufnahme zentraler Motive der Verkündigung des vorösterlichen Jesus. Während die aramäischsprechende Urgemeinde um Petrus zunächst relativ konservativ die Kontinuität des Christusgeschehens mit der bisherigen Heilsgeschichte und ihren Institutionen betonte, knüpften die Hellenisten an die radikale Kritik Jesu an Tempel und Gesetz an, indem sie zeigten: durch das im Geiste gegenwärtige Wirken des Auferstandenen und Erhöhten ist etwas Neues angebrochen, das umfassende Veränderung verlangt. Durch Jesus hat der Tempel seine Funktion als Ort der Gegenwart Gottes verloren, durch ihn ist auch eine neue, radikale Deutung des Willens Gottes zur Notwendigkeit geworden, die weit über das mosaische Gesetz hinausführt und ihre alleinige Norm im Liebesgebot hat. Diese Verkündigung mußte nicht nur auf die griechischen Synagogengemeinden Jerusalems, die sie zuerst vernahmen, sondern auf das gesamte Judentum als eine unüberbietbare Herausforderung wirken.

3. Die Rede des Stephanus 7,1–53

¹Da sprach der Hohepriester: „Entspricht das den Tatsachen?" ²Er aber antwortete: „Ihr Brüder und Väter, hört! Der Gott der Herrlichkeit erschien unserem Vater Abraham, als er im Zweistromland war, ehe er sich in Haran niederließ, ³und sprach zu ihm: ‚Verlasse dein Land und deine Sippe und komm in das Land, das ich dir zeigen werde!' ⁴Da verließ er das Land der Chaldäer und ließ sich in Haran nieder. Und nach dem Tode seines Vaters ließ er (Gott) ihn von dort in dieses Land übersiedeln, in dem ihr jetzt wohnt, ⁵doch gab er (Gott) ihm keinen Erbbesitz darin, nicht einmal einen Fußbreit, und er verhieß ihm (statt dessen), ‚es ihm in Zukunft zu eigen zu geben, sowie seiner Nachkommenschaft nach ihm', obwohl er kein Kind hatte. ⁶Es sprach aber Gott so: ‚Seine Nachkommen werden in fremdem Lande Beisassen sein, und man wird sie dort knechten und mißhandeln vierhundert Jahre lang. ⁷Aber das Volk, dem sie als Sklaven dienen werden, werde ich richten', sprach Gott, ‚und danach werden sie ausziehen und mir an diesem Ort Gottesdienst halten'. ⁸Und er gab ihnen den Bund der Beschneidung. Und so zeugte er den Isaak und beschnitt ihn am achten Tage, und Isaak (zeugte) den Jakob und Jakob die zwölf Patriarchen. – ⁹Die Patriarchen aber wurden eifersüchtig auf Josef und verkauften ihn nach Ägypten. ¹⁰Doch Gott war mit ihm und rettete ihn aus allen seinen Bedrängnissen und gab ihm Gnade und Weisheit vor Pharao, dem König von Ägypten, und setzte ihn zum Regenten über Ägypten und sein ganzes Haus ein. ¹¹Es kam aber eine Hungersnot über ganz Ägypten und Kanaan und große Bedrängnis, und unsere Väter fanden keine Nahrung. ¹²Als aber Jakob hörte, daß es in Ägypten Getreide gebe, sandte er unsere Väter zum erstenmal dorthin. ¹³Und beim zweitenmal gab sich Josef seinen Brüdern zu erkennen, und so wurde dem Pharao die Herkunft Josefs bekannt. ¹⁴Josef aber sandte Boten und ließ seinen Vater Jakob und sein ganzes Geschlecht holen, insgesamt 75 Personen. ¹⁵Und Jakob zog nach Ägypten hinab, und er starb (dort), wie auch unsere Väter, ¹⁶und sie wurden nach Sichem überführt und beigesetzt in dem Grabe, das Abraham von den Söhnen Emmors in Sichem für Silber gekauft hatte.

¹⁷Als nun die Zeit der Verheißung nahte, die Gott dem Abraham zugesagt hatte, da wuchs das Volk und mehrte sich in Ägypten, ¹⁸bis zu der Zeit, ‚als ein anderer König über Ägypten zur Herrschaft kam, der Josef nicht kannte'. ¹⁹Der ging mit Tücke gegen unser Volk vor und behandelte unsere Väter übel: er ließ ihre Kinder aussetzen, um zu verhindern, daß sie am Leben blieben. ²⁰In dieser Zeit wurde Mose geboren, und er war schön vor Gott. Er wurde drei Monate im Hause seines Vaters aufgezogen. ²¹Als er aber ausgesetzt worden war, nahm ihn die Tochter des Pharao auf und zog ihn sich zum Sohne auf. ²²Und Mose wurde in aller Weisheit der Ägypter erzogen, er war aber mächtig in seinen Worten und Taten. ²³Als er aber das Alter von vierzig Jahren erreicht hatte, faßte er den Entschluß, sich um seine Brüder, die Kinder Israel, zu kümmern. ²⁴Und als er einen sah, dem Unrecht geschah, da stand er ihm bei und nahm für den Mißhandelten Vergeltung, indem er den Ägypter erschlug. ²⁵Er meinte aber, seine Brüder würden verstehen, daß Gott ihnen durch seine Hand Rettung bringen werde. Doch sie verstanden das nicht. ²⁶Am folgenden Tage erschien er bei ihnen, als sie stritten, und wollte sie zum Frieden versöhnen, indem er sprach: ‚Ihr Männer, ihr seid doch Brüder! Warum streitet ihr miteinander?' ²⁷Der aber gerade seinem Nächsten Unrecht getan hatte, stieß ihn

weg und sagte: ‚Wer hat dich zum Herrscher und Richter über uns eingesetzt? ²⁸Willst du mich etwa ebenso umbringen, wie du gestern den Ägypter umgebracht hast?' ²⁹Mose aber floh auf dieses Wort hin und wurde Beisasse im Midianiterland, wo er zwei Söhne zeugte. ³⁰Und als (wieder) vierzig Jahre verstrichen waren, erschien ihm in der Wüste am Berg Sinai ein Engel in der Flamme eines brennenden Dornbusches. ³¹Als Mose das sah, erstaunte er über die Erscheinung. Als er aber nähertrat, um genau hinzusehen, erging die Stimme des Herrn: ³²‚Ich bin der Gott deiner Väter, der Gott Abrahams und Isaaks und Jakobs.' Da zitterte Mose und wagte nicht aufzublicken. ³³Der Herr aber sprach zu ihm: ‚Ziehe die Schuhe von deinen Füßen! Denn der Ort, an dem du stehst, ist heiliges Land. ³⁴Wahrlich, ich habe die Mißhandlung meines Volkes in Ägypten gesehen und habe sein Seufzen gehört, und ich bin herabgefahren, um sie zu retten. Und jetzt auf! Ich sende dich nach Ägypten!' ³⁵Diesen Mose, den sie verleugnet hatten, als sie sprachen: ‚Wer hat dich zum Herrscher und Richter eingesetzt?', den hat Gott als Herrscher und Befreier gesandt durch den Engel, der ihm im Dornbusch erschienen war. ³⁶Er hat sie herausgeführt, indem er Zeichen und Wunder im Lande Ägypten und im Roten Meer und in der Wüste vierzig Jahre lang tat. ³⁷Dies ist der Mose, der zu den Kindern Israel sprach: ‚Einen Propheten wird euch Gott aus euren Brüdern erwecken wie mich!' ³⁸Dieser ist der, der bei der Volksversammlung in der Wüste zwischen dem Engel, der zu ihm am Berge Sinai gesprochen hatte, und unseren Vätern (als Mittler) stand, der Lebensworte empfing, um sie euch zu geben, ³⁹dem (aber) unsere Väter nicht gehorchen mochten, sondern ihn abwiesen und in ihren Herzen nach Ägypten zurückkehrten, ⁴⁰indem sie zu Aaron sprachen: ‚Mach uns Götter, die vor uns herziehen sollen! Denn dieser Mose, der uns aus dem Land Ägypten geführt hat – wir wissen nicht, was ihm zugestoßen ist.' ⁴¹Und sie machten in jenen Tagen das Kalb und brachten dem Götzenbild Opfer dar und freuten sich an den Werken ihrer Hände. ⁴²Gott aber wandte sich ab von ihnen und gab sie dahin, dem Himmelsheer zu dienen, wie im Buch der Propheten geschrieben steht:

‚Habt ihr mir etwa Schlachtopfer und Brandopfer dargebracht
während der vierzig Jahre in der Wüste, Haus Israel?
⁴³ Nein, ihr habt das Tempelzelt des Moloch
und das Sternbild des Gottes Romfa mitgeführt,
die Götzenbilder, die ihr geschaffen hattet', um sie anzubeten,
‚und ich werde euch deshalb umsiedeln über Babylon hinaus!'

⁴⁴Unsere Väter hatten das Zelt des Zeugnisses in der Wüste, wie der angeordnet hatte, der zu Mose sprach, er sollte es nach dem (himmlischen) Vorbild, das er geschaut hatte, anfertigen. ⁴⁵Dieses hatten unsere Väter übernommen und brachten es mit Josua hinein (in das Land) bei der Besitzergreifung (des Landes) von den Heiden, die Gott vor unseren Vätern austrieb bis zu den Tagen Davids. ⁴⁶Der fand Gnade vor Gott und bat darum, eine Wohnung für den Gott Jakobs finden zu dürfen. ⁴⁷Salomo aber baute ihm ein Haus. ⁴⁸Aber der Höchste wohnt nicht in handgemachten Bauwerken. So sagt ja auch der Prophet:

⁴⁹‚Der Himmel ist mein Thron,
die Erde aber der Schemel meiner Füße.
Was für ein Haus wollt ihr mir denn bauen, spricht der Herr,
oder welches könnte der Ort sein, an dem ich ruhte?
⁵⁰Hat nicht meine Hand dies alles geschaffen?'

⁵¹Ihr Halsstarrigen, an den Herzen und Ohren Unbeschnittenen, ihr habt allezeit dem heiligen Geist Widerstand geleistet! Wie eure Väter, so auch ihr! ⁵²Welchen der Propheten haben eure Väter nicht verfolgt? Und sie haben die getötet, die das Kommen des Gerechten vorherverkündigten, dessen Verräter und Mörder ihr jetzt geworden seid, ⁵³ihr, die ihr das Gesetz durch Anordnung von Engeln empfangen habt und es doch nicht gehalten habt!"

Vers 3: *1. Mose 12,1*; Vers 4: *1. Mose 11,32*; *12,5*; Vers 5: *1. Mose 12,7*; *48,4*; Vers 6 f.: *1. Mose 15,13 f.*; Vers 8: *1. Mose 17,10 f.*; *21,4*; Vers 9: *1. Mose 37,11. 28*; Vers 10: *1. Mose 39,21*; *41,37–44*; Vers 11: *1. Mose 41, 54*; *42,5*; Vers 12: *1. Mose 42,2. 5*; Vers 13: *1. Mose 45,3. 16*; Vers 14: *1. Mose 45,9–11*; Vers 15: *1. Mose 46,1 f.*; *49,33*; Vers 16: *1. Mose 23,16–19*; *33,19*; *50,13*; Vers 17 f.: *2. Mose 1,7–9*; Vers 19: *2. Mose 1,22*; Vers 20: *2. Mose 2,2*; Vers 21: *2. Mose 2,3. 5. 10*; Vers 23–28: *2. Mose 2,11–14*; Vers 29: *2. Mose 2,15. 22*; Vers 30: *2. Mose 3,2 f.*; Vers 32: *2. Mose 3,6*; Vers 33: *2. Mose 3,5*; Vers 34: *2. Mose 3,7 f. 10*; Vers 35: *2. Mose 2,14*; Vers 36: *2. Mose 7,3. 10*; Vers 37: *5. Mose 18,15*; Vers 38: *5. Mose 9,10*; Vers 39: *4. Mose 14,3*; Vers 40: *2. Mose 32,1*; Vers 41: *2. Mose 32,4. 8*; Vers 42 f.: *Am 5,25–27*; Vers 44: *2. Mose 25,40*; *26,30*; Vers 45: *5. Mose 32,49*; *Jos 18,1*; Vers 46: *Ps 132,5*; Vers 47: *1. Kön 6,1 f.*; Vers 49 f.: *Jes 66,1 f.*; Vers 51: *5. Mose 9,6*; *Jer 6,10*; Vers 52: *1. Kön 19,14*; *2. Chron 36,16*; Vers 53: *5. Mose 33,2*.

Die Stephanusrede nimmt unter den Reden der Apostelgeschichte in mehrfacher Hinsicht eine Sonderstellung ein. Zunächst hinsichtlich ihrer Länge: sie umfaßt etwa 5% des gesamten Buches! Dann hinsichtlich ihres Inhalts: Sie bietet einen Rückblick auf die Geschichte Israels, der weithin durch Aneinanderreihung alttestamentlicher Aussagen (und zwar aus der LXX) gewonnen wird. Eine direkte Bezugnahme auf das christologische Kerygma fehlt bis auf die Schlußbemerkung V. 52. Ungewöhnlich ist aber vor allem ihre Stellung im Kontext. Während Lukas sonst durchweg seine Reden unmittelbar aus der Situation herauswachsen läßt und dabei erhebliches psychologisches Geschick zeigt (s. Exk. zu 2, 15–47), nimmt diese Rede auf ihren erzählerischen Rahmen kaum Bezug. Weder die Anklage der Zeugen (6, 13) noch die Frage des Hohenpriesters (7, 1) werden direkt aufgenommen. Der unbefangene Leser wird sich nur schwer vorstellen können, was das Synedrium veranlaßt haben könnte, diese lange Rede schweigend anzuhören, ohne den Redner aufzufordern, endlich zur verhandelten Sache zu kommen! Ebenso unbestimmt ist die Verbindung nach vorwärts. Eine Stellungnahme der Hörer zum Inhalt der Rede, die über allgemeine Entrüstung hinausginge (V. 54) fehlt; der zweite Teil des Martyriumsberichts nimmt in V. 55 den erzählerischen Faden von 6, 15 wieder auf, ohne auf die Rede einzugehen. Wäre Lukas selbst der Gestalter der Stephanusrede, so hätte er in diesem einen Fall seine sonstigen schriftstellerischen Techniken und Prinzipien völlig vergessen. Berücksichtigt man ferner, daß sie in vielen Einzelheiten – so der Beurteilung des Tempels – von der Theologie des Lukas abweicht und daß sie relativ wenige spezifisch lukanische Sprachmerkmale enthält, so drängt sich der Schluß auf, daß Lukas sie aus der Überlieferung übernommen haben muß. Wenn er aber hier, von seiner sonstigen Übung abweichend, auf die Schaffung einer der Situation angepaßten Rede und damit auf eine erzählerisch wirksamere Gestaltung der Stephanusgeschichte verzichtet, um statt dessen dieses sperrige Traditionsstück einzufügen, dann wohl nur, weil er überzeugt war, daß es tatsächlich die Verkündigung des Stephanus authentisch repräsentierte.

Damit ist die Frage nach der Herkunft dieser Rede und ihrer möglichen Verbindung mit den Hellenisten freilich noch nicht entschieden. Sie läßt sich nur beantworten auf Grund von Beobachtungen hinsichtlich ihres Aufbaus und ihres Inhalts.

A
1–53

Daß es sich um eine authentische Verteidigungsrede des Stephanus vor seinen Anklägern handeln könnte, wird nicht nur durch die überlieferungstechnischen Gegebenheiten ausgeschlossen, sondern auch durch den Umstand, daß es sich nicht eigentlich um eine Verteidigungsrede, sondern um eine Predigt handelt. Man hat zuweilen vermutet (E. Haenchen; H. Conzelmann), ihr Ziel sei es, die Erfahrung der christlichen Gemeinde im Blick auf das Martyrium zu bewältigen, indem sie zeige, daß bereits der erste Tod eines christlichen Blutzeugen Glied einer langen Kette sei, die durch die Geschichte Israels gehe. Aber weder das Martyrium des Stephanus, noch das Sterben Jesu – Urbild jeden christlichen Märtyrertodes – kommen in ihr vor, ja sie enthält, abgesehen von V. 52, überhaupt nicht explizit Christliches. Ist sie also überhaupt eine christliche Rede? Nach einer anderen These handelt es sich um ein durch redaktionelle Ergänzungen des Lukas leicht verchristlichtes diasporajüdisches Geschichtssummarium. Doch diese wird widerlegt durch die eindeutig negative und kritische Beleuchtung, in die Israels Geschichte in der Rede überwiegend gerückt wird. Hier meldet sich eine Stimme zu Wort, die das Selbstverständnis des Judentums von seiner Geschichte her ganz fundamental in Frage stellt! Aber immerhin erweist es sich an vielen Einzelheiten der Darstellung dieser Geschichte, daß die Rede einen diasporajüdischen Hintergrund hat (z.B. V.6.9–16), ja es ist sogar möglich, daß einzelne ihrer Elemente – vor allem in den beiden Anfangsteilen (V.2–8. 9–16) – aus dem hellenistischen Judentum übernommen sind. Ihr Thema läßt sich etwa so umschreiben: Gottes Verheißungstreue in seinem Handeln gegenüber Israel – und Israels konstanter Widerstand gegen Gott.

Die Rede setzt in ihrem ersten Teil (V.2–8) ein mit der Verheißung Gottes an Abraham (V.6f. bildet den thematischen Schwerpunkt). In ihren weiteren Abschnitten wird zwar scheinbar chronologisch die weitere Geschichte Israels nachgezeichnet, aber Auswahl und Darstellungsweise lassen keinen Zweifel daran, daß hier Israels Widerstand gegen die Verheißung das eigentliche Thema ist. Es deutet sich bereits im zweiten Abschnitt, der von der Geschichte Josefs handelt (V.9–16), an, um dann in den Abschnitten über die Verwerfung des Mose (V.17–43) und über den Bau des Tempels durch David (V.44–50) immer stärker in den Vordergrund zu treten. Die abschließende Scheltrede (V.51–53) zieht das kritische Fazit für die gegenwärtige Generation: Jesu Verwerfung war die letzte konsequente Steigerung des Ungehorsams Israels, denn sie traf den, in dessen Sendung sich die Verheißungstreue Gottes abschließend erwiesen hat.

Nun ist es allerdings wichtig zu sehen, daß das Thema des Widerstandes Israels gegen Gott zwei aufeinander bezogene Aspekte hat: (1.) die Verwerfung der von Gott gesandten Propheten und „Anführer" Mose und Jesus (V.17–43. 51–53) und (2.) die Hinwendung zu einer falschen Gottesverehrung in einem „mit Händen gemachten" Tempel (V.44–50). Der erste Aspekt hat zwar das Übergewicht, aber die nicht geringe Bedeutung des zweiten wie auch der Zusammenhang beider ergeben sich aus V.7b: Israel war von Gott ausersehen zu einem „rechten Gottesdienst an dieser Stätte" (d.h. im Lande der Verheißung). Solcher rechter Gottesdienst wäre der Gehorsam gegenüber den von Gott Gesandten, das Hören auf den von ihnen repräsentierten Willen Gottes gewesen, nicht jedoch der Kult an einem mit Händen gemachten Heiligtum! Das Volk glaubte aufgrund seiner Zugehörigkeit zu

Tempel und Kultverband, seines Heils sicher zu sein; aber weil es den ihm von Gott gesandten Führern und Helfern Gehör versagte und sich dem Anruf des lebendigen Gottesgeistes verschloß (V. 51), darum erwies sich diese vermeintliche Sicherheit als Trugschluß.

Diese Tempelkritik kommt keineswegs aus dem Geist einer hellenistischen Aufklärung, die den sichtbaren Kult als etwas dem geistigen Wesen der Gottheit Unangemessenes abwertete, sondern sie knüpft direkt an Jesus an, der die von ihm vermittelte endzeitliche Heilsgegenwart Gottes an die Stelle des Tempelkultes zu setzen wagte und in unmittelbarer Vollmacht dessen Fragwürdigkeit aufdeckte (Mk 11, 15 [18 a]. 28–33). Dies spricht für die Herkunft dieser Tradition aus dem Stephanuskreis. Ebenfalls auf ihn verweist die eigenartige altertümliche Christologie, wie sie indirekt in Form einer Mose-Christus-Typologie vorgetragen wird. Christus erscheint hier als das heilsgeschichtliche Gegenbild des Mose; in seiner Sendung und seinem Geschick finden Sendung und Geschick des Mose ihre von Gott gesetzte abschließende Überbietung. So enthält die Mose-Darstellung in V. 17–43 eine Reihe von christologischen Motiven: Mose wie Jesus sind die von Gott gesandten Helfer, die ihre „Brüder" besuchen (V. 23); sie sind von Gott über das „Haus Israel" gesetzt, um Rettung zu bringen (V. 25). Sie tragen das Prädikat „Prophet" (V. 37). Ihr Wirken wird begleitet von Zeichen und Wundern (V. 36). Vor allem aber ist ihr Platz in der Mitte des Volkes als Künder und Deuter des Gesetzes Gottes; als solche sprechen sie „Worte des Lebens" (V. 38) und fordern Gehorsam (V. 39). Beide aber werden durch das Volk verworfen (V. 39 ff. 52 f.).

Das zentrale Motiv „Jesus als Interpret des Gesetzes" stimmt zusammen mit dem Vorwurf von 6, 13 und erläutert ihn zugleich: Die Hellenisten haben keineswegs, wie später Paulus, Christus als Ende des Gesetzes (Röm 10, 4) verkündigt und von daher eine gesetzesfreie Predigt für die Heiden gefordert. Sie haben vielmehr unter Berufung auf Jesus den radikalen endzeitlichen Gotteswillen dem jüdischen Gesetz entgegengestellt im Sinne der Antithesen der Bergpredigt (Mt 5, 21–48). Im übrigen besteht eine auffällige Verwandtschaft zwischen der Christologie der Stephanusrede mit der des Hebräerbriefes: Auch dort findet sich eine Christus-Mose-Typologie (Hebr 3, 1–6), auch dort gilt Jesus als der, der als Helfer und Retter zu seinen Brüdern kommt (Hebr 2, 14–18), auch dort wird Bezug genommen auf seine – primär als Weisung verstandenen – Worte und Wunder (Hebr 2, 3 f.). Vor allem aber gilt Jesus im Hebräerbrief ebenfalls als der, der an der Stelle des Tempels steht und durch den der Kult sein Ende gefunden hat (Hebr 10). Daß hier traditionsgeschichtliche Zusammenhänge bestehen, ist anzunehmen.

Der Hohepriester gibt mit seiner Frage Stephanus Gelegenheit, zu den Beschuldigungen Stellung zu nehmen. Der Anfang der Rede geht jedoch weder direkt noch indirekt auf diese Frage ein. Die Anrede wird von Lukas formuliert sein; sie entspricht wörtlich der des Paulus in seiner Verteidigungsrede vor der Burg Antonia (22, 1). Programmatisch steht am eigentlichen Beginn eine Aussage über ein Offenbarungshandeln Gottes: Der „Gott der Herrlichkeit" (die Wendung stammt aus Ps 29, 3) erschien dem Abraham in Mesopotamien und befahl ihm den Auszug aus seiner Sippe „in das Land, das ich dir zeigen werde" (1. Mose 12, 1). Dabei liegt eine kleine Differenz gegenüber dem alttestamentlichen Text vor. Nach diesem

wurde Abraham erst in Haran von Gott berufen (1. Mose 12,1), nachdem er dorthin aus Ur in Chaldäa gezogen war (1. Mose 11,31 f.), während unsere Rede die Berufung bereits mit dem ersten Auszug aus Ur verbindet. Hinter dieser Abweichung steht eine mehrfach bezeugte jüdische Auslegungstradition (Philo migr
4 Abr 62; 66 f.; Ps Phil ant XIII,1; Jos ant I 154). Mit einem unvermittelten Subjektwechsel trägt der Erzähler dem Umstand Rechnung, daß Gott der eigentlich Handelnde in den berichteten Vorgängen ist: Gott „siedelt Abraham um" in „das Land, in dem ihr jetzt wohnt". Letzteres ist aus dem Blickwinkel des Diasporajuden formuliert, der selbst das Land Palästina nicht als seine Heimat begreift. Daß Abraham erst nach dem Tode seines Vaters Haran verlassen habe, stimmt wiederum nicht mit 1. Mose 11,31 f. überein, wohl jedoch mit den erwähnten jüdischen Tradi-
5 tionen. Indem in einer Kombination von 5. Mose 2,5 und 1. Mose 17,8 das weitere Handeln Gottes mit Abraham beschrieben wird, wird das Ziel dieser Darstellung der Abrahamsgeschichte erstmals sichtbar: Abraham ist der Empfänger der göttlichen Verheißung, die Zusage eines allein von Gott ausgehenden, nicht an menschliche Gegebenheiten anknüpfenden und die gesamte Geschichte Israels umfassenden Heilsgeschehens ist. Abraham ist hier weder – wie sonst im Judentum – der prototypische Gesetzesfromme, noch ist er – wie bei Paulus (Röm 4) – der prototypische Glaubende, sondern der Verheißungsträger, in dessen Geschichte sich Israels Situation unter der Verheißung typisch vorausabbildet: Die Kontinuität seiner Geschichte und der seines Volkes wird allein durch Gottes Handeln konstituiert. Er ist zur Zeit des Verheißungsempfanges noch ohne Sohn, bleibt also darauf angewiesen, daß Gott ihm erst noch Nachkommenschaft erweckt; und er ist während seines Lebens auch noch ohne jeden Landbesitz, der ihm die Realität der Verheißung garantieren könnte. (Daß nach 1. Mose 23 Abraham die Höhle Machpela bei Hebron als Begräbnisstätte gekauft hat, bleibt dabei unberücksichtigt, s. zu
6 V. 16). Die Verheißung wird zusammengefaßt in dem Gottesspruch aus 1. Mose
7 15,13 f.: Abraham soll gewiß sein, daß er und seine Nachkommen in ihrer Fremdlingschaft und Unterdrückung (in denen sich bereits das Schicksal des späteren Diasporajudentums vorabbildet) von Gott nicht vergessen werden. Gott wird die Unterdrücker zur Rechenschaft ziehen, vor allem aber wird er am Ende das Volk in das Land der Verheißung führen, um ihm dort die Möglichkeit zum rechten Gottesdienst zu geben. Die Wendung „und dann werden sie ausziehen und mir an diesem Ort Gottesdienst halten" ist nicht aus 1. Mose 15, sondern aus 2. Mose 3,12 entnommen, wo sie sich weder auf Abraham, noch auf das Verheißungsland (bzw. den Zion) bezieht. Wenn sie hier in den Schluß der Verheißung aufgenommen wird, dann soll sie deren eigentliche Pointe markieren: Ziel Gottes in seinem mit Abraham einsetzenden Verheißungshandeln ist es, daß ein Volk erstehen soll, das ihm in rechter Weise im Verheißungslande Gottesdienst hält. Die Frage, die unausgesprochen hinter allem weiteren steht, lautet: Hat Israel diesem in der Verheißung ge-
8 setzten Ziel Gottes entsprochen? Als die Verheißung begleitendes Zeichen der Kontinuität Israels stiftet Gott den Bund der Beschneidung (1. Mose 17,10). Und diese Kontinuität wird zuerst sichtbar in der Reihe der Patriarchen von Isaak bis zu den Söhnen Jakobs: Das Gewicht liegt nicht auf der durch physische Zeugung entstandenen Generationenfolge, sondern auf der Abfolge der Beschneidung.

Damit ist der Übergang zur Josefsgeschichte erreicht. Der ihr gewidmete Teil der   9–11
Rede erscheint am wenigsten profiliert und ist darum in seiner Zielsetzung nicht
ganz eindeutig zu erfassen. Ein Stück weit scheint Josef als Prototyp des Diasporajuden gezeichnet zu sein. Sein dank des Beistandes Gottes erfolgreiches Wirken in
Ägypten – in neutestamentlicher Zeit ein Hauptzentrum des hellenistischen Judentums – ließ ihn zum Leitbild für die in der Fremde lebenden Juden werden. Doch
scheint dies eher ein unbewußter Nebenzug der Erzählung. Zentral dürfte hingegen
die Verwerfung Josefs durch seine Brüder und seine Errettung durch Gott aus seinen Nöten sein. Hier liegt bereits der Anfang des Widerstandes Israels gegen Gott
und die von ihm Gesandten (vgl. V. 52). Ist darüber hinaus Josef bereits, wie nachher (V. 20 ff.) Mose, als Typos Jesu gezeichnet? Einige Züge könnten zwar in diese
Richtung deuten: so das „aber Gott war mit ihm" (1. Mose 39, 21), das, den Gegensatz zu der bösen Tat der Brüder betonend, an die christologischen Kontrastformeln erinnert, so auch die Erwähnung der Herrscherstellung des Josef
(1. Mose 45, 8) und die Schilderung seines rettenden Handelns an den Brüdern.
Aber dies alles ist zu wenig eindeutig, um eine christologische Deutung zu stützen.
Keinesfalls wird man in dem zweimaligen Kommen der Brüder zu Josef   12–13
(1. Mose 42, 2; 45, 1 ff.) einen Hinweis auf den ersten und zweiten Advent Jesu
sehen dürfen. Relativ breit wird die Umsiedlung der Brüder mit ihren Familien nach   14–16
Ägypten erzählt, wird doch durch sie erstmals Israel als sichtbare Größe konstituiert. Die Zahl der „75 Seelen" ist aus 1. Mose 46, 27 LXX übernommen. Der
Lebensweg der Patriarchen endete im fremden Land. Jakob und seine Söhne starben in Ägypten. Mit der Überführung ihrer Gebeine nach Sichem schließt der Abschnitt. Auch hier sind wieder Abweichungen von der alttestamentlichen Überlieferung festzustellen: Nach 1. Mose 33, 19; Jos 24, 32 hatte Jakob, nicht Abraham, die
Begräbnisstätte in Sichem gekauft. Über die Beisetzung der Brüder Josefs dort
schweigt das Alte Testament. Nach verbreiteter außerbiblischer Überlieferung
(Jub 46, 9; Jos ant II 198 f.) wurden sie nicht in Sichem, sondern mit Abraham,
Isaak und Jakob in der Höhle Machpela bei Hebron beigesetzt, wo noch heute ihre
Gräber verehrt werden.

Der Mose gewidmete Abschnitt ist bei weitem der längste der Rede. In ihm sind   17–43
alttestamentliche Traditionen, späte legendarische Mose-Überlieferungen und
christliche Interpretation im Sinne einer Mose-Christus-Typologie dicht ineinandergewoben. Der Gliederung des Abschnitts liegt eine jüdische Überlieferung zugrunde, die die 120 Jahre der Lebenszeit des Mose, ausgehend von den 40 Jahren
in der Wüste, in drei Abschnitte von je 40 Jahren aufteilt (Bill II 679 f.). So handelt
V. 17–22 von Kindheit und Jugend des Mose, V. 23–29 vom ersten gescheiterten
Rettungsversuch des 40jährigen an seinem Volk, V. 30–34 von der Sendung des
80jährigen Mose durch die Gottesoffenbarung in der Wüste. Daran schließt sich,
als Höhepunkt des Abschnitts, eine hymnusartige Passage (V. 35–39) an, die das
Rettungswerk des Mose nach seinen verschiedenen Aspekten entfaltet. Den Abschluß bildet seine Verwerfung durch das Volk und dessen Abfall zum Götzendienst (V. 39–43).

In Ägypten wachsen die Nachkommen der Patriarchen zu einem großen Volk   17
heran (2. Mose 1, 7). Und nun ist die Zeit gekommen, in der die dem Abraham

18–20	gegebene Verheißung (V.5 ff.) ihre erste Erfüllung finden soll. Jedoch scheinen die äußeren Umstände die Möglichkeit dieser Erfüllung total auszuschließen: Ein neuer Pharao hat die Herrschaft angetreten, der die Israeliten nicht mehr als Nachkommen des Retters Josef begünstigt, sondern als verhaßte Fremde unterdrückt (2. Mose 1,8 ff.). Und doch sorgt Gott für die Einlösung der Verheißung, indem er Mose geboren werden und auf wunderbare Weise der allgemeinen Vernichtung der israelitischen Neugeborenen entkommen läßt. Wenn, über 2. Mose 2,2 hinausgehend, von der Schönheit des Kindes „vor Gott" die Rede ist, so ist damit Gott als urteilende Instanz eingebracht: Er hat Wohlgefallen an Mose, er gewährt ihm eine be-
21–22	sondere Stellung (vgl. Lk 1,6.15; 2,52; 24,19). Zur Schönheit treten im Laufe der Erziehung durch die Pharaonentochter als weitere Vorzüge Weisheit und die Fähigkeit zu machtvollem Auftreten in Worten und Taten. Nach 2. Mose 4,10–16 allerdings ermangelte Mose der Redefähigkeit. Wenn dieser Zug korrigiert wird, so steht dahinter nicht nur die spätere idealisierende Legende (Jos ant II 272; III 13 ff.), sondern auch die christologische Interpretation.
23–25	Der 40jährige Mose wendet sich erstmals seinem Volk zu in der Absicht, ihm beizustehen und es zu retten. Es handelt sich dabei nicht um einen eigenmächtigen Entschluß, sondern um einen göttlichen Auftrag. Die hier aufgenommene alttestamentliche Erzählung 2. Mose 2,11–15 von der Tötung des Ägypters durch Mose, die in sich durchaus ambivalent hinsichtlich der Beurteilung der Tat ist, wird ganz ins Positive gewendet: Es handelt sich keineswegs um eine Tat unbedachter Leidenschaft, sondern um einen Rettungsakt im Auftrag Gottes, ein Zeichen, aus dem das Volk hätte ersehen können, daß Gott selbst hinter Mose steht. Das Volk jedoch verschließt sich dem Zeichen; in schuldhaftem Ungehorsam will es nicht verstehen.
26–28	Es unterstellt ihm bei seiner Tat Anmaßung und Herrschsucht. Die untereinander zerstrittenen Israeliten gestehen ihm nicht das Recht zu, sie zur Brüderlichkeit zu ermahnen, sondern halten ihm die rhetorisch gemeinte Frage entgegen: „Wer hat dich zum Herrscher und Richter über uns gesetzt?" (2. Mose 2,14), ohne zu begreifen, daß es auf diese Frage eine eindeutige Antwort gibt: Gott selbst hat Mose zum Herrn und Richter über sein Volk eingesetzt, und zwar um seiner Verheißung wil-
29	len! Während nach 2. Mose 2,15 die Furcht vor dem Pharao, der von der Tat des Mose gehört hat, Anlaß zu dessen Flucht nach Midian gibt, ist die Flucht hier, konsequent im Duktus der gegebenen Interpretation liegend, durch das abweisende Wort des israelitischen Volksgenossen ausgelöst, d.h. Mose flieht als ein von seinem Volk Verworfener.
30–34	Die erneute Zuwendung des Mose zu Israel, zu der es nach weiteren 40 Jahren kommt, wird veranlaßt durch die Gotteserscheinung im brennenden Dornbusch. Diese wird in weitgehender Anlehnung an 2. Mose 3,2–10 erzählt. Eine Abweichung liegt in der Ortsangabe vor: Die Erscheinung erfolgt nicht am Horeb, sondern am Sinai; die Stätte der Selbstkundgabe Gottes ist also mit der der Offenbarung des Gesetzes identisch. Der Befehl zum ehrerbietigen Entblößen der Füße ergeht, anders als 2. Mose 3,5, erst nach der Selbstkundgabe Gottes.
35	Das durch die Sendung ausgelöste Rettungshandeln des Mose wird nun in einer formelhaft gedrängten Aufzählung geschildert, die sprachlich Elemente der Anklagerede und des Hymnus miteinander verbindet. Sie setzt ein mit der Entgegenset-

zung der Abweisung des Mose durch das Volk und seiner Sendung durch Gott. Hier wird deutlich das Schema der christologischen Kontrastformel variiert. Die Verwerfung des Mose durch seine Brüder wird so transparent für die Verwerfung Jesu durch Israel, und ebenso verweist die Einsetzung des Mose zum Herrscher und Retter auf Gottes Handeln in Jesu Erhöhung (s. zu 2,22ff.). Es folgt eine dreigliedrige *Aufzählung der Heilstaten des Mose*, die in deutlicher Steigerung angelegt ist: 1. Mose hat Israel aus Ägypten geführt unter Zeichen und Wundern – auf ihnen liegt dabei das Hauptgewicht, sie bilden gleichsam das christologische Stichwort. – 2. Er hat das Kommen eines endzeitlichen Propheten angekündigt, dessen Vorläufer er war. Hier wird 5. Mose 18,15 angeführt (vgl. zu 3,22). – 3. Er war am Berg Sinai der Mittler, der das Gesetz, das er von dem Engel Gottes empfing, dem Volk weitergab. Für die Volksversammlung steht hier, dem Text der griech. Bibel (5. Mose 4,10; 9,10; 18,16) folgend, das Wort *ekklēsia*; eine Anspielung auf die Kirche dürfte dabei jedoch kaum vorliegen. Die Vorstellung, daß das Gesetz durch einen Engel übergeben worden sei, scheint hellenistisch-jüdischer Tradition zu entstammen; sie begegnet auch Gal 3,19; Hebr 2,2. Eine Abwertung des Gesetzes ist damit hier keineswegs impliziert, wie der Kontext zeigt; der Engel gilt als der offizielle Vertreter Gottes. Das Wort „Gesetz" fehlt; an seine Stelle tritt eine Wendung, die seine Bedeutung umschreibt: „Lebensworte". Hinter ihr scheint wiederum eine Tradition zu stehen, die in Hebr 4,12; 1. Petr 1,23 ebenfalls bezeugt ist und die ihre Wurzel in *5. Mose 32,47* haben dürfte. Es handelt sich um Worte, die das Leben Gottes in sich tragen und dem Menschen vermitteln. Mit einem Sprung in die Gegenwart wird die bleibende Bedeutung des Vorgangs unterstrichen: „euch", d.h. nicht nur den Vätern, sondern auch dem jetzigen Israel, hat Mose die Lebensworte gegeben. Im Hintergrund steht der Gedanke, daß Jesus, am Auftrag des Mose anknüpfend und über ihn hinausgehend, Israel mit dem endzeitlichen Gotteswillen als den entscheidenden Lebensworten konfrontiert hat.

Aber trotz dieser seiner Heilstaten wird Mose von Israel verworfen; was sich bei seiner ersten Sendung (V. 23–29) bereits abgezeichnet hatte, vollzieht sich nun endgültig. Und zwar wird nun der Hintergrund des Ungehorsams der Israeliten aufgedeckt: Ihre Entscheidung gegen Mose, den von Gott gesandten Propheten, ist eine Entscheidung gegen den rechten Gottesdienst und damit ein Widerspruch gegen das Ziel der Abraham gegebenen Verheißung (vgl. V. 7). Daß sie sich „in ihren Herzen nach Ägypten zurückwandten" (vgl. 4. Mose 14,3), signalisiert eine totale innere Abkehr von dem durch Mose an sie ergehenden Heilsangebot. Als biblischer Beleg wird zunächst die Geschichte von der Anfertigung des goldenen Stierkalbes (2. Mose 32) herangezogen, aber das Folgende geht weit über sie hinaus: Der Stierkult in der Wüste wird nämlich als Ausgangspunkt allen falschen Kultes in der Geschichte des Volkes gedeutet. Nach dem Grundsatz „wodurch sich jemand vergeht, damit wird er gezüchtigt" (Weish 11,16; Test Gad 5,10) hat nämlich Gott das Volk bestraft, indem er es sich in noch schlimmeren Götzendienst verstricken ließ, und zwar in den Gestirnskult (vgl. die vertiefende Aufnahme dieses Motivs bei Paulus Röm 1,24ff.). Gewiß ist damit nicht gemeint, daß Israel bereits in der Wüstenzeit Astraldienst getrieben hätte; es handelt sich hier vielmehr um einen die damals angestoßene Entwicklung umfassenden Geschichtsausblick, der durch das

Zitat aus Am 5,25–27 abgerundet wird. Dieses Zitat hat eine komplizierte Überlieferungsgeschichte und bleibt in einigen Einzelheiten dunkel. Ursprünglich handelte es sich bei Am 5,25f. um eine deuteronomistische Glosse zum Prophetentext, die von der vorbildlichen Gottesverehrung in der Wüstenzeit sprach: Damals habe Israel noch nicht geopfert, und es habe – im Unterschied zu später – auch noch nicht die assyrischen Gestirngottheiten „Sakkut euren König und Kewan" verehrt. Die LXX-Fassung, der unser Text weithin folgt, deutet letzteres um: Israel habe schon in der Wüste die Gestirngottheiten verehrt. Auch deren Namen werden in der Weise targumistischer Schriftauslegung umgedeutet: aus „Sakkut, euer König" (hebr. *sakkut malkechem*) wird „das Zelt des Moloch" *(sukkat moloch)* – des phönikischen Gottes des Sonnenfeuers und des Gewitters – und aus *Kewan* wird – in verschiedenen Handschriften differierend – *Refan*, *Raifan* oder *Romfan*. Darüber hinaus hat noch der Verfasser unserer Rede die prophetische Strafankündigung Am 5,27 („So führe ich euch in die Verbannung noch über Damaskus hinaus") ebenfalls im Geiste targumistischer Exegese abgeändert, indem er, auf den tatsächlichen Gang der Geschichte Israels anspielend, Damaskus durch Babylon ersetzte. So ist der Sinn des Zitates im Kontext folgender: Gott klagt Israel an, daß es seit der Wüstenzeit den ihm von der Verheißung her bestimmten wahren Kultus verlassen habe, indem es nicht mehr ihm, sondern falschen Göttern opferte, und er kündigt als Gericht über den Götzendienst das Exil als künftiges Schicksal des Volkes an.

44 Durch einen sprachlich zwar unvermittelten, inhaltlich jedoch vorbereiteten Übergang wird nun das Thema „Tempel" eingeführt: Der Bau des Tempels war letztlich nur ein besonders herausragendes Beispiel für den falschen, von der Verheißung abweichenden Kultus, dem sich Israel verschrieben hatte! Während der Wüstenzeit hatte das Volk noch das „Zelt des Zeugnisses", wie es Mose nach dem Vorbild des himmlischen Heiligtums angefertigt hatte (2. Mose 25,40; vgl. Hebr 8,5) und wie es der göttlichen Anordnung gemäß war. Dies würde auf dem Hintergrund von V.43 strenggenommen das Nebeneinander von zwei konkurrierenden Zeltheiligtümern in der Wüstenzeit – dem Zelt des Moloch und dem Zelt des Zeugnisses – bedeuten. Aber diese Konsequenz liegt keineswegs im Sinn des Textes. Ihm ist lediglich wichtig, daß nur das Zeltheiligtum, das der himmlischen Anordnung Gottes entsprach, als Gottes Gabe und als die von ihm gesetzte Norm alles Kultischen von der Wüstenzeit an in Israel seinen Platz hatte. M.a.W.: war es in V.43 um den tatsächlich von Israel in der Wüste vollzogenen Kult gegangen, so

45 spricht V.44 von Gottes Anspruch an Israel hinsichtlich des Kultus. Israel brachte das Zelt bei der Landnahme mit und hatte es ständig bei sich bis zur Zeit Davids;

46 es verhalf ihm zum Sieg über die Heiden. David bat zwar angesichts der durch die Eroberung Jerusalems geschaffenen neuen Lage Gott darum, „dem Gott Jakobs" eine neue, ihm angemessene Behausung finden zu dürfen, aber auch diese sollte eine „Zeltwohnung" sein, die dem von Mose geschauten himmlischen Urbild konform war, nicht jedoch ein festes Haus (2. Sam 7). David also trifft hier noch kein Vorwurf. (Zwar bietet die Mehrzahl der zuverlässigen Handschriften hier die Lesart „dem Hause Jakobs", doch gibt diese keinen Sinn. Weder hat David für das Haus Jakob eine Wohnstatt gesucht, noch ist im Zusammenhang der Stelle davon die

Rede. Sowohl der Kontext wie der Wortlaut von Ps 132,5, der hier zitiert ist, sprechen für die an sich schwächer bezeugte Lesart „dem Gott Jakobs".) Der unheilvolle Umschwung erfolgt erst durch König Salomo: Er erbaut Gott ein festes Haus (1.Kön 6,1) und verkennt damit grundlegend die Absicht Gottes, ungebunden zu bleiben und nicht von Menschen über sich verfügen zu lassen. Der Tempel, in den Salomo Gott lokalisieren möchte, ist „mit Händen gemacht", d.h. er ist anders als das Zelt (V.44), das auf ein von Gott selbst stammendes himmlisches Urbild zurückging, ganz und gar eine menschliche Schöpfung. Daß es sich hier um eine Verirrung handelte, wird mit Jes 66,1f. belegt, einem Prophetenwort, das in jüdischer Polemik gegen heidnische Kulte eine große Rolle spielte, nie jedoch in den Dienst einer innerjüdischen Tempelkritik gestellt wurde. Der Schöpfer, auf dessen Werk und Wille alles Seiende zurückgeht und der die ganze Welt zu seinem Tempel gemacht hat, läßt sich nicht an ein von seinen Geschöpfen errichtetes Gebäude binden.

Den Schluß bildet eine Scheltrede, die sich direkt an das gegenwärtige Israel richtet, indem sie das Fazit aus dem Vorhergegangenen zieht. Die angeführten Beispiele zeigten, daß die Grundlinie der Geschichte Israels, die bis in die Gegenwart hinein ungebrochen weitergeht, der Widerstand gegen Gott und seine Verheißung ist. Dabei werden nicht nur einzelne Wendungen („unbeschnitten an Herzen und Ohren": Jer 9,25; 6,10; „halsstarrig": 2.Mose 33,3.5; 34,9; 5.Mose 9,6; „dem heiligen Geist [Gottes] ungehorsam": Jes 63,10) aus dem Alten Testament aufgenommen, sondern der ganze Duktus der Anklage nimmt das in der deuteronomistischen Tradition verankerte Schema der Kritik an Israel auf, das die von Gott zu ihm gesandten Boten abweist, verfolgt und tötet (z.B. 1.Kön 18,4.13; 19,10.14; Neh 9,26). Dabei wird vor allem die im Mose-Teil (V.17–43) vorbereitete Linie auf Jesus hin weiter ausgezogen: Das Geschick, das Israel jetzt Jesus zugefügt hat, ist der Höhepunkt dieser Geschichte ständigen Widerstandes gegen den Geist Gottes. Daß die Propheten die Ankunft Jesu „im voraus angekündigt" hatten, mag sich zunächst auf V.37 beziehen, könnte aber darüber hinaus auch die typologische Vorausdeutung der Sendung des Mose auf die Sendung Jesu meinen. Jesus trägt hier die altertümliche Würdebezeichnung „der Gerechte" (s. zu 3,14; vgl. 22,14). Mose (vgl. V.38f.) wie auch die übrigen Propheten und zuletzt Jesus haben Israel dem heiligen Gotteswillen, dem Gesetz unterstellt. Aber indem das Volk sie verstieß, verwarf es in Wahrheit auch das Gesetz und hat darum das Recht verwirkt, sich weiter darauf zu berufen. – Die Ansage des Gerichtes, die man hier eigentlich erwarten würde, fehlt. Sollte die Rede sie ursprünglich enthalten und erst Lukas sie weggebrochen haben? Für diese hypothetische Möglichkeit könnte der Umstand sprechen, daß die Gerichtsansage und damit die Abwendung des Evangeliums von Israel hier im Plan des Lukas noch zu früh käme. Er versteht die Stephanus-Rede keineswegs als das letzte Wort der Zeugen Jesu an die Juden – auch wenn man sie vielfach so deuten wollte. Vielmehr geht die Verkündigung an Israel zunächst noch weiter. Das letzte Wort über Israel – ein Wort des Gerichtes – wird erst Paulus nach seiner Ankunft in Rom am Schluß des Buches (28,25–28) sprechen.

4. Der Tod des Stephanus 7,54–8,1a

⁵⁴Als sie dies hörten, ging es ihnen durch und durch, und sie knirschten mit den Zähnen über ihn. ⁵⁵Voll des heiligen Geistes, blickte er zum Himmel und schaute die Herrlichkeit Gottes und Jesus zur Rechten Gottes stehen ⁵⁶und sprach: „Siehe, ich sehe die Himmel offen und den Menschensohn zur Rechten Gottes stehen!" ⁵⁷Da schrien sie mit lauter Stimme und hielten sich die Ohren zu und fielen einmütig über ihn her, ⁵⁸schleppten ihn zur Stadt hinaus und steinigten ihn. Und die Zeugen legten ihre Kleider ab zu den Füßen eines jungen Mannes namens Saulus. ⁵⁹Und sie steinigten Stephanus, der (den Herrn) anrief und sprach: „Herr Jesu, nimm meinen Geist auf!" ⁶⁰Dann kniete er nieder und rief mit lauter Stimme: „Herr, behalte ihnen diese Sünde nicht!" Und nach diesen Worten entschlief er. ⁸,¹ᵃ Saulus aber war mit seiner Ermordung einverstanden.

A
7,54–8,1a

Den Grundbestand dieses Abschnitts bildet der zweite Teil eines Traditionsstücks, dessen ersten Teil wir in 6,8–15 zu suchen haben (zur Analyse s. dort). Es handelte von der Auseinandersetzung des Pneumatikers Stephanus mit den Gliedern der hellenistischen Synagogen Jerusalems und von seiner Ermordung durch sie. Die Zweiteilung ist dadurch entstanden, daß Lukas die Rede eingeschoben hat. V.54 ist eine von Lukas geschaffene Überleitung von der Rede zum Martyriumsbericht. Weitere Spuren lukanischer Redaktion lassen sich unschwer erkennen, wenn man beachtet, daß die Steinigung in der vorliegenden Erzählung einmal als Akt spontaner Lynchjustiz (V.57.58a), das andere Mal als solenne Exekution (58b. 8,1a) dargestellt wird. Die erste Darstellungsform ist die der Überlieferung, die, wie gezeigt (s. zu 6,12), von einem offiziellen Gerichtsverfahren gegen Stephanus vor dem Synedrium wohl noch nichts wußte. Erst Lukas hat offensichtlich das Synedrium eingebracht und den Tod des Stephanus als Folge eines offiziellen rechtlichen Verfahrens gedeutet. Allerdings war diese Neuinterpretation nur oberflächlich, denn in unserem ganzen Abschnitt wird weder das Synedrium, noch ein von ihm ausgesprochenes Todesurteil gegen Stephanus erwähnt. Die umgekehrte Möglichkeit, daß die Tradition von einem offiziellen Todesurteil gegen Stephanus gewußt und daß erst Lukas die Züge der Lynchjustiz eingetragen hätte, muß auch aus historischen Gründen außer Betracht bleiben. Denn das Synedrium hatte unter herodianischer wie römischer Herrschaft keine Kompetenz, Todesurteile zu vollziehen. Eine Ausnahme bildete ein kurzer Zeitraum nach der Absetzung des Pilatus (zwischen Pascha 36 und 37), aber so spät läßt sich das Stephanus-Martyrium nicht ansetzen; es muß zwischen 32 und 34 erfolgt sein.

Lukanisch ist sicher auch die zweimalige Einführung des Paulus (Lukas nennt ihn bis 13,9 Saulus; vgl. zu 13,9) in 7,58b und 8,1a. Die Zugehörigkeit eines anekdotischen Zuges zur Tradition, wie es das Bewachen der Kleider durch Paulus (7,58b) ist, wäre angesichts der sonstigen strengen Konzentration dieser Tradition auf Stephanus ganz stilwidrig. Lukas wußte von der Beteiligung des Paulus an der Verfolgung der Hellenisten (vgl. 8,3). Der Martyriumsbericht bot ihm einerseits die Möglichkeit, dieses Wissen in konkrete Erzählung umzusetzen. Andererseits scheute er naturgemäß davor zurück, Paulus direkt an der Tötung des ersten Blutzeugen zu beteiligen. So rückte er ihn lediglich so nahe wie möglich an das Geschehen heran. Ein Zusatz von der Hand des Lukas mag auch das vorwegnehmende Referat der Vision in V. 55 b sein. Es soll dem Leser den schwierigen Ausdruck „Menschensohn" deuten. So ergibt sich als etwaiger Bestand des vorlukanischen Überlieferungsstücks: V. 55 a. 56–58 a. 59–60. Den Abschluß könnte der Bericht von der Bestattung des Märtyrers (8,2) gebildet haben.

Die Reaktion der Hörer der Anklagerede erinnert an 5,33, ist aber noch stärker. **B** Der Erzähler läßt durchblicken: die Angesprochenen verdecken ihre innere Betrof- **54** fenheit, indem sie sich in Empörung hineinsteigern. Dem korrespondiert aber nun **55** seitens des Stephanus eine letzte Steigerung der Manifestation seines Pneumatikertums: Er blickt wie gebannt zum Himmel auf (vgl. 1,10) und wird einer von dort ausgehenden Schauung der göttlichen Herrlichkeit teilhaftig. „Himmel" in der Einzahl bezeichnet hier die äußere Blickrichtung im Sinne des die Erde begrenzenden Himmelsfirmamentes. Die Szene ist ursprünglich unter freiem Himmel – nicht im Gerichtssaal! – gedacht. Die eigenen Worte des Stephanus geben eine genauere **56** Entfaltung des Inhalts der Vision. Wenn nun im Plural von den geöffneten „Himmeln" die Rede ist, so verschiebt sich damit die Perspektive: Es geht hier nicht mehr um das Firmament als Ziel und Grenze menschlichen Blicks, sondern um das innere Gefüge der Welt Gottes. Der Blick des Visionärs dringt bis in den obersten Himmel (vgl. 2. Kor 12,2 ff.), den Ort Gottes. Zu seiner Rechten, also an dem Ehrenplatz, der Anteil an Gottes Herrlichkeit, Macht und Göttlichkeit verleiht, schaut er Jesus. Das entspricht der urchristlichen Erhöhungschristologie (s. zu 2,33). Auffällig ist aber nun zweierlei: 1. Jesus wird hier „Menschensohn" genannt. Es ist dies die einzige Stelle im ganzen Neuen Testament, wo diese sonst nur im Munde Jesu erscheinende Selbstbezeichnung von anderer Seite auf ihn angewandt wird (Offb 1,13; 14,14; Hebr 2,6 sind alttestamentliche Zitate). Sie darf deshalb als Beleg einer sehr frühen christologischen Terminologie gelten, die später aus dem gemeindlichen Gebrauch verdrängt worden ist. – 2. Noch auffälliger, weil völlig singulär, ist das *Stehen* des Menschensohns zur Rechten Gottes, d.h. das Abweichen von der sich auf Ps 110,1 gründenden christologischen Vorstellung, wonach Jesus zur Rechten Gottes *sitzt*. Verschiedene Erklärungsversuche gehen kaum über Vermutungen hinaus: Soll hier (unter Anspielung auf Lk 22,69) das Kommen des Menschensohnes zur Parusie angedeutet werden, und zwar in dem Sinne, daß der Blutzeuge schon eine vorweggenommene Parusie erleben und unmittelbar in die himmlische Herrlichkeit eingehen darf? Geht der Menschensohn seinem Jünger entgegen, um ihn in die himmlische Herrlichkeit aufzunehmen? Doch für beides fehlen entsprechende Analogien. Ist gemeint, daß er sich als Richter zur feierlichen Urteilsverkündigung gegen sein Volk Israel erhebt (vgl. Jes 3,13 LXX; Ass Mos 10,3)? Dem würde die Bitte des Stephanus für seine Feinde (V. 60) entschieden widersprechen. Am meisten hat die Annahme für sich, der Menschensohn stehe hier als der Zeuge, der vor Gott, dem höchsten Richter, das entscheidende Zeugnis für Stephanus und gegen dessen Ankläger vorlegt. (Auch nach der sehr alten Tradition Lk 12,8 [Q] scheint die Funktion des Menschensohnes die des Zeugen vor dem himmlischen Tribunal zu sein). Diese Deutung könnte den weiteren **57–58 a** Fortgang der Erzählung erklären: Die Gegner des Stephanus verstehen den Hinweis

auf das Zeugnis des Menschensohnes gegen sie als Blasphemie und schleppen ihn in einer Aufwallung spontanen Zorns vor die Stadt, um ihn zu steinigen. Vorausgesetzt ist dabei zunächst das bei Steinigung durch Lynchjustiz übliche Verfahren:
58b Man hebt Steine auf und wirft sie nach dem weglaufenden Opfer. Dies wird nun von Lukas in V. 58b im Sinne seines Gesamtbildes korrigiert, indem er in Gestalt der „Zeugen" einen Zug aus dem Verfahren der gerichtlichen Steinigung eintrug. Nach 5. Mose 17, 4–7; Sanh 6, 1 wird der Delinquent an einen Abhang geführt, ausgezogen und vom ersten Zeugen hinabgestoßen. Der zweite Zeuge wirft ihm dann einen Stein auf das Herz.

Fast nebenbei, in einer Statistenrolle, führt Lukas hier nun den Mann ein, der bald im Mittelpunkt seines Buches stehen soll: Paulus. Es handelt sich hier um eine schriftstellerische Pointe, an der man den überlegenen Erzähler erkennt. Ganz gegen seine sonstige Übung bei der Einführung neuer Personen (z. B. 4, 36) erspart er sich nämlich hier nähere Angaben zur Person. Er schreibt für Leser, die die Rolle dessen kennen, der hier scheinbar zufällig die Szene betritt. Die einzige Angabe bleibt ganz vage: ein „junger Mann" kann nach damaliger jüdischer Vorstellung zwischen 20 und 40 Jahre alt sein.

59–60 Die zwei letzten Worte, die von Stephanus berichtet werden, erheben seinen Tod zum Vorbild und Beispiel für das Sterben aller Zeugen Jesu Christi. Zunächst empfiehlt er in einem Gebetsruf, der an das alte jüdische Abendgebet Ps 31, 6 anklingt, seinen Geist dem Herrn Jesus. Jesus wird in diesem Gebet direkt angeredet: Das ist Ausdruck der Gewißheit, daß er als der erhöhte Herr die Gemeinschaft seines Zeugen mit ihm auch durch den leiblichen Tod hindurchretten kann. Dann kniet Stephanus nieder; man weiß nicht recht: geht er unter den Steinwürfen der Mörder in die Knie oder nimmt er die Haltung des Beters ein? Mit seinem Gebet um Vergebung für seine Gegner bewährt er auch in seiner letzten Bedrängnis die von Jesus gesetzte Norm radikaler Feindesliebe (Mt 5, 44 par Lk 6, 35). Beide Worte klingen an zwei Worte des sterbenden Jesus aus dem lukanischen Passionsbericht (Lk 23, 46.34) an. Wo auch immer die überlieferungsmäßige Priorität liegen mag: Lukas will durch diese Entsprechung andeuten, daß durch Weg und Geschick Jesu ein konkretes Strukturmodell gegeben ist, das auf den Weg und das Geschick der Zeugen und damit auf die Geschichte der ganzen Kirche prägend wirkt (vgl. zu 9, 16). „Entschlafen" ist ein geläufiger Euphemismus für „sterben". Hier schwingt aber wohl in dem Wort die Gewißheit mit, daß die Bitte des Stephanus von V. 59
8, 1a erfüllt worden ist und daß darum der Tod für ihn zum Schlaf geworden ist. Die nachklappende Bemerkung über die Zustimmung des Saulus soll die Brücke zu 8, 3 und – darüber hinaus – zu 9, 1 schlagen.

5. Die Verfolgung in Jerusalem 8, 1 b–3

1b Es kam in jenen Tagen eine große Verfolgung über die Kirche in Jerusalem: Alle wurden zerstreut über die Landgebiete Judäas und Samarias, außer den Aposteln. 2 Es bestatteten aber fromme Männer den Stephanus und veranstalte-

ten eine große Totenklage über ihn. ³Saulus aber suchte die Gemeinde zu vernichten; er drang in die Häuser ein, schleppte Männer und Frauen fort und lieferte sie ins Gefängnis.

Dieses aus einzelnen Traditionssplittern zusammengewobene Stück hat eine ähnliche Funktion wie die Summarien im I. Teil: Es verknüpft die vorhergegangenen und nachfolgenden Einzelberichte zu einem einheitlichen Ganzen und deutet den übergreifenden Richtungssinn des Geschehens an. Die Steinigung des Stephanus hat zwar eine Verfolgung ausgelöst, die nach menschlichem Ermessen das Ende der Kirche hätte bedeuten müssen, aber durch Gottes Fügung ist diese Katastrophe zum Ausgangspunkt einer neuen, in die Weite führenden Entwicklung geworden! Während V. 1 im wesentlichen lukanisch zu sein scheint, bildete V. 2 ursprünglich den Abschluß des Stephanus-Berichts (vgl. die Analyse von 7,54 –8,1 a). Hinter V. 3 dürfte eine Tradition über die Verfolgertätigkeit des Paulus stehen (s. zu 9,1f.)   A 1b–3

Nach der Überzeugung des Lukas wurde die ganze Jerusalemer Gemeinde von der Verfolgung betroffen, denn sie war in seinen Augen ja eine Einheit (s. zu 6,1ff.). Alle ihre Glieder wurden zerstreut, soweit sie nicht gefangengesetzt wurden. Lediglich die Apostel blieben in Jerusalem, und zwar offensichtlich ohne in Bedrängnis zu geraten. Diese Darstellung ist aus mehreren Gründen sicher unzutreffend: 1. werden im folgenden unter den Zerstreuten nur Hellenisten genannt (8,4f.; 11,19ff.). – 2. wäre kein Grund dafür zu finden, daß Paulus, wenn er in der Tat die gesamte Jerusalemer Gemeinde verfolgte (V.3), ausgerechnet deren Anführer ungeschoren gelassen hätte. – 3. wird im folgenden der Fortbestand der Jerusalemer Gemeinde vorausgesetzt (8,14; 9,26ff.). Die Verfolgung kann demnach nur dem hellenistischen Gemeindeflügel gegolten haben. Die Nennung von Judäa und Samaria als Fluchtziele der Verstreuten spielt an auf 1,8: damit ist die vom Auferstandenen angeordnete Ausbreitung des Evangeliums in diese Gebiete in die Wege geleitet! Es mag zunächst überraschen, daß Lukas es bei dieser Andeutung beläßt und nicht als Ziel des Geschehens den Anfang der Heidenmission nennt. Ein Grund dafür ist, daß für ihn der Weg des Evangeliums zu den Heiden erst durch die Weisung Gottes an Petrus in Cäsarea (Kp 10) geöffnet wurde, ein weiterer, daß er die Durchführung der Heidenmission exklusiv an die Gestalt des Paulus gebunden sah. So problematisch beides auch sein mag, man wird aus der Sicht des Historikers urteilen müssen, daß die von den Hellenisten getragene Mission anfänglich in der Tat keine Heidenmission im eigentlichen Sinn gewesen ist. Sie wandte sich den Randgruppen Israels zu, zunächst den Samaritanern, die trotz ihrer Trennung vom Jerusalemer Tempel und trotz des Eindringens hellenistisch-synkretistischer Elemente in ihre Religion als gemeinsames Band mit Israel noch die Beschneidung hatten. Darüber hinaus wandte sich die früheste Mission den „Gottesfürchtigen", zu, ehemaligen Heiden, die im Umkreis der jüdischen Religion lebten – zumeist angezogen von deren strengem Monotheismus und hohem Ethos –, ohne den letzten Schritt der Beschneidung und des Eintritts in die Kultgemeinde zu tun. Der Weg zur gesetzesfreien Heidenmission war von hier aus noch weit, und er scheint erst allmählich, in einzelnen Schritten, zurückgelegt worden zu sein, deren wichtigster – die grundsätzliche Klärung der theologischen Legitimität der Hinwendung zu den Heiden – mit   B 1b

Paulus verknüpft sein dürfte. Trotzdem bleibt die Rolle der Hellenisten noch bahnbrechend genug. Sie scheinen eine Einsicht gewonnen zu haben, die den palästinischen Judenchristen noch verschlossen war: daß nämlich die Dynamik des missionarischen Auftrages des Erhöhten über Jerusalem hinausdrängte. Es genügte ihnen nicht, zu erwarten, daß sich aufgrund der Verkündigung an Israel in dessen heiliger Stadt das Gottesvolk seinem Messias zuwenden und daß dann von allen Seiten die Völker im Sinn der alten Tradition von der Völkerwallfahrt zum Zion (Jes 2,2 ff.) hinzuströmen würden. Neben die zentripetale Mission in Jerusalem mußte als Ergänzung eine zentrifugale Wandermission treten. Dieses neue Verständnis von Mission mag durch die Diaspora-Mentalität der Hellenisten erleichtert und durch das äußere Ereignis der Vertreibung gefördert worden sein. Es hätte sich wohl kaum entfalten können, wenn nicht auch theologische Impulse vorhanden gewesen wären, die in diese Richtung drängten. So dürfte ein neues aktualisiertes Verständnis der auf Jesus zurückgehenden Tradition der Jüngeraussendung (Lk 9; Mt 10) hier eine nicht unwichtige Rolle gespielt haben.

2   Die Notiz von der feierlichen Bestattung des Stephanus ist ein weiteres Indiz dafür, daß die vorlukanische Tradition seinen Tod nicht als Hinrichtung aufgrund eines Gerichtsurteils des Synedriums verstanden hatte. Eine öffentliche Trauerfeier für einen Hingerichteten war nicht gestattet (Sanh 6,8 c). Waren mit den „gottesfürchtigen Männern" ursprünglich wohl Glieder der aramäischsprechenden Gemeinde gemeint, so denkt Lukas an fromme Juden – denn die Christen sind ja seiner Meinung nach sämtlich vertrieben. So wird die Notiz für ihn zu einer Bestätigung des in 5,16. 28 entworfenen Bildes: Noch sind das Ansehen und die Beliebtheit der Christen bei den Einwohnern Jerusalems nicht geschwunden, noch gibt es Juden, die
3 das Verdikt ihrer Führerschaft über die Jesusjünger nicht teilen. Die Schilderung der Verfolgertätigkeit des Paulus geht über 7,58; 8,1 b weit hinaus. Aus dem Sympathisanten, der im übrigen ein unbeschriebenes Blatt war, ist nunmehr der Hauptträger der Verfolgung geworden. Ihm werden ermittlungsrichterliche Vollmachten zugeschrieben, wenn es heißt, er habe Hausdurchsuchungen vorgenommen und die dabei aufgespürten Christen ins Gefängnis geworfen. Die Frage, wer ihn dazu ermächtigt hat, wird man ebensowenig stellen dürfen wie die, ob es anschließend zu Kapitalprozessen gegen die Verhafteten unter den Augen der Römer kommen konnte. Die in ihrem Kern geschichtliche Jerusalemer Verfolgungstätigkeit des Paulus wird hier in ungeschichtlicher Weise effektvoll gesteigert, und zwar als negatives Gegenbild zu seiner Bekehrung (9,1 ff.).

6. Die Mission des Philippus in Samarien 8,4–25

⁴Die Zerstreuten zogen umher und predigten das Wort. ⁵Philippus kam in die Stadt von Samarien hinab und verkündigte ihnen den Messias. ⁶Es achtete aber die Menge einmütig auf das, was Philippus sagte, indem sie hörte und die Zeichen sah, die er tat. ⁷Denn es gab viele von denen, die unreine Geister hatten – mit lauter Stimme schreiend fuhren diese aus. Auch viele Gelähmte und Krüppel wurden geheilt. ⁸Da verbreitete sich große Freude in jener Stadt.

⁹Ein Mann aber namens Simon hatte schon vorher in der Stadt Magie getrieben und das Volk von Samarien in Erstaunen versetzt. Er hatte gesagt, er sei ein Großer. ¹⁰Auf ihn achteten alle, Groß und Klein, und sie sprachen: „Dieser ist die Kraft Gottes, die man die große nennt!" ¹¹Sie hingen ihm an, weil er sie geraume Zeit mit seinen magischen Künsten in äußerstes Erstaunen versetzt hatte. ¹²Als sie aber durch die Predigt des Philippus vom Reiche Gottes und vom Namen Jesu Christi zum Glauben gekommen waren, da ließen Männer und Frauen sich taufen. ¹³Sogar Simon kam zum Glauben, und als er getauft war, hing er dem Philippus an, und als er die großen Zeichen und Machterweise sah, die da geschahen, geriet er außer sich vor Staunen.

¹⁴Als die Apostel in Jerusalem hörten, daß Samarien das Wort Gottes angenommen habe, sandten sie Petrus und Johannes zu ihnen. ¹⁵Diese zogen hinab und beteten für sie, daß sie den heiligen Geist empfangen sollten. ¹⁶Denn noch war er auf keinen von ihnen herabgekommen; sie waren lediglich getauft auf den Namen des Herrn Jesus. ¹⁷Dann legten sie ihnen die Hände auf, und sie empfingen den heiligen Geist.

¹⁸Als Simon sah, daß durch die Handauflegung der Apostel der Geist gegeben wurde, bot er ihnen Geld an ¹⁹und sprach: „Gebt auch mir diese Macht, damit jeder, dem ich die Hände auflege, den heiligen Geist empfängt!" ²⁰Petrus aber sprach zu ihm: „Zur Hölle mit deinem Geld und dir, weil du geglaubt hast, man könne die Gabe Gottes mit Geld erkaufen! ²¹Du hast weder Anteil noch Anrecht an dieser Sache, denn dein Herz ist nicht recht vor Gott! ²²So kehre um von dieser deiner Bosheit und bitte den Herrn, ob dir vielleicht das Trachten deines Herzens vergeben werden kann. ²³Denn ich sehe, daß du Gallenbitterkeit und Fessel der Ungerechtigkeit bist." ²⁴Da antwortete Simon: „Betet ihr doch für mich zum Herrn, daß nichts von dem, was ihr gesagt habt, auf mich komme!" ²⁵Als sie nun das Wort des Herrn bezeugt und gesagt hatten, kehrten sie nach Jerusalem zurück und predigten (unterwegs) in vielen Dörfern der Samaritaner.

Vers 21: *Ps 78,37*; Vers 23: *5. Mose 29,17 LXX; Jes 58,6.*

Die Erzählung gliedert sich in fünf Einzelszenen: 1. Die Erfolge des Philippus in Samarien in Wort und Tat (V.4–8). – 2. Die Konfrontation des Philippus mit dem Magier Simon und dessen Bekehrung (V.9–13). – 3. Die Übergabe des Geistes an die Neubekehrten durch Petrus und Johannes (V.14–17). – 4. Die Konfrontation des Petrus mit dem Magier (V.18–24). – 5. Die Rückkehr der Apostel nach Jerusalem (V.25). Angesichts dieser Klarheit des Aufrisses sind die Unstimmigkeiten und Brüche innerhalb des Erzählganges um so auffälliger. Sie liefern denn auch den Schlüssel für die Rekonstruktion der vorlukanischen Tradition. So liegt zwischen V.4–8 und V.9–13 ein Bruch hinsichtlich der zeitlichen Ereignisabfolge. Zunächst wird nur der uneingeschränkte Missionserfolg des Philippus berichtet, und erst dann erfährt der Leser, daß der Magier Simon schon längst vor Philippus in Samarien tätig war und daß dessen Missionserfolg in steter Auseinandersetzung mit jenem errungen werden mußte. Zugleich zeigt sich, daß V.4–8 ganz als Vorbereitung von V.9–13 komponiert ist. So weist die Wendung: „Es achtete aber die Menge auf das, was Philippus sagte ..." (V.6) voraus auf V.10f., und ebenso bereitet die Bemerkung über die durch Wort und Tat des Philippus ausgelöste „Freude"

A
4–25

(V. 8) das in V. 11 über die Reaktion der Samaritaner auf das Wirken des Magiers Gesagte vor. Ferner fällt auf, daß die Tauftätigkeit des Philippus erst in V. 12 erwähnt wird. Man hätte sie eigentlich im Anschluß an die Schilderung seines Missionserfolges in V. 8 erwartet. Aus alledem läßt sich folgern, daß Lukas eine Vorlage hatte, die mit dem Auftreten des Magiers (V. 9–11) einsetzte, um erst im Anschluß daran von der erfolgreicheren Konkurrenz und dem Sieg des Philippus zu berichten. Lukas änderte, um den Anschluß an das Vorige herzustellen, die Erzählfolge, indem er V. 4–8 als Vorspann einschob, der vom Weg des Philippus nach Samarien und seiner dortigen Tätigkeit berichtete. Die Erzählung über das erfolgreiche Konkurrieren des Philippus mit dem Magier, die er in der Tradition vorfand, verkürzte er zu der summarischen Bemerkung in V. 12. Ganz unmotiviert wirkt im vorliegenden Erzählungsablauf V. 13, denn hier wird mit der Bemerkung, daß der Magier nach seiner Taufe Philippus „anhing" und über seine Taten in Erstaunen geriet, offensichtlich eine weitere dramatische Entwicklung zwischen beiden Männern vorbereitet; die erwartete Fortsetzung fehlt jedoch. Statt dessen beginnt in V. 14 der Bericht vom Kommen des Petrus und der Geistverleihung durch ihn. Zwar erscheint Simon von V. 17 an wieder auf der Bildfläche, aber sein Partner ist nun nicht mehr Philippus, sondern Petrus! Hinzu kommt eine weitere Unstimmigkeit: Während in V. 15 ff. der von Petrus verliehene Geist als Zeichen für die Eingliederung in die Heilsgemeinde verstanden ist, bezieht sich die Bitte des Simon in V. 19 auf den Geist als wunderwirkende Macht. Das heißt, der Magier möchte die Fähigkeit gewinnen, wie Philippus große Zeichen und Wunder zu tun. So scheint hinter V. 19 die ursprüngliche Fortsetzung von V. 13 zu stecken. Diese handelte von dem Versuch des Magiers, Philippus seine pneumatische Macht zu Zeichen und Wundern mit Geld abzukaufen, und von der Zurückweisung dieses Ansinnens. Erst Lukas hat im Zusammenhang mit seiner Einfügung der Geistspendung des Petrus (V. 14–17) diesen statt Philippus zum Kontrahenten des Simon gemacht.

So zeichnet sich folgender Befund ab: Lukas hat eine – wahrscheinlich mündlich tradierte – Erzählung verarbeitet, die von der Überlegenheit des Pneumatikers Philippus über Simon sowie von der weitergehenden Auseinandersetzung mit ihm berichtete. Diese Erzählung war eine Ätiologie, d.h. eine Entstehungslegende, die den Ursprung der samaritanischen Christengemeinde aus dem Sieg des Philippus über heidnische Magie herleitete. Der offene Schluß (V. 24) spiegelt insofern die aktuelle Lage dieser Gemeinde wider, als er eine weitere Bedrohung durch Gestalten wie Simon nicht ausschließt: Der Magier erfährt zwar die Überlegenheit des christlichen Pneumatikers und wird vor weiteren Versuchen, mit ihm in Konkurrenz treten zu wollen, gewarnt, er wird jedoch nicht grundsätzlich ausgeschaltet. Was sich hinter der pauschalen Bezeichnung „Magie" verbirgt, ist ein synkretistisches Pneumatikertum, in dem sich samaritanisch-jüdische Elemente mit hellenistisch-heidnischen vermischten. Wandernde religiöse Propagandisten und Gottesmänner traten mit dem Selbstbewußtsein auf, vom Geist als von einem überweltlichen Fluidum erfüllt zu sein, und stellten durch magische Handlungen ihre Fähigkeit, über den Geist zu verfügen, öffentlich unter Beweis. Gleichsam in einer das Typische festhaltenden Momentaufnahme wird uns hier der Zusammenstoß von synkretistisch-heidnischem und christlichem Pneumatikertum vor Augen geführt.

Lukas hat die Erzählung durch seine Redaktion (V. 4–8.25) in den Kontext eingebaut und ihr in der Petrus-Episode (V. 14–16) einen neuen Schwerpunkt gegeben. Sein Anliegen war es, zu zeigen, daß der erste Schritt des Evangeliums über den Ursprungsort Jerusalem hinaus die Kontinuität der Heilsgemeinde, deren sichtbares Zeichen der Geist ist, nicht gefährdet: Die neue Entwicklung vollzieht sich unter den Augen der Apostel als der bevollmächtigten Zeugen Jesu (vgl. 1,21 ff.) und kann damit als weiterer Schritt zur Verwirklichung des ihnen vom Auferstandenen erteilten Auftrags (V. 8) gelten.

„Die Zerstreuten" weist zurück auf 8,1b und voraus auf 11,19. Im Sinne des B Lukas hätte es sich dabei um alle Glieder der Jerusalemer Gemeinde gehandelt; in 4 Wirklichkeit waren es, wie auch die folgenden Beispiele zeigen, nur die Hellenisten. Sie durchzogen die Länder Judäa und Samarien (in 9,31 wird darüber hinaus noch Galiläa erwähnt); so wurde die Vertreibung zum Ansatz der ersten Mission außerhalb Jerusalems. Der Inhalt der verkündigten Heilsbotschaft wird summarisch mit einem terminus technicus der Gemeindesprache umschrieben: „das Wort" (4,4; 10,44; 11,19; 17,11). – Philippus, die zentrale Figur der beiden nun folgenden 5 Erzählungen, war in der Liste des Siebenerkreises (6,5) an zweiter Stelle nach Stephanus genannt worden. Wie jenen, zeichnet auch ihn die Überlieferung ganz als Pneumatiker (vgl. 8,29. 39; 21,8 f.). Wir haben es hier sicher mit einem generellen Merkmal der frühen Jerusalemer „Hellenisten" zu tun. Später wurde Philippus zuweilen mit dem gleichnamigen Glied des Zwölferkreises (vgl. 1,13) verwechselt. Für die Annahme einer ursprünglichen Identität beider gibt es keine Anhaltspunkte (Joh 12,21, wo der Zwölferjünger Philippus mit der Mission für die „Griechen" in Verbindung gebracht wird, könnte allerdings erster Beleg für eine Identifikation beider sein). Vom hochgelegenen Jerusalem aus geht der Weg in das tiefer gelegene Samarien „hinab". Die Ortsangabe „in die Stadt Samariens" ist ebenso summarisch wie ungenau. Lukas selbst wird, falls er überhaupt genauere geographische Vorstellungen hatte, an die alte Hauptstadt Samaria gedacht haben, die zu jener Zeit freilich vollständig hellenisiert war und zu Ehren des Kaisers Augustus von Herodes dem Großen in Sebaste umbenannt worden war. Geht man jedoch davon aus, daß Philippus unter der eigentlich samaritanischen Bevölkerung wirken wollte, so ist wahrscheinlicher, daß er sich nach Sichem, ihrem religiösen Zentrum, wandte (vgl. Joh 4,20). Wieder wird der Inhalt der Verkündigung formelhaft zusammengefaßt: Philippus predigte (Jesus als) den Messias (vgl. 5,42). Man wird in diese das Ganze des Christusgeschehens umschreibende Wendung an dieser Stelle nicht allzuviel hineinlegen dürfen. Ob Lukas hier an die den Samaritanern eigene besondere messianische Erwartung des sog. Taeb sowie an deren Aufnahme und Umprägung durch die Christusverkündigung des Philippus dachte, ist fraglich. Philippus wirkt 6 durch seine Predigt wie auch durch die sie begleitenden Zeichen. Dabei ist das erstere betont vorausgestellt und von dem letzteren abgehoben; die Menge „hört" die Botschaft, und sie „sieht" die Zeichen. Lukas will das naheliegende Mißverständnis vermeiden, als habe Philippus wie der Magier (V. 10) seine Öffentlichkeitswirkung der Wundertätigen zu verdanken, und betont deshalb die Predigt als das entscheidende Merkmal, das die Tätigkeit des Philippus gegenüber der des Magiers auf eine andere Ebene hebt. Erwähnt werden die klassischen Wunder der Dämonenaustrei- 7 bungen und der Gelähmtenheilungen. Die parallele Anlage der beiden Sätze muß aus Gründen innerer Logik durchbrochen werden: die Dämonen, die Philippus austreibt, sind mit den Kranken, deren Heilung man wahrnehmen kann, ja nicht identisch! Den Vorgang der Dämonenaustreibung hat sich Lukas wohl nach dem Muster von Lk 4,31–37 vorgestellt. – Die große Öffentlichkeitswirkung – Freude bricht in der ganzen Stadt aus (vgl. 5,16) – scheint sich zunächst nur auf die Wunder zu beziehen; von einem Glauben der Samaritaner ist hier noch nicht die Rede.

9 Erst hier erfahren wir: Philippus hat seine Erfolge gegen einen gefährlichen Konkurrenten errungen, der bereits vor ihm in der Stadt das Feld beherrschte und dessen Wirken in den Augen der Öffentlichkeit auf der gleichen Ebene wie das seine zu liegen scheint. Dieses Wirken wird summarisch gekennzeichnet als „Magie treiben". Gemeint ist damit die Praktizierung von Künsten, die auf ein übernatürliches, aber durch außergöttliche Kräfte vermitteltes Wissen zurückgehen. Als Träger solcher Kräfte galt er als „göttlicher Mensch", dem man mit heiliger Scheu begegnete, und er bekannte sich ausdrücklich zu dieser Geltung, indem er beanspruchte, 10 „ein Großer" zu sein (vgl. 5,36). Damit wird freilich nur die eigentliche Selbstaussage des Simon, die in dem Akklamationsruf des Volkes steckt, vorbereitend umschrieben. Sie läßt sich in ihrem ursprünglichen Wortlaut rekonstruieren, wenn man sie aus der 3. in die 1. Person überführt und die Worte „Gottes" und „die man nennt" als lukanische Interpretation ausscheidet. Lukas fügte sie hinzu, weil er erklären wollte, daß mit dem Titel „die große Kraft" die Kraft Gottes gemeint sei (vgl. 3,12; 4,7). Das ursprüngliche Prädikat lautete demnach wohl: „Ich bin die große Kraft." Jüdisches und Heidnisches fließen hier ineinander. Im Judentum war „die Kraft" bzw. „die große Kraft" eine geläufige Umschreibung des Gottesnamens (5. Mose 9,26 ff.; Sach 4,6 LXX; Phil Mos I 111). In der hellenistischen Welt war es gang und gäbe, daß sich Wundertäter und Magier als von der Gottheit und ihrer Kraft erfüllt ausgaben. So erklärte Empedokles (fr 112), daß ein Gott in ihm steckte, und von Menekrates heißt es: „er gab sich als Zeus aus, als alleinigen Urheber des Lebens" (Athen VII 289 a). Demnach verstand sich Simon als die Inkarnation des höchsten Gottes, als der im Stile des „göttlichen Menschen" auf Erden erscheinende wundertätige Gott. Von der göttlichen Kraft wie von einem unsichtbaren Fluidum physisch durchdrungen, bot er eine gegenwärtige Heilswirksamkeit der Gottheit an. Dieses Heilsangebot entsprach genau der religiösen Stimmungslage der damaligen hellenistischen Welt mit ihrer elementaren Sehnsucht 11 nach Erlösung durch das Teilhaftigwerden göttlicher Kräfte. Kein Wunder also, 12 daß Simon eine solche Breitenwirkung erzielte. Der Bericht reduziert allerdings die religiöse Dimension der simonianischen Bewegung, indem er weder etwas von der Lehre des Simon sagt, noch von einem Glauben an ihn spricht. Für ihn ist Simon nur Magier und Wundertäter, im Unterschied zu Philippus, der Träger der heilschaffenden Botschaft ist, der die Wunder lediglich als Zeichen zugeordnet sind. Diese Botschaft – formelhaft umschrieben als „Verkündigung vom Reich Gottes und vom Namen Jesu Christi (vgl. 19,8; 20,25; 28,23. 31) –, nicht sein Wunderwirken, ist denn auch die Ursache dafür, daß in Samarien Glaube entsteht. Der Gedanke an eine unmittelbare propagandistische Wirkung der Wunder ist selbst hier, wo er durch die Konstellation Philippus-Simon naheliegen mußte, demonstra-

tiv vermieden. Zum Glauben gehört ganz selbstverständlich die Taufe; erst durch sie entsteht Kirche (vgl. Exk. zu 2,41f.). Der Sieg der Botschaft von Christus scheint dadurch endgültig besiegelt, daß sogar der Widersacher Simon zum Glauben kommt und sich taufen läßt. Wobei nun allerdings sogleich die Fragwürdigkeit dieser Wende deutlich wird: Er hat sich in die Gemeinde eingliedern lassen in der Hoffnung, dadurch das Geheimnis der Wunderkraft des Philippus zu entdecken. So heftet er sich auf die Spuren des Philippus, um ihn bei seiner Tätigkeit genau zu beobachten.

An dieser Stelle bricht die Erzählung abrupt ab, um eine neue Episode einzublenden: Petrus und Johannes kommen als apostolische Delegaten aus Jerusalem, um die neugetauften Samaritaner durch die Spendung des Geistes in die Kontinuität der Kirche hineinzunehmen und damit die Legitimität der Philippus-Mission offiziell anzuerkennen. Grundsätzlich gehören für Lukas Taufe, Geistempfang und Kirche untrennbar zusammen. Die beiden Stellen, wo er Taufe und Geistempfang *zeitlich* auseinandertreten läßt, 8,15f. und 10,44.48, sollen gerade die *sachliche* Zusammengehörigkeit beider sowie ihre Zuordnung zur Kirche besonders herausstellen. Ist in 10,44 (s. dort) die Geistausgießung über die Heiden ein von Gott gewirktes Zeichen für ihre Aufnahme in die Kirche, durch das Petrus zum Vollzug der Taufe an ihnen legitimiert wird, so wird hier umgekehrt durch den Vollzug der Taufe an den Samaritanern die Frage nach deren Zugehörigkeit zur Kirche gestellt. Lukas beantwortet sie, indem er Petrus, den zentralen Repräsentanten der Kirche, die Philippus-Taufe durch die Geistgabe gleichsam vervollständigen läßt. Einiges scheint dafür zu sprechen, daß die Behauptung, wonach die Philippustaufe nicht mit der Geistverleihung verbunden gewesen sei, nicht nur eine zweckgerichtete Unterstellung des Lukas ist, sondern auf geschichtlicher Information über die frühe Hellenistenmission beruht (vgl. zu 8,26–40). Der Vollzug der Geistverleihung scheint der Lukas vertrauten Taufpraxis zu folgen: Der Täufer legt dem Täufling unter Gebet die Hände auf. Das Kommen des Geistes ist im Sinne einer enthusiastischen Geisterfahrung gedacht, die sich vor allem durch Zungenreden manifestierte (vgl. 2,12f.; 10,46). Lukas will mit dieser von ihm eingetragenen Episode die Legitimität der Philippusmission bekräftigen, indem er zeigt: Es handelte sich bei diesem Schritt über die Grenzen Israels hinaus nicht um einen willkürlichen Alleingang eines einzelnen, sondern um einen die ganze Kirche betreffenden und von ihr in Verantwortung gegenüber ihrem Auftrag bejahten Vorgang. Durch die Visitation der Jerusalemer Apostel werden die samaritanischen Christen in die Kontinuität des Gottesvolkes, des endzeitlichen Israel, hineingestellt und ihre Taufe wird zu dem, was Taufe ihrem Wesen nach immer sein soll, nämlich zur Eingliederung in das Ganze der Kirche. Jedoch gibt es kein Indiz dafür, daß Lukas diese Kontinuität der Kirche im Sinne einer Abhängigkeit der Einzelgemeinden von der Jurisdiktions- und Weihegewalt der Jerusalemer Apostel verstanden hätte. Diese gelten ihm zwar als die entscheidenden Autoritäten der Frühzeit, von denen alle wichtigen Impulse für das Wachstum der Kirche ausgehen und die vermöge ihrer einmaligen Stellung den Integrationspunkt für alle kirchlichen Entwicklungen bilden, aber er legt überraschend wenig Gewicht auf ihre jurisdiktionelle Vollmacht und sieht in ihnen kein Modell einer kirchenleitenden Institution. Das geht u.a. schon daraus hervor, daß

Lukas von einer juridisch-institutionellen Bindung der paulinischen Mission an Jerusalem nichts weiß, bzw. daß ihr Fehlen für ihn kein Problem ist.

18 An diesem Punkt wird Simon neu ins Bild gebracht: Er sieht die eindrucksvollen Folgen der Handauflegung der Apostel und meint, es handle sich dabei um eine singuläre Form von Magie. Worum es ihm geht, ist nicht der Geistbesitz als solcher; er möchte vielmehr, gleich den Aposteln, die Fähigkeit zur Verleihung des Geistes und damit zur Hervorrufung pneumatisch-ekstatischer Phänomene gewinnen, denn er sieht in diesen die Überlegenheit der Christen über ihn begründet.

19 Durch seine Bitte an Petrus, ihm das Geheimnis gegen Geld zu verkaufen, gibt er zu erkennen, daß er vom Wesen der von den Aposteln vertretenen Macht nichts verstanden hat. Diese gründet ja nicht in bestimmten habituellen Fähigkeiten, und ihre Träger sind nicht Vertreter des Typus des „göttlichen Menschen", der über überna-

20 türliche Kräfte mittels bestimmter Techniken verfügt. Vielmehr handelt es sich hier um ein freies Geschenk Gottes, über das er allein die Verfügungsgewalt behält. Bei allen Manifestationen des Geistes ist immer Gott der Handelnde; die Glieder der Kirche sind lediglich seine Werkzeuge (vgl. 3, 2.16). Petrus antwortet mit einer Verwünschungsformel, deren Anklang an Dan 2, 5; 3, 96 (Theodotion) allerdings eher zufällig sein dürfte: Das Ansinnen des Simon, Gottes Geist zu einer verfügbaren Ware zu machen, wird damit als teuflische Versuchung entlarvt, und Simon wird dem Bereich überantwortet, als dessen Interessenvertreter er sich erwiesen hat. Sein Verhalten ist für Lukas eine Illustration für die korrumpierende Macht des Geldes

21 (5, 1–11; Lk 12, 15; 16, 13). Es folgt eine feierliche Exkommunikationsformel in biblischem Stil (vgl. 5. Mose 12, 19; 14, 27), die die Folgen des Verhaltens des Simon konstatiert und ihn öffentlich dabei behaftet: Er hat keinen Anteil mehr am Wort (des Evangeliums) und der von ihm geschaffenen Heilssphäre der Gemeinde; denn er hat sich, indem er über Gottes Gabe, den Geist, verfügen wollte, selbst der schenkenden Macht Gottes entzogen. Was ihm fehlt, ist, wie in einer biblischen Wendung (Ps 78, 37) gesagt wird, die Aufrichtigkeit des Herzens vor Gott, d. h. die Haltung dessen, der bereit ist, allein von Gott alles zu erwarten und sich seinem

22 Wort bedingungslos zu unterstellen. Auch für Simon gibt es jedoch, wie für jeden Sünder, noch die Möglichkeit der Umkehr, die Vergebung wirkt (vgl. 13, 11). Mit dem Ausschluß aus der Gemeinde greift diese nicht dem letzten Wort Gottes über den umkehrenden Sünder vor, das ein Ja sein kann. Lukas erkennt also, anders als Hebr 6, 4 ff., die Möglichkeit einer zweiten Buße nach der Taufe ausdrücklich an.

23 Mit einem an 5. Mose 29, 17 und Jes 58, 6 angelehnten doppelten Bildwort, das den sündigen Zustand des Simon als „Gallenbitterkeit" und „Fessel der Ungerechtig-

24 keit" beschreibt, schließt Petrus. – Die Konfrontation endet offen. Zwar kommt es nicht zu einer Annahme des Umkehrangebots durch Simon – er bleibt der Magier, der er bislang gewesen war. Aber er erkennt zumindest indirekt nochmals die Überlegenheit der Apostel an, indem er sie bittet, durch ihr Gebet das von ihnen angekündigte Verderben von ihm abzuwenden. Der Kampf der Kirche gegen Magier vom Schlage Simons ist nicht abgeschlossen. Aber dieser Kampf kann – so soll der Leser wissen – in der Gewißheit geführt werden, daß alle Magier, wie Simon, letztlich an der Überlegenheit des Evangeliums scheitern müssen.

Lukas läßt Petrus und Johannes über den unmittelbaren Zweck ihrer Inspektionsreise hinaus noch in Samarien predigend und missionarisch tätig werden. Sie ergänzen das Wirken des Philippus, indem sie – gemeint ist: am gleichen Ort wie er, d.h. wohl in Sichem – verkündigen und indem sie auf ihrem Rückweg nach Jerusalem in weiteren Orten Samariens Pioniermission treiben. Dieses Bild ist zweifellos ungeschichtlich; es ist veranlaßt durch die Intention des Lukas, alle Initiativen der Frühzeit aus dem Zentrum Jerusalem hervorgehen zu lassen (zu Umfang und Art der missionarischen Tätigkeit des Petrus vgl. 9,32–43).

Simon Magus. Die Erzählung vom Magier Simon steht am Ausgangspunkt einer ungemein vielfältigen Wirkungsgeschichte. Dabei wurde die geschichtliche Gestalt des Magiers durch verschiedene Interpretationen überlagert, deren Gemeinsamkeit lediglich darin bestand, daß sie Simon als den prototypischen Feind Gottes und der Kirche zeichneten. 1. Die Kerygmata Petrou, eine in den sog. pseudoclementinischen Roman (um 300) eingegangene ebjonitisch-judenchristliche Quelle, identifiziert den Magier mit Paulus. Er ist der Widersacher des Petrus, der diesem überallhin nachreist, seine Taten nachahmt und sie verzerrt. – 2. Das mittelalterliche Kirchenrecht sieht in Simon Magus den Urheber der sog. Simonie, d.h. des Kaufs geistlicher Dinge (Sakramente, kirchliche Ämter) mit Geld. – 3. Ungleich wichtiger, weil möglicherweise an einen historisch authentischen Kern anknüpfend, ist jedoch die Interpretation der Simon-Gestalt durch die Kirchenväter. Sie sieht in Simon den Urheber der gnostischen Häresie. Der selbst aus Samarien stammende Justin berichtet (apol I 26, 1–56), Simon sei in Gittäa in Samarien geboren; später sei er in Rom als Magier aufgetreten, dort göttlich verehrt worden und auf Senatsbeschluß unter die römischen Götter aufgenommen worden; im übrigen seien fast alle Samaritaner Simonianer. – Weiter geht Irenäus von Lyon (adv haer I 23,2f. [um 180]), wenn er berichtet, Simon habe in einem Bordell in Tyrus eine Dirne namens Helena freigekauft, um mit ihr ein verwerfliches Vagabundenleben zu führen. Und zwar habe er behauptet, er sei mit dem göttlichen Urvater identisch, während Helena seine persongewordene *prōtē ennoia* (= erste Idee) sei, die ihm vor der Weltschöpfung entsprungen sei, um ein Leben der Gefangenschaft und Verknechtung unter den Mächten der Materie zu führen. Simon als höchster Gott sei als Scheinmensch auf Erden erschienen, um seine Ennoia zu finden und zu erlösen, und mit ihr auch alle der himmlischen Heimat entfremdeten Seelen aus ihrer Verstrickung in die widergöttliche Materie zu retten und ihnen die wahre heilschaffende Erkenntnis (= *gnōsis*) zu vermitteln. Demnach hätte Simon den gnostischen Mythos vom Fall des Göttlichen in die Materie und seiner Erlösung in Reinkultur vertreten. – Aber war nun der historische Simon Magus tatsächlich in diesem von den Kirchenvätern behaupteten Sinne Exponent eines voll ausgebildeten vorchristlichen gnostischen Systems? Man sollte hier sehr zurückhaltend urteilen. Denn einmal erweist es sich, daß die Kirchenväter spätere Entwicklungen auf die Simon-Gestalt zurückprojizieren. Zweitens jedoch widerspricht der vorliegende Text von Apg 8 solchen Vermutungen: Er stellt Simon als einen durch öffentliche Kraftmanifestationen wirkenden „göttlichen Menschen" dar, nicht jedoch als einen Übermittler geheimer Erlösungslehren. So bleibt als wahrscheinlichste Annahme, daß erst im 2. Jahrhundert sich die samaritanischen Gnostiker die Simon-Gestalt zu eigen gemacht und sie im Sinne ihres Erlösungssystems gedeutet haben. Den Anlaß dazu können allerdings neben der Selbstbezeichnung als „große Kraft" (V. 10) die in der Lehre des historischen Simon aller Wahrscheinlichkeit nach bereits vorhandenen Elemente eines synkretistischen Dualismus gebildet haben.

7. Die Taufe des äthiopischen Kämmerers 8, 26–40

26 Der Engel des Herrn aber sprach zu Philippus: „Mache dich auf und gehe nach Süden zu der Straße, die von Jerusalem nach Gaza hinabführt." Diese ist einsam. 27 Und er machte sich auf und ging hin. Und siehe, da war ein Äthiopier, ein Eunuch, ein Hofbeamter der Kandake, der Königin der Äthiopier, der ihren ganzen Schatz verwaltete. Er war nach Jerusalem gekommen, um dort anzubeten; 28 er war aber auf der Rückreise begriffen und saß in seinem Wagen und las den Propheten Jesaja. 29 Da sprach der Geist zu Philippus: „Tritt hinzu und halte dich an diesen Wagen!" 30 Als Philippus hinzulief, hörte er ihn den Propheten Jesaja lesen, und er sprach: „Verstehst du auch, was du liest?" 31 Er aber sagte: „Wie könnte ich wohl, wenn mir niemand Anleitung gibt?" Und er bat Philippus, aufzusteigen und sich zu ihm zu setzen. 32 Der Schriftabschnitt den er gerade las, war aber dieser:

„Wie ein Schaf wurde er zur Schlachtbank geführt;
und wie ein Lamm vor seinem Scherer stumm ist,
so öffnet auch er seinen Mund nicht.
33 In der Erniedrigung wurde sein Strafgericht aufgehoben.
Sein Geschlecht – wer kann es beschreiben?
Denn weggenommen von der Erde wird sein Leben."

34 Der Eunuch wandte sich an Philippus und sagte: „Ich bitte dich, von wem sagt der Prophet das? Von sich selbst oder von einem anderen?" 35 Da tat Philippus seinen Mund auf, und ausgehend von dieser Schriftstelle verkündigte er ihm Jesus. 36 Als sie nun auf der Straße dahinfuhren, kamen sie zu einem Wasser. Da sagte der Eunuch: „Siehe, hier ist Wasser! Was hindert, daß ich getauft werde?" 38 Und er ließ den Wagen halten, und beide stiegen in das Wasser hinab, Philippus und der Eunuch, und er taufte ihn. 39 Als sie aber aus dem Wasser stiegen, da entrückte der Geist des Herrn den Philippus, und der Eunuch sah ihn nicht mehr; er zog aber fröhlich seine Straße weiter. 40 Philippus aber fand sich in Aschdod wieder, und er durchzog verkündigend alle Städte, bis er nach Cäsarea gelangte.

Vers 32 f.: *Jes* 53, 7 f.; Vers 39: *2. Kön* 2, 12.

A
26–40

Diese zweite Philippus-Erzählung dürfte, ebenso wie die vorhergegangene erste, von Lukas einem in den Kreisen der Hellenisten tradierten Kranz von Philippus-Legenden entnommen sein. Was sie mit der ersten und darüber hinaus mit der Stephanus-Überlieferung verbindet, ist das starke Hervortreten des Pneumatischen. Hierin ist zweifellos ein für die frühen Hellenisten typischer Zug aufbewahrt worden. Philippus erscheint hier als vom Geist getriebener Wandermissionar, der an keinen festen Ort gebunden ist, sondern ganz unvermittelt hier und dort auftaucht, um die an ihn ergangenen göttlichen Weisungen zu erfüllen. Hinter der Erzählung mag sehr wohl eine einmalige geschichtliche Begebenheit stehen; aber das Interesse des ursprünglichen Erzählers haftet nicht am Einzelfall, mag dieser auch noch so ungewöhnlich erscheinen, sondern an dessen paradigmatischer Bedeutung. Und zwar geht es (1.) um die Begründung der Mission an Nichtjuden und zugleich (2.) um eine typische Darstellung ihres Vollzugs.

1. Die Legitimität der Zuwendung an einen Heiden wird hier durch die Rückführung auf eine von Gott ausgehende Initiative begründet. Philippus ist nur ausführendes Organ in einem Geschehen, bei dem der Geist selbst Regie führt. Dies kommt in einer Reihe von Zügen zum Ausdruck: Philippus wird vom Engel Gottes auf die Reise geschickt (V.26) – er wird vom Geist an den Wagen des Eunuchen gewiesen (V.29) – er trifft diesen just über der Lektüre der Prophetenstelle, die ihn für die Christusbotschaft vorbereitet (V.32f.) – ja es findet sich sogar im rechten Augenblick eine Wasserstelle zum Vollzug der Taufe (V.36). – 2. Als typische und konstitutive Elemente missionarischen Handelns werden die Unterweisung aus der Schrift und die Taufe dargestellt. Dies alles spricht für die Annahme, daß diese Erzählung in den Kreisen der Hellenisten dazu diente, die Mission unter „Gottesfürchtigen" zu legitimieren und zugleich ihren Vollzug zu normieren. Das Milieu, das sie voraussetzt, ist das der von den Hellenisten eingeleiteten palästinisch-syrischen Wandermission. Ortsgemeinden spielen in ihr keine Rolle; alles hängt an den vom Geist getriebenen Boten Jesu, die von Ort zu Ort wandern, um hier und dort einzelne für das Heil zu gewinnen. Die Taufe, die sie vollziehen, ist Übereignung an Jesus Christus den Erhöhten, aber sie ist nicht verbunden mit der Gabe des Geistes an den einzelnen, und sie wird auch noch nicht verstanden als Eingliederung in die Gemeinschaft der Kirche.

Die Erzählung ist klar gegliedert: Eine doppelte Exposition bereitet die Begegnung der beiden Partner (Philippus: V.26. 27a; der Eunuch: V.27b. 28) vor. Der Mittelteil (V.29–38) zeigt Philippus bei der Durchführung seiner missionarischen Aufgabe, die aus Unterweisung in der Schrift (V.30–35) und Taufe (V.36–38) besteht. Der Abschluß (V.39f.) entspricht der doppelten Exposition, indem er das Auseinandergehen der beiden Partner berichtet.

Lukas setzt die Erzählung an diese Stelle, weil sie wie 8,4–25 von Philippus handelt und weil sie geeignet ist, eine weitere missionarische Expansion über das bisher Berichtete hinaus anzudeuten, ohne dabei schon die endgültige Überschreitung der Grenze zum Heidentum vorauszusetzen – denn diese wurde seiner Überzeugung nach erst durch das Widerfahrnis des Petrus in Cäsarea (Kp 10) eingeleitet. Die Erzählung ist in sich einheitlich. Spuren lukanischer Redaktion lassen sich kaum erkennen – es sei denn in der Eleganz einzelner sprachlicher Formulierungen (z.B. V.31. 34). Allenfalls könnten formale Erwägungen dafür sprechen, daß das ausführliche Prophetenzitat in V.32f. erst von Lukas eingefügt wurde, während die Erzählung ursprünglich nur einen allgemeinen Hinweis auf die Propheten enthalten haben mag (V.30).

Philippus erhält von Gott her einen blinden Auftrag; er erscheint damit von vornherein in der Rolle des Werkzeuges, dessen sich der Geist bedient. Der „Engel des Herrn" (vgl. Lk 1,11; 2,9; Apg 5,19; 10,3; 12,7. 23; 27,23) tritt als Bote

B 26

Gottes jeweils da in Erscheinung, wo Menschen zur Verwirklichung des Heilsplanes Gottes in Dienst genommen werden sollen. Die gleiche Funktion kann auch dem Geist zugeschrieben werden (V.29). Wo Philippus sich befindet, wird nicht gesagt. Nach Meinung des Lukas sicher in Samarien (vgl. 8,5) – aber ob ihn dort die ursprüngliche Erzählung suchte, ist ebenso unsicher wie die Annahme, sie habe sein Standquartier in Jerusalem lokalisiert. Wenn sie ihn, was wahrscheinlich ist, als Prototyp des ruhelos von Ort zu Ort ziehenden Wandermissionars zeichnete, so setzte sie wahrscheinlich seinen Aufenthalt irgendwo im Küstengebiet in der Nähe von Aschdod voraus (vgl. V.40). Gaza liegt nahe des Meeres, ca. 100 km südwestlich von Jerusalem. Es war die letzte größere judäische Stadt an der großen, der Küste entlang nach Ägypten verlaufenden Handelsstraße. Von Jerusalem nach Gaza führten zwei Straßen; welche von ihnen gemeint ist, wird nicht gesagt. Die für den Leser bestimmte Zwischenbemerkung „diese ist einsam" soll die Ungewöhn-
27 lichkeit des Auftrages unterstreichen, dem Philippus zu folgen hat. Das Kommen dessen, dem er gilt, sollen wir als Leser gleichsam aus seiner Perspektive miterleben und so seine Überraschung teilen. Es ist ein Äthiopier, d.h. ein Nubier aus dem südlich von Ägypten gelegenen Gebiet am oberen Nil, zwischen Assuan und Khartum, dem heutigen Sudan. Das äthiopische Königreich war nämlich weder bevölkerungsmäßig noch geographisch mit dem heutigen Äthiopien (dem Gebiet im Bergland östlich des oberen Nils) identisch. Es wurde stets von der Königinmutter regiert, die den Titel ‚Kandake' trug. Das Wort *eunouchos* muß an sich nicht unbedingt den Verschnittenen meinen; in der LXX wie auch sonst dient es vielfach als Bezeichnung hoher politischer und militärischer Beamter. In unserem Fall dürfte es sich jedoch um einen Kastraten handeln, denn die Hofbeamten von Königinnen waren durchweg Verschnittene. Das ist insofern von Belang, als ein Kastrat nach 5.Mose 23,2 nicht Jude werden konnte. Der Äthiopier wird jedoch als ein großer Freund des Judentums geschildert. D.h. er gehört zum in damaliger Zeit nicht kleinen Kreis jener Heiden, die sich, ohne beschnitten zu sein, zum jüdischen Monotheismus bekannten und gewisse Teile des Gesetzes beobachteten (Bill II 716), und die man als „Gottesfürchtige" bezeichnete. Auch wenn dieser Begriff fehlt, kann doch kein Zweifel daran sein, daß der Eunuch durch sein Verhalten faktisch
28 als „Gottesfürchtiger" gezeichnet werden soll. Seine Liebe zur jüdischen Religion hat er durch eine Wallfahrt nach Jerusalem unter Beweis gestellt, auf deren Rückweg er sich befindet. Er bekundet sie weiter durch den Eifer, mit dem er, in seinem Wagen sitzend, eine das Jesajabuch enthaltende Schriftrolle studiert, die er offenbar in Jerusalem erworben hat – was für einen Nichtjuden nicht leicht war. Wie in der
29–30 Antike allgemein üblich, las er laut. Eine weitere Weisung von oben bringt die Begegnung beider Männer zustande: Philippus läuft auf Befehl des Geistes eine Weile neben dem Wagen her; so kann er die laut gelesenen Worte verstehen und eine Möglichkeit finden, an sie mit seiner Botschaft anzuknüpfen. Die Frage, mit der er das Gespräch beginnt, ist ein Wortspiel: *anagignōskein* (lesen) ist ein Kompositum von *gignōskein* (verstehen). Dahinter steht nicht ein überheblicher Zweifel an der intellektuellen Fähigkeit des Äthiopiers, sondern die Überzeugung, daß ein wirkliches Verstehen der Schrift allein von deren Erfüllung in Christus her möglich
31 ist. Der Eunuch gibt Philippus spontan recht. Mit seiner rhetorischen Gegenfrage

erkennt er ausdrücklich seine Unfähigkeit an, die Prophetenschrift ohne eine Anleitung, die ihm deren wahren Sinn erschlösse, verstehen zu können. Damit äußert er eine Einsicht, die in dieser Weise eigentlich erst der christliche Bibelleser haben konnte. Ist gemeint, daß sie ihm vom heiligen Geist erschlossen worden ist? Zugleich schwingt die Erwartung mit, von Philippus solche Anleitung zu erhalten. So bittet er ihn zu sich auf den Wagen. Der Schriftabschnitt, mit dem sich der Eunuch gerade ab-   32–33 müht, ist aus Jes 53, dem Lied vom leidenden Gottesknecht, also aus einem für die frühe Kirche zentralen christologischen Text, entnommen. Während Lukas sonst zu den von ihm aufgenommenen alttestamentlichen Texten eine Auslegung zumindest in den Grundzügen mitliefert (vgl. z. B. 2, 29–33; 4, 27f.), fehlt eine solche hier, abgesehen von dem allgemeinen Hinweis, daß der Text sich auf Christus beziehe (V. 34f.). Trotzdem lassen sich aus Abgrenzung und Gestalt des Zitats einige Anhaltspunkte gewinnen. Das Zitat umfaßt Jes 53, 7b. c. d. 8a. b. c. Es läßt also die in seinem unmittelbaren Umfeld liegenden Aussagen, die von einer sühnenden Kraft des Leidens des Gottesknechtes für die Sünder handeln (Jes 53, 5. 8d) und die nach heutiger exegetischer Einsicht die eigentliche Spitze des Gottesknecht-Liedes bilden, beiseite. Es folgt wörtlich der LXX-Fassung, die vor allem in Jes 53, 8 zwei einschneidende Änderungen gegenüber dem hebräischen Text bringt. Statt „aus Druck und Gericht wurde er weggenommen" lesen wir hier „In der Erniedrigung wurde sein Strafgericht aufgehoben", und statt der Wendung „denn abgeschnitten war er vom Lande der Lebendigen" heißt es: „denn weggenommen von der Erde wird sein Leben". Beide Änderungen erleichterten die christologische Deutung. Und zwar folgt diese dem Schema „Erniedrigung und Erhöhung"; sie versteht Jesus als den Gottesknecht, der als Prototyp des im Alten Testament geschilderten leidenden Gerechten das über ihn verhängte Leiden geduldig und im Gehorsam gegen Gott auf sich nimmt (V. 32b = Jes 53, 7b. c) bis hin zur tiefsten Erniedrigung am Kreuz. Diese bildet zugleich den Wendepunkt; „das Strafgericht wird aufgehoben" (V. 33a = Jes 53, 8a), indem Gott „sein Leben von der Erde wegnimmt", d. h. indem er ihn erhöht (V. 33c = Jes 53, 8c). Die dunkle Wendung „Sein Geschlecht – wer kann es beschreiben?" (V. 33b = Jes 53, 8b) wurde wohl als Hinweis auf die durch Jesu Erhöhung ermöglichte Sammlung seiner geistigen Nachkommen, der Christen, verstanden. Die anhand des Deuterojesaja-Textes vorgetragene Deutung des Weges Jesu nimmt also ein im hellenistischen Christentum weit verbreitetes kerygmatisches Grundschema auf, dem u. a. auch der älteste Passionsbericht (Mk 14–15) folgt; nach ihm ist Jesus der leidende und gehorsame Gerechte, den Gott aus der tiefsten Erniedrigung erhöht und dessen Schicksalswende zugleich zur heilvollen Wende für die ihm in Glaube und Nachfolge verbundenen Menschen wird.

Die Frage des Eunuchen scheint vom Wortlaut von Jes 53 nicht gefordert zu sein,   34 denn dort liegen keine Ich-Aussagen vor, die man auf den Propheten selbst beziehen könnte. Eher dürfte in ihr (wie schon in V. 31) ein hermeneutisches Schema des Urchristentums seinen Niederschlag gefunden haben, das Justin (apol I 36) so formuliert: „Wenn ihr jedoch die Worte der Propheten einer Person in den Mund gelegt findet, so dürft ihr sie nicht als von den Inspirierten selbst gesprochen ansehen, sondern von dem sie bewegenden göttlichen Logos." Demnach beweist man zunächst einmal negativ, daß sich der Inhalt einer bestimmten Stelle nicht auf deren

Sprecher oder Schreiber bezieht, um von daher positiv ihren Bezug auf Christus zu folgern. Lukas selbst verfährt nach diesem Schema in 2,25–31. 33–36; 13,35–37.

35 Philippus setzt mit seinem Christuszeugnis zwar ein, indem er nachweist, daß sich die fragliche Stelle Jes 53,7f. auf Christus beziehe, doch beschränkt er sich nicht auf diesen Text, sondern läßt – auch darin die damalige missionarische Lehrpraxis spiegelnd – eine Serie weitere christologischer Beweistexte folgen. Man wird dabei an die in Kp 2 und 3 herangezogenen alttestamentlichen Stellen zu denken haben.

36–38 Als ein Wasserlauf in Sicht kommt – in jener wasserarmen Gegend eine Seltenheit –, ergreift der Eunuch die Gelegenheit, um die Taufe zu erbitten. Woher er von der Taufe und ihrer Heilsbedeutung weiß, wird nicht gesagt; aber anscheinend galt die „Lehre von den Taufbädern" (Hebr 6,2) als selbstverständliches Element der fundamentalen missionarischen Unterweisung, die Philippus nach Überzeugung des Erzählers vornahm. Man wird an ein fließendes Gewässer, wohl an ein wasserführendes Wadi, zu denken haben, denn die aus einem verwandten Milieu stammende Didache (7,1) setzt das Untertauchen in „lebendigem (d.h. fließendem) Wasser" als den Normalfall der Taufe voraus. Die Bitte des Eunuchen ist in Frageform gekleidet: „Was hindert, daß ich getauft werde?" Dies scheint eine Anspielung auf ein Element der Taufliturgie zu sein: Vor dem Vollzug der Taufe stellte der Täufer die Frage nach einem Taufhindernis (vgl. 10,47; 11,17; Mk 10,14 par). Zugleich aber greift diese Frage über die erzählte Situation hinaus; sie soll das Urteil des Hörers der Erzählung herausfordern: Hatte nicht Gott in diesem Fall alle Hindernisse, die der Taufe eines Nichtjuden entgegenzustehen schienen, durch sein eigenes Eingreifen überwunden, und hatte er nicht damit grundsätzlich die Christuszugehörigkeit

(37) von nicht zu Israel gehörenden Menschen legitimiert? Schon früh vermißte man hier ein Glaubensbekenntnis des Täuflings. Es wurde in einigen Handschriften der westlichen Überlieferung in dem sekundären V.37 nachgetragen („Da sprach Philippus zu ihm: ,Wenn du von ganzem Herzen glaubst, mag es geschehen!' Da antwortete er: ,Ich glaube, daß Jesus Christus der Sohn Gottes ist.'"). Einige Handschriften suchen ein weiteres vermeintliches Defizit auszugleichen, indem sie im Anschluß an die Taufe die Geistverleihung eintragen (V.39). Aber die Erzählung spiegelt eine frühe kirchliche Situation, die von der Gabe des Geistes an den einzelnen Christen durch die Taufe noch nichts wußte; der Geist ist zwar, indem er den Pneumatiker Philippus zu seinem Werkzeug macht, gleichsam als Initiator an dieser Taufe beteiligt, er ist jedoch nicht die die Taufe begleitende Gabe.

39 Wie der Geist die beiden Männer für einen entscheidenden Augenblick zusammengeführt hatte, so trennt er sie auch wieder. Philippus wird von ihm nach erfüllter Aufgabe „entrückt", d.h. in diesem Fall: er wird leiblich-real an einen anderen Ort versetzt, wo ihn der Geist zu neuen Aufgaben braucht (vgl. 2.Kön 2,16–18; Ez 3,14; 8,3; 11,1. 24). Der Eunuch findet sich plötzlich wieder allein vor. Aber anders als Elischa, der den entrückten Elija nicht mehr sah (hier wird wörtlich auf 2.Kön 2,12 angespielt), gibt er sich zufrieden und verzichtet auf weitere Suche. Denn die Begegnung mit Philippus hat ihr Ziel erreicht, sie hat seine Situation grundlegend und bleibend verändern. So kann er fröhlich seines Weges ziehen, als einer, für den das unbestimmte Suchen zu Ende ist, weil er das Heil gefunden hat. Er gehört nun nicht mehr sich selbst, sondern ist dem mächtigen Namen Jesu über-

eignet. – Die Schlußbemerkung gilt dem weiteren Weg des Philippus. Der Geist 40
setzt ihn bei Aschdod, ca. 40 km nordöstlich von Gaza, nieder. Von dort aus zieht
er als Wandermissionar weiter, um in den an der Küstenstraße gelegenen Orten –
Joppe, Lydda – missionarisch zu wirken. Sein Endziel ist Cäsarea, die Residenz-
stadt des römischen Statthalters. Es könnte sein, daß mit diesen Angaben das tatsächliche historische Wirkungsfeld des Philippus umrissen wird. Jedenfalls wurde
Cäsarea später sein Wohnsitz; als Paulus zum letztenmal nach Jerusalem reiste, traf
er ihn dort an (s. zu 21,8).

8. Die Bekehrung und Berufung des Paulus 9, 1–22

[1] Saulus aber schnaubte noch immer Drohung und Mord wider die Jünger des Herren. Er ging zum Hohenpriester [2] und erbat sich von ihm Briefe nach Damaskus an die Synagogen, damit, wenn er welche fände, die (Anhänger) des ‚Weges' wären, er sie – Männer wie Frauen – gebunden nach Jerusalem bringe. [3] Während er unterwegs war, geschah es, als er sich Damaskus näherte, daß ihn plötzlich ein Licht vom Himmel her umblitzte, [4] und indem er zu Boden stürzte, hörte er eine Stimme, die zu ihm sprach: „Saul, Saul, warum verfolgst du mich?" [5] Er sagte aber: „Wer bist du, Herr?" Der aber: „Ich bin Jesus, den du verfolgst. [6] Doch steh auf und geh in die Stadt hinein, und dort wird dir gesagt werden, was du tun sollst." [7] Die Männer aber, die mit ihm reisten, standen sprachlos da, sie hörten zwar die Stimme, sahen aber niemanden. [8] Da erhob sich Saulus vom Boden, als er aber seine Augen aufschlug, sah er nichts. Da nahmen sie ihn an der Hand und führten ihn nach Damaskus hinein. [9] Und er konnte drei Tage nicht sehen und aß und trank nicht.
[10] Es war aber ein Jünger in Damaskus namens Hananias. Zu dem sprach der Herr in einem Gesicht: „Hananias!" Der aber sprach: „Hier bin ich, Herr!" [11] Der Herr zu ihm: „Steh auf und geh in die Straße, welche die ‚Gerade' heißt und frage im Hause des Judas nach einem Saulus aus Tarsus! Denn siehe, er betet [12] und sah in einem Gesicht einen Mann namens Hananias hereinkommen und ihm die Hände auflegen, damit er wieder sehend würde." [13] Hananias aber erwiderte: „Herr, ich habe von vielen über diesen Mann gehört, wieviel Böses er deinen Heiligen in Jerusalem angetan hat! [14] Und hier hat er Vollmacht von den Hohenpriestern, alle gefangenzunehmen, die deinen Namen anrufen." [15] Es sprach aber zu ihm der Herr: „Geh, denn dieser ist für mich ein auserwähltes Werkzeug, meinen Namen vor Heiden und Königen und Kindern Israels zu tragen. [16] Und ich werde ihm zeigen, wieviel er für meinen Namen wird leiden müssen!" [17] Da ging Hananias hin und trat in das Haus ein und, indem er ihm die Hände auflegte, sprach er: „Bruder Saul, der Herr hat mich gesandt, Jesus, der dir erschienen ist auf dem Wege, auf dem du kamst, damit du wieder sehend werdest und erfüllt werdest mit dem heiligen Geist." [18] Und sofort fiel es von seinen Augen wie Schuppen, und er wurde wieder sehend, und er stand auf und ließ sich taufen. [19] Und er nahm Nahrung zu sich und kam zu Kräften.
Er blieb nun einige Tage bei den Jüngern in Damaskus, [20] und sogleich verkündigte er in den Synagogen Jesus: „Dieser ist der Sohn Gottes!" [21] Alle, die das hörten, gerieten außer sich und sagten: „Ist das nicht der Mann, der in

Jerusalem die auszurotten versuchte, die diesen Namen anrufen, und der hierhergekommen ist, um sie gebunden zu den Hohenpriestern zu führen?" ²² Saulus aber erstarkte noch mehr und brachte die in Damaskus wohnenden Juden in Verwirrung, indem er bewies: „Dieser ist der Messias."

A
1–22

Der Bericht von der Bekehrung des Saulus/Paulus ist eine der Schlüsselszenen der Apg. Welche Bedeutung ihm Lukas beimißt, ist schon aus dem Umstand ersichtlich, daß er ihn dreimal bringt: hier in Form der Erzählung, in 22,4–16; 26,9–18 jedoch in Form von Paulus in den Mund gelegten Selbstberichten. Darüber hinaus besitzen wir auch noch eine Reihe von Selbstaussagen des Paulus, die sich auf das gleiche Ergebnis beziehen (Gal 1,11–16; 1.Kor 15,8ff.; Phil 3,6ff.), das man so ohne Übertreibung als das am besten bezeugte in der Geschichte des Urchristentums bezeichnen kann. Dabei lassen sich nun allerdings die Differenzen zwischen diesen paulinischen Selbstaussagen und der Erzählung Apg 9,1–22 kaum übersehen. Um nur die zwei augenfälligsten zu nennen:

1. Nach Paulus handelte es sich um eine Erscheinung des Auferstandenen, die trotz ihres zeitlichen Abstandes von den übrigen Ostererscheinungen grundsätzlich mit ihnen zusammengehört (1.Kor 15,8). Nach Lukas sind die Ostererscheinungen hingegen mit der Himmelfahrt (1,9ff.) abgeschlossen; demgemäß handelt es sich für ihn lediglich um eine Christus-Erscheinung vom Himmel her (V.3). – 2. Für Paulus steht im Zentrum des Geschehens seine *Berufung* zum Apostel, d.h. seine In-Dienst-Nahme durch den Auferstandenen für einen besonderen, klar umrissenen Auftrag; Gott „offenbare" ihm „seinen Sohn", damit er ihn „unter den Heiden verkündige" (Gal 1,16). Apg 9,1–22 interpretiert hingegen den Vorgang in erster Linie als *Bekehrung*, d.h. als eine individuelle Lebenswende, durch die der ehemalige Christenverfolger zum Christusverkündiger wird. Daß jede Bezugnahme auf den Apostolat fehlt, ist dabei weniger verwunderlich angesichts des engen Apostelbegriffes des Lukas (vgl. zu 1,21ff.), der für den Apostolat des Paulus keinen Raum mehr läßt. Überraschender ist, daß die Christus-Unmittelbarkeit des Paulus, sein Gesandt- und Beauftragtsein durch den Auferstandenen, in der vorliegenden Fassung kaum zum Ausdruck gebracht wird. Sie weiß nur von einem Wort Jesu an Paulus zu berichten, das seinen Widerstand als Christenverfolger brach und seine Bekehrung einleitete (V.4ff.), nichts jedoch von einer direkten Weisung an ihn hinsichtlich seines zukünftigen Auftrages. Der Auftrag ergeht an Paulus stattdessen durch die Vermittlung des Hananias, der überhaupt eine erstaunlich große Rolle spielt.

Man darf nun allerdings diese Differenzen keineswegs auf eine bestimmte Tendenz des Lukas zurückführen, die ihn zu einer bewußt die paulinischen Selbstaussagen korrigierenden Darstellung des Damaskusereignisses bewogen hätte. Denn einmal hat Lukas wahrscheinlich weder den Galater- noch den 1.Korintherbrief gekannt; zum andern ist deutlich, daß er sich hier einer vorgegebenen volkstümlichen Erzählungstradition bedient hat, die unabhängig von den paulinischen Selbstaussagen entstanden ist. Lukas läßt sie hier nahezu unredigiert zu Wort kommen, während er sie in den beiden Parallelen 22,4–16; 26,9–18 frei variiert, wobei er in wesentlich stärkerem Maße als hier sein eigenes Verständnis des Damaskus-

Ereignisses einbringt. Nur so lassen sich die nicht unbeträchtlichen Differenzen zwischen den drei Berichten erklären.

Anhaltspunkte für die Ermittlung von Ziel und Sitz im Leben der Erzählungstradition lassen sich gewinnen, wenn man auf ihren Aufbau und ihre Struktur achtet. Sie gliedert sich deutlich in drei Teile, wobei Anfangsteil (V. 1–9) und Schlußteil (V. 19b–22) einander spiegelbildlich entsprechen. V. 1–9 zeichnet Paulus in seiner ganzen Bedrohlichkeit für die Christengemeinde von Damaskus und berichtet davon, wie – kurz vor seiner Ankunft in Damaskus – der erhöhte Kyrios selbst seinen Angriff abgeschlagen hat. V. 19b–22 schildert das Wirken des ehemaligen Gegners in Damaskus als Verkündiger Jesu Christi. Der chorschlußartige V. 21, mit dem die Erzählung vielleicht ursprünglich geschlossen hat, bringt in Form einer erstaunten Frage der Menschen in Damaskus die Größe des geschehenen Wunders zum Ausdruck, das aus dem leidenschaftlichen Gegner der Gemeinde einen Vertreter ihrer Sache vor der Welt hat werden lassen. Die eigentliche Wende wird in dem Mittelstück V. 10–19a geschildert, und zwar auffälligerweise nicht aus der Perspektive des Paulus, sondern aus der des Hananias. Er erhält durch eine Erscheinung des erhöhten Christus den Auftrag, den bereits überwundenen Gegner aus der über ihn verhängten physischen Blindheit zu lösen und ihn durch die Taufe in die Gemeinde aufzunehmen. Angedeutet, wenn auch nicht erzählerisch ausgeführt, ist eine der Christusvision des Hananias korrespondierende zweite Vision: Paulus schaut in einem Gesicht das Kommen des Hananias und die Lösung der Blindheit durch ihn (V. 12). Die Korrespondenzvision ist ein – möglicherweise hier von Lukas eingeführtes – Stilmittel, das die göttliche Lenkung eines Geschehensablaufes besonders unterstreichen soll (vgl. zu 10,3ff. 13–16).

Man hat vielfach auf inhaltliche und formale Parallelen zu der sogenannten Heliodorlegende 2. Makk 3 hingewiesen. Diese berichtet davon, wie Heliodor, der Kanzler des Königs Seleukus IV., versuchte, die Schatzkammer des Jerusalemer Tempels zu plündern und daran durch ein Eingreifen Gottes gehindert wurde: Als Heliodor bereits in der Schatzkammer war, erschien ein Pferd mit einem goldgepanzerten Reiter, das mit den Vorderhufen nach Heliodor auskeilte, dazu zwei kostbar gekleidete Jünglinge, die ihn durchpeitschten (2. Makk 3,25f.). Heliodor stürzte, von Blindheit geschlagen, wurde weggetragen und lag stumm und hoffnungslos darnieder (2. Makk 3,27ff.). Erst als der Hohepriester Onias mit Rücksicht auf den König ein Sühnopfer darbrachte, wurde Heliodor aus dem Bann gelöst; die Jünglinge erschienen ihm wieder und befahlen ihm, Onias dankbar zu sein und „allen die große Macht Gottes" zu verkündigen (2. Makk 3,33f.). Zurückgekehrt, überzeugte er seinen König von der Unangreifbarkeit des Jerusalemer Heiligtums (2. Makk 3,39). Sicher bietet die Heliodorlegende eine Reihe von motivlichen Entsprechungen: die akute Bedrohung abwendende Epiphanie, das Niederstürzen des Verfolgers, seine Blendung und tagelange Apathie, und schließlich seine Wiederherstellung durch einen Gnadenakt der Gottheit. Aber diese Parallelen betreffen schwerpunktmäßig nur den ersten Teil unserer Erzählung (V. 1–9), während der entscheidende Mittelteil (V. 10–19a) und der Schlußteil (V. 19b–22) ohne Analogie bleiben: Die Heliodorlegende weiß weder etwas von einer Begegnung der Verfolgten mit dem Verfolger noch von dessen Bekehrung. Vor allem aber hat sie ein ganz anderes Ziel. Sie will die Geschichte Heliodors als warnendes Beispiel verstanden wissen: Es ist gefährlich, sich mit dem Jerusalemer Tempel und seinem Gott einzulassen! Ihr Sitz im Leben ist die propagandistische Abschreckung von Gegnern des Judentums.

Die Damaskuserzählung legt jedoch alles Gewicht darauf, daß der ehemalige Verfolger durch das Handeln Christi zum Glied und Teil der ehemals verfolgten Gemeinde gemacht wird. Sie richtet sich nicht an Außenstehende, um ihnen die Unverletzbarkeit des Heiligtums Gottes, der Gemeinde, zu demonstrieren, sondern sie will der Vergewisserung der Gemeinde selbst dienen, indem sie am Beispiel der Lebenswende des Paulus zeigt: weil Christus, der erhöhte Herr, die Macht hat, auch die scheinbar unüberwindlichen Gegner der Gemeinde in seinen Dienst zu nehmen, darum ist diese Gemeinde, die ihm zugehört, unüberwindlich.

Instruktiv ist auch der Vergleich mit dem hellenistisch-jüdischen Roman „Josef und Asenet", denn er zeigt, daß die vorliegende Erzählung sich einer Reihe von Motiven bedient, die zu den Requisiten volkstümlicher jüdischer Bekehrungserzählungen gehörten. Dieser Roman schildert, ausgehend von 1.Mose 41,45, wie die ägyptische Priestertochter Asenet durch die Begegnung mit Josef in ihrer hochmütigen Verachtung der Juden und ihres Gottes erschüttert wird, und wie sie durch einen Prozeß der Buße und Bekehrung zum wahren Glauben und damit auch zur Vereinigung mit Josef geführt wird. So schaut auch Asenet ein „unaussprechlich großes Licht", aus dem der Erzengel Michael als Gottesbote hervortritt (Jos As 14,2f.; vgl. Apg 9,3); sie stürzt zur Erde nieder, wird vom Engel mit ihrem Namen angeredet und antwortet: „Wer bist du? Tu es mir kund!" (JosAs 14,6f.; vgl. Apg 9,4f.). Ähnlich wie Paulus (Apg 9,9) verzichtet sie während der Zeit ihrer Buße auf Speise und Trank (JosAs 10,2), und wie für Paulus (Apg 9,17f.) steht auch für Asenet am Ende der Buße die Aufnahme von Nahrung (JosAs 16) und der Empfang des Geistes (JosAs 19,11). Freilich gehen die Parallelen auch hier nicht über einzelne Motive hinaus. Eine allgemeine strukturelle Entsprechung läßt sich hingegen nicht aufweisen. Für eine direkte Abhängigkeit der Erzählung von der Bekehrung des Paulus vom Schema romanhafter hellenistisch-jüdischer Bekehrungserzählungen (so Chr. Burchard) fehlen also alle Anhaltspunkte. Sie dürfte vielmehr eine eigenständige, in ihren formalen Merkmalen ganz von der inneren Situation der christlichen Gemeinde geprägte Gattung repräsentieren. Und zwar könnte man sie mit einigem Recht als *ekklesiologisch ausgerichtete Bekehrungslegende* charakterisieren, denn sie reflektiert anhand des Einzelschicksals eine die gesamte Kirche betreffende Erfahrung. Der überlieferungsgeschichtliche Ansatzpunkt für ihre Ausbildung lag möglicherweise in einer formelhaften Tradition, die die Wende des Paulus vom Verfolger zum Verkündiger beschrieb und die Paulus selbst bereits als in der gesamten Kirche bekannt voraussetzt: „Der uns einstmals verfolgte, verkündigt jetzt den Glauben, den er einstmals unterdrückt hat!" (Gal 1,23). Es will beachtet sein, daß eben diese Tradition in der chorschlußartigen Wendung Apg 9,21 gegenüber Gal 1,23 geringfügig abgewandelt wiederkehrt. In ihr ist bereits das entscheidende Strukturmerkmal von Apg 9,1–22, nämlich der Kontrast zwischen der anfänglichen Verfolger- und späterer Verkündigertätigkeit des Paulus vorgebildet. Entstanden und zunächst verbreitet sein worden dürfte die

Legende zwar zunächst in Damaskus, denn dorthin verweisen neben der Gestalt des Hananias die Ortsangaben in V. 11; da ihr aber die Züge einer typischen Lokaltradition fehlen, wird sie jedoch schon bald im gesamten Bereich der frühen paulinischen Mission verbreitet gewesen sein.

Wie ist ihre Historizität zu beurteilen? Sie fixiert einen Aspekt des Damaskusereignisses zwar einseitig aus der Perspektive der Gemeinde, aber doch wohl im wesentlichen zutreffend: Was Paulus vor Damaskus widerfuhr, war in der Tat eine radikale Lebenswende, die eine Umwertung aller Werte mit sich brachte und ihn so zum Paradigma für die alles verändernde Kraft des erhöhten Christus werden ließ. Historische Erinnerungen dürften ferner in den Angaben über die Rolle des Hananias und über den Aufenthalt des Paulus im Hause des Judas (V. 11) ihren Niederschlag gefunden haben. Alle übrigen Einzelheiten wird man jedoch, wie gezeigt, eher auf die Übernahme von in der Umwelt verbreiteten erzählerischen Motiven als auf geschichtliche Erinnerung zurückzuführen haben.

Lukas beschränkt sich mit seiner Redaktion im wesentlichen darauf, erzählerisch abzurunden und Übergänge zum Kontext zu schaffen. So werden V. 22 und wohl auch V. 12 auf ihn zurückgehen. Lediglich an einer Stelle setzt er einen neuen Akzent: Indem er dem erhöhten Herrn eine Deutung des Weges des Paulus in den Mund legt (V. 15b. 16), deutet sich erstmals in skizzenhaften Umrissen sein Bild des Paulus als des leidenden Zeugen Jesu Christi an.

Die Erzählung setzt in Jerusalem ein und nimmt damit zugleich den Faden von B 8,3 wieder auf. Paulus (zur Namensform „Saulus" s. zu 7,58; 13,9), der die treibende Kraft der dortigen Verfolgung war, ergreift nun die Initiative, um die Verfolgung auf Gebiete außerhalb Judäas auszudehnen. Das lag nahe, nachdem die Hellenisten nach ihrer Vertreibung in diesen Gebieten Fuß gefaßt und dort aus dem Kreise der Diasporasynagogen Anhänger gewonnen hatten. Wir erfahren nicht, warum er sich Damaskus als Ziel seiner Aktion ersehen hatte. Freilich, wenn der Wortlaut des Textes so klingt, als sei er ohne konkrete Kenntnis von der Existenz einer Gemeinde auf bloße Vermutung hin nach Damaskus gereist, so dürfte dies weniger historisch als schriftstellerisch begründet sein: Von den Anfängen einer Mission in Damaskus hatte Lukas bislang nicht berichtet, er kann aber nicht gut dem Paulus eine Kenntnis zubilligen, die über das, was der Leser wissen kann, hinausgeht. Wie dem auch sei, daß sich in der großen syrischen Handelsstadt am Abhang des Antilibanon mit ihrer starken jüdischen Bevölkerung schon früh Jesusjünger sammelten, ist keineswegs überraschend.

Man hat vor allem unter Hinweis auf Gal 1,22 („Ich war aber den Gemeinden Judäas von Angesicht unbekannt") den Ausgang der Verfolgertätigkeit des Paulus von Jerusalem und damit zugleich alle Angaben von Apg 9,1f. historisch bestritten und ihnen die Vermutung entgegengesetzt, Paulus sei erstmals in Damaskus auf eine christliche Gemeinde gestoßen und habe erst dort mit seiner Verfolgertätigkeit begonnen. Doch das ist völlig unbegründet. Denn einmal steht dem das große Gewicht der drei Aussagen 1. Kor 15,9; Gal 1,13; Phil 3,6 entgegen, in denen Paulus von seiner Verfolgertätigkeit spricht und als deren Objekt die *ekklēsia* Gottes" nennt. Paulus meint damit nicht die Gesamtkirche – das würde seinem sonstigen Sprachgebrauch widersprechen –, sondern die Gemeinde von Jerusalem, die sich selbst zuerst diesen Ehrentitel gab (vgl. 8,3). Die Aussage von Gal 1,22 bedeutet dazu keinen Widerspruch, denn sie bezieht sich nur auf die judäischen Gemeinden außerhalb Jerusalems; und daß sie, die streng judenchristlich waren, von den Nachstellungen des Paulus verschont blieben, ist fast selbstverständlich. Im übrigen ist zu bedenken, daß die kleinen Gruppen von Jesusjüngern, die in den ersten Jahren der hellenistischen Mission an verschiedenen Orten wie etwa in Damaskus entstanden, schwerlich so klar umrissene Konturen hatten, daß ein pharisäischer Jude wie Paulus sich zu ihrer Verfolgung herausgefordert sehen konnte. Daß es sich hier um eine gefährliche Lehre handelte, ließ sich am ehesten von Jerusalem aus erkennen, wo diese Gruppe bereits durch Konflikte mit der jüdischen Öffentlichkeit in Erscheinung getreten war. Wie aber hat man sich die Funktion des Paulus konkret vorzustellen? Nimmt man unseren Bericht beim Wort, dann wäre Paulus als mit richterlichen Vollmachten ausgestatteter offizieller Vertreter des Synedriums nach Damaskus gereist, um dort Haftbefehle gegen Verdächtige zu erlassen und diese gefangen zur Aburteilung nach Jerusalem transportieren zu lassen (vgl. auch 26,10). Doch dies würde aller historischen Wahrscheinlichkeit widersprechen. Zunächst müßte Paulus, um solche richterliche Funktion wahrnehmen zu können, selbst Mitglied des Synedriums und damit ordinierter Rabbi gewesen sein. Beides hätte er jedoch in Phil 3,2–6, wo er seine jüdischen Vorzüge aufzählt, nicht unerwähnt lassen können. Im übrigen war eine Ordination zum Rabbi erst vom 40. Lebensjahr ab möglich; Paulus dürfte aber – darin deckt sich 7,58 mit allen Berechnungen seiner Chronologie – zur Zeit seiner Berufung noch ein relativ junger Mann gewesen sein, etwa im Alter zwischen 20 und 30. Vor allem aber konnte zu jener Zeit das Synedrium in der Diaspora keine direkte Jurisdition ausüben. Seine Kompetenz war in der Römerzeit beschränkt auf die elf Toparchien des eigentlichen Judäa. Hingegen hatten einerseits die römischen Provinzialverwaltungen den lokalen jüdischen Synagogen weitgehende rechtliche Kompetenzen zugestanden; so konnten Synagogenvorstände ungehindert die Strafe der Auspeitschung – die in ihren Folgen oft einer Hinrichtung gleichkam – verhängen (2.Kor 11,24). Andererseits war für diese örtlichen synagogalen Gerichte das Jerusalemer Synedrium eine Autorität, deren Hinweise und Winke man nicht in den Wind schlug. Auf diesem Hintergrund ergibt sich aus den Angaben unseres Textes folgendes historisches Bild: Paulus reiste nicht in offiziellem Auftrag des Synedriums, sondern aus eigener Initiative nach Damaskus. Er wollte dort den Kampf gegen die von ihm als häretisch erkannte „Nazoräersekte" weiterführen. Zu diesem Zweck ließ er sich vom Synedrium Empfehlungsschreiben geben (vgl. 2.Kor 3,1), die die Synagogenvorsteher von Damaskus vor der Gefährlichkeit der Nazoräersekte warnen und sie auffordern sollten, gegen sie mit den üblichen Zuchtmitteln einzuschreiten.

Erstmals begegnet hier die Bezeichnung der Christen als „Anhänger des ‚Weges'" (vgl. 19,9.23; 22,4; 24,14.22). Sie scheint, wie „die Jünger" (vgl. 6,1f.; 9,1) und „die Heiligen" (V.13.32) zu den ältesten Selbstbezeichnungen der Gemeinde zu gehören. Eine auffällige Parallele dazu bietet die Qumransekte, die sich ebenfalls „der Weg" nennt (1QS IX 18f.; CD II 6; vgl. auch 1QS III 9f.; IX 9). Die genaue Bedeutung läßt sich nur indirekt erschließen. Wahrscheinlich hatte die Bezeichnung neben einer ethischen auch eine soteriologische Bedeutung: Die Jünger verstanden sich als zur Einhaltung des „Weges der Gerechtigkeit" (Mt 21,32), d. h. zum Wandel nach dem von Jesus verkündigten endzeitlichen Gotteswillen, verpflichtet und zugleich als durch Jesus auf einen neuen Heilsweg gestellt (16,17; Hebr 10,20; Joh 14,6).

Paulus ist schon fast am Ziel, als das Unerwartete geschieht: Eine Lichterscheinung vom Himmel her läßt ihn geblendet zu Boden stürzen. Licht ist das traditionelle Medium der Theophanie (2. Mose 24,15 ff.; Ps 29,7; 97,1 ff.; Ez 1,4 ff.; Mt 17,2; vgl. JosAs 14,2). Die zugrundeliegende Vorstellung ist dabei die, daß sich der Himmel spaltet (Mk 1,10) und daß das aus ihm hervordringende Licht Paulus von allen Seiten in Gestalt feuriger Blitze umgibt. Daß Paulus zu Boden stürzt, ist in diesem Fall mehr als bloß der für Epiphanieschilderungen stereotype Ausdruck des Erschreckens angesichts des Einbruchs des Überirdischen (Dan 10,9; Lk 1,12; Apg 10,4): Dem Verfolger wird durch die Erscheinung seine Kraft genommen. Er wird von nun an nur noch als Werkzeug des von ihm Besitz ergreifenden Jesus aktionsfähig sein! – Auf dem Boden liegend, hört er die Stimme, mit der sich die Lichterscheinung zu erkennen gibt. Sie kommt offenbar ebenfalls vom Himmel herab und spricht, wie die Namensform „Saul" verrät, aramäisch (vgl. 26,14). Der namentliche Anruf entspricht zwar formal der Gesprächseröffnung durch Gott in alttestamentlichen Theophanieschilderungen (1. Mose 31,11; 46,2), doch ist hier anders als dort die Selbstkundgabe des Erscheinenden verbunden mit einer Rechenschaftsforderung gegenüber dem Erscheinungsempfänger. Jesus behaftet Paulus bei seiner Verfolgertätigkeit; er tritt ihm entgegen als der, gegen den er sich vergangen hat, und zugleich als der Richter über dieses sein Vergehen. Dahinter steht die Vorstellung, daß in den Jüngern der Herr selbst verfolgt wird (Lk 10,16; vgl. Mt 10,40; 25,40). Unausgesprochen ist vorausgesetzt, daß Paulus in dem Lichtglanz die Gestalt des Sprechenden sah, allerdings ohne sie identifizieren zu können. Das geht aus V. 7 hervor, wo ausdrücklich erwähnt wird, daß die Begleiter, im Unterschied zu Paulus, niemanden sahen und nur die Stimme hörten. Darüber, ob sich dieses Sehen Jesu nur im Augenblick des ersten Erscheinens des Lichtglanzes vollzog, ehe die Blendung eintrat, oder ob die Gestalt während des ganzen Gesprächs für Paulus sichtbar blieb, reflektiert die Erzählung nicht. Der Gesprächseröffnung folgt die Gegenfrage des Paulus: „Wer bist du, Herr?" Sie entspricht wieder dem Schema des Erscheinungsgespräches (1. Mose 46,2; 31,12; JosAs 14,5 ff.). „Herr" ist dabei ehrende Anrede an einen Höhergestellten und nicht etwa christologischer Titel – denn Paulus hat bislang sein himmlisches Gegenüber noch nicht erkannt. Damit es dazu kommt, bedarf es erst der Selbstvorstellung Jesu mit der feierlichen Präsentationsformel „ich bin *(egō eimi)*". Durch sie erfährt Paulus nun, daß er es mit dem zu tun hat, dessen Macht er bislang nicht anerkennen wollte und dessen Messianitätsanspruch er leidenschaftlich bekämpft hatte. Zum Zeichen dafür, daß er der Machtsphäre Jesu von nun an unausweichlich verfallen sein wird, erhält er einen Auftrag. Dieser liegt allerdings – und das ist auf den ersten Blick überraschend – auf einer ganz anderen Ebene als die Weisungen des Auferstandenen an seine Jünger (z. B. Mt 28,18–20; Joh 20,21 ff.; Apg 1,8). Er betrifft nicht, wie man von Gal 1,16 her erwarten würde, den weiteren Weg des Paulus im Dienst Jesu. Jeder Anklang an eine Berufung ist ausgespart, aber ebenso fehlt die Ankündigung von Gericht und Strafe. Es

3–4

5

6

bleibt beim Vollzug der Unterwerfung. Paulus empfängt einen blinden Auftrag, der nur den unmittelbar nächsten Schritt betrifft: Er soll in die Stadt gehen und dort auf weitere Weisungen warten – von wem, wird nicht gesagt. Dieser Hinweis auf das Kommende bringt zum Ausdruck, daß nach Meinung des Erzählers das Entscheidende noch aussteht: Paulus ist bislang zwar durch den Erhöhten an der Ausführung seiner bösen Absichten gehindert worden, aber er ist noch nicht bekehrt worden. Wenn die Reaktion der Reisegenossen erwähnt wird, so soll damit die Objektivität des Vorgangs sichergestellt werden: Auch die Unbeteiligten konnten wenigstens die Stimme hören, auch wenn die Erscheinung selbst nur für den, dem sie galt, sichtbar gewesen ist. Im übrigen ist bei den Mitreisenden an Karawanenmitglieder zu denken, keineswegs jedoch an Paulus eskortierende Tempelpolizisten! – Die Erscheinung ist verschwunden, Paulus erhebt sich vom Boden und versucht die Augen zu öffnen, aber nun muß er feststellen, daß er blind ist. Von seiner inneren Verfassung erfahren wir nichts; es genügt dem Erzähler, die physische Hilflosigkeit zu konstatieren, in die ihn das Geschehen versetzt hat. Die Blindheit ist nicht als Strafe dargestellt, sondern eben als Ausdruck solcher Hilflosigkeit. Nachdem ihn mitleidige Helfer in die Stadt geführt haben, folgen drei Tage mit Fasten und, wie V. 11 ergänzend nachträgt, Gebet bei anhaltender Blindheit. Beides ist sowohl als Ausdruck der Buße wie auch der Vorbereitung auf das in V. 6 nur verhüllt angekündigte Kommende zu verstehen.

10 Hananias, der mit dem Szenenwechsel neu eingeführt wird, war sicher eine führende Gestalt in der jungen Christengemeinde von Damaskus. Sein Name deutet auf jüdische Herkunft (vgl. 5,1). Ob er wirklich der strenge Judenchrist war, als den ihn Lukas später (vgl. zu 22,12) darstellt, ist allerdings anzuzweifeln, denn die Gemeinde von Damaskus dürfte stark von den Hellenisten geprägt gewesen sein. Wenn er hier in den Mittelpunkt des Geschehens gerückt wird, so beruht dies nicht so sehr auf historischen Reminiszenzen als auf der erzählerischen Perspektive: Hananias ist Vertreter der Gemeinde und Repräsentant ihres Selbstverständnisses; mit ihm soll sich der christliche Hörer bzw. Leser identifizieren, an seinem Lern- und Erfahrungsprozeß soll er partizipieren. In einer Vision wendet sich der erhöhte Herr dem Hananias zu. Die Vision ist anders als die vorangegangene Christus-Epiphanie vor Paulus, deren objektiver Charakter betont war (V. 7), ein subjektiver Vorgang. Sie spielt sich nicht in der mit natürlichen Sinnen wahrnehmbaren Wirklichkeit ab (12,9), sondern kommt durch übernatürlich bewirkte Öffnung der Sinne des Menschen für Erscheinungen der himmlischen Welt zustande (10,3. 17. 19; 11,5; 16,9f.; 18,9). Das Visionsgespräch beginnt damit, daß Hananias vom Herrn mit seinem Namen angerufen wird und sich zur Stelle meldet. Diese Gesprächseröffnung, die sich deutlich vom Erscheinungsgespräch V. 4 ff. unterscheidet, folgt ebenfalls einem stereotypen Schema (1. Mose 22, 1 f. 11 f.; 1. Sam 3, 4–14; Jub 44, 5;

11–12 4. Esra 12, 2–13; JosAs 14, 6 f.). Hananias erhält den Auftrag, „Saulus von Tarsus" – es ist dies der erste Hinweis auf die Heimat des Paulus (vgl. V. 30; 21,39; 22,3) – an einer genau bezeichneten Stelle in der Stadt aufzusuchen. Die „Gerade Straße", die von Osten nach Westen Damaskus durchquerte, war als repräsentative Prachtstraße weithin bekannt. Ihre Achse verlief im Altertum weiter südlich als heute. Hananias erfährt auch, daß der gefürchtete Gegner bereits auf seinen Besuch vorbereitet ist: Er „betet" und ist ebenfalls einer Vision teilhaftig geworden, in der er das Kommen des Hananias und die von ihm zu bewirkende Heilung bereits vorweg schaute. Das hier nur in indirekter Erzählung eingebrachte Motiv der Korrespondenzvision zeigt die Zielstrebigkeit, mit der der Erhöhte seinen Plan durchsetzt; jede menschliche Intervention ist ihr gegenüber von vornherein ausgeschlossen. Was von Hananias verlangt wird, ist, daß er den von Jesus in der dem Paulus geschenkten Vision vorgezeichneten Geschehensablauf nachvollzieht. Noch ehe Jesus 13–14 alles gesagt hat – der Befehl zur Verleihung des Geistes und zum Vollzug der Taufe (V. 17f.) steht noch aus –, legt jedoch Hananias Protest ein. Das ist wiederum ein traditionelles Motiv, das die Größe und Unerhörtheit der Forderung herausstellen soll (2. Mose 3, 11; Jer 1, 6; Lk 1, 18 ff.). Hananias hält Jesus die überragende Gefährlichkeit des Paulus vor: Wird nicht der gefürchtete Gegner, von dessen Untaten gegenüber den „Heiligen" in Jerusalem man überall erzählt und von dessen Plänen gegenüber den Jüngern in Damaskus man weiß, sobald er sehend wird, die Verfolgung wieder aufnehmen? Zwei alte Selbstbezeichnungen der Christen erscheinen hier: „die „Heiligen" (ursprünglich ein Prädikat der palästinischen Christen (V. 32. 41; 26, 10) und „die den Namen Jesu Anrufenden" (vgl. 2, 21; 15, 17; 1. Kor 1, 2). Jesus weist den Protest des Hananias zurück, indem er seinen Auftrag wiederholt 15 und die zukünftige Bestimmung nennt, zu der er Paulus ausersehen hat: Er soll den Namen Christi öffentlich vor Heiden und Juden bekennen. Man darf diesen Satz nicht aufgrund von 22, 15; 26, 16 vorschnell als Aussage über den missionarischen Auftrag des Paulus lesen. Zumindest in der vorlukanischen Überlieferung, aber wahrscheinlich auch für Lukas selbst hatte er noch nicht diesen Sinn. Paulus wird als „auserwähltes Gefäß" bezeichnet. Diese biblische Metapher (Jer 18, 3–6; Weish 15, 7), die an das paulinische Töpfergleichnis anklingt (röm 9, 20f.), besagt: der weitere Weg des Paulus soll einzig und allein vor der durch Jesus Christus über ihn verfügten Gnadenwahl bestimmt sein. Obwohl er bisher Feind der Kirche war, soll er von nun an ein Angenommener und zum Heil Auserwählter sein (vgl. Röm 11, 28). Die Wendung „den Namen tragen" hat in urchristlicher Sprache niemals den Sinn von „predigen", „missionarisch verkündigen", sondern bedeutet: durch die Taufe dem Namen Jesu Christi unterstellt sein, ihn bekennen, offen Christ sein (Herm sim VIII 10, 3; IX 28, 5). Und zwar soll dieses öffentliche Bekenntnis „vor Heiden, Königen und den Söhnen Israels" abgelegt werden. Das erinnert an die weit verbreitete Tradition von Jesuslogien, die die Jünger zu standhaftem, öffentlichem Bekennen vor „Fürsten und Königen" (Mk 13, 9; vgl. Mt 10, 17–22; Lk 21, 12–17) aufrief. Das merkwürdige Nachklappen der „Söhne Israels" könnte davon herrühren, daß Lukas diese Wendung ergänzend in die Tradition eingefügt hat. – So interpretiert, ergibt sich erst ein sinnvoller Bezug der Antwort Jesu auf den Protest des Hananias: Paulus wird nicht weiter die Gemeinde verfolgen; er wird – im Gegenteil – dazu erwählt, selbst Teil dieser Gemeinde zu sein und sich mit ihr zum Namen Jesu öffentlich bekennen. In einem weiteren von ihm eingefügten Satz deutet Lukas, 16 über das bisher Gesagte hinausgehend, an, daß Paulus in besonderer Weise zum Leiden bestimmt sein wird, weil er einen besonderen Auftrag empfängt. Jesus selbst wird ihm je und dann in immer wieder neuen Situationen das Leiden um seines Namens willen auferlegen. Das Leiden ist hier verstanden als die notwendige Folge des Eintretens für Jesus und seine Sache. Paulus ist der leidende Zeuge, der in der Weise, wie er seinen Auftrag vollzieht, die von Jesus gesetzte Norm des dienenden Leidens gültig repräsentiert, um sie für die Kirche zur bleibenden Verpflichtung zu machen (20,13). Lediglich hier klingt also das Motiv der Berufung an.

17 Hananias gehorcht, und so vollzieht sich alles weitere in der von Jesus vorherbestimmten Weise. Wieder kommt Paulus nur als Objekt des vom erhöhten Herrn ausgehenden Geschehens ins Bild. Jeder Hinweis auf eine subjektive Reaktion – sei es Bangen, Erstaunen oder Protest – fehlt. Fragen wie die, ob Paulus inzwischen durch Glieder der Gemeinde Unterweisung empfangen habe und ob er zum Glauben an Christus gekommen sei, bleiben ohne Antwort. Diese Erzählung steht aller Psychologie denkbar fern! Hananias legt dem Blinden die Hände aufs Haupt und spricht einen feierlichen Botenspruch, der anzeigt, wer der eigentlich durch ihn Handelnde ist. Was Jesus ihm jetzt gewährt, ist ein Doppeltes: leibliche Heilung und die Gabe des Geistes. Und zwar vollzieht sich beides zugleich in der Handauflegung. Das Geschehen bleibt so in der Schwebe zwischen einem Heilungswunder
18 und Geistmitteilung, wobei freilich der Akzent auf der letzteren liegt. Die Heilung findet ihre äußere Manifestation darin, daß es Saulus „wie Schuppen von den Augen fiel". Diese für uns sprichwörtlich gewordene Wendung wird auf eine volkstümliche medizinische Vorstellung zurückgehen, die sich auch Tob 11,7.12 findet („und die weißen Flecken schälten sich von seinen Augen ab"). Die Geistmitteilung dagegen wird für Hananias zur Ermächtigung, an Paulus die Taufe zu vollziehen. An sich ist es für Lukas der Normalfall, daß die Handauflegung dem Taufbad folgt (8,4–25; 19,1–7). Hier wie in der Korneliusgeschichte (10,44ff.) war die Umkehrung der Reihenfolge bereits durch die Tradition vorgegeben. Beidemal geht es um Sonderfälle, in denen Gott selbst durch die Gabe des Geistes erst die bestehenden Taufhindernisse beseitigen muß. Lukas jedenfalls versteht an unserer Stelle, trotz der veränderten Reihenfolge, Taufe und Geistmitteilung als zusammenhängende Akte, durch die sich die Eingliederung in die Kirche vollzieht. Den Gedanken einer Amtseinsetzung des Paulus verbindet er hingegen mit der Handauflegung sicherlich nicht. Von daher braucht es nicht zu verwundern, daß Hananias in seinem Wort an Paulus (V.17) die Ankündigung Jesu über dessen zukünftigen Weg (V.15f.) nicht weitergibt. An den äußeren Modalitäten des Taufvollzugs ist der Bericht gänzlich uninteressiert. Setzt man als allgemeine Übung das Untertauchen in fließendem Wasser voraus (vgl. zu 8,38), so wird man am ehesten vermuten dürfen, daß Hananias den Paulus im Fluß Barada, der Damaskus durchfließt, getauft hat. –
19a Die nahezu privat klingende Bemerkung über die Nahrungsaufnahme und das Wieder-zu-Kräften-Kommen des Paulus, mit der die Szene schließt, soll zeigen, daß die Krise, in die er durch das Eingreifen Jesu in sein Leben gestürzt worden war, auch äußerlich überwunden ist.

19b Die dritte Szene (V.19b–22) zeichnet nun das äußerlich sichtbare Ergebnis der Lebenswende des Paulus in eindrucksvollem Kontrast zu V.1–2. Paulus tritt in die Gemeinschaft der Christen von Damaskus ein, und er wendet sich als Verkündiger
20 der Heilsbotschaft öffentlich an die Juden. In den Synagogen tritt er auf und predigt eben das, was er vorher als gefährlichen Irrtum mit aller Kraft bekämpft hatte: daß nämlich Jesus der Sohn Gottes sei. Das Gottessohn-Prädikat ist für die lukani-

sche Christologie untypisch; es findet sich nur noch einmal in dem Zitat aus Ps 2,7 in 13,33. An beiden Stellen dürfte es sich um Tradition handeln. In direkter Rede wird die erstaunte Reaktion der Juden auf die Christusverkündigung des Paulus wiedergegeben. Die rhetorische Frage, die inhaltlich V.1f. rekapituliert, soll schon äußerlich das Ausmaß des ratlosen Erstaunens darüber anzeigen, daß aus dem Christenverfolger ein Christusbekenner geworden ist. Wenn die Gegner der Gemeinde so die große Wende, die sich an Paulus vollzogen hat, konstatieren, so bestätigen sie damit ungewollt die Größe des von Jesus gewirkten Wunders. Der abschließende V.22 leitet, ohne inhaltlich über V.20 hinaus Neues zu bringen, zum Folgenden über: Die geistliche Kraft des Paulus erstarkt immer mehr, und damit auch die Gewalt seiner Christusverkündigung – gedacht ist dabei vor allem an den Schriftbeweis der Messianität Jesu (vgl. zu 2,22–36) – die so für die Juden mehr und mehr zu einer untragbaren Herausforderung wird.

21

22

9. Die Flucht des Paulus aus Damaskus und sein erster Jerusalembesuch 9,23–30

²³Aber nach Verlauf einer Reihe von Tagen beschlossen die Juden, ihn zu ermorden. ²⁴Dem Saulus wurde jedoch ihr Anschlag bekannt. Sie beobachteten aber sogar die Stadttore Tag und Nacht, um ihn zu ermorden. ²⁵Da nahmen ihn die Jünger und ließen ihn bei Nacht durch die Mauer hinab, indem sie ihn in einem Korb hinunterließen. ²⁶In Jerusalem angekommen, versuchte er, an die Jünger Anschluß zu gewinnen. Und alle fürchteten ihn, da sie nicht glaubten, daß er ein Jünger sei. ²⁷Barnabas aber nahm sich seiner an und führte ihn zu den Aposteln und erzählte ihnen, wie er auf dem Wege den Herrn gesehen und daß er zu ihm gesprochen habe, und wie er in Damaskus unerschrocken im Namen Jesu verkündigt habe. ²⁸Und er ging mit ihnen aus und ein in Jerusalem; er verkündigte unerschrocken im Namen des Herrn ²⁹und redete und disputierte mit den Hellenisten. Die aber versuchten ihn zu ermorden. ³⁰Doch die Brüder erfuhren es und brachten ihn nach Cäsarea und schickten ihn nach Tarsus.

Für die hier dargestellten Vorgänge steht uns als zweite Quelle der Eigenbericht des Paulus Gal 1,16–24 zur Verfügung, in dem er die wichtigsten Stationen seines Wirkens zwischen seiner Berufung und dem Apostelkonzil aufzählt. Dies erlaubt uns eine historisch genauere Erfassung des Geschehens, stellt uns zugleich aber vor Probleme. Denn beide Darstellungen weichen an entscheidenden Punkten stark voneinander ab: 1. Nach Apg 9,26 ging Paulus unverzüglich nach seiner Flucht aus Damaskus nach Jerusalem, um dort Kontakt mit den Aposteln zu suchen. In Gal 1,16f. dagegen betont Paulus emphatisch, er habe nach seiner Bekehrung keine Kontakte mit maßgeblichen Persönlichkeiten der christlichen Gemeinde gehabt und sei auch nicht gleich nach Jerusalem hinaufgezogen, sondern habe sich zunächst von Damaskus „nach Arabien" begeben, um dann nochmals nach Damaskus zurückzukehren. Erst „nach drei Jahren" (d.h. nach antiker Zeitzählung, die das laufende Jahr mitrechnete, etwa nach 2½ Jahren) sei er nach Jerusalem gereist. – 2. Nach Apg 9,27 war es Barnabas, der in Jerusalem Paulus bei den Aposteln ein-

A

23–30

führte, indem er deren Bedenken gegen den ehemaligen Verfolger überwand. In Gal 1 wird dagegen Barnabas mit keinem Wort erwähnt. – 3. Apg 9,27 spricht von „den Aposteln" und erweckt so die Vorstellung, als habe Paulus mit dem Gesamtgremium der Jerusalemer Apostel zu tun gehabt. In Gal 1,18f. betont Paulus dagegen, daß er neben Kefas, dem sein Besuch ausschließlich galt, und dem Herrenbruder Jakobus keinen weiteren Apostel gesehen habe, offenbar, weil die übrigen Apostel zu jenem Zeitpunkt nicht in Jerusalem anwesend waren. – 4. Apg 9,28f. berichtet von einer längeren Wirksamkeit des Paulus zusammen mit den Aposteln in Jerusalem, die durch das Bekanntwerden von Mordabsichten der Juden gegen Paulus abrupt beendet wurde. Nach Gal 1,18 war es hingegen der einzige Zweck des Aufenthalts, dessen Dauer exakt mit „14 Tagen" angegeben wird, „Kefas kennenzulernen". Eine öffentliche Wirksamkeit ist ebensowenig angedeutet wie eine Flucht.

Paulus will mit seinem Eigenbericht im Galaterbrief einer offenbar in der Gemeinde verbreiteten falschen Darstellung polemisch entgegentreten, wonach er bereits unmittelbar nach seiner Berufung nach Jerusalem gereist sei, um dort das Evangelium von den Aposteln zu empfangen und sich von ihnen beauftragen zu lassen, so daß also sein Evangelium von Menschen vermittelt und so gleichsam nur ein Evangelium aus zweiter Hand sei (Gal 1,1.12). Zumindest die von ihm erwähnten Zeit-, Orts- und Personenangaben sind als absolut verläßlich anzusehen, mußten sie doch der kritischen Nachfrage der Gegner standhalten. Allerdings ist der Bericht des Paulus darin tendenziös, daß er seine Kontakte mit den Jerusalemern zu minimalisieren trachtet und den Eindruck zu erwecken sucht, als habe es sich bereits bei seinem ersten Jerusalembesuch um Kontakte zwischen grundsätzlich gleichrangigen und gleichberechtigten Partnern gehandelt.

Lukas hat den Galaterbrief gewiß weder benutzt noch gekannt, wie er denn überhaupt mindestens zu den für die Paulusbiographie wichtigen Briefen des Apostels keinen Zugang gehabt haben dürfte. Der Umstand, daß er in V.26–30 einige Einzelheiten wiedergibt, die Paulus in Gal 1,16ff. als falsche Behauptungen seiner Gegner zurückweist, ließ in der Forschung die Frage laut werden, ob er als Quelle eine in den paulinischen Gemeinden umlaufende volkstümliche Darstellung des Lebens des Paulus benutzt hat, die der entsprach, auf die sich die judaistischen Gegner im Galaterbrief stützten. Diese Möglichkeit läßt sich nicht ganz von der Hand weisen, doch spricht mehr gegen als für sie. Hätte Lukas eine solche Darstellung benutzt, so wäre zu erwarten, daß sein Bericht etwas von einer Unterrichtung des Paulus durch die Apostel und von einer Übergabe des Evangeliums an ihn mitteilen würde, denn dies scheint ja gerade die Pointe der von Paulus bekämpften gegnerischen Darstellung gewesen zu sein. Statt dessen ist in V.27f. nur von einer Aufnahme des Paulus durch die Apostel und von seinem gemeinsamen Wirken mit ihnen die Rede. Andererseits zeigt sich, daß der vorliegende Bericht ganz stark durch die Lukas eigenen theologischen Vorstellungen und erzählerische Stereotypen geprägt ist: Lukas ist die – in der Frühzeit durch die Jerusalemer Apostel repräsentierte – Einheit der Kirche wichtig; darum bringt er den eben bekehrten zukünftigen Missionar Paulus mit den Jerusalemern zusammen und unterstreicht ihre enge Gemeinschaft. Das liegt auf der gleichen Ebene wie 8,14ff. Für ihn ist es ferner wesentlich, daß Paulus jeweils mit seinem Christuszeugnis bei Israel einsetzt und erst nach seiner Abweisung sich den Heiden zuwendet. Darum bringt er hier diesen Gesichtspunkt ein, indem er Paulus gleich zu Anfang seines Wirkens in der heiligen Stadt Jerusalem als Zeuge Jesu von den Juden verworfen werden läßt (vgl. 22,17-21), wie denn überhaupt das Verfolgtwerden durch die Juden zum Stereotypbild des lukanischen Paulus gehört (V.23ff. 29). So spricht wenig dafür, daß Lukas hier eine ausführlichere Erzählungstradition verarbeitet hätte. Daß er freilich nicht ganz ohne Traditionsbasis diesen Bericht geschaffen hat, wird durch ein beachtliches Indiz nahegelegt, nämlich das völlig unvermittelte Auftreten des Barnabas. Daß dieser die Rolle eines Mittlers zwischen Paulus und den Jerusalemern spielte, ist historisch durchaus wahrscheinlich aufgrund der guten Beziehungen, die er als hellenistischer Judenchrist zur aramäischsprechenden Urgemeinde von Anfang an hatte (4,36f.; 11,22). Wenn Paulus in Gal 1 diese Rolle des Barnabas verschweigt, so ist das von der Tendenz seines Berichtes her nur allzu verständlich. Lukas mag demnach als Grundlage für seine Darstellung des ersten Jerusalembesuchs eine Notiz seines antiochenischen Materials (vgl. 4,36f.; 5,1-11; 11,19-30) benutzt haben, die davon sprach, daß Barnabas nach der Bekehrung des Paulus und vor seiner Berufung nach Antiochia (11,25) die Verbindung zwischen ihm und den Jerusalemern hergestellt hatte.

Ein Problem für sich stellt die Notiz über die Flucht des Paulus aus Damaskus 23-25 (V.23-25) dar. Die dramatischen Einzelheiten dieser Flucht entsprechen fast wörtlich 2.Kor 11,32f., nur daß dort die Ausgangskonstellation eine andere ist: Nicht die Juden *in* der Stadt stellen Paulus nach, sondern ein Beduinenscheich, der Ethnarch des Nabatäerkönigs Aretas IV., ließ die offiziellen Ausgänge der Stadt von außen überwachen, um Paulus bei ihrem Verlassen abzufangen. Beides läßt sich schwerlich harmonisieren. Daß die arabischen Nabatäer es auf Paulus abgesehen hatten, läßt sich freilich nur dann plausibel machen, wenn Paulus zu jenem Zeitpunkt seinen Aufenthalt in Arabien (Gal 1,17) bereits hinter sich hatte: Die Nabatäer wollten dann, möglicherweise im Bunde mit den in ihrem Gebiet wohnenden Juden, den mißliebig gewordenen Missionar beseitigen. Das bedeutet jedoch, daß die dramatische Flucht erst den zweiten Damaskusaufenthalt des Paulus (Gal 1,17) abgeschlossen hat. Lukas hat auch hier die Dinge keineswegs bewußt verdreht. Er kannte sicher die Anekdote von der Flucht des Paulus aus Damaskus, denn sie gehörte zu den geläufigen Personaltraditionen über Paulus. Da er von einem zweiten Damaskusaufenthalt nichts wußte, lag es nahe, sie mit dem Bekehrungsaufenthalt zu verbinden. Und da die Bekehrungstradition bereits von Auseinandersetzungen des Paulus mit den Juden berichtete und andererseits das Verfolgtsein durch die Juden zu den Stereotypen des lukanischen Paulusbildes gehörte, lag es ebenso nahe, diese Flucht als Flucht vor den Juden zu stilisieren.

Doch wie läßt sich nun der historische Gang der Ereignisse aufgrund dieser Erwägungen rekonstruieren? Unmittelbar nach seiner Berufung vor Damaskus (ca. 33) ging Paulus nach „Arabien", d.h. vermutlich in das nabatäische Gebiet mit der Hauptstadt Petra, um dort erste missionarische Versuche zu unternehmen. Etwa 2½ Jahre später kehrte er nach Damaskus zurück (ca. 35/37) und reiste von dort nach Jerusalem. Leitendes Motiv dieser Reise mag die Absicht gewesen sein, vor weitergehenden missionarischen Unternehmungen Verbindung mit den in allen Gemeinden nach wie vor hoch angesehenen Zeugen Jesu, vor allem mit Petrus, aufzunehmen. Daß es Paulus dabei auch darum ging, entscheidende Traditionen, die der Verkündigung zugrundelagen, zu erhalten bzw. die ihm bereits bekannten in ihrer Zuverlässigkeit zu überprüfen, ist (trotz der zurückhaltenden Formulierung von Gal 1,18) wahrscheinlich. Barnabas, der Verbindungsmann zwischen den hellenistischen und den aramäischsprechenden Judenchristen, sorgte für das Zustandekommen eines Kontaktes zwischen Paulus, dessen zukünftige Bedeutung für die hellenistische Mission er schon damals erkannt haben mag, und Petrus. Von Jerusalem aus wandte sich Paulus zunächst nach Zilizien – Hauptstadt dieser Provinz war seine Heimatstadt Tarsus (V. 30) –, um dort missionarisch zu arbeiten, bis ihn Barnabas schließlich in das machtvoll aufstrebende neue missionarische Zentrum Antiochia holte (11,25 f.).

B 23–24 Das anfängliche ratlose Staunen der damaszener Judenschaft macht sehr schnell gezielten Plänen zur Beseitigung des Paulus Platz. Es ist dies der erste in einer Kette von jüdischen Anschlägen gegen sein Leben, denen Paulus jeweils mit knapper Not entrinnt (14,5; 17,5.13; 18,12 ff.; 24,1 ff.; 25,7 ff.). Nahe den Stadttoren halten sich – so die Vorstellung des Lukas – Meuchelmörder auf, um Paulus beim Versuch, die Stadt zu verlassen, zu töten. Rechtzeitig vor der Gefahr gewarnt, läßt er sich von „Jüngern, d. h. von Gemeindegliedern zur Flucht helfen. (Einige wichtige Textzeugen lesen „von seinen Jüngern", doch diese Lesart ist kaum ursprünglich, sondern beruht auf einem naheliegenden Schreibfehler: *autou* statt *auton*.) Sie lassen ihn mit einem Korb durch eine Luke in der Stadtmauer hinab. (Das heute in Damaskus gezeigte Mauerstück mitsamt der angeblichen Fluchtöffnung ist eine wenige Jahrzehnte alte Rekonstruktion im Dienst des Tourismus!) – Stillschweigend ist vorausgesetzt, daß trotz der Verfolgung inzwischen in Jerusalem wieder eine Gemeinde besteht. Die Reaktion der Jerusalemer Christen ist analog der des Hananias (V. 13 f.): Sie können nicht glauben, daß der ehemalige Verfolger seinen Standort so radikal gewechselt hat. Da schaltet sich Barnabas ein und vertritt den Aposteln gegenüber die Sache des Paulus. Zwar ist das Subjekt der Wendung „er erzählte ihnen" sprachlich nicht eindeutig, dem Zusammenhang nach kann jedoch nur Barnabas gemeint sein. Man darf nicht fragen, wieso nur er und nicht auch die Apostel die Geschichte des Paulus wissen. Denn hier geht es nicht um die Mitteilung bloßer Fakten, sondern um die Bezeugung der Gültigkeit des Geschehens. Die Szene ist sachlich in etwa analog zu dem Bericht des Petrus von der Bekehrung des Kornelius (11,2–18). Wenn Lukas dem Barnabas nicht eine explizite Wiederholung der Damaskus-Geschichte in den Mund legt, dann wohl nur mit Rücksicht darauf, daß er sie ohnehin noch zweimal zu wiederholen haben wird. Die Folge ist, daß Paulus in die enge Gemeinschaft der Apostel gezogen wird. „Er ging mit ihnen ein und aus in Jerusalem" bedeutet engstes Zusammengehen mit ihnen in der Stadt. Worin sie zusammengehen, sagt die Fortsetzung: „er verkündigte unerschrocken im Namen des Herrn". Er wird von den Aposteln nicht nur als Gemeindeglied akzeptiert, sondern darf teilnehmen an ihrer Verkündigungstätigkeit. Wirkungsvoller ließe sich seine faktische Gleichberechtigung mit ihnen kaum darstellen! Auffällig ist demgegenüber, daß der Gesichtspunkt der Übermittlung der Tradition hier so

25

26

27

28

wenig wie sonst in der Apostelgeschichte eine Rolle spielt (vgl. zu 20,17–38). Lukas stellt sich das Wirken des Paulus in Jerusalem in Analogie zu dem des Stephanus vor; wie jenen läßt er auch ihn mit den Gliedern der hellenistischen Synagogen disputieren (vgl. 6,9f.). Daraus geht hervor, daß er ihn trotz seiner engen Verbindungen mit Jerusalem ebenfalls als hellenistischen Diasporajuden ansieht. Wie Stephanus soll auch Paulus ermordet werden. Aber wieder (vgl. V.24f.) erfolgt rechtzeitige Rettung durch die Mitchristen. Sie geben ihm Geleitschutz bis in die Hafenstadt Cäsarea (vgl. 8,40; 23,23f. 31ff.), von wo er sich in seine Heimatstadt Tarsus einschifft. Lukas nimmt an, daß Paulus dort für eine Weile zurückgezogen lebte (doch dagegen Gal 1,21).

10. Schlußbemerkung: Das friedliche Wachstum der Kirche 9,31

³¹Die Kirche in ganz Judäa und Galiläa und Samarien hatte nun Frieden, erbaut und wandelnd in der Furcht des Herrn, und unter dem Beistand des heiligen Geistes wuchs sie immer weiter.

Wieder wird über einen Geschehenszeitraum Zwischenbilanz gezogen. Es ist der Zeitraum, der scheinbar unheilvoll mit der Verfolgung begonnen hatte. An seinem Ende jedoch steht die Bekehrung des Paulus, der der Hauptexponent der Verfolgung gewesen war, nun aber selbst zum Werkzeug der Ausbreitung der Kirche geworden ist. Damit ist die Bedrohung zunächst abgewandt, und die Kirche hat nun Frieden. Und zwar ist diese Kirche nun nicht mehr, wie zu Beginn des Berichtzeitraums, auf Jerusalem beschränkt, sondern sie hat sich über Judäa, Galiläa und Samarien ausgebreitet; der Befehl des Auferstandenen von 1,8 ist also zumindest partiell erfüllt. Was noch aussteht, ist die Ausbreitung „bis zu den Enden der Erde". Nur hier wendet Lukas das Wort *ekklēsia* auf die Gesamtkirche an, während er sonst vorzugsweise die Jerusalemer Gemeinde (5,11; 8,1.3), die diesen Begriff ja in der Tat zunächst als Selbstbezeichnung geprägt hat, aber auch andere Einzelgemeinden (13,1; 14,23.27; 15,3; 16,5; 18,22; 19,32.39.41; 20,17.28) so nennt. Ganz unvermittelt erfahren wir von der Existenz von Gemeinden in Galiläa. Anscheinend hatte Lukas kein Einzelmaterial, um über ihre Entstehung berichten zu können. Das mag wiederum damit zusammenhängen, daß Galiläa als Urheimat des Christentums von Jerusalem aus nicht missioniert zu werden brauchte, weshalb sich auch in Jerusalem keine Traditionen darüber bildeten. Lukas dürfte den Mangel kaum empfunden haben, denn für ihn hängen Judäa und Galiläa ganz eng zusammen (Lk 4,44; 5,17; 7,17). – Daß sich die Kirche so trotz aller Anfeindungen friedlich ausbreiten konnte, war Gottes Werk. Denn er „erbaut" sie als seinen heiligen Tempel und er mehrt ihr Wachstum durch den Beistand des Heiligen Geistes. Das menschliche Verhalten, das diesem Handeln Gottes entspricht, ist die Furcht des Herrn, d.h. das Sich-Unterstellen unter die richtende Macht Gottes (1.Petr 1,17; 3,2).

III. Antiochia und die Anfänge des Heidenchristentums
9,32–15,35

1. Petrus in Lydda und Joppe 9, 32–43

³²Als Petrus überall umherzog, kam er auch zu den Heiligen, die in Lydda wohnten. ³³Er fand dort einen Mann namens Äneas, der seit acht Jahren krank zu Bett lag; er war nämlich gelähmt. ³⁴Und Petrus sprach zu ihm: „Äneas, dich heilt Jesus Christus! Steh auf und mach dir selbst dein Bett!" Sogleich stand er auf. ³⁵Und es sahen ihn alle Einwohner von Lydda und der Ebene Scharon, und sie bekehrten sich zum Herrn.
³⁶In Joppe war aber eine Jüngerin namens Tabita, das heißt übersetzt „Gazelle". Diese war reich an guten Werken und an Almosen, die sie gab. ³⁷In jenen Tagen nun wurde sie krank und starb. Man wusch sie und legte sie ins Obergemach. ³⁸Da aber Lydda nahe bei Joppe liegt, und die Jünger gehört hatten, daß Petrus dort sei, sandten sie zwei Männer zu ihm mit der Bitte: „Komm doch sofort zu uns herüber!" ³⁹Da machte sich Petrus auf und ging mit ihnen. Als er ankam, führte man ihn in das Obergemach, und alle Witwen traten weinend herzu und zeigten ihm die Röcke und Kleider, die die ‚Gazelle' gemacht hatte, als sie noch bei ihnen war. ⁴⁰Petrus aber schickte sie alle hinaus, kniete nieder und betete. Und zu der Leiche gewandt sprach er: „Tabita, steh auf!" Da schlug sie ihre Augen auf, und als sie Petrus erblickte, setzte sie sich auf. ⁴¹Und er reichte ihr die Hand und richtete sie auf. Dann rief er die Heiligen und die Witwen und stellte sie ihnen lebend vor. ⁴²Die Kunde davon verbreitete sich in ganz Joppe, und viele kamen zum Glauben an den Herrn. ⁴³Er blieb aber noch geraume Zeit in Joppe bei einem gewissen Simon, einem Gerber.

9,32–15,35   Ziel des nunmehr beginnenden Teils ist es, die Entwicklung darzustellen, die zur Heidenmission führte, und damit die in 15,36 einsetzende Chronik der paulinischen Mission vorzubereiten. An seinem Anfang und an seinem Ende stehen zwei herausragende Ereignisse, die in ihrer engen Bezogenheit aufeinander die Thematik bestimmen: das eine ist die Bekehrung und Taufe des Kornelius (10,1–11,18) durch die Gott selbst den Weg des Evangeliums zu den Heiden frei gibt, das andere ist das Apostelkonzil (15,1–35), auf dem seine Kirche diese ihr eröffnete Freiheit gehorsam ergreift. Von diesen beiden Pfeilern wird das Mittelstück, der Bericht von den ersten Anfängen des Heidenchristentums in Antiochia und dem von dort ausgehenden missionarischen Vorstoß nach Zypern und in das südliche Kleinasien, eingerahmt.

A
9,32–43   Die zwei kleinen Wundergeschichten bilden einen Vorspann zur Korneliusgeschichte, indem sie den Weg des Petrus von Jerusalem nach Cäsarea nicht nur geographisch nachzeichnen, sondern – und das ist für Lukas wohl das Wichtigere – sachlich begründen. Petrus wird hier auf einer Visitationsreise durch bereits bestehende Gemeinden in Judäa gezeigt. Es handelt sich offensichtlich anders als in 8,14 ff. nicht um einen Besuch, der die von Hellenisten gegründeten Gemeinden nachträglich in Kontakt mit Jerusalem bringen soll, sondern um eine Visitation

judenchristlicher Gemeinden, die mittelbar oder unmittelbar durch das Wirken der Jerusalemer „Apostel" entstanden sind. So erhält die Bemerkung in V. 31 über den Bestand der Kirche in „ganz Judäa" ihre Veranschaulichung, und der bisherige Eindruck der weitgehenden Ortsgebundenheit der Jerusalemer Apostel wird korrigiert. Auf diesem Hintergrund stellt sich die Begegnung des Petrus mit dem „Gottesfürchtigen" Kornelius in Cäsarea nicht als isolierte Episode dar, sondern sie wächst aus der Mission des Petrus in Judäa heraus; sie ist – so will es Lukas wenigstens darstellen – nach der weitgehenden Christianisierung Judäas gleichsam der notwendige nächste Schritt.

Wie weit entspricht dieses Bild den geschichtlichen Tatsachen? Daß es bereits in der zweiten Hälfte der 30er Jahre judenchristliche Gemeinden in Judäa auch außerhalb Jerusalems gegeben hat, wird durch Gal 1,22 bestätigt. Eine andere Frage ist, ob die judäische Reisetätigkeit des Petrus hier zeitlich richtig eingeordnet ist. Man hat erwogen, ob sie nicht in Wahrheit erst nach 44, d.h. nach der Agrippa-Verfolgung und der Ablösung des Petrus durch Jakobus in der Gemeindeleitung, anzusetzen sei. Dann wäre mit der vielumrätselten Bemerkung 12,17 (s. dort) in der Vorlage des Lukas der Aufbruch des Petrus in die judäischen Gebiete außerhalb Jerusalems gemeint gewesen. Wahrscheinlicher dürfte jedoch das Umgekehrte der Fall sein: Petrus mußte sich nach der Agrippa-Verfolgung durch den konservativeren Jakobus in der Gemeindeleitung ablösen lassen, weil er aufgrund seiner vorherigen Missionstätigkeit, die auch die Zuwendung zu nicht beschnittenen „Gottesfürchtigen" eingeschlossen hatte, in den Augen der jüdischen Nationalisten kompromittiert war. Das würde bedeuten, daß die Einordnung der Judäa-Reise und des Kornelius-Zwischenfalls den geschichtlichen Ablauf in etwa richtig wiedergibt. Auffällig ist, daß das Wirken des Petrus Gebieten gilt, in denen bereits Philippus tätig war, nämlich der nördlichen Küstenebene und Cäsarea (vgl. 8,40). Das heißt jedoch nicht notwendig, daß er in den ursprünglich von Philippus gegründeten Gemeinden wirkte, etwa mit dem Ziel, sie unter die Kontrolle Jerusalems zu bringen. Eher ist in diesen Gebieten ein Nebeneinander von auf die hellenistische Mission zurückgehenden Gruppen und von durch die Jerusalemer Judenchristen gegründeten, ihnen theologisch verbundenen Gemeinden vorauszusetzen, wobei es sich insgesamt auf beiden Seiten um sehr kleine Gruppen bzw. Gemeinden gehandelt haben wird. Die gewaltigen Wachstumsangaben in V. 35 und 42 entsprechen schwerlich den Tatsachen, sondern sind wie 2,41; 4,4 Ausdruck lukanischer Theologie.

Die zwei Wundergeschichten V. 32–35 und V. 36–42 gehören zu dem gleichen Kranz von Jerusalemer Petrus-Legenden wie 3,1–11; 10,1–48 und 12,1–17. Ursprünglich waren sie vermutlich Gründungslegenden der Gemeinden von Lydda und Joppe; sie wurden jedoch im Laufe der weiteren Entwicklung, dem Interesse der Tradenten an der Person und dem Wirken des Petrus entsprechend, novellistisch ausgestaltet. Wie schon in 3,1–11 fällt auch hier die enge Anlehnung an synoptische Berichte von Wundern Jesu auf. Die Äneas-Geschichte erinnert an Mk 2,1–12 par, und die Tabita-Geschichte, die im übrigen auch stereotype Motive der klassischen alttestamentlichen Totenerweckungen 1.Kön 17,17–24; 2.Kön 4,18–37 enthält, nimmt fast wörtlich das von Jesus bei der Heilung der

Tochter des Synagogenvorstehers (Mk 5,36–43) gesprochene wunderwirkende aramäische Wort auf, nur ein Buchstabe ist verschieden: *Talita kum* („Mädchen, steh auf!", Mk 5,41) – *Tabita kum* („Gazelle, steh auf!" Apg 9,40). Diese Übereinstimmung kann kein Zufall sein. Sie mag dadurch zustandegekommen sein, daß der ursprünglich in der Lokaltradition von Joppe verankerte Name einer dort tatsächlich von Petrus geheilten Frau *(„Tabita")* die Erinnerung an die fast gleichklingende Totenerweckungsformel Jesu (Mk 5,41) provozierte, mit der Folge, daß die von Petrus erzählte Geschichte ebenfalls zum Bericht über eine Totenerweckung wurde.

Beide Petrus-Wunder sind sehr stark von den Zügen volkstümlicher Wundertopik beherrscht: lange Krankheit (V.33) bzw. besondere Tragik des Falles (V.39); wunderwirksames Wort (V.34.40); Berührung durch den Wundertäter (V.41); Demonstration des Erfolges (V.34.41); Staunen der Öffentlichkeit (V.35.42). Betont wird jedoch in beiden Fällen (wie auch schon in 3,6), daß die wunderwirkende Macht nicht von Petrus selbst, sondern von Jesus ausgeht: in V.34 durch den Namen „Jesus Christus", in V.40 durch das Gebet. Von da her wird man sagen können: diese Petruslegenden wollen Petrus als Sachwalter der Macht Jesu zeigen, der bevollmächtigt ist, Jesu heilvolle Taten fortzusetzen, durch die Gottes endzeitliche Macht zeichenhaft in diese Welt einbricht.

Lukas hat beide Legenden in seinen erzählerischen Duktus eingeschmolzen. Er dürfte vor allem die Äneaserzählung stark gekürzt haben. Die ursprünglichen Chorschlüsse (V.35.42) hat er zu missionarischen Erfolgsmeldungen umgestaltet.

B 32 Der Besuch in Lydda wird als Teil einer umfassenden Besuchsreise des Petrus durch ganz Judäa dargestellt. Lydda (hebr. Lod) liegt etwa 40 km nordwestlich von Jerusalem unmittelbar an der Grenze zwischen dem Bergland und der sich längs der Küste nach Norden bis zum Karmal hinziehenden fruchtbaren Scharon-Ebene. Es gehörte seit 145 v.Chr. zu Judäa und war damals Hauptstadt einer seiner 11 33 Toparchien. Das „dort" von V.33 bezieht sich nicht allgemein auf die Stadt Lydda, sondern auf die „Heiligen", d.h. auf die christliche Gemeinde. Äneas gilt also als Gemeindeglied. Sein griechischer Name spricht nicht gegen seine jüdische Herkunft. 34 Petrus spricht dem bewegungsunfähig auf seinem Bett liegenden Kranken die Heilung durch Jesus zu: „Dich heilt Jesus Christus!" Das ist gleichsam eine Explikation der Formel „im Namen Jesu" (3,6.16; 4,10). Mit dem Heilungswort verbindet sich unmittelbar ein Befehlswort, das die Demonstration der erfolgten Heilung ermöglichen soll (Mk 1,44; 2,11; Joh 5,8). Der dadurch ausgelöste Vollzug 35 der Heilung wird nur ganz lapidar berichtet. Größeres Gewicht legt Lukas in dem von ihm gestalteten V.35 auf die propagandistische Wirkung des Vorganges: die Kunde davon habe sich nicht nur in der Stadt, sondern in der ganzen Scharonebene verbreitet, so daß die gesamte dortige Bevölkerung zum Glauben an den „Herrn", d.h. an Jesus Christus, gekommen sei. Diese Angabe liegt auf der gleichen Linie wie 6,7; 8,14; 21,20.

36 Joppe (hebr. Jafo, das heutige Jaffa), der Schauplatz der zweiten Geschichte, liegt ca. 15 km nordwestlich von Lydda an der Küste. Die alte philistäische Hafenstadt war 144 v.Chr. von den Makkabäern erobert worden und gehörte seitdem zu Judäa. Der Ausdruck „Jüngerin" zur Bezeichnung einer Christin erscheint im Neuen Testament nur hier. „Gazelle" als weiblicher Name ist sowohl im Aramäi-

schen *(Tabita)* als auch im Griechischen *(dorkas)* belegt. (Die in der Lutherbibel vor der Revision von 1975 erscheinende Namensform Tabea wird von keiner griechischen Handschrift vertreten, sondern geht auf eine fehlerhafte lateinische Textversion [Cod. e] zurück.) Wie in V. 33 handelt es sich um einen innergemeindlichen Fall, dessen besondere Tragik alsbald erläutert wird: Die verstorbene Tabita war eine für die Gemeinde unentbehrliche Stütze und Wohltäterin; mit ihren guten Werken und Almosen entsprach sie dem Idealbild jüdischer – und auch judenchristlicher – Frömmigkeit. Ihr Tod betrifft und bewegt so die ganze Gemeinde. Daß sie 37–38 in ihr eine amtliche Liebestätigkeit ausgeübt hätte, läßt sich jedoch nicht herauslesen. Das Waschen der Toten entspricht jüdischem Trauerbrauch (Schab 23,5). Die sich normalerweise sofort daran anschließende Bestattung wird jedoch aufgeschoben, denn man will erst den Versuch machen, die Hilfe des Petrus zu gewinnen, von dessen Aufenthalt in der Nachbarstadt man gehört hat. Daß er als Jünger Jesu die Macht habe, Tote zu erwecken, wird dabei fast als selbstverständlich vorausgesetzt. Die Leiche wird im Obergemach aufgebahrt, es war der einzige Raum im Hause, der dafür in Frage kam (1,13). Vielleicht ist dieser Zug aber durch 1.Kön 17,17ff.; 2.Kön 4,21 beeinflußt. Allerdings: größte Eile ist geboten, denn die Bestattung läßt sich aus klimatischen Gründen nur wenige Stunden aufschieben, während der Weg von Joppe nach Lydda immerhin mehr als drei Stunden in Anspruch nimmt. Die große Eile wird erzählerisch dadurch abgebildet, daß die zwei durch die Gemeinde zu Petrus gesandten Boten auf alle näheren Erklärungen verzichten und nur die knappe Bitte hervorstoßen: „Komm doch sofort zu uns herüber!" Als Petrus, 39 der Bitte wortlos folgend, im Trauerhaus eintrifft, kommt es zu einer rührenden Szene. Er trifft dort auf Witwen, die offenbar gekommen sind, um die Totenklage zu halten. Sie repräsentieren zugleich jenen Kreis der Ärmsten der Gemeinde, die durch den Verlust ihrer Wohltäterin Tabita besonders betroffen sind (vgl. 6,1; an den 1.Tim 5,3ff. erwähnten Stand der Gemeindewitwen wird man hier noch nicht denken dürfen). Und nun bekunden sie wortlos ihren Schmerz, indem sie Petrus die Ober- und Unterkleider zeigen, die Tabita für sie angefertigt hat. Aber Petrus 40 schickt sie alle hinaus, denn das, was nun folgen soll, verträgt keine Öffentlichkeit (vgl. 2.Kön 4,33; Mk 5,40). Wie Elija (1.Kön 17,20) und Elischa (2.Kön 4,33) betet er, ein deutlicher Hinweis darauf, daß die das Wunder wirkende Kraft nicht ein ihm verfügbares, von ihm ausströmendes Fluidum ist, sondern allein von Gott kommen kann. Sich der Toten zuwendend spricht er sodann das an Jesu Tat erinnernde befehlende Wort. (Eine direkte Erwähnung des Namens Jesu fehlt hier allerdings; sie wurde erst von einigen späteren Textzeugen ergänzt durch den Zusatz: „im Namen unseres Herrn Jesu Christi"). Die Rückkehr der Tabita ins Leben erfolgt in zwei Etappen: Zunächst öffnet sie, dem Befehlswort folgend, die Augen und setzt sich auf, sodann stellt sie sich, von der hilfreichen Geste der Hand des 41 Petrus unterstützt, auf die Füße (vgl. Mk 5,41f. par, wo allerdings die Berührungsgeste das Befehlswort unmittelbar begleitet). Stilgemäß folgt nun die Demonstration vor der Öffentlichkeit: Petrus läßt nicht nur die vorher ausgeschlossenen Witwen, sondern alle Gemeindeglieder hereinrufen, um ihnen die vom Tod Erweckte vorzustellen und sie ihnen zurückzugeben als eine, die nun wieder zu ihnen gehören soll. Wieder wird dem Wunder ein weit ausstrahlender propagandistischer Erfolg 42

43 zugeschrieben (vgl. V.35). Petrus bleibt daraufhin längere Zeit in Joppe. Sein Quartier wird genannt, wohl schon im Vorblick auf 10,6: Er wohnt bei einem Gerber Simon. Hier liegt sicher eine alte Lokaltradition vor, die insofern aufschlußreich ist, als Gerberei bei Juden als ein unreines Handwerk galt. Petrus hätte demnach damals bereits die Freiheit besessen, anzuerkennen, daß die durch das jüdische Kultgesetz gezogenen Grenzen innerhalb der christlichen Gemeinde dahingefallen waren.

2. Die Taufe des ersten Heiden durch Petrus 10,1–11,18

¹Ein Mann in Cäsarea mit Namen Kornelius, ein Hauptmann von der sogenannten ‚italischen Kohorte', ²der fromm und gottesfürchtig war mit seinem ganzen Hause, viele Almosen dem Volk gab und zu Gott beständig betete, ³der schaute in einem Gesicht ganz deutlich, gegen 3 Uhr nachmittags, wie ein Engel Gottes bei ihm eintrat und zu ihm sprach: „Kornelius!" ⁴Er aber blickte ihn an und sprach voller Furcht: „Was ist, Herr?" Er aber sprach zu ihm: „Deine Gebete und deine Almosen sind emporgestiegen zum Gedenken vor Gott. ⁵Und nun sende Männer nach Joppe und laß einen gewissen Simon mit Beinamen Petrus holen! ⁶Der wohnt zu Gast bei einem Gerber Simon, der ein Haus am Meer hat." ⁷Als der Engel, der zu ihm redete, weggegangen war, rief er zwei seiner Haussklaven und einen gottesfürchtigen Soldaten von seinen Ordonnanzen, ⁸und nachdem er ihnen alles erklärt hatte, sandte er sie nach Joppe.

⁹Am nächsten Tag, als sie noch unterwegs waren und sich der Stadt näherten, stieg Petrus um 12 Uhr mittags auf das Dach, um zu beten. ¹⁰Da wurde er hungig und wünschte zu essen. Während man ihm etwas zubereitete, kam eine Ekstase über ihn, ¹¹und er schaute, wie sich der Himmel öffnete und ein Gefäß herabkam, wie ein großes Tuch, das an den vier Enden zur Erde herabgelassen wurde. ¹²Darin waren alle Vierfüßler und Kriechtiere der Erde und alle Vögel des Himmels. ¹³Und eine Stimme redete ihn an: „Auf, Petrus, schlachte und iß!" ¹⁴Petrus aber sprach: „Keinesfalls, Herr! Ich habe noch nie etwas Gemeines und Unreines gegessen!" ¹⁵Doch die Stimme sprach zum zweitenmal zu ihm: „Was Gott rein gemacht hat, das halte du nicht für gemein!" ¹⁶Dies geschah dreimal, dann wurde das Gefäß sogleich wieder in den Himmel hinaufgenommen.

¹⁷Als Petrus bei sich noch daran herumrätselte, was das Gesicht, das er geschaut hatte, bedeutete, siehe, da standen die von Kornelius abgesandten Männer, die sich nach dem Haus des Simon durchgefragt hatten, schon am Tor ¹⁸und erkundigten sich laut: „Wohnt Simon mit Beinamen Petrus hier?" ¹⁹Während Petrus noch über das Gesicht nachsann, sprach der Geist zu ihm: „Siehe, drei Männer suchen dich! ²⁰Auf! Steige herunter und gehe mit ihnen, ohne (an dem Gesicht weiter) herumzudeuten, denn ich habe sie gesandt. ²¹Petrus stieg hinunter zu den Männern und sprach: „Siehe, ich bin der, den ihr sucht! Was ist der Grund für euer Kommen?" ²²Sie sprachen: „Der Hauptmann Kornelius, ein gerechter und gottesfürchtiger Mann, der in gutem Ruf beim ganzen jüdischen Volk steht, erhielt von einem heiligen Engel die Weisung, dich in sein Haus holen zu lassen und zu hören, was du zu sagen hast." ²³Da ließ er sie eintreten und bewirtete sie.

Am nächsten Tage machte er sich auf und ging mit ihnen, und einige der Brüder aus Joppe begleiteten ihn. ²⁴Am Tage darauf kam er nach Cäsarea. Kornelius erwartete sie bereits und hatte seine Verwandten und nächsten Freunde zusammengerufen. ²⁵Als Petrus eintrat, trat ihm Kornelius entgegen, fiel ihm zu Füßen und huldigte ihm. ²⁶Petrus aber hob ihn auf und sagte: „Steh auf! Auch ich bin nur ein Mensch!" ²⁷Und im Gespräch mit ihm trat er ein und fand viele versammelt. ²⁸Er sagte zu ihnen: „Ihr wißt sicherlich, daß es für einen Juden verboten ist, sich mit einem Heiden abzugeben oder ihn aufzusuchen. Mir aber hat Gott gezeigt, daß man keinen Menschen gemein oder unrein nennen darf. ²⁹Darum bin ich auch ohne Widerrede gekommen, als man mich holen ließ. Nun frage ich: „Aus welchem Grunde habt ihr mich holen lassen?" ³⁰Kornelius sagte: „Vor vier Tagen um diese Stunde betete ich um drei Uhr nachmittags in meinem Hause, und siehe, ein Mann stand vor mir in leuchtendem Gewande ³¹und sprach: ‚Kornelius! Dein Gebet ist erhört und deine Almosen sind emporgestiegen zum Gedenken vor Gott! ³²Sende nun nach Joppe und laß Simon mit Beinamen Petrus holen! Der wohnt zu Gast im Hause Simons des Gerbers am Meer!' ³³Sofort habe ich zu dir geschickt, und du hast recht getan hierherzukommen. Und jetzt sind wir alle hier vor Gott versammelt, um alles zu hören, was dir vom Herrn aufgetragen ist."

³⁴Da tat Petrus seinen Mund auf und sprach: „In Wahrheit begreife ich, daß Gott nicht auf die Person sieht, ³⁵sondern in jedem Volk ist ihm der willkommen, der ihn fürchtet und Gerechtigkeit übt. ³⁶Das Wort, das er den Söhnen Israels sandte, um Frieden zu verkündigen durch Jesus Christus – dieser ist der Herr aller. ³⁷Ihr kennt ja das Geschehen, das sich in ganz Judäa zugetragen hat, angefangen von Galiläa nach der Taufe, die Johannes verkündigte, ³⁸(ihr kennt) Jesus von Nazaret, wie Gott ihn mit heiligem Geist und Kraft salbte, der umherzog, Gutes tat und alle, die vom Teufel unterjocht waren, heilte, denn Gott war mit ihm. ³⁹Und wir sind Zeugen von allem, was er im Lande der Juden und in Jerusalem getan hat. Den haben sie ans Holz gehängt und getötet. ⁴⁰Diesen hat Gott auferweckt am dritten Tage und ihn sichtbar erscheinen lassen, ⁴¹nicht dem ganzen Volk, sondern den von Gott dafür im voraus erwählten Zeugen, uns, die wir mit ihm gegessen und getrunken haben nach seiner Auferstehung von den Toten. ⁴²Und er hat uns befohlen, dem Volk zu verkündigen und zu bezeugen, daß dieser der von Gott bestimmte Richter über Lebende und Tote sei. ⁴³Für diesen legen alle Propheten Zeugnis ab, daß durch seinen Namen jeder, der an ihn glaubt, Vergebung der Sünden empfangen soll."

⁴⁴Noch während Petrus diese Worte sprach, fiel der heilige Geist auf alle, die seine Rede hörten. ⁴⁵Und die Gläubigen aus der Beschneidung, die zusammen mit Petrus gekommen waren, gerieten darüber außer sich, daß auch über die Heiden die Gabe des heiligen Geistes ausgegossen war. ⁴⁶Sie hörten sie nämlich in Zungen reden und Gott preisen. Da hielt Petrus ihnen entgegen: ⁴⁷„Kann etwa jemand das Wasser verweigern, so daß diese nicht getauft werden, die den heiligen Geist empfangen haben nicht anders als wir?" ⁴⁸Und er ordnete an, sie im Namen Jesu Christi zu taufen. Dann baten sie ihn, einige Tage dazubleiben.

11 ¹Es hörten aber die Apostel und die in Judäa wohnenden Brüder, daß auch die Heiden das Wort Gottes angenommen hatten. ²Als nun Petrus nach Jerusalem hinaufkam, stritten die aus der Beschneidung mit ihm ³und sagten: „Du bist bei unbeschnittenen Leuten eingekehrt und hast mit ihnen gegessen!" ⁴Da hob Petrus an und erklärte es ihnen der Reihe nach: ⁵„Ich war in der Stadt

Joppe im Gebet, da sah ich in der Ekstase ein Gesicht, ein Gefäß wie ein großes Tuch herabkommen, das an den vier Enden vom Himmel herabgelassen wurde, und es kam bis zu mir. ⁶Als ich gespannt hineinblickte, sah ich die Vierfüßler der Erde und die wilden Tiere und die Kriechtiere und die Vögel des Himmels. ⁷Ich hörte aber auch eine Stimme, die zu mir sprach: ‚Auf, Petrus, schlachte und iß!' ⁸Ich antwortete: ‚Keinesfalls, Herr! Gemeines oder Unreines ist noch nie in meinen Mund gekommen.' ⁹Es antwortete aber die Stimme zum zweitenmal vom Himmel her: ‚Was Gott rein gemacht hat, das halte du nicht für gemein!' ¹⁰Das geschah dreimal, und dann wurde alles wieder hinaufgezogen in den Himmel. ¹¹Und siehe, alsbald standen drei Männer vor dem Hause, in dem wir uns befanden, die aus Cäsarea zu mir gesandt waren. ¹²Da sagte zu mir der Geist, ich solle ohne Bedenken mit ihnen gehen. Es kamen aber auch diese sechs Brüder mit mir, und wir gingen in das Haus des Mannes hinein. ¹³Er berichtete uns aber, wie er gesehen habe, wie der Engel in seinem Haus stand und sprach: ‚Sende nach Joppe und laß Simon mit Beinamen Petrus holen! ¹⁴Der wird Worte zu dir reden, durch welche du samt deinem ganzen Haus gerettet werden wirst!' ¹⁵Als ich zu sprechen begann, fiel der heilige Geist auf sie herab, nicht anders als auf uns im Anfang. ¹⁶Da gedachte ich an das Wort des Herrn, wie er sagte: ‚Johannes hat mit Wasser getauft, ihr aber werdet mit heiligem Geist getauft werden.' ¹⁷Wenn nun Gott ihnen die gleiche Gabe gegeben hat wie auch uns, nachdem sie zum Glauben an den Herrn Jesus Christus gekommen waren, wie hätte ich dann imstande sein sollen, Gott zu hindern?" ¹⁸Als sie das hörten, wurden sie alle still und priesen Gott und sagten: „Also auch den Heiden hat Gott die Umkehr zum Leben gegeben!"

10,23: 5.Mose 10,17;   10,36: Ps 107,20; Jes 52,7; Nah 2,1;   10,38: Jes 61,1;   10,39: 5.Mose 21,22

A
10,1–48

Diese Geschichte markiert für Lukas einen entscheidenden Wendepunkt. Und er hat nichts unterlassen, was dazu beitragen konnte, diese ihre Bedeutung ins Licht zu setzen. So hat er sie zur längsten Einzelerzählung seines Buches gemacht; ähnliche Breite und Nachdrücklichkeit der Darstellung findet sich sonst nur noch im Prozeßbericht des Paulus (Kp 21–28). Er hat in ihren Mittelpunkt eine Rede gestellt, und er hat ihr in Gestalt des Rechenschaftsberichts des Petrus 11,1–18 eine ausführliche Rekapitulation ihrer wichtigsten Züge folgen lassen.

Wie sah die Tradition aus, auf die er dabei zurückgriff? Es handelte sich fraglos um eine Erzählung aus der Gruppe Jerusalemer Petrus-Überlieferungen, der auch 9,32–43 entstammten. Vielfach hat man vermutet, das zugrundeliegende Überlieferungsstück sei eine „schlichte" und „harmlose" Bekehrungslegende gewesen, deren Hauptperson Kornelius war und die in knapper Weise von den Ereignissen berichtete, durch die die Gründung einer heidenchristlichen Gemeinde in Cäsarea ausgelöst worden ist (M.Dibelius u.a.). Einige Beobachtungen zu Form und Inhalt nötigen jedoch zu einer anderen Erklärung: 1. Die Form ist geprägt durch das Stilmittel der Korrespondenzvisionen: Kornelius und Petrus empfangen zu Anfang Visionen, durch die Gott das folgende Geschehen in Gang setzt, das darin besteht, daß die zunächst getrennten Protagonisten zusammengeführt werden. Beide Visionen bleiben zunächst ihrem Sinn nach dunkel. Erst die Begegnung ihrer beiden Empfänger kann die Auflösung und damit zugleich die Einsicht in den durch die göttliche Regie herbeigeführten Vorgang bringen. Anders als in 9,1–22 gehören hier die

Korrespondenzvisionen zum integralen Bestand des Traditionsstückes. Der Spannungsbogen wird allein durch sie konstituiert: Alles zielt auf den Augenblick des Zusammenkommens der bisher Getrennten, der die Auflösung der bis dahin unverstandenen Visionen bringt. Dem entspricht, daß Verben der Wahrnehmung, der Mitteilung und der Bewegung vorherrschen. – 2. Die eigentliche Hauptperson ist Petrus. Während die Kornelius-Vision (V. 3 ff.) lediglich den ersten Bewegungsanstoß gibt, der in seiner Richtung noch ganz unsicher bleibt, weckt die Petrus-Vision (V. 10–16) den Widerstand, dessen Überwindung das ganze weitere Geschehen gilt: Es ist der Widerstand gegen das „Unreine" – gemeint sind damit die Heiden. Schritt für Schritt wird Petrus genötigt, die räumliche Distanz zu Kornelius zu überwinden, und indem das geschieht, kommt es auch schließlich zu einer Beseitigung der den Juden vom Gottesfürchtigen trennenden religiösen Schranke. Dies soll der Leser aus der Sicht des Petrus miterleben. – 3. Kornelius hingegen bleibt Nebenfigur. Nirgends beherrscht er die Erzählrichtung, auch fehlt jede Aufforderung einer Identifizierung des Hörers bzw. Lesers mit ihm. Besonders befremdlich ist, daß auch nicht die geringste Initiative in Richtung auf die Gewinnung des Glaubens an Jesus Christus von ihm ausgeht. Was Kornelius wünscht, ist, wie V. 4 andeutet, die volle Zugehörigkeit zum Gottesvolk Israel. Gott erfüllt ihm diesen Wunsch, indem er durch seine Regie dafür sorgt, daß er in die Gemeinde Jesu aufgenommen wird. Was das bedeutet, erfährt er erst am Schluß, und zwar ohne daß es seinerseits zu einer direkten Stellungnahme käme. Eine Bekehrungsgeschichte hätte den Glauben des Bekehrten niemals in dieser Weise übergehen können. Für unseren Erzähler ist Kornelius aber kaum mehr als das Objekt, an dem Gott Petrus die zentrale Einsicht demonstriert, daß gottesfürchtige Heiden die Heilsgemeinde Jesu Christi nicht verunreinigen und darum in sie aufgenommen werden dürfen. „Bekehrt" wird letztlich nicht er, sondern Petrus. – 4. Eine Reihe von inhaltlichen Zügen deuten auf ein judenchristliches Entstehungsmilieu. Kornelius ist ein „Gottesfürchtiger" (s. zu 8,27). Seine Frömmigkeit wird streng an jüdischen Kriterien gemessen, indem auf die klassischen Frömmigkeitswerke „Gebet" und „Almosen" verwiesen wird (V. 4). Daß Petrus die jüdischen Gebetszeiten hält (V. 3. 9. 30), gilt als ebenso selbstverständlich wie daß er den Speise- und Reinheitsgesetzen der Tora gehorsam ist.

Aus dem allem folgt: Die Erzählung war ursprünglich eine judenchristliche Missionslegende, die anhand einer fundamentalen Erfahrung des Petrus für die Mission an den „Gottesfürchtigen" und ihre volle Integration in die Gemeinde ohne Beschneidung eintrat. Anscheinend war beides im Entstehungsmilieu der Erzählung noch kontrovers. Ein streng nomistisch-judenchristlicher Standpunkt soll hier unter Verweis auf Petrus und die ihm von Gott aufgenötigte Einsicht aufgebrochen werden zugunsten eines Kirchenverständnisses, das die Grenze des Heils nicht mit der Grenze des beschnittenen, gesetzestreuen Israel in eins setzt. Wenn so die Autorität des Petrus zur Legitimation dieses innerhalb des palästinischen Judenchristentums umstrittenen Standpunkts herangezogen wurde, muß dies aber einen konkreten geschichtlichen Hintergrund gehabt haben. So dürften zumindest die Grundzüge der Erzählung historisch sein: Petrus wird auf einer seiner Reisen, die der Mission unter Israel dienten, tatsächlich eine Begegnung mit einem Gottesfürchtigen gehabt haben, die zu dessen Taufe führte, und er wird sich zur Rechtfertigung dieses Schrittes tatsächlich auf die Vision V. 9–16 berufen haben. Gerade sie dürfte zum festen Grundbestand der Erzählung gehören; alle Versuche, sie als ursprünglich eigenständiges Traditionsstück zu erklären, blieben letztlich ohne Überzeugungskraft. Auch die Lokalisierung des Vorgangs in Cäsarea wird historisch zuverlässig sein. Unsicher muß jedoch seine Datierung bleiben. Wenn Lukas ihn unmittelbar vor die Gründung der Gemeinde von Antiochia (11, 19–26) rückt, so hängt das mit seinem Geschichtsbild zusammen, demzufolge die prinzipielle Anerkennung der Heidenmission vor der Etablierung der ersten aus Juden- und Heidenchristen bestehenden Gemeinde erforderlich ist. Innere Gründe sprechen jedoch dafür, daß die petrinische Missionstätigkeit in Judäa und Samaria bereits vor der Agrippa-Verfolgung (44 n. Chr.) eingesetzt hat (s. zu 9, 32–43). In dieser Zeit, in der der Druck jüdischer Nationalisten auf die Urgemeinde noch vergleichsweise gering war, ist eine Öffnung eines ihrer führenden Glieder gegenüber Nicht-Juden eher denkbar als später.

Die Erfahrung des Petrus bedeutete weder das grundsätzliche Ja der palästinischen Kirche zur Heidenmission noch gar die Anerkennung eines gesetzesfreien Heidenchristentums. Sie ist vielmehr historisch zu beurteilen als einer von mehreren Schritten innerhalb einer der Urchristenheit durch verschiedene Umstände aufgenötigten Entwicklung, an deren Ende das gesetzesfreie Heidenchristentum stand. Für Petrus selbst mag es sich zunächst nur um ein punktuelles Widerfahrnis ohne große grundsätzliche Bedeutung gehandelt haben. Erst als die Diskussion um die Stellung der Kirche zu den Heiden auf breiterer Ebene in Gang kam, dürften er und seine Anhänger in der Jerusalemer Urgemeinde das Ereignis von Cäsarea als von Gott gewirkte grundsätzliche Legitimation der Eingliederung von Gottesfürchtigen in die Gemeinde interpretiert haben. Als schließlich auf dem Apostelkonzil diese Diskussion ihren ersten Höhepunkt erreichte, hat Petrus ohne Zweifel diese Erfahrung als Argument für die Anerkennung des gesetzesfreien Heidenchristentums gegen Jakobus und dessen Anhänger ins Feld geführt (s. zu 15, 1–29). Daß es zu ihr seitens der Jerusalemer kommen konnte, ist nur von der Voraussetzung her denkbar, daß Glieder der palästinischen Gemeinde vorher wenigstens partiell die Grenze zwischen Juden und Nicht-Juden durchbrochen hatten. Insofern ist Lukas sicher historisch im Recht, wenn er Petrus in 15, 6 ff. auf die Kornelius-Episode Bezug nehmen läßt.

Beachtlich und aufschlußreich ist übrigens die enge Berührung der Korneliusgeschichte mit der Erzählung von der Begegnung zwischen Jesus und dem heidnischen Centurio von Kafarnaum (Lk 7, 1–10 par Mt 8, 5–13[Q]): Hier wie dort ist es ein gottesfürchtiger Heide, der Hilfe sucht, kommt es zu einer feierlichen Begegnung mit dem Helfer in der Nähe des Hauses (Lk 7, 6; Mt 8, 7 f.; Apg 10, 24 f.), trennt zunächst heidnische Unreinheit den Bittsteller vom Helfer, um dann aber überwunden zu werden. Die beiden Erzählungen sind zwar im einzelnen zu verschieden, als daß eine direkte Abhängigkeit erwogen werden könnte. Immerhin aber dürfte Lk 7, 1–10 par Mt 8, 5–13 den gleichen Sitz im Leben gehabt haben wie Apg 10: Man erzählte diese Geschichte, um die Aufnahme von Gottesfürchtigen in die Gemeinde unter Hinweis auf das Verhalten Jesu zu rechtfertigen.

Der vorlukanische Erzählungsbestand läßt sich im einzelnen nur schwer abgrenzen. Er dürfte in seinem ersten Teil die beiden korrespondierenden Visionen (10,1–16), die Begegnung des Petrus mit den Gesandten (10,17f.) sowie die Weisung des Geistes an Petrus (10,19–21) und dessen Abreise (10,23b) enthalten haben. Der zweite Teil setzte ein mit der Begegnung der beiden Männer (10,25–26). Es folgte die Erkenntnisszene mit Austausch und Auflösung der beiden Visionen (10,27a. 29–36). In ihr bildete V.34–36 die abschließende Formulierung der entscheidenden von Gott vermittelten Erkenntnis im Munde des Petrus. Der ursprüngliche Abschluß der Geschichte ist von Lukas so stark verändert worden, daß man über seinen Inhalt nur noch Vermutungen anstellen kann. Er dürfte auf alle Fälle von der Taufe des Kornelius durch Petrus erzählt haben (V.48). Darüber hinaus legt 11,3 die Annahme nahe, daß die Vorlage des Lukas mit dem Vollzug der Mahlgemeinschaft zwischen Juden- und Heidenchristen geschlossen hat.

Die lukanische Redaktion ist von dem Anliegen gesteuert, den Vorgang als die entscheidende Begründung und Legitimation der Heidenmission durch Gott darzustellen. Aus dem keineswegs grundsätzlichen Einzelfall der Gemeinschaft von Juden und Gottesfürchtigen macht Lukas die modellhafte Gründung der ersten Gemeinde aus Juden und Heiden. Dieser Absicht dient vor allem der neu gestaltete Schluß mit der Geistausgießung über die Heiden, durch die das Geschehen den Charakter eines zweiten, heidenchristlichen Pfingsten erhält (10,44). Auf der gleichen Linie liegt es, wenn Lukas durch erzählerische Einschübe (10,24b. 28) die Szene gleichsam entprivatisiert, indem er Kornelius von einer großen Schar von Heiden umgeben sein läßt.

Ganz redaktionell ist die Jerusalem-Szene 11,1–18 mit dem das Geschehen resumierenden Bericht des Petrus. Hier werden zwar einige Details gegenüber Kp 10 variiert, doch dies ist erzählerische Technik des Lukas, die der Ermüdung des Lesers vorbeugen soll. Im übrigen ist der Bericht zielstrebig auf die im Sinne des Lukas entscheidende theologische Einsicht ausgerichtet, in der sich das Ganze zusammenfaßt: „Also auch den Heiden hat Gott die Umkehr zum Leben gegeben" (11,18). 11,1–18

Die Predigt des Petrus ist lukanische Redaktion, bis auf den Anfang (10,34–36), 10,34–43 in dem die ursprüngliche Schlußbemerkung des Petrus steckt. Auf den ersten Blick scheint sie auf die spezifische Situation kaum einzugehen, denn ihr fehlt der für alle Missionspredigten zentrale Aufruf zur Buße und zum Glauben. Ebensowenig enthält sie die für das heidenmissionarische Kerygma (vgl. 14,15ff.; 17,24ff.) typische Verkündigung des einen Schöpfergottes. Statt dessen bringt sie einen relativ breit angelegten Aufriß des Lebens und Wirkens Jesu (V.37–42), der – und das erscheint im Kontext wiederum befremdlich – eingeleitet wird mit den Worten „Ihr kennt ja das Geschehen...". Dies alles erklärt sich jedoch, wenn man davon ausgeht, daß es sich im Sinne des Lukas mindestens zu dem Zeitpunkt, an dem die Rede gehalten wird, nicht mehr um eine eigentlich missionarische Situation handelt: Nicht nur, daß die angeredeten Heiden bereits als in den Grundlagen des jüdischen Gottesglaubens und der Schrift Unterwiesene gelten – Gott selbst hat bereits durch das vorausgegangene wunderbare Geschehen ihre Bekehrung gewirkt und sie der Gemeinde eingegliedert! Wir haben es also hier nicht mit einer Missionspredigt zu tun, sondern mit dem Typus einer innergemeindlichen Predigt. Sie soll das, was an den ehemaligen Heiden bereits geschehen ist, durch den Hinweis auf Gottes Handeln nachträglich verständlich machen. Nach der Überzeugung des Lukas ist die Darstellung der Geschichte Jesu, von seiner Geistsalbung durch Gott über seine Wunder und Heilungen und über seinen Tod bis hin zu den Erscheinungen des Auferstandenen, für die innergemeindliche Verkündigung fundamental. Und ebenso entscheidend ist, daß der Bericht darüber durch die Zeugenschaft der Apostel verbürgt ist. Der Aufriß V. 39–41 enthält das, was nach Meinung des Lukas Grundschema des Evangeliums ist. Er selbst hat dieses Schema in seinem Evangelienbuch ausgeführt und entfaltet. Zumindest in seiner Konzeption, aber auch in einigen Formulierungen dürfte das Schema in V. 39–41 vorgegebene Tradition wiedergeben.

B Cäsarea (vgl. zu 8,40), ursprünglich „Stratonsturm", war von Herodes d. Gr.
10,1 10 v. Chr. wiederaufgebaut, mit einem künstlichen Hafen ausgestattet und zu Ehren seines Gönners, des Kaisers Augustus, in *Kaisareia Sebaste* umbenannt worden. Nach der Absetzung des Herodes-Sohnes Archelaos (6 n. Chr.) und der Umwandlung Judäa-Samarias in eine imperatorische Provinz des Römerreiches wurde es Sitz des Statthalters. Die Bevölkerung war überwiegend heidnisch. Nach 8,40; 21,8 lebte und wirkte Philippus dort lange Jahre. Unsere Erzählung läßt jedoch weder direkt noch indirekt auf eine Verbindung zwischen Petrus und dem hellenistisch-judenchristlichen Wirkungsraum des Philippus schließen. Daß Kornelius der „italischen Kohorte" zugehört haben soll, ist historisch falsch; Lukas überträgt hier seine Zeitumstände auf die ihm überlieferte Geschichte. Denn die *Cohors II Militaria Italica Civium Romanorum Voluntariorum*, eine ursprünglich in Italien aus Freigelassenen, die das römische Bürgerrecht besaßen, gebildete Bogenschützen-Einheit, war erst nach 69 n. Chr. dort stationiert. In der Regierungszeit Agrippas I
2 (41–44) standen überhaupt keine römischen Truppen in der Stadt. Eine knappe Aufzählung nennt die religiösen Merkmale des Kornelius, die ihn aus jüdischer Sicht auszeichnen und an die Schwelle des Judentums brachten: Er ist nicht nur persönlich fromm, sondern gehört auch mit seinem ganzen Hauswesen dem Kreis der „Gottesfürchtigen" an. Da diese nicht beschnitten waren, galten sie für die Juden trotzdem als unrein. In weiterer Steigerung werden die Frömmigkeitswerke des Kornelius angeführt: Er unterstützt mit seinen Almosen das „Volk" – gemeint sind die Juden – und hält sich an die jüdische Gebetspraxis (Tob 12,8; Mt 6,5f.;
3–4 Did 15,4). Zu dieser gehört auch die Einhaltung fester Gebetszeiten – und eben zur Zeit des Mincha- oder Nachmittagsgebetes wird ihm die Engelserscheinung zuteil. Das Nachmittagsgebet durfte zwar bis zum Abend hin gebetet werden, wurde aber in der Regel um die „neunte Stunde", gegen 15 Uhr, verrichtet. Mit der Nennung dieser Zeit hängt die Betonung der deutlichen Sichtbarkeit des Engels zusammen: Es handelt sich um eine reale Erscheinung, nicht um ein unbestimmtes Traumgesicht. Wieder ist der Engel Bote Gottes (vgl. 5,19; 8,26; 12,7) und Künder seines Willens (8,26; 12,7). Dem Stil der Epiphanie gemäß ist die Einleitung des Erscheinungsgesprächs mit der namentlichen Anrede und die Gegenfrage des Angeredeten (s. zu 9,4f. 10; 26,14ff.), ferner auch das Erschrecken vor der himmlischen Erscheinung (vgl. Lk 1,12f.; 2,9f.). Die Furcht des Kornelius ist unbegründet, der Engel hat eine frohe Botschaft für ihn: Gott selbst hat seine Gebete und Almosen

zur Kenntnis genomen und beschlossen, ihn dafür zu belohnen; dies ist der Sinn der in biblischer Sprache umschreibenden Wendung „... sind emporgestiegen zum Gedenken vor Gott" (vgl. Sir 35,16f.; Tob 12,12; Mk 14,9). Unausgesprochen ist dabei vorausgesetzt, daß das Ziel des Betens des Kornelius nur die volle Eingliederung in die Gemeinschaft des Gottesvolkes gewesen sei. Das, wonach er sich gesehnt hat, will Gott ihm nun geben. Daß die folgende konkrete Anweisung mit 5 dieser Absicht Gottes in Zusammenhang steht, erfährt Kornelius nicht. Sie, und damit das ganze Gesicht, muß ihm zunächst rätselhaft bleiben. Von Simon Petrus, 6 den er holen lassen soll, erfährt er nur den Namen und den Aufenthaltsort. Korne- 7 lius gehorcht dem unverständlichen Auftrag; er sendet zwei seiner Hausklaven sowie einen ihm als persönliche Ordonnanz zugeteilten Soldaten, der ebenfalls zu den Gottesfürchtigen gehört. Die Angaben über die Reisedauer sind wenig wahr- 8 scheinlich. Joppe liegt von Cäsarea ca. 50 km entfernt. Auch wenn die Boten die ganze Nacht über wanderten, konnten sie die Strecke schwerlich bis zum nächsten Mittag zurücklegen. Aber hier geht es nicht um historische Details, sondern darum, die Unverzüglichkeit der Erfüllung der himmlischen Weisung zu veranschaulichen. Die Erzählung blendet, den Boten vorauseilend, nach Joppe über. Petrus befindet 9 sich dort auf dem flachen Dach eines Hauses – es ist das Haus des Gerbers Simon (V.6) –, um zu beten. Die Parallelität zur Ausgangssituation des Kornelius (V.3) ist deutlich. Schwierigkeiten bietet allerdings die Zeitangabe. Denn die Mittagsstunde, die „sechste Stunde", gehört weder zu den normalen jüdischen Gebetszeiten, noch ist sie für den Juden die Stunde einer Mahlzeit. Bezeugt ist allerdings die Praxis jüdischer Gelehrter, das Frühmahl auf mittags 12 Uhr zu verlegen. In diesem Falle sollte das Nachmittagsgebet vorverlegt und vor dem Frühmahl gehalten werden (Bill II 204). Dürfte man diese Praxis auch für Petrus voraussetzen, so würde sein ihn während des Betens überfallener Hunger gut verständlich. Die folgende Vision 10 ist in diese Situation psychologisch genau eingepaßt. Petrus gerät, während man unten im Haus für ihn das Essen zubereitet, in einen Zustand ekstatischer Entrücktheit, der ihn befähigt, die überirdische Erscheinung, die Gott ihm zeigt, wahrzunehmen (vgl. 2.Kor 12,1ff.). Daß sich der Himmel öffnet, ist für ihn ein Beweis dafür, 11 daß diese Erscheinung tatsächlich von Gott kommt (vgl. zu 7,56). Ganz unanschaulich bleibt die Schilderung dessen, was Petrus aber nun aus dem geöffneten Himmel herabkommen sieht; die Rätselhaftigkeit der Sache spiegelt sich in der Rätselhaftigkeit des Bildes. Es sieht aus wie ein riesiges, an seinen vier Ecken zusammengehaltenes Tuch, das mit einem zunächst noch nicht erkennbaren Inhalt prall gefüllt ist. Doch alsbald enthüllt das Tuch seinen Inhalt: In ihm sind lebendige 12 Tiere, in einer Zusammenstellung der gesamten auf Erden vorkommenden Fauna! Die Beschreibung des Inhalts erfolgt in geprägter theologischer Sprache, die an den Schöpfungs- und Sintflutbericht erinnert (1.Mose 1,24; 6,20; vgl. Röm 1,23). Die überwiegende Mehrzahl dieser Tiere galt für den Juden als unrein. Zum Genuß waren ihm im wesentlichen nur Paarhufer wie Schafe, Rinder und Ziegen sowie Tauben erlaubt. Von da her muß die die Vision begleitende Himmelsstimme mit 13 ihrer Aufforderung, zu schlachten und zu essen, für den frommen Juden Petrus wie eine teuflische Versuchung klingen, die seinen momentanen Hunger ausnutzt, um ihn zum Ungehorsam gegen die Speisegesetze zu verführen. In äußerst höflicher 14

Form – er redet den unsichtbaren Sprecher mit „Herr" an (vgl. 9,5) – weist er das Ansinnen von sich. An die Möglichkeit, aus der Vielfalt von Tieren ein reines auszuwählen und so dem Dilemma zu entkommen, ist dabei von vornherein nicht gedacht – der Inhalt des Tuches erscheint als ein unentwirrbares Ineinander von Rein und Unrein. Die Himmelsstimme begründet ihre Aufforderung mit einer Entscheidung Gottes: Er selbst hat die Tiere für rein erklärt (und damit auch rein gemacht), er hat damit dem Widerstand des Petrus den Grund entzogen. Dieses Wort unterstreicht den Bildgehalt der Vision; denn was vom Himmel herabkommt, gilt nach jüdischer Überzeugung als rein (Sanh 59b; vgl. Bill II,702f.). Es gibt jedoch noch keine eigentliche Deutung und bleibt darum für Petrus ebenfalls unverständlich.

16 Dem volkstümlichen Gesetz szenischer Dreiheit folgend wird der Nachdruck der himmlischen Aufforderung wie der Weigerung des Petrus durch zwei weitere Wiederholungen unterstrichen.

10–16 Was ist der Sinn der Vision? Zwei Deutungen liegen miteinander im Streit. 1. Möglichkeit: Der himmlische Befehl (V.15) ist eigentlich gemeint. Petrus soll in Zukunft alles essen, ganz gleich, ob es nach dem Gesetz als rein oder unrein gilt. Er und alle Judenchristen können darum auch bei den Heiden unbedenklich mitessen und mit ihnen Tischgemeinschaft halten. Doch gegen diese Auslegung spricht, daß weder die Vision, noch ihr Kontext eine Begründung für die Aufhebung der Grenze zwischen Rein und Unrein gibt: Wann hat Gott das Unreine „rein gemacht"? Man hat hier eine Neubewertung des Schöpfungshandelns Gottes oder auch einen versteckten Hinweis auf Jesu Kritik an den kultischen Reinheitsregeln (Mk 7,15) finden wollen. Aber dagegen spricht vor allem der Inhalt der Vision selbst: Es geht in ihr ja nicht darum, daß dem Petrus Unreines zugemutet würde; der springende Punkt ist vielmehr das unentwirrbare Ineinander von Rein und Unrein. So kommt nur die 2. Möglichkeit in Betracht: Der himmlische Befehl ist uneigentlich gemeint und die Vision ist eine Allegorie. Das Ineinander von Rein und Unrein, das Petrus zugemutet wird, verweist auf seinen zukünftigen Umgang mit reinen und unreinen Menschen innerhalb der gleichen Gemeinde. Die Begründung liefert dann der erzählerische Kontext: Gott hat das Unreine „rein gemacht", indem er die Heiden zur Teilhabe an der endzeitlichen Heilsgemeinde erwählte und indem er ihnen seinen Geist schenkte.

17–18 Mit einer dritten Szene (V.17–23a), die das Zusammentreffen der Boten des Kornelius mit Petrus schildert, schließt der erste Teil. Petrus ist durch die Vision in tiefe Verlegenheit gestürzt und sinnt ihrer Bedeutung ergebnislos nach, während gleichzeitig die Kornelius-Leute, die nach Gottes Willen den Weg zur Auflösung

19–21 weisen, schon vor der Türe stehen. Eine Weisung des Geistes spitzt die Spannung zu; denn statt die ersehnte Deutung der Vision zu geben, erteilt der Geist dem Petrus einen blinden Auftrag. Er soll zunächst auf weiteres Nachdenken über das Geschaute verzichten und statt dessen den unbekannten Männern folgen. In der ursprünglichen Erzählung dürfte sich Petrus denn auch wortlos und ohne Frage den

22 Boten des Kornelius angeschlossen haben. Lukas hat jedoch hier ein Wort der Boten eingeschoben, mit dem sie ihren Auftrag und seine Vorgeschichte, die Engelserscheinung, erklären. Neu ist dabei der Hinweis auf die „Worte", die Kornelius

23a von Petrus hören möchte – eine erste Anspielung auf die Rede V.34–43. Wie selbstverständlich die Rolle des Hausherrn übernehmend, bewirtet Petrus die Boten bis zum nächsten Tag.

Die Rückreise nach Cäsarea, mit der der zweite Teil beginnt, erfolgt ebenso rasch wie die Hinreise (V.9). Petrus wird von einer Abordnung der Judenchristen aus Joppe begleitet; dies ist ein vermutlich von Lukas zugefügtes Detail, das die grundsätzliche Bedeutung des Folgenden steigern soll. Ebenso lukanisch ist wohl auch die dem gleichen Zweck dienende Schilderung der Vorbereitungen des Kornelius: Er holt Verwandte und Freunde zusammen, die – das ist vorausgesetzt – ebenfalls zum Kreis der Gottesfürchtigen gehören. So ist dafür gesorgt, daß sich in und mit der Begegnung der beiden Männer ein Zueinanderfinden von Juden- und Heidenchristen vollzieht. Kornelius begrüßt seinen Gast am Tor seines Hauses mit feierlicher Proskynese, wie sie nur übermenschlichen Wesen gebührt. Als ehemaliger Heide steht er noch in der Gefahr, die Grenze zwischen Gott und Geschöpf zu verwischen (vgl. 3,12; 14,11ff.; 28,6). Aber Petrus begegnet ihm nicht als Himmelswesen, sondern als ein Mensch, der zu ihm als zu seinesgleichen freundlich spricht. Im Innern des Hauses nimmt er angesichts der dort versammelten großen Menschenmenge zum erstenmal das Wort und erklärt den Grund seines Kommens. Dabei gibt er eine Deutung der Vision, deren Sinn ihm inzwischen aufgegangen ist: Gott hat ihm gezeigt, daß es vor ihm keine unreinen Menschen gibt; er hat damit für ihn das für jeden Juden geltende Verbot der Gemeinschaft mit Nichtjuden außer Kraft gesetzt. Durch diese vorgezogene Deutung hat Lukas die nun folgende eigentliche Erkennungsszene mit der Auflösung der beiden korrespondierenden Visionen schon teilweise vorweggenommen. Von Petrus aufgefordert, erzählt Kornelius nochmals von seiner Engelserscheinung. Die Zeitangabe „vor vier Tagen" ist nicht ganz korrekt. Von V.9. 23f. her würde man auf drei Tage kommen, und der westliche Text hat auch in diesem Sinn korrigiert. Auch sonst ist der Satz in mancher Hinsicht nicht ganz klar; ein früher Abschreibfehler mag daran schuld sein. Daß Kornelius das Wort „Engel" umschreibt mit „ein Mann in leuchtendem Gewande" (vgl. 1,10; Lk 24,4), ist dem lukanischen Bestreben zuzuschreiben, Wiederholungen durch sprachliche Varianten aufzulockern. Gleiches gilt für die gegenüber V.4ff. leicht veränderte Weisung des Engels. In einer feierlichen Wendung fordert Kornelius Petrus auf, zu der anwesenden Versammlung zu reden. Er hat zwar eingesehen, daß der Apostel kein himmlisches Wesen, sondern ein Mensch ist, aber er weiß, daß dieser Mensch von Gott mit besonderer Vollmacht ausgestattet ist, so daß die Hörer seines Wortes unmittelbar „vor Gott" stehen. So erbittet er von Petrus eine Enthüllung und Kundgabe des Willens des „Herrn" – gemeint ist damit Gott –, der in den vorhergegangenen Ereignissen so geheimnisvoll am Werk gewesen ist.

Petrus beginnt seine Rede, indem er die Einsicht, die ihm selbst als Ertrag dieser Ereignisse zuteilgeworden ist, zusammenfassend formuliert. Daß Gott nicht auf die Person sieht, ist eine auf das Alte Testament zurückgehende Aussage (5.Mose 10,17; 2.Chr 19,7), die im Neuen Testament fast durchweg mit dem Ausblick auf das Gericht verbunden wird: Gott wird sich als unbestechlicher Richter erweisen, der alle, ohne Ansehen der Person, allein nach ihren Werken beurteilen wird (1.Petr 1,17; Eph 6,9; Kol 3,25); von ihm werden Juden und Heiden in gleicher Weise ihr Urteil empfangen (Röm 2,11). Dieser Gerichtshorizont ist auch hier vorhanden. Petrus argumentiert nicht etwa von einer schöpfungstheologisch begründeten Gleichheit aller Menschen, sondern von der Gerechtigkeitserwartung her, mit der Gott als Richter allen Menschen begegnet. Weil er von allen die Erfüllung seines Willens erwartet, darum ist ihm der gottesfürchtige Heide genauso recht wie der fromme Jude. Das stimmt im Ansatz mit Röm 2,11 überein. Während unsere Stelle jedoch davon ausgeht, daß solche Erfüllung des Gesetzes dem gottesfürchtigen Nicht-Juden möglich ist, zerbricht Paulus diesen judenchristlichen Ansatz: Für ihn scheitern Juden und Heiden gleichermaßen am Anspruch Gottes im Gesetz und verfallen darum beide dem Gericht! Innerhalb der Voraussetzungen des Judenchristentums bleibt die Aussage von V.35 jedoch noch radikal genug. Denn sie stellt die traditionelle Erwartung in Frage, daß die Heiden erst dann zum Gottesvolk hinzukommen werden, wenn Israel sich zum Heil in Christus bekehrt hat, und rechnet statt dessen damit, daß die Sammlung der Gottesfürchtigen aus den Heiden bereits in der Gegenwart begonnen hat. V.36a ist ein Anakoluth, denn das Hauptverbum, auf das alles zuläuft, fehlt. Sinngemäß müßte der Satz wohl lauten: „Das Wort, das er den Söhnen Israels sandte, um Frieden zu verkündigen durch Jesus Christus, bezieht alle in diesen Frieden ein." Das fehlende Verbum ist jedoch der Sache nach in die formelhafte Wendung V.36b eingegangen: „Dieser ist der Herr aller." Das „Wort" ist die christliche Heilsbotschaft, wie sie die Apostel vor Israel vertreten. Es hat als seinen Gegenstand das Kerygma von Jesus, dem Bringer des Friedens. Indem Gott diese Botschaft sendet, setzt er den von Jesus Christus ermöglichten Frieden zwischen sich und den Menschen in Kraft – und zwar soll dieser Frieden allen gelten, Juden und gottesfürchtigen Heiden. V.36b ist auf diesem Hintergrund zu verstehen als Aussage über die Herrschaft Jesu über Juden und Heiden; die Herrschaft des Erhöhten über den Kosmos und alle Mächte (Phil 2,11; Kol 1,18) ist hier jedoch schwerlich im Blick. Der Aussage über die Heilswirkung der Christusbotschaft folgt nun deren Entfaltung in Form eines kurzen Abrisses des Jesus-Kerygmas. Sie wird eingeleitet durch die Wendung „Ihr kennt ja das Geschehen...". Die Anwesenden werden damit als christliche Gemeinde angeredet, die der immer neuen Befestigung in diesem Kerygma bedarf. Die Frage, ob Kornelius und die Seinen tatsächlich die Einzelheiten der Geschichte Jesu bereits gehört haben konnten, stellt sich Lukas hier wohl kaum. Was nun folgt, ist die einzige Darstellung des Lebens Jesu, die wir im Neuen Testament außerhalb der Evangelien haben. Sie bietet in nuce das Grundschema der Synoptiker, wobei freilich eine besondere Nähe zur lukanischen Konzeption unübersehbar ist. Folgende Stationen des Jesusgeschehens werden genannt: 1. Der Anfang in Galiläa „nach der Taufe, die Johannes verkündigte" (vgl. Lk 23,5; Apg 1,21f.). Die Verkündigung des Täufers setzt für das Auftreten Jesu den heilsgeschichtlichen Rahmen (Lk 16,16). Die Geburts- und Kindheitsgeschichte fehlt. Obwohl Lukas sie in seinem Evangelium bringt, weiß er, daß sie nicht zum zentralen Jesuskerygma gehört. – 2. Die Salbung Jesu mit heiligem Geist und Kraft, d.h. seine Taufe. Unter Anspielung auf Jes 61,1 wird die Taufe Jesu als eine ganz von Gott ausgehende Geistsalbung verstanden; die Funktion des Täufers dabei bleibt unerwähnt (vgl. Lk 3,21f.). – 3. Die Wirksamkeit Jesu als „Gutes tun und heilen". Durch die Wahl des Wortes „Gutes tun" *(euergetōn)* wird Jesu Tun als Gott gemäß herausgestellt. Dadurch wird der

Kontrast zum Vorgehen der Juden gegen ihn angedeutet (vgl. 2,22f.). Besonders angeführt werden die Dämonenaustreibungen; denn der Sieg Jesu über die widergöttlichen Mächte ist deutlicher Beweis dafür, „daß Gott mit ihm war". Dies wiederum ist ein alttestamentliches Motiv (vgl. 1. Mose 39,21 in Apg 7,9). Unerwähnt bleibt die Predigt Jesu; sie hat für Lukas ja nur die Funktion, auf den Vollzug des Heils in seinen Taten hinzuweisen. Jesu Tätigkeit erstreckt sich auf „ganz Judäa und Jerusalem", d.h. auf das ganze von der jüdischen Nation bewohnte Gebiet; sie hat also grundsätzlich alle dort lebenden Juden erreicht (2,22). Darüber hinaus wird es durch die Apostel als vollmächtige Zeugen weiter in unüberhörbarer Weise bezeugt. – 4. Die Hinrichtung Jesu am Kreuz (zur Formulierung vgl. 5,30). Sie ist hier, dem unpolemischen Charakter der Rede gemäß, nur in der 3. Person berichtet (vgl. 2,23; 3,13 ff.; 4,10; 5,30). Ebenso ist das christologische Kontrastschema, das das Unheilshandeln der Menschen dem Heilshandeln Gottes an Jesus gegenüberstellt, hier nur angedeutet, nicht aber kerygmatisch auf die Hörerschaft zugespitzt. – 5. Die Auferweckung am dritten Tage und die Erscheinungen des Auferstandenen. Beides ist, dem Stil des ältesten Kerygmas gemäß, als von Gott ausgehendes Geschehen verstanden (s. zu 2,24). Dem ältesten Kerygma entspricht auch die unmittelbare Verbindung von Erscheinung des Auferstandenen und Erscheinungszeugen (1. Kor 15,5). Lukas weitet dieses Motiv jedoch hier im Sinn seiner speziellen Zeugentheorie aus, indem er einerseits bereits den Bericht vom Erdenwirken Jesu in das Zeugnis der Zeugen einbezieht (V.39; vgl. 1,21) und andererseits die enge Gemeinschaft der Auferstehungszeugen mit Jesus während eines besonders ausgegrenzten Zeitraums „nach der Auferstehung" betont (s. zu 1,3f.; vgl. 2,32; 3,15; 5,32; 13,31; Lk 24,36–43). Besonders die Erwähnung des Essens und Trinkens mit dem Auferstandenen erinnert an Lk 24,41 ff. Wie dort geht es dabei auch hier um die Beglaubigung der Realität der Auferstehung. Betont ist ferner, daß die Zeugen durch einen besonderen Akt göttlicher Vorherbestimmung aus der Gesamtheit des Volkes ausgewählt worden sind (vgl. 22,14; 26,16). Gott hat den Auferstandenen nur ihnen, nicht dem „Volk" – gemeint ist Israel – als ganzem sichtbar werden lassen; er hat es so gesetzt, daß das Volk auf die Verkündigung der Zeugen angewiesen bleiben sollte.

Während in den an Juden gerichteten Petruspredigten dem christologischen Kerygma der Schriftbeweis sowie das Angebot von Umkehr und Sündenvergebung, verbunden mit der Ankündigung des eschatologischen Gerichts, folgt, endet die Cäsarea-Rede anders. Zwar tauchen die genannten Themen im Schlußabschnitt alle auf – ein Anzeichen dafür, daß auch sie dem Grundschema der Petruspredigten folgt –, doch werden sie nicht in direkter Anrede an die Hörer entfaltet, sondern lediglich indirekt als Inhalte des Zeugnisses der Zeugen und damit als Gegenstände christlicher Lehre referiert. – 1. An erster Stelle steht der *Hinweis auf das Gericht*: Die Zeugen sollen Jesus als den von Gott bestimmten „Richter über Lebende und Tote" verkündigen. Dies ist der älteste Beleg für eine im nachapostolischen Schrifttum weit verbreitete Formel (2. Tim 4,1; Hegesipp bei Euseb KG III 20,4; Pol Phil 2,1; 2. Kl 1,1), die auch in das apostolische Glaubensbekenntnis Eingang fand. Die Vorstellung, nicht jedoch die Formel, findet sich auch in 17,31. Ihr traditionsgeschichtlicher Ansatz dürfte Jesu Wort über den kommenden Menschensohn-

43 Weltrichter (Lk 12,8) bilden. – 2. Der *Schriftbeweis* wird zusammengedrängt zu einem recht allgemeinen Lehrsatz, wonach „alle Propheten" Zeugnis für Christus ablegen (vgl. Lk 24,27). – 3. Der *Hinweis auf Umkehr und Sündenvergebung* wird etwas künstlich mit dem Zeugnis der Propheten verknüpft. Lukas mag dabei konkret an die Prophetenstelle Joel 3,5 = Apg 2,22. 39 gedacht haben. Grundlage der Sündenvergebung ist der „Name" Jesu (s. zu 3,16), d.h. die sich den Menschen im Wort hilfreich zuwendende Macht des Erhöhten, nicht jedoch der Tod Jesu; ihre Empfänger sind „alle, die an ihn glauben". Mit diesem letzten Wort wird der universalistische Ansatz der Rede, der in ihrem Mittelteil (V.37–42) durch das traditionelle Material des judenchristlichen Kerygmas weitgehend verdeckt wurde, noch einmal betont aufgenommen.

44 Noch ehe Petrus ganz ausgeredet hat, greift Gott nochmals ein, um das von ihm gelenkte wunderbare Geschehen seinem letzten, unwiderruflichen Ziel zuzuführen. Freilich ist die Predigt, wie Lukas sie mitgeteilt hat, kein Torso; sie hat den Kreis der zum missionarischen Kerygma gehörigen Themen voll ausgeschritten. Daß Gott noch vor dem Ende der Rede eingreift, hat vielmehr theologische Bedeutung (s. zu 11,15), denn dadurch wird sein jeder menschlicher Initiative zuvorkommendes gnädiges Handeln veranschaulicht. Der Heilige Geist fällt auf die Hörer, d.h., wie V.45 und indirekt 11,15 präzisiert, auf deren heidnischen Teil; daß die Judenchri-

45–46 sten bereits den Geist empfangen haben, wird vorausgesetzt (11,15). Die Geistausgießung äußert sich in spontaner Glossolalie; es kommt zu einem ekstatischen Lobpreis Gottes. Die Judenchristen aus Joppe konstatieren als erste das unbegreifliche Geschehen und ziehen eine Folgerung, die seinem grundsätzlichen Charakter gerecht wird: Gott selbst ist hier am Werk; wenn er seinen Heiligen Geist ausgegossen hat, so ist dies kein punktueller Einzelfall, sondern betrifft seine Haltung zur Heidenwelt als ganzer! Ist es der Normalfall, daß der Taufe die Geistbegabung durch Handauflegung und damit die Aufnahme in die Kirche folgt (s. zu 8,14ff.; vgl. 19,5ff.), so hat Gott selbst diese Reihenfolge hier umgekehrt. Er hat die Heiden durch die Geistverleihung in die Kirche aufgenommen, und das fordert, daß

47 nun auch die Taufe an ihnen vollzogen werden muß. Die – älteste Taufordnungen widerspiegelnde – Frage des Petrus nach einem Taufhindernis (s. zu 8,36) kann unter diesen Umständen nur noch eine rhetorische sein. Denn wo Gott selbst so eindeutig gehandelt hat, kann es für Menschen ein solches Hindernis nicht mehr geben. Kein noch so festgefügtes theologisches Urteil oder Vorurteil könnte das

48 Recht dazu geben, diesen Heiden das Taufwasser vorzuenthalten. Die Taufe geschieht, wie in der Anfangszeit üblich (s. 8,16; vgl. 19,5), nur auf den Namen Jesu. Überraschend ist, daß Petrus selbst nicht tauft, sondern lediglich die Taufe anordnet. Das mag ein Reflex der späteren kirchlichen Praxis sein, die sich bereits in den paulinischen Gemeinden ankündigt (1.Kor 1,14f. 17), wonach die Taufe grundsätzlich durch Glieder bzw. Amtsträger der jeweiligen Ortsgemeinde vollzogen wird. – Petrus setzt sogleich die neugeschenkte Gemeinschaft in die Praxis alltäglicher Lebensvollzüge um, indem er sich von den bekehrten Heiden einladen läßt, bei ihnen einige Zeit zu bleiben. Sie gelten für ihn nun im vollen Sinne als rein.

11,1 Der nun einsetzende Epilog (11,1–18) handelt von der Rechtfertigung des Petrus in Jerusalem. Noch ehe Petrus nach Jerusalem zurückgekehrt ist, hat sich die Nachricht von dem unerhörten Geschehen wie ein Lauffeuer unter den Christen in ganz Judäa verbreitet, und zwar nicht nur unter den die Kirche leitenden Aposteln, sondern unter allen Gemeindegliedern. Auch die Formulierung „die Heiden haben das Wort Gottes angenommen" soll unterstreichen, daß hier eine Grundsatzentscheidung gefallen ist, die die gesamte Kirche betrifft. „Das Wort Gottes annehmen" ist ein Terminus der Missionssprache, der die Aufnahme in die christliche Gemeinde umschreibt (Lk 8,13; Apg 8,14; 17,11; 1.Thess 1,6). Eine direkte Kritik der judäischen Christen an dem Geschehen wird hier zwar noch nicht laut, doch steht kühles Befremden zwischen den Zeilen. Erst als Petrus selbst nach Jerusalem zurückgekehrt ist, kommt es zur offenen Auseinandersetzung. „Die aus der Beschneidung" sind die Judenchristen Jerusalems und Judäas insgesamt. Der Ausdruck soll sie hinsichtlich der aus ihrer Herkunft resultierenden theologischen Position kennzeichnen und zugleich den wahren Kernpunkt des Konflikts andeuten (vgl. 15,5): Die Jerusalemer stellen in Frage, ob Unbeschnittene zur Kirche gehören dürfen. 2

Der in direkter Rede wiedergegebene Vorwurf spricht dies nicht direkt aus, sondern richtet sich offen nur gegen eine, freilich für gesetzestreue Juden besonders gravierende, Folge der Aufnahme der Unbeschnittenen in die Kirche: Petrus hat mit ihnen Tischgemeinschaft gehalten und sich dadurch verunreinigt. Ein Dienst am Evangelium, der zu solchen von Gott verbotenen Handlungen führt, kann nicht dem Willen Gottes entsprechen! Nach Meinung der Jerusalemer kann es keine Aufnahme von Heiden in die Kirche ohne vorherige Beschneidung und Übernahme des ganzen Gesetzes geben. Der spätere Konflikt mit Antiochia (Kp 15) ist hier zumindest nach Meinung des Lukas bereits vorweggenommen. 3

Petrus verteidigt sich, indem er den Gang der Ereignisse noch einmal von Anfang an berichtet. Seine Rede hätte allerdings in der vorliegenden Form von seinen Kontrahenten kaum verstanden werden können, weil sie zu vieles als bekannt voraussetzt. Lukas hat sie im Blick auf den Leser verfaßt, als Rekapitulation, die die theologisch zentralen Punkte zusammenfassen und einprägen soll. Er bemüht sich dabei nicht um eine sklavisch genaue Reproduktion des ersten Berichts, sondern streut – vielleicht sogar bewußt – Varianten ein. Einige von ihnen betreffen unwesentliche erzählerische Details: V.6 nennt, über 10,12 hinaus, auch noch „wilde Tiere"; nach V.11 waren die Petrus begleitenden Judenchristen bereits bei ihm in Joppe im Hause (anders 10,23); V.12 gibt ihre Zahl mit 6 an. Die meisten der Varianten tragen jedoch dazu bei, zwei nach Meinung des Lukas entscheidende Züge zu verdeutlichen: 1. Das Handeln Gottes war absolut zwingend und übermächtig, es kam jeder menschlichen Initiative zuvor. So gibt nach V.14 der Engel dem Kornelius schon den Beschluß Gottes kund, wonach er und sein Haus gerettet werden sollen (anders 10,5, wo, um der erzählerischen Spannung willen, die Absicht Gottes noch verhüllt bleibt). In die gleiche Richtung deutet die Aussage von V.15, wonach der Geist bereits vom Himmel gefallen sei, als Petrus zu reden begann (anders 10,44): Hierdurch wird unterstrichen, daß tatsächlich Gott mit seinem Handeln dem seines Boten voraus war. – 2. Was an den Heiden geschah, war ein zweites Pfingsten, in Entsprechung zu dem ersten Jerusalemer Pfingsten. Auf die Heiden ist der Heilige Geist herabgekommen, „wie auf uns am Anfang" (V.15). Petrus unterstreicht die Parallele, indem er auf das Wort des Auferstandenen ver- 4–16

weist, das den Jüngern die Taufe mit dem Heiligen Geist verhieß (V.16; vgl. 1,5). Was in Cäsarea geschah, ist gleichermaßen Erfüllung dieser Verheißung Jesu für die Seinen wie die Geistausgießung am Anfang in Jerusalem und ist darum, nicht anders als jene, eine entscheidende Etappe innerhalb des sich verwirklichenden Heilsplanes Gottes. Hatte das erste Pfingsten den Jüngern die Zeugenschaft in Jerusalem, Judäa und Samaria ermöglicht, so wurde durch die Geistausgießung über die
17 Heiden für sie der Weg bis zu den Enden der Erde erschlossen (vgl. 1,8). Auf diesem Hintergrund wird die Frage nach dem Taufhindernis zum Schluß der Rede noch einmal in einer gegenüber 10,47 zugespitzten Weise gestellt und beantwortet: Wenn Gott den Heiden den gleichen Geist gegeben hat wie den Judenchristen, wie hätte ihn da Petrus durch die Verweigerung der Wassertaufe hindern können? Dies auch nur zu versuchen, wäre ein Akt eigenmächtiger menschlicher Selbstbehauptung gegen Gott und damit Ungehorsam gegen den Auftrag des Apostels gewesen. Petrus aber war gehorsam, indem er dem Handeln Gottes Raum gab.
18 Die Rede verfehlt ihr Ziel nicht. Der Widerspruch verstummt und macht dem Lobpreis des Handelns Gottes Platz. Die Jerusalemer Judenchristen haben eine neue Einsicht gewonnen, die zugleich als Fazit des Ganzen dem Leser mitgeteilt wird: Gott hat auch die Heiden zum Heil und damit zur Kirche zugelassen. Der Weg zur Heidenmission ist grundsätzlich geöffnet.

3. Der Anfang der heidenchristlichen Kirche in Antiochia 11,19–26

¹⁹Jene nun, die sich wegen der Verfolgung gegen Stephanus ringsum verstreut hatten, drangen bis nach Phönizien, Zypern und Antiochia vor, und sie verkündigten das Wort niemandem außer Juden. ²⁰Einige von ihnen jedoch, Männer aus Zypern und der Zyrenaika, sprachen, nachdem sie nach Antiochia gekommen waren, auch zu den Griechen und predigten ihnen die Heilsbotschaft von Jesus, dem Herrn. ²¹Und die Hand des Herrn war mit ihnen, und eine große Zahl kam zum Glauben und bekehrte sich zum Herrn. ²²Die Kunde von ihnen kam der Kirche in Jerusalem zu Ohren, und man sandte Barnabas nach Antiochia. ²³Als dieser dort eintraf und die Gnade Gottes sah, freute er sich und ermahnte alle, dem Vorsatz ihres Herzens getreu beim Herrn auszuharren; ²⁴denn er war ein vortrefflicher Mann, voll von Heiligem Geist und Glauben. Und eine große Zahl von Menschen wurde dem Herrn zugeführt. ²⁵Er zog aber aus nach Tarsus, um Saulus aufzusuchen, ²⁶und als er ihn gefunden hatte, brachte er ihn nach Antiochia. So ergab es sich, daß die beiden ein ganzes Jahr in der Gemeinde zusammenkamen und eine große Zahl von Menschen lehrten, sowie, daß man erstmalig in Antiochia die Jünger ‚Christianer' nannte.

A
19–26 Mit einigen knappen, kaum mehr als andeutenden Bemerkungen wird ein Vorgang umrissen, der für die Anfangsgeschichte der Kirche von weitreichender Bedeutung war: die Gründung der Gemeinde von Antiochia, die sich zum Zentrum des werdenden Heidenchristentums entwickelte. Die lapidare Kürze des Berichts, die gerade im Vergleich zu der Breite der vorausgehenden Kornelius-Erzählung doppelt auffällig ist, mag sich aus der Kargheit des Lukas verfügbaren Materials erklären.

Was ihm vorlag, war wohl lediglich ein Bündel von zusammenhanglosen Notizen, die in summarienhafter Form einige zentrale Daten der Anfangsgeschichte der Gemeinde von Antiochia festhielten. Es sind etwa vier solcher Notizen, die sich identifizieren lassen: 1. Die erste führt die Anfänge der Gemeinde darauf zurück, daß Männer aus Zypern und der Zyrenaika auch den Heiden die Heilsbotschaft von Jesus, dem Herrn, predigten (V.20). Es ist nicht ausgeschlossen, daß sie ursprünglich in einem Zusammenhang mit der Namensliste 13,1 gestanden hat. – 2. Die zweite Notiz, die in V.22f. verarbeitet ist, hielt das Kommen des Barnabas aus Jerusalem als ein für die weitere Entwicklung entscheidendes Datum fest. Die zwei folgenden Notizen handeln (3.) von der Gewinnung des Paulus durch Barnabas und von dem anscheinend für die Entwicklung der Gemeinde entscheidenden einjährigen gemeinsamen Wirken der beiden Männer (V.25. 26a), sowie (4.) vom Aufkommen der Bezeichnung „Christianer" (V.26b).

Lukas hat den ersten beiden Notizen eine erzählerische Einkleidung gegeben, die stilistisch seine unverwechselbare Handschrift trägt. Was ihren Inhalt betrifft, so ist die Absicht unverkennbar: Die berichteten Vorgänge sollen so gut wie möglich mit dem lukanischen Geschichtsbild in Einklang gebracht werden. So wird in V.19f. herausgestellt, daß auch für die Mission der Hellenisten das für Lukas fundamentale Schema „zuerst zu den Juden – dann zu den Heiden" gegolten habe (vgl. 13,6. 14; 14,1; 16,13; 17,1f. 10. 17 u.ö.). Und in V.22 deutet Lukas, sicher entgegen dem geschichtlichen Sachverhalt, das Kommen des Barnabas als eine von Jerusalem ausgehende offizielle Visitation der antiochenischen Gemeinde und unterstreicht damit den ihm am Herzen liegenden Gedanken, daß sich alle kirchlichen Entwicklungen in der Anfangszeit unter der Oberaufsicht und unter den Augen der Jerusalemer vollzogen hätten (vgl. zu 8,14ff.). Für die beiden letzten Notizen hat Lukas freilich auf eine erzählerische Einkleidung verzichtet. Dadurch machen V.25f. im vorliegenden Kontext einen seltsam nachklappenden Eindruck.

Die Frühgeschichte der Gemeinde in Antiochia läßt sich aufgrund der kargen Angaben unseres Textes nur noch in groben Umrissen historisch rekonstruieren. Sicher ist zunächst, daß das spezifische Milieu der hellenistischen Weltstadt den Übergang des Evangeliums zu den Heiden begünstigte. Antiochia, 25 km von der Küste landeinwärts am Orontes gelegen (das heutige Antakya), war um 300 v.Chr. durch Seleukus I. gegründet worden und war von da an die Hauptstadt der seleukidischen Dynastie in Syrien. Nach der Besetzung Syriens durch die Römer (64 v.Chr.) wurde es Hauptstadt der Provinz Syrien und entwickelte sich darüber hinaus zu einer der großen Metropolen des Römerreiches. Nach Bevölkerungszahl (ca. 500000) und äußerem Glanz wurde es nur von Rom und Alexandria übertroffen. Julius Cäsar, Augustus und Tiberius bauten die Stadt großzügig aus, und auch Herodes der Große huldigte, indem er dort Bauten errichten ließ, dem Geist des Hellenismus. In geistiger und religiöser Hinsicht war Antiochia die große Drehscheibe zwischen Ost und West. Mit den griechischen und mazedonischen Ansiedlern waren griechische Kultur und Religion gekommen. Aus dem Osten hingegen drangen die Mysterienkulte mit ihren geheimnisvollen Lehren von Tod und Wiedergeburt vor und gewannen vor allem in der Unterschicht des entwurzelten städtischen Proletariats eine breite Anhängerschaft. Schließlich gab es noch eine große jüdische Bevölkerungsgruppe, die etwa 10% der Einwohnerschaft umfaßte und zahlreiche Synagogen unterhielt. Jüdischer Monotheismus und jüdische Ethik haben aber sicherlich noch über deren unmittelbaren Bereich hinaus ihre werbende Wirkung entfaltet, wie es denn überhaupt in diesem Klima des religiösen Pluralismus vielfach zur wechselseitigen Durchdringung und Vermischung religiöser Impulse und Motive von ganz unterschiedlicher Herkunft kam. Ein größerer Gegensatz als der zwischen dieser geistigen Welt mit ihrer Weite und Vielfalt und der von Jerusalem mit ihrer Tendenz zur Selbstabschließung und ihrer zunehmend nationalistisch-jüdischen Verengung war jedenfalls kaum denkbar.

Wie schon in Samarien (8,1.5) und im Küstengebiet (8,26.40) waren es Glieder der aus Jerusalem vertriebenen „Hellenisten" des Stephanuskreises, die die christliche Verkündigung nach Antiochia brachten. Und zwar mag das schon kurz nach der Verfolgung in Jerusalem geschehen sein. Allerdings wird man das von V.19f. gezeichnete Bild an zwei Punkten korrigieren müssen: Einerseits trifft es schwerlich zu, daß in Antiochia erstmals Heiden von der Christusbotschaft erreicht worden sind; die Hellenisten haben vielmehr von Anfang an mit ihrer Verkündigung auch Menschen angesprochen, die nicht zum Kern des Gottesvolkes gehörten, zunächst die Samaritaner, dann auch den weiteren Kreis der „Gottesfürchtigen" (vgl. 8,26–40), so wenig sie, nach allem, was sich erkennen läßt, die programmatische Idee einer allgemeinen Heidenmission entwickelten. Andererseits muß es darum auch als unwahrscheinlich gelten, daß die antiochenische Gemeinde von ihren Anfängen her vorwiegend heidenchristlich gewesen sei. Vermutlich begannen die Hellenisten in Antiochia, wie auch andernorts, ihr Wirken damit, daß sie sich an Glieder der hellenistischen Synagogen wandten und zugleich auch den gottesfürchtigen Heiden, Außenstehenden und Entrechteten den Weg in das sich konstituierende neue Gottesvolk öffneten. Die besonderen Verhältnisse Antiochias brachten es mit sich, daß der Zulauf aus diesen Kreisen besonders stark war. Durch diese Entwicklung ermutigt, wird man dann die Mission immer stärker auf sie ausgerichtet und zugleich die Grenze der Anzusprechenden immer mehr erweitert haben. Wahrscheinlich hat man die neugewonnenen Heiden sogar zunächst noch beschnitten; aber es ist zu vermuten, daß schon bald die Zahl jener Heiden sich mehrte, die nicht mehr bereit waren, bei ihrem Eintritt in die Gemeinde sich beschneiden zu lassen, und daß die hellenistischen Missionare dank ihres kritischen Verhältnisses zum jüdischen Ritualgesetz keine Veranlassung sahen, die Beschneidung aller Neubekehrten durchzusetzen. Schritt für Schritt und ohne daß eine programmatische Absicht zugrundegelegen hätte, wuchs so die christliche Gemeinde aus dem Bannkreis der Diasporasynagoge heraus und wurde auch nach außen hin als eine eigenständige Größe mit eigenen Lebensformen und Verhaltensweisen erkennbar. Die Umwelt prägte den neuen Namen für diese Gruppe: „Christianer" = Christusleute.

Einen entscheidenden Impuls erfuhr die antiochenische Gemeinde dadurch, daß Barnabas zu ihr stieß. Obwohl Diasporajude aus Zypern (vgl. zu 4,36), hatte er nicht zum Kreis der Hellenisten in Jerusalem gehört, sondern hatte sich zum Kreis der aramäischsprechenden Urgemeinde gehalten, anscheinend jedoch, ohne deren Zurückhaltung gegenüber der Heidenmission zu teilen. Die nächstliegende Erklärung für sein Überwechseln nach Antiochia ist wohl, daß er den dortigen Aufbruch in die Heidenwelt bejahte und in ihm die der Kirche von Gott gewiesene Aufgabe sah, in deren Dienst er sich selbst stellen wollte. Jedenfalls deutet die in V. 23 verarbeitete Notiz an, daß Barnabas schon bald derjenige war, von dem die entscheidenden theologischen Impulse für die weitere Entwicklung der Gemeinde ausgingen. Es läßt sich vermuten, in welcher Hinsicht: Er hat wohl als erster das Konzept einer bewußt über den Rand des Judentums hinauszielenden Mission entworfen. Sein Weitblick veranlaßte ihn zu einem kühnen Schritt: Er holte sich den bekehrten Christenverfolger Paulus, mit dem er in Jerusalem erste Kontakte geknüpft hatte (9,27), als Mitarbeiter und Weggenossen nach Antiochia. Wir dürfen annehmen, daß er in Paulus aufgrund seiner Vorgeschichte und seiner spezifischen Begabung den Mann sah, der imstande sein würde, die Kräfte und den Willen der Gemeinde für die nunmehr ihr von Gott gestellte Aufgabe der Einholung der Heiden in das Gottesvolk zu mobilisieren. Für Paulus war das zweifellos eine lockende Aufgabe; denn bislang hatte er im Alleingang und ohne nennenswerte Unterstützung in Syrien und Kilikien als Missionar gearbeitet (Gal 1,21). Nun bot sich ihm die Gelegenheit zur Mission in größerem Stil, getragen und vorbereitet durch eine ganze Gemeinde.

Wenn die Tradition das eine Jahr des „Zusammenkommens" von Barnabas und Paulus in der Gemeinde besonders erwähnt, so scheint dahinter die Erinnerung an eine Periode von entscheidender Bedeutung zu stecken. Darüber, was in ihr im einzelnen geschah, sind freilich wiederum nur Vermutungen möglich. Was die Gemeinde betrifft, so mag sie in diesem Jahr anhand der gemeinsamen Verkündigung von Barnabas und Paulus zur Klarheit über ihren zukünftigen Weg und die ihr von Gott gesetzten Aufgaben gefunden haben. Barnabas und Paulus ihrerseits mögen um die für die Verkündigung an die Heiden angemessene Gestalt der Heilsbotschaft gerungen haben. Denn eine ungemein schwierige Aufgabe kam auf sie zu: Die Christusbotschaft, die bislang im wesentlichen nur Menschen, die mit der biblischen Überlieferung vertraut waren und der geistigen Welt des Judentums zumindest nahestanden, verkündigt worden war, mußte nun in die Welt hellenistisch-heidnischen Denkens hinein übersetzt werden, ohne daß ihr Bezug auf die Schrift und auf den Gott Israels preisgegeben werden durfte. Sicher hatte die Gemeinde von Antiochia bereits wichtige Erfahrungen in diesem Übersetzungsprozeß hinter sich, auf denen Paulus und Barnabas aufbauen konnten. Trotzdem wird hier noch einiges an Klärung nötig gewesen sein. Ob damals auch schon die Frage nach der grundsätzlichen Bedeutung der Beschneidung und damit des Gesetzes als Heilsweg zur Debatte stand, muß offen bleiben. Zweifellos hat Paulus schon von seiner Berufung her die grundlegende Einsicht besessen, daß das Gesetz als Heilsweg durch Christus abgetan sei (Röm 10,4) und daß darum das Evangelium für die Heiden seinem Wesen nach nur gesetzesfreies Evangelium sein könne. Andererseits jedoch deutet einiges darauf hin, daß das Beschneidungs- und Gesetzesproblem seine eigentliche akute Zuspitzung erst erhielt, als im Anschluß an die erste Missionsreise der Konflikt zwischen Antiochia und Jerusalem aufbrach (vgl. 15,1).

Der Anfang, verknüpft mit 8,1, erweitert die dort gegebenen Informationen über die Mission der Mitglieder des Stephanus-Kreises. War dort nur allgemein von einem „Umherziehen" der Verstreuten die Rede gewesen, so erfahren wir nun von

den Bereichen ihrer missionarischen Tätigkeit, wobei die Aufzählung im wesentlichen von Süden nach Norden geht. Mit „Phönizien" bezeichnete man damals den etwa 120 km langen Küstenstreifen vom Karmel im Süden bis zum Fluß Eleutheros im Norden mit den Hauptorten Ptolemais (21,7), Tyrus (21,3) und Sidon (27,3). Die Insel Zypern war seit 22 v.Chr. senatorische Provinz des Römerreiches. Ihre Nennung hier überrascht, da nach 13,4ff. Barnabas und Paulus dort mit ihrer Mission erst einsetzten. Doch es ist gut denkbar, daß bereits versprengte Glieder des Stephanus-Kreises vor ihnen dort verkündigt haben, ohne daß es dabei zu einer
20 Konstituierung fester Gemeinden gekommen ist. Die Träger der Erstmission in Antiochia bleiben ungenannt. Das ist auffällig, ebenso wie auch der damit zusammenhängende Umstand, daß Lukas keine Gründungslegende bringt. Gab es keine derartigen Überlieferungen, oder hat Lukas sie, weil seinem Geschichtsbild widersprechend, unterdrückt? Einige Namen werden erst in der Liste 13,1 nachgetragen. Von den dort genannten Männern kam einer, Luzius, sicher, ein anderer, Simon Niger vielleicht aus der Zyrenaika. Der einzige in 13,1 (allerdings ohne direkte Herkunftsangabe) genannte Zypriote ist Barnabas. Man hat deshalb erwogen, ob er nicht in Wahrheit zu den Gründern der Gemeinde gehört habe. Doch das ist schon deshalb unwahrscheinlich, weil Barnabas sicher nicht Glied des Kreises der Hellenisten um Stephanus gewesen ist. Einige Handschriften lesen statt „Griechen" *(Hellēnas)* „Hellenisten" *(Hellēnistas)*, doch das ist eine sekundäre Harmonisierung, die aus dem Bestreben zu erklären ist, den Primat der Heidenmission des Petrus festzuhalten (10,1–11,18). In dem Begriffspaar „Juden" und „Griechen" gelten die Griechen als Prototypen der heidnischen, nicht zum Gottesvolk gehörigen Menschheit (vgl. Röm 1,16). Als Inhalt der Verkündigung wird in programmatischer Weise das Grundbekenntnis des hellenistischen Christentums genannt „Herr
21 ist Jesus" (s. Exk. zu 2,21). Ihr Erfolg wird mit der alttestamentlichen Wendung „die Hand des Herrn war mit ihnen" (2.Sam 3,12; vgl. Lk 1,66; Apg 13,11) beschrieben; gemeint ist damit Gott, der mit seinem machtvollen Wirken die Missionare begleitet hat. Mit der „Hinwendung zum Herrn" ist dagegen die Gewinnung der Heiden für das Bekenntnis zu Jesus als dem Herrn gemeint, und nicht – was im Kontext der Heidenmission auch als sinnvoll erwogen werden könnte – die Überführung zum Glauben an den einen Schöpfergott (denn sonst müßte wohl, wie 14,15, von einer Hinwendung „zu dem lebendigen Gott" geredet werden).
22 Die Funktion des Barnabas ist im Verständnis des Lukas eine doppelte: Er soll als offizieller Abgesandter der Jerusalemer Apostel die geistliche Legitimität der Vorgänge in Antiochia überprüfen, und er soll zugleich die Verbindung zwischen Jerusalem und der neu entstandenen Gemeinde herstellen und so zum Ausdruck bringen, daß die der Kirche wesenhafte Einheit auch durch räumliche, sprachliche und
23 kulturelle Distanz nicht gesprengt werden darf. Die Prüfung fällt positiv aus; Barnabas erkennt, daß das in Antiochia Geschehene nicht willkürliches Menschenwerk, sondern Tat Gottes ist, und er akzeptiert die dadurch neu gesetzten heilsgeschichtlichen Gegebenheiten. Durch eine im Deutschen schwer wiederzugebende sprachliche Anspielung deutet Lukas an, daß Barnabas mit seinem Verhalten dem Tun Gottes entspricht: als er Gottes „Gnade" *(charis)* sah, „freute er sich" *(echarē)*. Gott über alle eigenen Urteile und Vorurteile hinweg bedingungslos recht zu

geben, ist das Merkmal des Glaubens, wie ihn Gottes Geist wirkt. Ganz in diesem Sinne soll nicht die menschliche Qualifikation, sondern die geistliche Qualität herausstechen, die Barnabas durch sein positives Urteil über die Vorgänge in Antiochia unter Beweis gestellt hat, und so eine Begründung des in V.23 Gesagten liefern. Im übrigen sind die beiden Prädikationen typisch lukanisch (vgl. Lk 1,6; 2,25; 23,50; Apg 6,3). Typisch lukanisch ist auch die formelhafte Schilderung des Gemeindewachstums (vgl. 2,41. 47; 5,14; 6,7 u.ö.). Der Übergang zu der Notiz über die Reise nach Tarsus ist abrupt. Denn bisher war Barnabas nur als Jerusalemer Abgesandter in Erscheinung getreten, nun aber ist unausgesprochen vorausgesetzt, daß er nicht mehr dorthin zurückkehre und statt dessen Antiochia zum Ort seines Wirkens machte. Seine erste Tat ist, daß er nach Tarsus aufbricht, um dort Paulus zur Mitarbeit zu gewinnen. Die Wendung „so ergab es sich" deutet indirekt an, daß es sich bei dem einjährigen gemeinsamen Wirken der beiden Männer in Antiochia um eine durch Gottes Fügung der Gemeinde gewährte Zeit der Gnade gehandelt habe. Die Wortbildung „Christianer" *(christianoi)*, von der unser Wort „Christen" abgeleitet ist, ist lateinisch und zeigt, daß man „Christus" in der Umwelt der Gemeinde als Eigennamen verstand. Neben diesen sprachlichen Gründen sprechen alle frühen Belege gegen die Möglichkeit, daß es sich hier um eine Selbstbezeichnung gehandelt haben könnte. Im Neuen Testament erscheint der Name nur als von Außenstehenden gebrauchter (26,28; 1.Petr 4,16; vgl. auch Suet Cl 25,4; Tac ann XV 44); als Selbstbezeichnung tritt er erst zu Anfang des 2. Jahrhunderts bei Ignatius von Antiochia in Erscheinung (Ign Eph 11,2; Röm 3,2; Magn 10,3). Die Prägung dieses Namens signalisiert das Heraustreten der Gemeinde aus dem Synagogenverband und damit auch den Verlust der Privilegien, die das Judentum im Römerreich besaß.

4. Die Kollekte Antiochias für Jerusalem 11,27–30

²⁷**In diesen Tagen kamen von Jerusalem Propheten herab nach Antiochia. ²⁸Einer von ihnen namens Agabus trat auf und kündigte durch den Geist an, daß eine große Hungersnot über die ganze Welt kommen werde. Sie traf ein unter Klaudius. ²⁹Da beschlossen die Jünger, daß jeder von ihnen je nach seinem Vermögen den in Judäa wohnenden Brüdern etwas zur Unterstützung senden solle. ³⁰Das führten sie auch aus und sandten es durch Barnabas und Saulus den Ältesten.**

Der kurze Bericht über die antiochenische Kollekte für Jerusalem ist mit einer Reihe von Schwierigkeiten belastet, die zu Zweifeln zumindest an der historisch richtigen Einordnung des Vorgangs durch Lukas Anlaß geben: 1. Wie soll man das Kommen der jerusalemischen Propheten nach Antiochia erklären? Es gab zwar zu jener Zeit in Syrien-Palästina zahlreiche wandernde Propheten, die verkündigend von Ort zu Ort zogen, aber sie traten jeweils als einzelne auf. Zudem handelt es sich bei Agabus und seinen Genossen nicht um Wanderpropheten, sondern um in Jerusalem ansässige Propheten (vgl. 21,10). Die Gemeinde von Antiochia hatte selbst zahlreiche Propheten in ihren Reihen (13,1), sie bedurfte also in dieser Hinsicht keiner Verstärkung aus Jerusalem. – 2. Die Begründung der Kollekte mit einer weltweiten Hungersnot ist fragwürdig. Eine solche allgemeine Hungersnot unter Klaudius läßt sich nicht nachweisen. Wohl aber gab es unter der Regierung dieses Kaisers (41–54) in verschiedenen Jahren partielle Hungersnöte. Nach Josephus (ant XX 101) wurde in den Jahren 46–48 Palästina besonders schlimm betroffen. Und zwar mußten sich die Versorgungsschwierigkeiten dadurch erhöhen, das das Jahr 47/48 ein Sabbatjahr war, in dem Feldbestellung und Ernte ruhten. Wenn überhaupt ein ursächlicher Zusammenhang zwischen Hungersnot und Kollekte bestand, dann müßte die Kollekte in diese kritische Zeit um 48 gefallen sein. Dem aber widerspricht wiederum die lukanische Datierung: Lukas verschränkt nämlich die Kollektenüberbringung unmittelbar zeitlich mit der Verfolgung der Jerusalemer Gemeinde durch Agrippa I. (41–44), die aller Wahrscheinlichkeit nach in die Jahre 43/44 fiel. Sein Bericht erweckt den Eindruck, als seien Barnabas und Paulus während der Verfolgungszeit in Jerusalem gewesen (12,24f.). – 3. Die Beteiligung des Paulus an der Kollektenüberbringung (V.30) steht in Widerspruch zu seinem Selbstbericht (Gal 1,18; 2,1), in dem er betont, zwischen seiner Berufung und dem Apostelkonzil nur ein einziges Mal Jerusalem besucht zu haben (s. zu 9,23–30).

Man hat für diese Schwierigkeiten die verschiedensten Lösungen versucht, von denen keine wirklich zu befriedigen vermag. Viele Forscher sind der Meinung, diese Kollektenreise sei identisch mit der Reise von Barnabas und Paulus zun Apostelkonzil, von der Apg 15 und Gal 2,1–10 berichten. Lukas habe irrtümlich das Überlieferungsstück 11,27–30 für den Bericht von einer früheren Reise gehalten und darum vordatiert. Dafür könnte der Umstand sprechen, daß das Apostelkonzil, wenn es – so die wahrscheinlichste Datierung – im Jahr 48 stattfand, mit dem Höhepunkt der Hungersnot in Palästina zeitlich zusammenfiel. Allerdings – und hier liegt die größte Schwierigkeit – ist in Gal 2,10 lediglich von der Vereinbarung einer zukünftigen Kollekte, nicht aber von der Ablieferung einer bereits durchgeführten, die Rede. – Oder sollte – so eine andere Vermutung – Lukas fälschlich einen Bericht vordatiert haben, der von der im Gefolge der Vereinbarung des Apostelkonzils (Gal 2,10) in Antiochia wie in den übrigen heidenchristlichen Gemeinden erhobenen Kollekte handelte? Dafür könnte ebenfalls einiges sprechen. Die Schwierigkeit dabei wäre jedoch, daß dann weder Barnabas noch Paulus, die sich beide nach dem Apostelkonzil nicht mehr in Antiochia aufhielten, als Überbringer der Kollekte in Frage kämen, ganz abgesehen davon, daß in diesem Fall die Begründung der Kollekte durch die Prophetie des Agabus nicht mehr in das Bild passen würde; denn die wirkliche Begründung wäre dann in der Vereinbarung in Jerusalem (Gal 2,10) zu suchen!

Zu einem klareren Urteil kann vielleicht die Frage nach der Art der hier von Lukas verarbeiteten Tradition führen. Es zeigt sich nämlich, daß V.27–30 kein in sich geschlossenes Überlieferungsstück ist, sondern nicht anders als 11,19–26 aus verschiedenartigen Nachrichten und Notizen zusammengefügt worden ist. Und zwar steckt in V.28 eine wahrscheinlich ursprünglich aus Jerusalem stammende Tradition über die Prophetie des Agabus: Agabus hat die große Hungersnot vorhergesagt, die dann tatsächlich eintrat. In V.29f. steckt eine im Summarienstil gehaltene alte antiochenische Notiz über die Sammlung und Überbringung einer Kollekte für Judäa. Daß es sich dabei um alte Tradition handelt, verrät u. a. die Erwähnung der „Ältesten" als Empfänger; hätte Lukas hier selbst formuliert, so würde statt dessen wohl „die Apostel" stehen. Als Überbringer war ursprünglich wohl nur Barnabas genannt. Wahrscheinlich hat Lukas die Kollektentradition im Zusammenhang der antiochenischen Barnabas-Traditionen vorgefunden. Das bedeutet: die Agabus-Tradition stand ursprünglich in der Tat in keinem Zusammenhang mit der antiochenischen Kollekte. Damit fällt aber auch jeder direkte Anhaltspunkt für die historische Fixierung der Kollektentradition hin. Wohl aber könnte der Name des Barnabas dafür einen indirekten Anhaltspunkt liefern. Er legt nahe, daß die Tradition auf die große Zeit des Wirkens des Barnabas in Antiochia verweist, d.h. auf die Zeit zwischen der Gemeindegründung und dem Apostelkonzil. Barnabas kam aus der Jerusalemer Gemeinde – ihm mußte von Anfang an an der Herstellung von Kontakten zwischen ihr und den antiochenischen Christen gelegen sein. Er war darüber hinaus einer der Initiatoren der frühen Gütergemeinschaft in Jerusalem gewesen (4,36f.). Wäre es von da her überraschend, wenn er nun den Gedanken eines Ausgleichs zwischen den Armen und den Bessergestellten in modifizierter Form wieder aufgegriffen und ihn gleichsam auf die überörtliche Ebene übertragen hätte? Falls diese Vermutung zuträfe, so hätte Barnabas mit dieser frühen antiochenischen Kollekte zugleich das Modell jener größeren Kollekte geschaffen, das dann, auf dem Apostelkonzil der gesamten Heidenkirche verpflichtend auferlegt worden ist (Gal 2,10).

Lukas hat freilich diese Zusammenhänge nicht mehr durchschaut, wie denn überhaupt das Thema „Kollekte" bei ihm eine überraschend geringe Rolle spielt: Die spätere paulinische Kollekte verschweigt er aufgrund seines Geschichtsbildes ganz (s. zu 21,15–26). Auf der Suche nach einer Begründung ist er auf die Agabus-Tradition von der Hungersnot gestoßen und hat das Motiv der Prophetenreise nach Antiochia eingebracht, um so einen unmittelbaren Bezug der Vorhersage auf die dortige Gemeinde herzustellen. Er hat ferner, wie wohl auch in anderen antiochenischen Barnabas-Traditionen (s. zu 14,8–14), den Namen des Paulus neben den des Barnabas gestellt, und zwar wahrscheinlich ganz unreflektiert: Für ihn galt es als ausgemacht, daß damals Paulus alle Aktivitäten des Barnabas geteilt haben muß.

Die Zeitangabe „in diesen Tagen" (vgl. 1,15) soll unmittelbar mit dem Vorherigen verbinden; Lukas denkt sich das „Jahr" von V.26 durch das Kommen der Propheten abgeschlossen. Erstmals in der Apostelgeschichte treten hier Propheten direkt in Erscheinung; ihre Bedeutung für die werdende Kirche in Syrien und Palästina war sicher größer, als der das prophetisch-charismatische Moment in den Hintergrund drängende Lukas uns erkennen läßt. Die Funktion, in der sie hier gezeichnet werden, nämlich die Enthüllung der Zukunft, ist zudem eher untypisch; zentrale Aufgaben der Prophetie waren die Ansage des für die Gegenwart geltenden Willens des erhöhten Herrn (Offb 1,3; 19,10), die Kundgabe der Weisung des Geistes (vgl. 11,28) und das Aufdecken und Enthüllen des menschlichen Herzens (1.Kor 14,24f.). Vielleicht hat die Vorhersage der Hungersnot durch Agabus ursprünglich im Zusammenhang mit der Ankündigung der nahen endzeitlichen Drangsale gestanden (Mk 13,8 par Mt 24,7; Lk 21,22; Offb 18,8). Der westliche Text hat hier eine Erweiterung, in der erstmals das vielumstrittene „Wir" der Apostelgeschichte (vgl. zu 16,10) vorkommt: „Es herrschte aber große Freude; als wir aber versammelt waren, sprach einer von ihnen namens Agabus und kündigte durch den Geist an ..." Den Anlaß für diese sicher sekundäre Variante gab wohl die Gleichsetzung des Lukas mit dem in 13,1 erwähnten Luzius. Die Bemerkung:

29 „Sie traf ein unter Klaudius" soll die tatsächliche Erfüllung konstatieren. Ein Beschluß der Gemeindeversammlung leitet die Aktion ein. Wie bei der Jerusalemer Gütergemeinschaft wird dem einzelnen kein Gesetz auferlegt; es bleibt seiner aus Verantwortung gegen die Brüder getroffenen freien Entscheidung anheimgestellt, wie hoch er seinen Beitrag bemißt. Das von uns mit „Unterstützung" wiedergegebene griechische Wort *diakonia* heißt wörtlich „Dienst" und hat vielfach im Neuen Testament die spezifische Bedeutung des gegenseitigen Dienens der Christen nach der durch Jesu Eintreten für die Seinen gesetzten Norm (Mk 10,45; Lk 22,27; Röm 12,7; 1.Kor 12,5; 2.Kor 4,1; 5,18; 6,3 u.ö.). Hier wie bei Paulus (2.Kor 8,4; 9,1. 12f.) erscheint es als geprägter Terminus für die Kollekte, wobei wohl der Gedanke impliziert ist, daß sich in der gegenseitigen materiellen Unterstützung der Christen das von Jesus seiner Gemeinde eingestiftete Prinzip des Dienens realisiert.

30 Die sicher auf Tradition beruhende Nachricht, wonach die „Ältesten" in Jerusalem Empfänger der Kollekte waren, überrascht zunächst, denn bisher hatte Lukas nur die Apostel als Leiter der Urgemeinde in Erscheinung treten lassen. Sie wird durch 15,6 als historisch zuverlässig bestätigt. In der Tat dürfte sich in den Jahren um 40 eine Veränderung in der Organisation der Jerusalemer Gemeinde vollzogen haben. Mit dem Nachlassen der Naherwartung und der Hoffnung auf eine unmittelbar bevorstehende Gewinnung ganz Israels verlor der Zwölferkreis seine ursprüngliche Bedeutung. An seine Stelle trat auch in der aramäischsprechenden Urgemeinde ein Gremium von Ältesten, nachdem bereits vorher die hellenistische Urgemeinde eine Ältestenverfassung eingeführt hatte (s. zu 6,5f.).

5. Die Verfolgung der Jerusalemer Kirche unter Herodes Agrippa I. 12,1–23

¹Zu jener Zeit ließ der König Herodes Hand an einige aus der Gemeinde legen, um ihnen Böses anzutun. ²Er ließ Jakobus, den Bruder des Johannes, mit dem Schwert hinrichten. ³Als er sah, daß dies den Juden gefiel, ließ er auch Petrus festnehmen; es waren gerade die Tage der ungesäuerten Brote. ⁴Nachdem er ihn hatte verhaften lassen, ließ er ihn ins Gefängnis werfen und übergab ihn vier Abteilungen von je vier Soldaten zur Bewachung, in der Absicht, ihn nach dem Paschafest dem Volk vorzuführen. ⁵Petrus wurde nun im Gefängnis bewacht. Die Gemeinde aber betete für ihn ohne Unterlaß zu Gott. ⁶Als ihn nun Herodes vorführen lassen wollte, in jener Nacht schlief Petrus zwischen zwei Soldaten mit zwei Ketten gefesselt, und Posten vor der Tür bewachten das Gefängnis. ⁷Und siehe, ein Engel des Herrn trat herzu, und Licht leuchtete auf in dem Raum. Mit einem Stoß in die Seite weckte er Petrus und sprach: „Steh schnell auf!" Da fielen ihm die Fesseln von den Händen. ⁸Und der Engel sprach zu ihm: „Binde deinen Gürtel um und ziehe deine Sandalen an!" Er tat so. Und er spricht zu ihm: „Ziehe deinen Mantel an und folge mir!" ⁹Und er folgte ihm hinaus ohne zu wissen, daß das Geschehene durch den Engel Wirklichkeit war;

er meinte vielmehr, ein Traumgesicht zu sehen. ¹⁰Sie kamen am ersten und zweiten Wachtposten vorbei und gelangten zu dem eisernen Tor, das in die Stadt hinausführt; dieses öffnete sich ihnen von selbst, sie traten hinaus und gingen eine Straße weit, und alsbald verließ ihn der Engel. ¹¹Da kam Petrus zu sich und sprach: „Nun weiß ich wirklich, daß der Herr seinen Engel gesandt hat, um mich zu erretten aus der Hand des Herodes und vor allem, worauf das Volk der Juden wartet." ¹²Als ihm das klar geworden war, ging er zum Haus der Maria, der Mutter des Johannes mit Beinamen Markus, wo viele zum Gebet versammelt waren. ¹³Als er an das Hoftor klopfte, kam eine Magd namens Rhode, um aufzumachen. ¹⁴Und als sie die Stimme des Petrus erkannte, öffnete sie vor Freude das Tor nicht, sondern lief hinein und meldete, Petrus stehe vor dem Tor. ¹⁵Sie sagten aber zu ihr: „Du bist verrückt!" Sie bestand jedoch darauf, daß es wahr sei. Da sagten sie: „Es ist sein Engel." ¹⁶Petrus aber fuhr fort zu klopfen. Da öffneten sie, sahen ihn und gerieten außer sich. ¹⁷Da gebot er ihnen mit einer Handbewegung Ruhe, erzählte ihnen, wie ihn der Herr aus dem Gefängnis herausgeführt hatte, und sprach: „Berichtet das Jakobus und den Brüdern!" Dann ging er hinaus und begab sich an einen anderen Ort.

¹⁸Als es Tag wurde, herrschte große Verwirrung unter den Soldaten: Was war aus Petrus geworden? ¹⁹Als Herodes ihn holen lassen wollte, ihn aber nicht vorfand, verhörte er die Wachen und ließ sie abführen. Dann ging er von Judäa nach Cäsarea hinab und blieb dort.

²⁰Er hatte aber eine heftige Auseinandersetzung mit den Bewohnern von Tyrus und Sidon. Diese wurden mit einer gemeinsamen Gesandtschaft bei ihm vorstellig, gewannen Blastus, den Kammerherrn des Königs, als Vermittler und suchten um Frieden nach, weil ihr Land seine Lebensmittel aus dem des Königs bezog. ²¹Am festgesetzten Tag nahm Herodes, angetan mit dem königlichen Ornat, auf der Rednertribüne Platz und hielt eine Ansprache an sie. ²²Das Volk aber rief ihm zu: „Gottes Stimme und nicht eines Menschen!" ²³Da schlug ihn auf der Stelle der Engel des Herrn dafür, daß er nicht Gott die Ehre gegeben hatte, und er wurde von Würmern zerfressen und verschied.

Dieses Kapitel nimmt darin eine Sonderstellung ein, daß es die Geschichte der Gemeinde in eine unmittelbare Korrelation zur allgemeinen Zeitgeschichte bringt. Den Anlaß dazu gab die Verfolgung durch den König Agrippa I. Dieser König – Lukas nennt ihn, darin wohl volkstümlichem Sprachgebrauch folgend, mit dem Dynastienamen „Herodes" – war eine der schillerndsten Gestalten im damaligen politischen Kräftespiel der östlichen Provinzen des Römerreiches. Geboren 10 n. Chr. als Enkel Herodes d. Gr. und Sohn des Aristobul, war er in Rom erzogen worden und hatte dort enge freundschaftliche Kontakte zu Gliedern des kaiserlichen Hauses knüpfen können, vor allem zu den späteren Kaisern Caligula und Klaudius, dessen Schulkamerad er gewesen war. Jahrelang führte er in Rom das Leben eines Playboys und war bekannt als notorischer Schuldenmacher und Glücksritter. Seine Stunde kam, als 37 sein Gönner Caligula Kaiser wurde und ihn zum Vasallenkönig über die Philippus-Tetrarchie, den nordöstlichen Teil des ehemaligen Herodes-Reiches, machte. Durch kluges Taktieren gelang es ihm bald, seine Macht auszuweiten. Der Kaiser Klaudius machte ihn zum Dank für seine Unterstützung 41 zum König über ganz Judäa. Damit war das Reich seines Groß-

A
1–23

vaters Herodes d. Gr. in seinem ganzen Umfang wiederhergestellt. Dessen Vorbild schloß er sich auch mit seiner in der Folgezeit virtuos praktizierten Schaukelpolitik an: Außenpolitisch gab er sich als moderner hellenistischer Herrscher und als willfähriger Parteigänger des Kaisers, innenpolitisch jedoch tat er alles, um seine Verbundenheit mit den traditionsbestimmten Kräften des Judentums unter Beweis zu stellen. So gewann er die Zuneigung der Pharisäer und damit auch die des von ihnen beherrschten Volkes.

Hier lag nun auch das Motiv zu der Christenverfolgung, die anders als die vorangegangene Verfolgung des Stephanus-Kreises (6,8 ff.) erstmals die gesamte Gemeinde in Mitleidenschaft zog. Offensichtlich folgte Agrippa den pharizäischen Interessen, wenn er sich gegen eine Bewegung wandte, die sich je länger je mehr in den Verdacht gebracht hatte, außerhalb der religiös-nationalen Gemeinschaft des Judentums zu stehen. In dem Jahrzehnt seit der Stephanusverfolgung hatte sich die Situation der aramäischsprechenden Urgemeinde innerhalb des Judentums nicht unerheblich gewandelt. Einerseits hatte sich die Hoffnung auf eine schnelle Gewinnung ganz Israels zerschlagen. Andererseits machte sich die Gemeinde durch ihre Verbindung mit nicht streng gesetzestreuen Kreisen außerhalb Judäas in den Augen des wachsenden jüdischen Nationalismus suspekt. Die Pharisäer waren nun nicht mehr bereit, in ihr eine noch tolerierbare jüdische Sonderrichtung zu sehen, sondern bekämpften sie als ein dem Judentum fremdes und feindliches Element.

Wenn Petrus sich tatsächlich, worauf vieles hindeutet (s. zu 10,1–11, 18), innerhalb der Urgemeinde als Verfechter einer Öffnung gegenüber den Heiden profiliert hatte, so war es ganz natürlich, daß er in erster Linie die Feindschaft der Pharisäer auf sich zog. Agrippa konnte darum hoffen, sich mit einer gegen Petrus gerichteten Aktion bei ihnen populär zu machen (V.3f.). Petrus konnte zwar mit knapper Not der Verfolgung entgehen, mußte jedoch, wenigstens solange Agrippa an der Herrschaft war, aus Jerusalem weichen und die Leitung der Gemeinde aufgeben. Das ist der harte Kern der hinter Apg 12 stehenden geschichtlichen Fakten. Die Gemeinde ihrerseits suchte sich auf die neue Situation einzustellen, indem sie einen Mann an ihre Spitze treten ließ, an dem jeder Vorwurf der Untreue gegenüber dem jüdischen Gesetz abprallen mußte, nämlich den Herrenbruder Jakobus. Alte Überlieferung nennt ihn als einen der Zeugen, denen der Auferstandene erschienen war (1. Kor 15,7; HebrEv); er gehörte vermutlich nach den in Jerusalem geltenden Kriterien zum Kreis der Apostel und war, wie auch die übrigen Glieder seiner Familie, von Anfang an Glied der Urgemeinde (s. zu 1,21).

Drei ganz unterschiedliche Überlieferungsstücke liegen der Komposition 12,1–23 zugrunde: Eine kurze Notiz über den Märtyrertod des Zebedaiden Jakobus (V.2), eine breit angelegte Personallegende über die Rettung des Petrus vor dem Zugriff des Königs Agrippa (V.4–17) sowie eine volkstümliche Erzählung über den Tod des Königs in Cäsarea (V.20–23).

2 1. Die *Notiz über den Tod des Jakobus* entstammt Jerusalemer Überlieferung. Überraschend ist ihre Kürze; man würde erwarten, daß das Martyrium eines führenden Gliedes des Zwölferkreises (vgl. 1,13) in Form eines ausführlicheren Berichtes überliefert worden wäre. Freilich könnte es auch sein, daß Lukas einen solchen Martyriumsbericht vorgefunden und zu der vorliegenden knappen Notiz verkürzt

hätte, weil er ja bereits anläßlich des Todes des Stephanus einen ausführlichen Martyriumsbericht wiedergegeben hatte und eine inhaltliche Dublette vermeiden wollte. Über Vermutungen kommt man hier freilich nicht hinaus.

2. Die *Legende von der Rettung des Petrus* bildete wohl das letzte Glied des von 4–17 Lukas verarbeiteten Kranzes von Petruserzählungen (vgl. 3,1–10; 9,32–43; 10,1–48). Eine abgeblaßte Variante zu ihr liegt in 5,19–22 vor. Sie zeichnet sich durch eine detailfreudige und überaus anschauliche Erzählweise aus. Züge von massiver Drastik (V.7. 14b) wechseln mit solchen ab, die an das Gemüt des Hörers bzw. Leser appellieren (V.14a). Will man die Erzählrichtung und damit den Sitz im Leben bestimmen, so hat man davon auszugehen, daß neben dem eigentlichen Rettungswunder (V.4–11) die Wiedererkennungs- und Abschiedsszene im Hause der Maria (V.12–17) nach Umfang und Gewicht nahezu gleichbedeutend zu stehen kommt. Zum Stil der Wundergeschichten gehört die abschließende öffentliche Demonstration des Wunders, die Überraschung und Staunen auslöst. V.12–17 erfüllt zwar diese Funktion, geht jedoch darin keineswegs auf. Zudem ist auffällig, daß die Demonstration des Wunders in diesem Schlußabschnitt Gliedern der Gemeinde gegenüber erfolgt, nicht jedoch – wie man aufgrund des ersten Teils erwarten könnte und wie es dem Stilschema der Befreiungsgeschichte besser entspräche (vgl. 5,23f.) – gegenüber Herodes und den Seinen. Man wird demnach die eigentliche Spitze dieser Erzählung gerade in diesem Schlußteil zu suchen haben. Worin bestand sie? Es wird hier einerseits gegen alle Zweifel der Gemeindeglieder herausgestellt, daß Petrus sich durch Gottes unmittelbare Hilfe vor den Nachstellungen des Herodes retten konnte; andererseits aber wird gezeigt, daß und wie Petrus seinen Weggang aus Jerusalem gegenüber der Gemeinde verantwortet hat. Die Erkennungsszene wird nämlich in V.17 zugleich zur Abschiedsszene. Anscheinend ist diese Erzählung in Petrus nahestehenden Kreisen Jerusalems entstanden, wo sie dazu diente, das Verschwinden des ehemals führenden Apostels aus der Stadt im Zusammenhang mit der Agrippa-Verfolgung von möglichen Fehldeutungen zu entlasten: Es war nicht eine eigenmächtige Flucht, deretwegen die Gemeinde Petrus verurteilen dürfte, es war vielmehr eine Rettungstat Gottes, um deretwillen sie Gott preisen sollte! – Die geschichtlichen Fakten, die zweifellos auch hinter dieser Legende stehen, bleiben für uns freilich im Dunkeln. Vielleicht darf man vermuten, daß dem Apostel eine Flucht aus dem Gefängnis unter dramatischen Umständen geglückt ist und der Kreis um Maria und ihren Sohn Johannes Markus ihn anschließend beim heimlichen Verlassen Jerusalems unterstützt hat.

3. Die *Überlieferung über das Ende des Königs Agrippa* berührt sich in den 20–23 Grundmotiven mit der Darstellung des Josephus (ant XIX 343–350) ohne jedoch von dieser abhängig zu sein: Nach Josephus weilte Agrippa in Cäsarea, um dort Spiele zu Ehren des Kaisers zu veranstalten, „weil er wußte, daß gerade für dessen Heil ein Fest begangen wurde". Angetan mit einem silberdurchwirkten Gewand, begab sich der König am Morgen ins Theater. Als die Strahlen der Sonne seine Kleider zum Leuchten brachten, begrüßten ihn seine Anhänger als Gott in Menschengestalt, der König aber ließ das ohne Widerspruch zu. Doch die Strafe für diese Hybris folgte auf dem Fuße: ein Uhu als Unheilsbote setzte sich über sein Haupt. Da wurde der König krank und starb innerhalb von fünf Tagen. Beide

Berichte sehen im plötzlichen Tod des Agrippa die Strafe Gottes dafür, daß er sich göttliche Verehrung gefallen ließ und damit der Versuchung des von den Juden verurteilten Herrscherkultes erlag. Der lukanische Bericht verrät an diesem Punkt seine jüdische Herkunft. Wäre er eine spezifisch christliche Bildung, so wäre zu erwarten, daß der Tod des Königs als Strafe für seine Verfolgung der Gemeinde gedeutet wäre, aber dafür findet sich nicht der leiseste Anhaltspunkt. Was die geschichtlichen Begleitumstände betrifft, so dürfte allerdings der lukanische Bericht ein klareres Bild bewahrt haben, wenn er den Tod des Königs mit einem Festakt in Verbindung bringt, durch den die Bereinigung eines lokalen Konflikts gefeiert werden sollte.

1–23   Erst Lukas hat die drei Traditionsstücke miteinander verbunden und damit eine an wirkungsvollen Kontrasten reiche Gesamtkomposition geschaffen. Sie ist zweiteilig aufgebaut: Die Erzählung vom Tod des Königs ist das Gegenbild zur Petrusgeschichte; ihr Sinn ist es nunmehr, zu zeigen, wie Gott seine Kirche aus der scheinbar ausweglosen Bedrohung rettet und ihr Raum zu weiterem Wirken schafft. Gott beschränkt sich mit seiner Hilfe nicht nur darauf, Petrus vor dem unmittelbaren Zugriff des Feindes zu schützen; er sorgt vielmehr dafür, daß dieser Feind ganz ausgeschaltet wird. Die Notiz vom Ende des Jakobus hat innerhalb dieser Komposition kein Eigengewicht. Lukas verwendet sie für die von ihm geschaffene Exposition des ersten Teils (V. 1–3), mit der er die Größe der dem Petrus drohenden Gefahr verdeutlicht. Redaktionell ist auch der Übergang zwischen den beiden Teilen (V. 18f.), der die Reaktion des Königs auf die Befreiung des Petrus und seine Reise nach Cäsarea enthält.

B
1   Die unbestimmte Zeitangabe soll mit dem Vorherigen verknüpfen: Die Verfolgung brach – nach Meinung des Lukas – eben zu der Zeit los, als Barnabas und Paulus die antiochenische Kollekte in Jerusalem überbrachten (11,30; 12,25). „Einige aus der Gemeinde" werden durch das Vorgehen des Königs bedroht, d.h. es richtet sich nicht gegen alle Glieder der Gemeinde, sondern nur gegen ihre Führer, die in der Öffentlichkeit in Erscheinung getreten waren und den Zorn der Pharisäer auf sich gezogen hatten (s. V. 3).

2   Der König besaß die Blutgerichtsbarkeit. Von einem Prozeßverfahren gegen Jakobus wird nichts gesagt; Lukas denkt wohl an eine willkürliche und gesetzlose Hinrichtung. Die Enthauptung mit dem Schwert war römischer, nicht jüdischer Brauch. Bei den Juden wurde sie nur bei Mördern und bei Bürgern einer verführten Stadt geübt (Sanh 9,1). Man hat immer wieder vermutet, daß zusammen mit Jakobus auch sein Bruder Johannes in dieser Verfolgung den Märtyrertod gestorben sei und als Begründung auf die alte Tradition Mk 10,39 verwiesen, in der Jesus den beiden Zebedäussöhnen das Martyrium ankündigt. Doch dagegen spricht Gal 2,9, wonach Johannes einer der Jerusalemer Verhandlungspartner des Paulus beim Apostelkonzil war, das nach der wahrscheinlichsten Berechnung im Frühjahr 48, also ca. 6 Jahre nach dieser Verfolgung, stattgefunden hat. Die Möglichkeit, daß es sich um einen anderen Johannes gehandelt haben sollte, muß dabei ausfallen.

3   Nun erst wird das Motiv der Verfolgung genannt: Der König will die Gunst der Juden durch eine Aktion gegen die ihnen mißliebigen Führer der Gemeinde erringen. Lukas verzichtet jedoch darauf, den eklatanten Stimmungsumschwung im

Volk gegen die Christen (vgl. 2,47; 5,14) zu erklären. Nach Jakobus soll Petrus als der führende Mann der Jerusalemer Gemeinde nun das zweite Opfer sein. Es versteht sich, daß ihm das gleiche Schicksal droht wie jenem. Die Bedeutung der Zeitangabe „es waren aber die Tage der ungesäuerten Brote" ist nicht ganz klar. Wörtlich verstanden handelt es sich um die dem Paschafest (14. Nisan) folgende Woche; Lukas denkt jedoch vermutlich an das Paschafest selbst (Lk 22,1). Sollte hier eine Entsprechung zwischen der Verhaftung Jesu am Pascha und der seines Jüngers angedeutet werden? Im weiteren Gang der Erzählung deutet jedoch nichts in diese Richtung. Mehr spricht dafür, daß die Zeitangabe das Verhalten des Königs genauer begründen soll: Das Pascha, an dem Jerusalem voll von Festpilgern war, war eine Zeit gesteigerter öffentlicher Sensibilität. Eine klare Demonstration pro-jüdischer Haltung durch den König am Pascha konnte ihre Wirkung auf die Volksmenge nicht verfehlen. Agrippa läßt Petrus ins Gefängnis werfen; er plant, ihn nach 4 dem Fest in einem propagandistisch wirksamen Schauprozeß aburteilen zu lassen. Die Erzählung betont zwei Züge: einerseits die Strenge der Haft und die Perfektion der Bewachung, andererseits die totale Passivität des Petrus. Dadurch wird der Hintergrund geschaffen, vor dem das Befreiungswunder seinen Glanz gewinnt, indem deutlich wird: Gott hat durch sein Eingreifen eine nach menschlichen Maßstäben hoffnungslose Lage verwandelt; Petrus blieb ganz und gar in der Rolle des Empfangenden. Den Gefangenen umgibt ein lückenloses Bewachungssystem. Nicht weniger als 16 Soldaten sind für ihn verantwortlich, die sich, in vier Vierereinheiten aufgeteilt, jeweils rund um die Uhr ablösen. Als Ort der Haft mag man an den Herodespalast in der Nähe des heutigen Jaffa-Tores denken. Ein Kontrastbild wird 5 eingeblendet: Während Petrus sich in solch aussichtsloser Lage im Gefängnis befindet, hat sich die Gemeinde zur Fürbitte für ihn zusammengefunden; sie trägt seine Not, die ja zugleich die ihre ist, vor Gott. Und zwar ist hier offenbar an ein Beten gedacht, das grundsätzlich Sache der gesamten Gemeinde war, auch wenn es seinen konkreten Vollzug in den Gebetsversammlungen einzelner Hausgemeinden wie der der Maria (V. 12) fand. Die Gefangenschaft des Petrus zieht sich über mehrere Tage 6 und Nächte hin, ohne daß etwas geschieht. Doch plötzlich, in der letzten Nacht vor der angesetzten Gerichtsverhandlung, als schon niemand mehr eine Wende erwarten mag, greift Gott ein. Die Viererschaft der bewachenden Soldaten versieht, wie betont wird, in dieser Nacht ordnungsgemäß ihren Dienst: Zwei der Soldaten befinden sich in der Zelle; an sie ist, wie es antikem Brauch entsprach, der schlafende Petrus wohl angekettet zu denken. Zwei weitere Soldaten bewachen die Tür der Zelle. Doch für den Engel Gottes, den Träger seines Auftrags und Vollstrecker 7 seines rettenden Willens, können Mauern und Wächter keine Schranken sein. Er steht plötzlich mitten in der Zelle. Das Licht, das ihn umstrahlt, ist Zeichen der himmlischen Welt, die er repräsentiert, und zugleich Symbol der Rettung. Alles folgende wird durch seine überlegene Regie gesteuert. Dreimal muß er sich an Petrus wenden, um ihn schrittweise aus Schlaf und Apathie zu reißen und ihn dazu zu bringen, den vorgebahnten Weg in die Freiheit sich schenken zu lassen. Das erste Befehlswort, nachdrücklich unterstrichen durch einen kräftigen Schlag auf die Hüfte, weckt den Apostel und heißt ihn aufstehen. Gleichzeitig zerbrechen auf wunderbare Weise die Fesseln – ein Zug, für den die Bakchen des Euripides

(443 ff.) eine berühmte literarische Parallele bieten; eine direkte Abhängigkeit ist jedoch unwahrscheinlich, zumal es sich hier um ein verbreitetes volkstümliches Motiv handelt. Wir erfahren nichts über die Reaktion der Wächter. Hat der Engel
8–9 sie nach Meinung des Erzählers auf wunderbare Weise in Schlaf versenkt? Mit zwei weiteren Befehlen bringt der Engel den schlaftrunkenen Petrus nur mühsam und schrittweise dazu, seine Kleider anzulegen und ihm nach draußen zu folgen. Wie im
10 Traum erlebt Petrus auch alles weitere: Der Engel geleitet ihn an den beiden vor der Zelle postierten Wächtern vorbei, das äußere Tor öffnet sich selbsttätig – auch dies ein in Erzählungen dieser Art häufiges Motiv –, sie gehen noch eine Straße weit
11 durch die schlafende Stadt, bis Petrus ganz in Sicherheit ist. Und nun erst, als der Engel entschwindet, kommt Petrus ganz zu Bewußtsein und erkennt staunend, was Gott an ihm getan hat: Er hat ihn nicht nur vor dem Zugriff des Herodes, sondern
12 auch vor dem Haß der Juden, und das heißt vor dem sicheren Tod, errettet! Sein erster Weg führt ihn zur Gemeinde. Das Haus der Maria, der Mutter des Johannes Markus, nahm in ihr eine führende Stellung ein. Seine Bewohner werden hier auch als allgemein bekannt vorausgesetzt. Johannes Markus war nach Kol 4,10 der Neffe des Barnabas; seine Bindung an Barnabas wird auch in V. 25 und 15,37.39 erwähnt, ohne daß auf verwandtschaftliche Beziehungen ausdrücklich hingewiesen wird (vgl. auch Phlm 24; 2. Tim 4,11; 1. Petr 5,13). Daß Maria nicht mit dem Namen ihres Mannes, sondern ihres Sohnes gekennzeichnet wird, ist ungewöhnlich und nur daher zu erklären, daß Johannes Markus in der Gemeinde allgemein be-
13 kannt war. Es handelt sich um ein stattliches Haus, denn es besitzt ein eigenes Torgebäude, das von dem eigentlichen Wohngebäude durch einen Hof getrennt ist. Wieder ergibt sich ein wirkungsvoller Kontrast: Während drinnen die Hausgemeinde um die Rettung des Petrus betet, steht der Gerettete klopfend vor dem
14–15 äußeren Tor! Ja, die Betenden zeigen durch ihre Reaktion auf die Meldung der freudig-verwirrt hereinstürzenden Magd, daß sie letztlich Gott die Erhörung ihres Gebetes nicht zutrauen. Das Wunder ist für ihr Begreifen zu groß! Allenfalls wollen sie zugeben, daß ein Engel vor der Türe stehe. Vorausgesetzt ist dabei die Vorstellung, daß jeder Mensch einen Schutzengel hat, der ihm als sein himmlischer Doppelgänger auch äußerlich gleicht (vgl. z.B. Ps 91,11; Tob 5,22; Mt 18,10; Herm vis
16 V 4.7). Nur durch weiteres beharrliches Klopfen, das ihn der Gefahr aussetzt, von möglichen Verfolgern entdeckt zu werden, kann Petrus schließlich die Einwohner
17 zum Öffnen der Tür bewegen. Mit einer Handbewegung dämpft er deren Erregung, die sich in lauten Worten Luft machen will. Er gibt ihnen lediglich einen Rechenschaftsbericht über das an ihm Geschehene, der gewissermaßen offiziellen Charakter gewinnt durch den hinzugefügten Auftrag: „Berichtet das Jakobus und den Brüdern!" Die gesamte Gemeinde und ihr neuer Leiter sollen von der Errettung des Petrus erfahren. Zum erstenmal erscheint hier Jakobus in der Apostelgeschichte. Ist es eine Unachtsamkeit des Erzählers Lukas, wenn er versäumt, ihn durch eine erklärende Bemerkung dem Leser vorzustellen? Das Auftragswort des Petrus, das sicher schon zur vorlukanischen Tradition gehört, läßt erkennen, daß Jakobus bereits zur Zeit der Agrippa-Verfolgung neben Petrus eine führende Stelle in der Gemeinde innehatte. Aus ihm eine direkte Übertragung der Gemeindeleitung durch Petrus auf Jakobus herauszulesen geht jedoch sicher zu weit. Mit dem Weggang des

Petrus „an einen anderen Ort" schließt die Szene. Mit dieser viel umrätselten Bemerkung will der Text lediglich sagen, daß Petrus sich vor Herodes in Sicherheit brachte. Über seinen weiteren Weg enthält das Neue Testament nur wenige Andeutungen. Bis zum Ende des Agrippa wird er sich in judenchristlichen Gemeinden Syriens, vielleicht sogar in Antiochia, aufgehalten haben. Beim Apostelkonzil (15,7; Gal 2,7ff.) begegnen wir ihm noch einmal in Jerusalem, allerdings nicht mehr als Leiter der dortigen Gemeinde, sondern als führendem Repräsentanten der judenchristlichen Mission. In dieser Eigenschaft hat er in der Folge eine missionarische Wanderexistenz auf sich genommen (1.Kor 9,5), deren Schwerpunkt eine Zeitlang in Antiochia gelegen haben dürfte (Gal 2,11) und die ihn schließlich auch nach Rom führte. – Ein Nachspiel rundet den ersten Erzählungsteil ab und bringt Herodes Agrippa wieder ins Bild, wobei die Entsprechung zu 5,21–24 deutlich ist. Anschaulich wird die Ratlosigkeit der Soldaten geschildert, als sie das Entkommen des Petrus entdecken. Der König läßt die seiner Meinung nach Verantwortlichen zur Rechenschaft ziehen und „abführen". Nach dem üblichen Prinzip, wonach die Wächter für einen ihnen anvertrauten Gefangenen mit ihrem eigenen Leben zu haften hatten (vgl. 16,27; 27,42), mußte das für sie die Todesstrafe bedeuten. Herodes kehrt, nach dem Ende der Pascha-Tage, die er in Jerusalem verbracht hatte, nach Cäsarea, in seine Hauptresidenz, zurück.

Den Bericht vom Tod des Königs leitet eine äußerst gedrängte Darstellung der vorausgegangenen politischen Vorgänge ein. Agrippa hatte offenbar mit den in der benachbarten römischen Provinz Syrien gelegenen Seestädten Tyrus und Sidon einen Handelskrieg geführt. An einen bewaffneten Konflikt ist nicht zu denken, ihn hätten die Römer unmöglich geduldet. Er hatte dabei wohl ein Handelsembargo verhängt, das die seit alters von palästinischen Getreidelieferungen abhängigen Städte (1.Kön 5,25; Ez 27,17) hart traf. Sie schalteten deshalb, vermutlich durch Zahlung eines ansehnlichen Bestechungsgeldes, den königlichen Kammerherrn Blastus als Vermittler ein. Er konnte Agrippa zum Einlenken bewegen, und der so wiederhergestellte Friede sollte am dafür „festgesetzten Tag" durch einen öffentlichen Festakt gefeiert werden. Auf dem Thron sitzend, hält der König eine Ansprache an die Gesandten der Städte und an sein Volk. Die (heidnische) Menge, von Begeisterung fortgerissen, akklamiert dem Herrscher als Gott in Menschengestalt, und dieser läßt sich das gefallen. Der Engel des Herrn ist hier Vollstrecker des strafenden Gotteswillens (2.Sam 24,16; 2.Kön 19,35). Daß Würmerfraß Todesursache sei, gehört zum festen Bestand antiker popularmedizinischer Vorstellungen. Im einzelnen ist das Ende des Agrippa in Anlehnung an den Bericht vom Ende des Judenverfolgers Antiochus IV. Epiphanes (2.Makk 9,5–9) dargestellt. Es ist das typische Ende des Feindes der Gemeinde Gottes.

6. Die Rückkehr des Barnabas und Paulus nach Antiochia 12,24–25

24 Das Wort des Herrn aber wuchs und nahm zu. 25 Barnabas aber und Saulus kehrten aus Jerusalem zurück, nachdem sie ihren Unterstützungsauftrag erfüllt hatten, und nahmen Johannes mit dem Beinamen Markus mit sich.

A
24-25
Dieser kurze durchweg redaktionelle Zwischenabschnitt bringt die Synchronisation von 11,27–30 mit 12,1–23 zum Abschluß. Lukas will den Eindruck erwecken, als seien Barnabas und Paulus unmittelbar vor der Agrippa-Verfolgung nach Jerusalem gekommen und bis zu deren Ende dort geblieben. Federführend war dabei wohl der Gedanke der kirchlichen Einheit: Er wollte zeigen, daß gerade in der Stunde der Not die Gemeinden von Jerusalem und Antiochia trotz aller ihrer Verschiedenheit eng zusammenstanden.

B
24

25
Lukas denkt, wenn er vom „Wachstum des Wortes des Herrn" spricht, kaum an konkrete Missionserfolge, die sich in Jerusalem nach der Verfolgung eingestellt hätten; die Zeit des großen Wachstums der Jerusalemer Gemeinde ist für ihn vorbei. Eher will er dem Leser nach den Berichten von Hungersnot und Verfolgung den übergreifenden Richtungssinn des Geschehens ins Gedächtnis zurückrufen: Auch Krisen und Rückschläge können den Weg des Wortes zu den Enden der Erde nicht aufhalten – die sich unmittelbar anschließende Geschichte der antiochenischen Mission (Kp 13–14) wird das gleichfalls zeigen. Auch die Nachricht über die Mitnahme des Johannes Markus durch Paulus und Barnabas weist schon voraus auf das Folgende. Dieser junge Mann aus der Jerusalemer Gemeinde, über dessen Herkunft der Leser unmittelbar vorher erfahren hat (V.12), ist ja dazu bestimmt, zusammen mit Barnabas und Paulus in das von Antiochia ausgehende große Missionswerk einzutreten (13,5).

7. Die Aussendung des Barnabas und Paulus zur Mission 13,1–3

¹In Antiochia gab es in der Gemeinde Propheten und Lehrer: Barnabas, Simeon, genannt Niger, Luzius aus der Zyrenaika, Manaën, ein Jugendgefährte des Tetrarchen Herodes, und Saulus. ²Als sie nun dem Herrn dienten und fasteten, sprach der Heilige Geist: „Sondert mir Barnabas und Saulus aus für das Werk, zu dem ich sie berufen habe!" ³Da legten sie ihnen nach Fasten und Gebet die Hände auf und entließen sie.

A
1–3
Diese Einleitung zu dem Bericht über die antiochenische Mission, der die Kapitel 13 und 14 umfaßt, dürfte im wesentlichen aus altem Material bestehen. Sowohl die Liste der antiochenischen Propheten und Lehrer (V.1) als auch die Notiz von der geistgewirkten Auswahl des Barnabas und Saulus (V.2) tragen alle Merkmale authentischer Überlieferung, denn in ihnen zeichnet sich das – Lukas an sich fremde – pneumatisch-prophetische Milieu der antiochenischen Gemeinde mit großer Lebendigkeit ab. Lediglich V.3 dürfte, vor allem wegen seiner Entsprechung zu 6,6 und 14,23, auf Lukas zurückzuführen sein. Aller Wahrscheinlichkeit nach haben wir es in V.1f. nicht mit einer isolierten Einzelnotiz aus antiochenischer Überlieferung, sondern mit dem Anfang eines schriftlichen Quellenstückes zu tun, das die wichtigsten Stationen der Reise des Barnabas und Paulus festhielt und den Gang der Mission kurz referierte. Ein solcher Missionsbericht mag von einem der Beteiligten unmittelbar nach der Reise angefertigt und in Antiochia aufbewahrt worden sein. Folgende Abschnitte sind ihm wahrscheinlich zuzurechnen: 13,1f. 4f. 13–14a. 43–45a. 49–52; 14,1f. 4–7. 21. 22a. 24–27.

Propheten und Lehrer sind die maßgeblichen Gestalten in der antiochenischen Gemeinde. Sie steht damit noch ganz in der durch die Mission der Jerusalemer Hellenisten begründeten Tradition (11,19f.). Die Missionare des Stephanuskreises waren, nach allem, was sich erkennen läßt, stark vom Geist urchristlicher Prophetie geprägt (s. zu 6,10). Als wandernde Propheten zogen sie von Ort zu Ort (s. zu 8,4f.), und selbst wo es, wie in Antiochia, zur Bildung einer festen Ortsgemeinde kam, blieb das pneumatische Element vorherrschend.

Anders als in Jerusalem, wo sich schon früh ortsfeste Leitungsstrukturen herausbildeten (11,30; 15,6), hat es solche in Antiochia damals noch nicht gegeben. Strenggenommen waren die Propheten und Lehrer bei der Gemeinde stehengebliebene Wandermissionare. Sie waren bereit, wenn es ihnen der Geist befahl, ihr ursprüngliches Wanderleben wieder aufzunehmen. Eine klare Trennung zwischen Propheten und Lehrern ist kaum möglich. Der Prophetie oblag es, den Willen des erhöhten Herrn in der Kraft des Geistes für die jeweilige Situation anzusagen (vgl. 11,28), während die Lehre vorwiegend mit der Pflege und Interpretation der Überlieferung befaßt war. In der Praxis scheinen jedoch beide Funktionen weithin dem gleichen Personenkreis zugefallen zu sein. Diese Propheten/Lehrer übten die Wortverkündigung und Unterweisung, sie taten Zeichen, leiteten aber auch den Gottesdienst. Zogen sie, der Weisung des Geistes folgend, von Ort zu Ort, so nannte man sie in Antiochia (anders als in Jerusalem: s. zu 1,15–26) auch „Apostel". Diese Bezeichnung fehlt hier zwar, erscheint jedoch in 14,4. 14 (vgl. auch Did 11,13, wo der gleiche Personenkreis teils „Apostel", teils „Propheten" genannt wird). Die Namensliste ist die dritte in der Apostelgeschichte (vgl. 1,13. 26 und 6,5). An erster Stelle steht Barnabas (4,36; 11,22f.). Der zweite, Simeon, wird durch seinen Beinamen „Niger" (schwarz) als Afrikaner ausgewiesen; vermutlich stammte er aus einer afrikanischen Proselytenfamilie. Luzius, der an dritter Stelle Genannte, gehört der bereits mehrfach (6,9; 11,20) im Zusammenhang mit dem Stephanus-Kreis erwähnten Gruppe von Diasporajuden aus der Zyrenaika an. Für eine Identifikation mit Lukas fehlt jeder Anhaltspunkt. Manaëm ist der einzige, der einen hebräischen Namen (= „Tröster"; s. zu 4,36) trägt. Er entstammte wohl einer vornehmen jüdischen Familie, die dem Hof der Herodianer eng verbunden war. „Jugendgefährte" (*syntrofos*, wörtl. „Milchbruder") war ein Titel, der bei Hofe Jünglingen verliehen wurde, die zusammen mit einem Prinzen – in unserem Falle dem späteren Tetrarchen Herodes Antipas – erzogen wurden. Überraschend ist, daß Saulus/Paulus erst an letzter Stelle genannt wird; doch das mag darauf zurückzuführen sein, daß die Reihenfolge vom Lebensalter bestimmt ist (s. zu 7,58). Feierlich wird der Empfang der entscheidenden Weisung des erhöhten Herrn durch den Geist geschildert. Die Propheten hatten sich auf sie durch Fasten und Gebet vorbereitet. Fasten war ein wichtiges Mittel der Einstimmung auf den Empfang göttlicher Offenbarung (Bill II 241–244). In einer gottesdienstlichen Versammlung ergeht die erwartete Weisung: Die Gemeinde soll ein neues, weit ausgreifendes missionarisches Werk in Angriff nehmen und mit seiner Durchführung Barnabas und Paulus beauftragen. Der Wortlaut des Befehls des Erhöhten stellt klar, daß Auswahl und Entscheidung nicht mehr Sache der Gemeinde sein können. Sie hat lediglich durch ihr Handeln die bereits vom Erhöhten souverän getroffene Entschei-

dung nachzuvollziehen, denn er hat bereits Barnabas und Paulus vorher „zu dem
3 Werk" erwählt. Es folgt eine zweite Szene: In einem weiteren wiederum durch Gebet und Fasten vorbereiteten Gottesdienst legen die zurückbleibenden Propheten den beiden Ausziehenden die Hände auf und senden sie zu ihrer neuen Aufgabe aus. Wieder hat Lukas bei der Gestaltung dieser Szene das Bild der kirchlichen Praxis seiner eigenen Zeit vor Augen gehabt (vgl. 6,6). Auf keinen Fall ist hier die Handauflegung als Weihe zu einem neuen Amt auf Lebenszeit bzw. als Ordination im Sinne von 1.Tim 4,14; 5,22 zu verstehen. Es handelt sich lediglich um die Unterstellung unter die Gnade Gottes für die Dauer eines besonderen, zeitlich begrenzten Auftrages. – Die Abordnung zweier Missionare entspricht alter, wohl schon auf den irdischen Jesus zurückgehender, Praxis (Mk 6,7; Lk 10,1). Allerdings erfuhr, wie aus den folgenden Berichten hervorgeht, diese Praxis nunmehr eine wichtige Veränderung: Die beiden Missionare reisten nicht allein; ihnen wurde aus der Gemeinde ein Stab von Mitarbeitern beigegeben, unter ihnen Johannes Markus (V.5). Gerade an diesem Punkt wird aber nun der grundsätzlich neue Ansatz der antiochenischen Mission in besonderer Weise deutlich. Mission durch einzelne wandernde Apostel und Propheten hatte es schon seit geraumer Zeit gegeben, und gerade für Paulus war sie nichts Neues. Neu war hingegen, daß nunmehr diese Mission im Auftrag einer bestimmten Gemeinde und in Verantwortung ihr gegenüber durchgeführt werden sollte. Die Gemeinde von Antiochia rüstete die Missionare aus, stellte den Mitarbeiterstab und begleitete ihr Wirken mit ihrem Gebet. Sie wurde damit zur ersten Missionsbasis des Paulus und prägte darüber hinaus auch den Stil seines späteren Wirkens.

Die erste Missionsreise. Der Bericht der Apg über die sogenannte erste Missionsreise ist in der neueren Forschung stark umstritten. Zwei Fragen beherrschen die Diskussion: Ist die Reise überhaupt historisch? Und, wenn ja, ist es historisch zutreffend, wenn Lukas sie zeitlich vor dem Apostelkonzil einordnet?

1. Gegen die Historizität der Reise wird vor allem Gal 1,21 ins Treffen geführt. Paulus spricht dort bei seinem Rechenschaftsbericht für die Zeit vor dem Apostelkonzil lediglich von einem Aufenthalt „in den Landstrichen Syriens und Ziliziens", während Lukas von einem missionarischen Wirken auf Zypern sowie in den kleinasiatischen Landschaften Pamphylien, Pisidien und Lykaonien berichtet. Darüber hinaus sei die von Lukas vorausgesetzte Reiseroute mit ihrem schwierigen Übergang über das Taurus-Gebirge (s. zu V.13f.) äußerst unwahrscheinlich. Sollte von daher nicht Apg 13f. als eine aus einzelnen Traditionsstücken, die geschichtlich auf spätere Paulusreisen zurückgehen, frei komponierte „Modellreise" (H.Conzelmann) zu beurteilen sein, von Lukas dazu gedacht, anhand von markanten Beispielen ein Bild der Grundsituation und -konstellation der paulinischen Mission zu geben?

Man wird jedoch die genannten Schwierigkeiten nicht überbewerten dürfen. Ein großer Teil der Reise spielt sich tatsächlich innerhalb der römischen Provinz Syrien-Zilizien einschließlich ihrer Randgebiete ab, zu denen man u.a. auch Zypern rechnen kann. Der Vorstoß nach Pamphylien, Pisidien und Lykaonien konnte in Gal 1,21 unerwähnt bleiben, weil er, am Gesamtinhalt jener Jahre gemessen, eine für den konkreten Beweisgang unwesentliche Episode war.

Demgegenüber wiegen die Argumente für die Geschichtlichkeit der Reise ungleich schwerer. Es ist zunächst ganz allgemein zu konstatieren, daß es nicht die Art des Lukas ist, Ereignisse und Geschehensabläufe um der schriftstellerischen Wirkung willen frei zu erfinden. Im übrigen steckt hinter Apg 13f. ein Bestand fester und in seinem Charakter unverwechselbarer Tradition, der sich nicht unerheblich von den Überlieferungen über die späteren Missionsreisen unterscheidet. Um das nur an einem Punkt auszuführen: Während der Paulus der späteren Reisen durchweg in eigener Vollmacht handelt, erscheint er hier an Barnabas gebunden, ja ihm untergeordnet (vgl. 14,12). Paulus ist hier „Gemeindeapostel" Antiochias (vgl. 14,4. 14).

2. Manche Forscher, die die Historizität der Reise anerkennen, bezweifeln, daß Lukas sie richtig eingeordnet habe. Ihrer Meinung nach ist sie nicht vor, sondern nach dem Apostelkonzil zu datieren; denn ein derartig weit ausgreifendes missionarisches Unternehmen sei erst nach jener Klärung der grundsätzlichen Voraussetzungen für die Heidenmission denkbar, die die Jerusalemer Vereinbarung herbeigeführt hat. Diese These wird zumeist flankiert durch eine Frühansetzung des Apostelkonzils in das Jahr 44, die man versucht, indem man 11,29f. und 15,1ff., die Berichte über die beiden Jerusalem-Reisen von Barnabas und Paulus, zu Parallelberichten über eine einzige Reise erklärt und, unter Berufung auf den Synchronismus von 11,30; 12,1.24f., zeitlich mit der Agrippa-Verfolgung (44) zusammenfallen läßt. Doch diese Chronologie steht hinsichtlich der sie angeblich stützenden Angaben der Apg auf schwachen Füßen (s. zu 11,27–30). Zudem widerspricht ihr Gal 1,18; 2,1: Zwischen der Berufung des Paulus, die schwerlich vor 34 angesetzt werden kann, und dem Apostelkonzil liegen demnach mindestens 14 Jahre! Was aber das zentrale Sachargument anlangt, so dürfte deutlich sein, daß die erste Missionsreise nicht zu den Folgen, sondern zu den Voraussetzungen des Apostelkonzils gehört. Sie bringt noch nicht den Durchbruch zu einer programmatischen weltweiten Heidenmission, sondern bleibt in ihrer geographischen Erstreckung wie auch in ihrer theologisch-kirchlichen Zielsetzung begrenzt. Sie schafft allerdings, indem sie „den Heiden die Tür des Glaubens öffnet" (14,27), die Notwendigkeit einer grundsätzlichen Klärung der Fragen der Beschneidung und der Geltung des Gesetzes in gemischten Gemeinden, wie sie auf dem Apostelkonzil erfolgte. Erst durch seinen positiven Ausgang hat dann aber die Missionstätigkeit des Paulus den weltweiten Aspekt und den vorwärtsstürmenden Drang bekommen. Der Paulus der ersten Missionsreise ist in mancher Hinsicht noch ein anderer; er steht noch vor der großen Wende seiner Missionsauffassung und -strategie. Daß der Bericht von der ersten Missionsreise diese Beschränkung so deutlich erkennen läßt, ist wohl das entscheidende Argument dafür, daß Lukas ihn auch zeitlich richtig eingeordnet hat.

8. Die Mission auf Zypern 13,4–12

13 **4**Sie nun, durch den heiligen Geist ausgesandt, zogen hinab nach Seleuzia und fuhren von dort nach Zypern ab. **5**In Salamis angekommen, verkündigten sie das Wort Gottes in den Synagogen der Juden. Sie hatten auch Johannes als

Gehilfen (mit sich). ⁶Sie durchzogen die ganze Insel bis nach Paphos. Dort trafen sie einen Magier, einen jüdischen Falschpropheten namens Barjesus, ⁷der sich in der Umgebung des Statthalters Sergius Paulus, eines einsichtigen Mannes, aufhielt. Dieser ließ Barnabas und Saulus zu sich rufen und verlangte das Wort Gottes zu hören. ⁸Jedoch der Magier Elymas – so wird nämlich sein Name übersetzt – leistete ihnen Widerstand und suchte den Statthalter vom Glauben abzubringen. ⁹Saulus aber, der auch Paulus heißt, erfüllt vom heiligen Geiste, blickte ihn scharf an ¹⁰und sprach: „O du, der du voller Tücke und Bosheit bist, du Sohn des Teufels, du Feind aller Gerechtigkeit, willst du nicht aufhören, die geraden Wege des Herrn zu verkehren? ¹¹Und nun, siehe, die Hand des Herrn kommt über dich, und du wirst blind werden und die Sonne für eine Weile nicht sehen." Da fiel alsbald Dunkel und Finsternis über ihn, und er tappte umher und suchte Leute, die ihn führten. ¹²Da kam der Statthalter, als er das Geschehen sah, zum Glauben, überwältigt von der Lehre des Herrn.

Vers 10: *Hos 14,10*.

A
4–12

In den antiochenischen Bericht über die Reiseroute der Missionare, dem man V.4f. zuzurechnen haben wird, hat Lukas eine Missionslegende eingefügt (V.6–12), in deren Mittelpunkt die Gestalt des Paulus steht. Neben dem Kranz von Petruslegenden, deren letztes Glied uns in 12,4–17 begegnet, hat Lukas auch eine, allerdings wesentlich kleinere, Gruppe von Paulus-Legenden vorliegen gehabt. Ihr gehörten, neben 13,6–12, auch 14,19f.; 19,14–17; 20,7–12 an. In diesen Paulus-Legenden sind wunderhafte Züge weniger vorherrschend als in der Petrustradition, obwohl sie keineswegs fehlen. Paulus erscheint in ihnen vorwiegend als der große Missionar, dessen Wirken Normen setzte und der bestimmte, für die missionarische Praxis der Frühzeit typische Situationen in vorbildlicher Weise bewältigte. Sicher hat man diese Legenden in den paulinischen Missionsgebieten weitererzählt, um so die Erinnerung an den großen Vater der Mission lebendig zu halten.

In der Erzählung von Paulus und dem Zauberer Barjesus wird uns eine Konstellation vor Augen gestellt, die für die Mission im 1. Jahrhundert typische Bedeutung hatte: Es geht um die Auseinandersetzung mit dem jüdisch-heidnischen Synkretismus. Die christlichen Missionare mußten sich, sobald sie die unmittelbaren Grenzen des Judentums verließen, einem unerbittlichen religiösen Konkurrenzkampf stellen. Überall stießen sie auf wandernde Gottesmänner, Gaukler, Philosophen und Propagandisten, die mit ihnen um die Gunst der Massen konkurrierten. Dabei waren – das zu erkennen ist besonders wichtig – für Außenstehende die Frontlinien oft keineswegs klar sichtbar. Ihnen mußten zunächst die Boten des Evangeliums als wandernde Gottesmänner erscheinen, die, wie so viele andere, Elemente alttestamentlich-jüdischer Lehre mit solchen hellenistischer Popularphilosophie verbanden. Gewiß war die Klarheit und Eindeutigkeit der Botschaft von Jesus als dem Herrn und Retter die wichtigste Waffe der christlichen Missionare in diesem Kampf. Ihn endgültig für sich entscheiden konnten sie jedoch nur dann, wenn es ihnen gelang, die Überlegenheit des Geistes Jesu Christi über alle Kontrahenten überzeugend zu manifestieren. Auf eine solche Manifestation läuft auch die vorliegende Geschichte hinaus, wenn sie Paulus als den stärkeren Pneumatiker über seinen Widersacher den Sieg davontragen läßt. Dies gilt es zunächst zu erkennen, unbeschadet aller moderner Sachkritik, die uns die Frage nahelegen mag, ob denn tatsächlich ein Strafwunder wie das hier berichtete als Manifestation des Geistes Jesu Christi geeignet sei.

Vieles erinnert an die Simon-Magus-Geschichte (vgl. 8,9–25). Wie Simon, wird auch Barjesus als „Magier" bezeichnet, ein Wort mit einer schillernden Bedeutungsskala, die alles vom Vertreter geheimer Weisheit bis zum Gaukler und Scharlatan zu umfassen vermag. Aber Barjesus ist stärker jüdisch, weniger hellenistischer Gottesmann als der Magier Simon. Von einem Anspruch, Kräfte der Gottheit zu verkörpern und zu vermitteln (vgl. 8,10), hören wir bei ihm nichts, wie er denn überhaupt ungleich weniger Eigenprofil hat. Man muß ihn vielleicht sogar als Repräsentanten des damals verbreiteten Typs des in der hellenistischen Welt als religiöse Attraktion auftretenden jüdischen „Propheten" sehen (vgl. auch 19,13). Der Anspruch des Judentums, in besonders enger Beziehung zu einer mächtigen und geheimnisvollen Gottheit zu stehen, die auf vielfältige Weise in die Geschichte eingegriffen hat, verfehlte auf das Heidentum nicht seine Wirkung. Nicht wenige Juden schlugen Kapital daraus, indem sie in der heidnischen Welt als Propheten und Magier auftraten. So berichtet Josephus (ant XX 142) von einem jüdischen Zauberer aus Zypern namens Atomos, der in der Umgebung des römischen Prokurators Felix (vgl. 23,24ff.) eine einflußreiche Rolle spielte. Man hat übrigens auch aus dem rätselhaften Umstand, daß der Magier in unserer Geschichte zwei Namen – Barjesus (V.6) und Elymas (V.8) – trägt, schließen wollen, daß entweder Lukas oder bereits die Überlieferung vor ihm inhaltlich verwandte Berichte, die von zwei verschiedenen Magiern und ihrer Konfrontation mit Paulus berichteten, zu einem zusammengezogen habe. Wenn es sich um eine für die frühe Mission typische Konstellation handelte, so ist in der Tat damit zu rechnen, daß mehrere Erzählungen dieser Art umliefen, die sich gegenseitig beeinflußten. Allerdings bietet der Text keine konkreten Anhaltspunkte für ein direktes Verschmelzungsverfahren.

Die Reise beginnt in Seleuzia, dem ca. 25 km westlich von Antiochia gelegenen Hafen. Das erste Ziel ist Zypern. Diese Insel war seit ältester Zeit eine wirtschaftliche und kulturelle Brücke zwischen dem ägäisch-griechischen Raum und dem Orient. Ihren Wohlstand begründete ihr wichtigstes Handelsgut, das Kupfer (lat. *aes cyprium*). Seit dem 2. vorchristlichen Jahrhundert gab es dort eine jüdische Kolonie (1.Makk 15,23), der Barnabas (4,36) und Mnason (21,16) entstammten. 22 v.Chr. wurde die Insel zur senatorischen Provinz des Römerreiches mit einem Prokonsul, der in Paphos residierte. Nach 11,19 waren bereits früher einige der versprengten Hellenisten nach Cypern vorgedrungen. Ihre Mission hatte wohl nicht zur Bildung fester Gemeinden geführt, so daß keine Basis vorhanden war, an die man hätte anknüpfen können. Die Herkunft des Barnabas aus Zypern ist vermutlich ein wesentlicher Grund dafür gewesen, dort mit der Mission einzusetzen. In Salamis, der im Osten gelegenen größten Hafenstadt, gingen die Missionare an Land, um sogleich zu predigen. Und zwar ist der gegebene Ort dafür die Synagoge. Mit ihrer Erwähnung begegnen wir erstmals einem Motiv, das von Lukas bei seiner Darstellung der paulinischen Mission so betont herausgestellt wird, daß man geradezu von einem Schema sprechen kann: „zuerst die Juden – dann die Heiden". An jedem Ort, den die Missionare erreichen, verkündigen sie zunächst in der Synagoge.

Erst wenn sie von dort durch Widerstand der Juden vertrieben werden, wenden sie sich den Heiden zu. Aber hinter diesem Schema steht ohne Zweifel wenigstens ansatzweise ein geschichtlicher Sachverhalt. Denn einmal war die Synagoge für Juden wie Barnabas und Paulus die gegebene Kontaktstelle an jedem neuen Ort: Hier war es möglich, Menschen zu erreichen, und zwar nicht nur Juden, sondern auch gottesfürchtige Heiden, die dem Glauben Israels nahestanden. Zum anderen entsprach der Einsatz der Verkündigung bei den Juden der heilsgeschichtlichen Überzeugung des Paulus (Röm 1,16), nach der Verkündigung an die Heiden niemals an den Juden vorbei erfolgen kann. Von da her verbietet es sich, in der Erwähnung der Synagogenpredigt ein Indiz gegen die Zugehörigkeit von V.5 zum antiochenischen Itinerar zu sehen. – Lukanisch ist jedoch vermutlich die seltsam nachklappende Erwähnung des Johannes Markus (s. zu 12,25). Er wird eingeführt als Gehilfe *(hyperetēs)*, d.h. als nicht selbständiger, weisungsgebundener Mitarbeiter am Werk der beiden Missionare.

6 Die nächste Station, und offenbar die einzige, von der Lukas eine Überlieferung besaß, ist das im südlichen Teil der Westküste gelegene Paphos. Und zwar steuert die Erzählung gleich zielstrebig auf das zentrale Ereignis zu, das den Aufenthalt der Missionare denkwürdig werden ließ, ihre Konfrontation mit Barjesus. Sein Name wird an erster Stelle noch vor dem des Statthalters genannt, so daß klar wird: Er ist der eigentliche Kontrahent, mit dem Barnabas und Paulus zu tun bekommen. Barjesus nimmt vielleicht, dem erwähnten Atomos ähnlich, die Stelle eines Hoftheologen und -astrologen ein, der Sergius Paulus bei allen wichtigen Schritten berät und ihm
7 die Gunst der himmlischen Mächte vermittelt. Den Missionaren ist – dies setzt die Erzählung indirekt voraus – die Kunde von ihrer machtvollen Verkündigung bereits vorhergeeilt, so daß Sergius Paulus, von religiösem Interesse getrieben, die beiden an seinen Hof kommen läßt, um von ihnen die christliche Botschaft zu hören. Die Bemerkung, daß er „ein verständiger Mann" gewesen sei, soll in diesem Zusammenhang seine grundsätzlich positive Ausgangsposition herausstellen: Es handelt sich bei ihm nicht nur um unverbindliche religiöse Neugier, sondern er begegnet der Botschaft in unvoreingenommener Offenheit, und sein klares Urteilsvermögen
8 läßt ihn deren unvergleichliche Bedeutung sehr schnell erkennen. So hat der Magier allen Grund, alarmiert zu sein, denn er muß Gefahr für seinen Einfluß und seine Stellung wittern. Mit allen Kräften sucht er seinem Brotgeber und Gönner die christliche Botschaft wieder auszureden.

Ein direkter Ausgleich zwischen den beiden Namen des Magiers ist vielfach versucht worden, erweist sich jedoch als unmöglich. Barjesus ist die gräzisierte Form des aramäischen Namens Bar-Jeschua = Sohn des Jeschua bzw. des Jesus. Elymas dürfte ebenfalls ein semitischer Name sein. Man hat ihn u.a. abzuleiten versucht vom aramäischen *alima* = „stark" und vom arabischen *alim* = „gelehrt, weise". Als Übersetzung von „Barjesus" kommt er also keinesfalls in Betracht. Auch Lukas kann ihn nicht in diesem Sinne verstanden haben, denn daß Barjesus „Sohn des Jesus" heißt, war ihm zweifellos bekannt, wie aus der Anspielung von V.10 hervorgeht. So bleibt nur die andere Möglichkeit, daß Lukas in V.8 den Namen Elymas, den er in seiner Überlieferung schon vorfand, als Äquivalent zu „Magier" verstanden wissen wollte. Ein Problem für sich bietet der westliche Text, der statt „Elymas" „Hetoimas" liest. Sollte dies ein, freilich sekundärer, Versuch einer Identifikation mit dem bei Josephus erwähnten Atomos sein?

In einer dramatischen Szene erreicht die Auseinandersetzung ihren Höhepunkt. 9 Paulus und der Magier begegnen einander unter den Augen des Statthalters. Nun muß sich erweisen, wer von den beiden die stärkere pneumatische Kraft auf seiner Seite hat. Hier ist nun auch die berühmte Stelle, an der Lukas den Namenswechsel der Zentralfigur seines Buches offiziell vornimmt: Bisher nannte er ihn durchweg Saulus, von nun an wird er ihn ebenso konsequent mit seinem römischen *cognomen* als „Paulus" bezeichnen (s. zu 7,58). Abwegig ist wohl die Vermutung, dieser Namenswechsel habe etwas mit Sergius Paulus zu tun, etwa in der Weise, daß Saulus dessen Namen angenommen habe. Eher hat wohl Lukas die Stelle in seinem Werk, an der der bekehrte Verfolger erstmals als Zeuge Jesu Christi öffentlich vor Heiden in Erscheinung trat, benutzt, um den Namen einzuführen, unter dem er in der Kirche weithin bekannt werden sollte. Sein Verhalten ist näherhin als das eines Pneumatikers und Propheten dargestellt: Der Pneumatiker hat die Vollmacht, Menschen dem Handeln Gottes zum Heil oder zum Gericht zu unterstellen (1.Kor 5,3ff.). Wie in Berichten von Heilungswundern der Blick des Wundertäters äußeres Zeichen für die von Gott her sich vollziehende Hilfe ist (3,4; 14,9), so kündigt er hier die von Gott her sich vollziehende Strafe an. Zugleich 10 deckt Paulus in seinen Worten in einer für die urchristliche Prophetie typischen Weise das „im Herzen Verborgene" auf (1.Kor 14,25). Er stellt Wirken und Existenz seines Widersachers in das Licht der durch den Geist gegenwärtig wirksamen Wahrheit Gottes, so daß deren verborgene Widersprüchlichkeit und Unwahrhaftigkeit zu Tage treten. Der Magier beansprucht zwar, Vermittler göttlicher Kräfte und Künder des Gotteswillens zu sein, in Wahrheit aber steht er im Dienst widergöttlicher, dämonischer Gewalten; er ist – und hier liegt eine deutliche Anspielung auf den Namen Barjesus vor – eben nicht ein „Sohn Jesu", sondern ein „Sohn des Teufels", der sich dem Wirken Gottes, seiner lebenschaffenden Gerechtigkeit, widersetzt (vgl. Joh 8,44; 2.Thess 2,3). Er bringt nicht mit seiner Prophetie den Willen Gottes in seiner Klarheit zur Geltung, sondern er verdreht und verdeckt ihn eigenmächtig und um des eigenen Vorteils willen. In alledem ist er das Gegenbild des wahren Pneumatikers und Propheten. Die prophetische Aufdeckung der Wahr- 11 heit mündet aus in der Ankündigung der Strafe, die Gott selbst durch seine mächtige Hand (vgl. 4,30; 11,21) alsbald vollstrecken wird und die zeichenhafte Bedeutung hat: Barjesus soll bis ins Körperliche hinein den Folgen seines eigenen Tuns verfallen; nachdem er andere in Verblendung gestürzt und orientierungslos gemacht hat (vgl. Röm 2,18 f.), soll nun leibliche Blindheit über ihn kommen. Allerdings ist die Strafe – anders als im Fall des Hananias (vgl. 5,5) – nicht endgültiges Gericht, sondern Ruf zur Umkehr. Denn sie ist zeitlich befristet (vgl. Lk 1,20). Diesen Zug hat möglicherweise Lukas eingebracht, um die Härte seiner Vorlage zu mildern. Dem Stil der Wundergeschichte entsprechend wird das tatsächliche Eintreten des Wunders augenfällig dadurch demonstriert, daß der erblindete Magier hilflos umhertappt, um einen Führer zu suchen. Ebenso stilgemäß ist die Reaktion 12 des Statthalters auf das Geschehen, dessen Zeuge er war. Nunmehr von der Macht der „Lehre des Herrn" sichtbar überführt, wird er Christ (vgl. Joh 4,50. 53).

Wenigstens indirekt wird hier, wie auch in anderen Wundererzählungen der Apg (s. zu 3,1–10), das Mißverständnis abgewehrt, als stünden die christlichen Wundertäter auf der gleichen Ebene wie die zeitgenössischen Magier und Gottesmänner. Durch ihr Tun lenken sie den Blick letztlich nicht auf sich selbst, sondern auf Gott und seine Macht. – Dieser Schluß bildet die eigentliche Pointe der Erzählung, denn in ihm wird der hochgestellte römische Beamte zum Zeugen für die Überlegenheit des Evangeliums gegenüber den verschiedenen Erscheinungsformen des Synkretismus jener Tage. Lukas mag hier darüber hinaus einen willkommenen Beleg für das von ihm so stark betonte Wohlwollen der römischen Behörden gegenüber dem Evangelium und seinen Boten gesehen haben (vgl. 24,24f.).

9. Die Predigt im pisidischen Antiochia 13,13–52

[13] Paulus und seine Begleiter fuhren von Paphos ab und kamen nach Perge in Pamphylien. Johannes aber trennte sich von ihnen und kehrte nach Jerusalem zurück. [14] Sie aber zogen von Perge weiter und gelangten nach Antiochia in Pisidien, und sie gingen am Sabbattag in die Synagoge und setzten sich. [15] Nach der Verlesung des Gesetzes und der Propheten sandten die Synagogenvorsteher zu ihnen und ließen sagen: „Brüder, wenn ihr ein Wort des Zuspruchs für das Volk habt, so redet!" [16] Da stand Paulus auf, gab einen Wink mit der Hand und sprach: „Ihr Israeliten und Gottesfürchtigen, hört! [17] Der Gott dieses Volkes Israel hat unsere Väter erwählt, hat das Volk in der Fremde im Land Ägypten groß werden lassen und sie mit hoch erhobenem Arm aus ihm herausgeführt. [18] An die 40 Jahre hat er sie in der Wüste ertragen. [19] Sieben Völker im Land Kanaan hat er vernichtet und ihnen deren Land zum Erbteil gegeben [20] für etwa 450 Jahre. Danach hat er ihnen Richter gegeben bis hin zu dem Propheten Samuel. [21] Von da an forderten sie einen König, und Gott gab ihnen Saul, den Sohn des Kisch, einen Mann aus dem Stamm Benjamin, vierzig Jahre lang. [22] Und nachdem er ihn entfernt hatte, erhob er ihnen David zum König, dem er ein Zeugnis gab: ‚Ich habe David gefunden', den Sohn Isais, ‚einen Mann nach meinem Herzen, der alles ausführen wird, was ich will'. [23] Aus dessen Nachkommenschaft hat Gott gemäß der Verheißung Israel den Retter zugeführt, Jesus, [24] nachdem vor seinem Auftreten Johannes dem ganzen Volk Israel die Bußtaufe verkündigt hatte. [25] Als Johannes seinen Lauf vollendet hatte, sprach er: ‚Wofür ihr mich haltet, das bin ich nicht. Doch siehe, nach mir kommt einer, dem ich nicht würdig bin, die Schuhe von seinen Füßen zu lösen.' [26] Ihr Brüder, Söhne des Geschlechtes Abrahams und die Gottesfürchtigen unter euch, uns wurde das Wort von dieser Rettung gesandt! [27] Denn die Einwohner von Jerusalem und ihre Oberen haben diesen nicht erkannt, und auch die Stimmen der Propheten nicht, die doch jeden Sabbat verlesen werden, und haben sie so, indem sie ihr Urteil sprachen, erfüllt. [28] Obwohl sie keine todeswürdige Schuld an ihm fanden, haben sie von Pilatus seine Hinrichtung verlangt. [29] Als sie alles, was über ihn geschrieben steht, vollbracht hatten, nahmen sie ihn vom Holz herab und legten ihn in ein Grab. [30] Gott aber hat ihn von den Toten erweckt. [31] Während mehrerer Tage ist er denen, die ihm von Galiläa nach Jerusalem gefolgt waren, erschienen; diese sind jetzt seine Zeugen vor dem Volk. [32] So verkündigen wir euch nun die Heilsbotschaft, daß Gott die Verheißung, die an

die Väter ergangen ist, ³³an uns, den Kindern, erfüllt hat, indem er Jesus auferstehen ließ, wie ja schon im zweiten Psalm geschrieben steht:

,Du bist mein Sohn, ich habe dich heute gezeugt.'

³⁴Daß er ihn aber von den Toten auferstehen ließ als einen, der nicht zur Verwesung zurückkehren sollte, hat er so ausgesprochen: Ich will ,euch das zuverlässige Heilige Davids' geben. ³⁵Darum sagt er auch an einer anderen Stelle: ,Du wirst nicht zulassen, daß dein Heiliger die Verwesung schaue.' ³⁶Denn David ist ja in seiner Generation, nachdem er (Gott) gedient hatte, nach Gottes Willen entschlafen und wurde zu seinen Vätern gelegt und hat so die Verwesung geschaut. ³⁷Der aber, den Gott auferweckt hat, hat die Verwesung nicht geschaut. ³⁸So sei euch nun also kundgetan, Brüder, daß durch diesen euch Vergebung der Sünden verkündigt wird; von allem, wovon ihr durch das Gesetz des Mose nicht gerechtfertigt werden konnte, ³⁹wird durch diesen jeder Glaubende gerechtfertigt. ⁴⁰So seht nun zu, daß nicht über euch komme, was in den Prophetenschriften gesagt ist:

⁴¹,Seht, ihr Verächter,

staunt und werdet zunichte,

denn ein Werk wirke ich in euren Tagen',

ein ,Werk, das ihr nicht glauben würdet, wenn man es euch erzählte.'"

⁴²Als sie hinausgingen, bat man sie, am nächsten Sabbat nochmals von diesen Dingen zu sprechen. ⁴³Nach dem Ende des Synagogengottesdienstes folgten viele Juden und gottesfürchtige Proselyten Paulus und Barnabas. Diese sprachen mit ihnen und ermahnten sie, bei der Gnade Gottes zu verharren. ⁴⁴Am folgenden Sabbat versammelte sich fast die ganze Stadt, um das Wort Gottes zu hören. ⁴⁵Als aber die Juden die Massen sahen, wurden sie voll Eifersucht und widersprachen dem, was Paulus sagte, wobei sie lästerten. ⁴⁶Da sagten Paulus und Barnabas frei heraus: „Euch mußte das Wort Gottes zuerst gesagt werden. Da ihr es aber nun von euch stoßt und damit euch selbst des ewigen Lebens nicht würdig erachtet, siehe, so wenden wir uns nun an die Heiden. ⁴⁷Denn so hat uns der Herr geboten:

,Ich habe dich zum Licht der Heiden gesetzt,

daß du zum Heil sein sollst bis an das Ende der Erde.'"

⁴⁸Als die Heiden das hörten, freuten sie sich und priesen das Wort des Herrn. Und alle, denen das ewige Leben galt, kamen zum Glauben. ⁴⁹Das Wort des Herrn verbreitete sich über das ganze Land. ⁵⁰Die Juden jedoch hetzten die vornehmen gottesfürchtigen Frauen und die maßgeblichen Kreise der Stadt auf und brachten eine Verfolgung gegen Paulus und Barnabas in Gang und vertrieben sie aus ihrer Gegend. ⁵¹Sie aber schüttelten den Staub von ihren Füßen gegen sie und gelangten nach Ikonion. ⁵²Die Jünger jedoch waren voll Freude und heiligem Geist.

Vers 17: 2. Mose 6,6; Vers 18: 5. Mose 1,31; Vers 19: 5. Mose 7,1; Vers 21: 1. Sam 8,5; Vers 22: 1. Sam 13,14; Ps 89,21; Vers 33: Ps 2,7; Vers 34: Jes 55,3 LXX; Vers 35: Ps 16,10; Vers 36: 1. Kön 2,10; Vers 41: Hab 1,5; Vers 47: Jes 49,6.

Die groß angelegte Szenenfolge, deren Schauplatz die Stadt Antiochia in Pisidien ist, bildet das Zentrum des Berichts von der ersten Missionsreise. Lukas benutzt die Gelegenheit, die ihm vermutlich das antiochenische Itinerar (s. zu 13,1–3) an die Hand gab, indem es von einer Verfolgung der Missionare durch die Juden berichtete, um seinen Lesern die grundsätzlich neue Konstellation vor Augen zu führen, die sich damals durch die allmählich ihr Profil gewinnende Heidenmission herausbildete, sowie diese theologisch zu deuten.

Daß das Evangelium auf jüdischer Seite Widerstand auslöst, ist an sich keineswegs neu. So sehr Lukas auch im ersten Teil seines Buches (Kp 1–5) darum bemüht war, das rasche und ungehinderte Wachstum der Gemeinde auf dem Boden des Judentums herauszustellen, so wenig verschweigt er die Differenzpunkte. Zunächst hatte die christologische Verkündigung, vor allem die Botschaft von der Auferstehung, den Hauptanstoß gebildet. Die Kontroverse darüber spielte sich jedoch noch innerhalb der Grenzen des Judentums ab. Gesetz und Tempel als dessen Grundlagen blieben außerhalb der Diskussion. Eine erste Zuspitzung brachte die Auseinandersetzung um den Stephanus-Kreis (Kp 6f.), denn hier wurden eben diese Grundlagen in Frage gestellt. Nun aber tritt ein neuer Differenzpunkt auf, der notwendig zu einer weit radikaleren Kontroverse führen muß, nämlich der Anspruch der Jünger Jesu, daß die von ihnen vollzogene Integration von Heiden ohne Gesetz und ohne Beschneidung in das endzeitliche Gottesvolk dem Willen Gottes gemäß sei. Daß das Heil in Jesus Christus auch den Heiden gilt, ist für die Juden Grund, es abzulehnen! Mehr noch: In ihren Augen hat die Gemeinde Jesu Christi, indem sie dieses Heil den Heiden verkündigt, ihren Anspruch, das endzeitliche Gottesvolk zu sein, in dem sich Israels Verheißung erfüllt, sichtbar widerlegt.

15b–41 Wieder einmal zeigt sich, mit welchem Geschick Lukas seine Redekompositionen in den erzählerischen Kontext einpaßt, um dem Leser dessen Hintergründe aufzuschließen. Es ist dies die erste Missionspredigt des Paulus in der Apg. Während sich die beiden weiteren (14,15ff.; 17,22–31) an ausschließlich heidnische Hörer richten und darum vom heidenchristlichen Kerygma geprägt sind, wendet diese sich an einen Hörerkreis von Juden und Gottesfürchtigen. Es ist darum keineswegs überraschend, daß sie sich inhaltlich stark mit den das judenchristliche Kerygma entfaltenden Petruspredigten, vor allem mit 2,22–36 und 3,12–26, berührt. Auch hier treffen wir wieder auf das christologische Kontrastschema (V.27–30), auf die Erwähnung der Zeugen (V.31), auf den christologischen Schriftbeweis (V,33–37) sowie auf das Angebot von Umkehr und Sündenvergebung (V.38a). Trotzdem handelt es sich nicht um eine bloße abgeblaßte Duplik zu den Petruspredigten. Diese Elemente sind hier vielmehr in einen neuen Bezugsrahmen eingefaßt, der genau mit der Redesituation korrespondiert. Das christologische Kerygma erscheint als Mitte eines übergreifenden heilsgeschichtlichen Zusammenhanges, der Vergangenheit und Zukunft Israels gleichermaßen umfaßt. Während in 2,38 und 3,26 alles auf den Aufruf an die Juden zielte, dem Handeln Gottes in Jesus recht zu geben und das in der Verkündigung ergehende Angebot der Umkehr anzunehmen, liegt die Spitze unserer Rede nicht im Bußruf, sondern in der Aufforderung, das durch das Christusgeschehen ermöglichte endzeitliche große „Werk" Gottes, die Heidenmission (V.41), als in Kontinuität mit dem bisherigen Heilshandeln Gottes an Israel stehend anzuerkennen und Gott in diesem seinem Werk recht zu geben.

Den ersten Teil der Rede (V.16–25) bildet ein heilsgeschichtlicher Rückblick. Trotz einiger Anklänge an die Stephanusrede (Kp 7) unterscheidet er sich in seinem Duktus nicht unwesentlich von ihr: War es dort um den Kontrast zwischen Gottes Verheißungstreue und Israels Ungehorsam gegangen, so fehlt hier diese düstere

Note ganz. Israels Geschichte wird vielmehr als eine von Gott auf Jesus hin geplante und geordnete Geschichte dargestellt. Im Mittelpunkt steht neben dem Auszug aus Ägypten die Reihe der Israel von Gott gegebenen Herrscher bis hin zu David, der nach Gottes Verheißung zum Stammvater Jesu werden sollte. Mit dem Wort „Verheißung" ist das zentrale Stichwort der Rede gefallen (V.23). Als letzter Bote und Repräsentant der Verheißung wird Johannes der Täufer eingeführt (V.24f.). – Der zweite Redeteil (V.26–31) reproduziert das zentrale christologische Kerygma. Auch hier klingt das Thema „Verheißung" zumindest indirekt an: Israel war nicht bereit zu sehen, daß sich die Verheißung im Weg Jesu erfüllte (V.27b). – Der dritte Teil (V.32–37) dient der Entfaltung des christologischen Schriftbeweises, ebenfalls unter dem Leitwort „Verheißung" (V.32). – Der abschließende vierte Teil (V.38–41) enthält die Folgerung und aktuelle Anwendung: Wenn Gott jetzt durch diesen Christus, in dem sich seine Israel gegebenen Verheißungen erfüllt haben, allen Glaubenden das Heil anbietet, ohne ihnen die Bedingung des Gesetzes aufzuerlegen (V.38b. 39), so bringt er damit sein Heilshandeln an Israel zur Vollendung. Die Heidenmission ist also – das will Lukas hier deutlich machen – keineswegs Abbruch der Kontinuität Israels und seiner Heilsgeschichte, sondern Zeichen und Teil des endzeitlichen Gotteshandelns, durch das die Sammlung des wahren und die Verwerfung des ungläubigen Israel erfolgt.

Der Abschnitt enthält nur wenig vorlukanisches Material. Immerhin dürfte das Grundgerüst der erzählenden Teile aus dem antiochenischen Itinerar stammen. Es mag einen Bericht enthalten haben über die Reise nach Perge, die Rückkehr des Johannes Markus nach Jerusalem, die Ankunft in Antiochia, den dortigen Predigterfolg unter Gottesfürchtigen und Heiden, die dadurch ausgelöste Kontroverse mit den Juden, die Vertreibung der Missionare und ihre Weiterreise nach Ikonion (also etwa V.13–14a. 43–45a. 49–52). – Im christologischen Teil der Rede (V.26–31) hat Lukas auf die gleichen kerygmatischen Traditionen zurückgegriffen wie in den Petruspredigten Kp 2; 3; 4 und 10. Besonders interessant ist der Schriftbeweis der Rede (V.32–37), denn ihm dürfte (ähnlich wie 2,25–35) eine traditionelle Sammlung christologischer Beweistexte aus judenchristlichen Kreisen zugrundeliegen.

Von hier an wird Paulus fast immer vor Barnabas genannt (vgl. 13,9). Man wird daraus jedoch kaum auf eine tatsächliche Verschiebung der Gewichte zwischen den beiden Missionaren während der ersten Missionsreise schließen dürfen; eher war es Lukas, der durch redaktionelle Eingriffe Paulus in den Vordergrund gerückt hat. Die ursprüngliche Vorordnung des Barnabas schimmert hier und dort noch durch (14,14; 15,12. 25). – Die Reiseroute führt zunächst von Paphos aus per Schiff nordwestlich in die Hafenstadt Attalia (vgl. 14,25) und von dort in das 15 km nördlich landeinwärts gelegene Perge. Von einer Predigttätigkeit in dieser Stadt erfahren wir hier nichts; nach 14,25 kam es zu ihr erst auf der Rückreise. Hingegen verband sich für Barnabas und Paulus mit Perge ein folgenschweres Ereignis: Johannes Markus trennte sich hier von ihnen, um nach Jerusalem zurückzukehren. Über die Gründe lassen sich nur Vermutungen anstellen. Sie dürften jedoch schwerlich privater Natur gewesen sein. Am wahrscheinlichsten ist, daß der Jerusalemer Judenchrist Johannes Markus (vgl. 12,12. 25) nicht bereit war, sich in den Dienst der sich nunmehr deutlich anbahnenden Praxis der gesetzesfreien Heidenmission stellen zu lassen (s. zu 15,36).

14 Das nächste Reiseziel war Antiochia in der Landschaft Pisidien, vermutlich weil es dort eine größere jüdische Gemeinde gab. Die Route dorthin folgte zunächst nach Norden dem Fluß Cestrus, der in seinem Oberlauf das Taurusgebirge durchbrach, nach Adaba, dem heutigen Karabavlo. Von dort aus führte die Straße vermutlich nordostwärts durch das Hügelland zwischen dem Egerdir-See und dem Karalis-See. Das pisidische Antiochia war, wie die gleichnamige syrische Provinzhauptstadt (11,19), nach seinem Gründer, dem Seleukiden Antiochus dem Großen benannt. Von Augustus zur römischen Kolonie erhoben, gehörte es damals zum südlichen Teil der Provinz Galatien. Unmittelbar nach ihrer Ankunft dort gehen Barnabas und Paulus am Sabbat in die Synagoge, um am Gottesdienst teilzunehmen. Mit dieser Angabe ist der Rahmen für die nun folgende große Szene ge-

15 setzt. An der Erklärung des Gesetzes, die regulärer Teil des Gottesdienstes war, konnte sich jedes erwachsene männliche Gemeindeglied beteiligen (vgl. Lk 4,16). So war es nichts Ungewöhnliches, wenn die Synagogenleiter die fremden Gäste mit der Bitte um eine Predigt ehrten. Lukas denkt hier an ein Gremium, während es in der Regel nur einen Synagogenleiter gab, der für den Ablauf des Gottesdienstes

16 zuständig war. Paulus, der hier schon ganz selbstverständlich als Wortführer gezeichnet ist, nimmt diese Gelegenheit zur Verkündigung wahr. Lukas zeichnet ihn in der typischen Haltung des Rhetors: Während sich sonst der Prediger in der Synagoge setzte (Lk 4,20), läßt er ihn aufstehen und sich mit einer Handbewegung Ruhe verschaffen. Die Anrede, mit der Paulus einsetzt, steckt bereits den Horizont der Rede ab: Zwar sind die „Israeliten" die eigentliche Zielgruppe (vgl. 2,22), doch

17 schließt das, was nun gesagt werden soll, auch die Gottesfürchtigen mit ein. Der heilsgeschichtliche Rückblick des ersten Redeteils beginnt mit jenen grundlegenden Ereignissen der Frühzeit, in denen Gott sich als „der Gott dieses Volkes Israel" erwiesen hat: Er hat „unsere Väter" – gemeint sind die Patriarchen – erwählt; er

18–19 hat Israel durch das Wunder des Exodus aus Ägypten errettet; er hat ihm während der 40jährigen Wüstenzeit trotz allen Murrens und aller Widerspenstigkeit die Treue gehalten, und er hat ihm schließlich das Land Kanaan zum Erbteil gegeben. Gott hat also – das soll in alledem betont werden – allein durch sein Handeln die Geschichte und den Weg dieses Volkes bestimmt. Es gibt keine Geschichte Israels

20 außerhalb dieses heilvollen Handelns Gottes. Die 450 Jahre beziehen sich wahrscheinlich nicht auf die ganze Anfangsepoche von Abraham bis zur Landnahme, sondern lediglich auf die Zeit seit dem Aufenthalt in Ägypten: 400 Jahre Ägypten (vgl. 7,6), 40 Jahre Wüstenwanderung, 10 Jahre Eroberung Kanaans. Einige Textzeugen beziehen, allerdings wohl fälschlich, die 450 Jahre auf die anschließend genannte Richterzeit. – Daß in der Reihe der fundamentalen Ereignisse der Frühzeit die Übergabe des Gesetzes an Mose am Sinai fehlt, ist wohl kaum Zufall, sondern kann als charakteristisch für die Sicht des Lukas gelten: Das Gesetz ist für ihn kein

21–22 für die Heilsgeschichte relevanter Faktor mehr. Es folgt eine sehr summarische Aufzählung der Männer, die unter Gottes Auftrag Israels Geschicke gelenkt haben, von den Richtern über Saul, den durch den Propheten Samuel gesalbten ersten König (1.Sam 8,5; 10,21. 24), bis hin zu David. Wieder erscheint dabei eine problematische Zeitangabe: Daß Saul 40 Jahre regiert habe, steht nicht im Alten Testament, scheint aber außerbiblischer Tradition zu entsprechen, wie sie auch Josephus bietet (ant VI 378; anders allerdings X 143). Das Bild Sauls bleibt im Zwielicht: einerseits hat Gott ihn Israel als König gegeben, andererseits mußte er ihn wegen seines Ungehorsams wieder verwerfen (1. Sam 15,23), um ihn durch David zu ersetzen, der zum Typus des von Gott gesandten, seiner Weisung treuen Herrschers über Israel werden sollte. Diese Bedeutung Davids wird mit einem Mischzitat umschrieben, das aus Ps 89,21 („ich fand David"), 1. Sam 13,14 („ein Mann nach seinem Herzen") und 2. Sam 23,1 („David, der Sohn Isais") kombiniert ist. Da sich eine fast analoge Zitatenkombination auch 1. Kl 18,1 findet, darf man vermuten, daß Tradition vorliegt. Vielleicht zitiert Lukas hier schon ein Stück aus jener Sammlung von David und Christus miteinander in Verbindung setzenden Schriftbeweisen, auf die er nachher in V.32ff. zurückgreifen wird. Der äußerlich fast ein Jahrtausend 23 überspringende Übergang von David auf Jesus ist durch das Stichwort „Verheißung" vermittelt. David war Träger und Garant einer über ihn selbst weit hinausgreifenden Zusage Gottes für seine Nachkommen (2. Sam 7,12). Diese Zusage ist jetzt in Jesus erfüllt; ihn hat Gott zuletzt zum Herrscher über Israel eingesetzt, durch den sein heilvolles Handeln an seinem Volk zum Ziel kommen wird. Äußeres Zeichen der Erfüllung ist die Herkunft Jesu aus Davids Geschlecht (Röm 1,3; s. zu 2,30). Der erste Redeteil schließt mit einem überraschend breit angelegten Hinweis 24–25 auf das Wirken Johannes des Täufers, der sich in seinen Einzelheiten eng an dessen Darstellung im Lukasevangelium anlehnt (vgl. Lk 3,20). Hier liegt für Lukas das entscheidende Scharnier zwischen Verheißung und Erfüllung. Mit dem Täufer endet die erste im Zeichen der Verheißung stehenden Epoche der Heilsgeschichte (Lk 16,16), zugleich aber ist er der Vorläufer des Messias (Lk 3,1–20) und damit der Zeit der Erfüllung. So stellt er durch sein Auftreten und seine Botschaft die Kontinuität zwischen beiden Epochen her. Der Täufer ist für Lukas der Erweis dafür, daß das mit Jesus anhebende Handeln Gottes trotz seiner Neuheit Fortführung seines bisherigen Handelns an Israel ist. So wird denn auch hier am Täufer speziell die Funktion des Vorläufers (vielleicht sogar unter Anspielung auf Mal 3,1f.) betont: Er hat, indem er „dem ganzen Volk Israel" die Bußtaufe verkündete, dieses Volk der Herrschaft Jesu, des nach ihm Kommenden, unterstellen und es für die in Jesus weitergehende Heilsgeschichte öffnen wollen (vgl. Lk 7,30). Kaum mehr als ein Nebenmotiv, das in der ausdrücklichen Ablehnung des Messiasanspruchs durch den Täufer anklingt, mag die polemische Abgrenzung von der zeitgenössischen Täuferbewegung (vgl. 18,15; 19,3) sein.

Mit einer Wiederholung der Anrede (vgl. V.16) setzt der zweite Teil ein, der das 26 zentrale christologische Kerygma in der Form des Kontrastschemas entfaltet. Wieder wird dem Unheilshandeln der Juden das Heilshandeln Gottes an Jesus gegenübergestellt (s. zu 2,22ff.). Wenn die Hörer als „Söhne des Geschlechtes Abrahams" tituliert werden, so sollen sie damit bei ihrer Zugehörigkeit zu der soeben entfalteten Heilsgeschichte behaftet werden; wie das vergangene Handeln Gottes von den Patriarchen bis zu Johannes dem Täufer, in dessen Mitte die Davidsverheißung stand, sie betraf, so auch sein gegenwärtiges Handeln in Jesus, in dem sich die Verheißung erfüllt (V.23). Im Wort der Verkündigung ergeht an ganz Israel (in diesem Sinn schließt das „Wir" Paulus und seine Hörer zusammen) jetzt die Botschaft von der in Jesus erschienenen Rettung. Keiner kann sich der damit geforderten Entscheidung entziehen. Anders als in 2,22ff.; 3,13ff.; 4,10ff.; 5,30f. verbindet sich mit dem christologischen Kerygma keine direkte Anklage an die Hörer. Das Tun der Jerusalemer Juden und ihrer Oberen wird in der 3. Person referiert. An eine Kollektivschuld aller Juden am Tode Jesu denkt Lukas offenbar nicht. Worin liegt aber dann hier die Funktion des Kerygmas? Es dient dem Aufweis, daß sich in Jesus tatsächlich die Verheißung erfüllt hat. Sein äußeres Geschick hat die Ankündigung des Täufers, daß er der Kommende sei, nicht widerlegen können, ganz im Gegenteil: Indem die Bewohner Jerusalems ihn verwarfen, sorgten sie unwissentlich dafür, daß die prophetische Verheißung sich erfüllte (s. zu 3,18). Unausgesprochen steht hier die Prämisse im Hintergrund, daß das Leiden und Sterben Jesu Erfüllung des im Alten Testament bekundeten Gotteswillens sei. Die Jerusalemer Juden haben sich den Stimmen der Propheten verschlossen, die in jedem ihrer Gottesdienste zu Gehör kamen und die auf Jesus, den Verheißenen, hinwiesen. Darin besteht ihre Schuld. Freilich ist diese Schuld, wie Lukas hier wiederum andeutet (s. zu 3,17), unwissentliche Schuld, die durch (Jesu) Sühnopfer gesühnt werden kann (3. Mose 4,2. 13. 27). Die Auslieferung Jesu an Pilatus, deren Begründung gegenüber dem Evangelienbericht (Mk 14,63 par Lk 22,71) hier gleichsam holzschnittartig vereinfacht ist, wird als äußerste Zuspitzung des schuldhaften Unheilshandelns der Juden erwähnt. Der abschließende Hinweis auf die Bestattung soll wohl die Realität des Todes Jesu unterstreichen (vgl. 1.Kor 15,4a). Daß hier der anderslautende Bericht der Evangelien über die Bestattung Jesu durch Josef von Arimathäa nicht aufgenommen wurde (Mk 15,46; Lk 23,53), hat wieder mit der schematisierenden Darstellungsweise zu tun und läßt keine Schlüsse auf die Benutzung einer abweichenden Überlieferung zu. Dem Kontrastschema entsprechend wird dem Unheilshandeln der Juden das Heilshandeln Gottes in Jesu Auferweckung entgegengesetzt (vgl. 2,24; 4,15; 5,30; 10,40). Der Hinweis auf die Zeugen entspricht wieder ganz der lukanischen Konzeption, nach der die Erscheinungen des Auferstandenen auf einen engen Zeitraum („mehrere Tage", vgl. 1,3) begrenzt waren und nur den Gliedern des Zwölferkreises, die bereits Augenzeugen des Wirkens Jesu gewesen waren, zuteil wurden (1,21f.). Von da her ist es konsequent, daß der lukanische Paulus sich nicht selbst in die Zeugenreihe einschließen kann; seine Christophanie vor Damaskus gilt nicht als Ostererscheinung.

In einer anderen Hinsicht hat Paulus jedoch auch für Lukas maßgebliche Kompetenz als Zeuge: Er bezeugt, daß die Auferweckung Jesu die Erfüllung der Israel gegebenen Verheißung ist, und unterstellt Israel damit zugleich dem Anspruch, der von diesem Handeln Gottes her an es ergeht. Eben dies geschieht im dritten Redeteil (V.32–37), und zwar in der Form eines komplizierten Schriftbeweises. Drei alttestamentliche Zitate (Ps 2,7; Jes 55,3 und Ps 16,10) werden so zueinander in Bezug gesetzt, daß sie sich gegenseitig interpretieren. Das erste Zitat wird – das ist einmalig im ganzen Neuen Testament – hinsichtlich seiner Herkunft genau bestimmt. Es stammt aus Ps 2, dem nächst Ps 110 im Neuen Testament am häufigsten zum christologischen Schriftbeweis herangezogenen alttestamentlichen Text. Und zwar handelt es sich um den Gottesspruch, der ursprünglich bei der Inthronisation des Königs an diesen ergangen war, um ihn als von Gott bevollmächtigten Herrscher auszuweisen: „Du bist mein Sohn, ich habe dich heute gezeugt!" (Ps 2,7). In welchem Sinn wird dieses Psalmwort hier auf Jesus übertragen? Manche Ausleger wollen es ganz allgemein auf die Sendung des irdischen Jesus beziehen; mit der Zeugung Jesu durch Gott sei seine Taufe gemeint. Als Begründung wird auf die gleichlautende Himmelsstimme bei der Taufe im westlichen Text von Lk 3,22 verwiesen. Das würde bedeuten, daß das von uns mit „er ließ auferstehen" übersetzte Wort *(anastēsas)* statt dessen mit „er ließ auftreten", „er sandte" wiederzugeben wäre, was rein sprachlich möglich ist. Doch dagegen sprechen mehrere Argumente: 1. Der unmittelbare Kontext (V. 34) verwendet das fragliche Verbum im Sinne von „er ließ auferstehen". 2. In den Sachparallelen 3,22. 26; 7,37 erscheint es in der gleichen Bedeutung. 3. Die westliche Lesart von Lk 3,22 ist sicher sekundär. 4. In der Hebr 1,5 und 5,5 vorliegenden alten Tradition wird Ps 2,7 eindeutig auf die himmlische Inthronisation Christi in der Erhöhung bezogen. Damit soll gesagt werden: Durch die Erhöhung hat Gott Jesus zu seinem Sohn gemacht (vgl. Röm 1,4; Kol 1,18; Offb 1,5). – Bei Lukas hat sich nun allerdings der Sinn dieser Aussage dadurch leicht verschoben, daß er Auferweckung und Erhöhung als zwei aufeinander folgende Akte auseinandertreten läßt (vgl. zu 2,32f.). Das Psalmwort gehört für ihn zur Auferweckung, nicht jedoch zur Erhöhung Jesu. Nachdem so erwiesen ist, daß sich in Jesu Auferweckung die Verheißung der Schrift erfüllt hat, 34 geht nun die Argumentation einen Schritt weiter; mit Hilfe der beiden folgenden Schriftworte soll gezeigt werden, daß Gottes Eingreifen nicht nur ein einmaliger Akt war, sondern bleibendes, unverwesliches Leben begründete. Jesus sollte nach der Schrift „nicht zur Verwesung zurückkehren". Jes 55,3 ist ein in sich unklares Prophetenwort, das wegen seines geheimnisvollen Klanges zu kühnen Deutungen herausfordern mußte. Und zwar hat Lukas, bzw. schon die ihm vorliegende Tradition des Schriftbeweises, „das zuverlässige Heilige Davids" verstanden als einen Hinweis auf die zuverlässigen Worte Davids, mit denen er auf Jesus als den Heiligen Gottes hingewiesen hat. Möglich war das freilich nur durch die Kombination 35 mit Ps 16,10. Nach rabbinischer Auslegungsregel konnte eine in sich unverständliche Wendung durch Heranziehung anderer Schrifttexte, die denselben Ausdruck gebrauchten, gedeutet werden. Gemeinsam ist beiden Stellen das Adjektiv „heilig". Von da her wird „das zuverlässige Heilige Davids" gleichgesetzt mit „dem Heiligen Gottes", d.h. mit Jesus, dem Sohn Davids. Der dritte Text, Ps 16,10, war bereits in 2,25–28 ausführlich als Schriftbeweis für die Auferstehung zu Wort gekommen. Ähnlich wie dort ist auch der anschließende, die Schriftaussagen auswertende Be- 36 weisgang angelegt, dessen Prämissen hier allerdings nicht mehr expliziert werden (s. zu 2,25ff. 33f.; 8,30–35): David diente nur seinem eigenen Geschlecht, er starb nach Gottes Ratschluß, er sah also die Verwesung. Ps 16,10 kann sich darum – das ist hier unausgesprochene Voraussetzung – nicht auf David, den Sprecher des Psalms beziehen; sie muß einen anderen als ihn im Auge haben, d.h. sie war Verheißungswort, das erst der Erfüllung bedurfte. Diese aber ist in Jesus erfolgt: Als 37 der von Gott Auferweckte hat er in der Tat die Verwesung nicht geschaut. Hier schließt sich der Kreis der Argumentation. Denn nach 2,25 hat sich in Jesus die durch die Natansweissagung an David und sein Geschlecht ergangene Verheißung erfüllt. Nun ist gesagt, wie diese Erfüllung aussah: Sie geschah in der Gottestat der Auferweckung. Durch sie ist Jesus zum Nachfolger Davids und Herrscher Israels geworden.

38–39 Mit einer nochmaligen Anrede setzt der letzte Predigtteil ein, der die Folgerungen aus dem bisher Gesagten zieht. Durch Jesus ergeht jetzt das Angebot der Sündenvergebung (vgl. 2,38; 5,31; 10,43). Daß es an den Empfang der Taufe und an den Vollzug der Umkehr gebunden ist, wird als dem Leser bekannt vorausgesetzt. Der Akzent liegt auf etwas anderem, nämlich der Identität von Sündenvergebung und Rechtfertigung. Hier ist eine der ganz wenigen Stellen der Apg, an denen ein spezifisch paulinischer Ton anzuklingen scheint (vgl. 15,11; 26,18). Lukas weiß, daß die Rechtfertigung ohne Werke des Gesetzes, allein aus Glauben an Christus, ein Kernstück der paulinischen Verkündigung war, und er will hier daran erinnern. Die große theologische Spannweite der paulinischen Rechtfertigungslehre wird jedoch von ihm nicht erfaßt; was er bietet, ist kaum mehr als eine abgeblaßte Reminiszenz. Das wird zunächst daran deutlich, daß er Rechtfertigung gleich setzt mit Sündenvergebung, während sie für Paulus ungleich mehr ist, nämlich Gottes schöpferische Tat, die aus dem verlorenen Sünder den Gerechten schafft (Röm 3,26). Weiter vermag er den für Paulus fundamentalen Zusammenhang zwischen dem sühnenden Sterben Jesu für die Sünder und dem Zuspruch der rettenden Gottesgerechtigkeit an diesen nicht mehr sichtbar zu machen (Röm 5,6ff.). Das hängt wiederum damit zusammen, daß er den für Paulus entscheidenden heilsgeschichtlichen Gegensatz zwischen Christus und dem Gesetz nicht mehr begreift. Für Paulus war das Gesetz die von Gott erlassene Heilsordnung des Alten Bundes, die infolge des Ungehorsams der Menschen zur verdammenden Unheilsmacht geworden war und die darum nur durch die Gehorsamstat des Gottessohnes entmächtigt werden konnte (Gal 3,13). Für Lukas ist dagegen das Gesetz primär die im Alten Testament enthaltene jüdische Ritualgesetzgebung. Hinfällig geworden ist es seiner Meinung nach nicht deshalb, weil Christus es überwunden hat, sondern weil sich seine Unerfüllbarkeit gezeigt hat (15,10f.). Immerhin hat Lukas trotz dieser Verkürzungen an zwei auch für Paulus zentralen Punkten festgehalten: der Universalität der Rechtfertigung und ihrer alleinigen Bindung an den Glauben an Christus. Die Heilsbotschaft, die Gott durch das Christusgeschehen in Kraft gesetzt hat, wendet sich grundsätzlich an alle Menschen, Juden wie Heiden, und bricht damit bisher bestehende Grenzen auf (Röm 1,16). Die Rettung, die sie bringt, ist weder an blutsmäßige Voraussetzungen, noch an menschliche Leistungen irgendwelcher Art geknüpft; sie ist Gottes freies Geschenk für alle, die bereit sind, seinem Han-

40–41 deln in Christus Recht zu geben – dies und nichts anderes heißt Glaube. – Die Rede schließt mit einem warnenden Prophetenwort. Das „Werk" Gottes, das Hab 1,5 ursprünglich ankündigte, war das strafende Gericht, das Gott durch die Chaldäer an den Gottlosen im Volk Israel zu vollziehen sich anschickte. Lukas deutet dieses „Werk" Gottes nun auf die Heidenmission (im Anschluß an 13,2), und das Vorkommen dieses Begriffes dürfte der entscheidende Grund für die Wahl gerade dieses Zitates gewesen sein. Die Hörer werden hier vor die Alternative gestellt: Entweder sie erkennen an, daß Gottes Handeln in Jesus die Erfüllung der Heilsgeschichte Israels ist und daß das Werk der Heidenmission dieser Heilsgeschichte als deren endzeitliche Erfüllung zugehört. Oder aber sie verschließen sich diesem Handeln Gottes, indem sie Jesus verwerfen und die Möglichkeit der Einholung der Heiden in das Gottesvolk allein auf Grund des Glaubens an Christus bestreiten. Die Folge wäre dann, daß die Heilsgeschichte in ihrem weiteren Verlauf die Juden übergeht, um sich ganz den Heiden zuzuwenden.

Eine kleine Zwischenszene, die im Anschluß an den Gottesdienst spielt, schildert die erste Wirkung der Paulusrede und bereitet V. 44 ff. vor. Seitens der offiziellen Leitung der Synagoge treffen Paulus und Barnabas auf freundliche Zurückhaltung; man – gemeint sind wohl wie in V. 15 die Synagogenvorsteher – hat sich noch kein Urteil bilden können und bittet um einen weiteren Lehrvortrag am nächsten Sabbat. Aus dem weiteren Hörerkreis schlägt den Missionaren jedoch positives Interesse entgegen. Viele Juden und Gottesfürchtige schließen sich ihnen an, um weitere Unterweisung zu erhalten. Es kann sich dabei schwerlich um „Proselyten" im strengen Wortsinn handeln; der Erzähler meint den gleichen Kreis wie in V. 16. 26. Vielleicht haben wir es mit der Glosse eines späteren Abschreibers zu tun. Der erste Kern einer glaubenden Gemeinde bildet sich heraus.

Im Synagogengottesdienst des folgenden Sabbats kommt es nun zur entscheidenden Auseinandersetzung. Die Kunde von der erregend neuen Botschaft der Missionare hat sich in der Bevölkerung der Stadt wie ein Lauffeuer verbreitet, und so quillt die Synagoge über von Heiden, die ihre Predigt hören möchten. Unter diesem Eindruck schlägt die anfänglich freundliche Zurückhaltung der maßgeblichen jüdischen Kreise in unverhohlene Ablehnung um. Sie glauben durch das Hinzuströmen der Heiden auf das bloße Angebot des Glaubens an Christus hin die Reinheit, ja den Bestand Israels gefährdet. Hier, und nicht im bloßen Neid auf den missionarischen Erfolg des Paulus und Barnabas, liegt das Motiv ihrer „Eifersucht". Und so erheben sie offenen Widerspruch gegen die christliche Verkündigung, indem sie „lästern"; gemeint ist: sie bestreiten, daß in Jesus Gott selbst zum Heil für alle Menschen gehandelt habe (vgl. V. 32 ff.), und damit lästern sie gegen Gott und Jesus. So bewirken sie aber, daß sich das im Prophetenwort (V. 40 f.) verhüllt Angedrohte nunmehr offen an ihnen erfüllt. Paulus und Barnabas erklären feierlich, daß der Weg des Evangeliums zu den Heiden ein Weg an Israel vorbei sein werde. Die Juden können nicht die Einholung der Heiden in das Gottesvolk verhindern; sie können nur eines: sich selbst von diesem Gottesvolk und damit vom Heil ausschließen. Nichts steht nun der Heidenmission mehr im Wege, zumal sie dem Willen Jesu selbst entspricht. Begründet wird dies mit einem Auftragswort Gottes an den deuterojesajanischen Gottesknecht (Jes 49,6), das hier als direktes Wort Jesu an seine Boten aufgefaßt ist (Lk 2,32 erscheint es zur Beschreibung des Auftrags Jesu). Diese Übertragung ist schwerlich Werk des Lukas; es ist anzunehmen, daß Jes 49,6 zusammen mit anderen deuterojesajanischen Texten schon sehr früh zur Begründung der Heidenmission gedient hat. Man darf V. 46 f. weder als eine grundsätzliche Absage an die Judenmission, noch als ein nur auf die Situation in Antiochia bezogenes Wort verstehen. Hier enthüllt sich über den lokalen Anlaß hinaus der Richtungssinn des weiteren Geschehens. Paulus wird zwar immer wieder versuchen, sich Israel zuzuwenden, aber seine Erfahrung wird immer wieder die gleiche sein (vgl. 18,6), bis hin zu dem Fazit, das er am Ende seines Wirkens ziehen wird (s. zu 28,26–28).

48–49   Die Folgen der Auseinandersetzung werden nach zwei Seiten hin beschrieben. Einerseits kommt es zur freudigen Annahme des Evangeliums unter den Heiden, und zwar reicht die Ausstrahlung der Heilsbotschaft über den unmittelbaren Wirkungsbereich der Missionare hinaus. Durch anonyme Christen wird das Wort in
50   der ganzen umliegenden Landschaft verbreitet. Andererseits aber setzen die Juden durch gezielte Einflußnahme auf maßgebliche Kreise eine Gegenaktion in Gang. Dabei erhalten wir ein durchaus authentisch erscheinendes Bild der gesellschaftlichen Verhältnisse in jener hellenistischen Provinzstadt. Vorwiegend ältere Damen aus Honoratiorenfamilien haben ein reges Interesse für die jüdische Religion und gehören zum Kreis der Gottesfürchtigen. Es wird nicht allzu schwierig gewesen sein, sie dahin zu bringen, ihren Einfluß im Interesse der Synagoge bei ihren Männern und Söhnen, den maßgeblichen Magistratsbeamten der Stadt, geltend zu machen. So werden Paulus und Barnabas als gefährliche, den öffentlichen Frieden
51   bedrohende Elemente festgenommen und aus der Stadt verwiesen. Diese antworten darauf mit der symbolischen Geste, die nach der Überlieferung Jesus selbst seinen Jüngern geboten hat (Lk 9,5 par Mt 10,14; Lk 10,11): Indem sie den Staub der feindseligen Stadt von ihren Füßen abschütteln, bringen sie den Bruch mit ihr zum
52   Ausdruck. Wohl um nicht mit diesem düsteren Bild schließen zu müssen, fügt Lukas eine Bemerkung an, die, ohne sachlich über V. 48 f. hinauszuführen, den Leser daran erinnert, daß Paulus und Barnabas in Antiochia nicht vergeblich gewirkt haben. Was bleibt, ist eine blühende Gemeinde.

10. Gemeindegründung und Vertreibung in Ikonion 14, 1–7

¹Es geschah nun, daß sie in Ikonion ebenso in die Synagoge der Juden gingen und so redeten, daß eine große Menge von Juden und Griechen zum Glauben kamen. ²Die Juden aber, die ungehorsam geblieben waren, erregten und erbitterten die Gemüter der Heiden gegen die Brüder. ³Sie hielten sich geraume Zeit dort auf und predigten im Vertrauen auf den Herrn, der das Wort seiner Gnade dadurch bezeugte, daß er Zeichen und Wunder durch ihre Hände geschehen ließ. ⁴Schließlich spaltete sich die Bevölkerung der Stadt: Die einen hielten es mit den Juden, die anderen mit den Aposteln. ⁵Als sich aber die Heiden und Juden mit ihren Behörden zusammentaten, um sie zu mißhandeln und zu steinigen, ⁶und sie es merkten, da flohen sie in die Städte Lykaoniens, nach Lystra und Derbe und in die Umgebung. ⁷Und dort verkündigten sie die Heilsbotschaft.

A   Der Bericht über den Aufenthalt des Paulus und Barnabas in Ikonion wirkt auf
1–7   den heutigen Leser ausgesprochen blaß, ja schematisch. Kein einziger Zug von unverwechselbarem Eigenprofil läßt sich in ihm entdecken. Das meiste sieht wie eine Wiederholung der Vorgänge im pisidischen Antiochia aus: Predigt in der Synagoge (V. 1a; vgl. 13,14), zunächst Erfolg bei Juden und Heiden (V. 1b; vgl. 13,42 f.), dann ein Konflikt mit den ungläubigen Juden (V. 2; vgl. 13,44 ff.), in dessen Gefolge es zu einer von den Juden angezettelten Intrige gegen die Missionare kommt, die ein weiteres Wirken am Ort unmöglich werden läßt (V. 5 f.; vgl. 13,50 f.). Aus

diesen Beobachtungen hat man schließen wollen, Lukas habe diesen ganzen Abschnitt frei und ohne Quellenvorlage geschaffen, um eine Lücke in seinem Material mehr schlecht als recht zu überbrücken und zugleich die in 13, 13–52 geschilderte Konfliktsituation durch Wiederholung ihrer wichtigsten Züge dem Leser als für die paulinische Missionstätigkeit schlechthin typisch einzuprägen. Es gibt jedoch eine Tatsache, die nahezu mit Sicherheit als Nachweis der Verwendung einer Quelle gelten kann: In V. 4 (ebenso wie nachher in V. 14) werden Paulus und Barnabas als „Apostel" bezeichnet. Das widerspricht dem eigenen Sprachgebrauch des Lukas so fundamental, daß die Formulierung dieses Verses nicht von ihm stammen kann. Die benutzte Quelle kann sich aber nicht auf V. 4 beschränkt haben, sondern muß auch einen Teil des Kontextes umfaßt haben. Ein weiteres Indiz ist, daß die Aufzählung der lykaonischen Städte in V. 6 schon über den folgenden Bericht (V. 8–18) hinausweist auf V. 19. Hätte Lukas selbst hier formuliert, so hätte er wohl nur die Ankunft in Lystra erwähnt. Man kann weiter darauf verweisen, daß sich bei näherem Zusehen Einzelheiten des Konfliktes in Ikonion von denen des Konfliktes in Antiochia unterscheiden (vgl. z.B. V. 5 mit 13, 50). Im übrigen: Ist es so unwahrscheinlich, daß der von uns als Quelle angenommene antiochenische Missionsbericht zwei relativ ähnliche Berichte enthalten hat? Darin würde sich letztlich nur die keineswegs überraschende Tatsache widerspiegeln, daß die Missionare innerhalb eines bestimmten Milieus tatsächlich in Konstellationen verwickelt wurden, die einander bis in die konkreten Folgen hinein weitgehend glichen.

Als eindeutig lukanisch läßt sich lediglich V. 3 aufgrund sprachlicher und sachlicher Indizien identifizieren. V. 1f. 4–7 dagegen scheinen doch weitgehend aus dem antiochenischen Missionsbericht übernommen worden zu sein, unbeschadet einzelner redaktioneller Zutaten und Veränderungen.

Die Reiseroute von Antiochia nach Ikonion folgte vermutlich der von Augustus erbauten Via Sebaste. Ikonion, das heutige Konya, war das wohlhabende Zentrum eines reichen landwirtschaftlichen Gebietes und galt als Hauptstadt der – seit 25 v.Chr. zur Provinz Galatien gehörigen – Landschaft Lykaonien. Wieder (vgl. 13, 14) begeben sich die Missionare nach ihrer Ankunft in die Synagoge, um dort zu predigen, zunächst mit beträchtlichem Erfolg bei Juden und Gottesfürchtigen (diese sind zweifellos mit der Bezeichnung „Griechen" gemeint). Doch wieder weckt das den Widerstand jener jüdischen Kreise, die sich der Heilsbotschaft verschlossen haben, und diese machen unter der heidnischen Bevölkerung Propaganda gegen die „Brüder"; mit dieser allgemeinen Bezeichnung für die Christen (vgl. z.B. 1, 15f.) werden hier überraschenderweise Paulus und Barnabas belegt. Ehe das Resultat dieser Kampagne berichtet wird, wird ein in erbaulicher Sprache gehaltenes Summarium über ihr Wirken eingeschaltet. Lukas will damit wohl einem negativen Mißverständnis der Flucht der Missionare vorbeugen, indem er betont: Sie haben trotz wachsender Gefährdung „geraume Zeit" gewirkt und mutig gepredigt; erst der wirklich akuten Gefahr sind sie zuletzt gewichen. Zugleich soll der wörtlich an 5, 12 anklingende Hinweis auf die von ihnen vollbrachten Wunder die Lahmenheilung von Lystra (V. 8 ff.) vorbereiten. Es ist der Herr selbst – gemeint ist Jesus (vgl. 3, 6; 9, 17) –, der die Predigt seiner Boten durch Zeichen begleitet. Die Bevölkerung der Stadt spaltet sich in zwei Lager. Die einen halten es, von der christenfeindlichen

Propaganda beeinflußt, mit den Juden, die anderen, von der Macht des „Wortes der Gnade" überzeugt, mit den „Aposteln". Der Begriff „Apostel" ist hier in dem Sinn verwendet, wie er in Antiochia und seinem syrischen Hinterland gebräuchlich war: Er bezeichnete dort den wandernden Missionar und den Gemeindegesandten (vgl. 13,1 sowie Exk. zu 1,26). Schließlich gewinnen die Juden mit ihrer Propaganda die Oberhand. Es gelingt ihnen unter Führung ihrer Oberen, heidnische Kreise zur Vorbereitung einer gemeinsamen Aktion zu gewinnen: Paulus und Barnabas sollen durch Steinigen gelyncht werden (vgl. zu 7,59). Anders als in 13,50 ist hier von einer Beteiligung heidnischer Behörden nicht die Rede – die „Oberen" sind hier wie auch sonst durchweg die Leiter der Judenschaft (3,17; 4,5. 8. 26; 23,5). Auch kommt es hier anders als dort gar nicht erst zur Ausführung der geplanten Aktion. Paulus und Barnabas erkennen die Gefahr rechtzeitig und entschließen sich zur Flucht. Ihre nächsten Ziele sind Lystra und Derbe, zwei weiter südlich, ebenfalls in der Landschaft Lykaonien gelegene Städte.

11. Paulus und Barnabas in Lystra 14,8–20

⁸Und in Lystra saß ein Mann, der keine Kraft in den Beinen hatte, lahm vom Mutterleibe an, der noch nie hatte gehen können. ⁹Dieser hörte Paulus reden. Der blickte ihn an, und als er sah, daß er den Glauben hatte, geheilt zu werden, ¹⁰sprach er mit lauter Stimme: „Stell dich aufrecht auf deine Füße!" Und er sprang auf und ging umher. ¹¹Als die Menge sah, was Paulus getan hatte, erhob sie ihre Stimme und sagte auf lykaonisch: „Die Götter sind in Menschengestalt zu uns herabgestiegen!" ¹²Und sie nannten den Barnabas Zeus, den Paulus aber Hermes, weil er der Wortführer war. ¹³Und der Priester des Zeus(-Tempels), der vor der Stadt lag, brachte Stiere und Kränze an die Tore und wollte (ihnen) gemeinsam mit der Menge opfern. ¹⁴Als die Apostel Barnabas und Paulus das hörten, zerrissen sie ihre Kleider, sprangen in die Menge und schrien: ¹⁵„Leute, was tut ihr da? Wir sind doch auch nur Menschen wie ihr, die euch verkündigen: Wendet euch von diesen Nichtsen ab und dem lebendigen Gott zu, ‚der den Himmel und die Erde und das Meer und alles, was darin ist, geschaffen hat'. ¹⁶Er hat in den vergangenen Generationen alle Völker ihre Wege gehen lassen. ¹⁷Freilich hat er sich durch Wohltaten nicht unbezeugt gelassen: Regen hat er euch vom Himmel her gespendet und fruchtbare Zeiten, mit Speise und Freude hat er eure Herzen erfüllt." ¹⁸Selbst mit diesen Worten konnten sie nur mit Mühe die Menge davon abhalten, ihnen zu opfern. ¹⁹Es kamen aber Juden aus Antiochia und Ikonion, die stimmten die Menge um; sie steinigten Paulus und schleiften ihn aus der Stadt hinaus, in der Meinung, er sei tot. ²⁰Doch als die Jünger ihn umringten, stand er auf und ging wieder in die Stadt hinein. Und am nächsten Morgen zog er mit Barnabas nach Derbe weiter.

Vers 10: *Ez 2,1*;   Vers 15: *2. Mose 20,11*.

A
8–20
Eine völlig neue Situation wird eingeführt: Die Mission tritt aus dem Bannkreis der Synagoge heraus und wendet sich heidnischen Menschen zu, die vom Glauben Israels in keiner Weise berührt sind. Die „gottesfürchtigen" Heiden, mit denen sie es bisher zu tun hatte, waren zwar nicht Glieder des Gottesvolkes, doch konnte sie

bei ihnen mindestens den monotheistischen Glauben an den einen unsichtbaren Schöpfergott voraussetzen, darüber hinaus vielfach auch eine Kenntnis der elementaren Forderungen des alttestamentlichen Gesetzes. Nun aber geht sie auf Menschen zu, denen diese Voraussetzungen fehlen, auf Heiden, die ihre religiöse Prägung durch die in der hellenistischen Welt herrschenden vielfältigen Formen des Polytheismus empfangen haben. Diese neue Situation mußte die Missionare vor erhebliche Probleme stellen; insbesondere war es notwendig, eine auf sie zugeschnittene Form der Verkündigung zu entwickeln. Eben dies will Lukas nun seinen Lesern anhand eines konkreten Beispiels klar machen. Die Geschichte von den Erlebnissen des Paulus und Barnabas in Lystra ist so dramatisch und packend erzählt, daß sie zunächst den Eindruck einheitlicher Geschlossenheit macht. Bei näherem Zusehen zeigt sich jedoch, daß sie aus Material ganz verschiedener Art und Herkunft zusammengesetzt ist, nämlich einer der Tradition entstammenden Missionslegende (V. 8–14), einer lukanischen Redekomposition (V. 15–17) sowie einer ebenfalls traditionellen Pauluslegende (V. 19 f.).

1. Die Erzählung setzt ein als Wundergeschichte, aus der sich jedoch bald ein 8–14 anderer Vorgang heraus entwickelt: der Versuch der Apotheose der beiden Missionare durch die Lykaonier. Die Wundergeschichte entspricht formal den übrigen Aposteiwundern des Buches, vor allem 3, 1–10 (s. dort), ist jedoch weit schematischer erzählt als diese. Offenkundig hat sie nur die Bedeutung einer Exposition der Apotheose-Szene, die ohne solche Vorbereitung in der Tat nicht verständlich wäre. Von da her ist V. 8–14 als geschlossene Einheit zu betrachten. Ihr ursprünglicher Schluß, den Lukas durch die Paulus-Rede ersetzt hat, ist verloren gegangen. Vielleicht ist ein Rest davon in V. 18 b erhalten geblieben. Wahrscheinlicher ist, daß die Erzählung ursprünglich damit schloß, daß die Überredung des Volkes durch Paulus und Barnabas nicht gelang: „die Leute wurden böswillig und griffen die Apostel an" (M. Dibelius). Einen solchen negativen Schluß konnte Lukas ohne Bedenken durch die inhaltlich verwandte Steinigungs-Erzählung (V. 19 f.) ersetzen.

Im Mittelpunkt des Traditionsstücks dürfte die Gestalt des Barnabas gestanden haben. Er ist die zentrale Gestalt, die vom Volk für den Göttervater Zeus gehalten wird, während Paulus ihm deutlich untergeordnet ist V. 12; vgl. V. 14. (Die Erklärung, die Lukas dafür findet, ist durchaus künstlich, s. u.) Vermutlich haben wir es hier mit einer in Antiochia beheimateten Barnabas-Legende zu tun. Barnabas wird in ihr als der große Missionar gezeichnet, der in vorbildlicher Weise typische Situationen der Heidenmission durchsteht. Die Frage nach ihrer geschichtlichen Grundlage wird man relativ skeptisch beantworten müssen. Es ist äußerst unwahrscheinlich, daß polytheistische Heiden durch ein Wunder wandernder Gottesmänner gleich dazu veranlaßt worden wären, diese unter die Götter zu versetzen, denn dazu gehörten solche Gottesmänner viel zu sehr zum religiösen Alltag der damaligen heidnischen Welt. Immerhin könnte die Erzählung aber indirekt die Schwierigkeiten reflektieren, vor die die Missionare immer wieder dadurch gestellt wurden, daß man sie nach dem Modell solcher heidnischer Wandermissionare und Gottesmänner zu beurteilen suchte. Diese beanspruchten zwar keineswegs, auf Erden wandelnde Götter zu sein, wohl aber, mit den physischen Kräften der Gottheiten erfüllt zu sein und diese so auf Erden manifest werden zu lassen (s. zu 8,9 ff.). Für die christlichen Missionare wie für alle in der jüdischen Gottesvorstellung verwurzelten Menschen wurde durch einen solchen Anspruch die kritische Grenze zwischen Gott und Mensch verwischt. Er markierte für sie die Ursünde des Heidentums, nicht unterscheiden zu wollen zwischen der Gottheit und den irdischen Manifestationen ihres Wirkens. Alles kam für sie darauf an, daß sie sich jeder in diese Richtung gehenden Erwartung ihrer heidnischen Umwelt mit Entschiedenheit entzogen. Es hat den Anschein, als sei dieses missionarische Grundproblem hier in einer, freilich in den Einzelheiten unhistorisch überzeichneten, Modellszene festgehalten.

19–20 2. Das andere vorgeformte Traditionsstück, V. 19–20, ist eine Personallegende, in deren Mittelpunkt Paulus steht. Sie ist in den Kontext sehr schlecht eingefügt. So ist die von Lukas stammende Überleitungsbemerkung (V. 19a), daß Juden aus Antiochia und Ikonion die Aktion gegen Paulus veranlaßt hätten, unmotiviert, ebenso das plötzliche Auftreten von „Jüngern", d.h. Gemeindegliedern, in V. 20, ohne daß vorher von der Gründung einer Gemeinde in Lystra die Rede gewesen wäre. Die Erzählung ist auch – vermutlich von Lukas – aufs äußerste komprimiert worden, aber immerhin sind ihr ursprünglicher Inhalt und Duktus noch klar zu erkennen. Es geht um die wunderbare Errettung des nach einer Steinigung bereits totgeglaubten Paulus. Vor den Augen der ihn (zur Totenklage? vgl. 9,39) umstehenden Gemeindeglieder erhebt er sich als wieder zum Leben erweckt. Die Erinnerung daran, daß Paulus auf der ersten Missionsreise schwere Leiden durchzustehen hatte, aus denen Gott ihn errettete, war in den paulinischen Gemeinden durchaus lebendig, wie 2.Tim 3,11 zeigt: „in Leiden, wie sie mir zugefügt wurden in Antiochia, in Ikonion, in Lystra, welche Verfolgungen ich ertragen habe, und aus allen hat mich der Herr errettet". Speziell die Steinigung erwähnt Paulus selbst, allerdings ohne Ortsangabe, in 2.Kor 11,25. Lukas hat die Legende, die demnach sicher einen historischen Kern hat, wohl bereits mit Ortsangabe vorgefunden und deshalb an dieser Stelle eingefügt. Daß sie Teil des antiochenischen Missionsberichtes war, ist zwar nicht ganz auszuschließen, doch insgesamt wenig wahrscheinlich.

15–17 3. Die Rede V. 15–17 ist trotz ihrer Kürze von besonderer Bedeutung. Sie ist die erste an polytheistische Heiden gerichtete Predigt der Apostelgeschichte. Zusammen mit der wesentlich berühmteren Areopag-Rede (17,22–31), deren kleineres Gegenstück sie ist, stellt sie ein wichtiges Beispiel für die missionarische Verkündigung des frühen hellenistischen Judenchristentums dar. Wie jene ist sie zwar von Lukas formuliert, doch folgt er dabei nicht anders als bei der Konzeption der an Juden gerichteten Predigten (s. zu 2,22ff.) einem durch die Tradition vorgegebenen Schema. Spuren dieses Schemas finden sich auch sonst im Neuen Testament. Besonders deutlich tritt es in 1.Thess 1,9f. zutage, wo Paulus in einem Rückblick auf den Anfang seines missionarischen Wirkens in Thessalonich zu sprechen kommt und daran erinnert, „wie ihr euch von den Göttern weg Gott zugekehrt habt, um ihm als dem lebendigen und einzig wahren Gott zu dienen und seinen Sohn vom Himmel her zu erwarten, den er von den Toten auferweckt hat: Jesus, der uns vor dem kommenden Zorn errettet". Ganz entsprechend werden in Hebr 6,1 unter den Elementarlehren, die das Christsein begründen, aufgeführt „Abkehr von den toten Werken und Hinkehr zum Glauben an Gott ... Totenauferstehung und ewiges Gericht". Demnach gehörten zu dem Schema folgende Elemente: 1. Aufforderung zum Monotheismus mitsamt der Abkehr von den (als nichtig erkannten) Götzen. – 2. Ruf zur Umkehr und zum Gehorsam gegenüber dem einen Gott. – 3. Ankündigung des Kommens Jesu als des (Menschensohn-) Weltrichters. – 4. Begründung durch Hinweis auf die bereits erfolgte Auferweckung Jesu. – Ansätze für dieses Schema sind überdies bereits in der monotheistischen Missionspredigt des hellenistischen Judentums aufweisbar, so der Ruf zum Monotheismus, das Angebot der Umkehr auf dem Hintergrund der Gerichtsdrohung sowie die eschatologische Hoffnung.

Es liegt auf der Hand, daß das Christuskerygma in diesem Schema der Heidenmissionspredigt anders ausgerichtet ist als in der Judenmissionspredigt. Und doch ist es hier keineswegs ein bloßes Anhängsel an die monotheistische Gottesverkündigung. In der Judenmissionspredigt wird Jesus als der verkündigt, in dem Israel die abschließende und entscheidende Zuwendung seines Gottes erfahren hatte, in der die Heilsgeschichte zu ihrem Ziel kommt. Nachdem es ihn verworfen hat, wird ihm nun in der Predigt eine letzte Möglichkeit eröffnet, dem Handeln Gottes in Jesus Recht zu geben (s. zu 2,22f.). In der Heidenmissionspredigt dagegen wird Gott der Schöpfer als der verkündigt, der sich den Heiden schon immer zugewandt und sich ihnen in seinem Wirken bezeugt hatte. Nachdem diese sich von ihm abgewandt hatten, um den falschen Götzen anzuhängen, macht er ihnen nun durch sein Handeln in Christus sein letztes Angebot auf Herstellung von Gemeinschaft. Beide Predigtschemata konvergieren an einer entscheidenden Stelle, nämlich darin, daß sie aufgrund des Handelns Gottes in Jesus zur Umkehr und zum Glauben aufrufen. Der Punkt freilich, an dem die Juden bzw. die Heiden durch die Verkündigung in ihrer bisherigen Existenz behaftet werden, ist jeweils ein anderer. Den Juden wird gesagt, daß ihre Verwerfung Jesu Verwerfung Gottes selbst sei. Den Heiden dagegen wird verdeutlicht, daß ihre Hinwendung zu irdisch-verfügbaren Manifestationen des Göttlichen schuldhafte Verkennung des wahren Gottes sei, der sich jetzt, in Jesus, finden lassen will.

Voll ausgeführt ist das Redeschema in der Areopagrede (s. zu 17,22–31). An der vorliegenden Stelle dagegen ist nur sein erster Punkt breit entfaltet: Der Redner fordert zum monotheistischen Gottesglauben und zur Abkehr von den nichtigen Götzen auf (V.15b. 17; vgl. 17,24–29), indem er die Fülle der von den Hörern erfahrenen Selbstbekundungen des Schöpfergottes in Natur und Geschichte ausdeutet. Der zweite Punkt, der Ruf zur Umkehr zu diesem Gott (vgl. 17,30), wird nur kurz angedeutet in dem Hinweis darauf, daß Gott die Völker in der Vergangenheit ihre Wege habe gehen lassen (V.16). Dies impliziert nämlich, daß es in der Gegenwart mit diesem „Dahingehenlassen" Gottes ein Ende hat, weil er nunmehr Umkehr und Gehorsam fordert. Doch dies letztere bleibt ebenso wie die eschatologische und christologische Verkündigung der Punkte 3 und 4 unausgeführt.

Wenn sich die Rede so gewissermaßen auf die monotheistische Propädeutik der Heidenmissionspredigt beschränkt, so ist das durch die der Überlieferung entnommene erzählerische Rahmensituation bedingt: Es geht hier lediglich um die Abwehr des Mißverständnisses der Leute von Lystra! Lukas wollte mit dieser Szene nur das Grundproblem, das sich für die Mission durch die Begegnung mit dem Polytheismus stellte, so klar wie möglich veranschaulichen. Was er darüber hinaus zum

Thema der Christusverkündigung an die Heiden zu sagen hatte, hat er sich wohl bewußt für die Areopag-Szene (17,16–34) aufgespart, wie es denn überhaupt nicht seine Art ist, an einer Stelle bereits alles zu sagen.

B 8 Der Anfang knüpft recht unorganisch an die Notiz des antiochenischen Missionsberichts (V.7) an, wonach die „Apostel" in den lykaonischen Städten gepredigt hätten. Als Ausgangssituation ist eine Predigt des Paulus in Lystra vorausgesetzt, doch davon erfahren wir erst in V.9. Nichts gesagt wird auch über den Ort des Geschehens; er ist sicher diesmal nicht die Synagoge (vgl. 13,14; 14,1), sondern ein öffentlicher Platz. Die schematische Erzählweise der Heilungsgeschichte läßt keinen Zweifel daran, daß sie nur als Exposition verstanden werden soll. Die Angaben über den Kranken und seine Vorgeschichte beschränken sich auf das absolut 9 nötige Minimum: ein von Geburt an gelähmter Mann (vgl. 3,2). Wir erfahren auch nicht, wie er unter die Hörer des Paulus gekommen ist: War er als Bettler zufällig auf dem Platz anwesend, wo Paulus sprach? Hat er sich hinbringen lassen, um den berühmten Gottesmann zu hören und vielleicht von ihm Hilfe zu erhalten? Die Initiative zum Folgenden geht ganz von Paulus aus. Sein Blick richtet sich auf den Kranken, ohne daß es einer Bitte oder eines Aufmerksamkeit heischenden Zeichens bedurft hätte. Als Pneumatiker weiß er von selbst, wer Hilfe benötigt, ja er vermag sogleich in das Innere des Mannes zu blicken (vgl. Lk 9,47; Mt 9,4; 12,25), um die dort durch seine Predigt geweckte Hoffnung auf Heilung zu erkennen. „Glaube" ist hier schwerlich als bewußte Hinwendung zu Christus zu verstehen. Gemeint ist eher die zuversichtliche und vertrauensvolle Erwartung, die der Gelähmte dem 10 Gottesmann entgegenbringt. Die Heilung wird ausgelöst durch ein lautes Befehlswort. Das laute Rufen ist äußerer Ausdruck des Getriebenseins durch den Geist. Der Name Jesu wird zwar nicht genannt (vgl. 3,6), doch damit, daß der Befehl Gottes Weisung an den Propheten Ezechiel (Ez 2,1) fast wörtlich aufnimmt, wird wenigstens indirekt angedeutet, daß hier Gott selbst am Werk ist.

11 Der Konstatierung des Wunders folgt, formal ganz stilgemäß, der erstaunte Lobpreis der Gottestat durch die Zuschauer. Aber dieser „Chorschluß" (vgl. 3,9) ist hier gleichsam verzerrt zu einem fundamentalen Mißverständnis. Er ist denn auch nicht formelhafter Abschluß, sondern Überleitung zu der zentralen Szene. Statt Gott bzw. den Namen Jesu für das Geschehene zu preisen, schließen die Leute von Lystra aus dem Wunder, daß die Götter selbst in Menschengestalt in ihrer Mitte weilen und verbreiten die Kunde davon von Mund zu Mund. Die Bemerkkung, daß dies in lykaonischer Sprache geschehen sei, ist kein überflüssiger lokalkoloristischer Schnörkel, sondern hat dramaturgische Bedeutung: Barnabas und Paulus konnten sich zwar in diesem zweisprachigen Gebiet auf Griechisch verständlich machen, aber sie waren der lokalen Landessprache unkundig, und darum standen sie zunächst den für sie unverständlichen Vorgängen ratlos gegenüber, bis sie, als 12 die Opferzeremonie vorbereitet wurde, endlich begriffen, was gespielt wurde! Nach einer alten phrygischen Sage kehrten die beiden Götter Pappas und Men in Menschengestalt bei dem greisen Ehepaar Philemon und Baukis ein. Ovid (met VIII 618–724), der sie überlieferte, hellenisierte die beiden Götter zu Zeus und Hermes. Eine direkte oder indirekte Einwirkung dieser Sage auf die vorliegende Erzählung ist nicht nachweisbar, denn diese ist ganz von der hellenistischen Göttervor-

stellung geprägt. Zeus, mit dem Barnabas identifiziert wird, ist der große und mächtige Göttervater. Hermes dagegen, für den die Lykaonier Paulus halten, ist nicht mit den großen olympischen Göttern gleichrangig, sondern nimmt eine dienende, niedere Stellung ein. Schon bei Homer ist er der Wegweiser und Bote der Götter, der nicht aus eigenem Antrieb handelt. Später gilt der wandernde listige Gott als Gott des Verkehrs und Handels. Lukas kann die so in der Tradition deutlich zum Ausdruck gebrachte Unterordnung des Paulus unter Barnabas nicht zugeben. Er versucht deshalb eine andere Erklärung für die Identifikation des Paulus mit Hermes: Zu ihr sei es gekommen, weil Paulus der Wortführer gewesen sei, während Barnabas geschwiegen habe. Doch das klingt recht gezwungen, denn Hermes pflegte nur in Abwesenheit der großen olympischen Götter als deren Bote und Wortträger aufzutreten! Die Ortsangaben des Folgenden sind wiederum recht unklar. Im Zeustempel, der sich wie in hellenistischen Städten häufig außerhalb der Stadttore befand, rüstet sich der Priester zum feierlichen Opfer; er bringt Stiere und Kränze „zu den Toren". Handelt es sich dabei um die Stadt- oder die Tempeltore? Auf alle Fälle setzt der Erzähler voraus, daß Barnabas und Paulus die Vorgänge unmittelbar wahrnehmen können. Da das Opfer aber am Altar unmittelbar vor dem Tempel vollzogen werden mußte, nimmt er als Ort des Geschehens sicher das Gelände zwischen dem Stadttor und dem Zeustempel an. Die Reaktion der „Apostel" (s. zu V. 4) ist heftig und entschieden. Zum Zeichen des Entsetzens über die Gotteslästerung zerreißen sie ihre Kleider (vgl. Mk 14,63 par). Der Sprung mitten hinein in die Menschenmenge soll als spontane sinnfällige Geste den verbalen Protest gegen die göttliche Verehrung unterstreichen: Sie stehen nicht über den Menschen als Objekte von deren Anbetung; ihr Platz ist mitten unter ihnen. Unmittelbar aus dem Protest wächst die kleine Predigt heraus. Nach Meinung des Lukas ist es wohl wiederum Paulus, der sie hält.

Die Predigt schließt sich bis in die einzelnen Formulierungen an biblische Gedanken und Motive an. Der Aufruf zum monotheistischen Gottesglauben, mit dem sie einsetzt, hat nichts mit den in der Stoa üblichen popularphilosophischen Gottesbeweisen zu tun, die dem Menschen das sinnreiche Gefüge des Kosmos vor Augen führen, um ihm von da her den Schluß auf den in diesem Kosmos sinnvoll und rational wirkenden Gott aufzudrängen; er hat vielmehr die Struktur der werbenden Verkündigung. Dem Alten Testament entstammt die Gegenüberstellung der nichtigen Götzen mit dem lebendigen Gott. „Nichtig" sind die heidnischen Götter (Jer 2,5; 8,19), weil sie Produkte der menschlichen Hand und Gebilde des menschlichen Geistes sind (Jes 44,9–20). „Lebendig" ist dagegen der wahre Gott, weil er der Schöpfer ist, der Leben spendet und sich in seiner Lebendigkeit immer aufs neue erweist (Ps 42,3; Hos 2,1; Dan 14,5 u.ö.). Es ist ein Zeichen für die Störung des Verhältnisses des Menschen zu diesem Schöpfergott, daß er, statt ihm die Ehre zu geben, das Geschöpf an die Stelle des Schöpfers treten läßt und sich ihm gegenüber in Abhängigkeit begibt. Auf diese Weise fällt der Mensch mit seiner ganzen Existenz dem Bereich des Nichtigen anheim (Röm 1,20 f.). Gott hat es bisher zugelassen, daß die Heiden auf diese Weise ihren Weg abgewandt von ihm gegangen sind und daß sie ihn nicht kannten. Grund für dieses Nicht-Erkennen ist keineswegs das Fehlen einer eindeutigen Offenbarung Gottes. Dieses Nicht-Erkennen ist –

darin dürfte Lukas (s. zu 17,29f.) letztlich mit Paulus (Röm 1,20) einig gehen – vielmehr schuldhaft. Der weiterführende Gedanke, daß Gott von nun an die Heiden zu Umkehr und Gehorsam ruft, ist zwar durch die Formulierung von V. 16 angedeutet, aber nicht ausgeführt (vgl. 17,30). Statt dessen wendet sich die Rede nun im einzelnen den Selbstbezeugungen Gottes zu, mit denen es die heidnischen Hörer in ihrer bisherigen Existenz zu tun hatten. Er hat für Regen gesorgt (Joel 2,23; Ps 147,8; 104,13; Jer 5,24) und dadurch dem Land regelmäßige fruchtbare Zeiten gegeben. Dies hat zur Folge, daß die Menschen mit Freude über die ihnen so regelmäßig zukommende Nahrung erfüllt werden (Ps 4,8; 145,16). Nicht im Irregulären, im Extremen und Chaotischen ist Gott zu suchen; vielmehr hat es der Mensch gerade in den Dingen, auf die er die Konstanz seiner Lebensführung ausrichten kann, in der Welt, die sich für ihn als verläßlicher Lebensraum bewährt, mit dem Wirken des Schöpfers zu tun (vgl. 17,24f.).

18 Die Bemerkung über das Resultat der Rede klingt merkwürdig unbestimmt. Den Aposteln ist es demnach zwar gelungen, die Menge von ihrem Vorhaben, ihnen zu opfern, abzubringen, aber doch nur mit Mühe. Von einem Missionserfolg ist nicht die Rede. Die starken Kräfte des Heidentums lassen sich durch die christliche Verkündigung nicht im ersten Anlauf brechen. (Einige Handschriften fügen, um einen befriedigenderen Abschluß zu gewinnen, hinzu, daß die Hörer alsbald „nach Hause gegangen" seien. Damit markieren sie zugleich deutlicher eine auch von Lukas intendierte, aber nur unklar zum Ausdruck gebrachte Zäsur.

19–20 V. 19f. ist eine neue Szene, die sich nicht am gleichen Tag anschließt. Lukas führt die Steinigung des Paulus auf eine Initiative der Juden in Antiochia und Ikonium zurück (vgl. 13,50; 14,5). Daß diese die Heiden von Lystra so weit beeinflussen konnten, daß sie sich in den Dienst ihres Plans stellten, ist unwahrscheinlich. Lukas hat wohl das Ereignis im Licht der späteren Situation, in der Paulus an allen Orten seines Wirkens von jüdischen Nachstellungen bedroht war, erklärt (vgl. 17,5. 13). Dadurch erreicht er auch eine Steigerung gegenüber V.5: Was die Juden zunächst vergeblich erstrebten, haben sie jetzt erreicht – freilich auch nur scheinbar, denn es zeigte sich, daß Gott seinen erwählten Zeugen nicht preisgab. Die Steinigung ist wieder (vgl. zu 7,59) ein Akt willkürlicher Lynchjustiz. Man verfolgt das Opfer mit Steinwürfen, bis es leblos zusammenbricht. Als die Gegner sich zurückgezogen haben, erwacht der für tot geglaubte Paulus unter den Augen der ihn umstehenden Christen aus Lystra – von deren Existenz wir erst jetzt erfahren – wieder zum Leben. Unverzüglich geht er zurück in die Stadt: So wird ein sichtbares Zeichen dafür gesetzt, daß er im Dienste eines Mächtigeren steht, der es nicht zuläßt, daß man ihm sein erwähltes Werkzeug aus der Hand schlägt. Aber schon am nächsten Tag verläßt er mit Barnabas die Stadt, um nach Derbe weiterzuziehen.

12. Der Abschluß der ersten Missionsreise 14,21–28

21 Als sie in dieser Stadt verkündigt und zahlreiche Jünger gewonnen hatten, kehrten sie nach Lystra, Ikonion und Antiochia zurück, 22 stärkten die Seelen der Jünger und ermahnten sie, im Glauben fest zu bleiben und „daß wir durch

viele Trübsale in das Reich Gottes eingehen müssen". ²³Sie setzten für sie in jeder Gemeinde Älteste ein und befahlen sie unter Gebet und Fasten dem Herrn, an den sie zum Glauben gekommen waren. ²⁴Und sie durchzogen Pisidien und kamen nach Pamphylien, ²⁵ und nachdem sie in Perge das Wort gesagt hatten, zogen sie hinab nach Attalia, ²⁶und von dort fuhren sie mit dem Schiff nach Antiochia, von wo aus sie der Gnade Gottes zu dem Werk übergeben worden waren, das sie vollbracht hatten. ²⁷Als sie angekommen waren und eine Gemeindeversammlung einberufen hatten, berichteten sie, was Gott mit ihnen getan hatte und daß er den Heiden die Tür des Glaubens aufgetan hatte. ²⁸Und sie blieben geraume Zeit bei den Jüngern.

Lukas nimmt den Faden des antiochenischen Missionsberichtes wieder auf, um ihm bis zu seinem mutmaßlichen Abschluß (V.27) zu folgen. Dieser Bericht ließ auf eine Notiz über die Mission in Derbe (V.21a) eine Beschreibung der wichtigsten Stationen der Rückreise der Missionare folgen (V.21b. 22a. 24–26), um mit deren Rechenschaftsbericht vor der Gemeinde von Antiochia zu schließen (V.27). Als redaktionelle Erweiterung erweisen sich V.22b. 23. Lukas hat die sich hier bietende Gelegenheit ergriffen, um zwei Züge einzutragen, die ihm als Zusammenfassung seiner bisherigen Darstellung der Missionsreise wichtig waren: 1. Die Missionare, besonders Paulus, haben sich als leidende Zeugen Jesu erwiesen und darin den Glaubenden ein Vorbild für ihr Verhalten in dem auf sie zukommenden Leiden gesetzt. – 2. Sie haben sich nicht auf die Erstverkündigung des Evangeliums beschränkt, sondern dafür gesorgt, daß die an Christus Glaubenden zu sichtbarer Gemeinschaft mit bestimmten Ordnungen und Lebensformen zusammenwuchsen, m.a.W., daß die Kirche Gestalt gewann.

A
21–28

Im einzelnen enthält der Abschnitt kaum mehr aufhellbare historische Probleme. Eigentlich würde man erwarten, daß die Missionare von Derbe aus den direkten Weg, der durch eine der sogenannten zilizischen Pforten des Taurusgebirges direkt südostwärts zur Küste führt, eingeschlaggen hätten. Warum wählten sie statt dessen den ungleich längeren und schwierigeren Weg, auf dem sie gekommen waren? Und konnten sie es überhaupt wagen, die Orte, in denen sie kürzlich noch verfolgt worden waren, Lystra, Ikonion und Antiochia in Pisidien, nochmals aufzusuchen? Man hat von da her den ganzen Abschnitt zur lukanischen Konstruktion erklären wollen: Lukas habe hier ohne Rücksicht auf historische Wahrscheinlichkeit Zweitbesuche der Missionare in den von ihnen gegründeten Gemeinden konstruiert, um das Prinzip der missionarischen Nacharbeit zu demonstrieren. Wenn dem so wäre, dann hätte er Paulus und Barnabas auch über Zypern reisen lassen müssen! Im übrigen wird, wer über die Historizität der ersten Missionsreise insgesamt positiv urteilt (s. zu 13,1–3), auch diesen Abschnitt trotz aller Schwierigkeiten in dieses Urteil einbeziehen müssen.

Die Stadt Derbe lag in der äußersten südöstlichen Ecke der Provinz Galatien. Dort kommt es, wie uns in einer summarischen Notiz mitgeteilt wird, noch einmal zur Gründung einer großen Gemeinde. Von Derbe aus treten die Missionare den Rückweg an. Und zwar kehren sie in den bisher gegründeten Gemeinden nochmals ein, um nach dem Rechten zu sehen und ihre Glieder im Glauben zu festigen. Den in diesem Zusammenhang als wörtliches Zitat angeführten Satz hält Lukas anschei-

B
21

22

nend für ein echtes Pauluswort. In der Tat hat es inhaltlich eine gewisse Nähe zu 1.Thess 3,4, wo Paulus die kommenden endzeitlichen Drangsale ankündigt, während es formal in die Reihe der zahlreichen Einlaßsprüche gehört, die die Einlaßbedingungen in die Gottesherrschaft formulieren (Mt 5,20; 7,21; Mk 9,47; Lk 18,17; Joh 3,5). Der für 1.Thess 3,4 kennzeichnende eschatologische Klang ist jedoch geschwunden: Es geht nicht mehr um das Durchstehen der endzeitlichen Nöte, die der unmittelbar nahen Parusie vorangehen, sondern um die Einweisung in die grundlegende Gestalt christlicher Existenz in der gegenwärtigen Weltzeit. Christsein heißt, um Jesu willen und in der von ihm gültig vorgelebten Norm zum Ertragen von Leiden bereit sein! Das Reich Gottes, das mit der Parusie kommen soll (vgl. zu 1,11), wird das Ende des Leidens bringen, aber nicht jetzt, sondern in einer Zukunft, die in unbestimmter Ferne liegt. Der lukanische Paulus spricht dieses Wort als einer, der es in seiner Existenz bereits bewährt hat. Die Ankündigung des Erhöhten, ihn zu seinem leidenden Zeugen machen zu wollen (9,16) hat sich
23 erfüllt. – Die Einsetzung von Gemeindeältesten durch Paulus und Barnabas ist sicherlich ein Anachronismus; wieder projiziert Lukas seine eigenen gemeindlichen Verhältnisse in die Anfangszeit zurück (vgl. 6,5f.; 20,17). Die Ältestenverfassung war den paulinischen Gemeinden fremd (vgl. Phil 1,1f.). Auch von einer direkten Auswahl und Bestimmung gemeindlicher Amtsträger durch Paulus lassen die echten Paulusbriefe nichts erkennen – hier hingegen ist eine solche vorausgesetzt. (Zur Einsetzung unter Gebet und Fasten vgl. 13,3). Immerhin hat auch die Aussage ein indirektes historisches Wahrheitsmoment, insofern sie auf den Umstand verweist, daß die paulinische Mission anders als die des Stephanus-Kreises (s. zu 8,26ff.) ihr Ziel in der Errichtung geordneter Gemeinden mit mehr oder weniger
24–25 fester organisatorischer Struktur sah. – Auf dem weiteren Rückweg kommt es lediglich in Perge, das auf dem Hinweg nur Durchreisestation gewesen war (vgl.
26 13,13) zu neuen missionarischen Aktivitäten. Vom Hafen Attalia aus wird dann das syrische Antiochia auf dem direkten Seeweg angesteuert.

Der Bericht von der Ankunft nimmt ausdrücklich auf die Aussendung (13,1–3) Bezug: Die Missionare haben das „Werk" (hier wieder wie 13,2.41, als Terminus für die Heidenmission), das ihnen der Heilige Geist aufgetragen hatte, vollendet.
27 Nachdem sie eine Gemeindeversammlung einberufen haben, geben sie einen Rechenschaftsbericht, in dessen Mitte nicht ihr eigenes Tun, sondern das Handeln Gottes steht, dessen Werkzeuge sie waren. Entscheidend ist dabei das Fazit, das sich aus diesem Handeln Gottes für die Kirche ergibt: Nun hat sich sichtbar und unwiderlegbar gezeigt, daß Gott selbst „den Heiden die Tür des Glaubens aufgetan" hat. Das Bild von der Tür, die Gott öffnet, begegnet häufig im missionarischen Sprachgebrauch (1.Kor 16,9; 2.Kor 2,12; Kol 4,3). Gemeint ist in unserem Zusammenhang: Er eröffnet den Heiden die Möglichkeit, einzutreten in den Raum des Glaubens, wobei mit „Glaube" nicht die persönliche Glaubensentscheidung, sondern das Christsein, die Zugehörigkeit zum Volk der Glaubenden, gemeint ist. Dabei mag ein weiteres im Neuen Testament häufiges Bild mit im Hintergrund stehen, das der Kirche als des neuen endzeitlichen Tempels (1.Kor 3,10f.; Eph 2,20f.). Die endgültige Gewißheit darüber, daß Gott die Heiden als Heiden – und das heißt: ohne Beschneidung und Gesetz – in seine Kirche einholen wollte,

dürfte in der Tat für die antiochenische Gemeinde das Ergebnis der ersten Missionsreise gewesen sein. Hatte man vorher die Heidenmission mehr oder weniger ungezielt neben der missionarischen Verkündigung an Israel getrieben, so war sie nun zum zentralen Auftrag der Kirche geworden. — Mit einer von ihm formulierten 28 Schlußbemerkung will Lukas andeuten, daß zwischen der Missionsreise und dem Apostelkonzil ein längerer Zeitraum gelegen habe.

13. Die Entscheidung des Apostelkonzils 15, 1–34

¹Da kamen einige aus Judäa herab (nach Antiochia) und lehrten die Brüder: „Wenn ihr euch nicht beschneiden laßt nach der Sitte des Mose, könnt ihr nicht gerettet werden." ²Als nun Paulus und Barnabas mit ihnen (deshalb) in heftigen Zwist und Streit gerieten, beschloß man, daß Paulus, Barnabas und einige andere aus der Gemeinde zu den Aposteln und Ältesten nach Jerusalem wegen dieser Streitfrage hinaufgehen sollten. ³Nach der Verabschiedung durch die Gemeinde durchzogen sie Phönizien und Samarien, berichteten dort von der Bekehrung der Heiden und lösten damit bei allen Brüdern große Freude aus. ⁴In Jerusalem angekommen, wurden sie von der Gemeinde, den Aposteln und Ältesten empfangen und berichteten, was Gott an ihnen getan hatte. ⁵Da erhoben sich einige von der Partei der Pharisäer, die zum Glauben gekommen waren, und sagten, man müsse sie beschneiden und ihnen gebieten, das Gesetz des Mose zu halten.
⁶Darauf traten die Apostel und Ältesten zusammen, um sich mit dieser Angelegenheit zu befassen. ⁷Als es aber auch hier zu heftigen Meinungsverschiedenheiten kam, erhob sich Petrus und sprach zu ihnen: „Brüder, ihr wißt, daß Gott unter euch seit alten Tagen seine Wahl so getroffen hat, daß durch meinen Mund die Heiden das Wort des Evangeliums hören und zum Glauben kommen sollten. ⁸Und Gott, der die Herzen kennt, hat für sie Zeugnis abgelegt, indem er ihnen den heiligen Geist ebenso gegeben hat wie uns. ⁹Und er hat keinen Unterschied zwischen ihnen und uns gemacht, indem er durch den Glauben ihre Herzen gereinigt hat. ¹⁰Wie kommt ihr nun dazu, Gott dadurch zu versuchen, daß ihr ein Joch auf den Nacken der Jünger legen wollt, das weder unsere Väter noch wir selbst zu tragen imstande waren? ¹¹Vielmehr glauben wir, durch die Gnade des Herrn Jesus gerettet zu werden, nicht anders als jene." ¹²Da wurde die ganze Versammlung still, und sie hörte zu, wie Barnabas und Paulus darlegten, welche Zeichen und Wunder Gott durch sie unter den Heiden getan hatte. ¹³Als sie zu Ende gekommen waren, nahm Jakobus das Wort: „Brüder, hört mich an! ¹⁴Simeon hat dargelegt, wie Gott von Anfang an darauf gesehen hat, aus den Heiden ein Volk für seinen Namen zu gewinnen. ¹⁵Und damit stimmen die Worte der Propheten überein, wie geschrieben steht:

¹⁶‚Danach will ich mich umwenden
und die verfallene Hütte Davids wieder aufbauen,
und ich will ihre Trümmer wieder aufbauen
und sie aufrichten,
¹⁷damit auch die übrigen Menschen den Herrn suchen,
und alle Heiden, über die mein Name ausgerufen ist,
spricht der Herr, der dies ¹⁸kundtut von Ewigkeit her!'

¹⁹Deshalb bin ich der Meinung, man sollte den Heiden, die sich zu Gott bekehren, keine Schwierigkeiten machen, ²⁰sondern ihnen (lediglich) vorschreiben, sie sollten sich enthalten von den Befleckungen der Götzen, von Unzucht, von Ersticktem und von Blut. ²¹Mose hat nämlich von alters her in jeder Stadt seine Verkündiger, da er in den Synagogen jeden Sabbat verlesen wird."

²²Da beschlossen die Apostel und Ältesten samt der ganzen Gemeinde, Männer aus ihren Reihen auszuwählen, um sie mit Paulus und Barnabas nach Antiochia zu senden, nämlich Judas, genannt Barsabbas, und Silas, führende Männer unter den Brüdern, ²³und durch sie folgendes Schreiben überbringen zu lassen: „Die Apostel und Ältesten, eure Brüder, grüßen die Brüder aus den Heiden in Antiochia, Syrien und Zilizien. ²⁴Nachdem wir vernommen haben, daß einige von uns mit ihren Reden euch beunruhigt und Verwirrung in euren Seelen ausgelöst haben, ohne daß sie von uns dazu einen Auftrag gehabt hätten, ²⁵ haben wir einmütig beschlossen, Männer auszuwählen und zu euch zu senden zusammen mit unseren Lieben, Barnabas und Paulus, ²⁶Männern, die ihr Leben für den Namen unseres Herrn Jesus Christus eingesetzt haben. ²⁷So haben wir Judas und Silas abgeordnet. Diese sollen euch dasselbe mündlich erläutern, nämlich: ²⁸Der Heilige Geist und wir haben beschlossen, euch keine weitere Last aufzuerlegen außer diesen notwendigen Dingen: ²⁹daß ihr euch enthaltet von Götzenopferfleisch, Blut, Ersticktem und Unzucht. Wenn ihr euch davor bewahrt, werdet ihr recht tun. Lebt wohl!"

³⁰Als diese nun verabschiedet waren, kamen sie nach Antiochia hinab. Dort beriefen sie eine Gemeindeversammlung ein und übergaben den Brief. ³¹Als sie ihn verlesen hatten, freuten sie sich über den Zuspruch. ³²Judas und Silas, die selbst Propheten waren, gaben den Brüdern mit vielen Worten Zuspruch und stärkten sie. ³³Nach einiger Zeit wurden sie von den Brüdern mit dem Friedensgruß zu denen entlassen, die sie gesandt hatten.

Vers 16–18: *Am 9,11 f. LXX; Jer 12,15; Jes 45,21.*

Á
1–33(34)
Es ist ein beachtlicher Erweis für das historische und theologische Urteilsvermögen des Lukas, daß er den Bericht über die Vereinbarung zwischen der Jerusalemer Urgemeinde und der Gemeinde von Antiochia hinsichtlich der gesetzesfreien Heidenmission genau in die Mitte seines Buches gerückt und ihn auch sonst durch Anlage und Komposition besonders hervorgehoben hat. Denn zweifellos handelt es sich bei diesem sogenannten „Apostelkonzil" um das wichtigste Ereignis in der Geschichte der Urkirche. Die in der Forschung dafür eingebürgerte Bezeichnung „Apostelkonzil" ist in mancher Hinsicht problematisch, denn weder waren alle Apostel beteiligt, noch war die für die späteren kirchlichen Konzilien kennzeichnende Repräsentanz der gesamten Kirche durch bevollmächtigte Vertreter gegeben; genau genommen handelte es sich lediglich um eine Vereinbarung zwischen zwei Gemeinden. Trotzdem hat die Bezeichnung insofern ihr relatives Recht, als sie besser als andere (wie „Apostelkonvent" oder „Apostelversammlung") die gesamtkirchliche Verbindlichkeit und den rechtlichen Charakter des Vorgangs zum Ausdruck bringt.

Die Problematik, deren Bewältigung damals anstand, war vielschichtig. Der Konflikt entzündete sich zunächst an der Frage, ob die Beschneidung und damit die Unterstellung unter das Gesetz notwendige Vorbedingung für die Aufnahme von

Heiden in die Kirche sei (V. 1. 5). Beschneidung und Gesetz gehören für den Juden unmittelbar zusammen. Die Beschneidung ist das Israel gegebene Bundeszeichen (1. Mose 17); sie ist zugleich Bekenntniszeichen, durch das die Zugehörigkeit zu Israel und die Bindung an die Heilsordnung des Gesetzes äußerlich dokumentiert wird. Für die Urgemeinde in Jerusalem war die Zugehörigkeit zu Israel ein das eigene Selbstverständnis entscheidend bestimmender Faktor. Sie wußte sich als Kristallisationskern für die unmittelbar bevorstehend geglaubte endzeitliche Erneuerung und Sammlung ganz Israels. Beschneidung und Gesetz waren für sie darum undiskutierbare Gegebenheiten. Es war von da her auch eine Selbstverständlichkeit für sie, daß eine Hinwendung von Heiden zum Christusglauben nur in der Form eines gleichzeitigen Eintritts in den Glaubens- und Lebensverband Israels, d. h. durch Beschneidung und Übernahme des Gesetzes, möglich sei. Einiges deutet allerdings darauf hin, daß dieser strenge Standpunkt in den Jahren nach 40 nicht mehr von allen Gruppen der Jerusalemer Gemeinde geteilt worden ist. So scheint Petrus in jenen Jahren außerhalb Jerusalems Mission getrieben und dabei die Grenzen des Judentums wenigstens punktuell durchbrochen zu haben, indem er Gottesfürchtige ohne Beschneidung in die Kirche aufnehmen ließ. Dieses Verhalten dürfte bereits zu Kontroversen in der Urgemeinde geführt haben, deren Spuren sich in dem Bericht 10, 1–11, 18 deutlich abzeichnen. Einen völligen Verzicht auf Beschneidung und Gesetz wird jedoch auch Petrus nicht vertreten haben.

Die Gemeinde von Antiochia bekannte sich dagegen gerade zu diesem Verzicht. Sie hatte Heiden in ihre Reihen aufgenommen, ohne sie gleichzeitig den Lebensordnungen Israels zu unterstellen, und sie war auf diese Weise auch äußerlich, in den Augen der Umwelt, zu einer Größe geworden, die außerhalb des Judentums stand (s. zu 11, 19–26). Schließlich hat Paulus eine grundsätzliche theologische Klärung des Gesetzesproblems herbeigeführt, indem er zeigte: Das Gesetz ist durch Christus als Heilsweg abgetan; es entspricht dem Wesen des Evangeliums, daß es allein auf Glauben hin ergeht, ohne Werke des Gesetzes (Gal 2,16; Röm 3,21 f.). Den Heiden das Gesetz aufzuerlegen, wäre damit gleichbedeutend mit einer Entleerung des Evangeliums!

Der Konflikt zwischen beiden Positionen war auf die Dauer unvermeidlich. Überraschend ist lediglich, daß er erst so spät ausgetragen wurde. Immerhin bestand zur Zeit des Apostelkonzils, das nach der wahrscheinlichsten Datierung (s. zu 11,27–30) im Frühjahr 48 stattgefunden hat, die Gemeinde von Antiochia bereits seit mehr als einem Jahrzehnt. Aber erst jetzt war, vor allem auf Grund der von Paulus und Barnabas getragenen Mission in Kleinasien, auf der erstmals rein heidenchristliche Gemeinden gegründet worden waren, die Tiefe des Grabens voll sichtbar geworden, und zwar für beide Seiten. Was zur Debatte stand, war die Frage, ob die Heidenchristen infolge ihrer Preisgabe des Gesetzes aus der Kontinuität des Gottesvolkes herausgefallen waren oder nicht. Alles hing davon ab, ob es den Antiochenern gelingen würde, die Jerusalemer davon zu überzeugen, daß ihre gesetzesfreie Verkündigung im vollen Sinne Evangelium Jesu Christi sei und daß ihre Gemeinschaft, auch wenn sie nicht mehr von der Lebensform des Gesetzes geprägt war und darum für die Judenchristen neue, fremde Züge trug, Kirche Jesu Christi sei.

Man wird bei alledem nicht übersehen dürfen, daß in dem Konflikt auch nichttheologische Faktoren eine gewisse Rolle gespielt haben. Antiochia war in kurzer

Zeit zu einem zweiten Zentrum der Kirche geworden; die dortige Gemeinde war vermutlich zahlenmäßig größer als die in Jerusalem, vor allem aber war sie der alten Muttergemeinde hinsichtlich ihrer Austrahlungskraft weit überlegen. Die Jerusalemer Gemeinde war wirtschaftlich schwach und auf Hilfe von außen angewiesen, sie war zudem durch die politischen Verhältnisse seit der Agrippa-Verfolgung (s. zu Kp 12) in permanenter Bedrängnis. Aber eben diese politischen Verhältnisse, die bestimmt waren durch eine Stärkung des jüdischen Nationalismus, begünstigten das Wachstum streng judaisierender Strömungen in der Jerusalemer Gemeinde. Jede Annäherung an die Heidenchristen mußte in dieser Lage die Gemeinde gefährlichen Verdächtigungen aussetzen.

Der vorliegende Bericht ist von Lukas sehr bewußt gestaltet. So fällt bereits die kunstvolle Gliederung auf, die dem Ganzen streng symmetrische Proportionen verleiht. V.1–3 schildern die *Vorgeschichte* in Antiochia (den Streitfall und die Entsendung der Delegation); parallel dazu steht die – wiederum in Antiochia spielende – *Nachgeschichte* V.30–33 (die Freude über die erreichte Lösung und das weitere Wirken von Paulus und Barnabas). Der in Jerusalem spielende *Hauptteil* (V.4–29) setzt ein mit einer Schilderung des Konfliktes beim Auftreten von Paulus und Barnabas vor der Gemeindeversammlung (V.4–5) und endet mit der Schilderung der Konfliktlösung, ebenfalls vor der Gemeindeversammlung (V.22–29). Davon eingerahmt ist das eigentliche Mittelstück V.6–21 (die Beratung der Apostel und Ältesten), das beherrscht wird von den zwei deutlich parallel zueinander stehenden Reden des Petrus (V.7–11) und des Jakobus (V.13–21). Vor allem diese beiden Reden tragen alle Merkmale lukanischer Komposition. Sie sind dazu gedacht, dem Leser die geschichtliche Bedeutung des Vorgangs deutlich vor Augen zu stellen. So knüpft die Petrusrede (V.7–11) an die Korneliusgeschichte (10,1–11,18) an. Denn nach Meinung des Lukas war die Entscheidung für die Heidenmission durch Gottes Handeln bereits damals grundsätzlich gefallen; was jetzt anstand, war lediglich der Nachvollzug dieser Entscheidung durch die gesamte Kirche. Die Petrus in den Mund gelegte Begründung für die Befreiung der Heidenchristen vom Gesetz (V.10) reflektiert zumindest teilweise das Gesetzesverständnis des Heidenchristen Lukas. Im Munde des historischen Petrus ist sie schwerlich denkbar. Die Jakobusrede (V.13–21) trägt zwar stärker judenchristliches Kolorit, doch der in ihrem Zentrum stehende Schriftbeweis (V.16f.) verrät dadurch seine lukanische Herkunft, daß er dem Text der griechischen Bibel folgt. – Der Abschnitt weist auch keinerlei Brüche und Spannungen auf, die als Indizien für die Verwertung einer Quelle durch Lukas dienen könnten.

Trotzdem ist es unwahrscheinlich, daß Lukas diesen Bericht völlig ohne jede Traditionsgrundlage geschaffen haben sollte. Dagegen sprechen zunächst einige Details, die solide historische Information voraussetzen. So finden sich in V.4. 6. 22 Hinweise auf die Verfassung der Jerusalemer Gemeinde: Es gibt in ihr zu jener Zeit neben den Aposteln einen Kreis von Ältesten (s. zu 11,30). Als ihr maßgeblicher Leiter tritt Jakobus in Erscheinung (s. zu 12,17). Er ist es, der die Entscheidung fällt (V.19ff.), während Petrus nur im zweiten Glied steht. Auffällig ist ferner, daß abgesehen von der Einleitung (V.1–3) die Ereignisse ganz aus Jerusalemer Sicht erzählt werden. Paulus und Barnabas kommen über Statistenrollen kaum hinaus: Sie werden lediglich angehört (V. 4. 12); die Paulusrede, die man eigentlich an dieser Stelle erwartet, fehlt. Es ist Petrus, nicht Paulus, der die Sache der Heidenchristen argumentierend vertritt. Dies alles ließe sich am leichtesten von der Voraussetzung aus erklären, daß Lukas hier eine Tradition aus Petrus nahestehenden judenchristlichen Kreisen verarbeitet hat, die der in 10, 1–11, 18 aufgenommenen Tradition verwandt war (s. dort) und in der die Entscheidung des Apostelkonzils als Rechtfertigung des von Petrus vertretenen und praktizierten Standpunkts gedeutet wurde. In dieser Tradition wäre dann Petrus sehr stark mit der Heidenmission identifiziert worden, mit einer Heidenmission freilich, die nicht ganz auf das Gesetz verzichtet hat, sondern die Verbindlichkeit gewisser Minimalforderungen der Tora für die Heiden aufrecht erhielt.

Apg 15, 1–34 und der Bericht des Paulus (Gal 2, 1–10). Entscheidend für die Beurteilung von Apg 15 und für die Rekonstruktion der dahinterstehenden historischen Vorgänge ist der Vergleich mit dem Eigenbericht des Paulus in Gal 2. Daran, daß beide Berichte sich auf das gleiche Ereignis beziehen, läßt sich ebensowenig zweifeln wie daran, daß der Bericht der Apg weder direkt noch indirekt von dem des Paulus abhängig ist. Natürlich wird man dem Bericht des Paulus als dem eines unmittelbar Beteiligten zunächst mit einem gewissen Recht ein größeres Maß an historischer Zuverlässigkeit zubilligen. Zugleich aber ist festzustellen, daß er keineswegs historisch „objektiv" informiert – wobei dahingestellt bleiben kann, ob es so etwas wie eine absolut objektive historische Information überhaupt geben kann –, sondern dadurch geprägt ist, daß er im Dienst einer stark polemisch akzentuierten Argumentation steht. Paulus verteidigt sich in Gal 2 leidenschaftlich gegen Vorwürfe seiner judaistischen Gegner in Galatien, die ihm unterstellen, er habe sein Apostelamt und sein Evangelium nicht direkt von Christus empfangen, sondern sei im Blick auf beides von den Autoritäten der Jerusalemer Urgemeinde abhängig (Gal 1, 1. 11 f.). Sein Interesse, das er bei der Darstellung der Vorgänge auf dem Apostelkonzil verfolgt, ist deshalb die Betonung seiner Unabhängigkeit von den Jerusalemern und der Anerkennung, die sein Evangelium durch diese gefunden hat.

In den folgenden Punkten stimmen beide Berichte miteinander überein: 1. Paulus und Barnabas reisen nach Jerusalem (15, 2; Gal 2, 1). – 2. Zentraler Verhandlungsgegenstand ist die Frage der Beschneidung der Heidenchristen (15, 5; Gal 2, 3). – 3. Die Beschneidungsforderung wird von einer radikal judaistischen Gruppe der Urgemeinde erhoben (15, 5 spricht von christlichen Gliedern der Pharisäersekte, Gal 2, 4 bezeichnet sie stark polemisch abwertend als „eingeschlichene falsche Brüder"). – 4. Paulus gibt einen Bericht über den Erfolg seiner Mission (15, 4. 12; Gal 2, 2). – 5. Die maßgeblichen Männer in Jerusalem machen sich die Beschneidungsforderung nicht zu eigen und sehen von einer entsprechenden Auflage für die Heidenchristen ab (15, 19 f.; Gal 2, 6). – 6. Das Ergebnis ist die Rettung der Einheit der Kirche (15, 30 ff.; Gal 2, 9).

Diesen Übereinstimmungen stehen eine Reihe von Differenzen gegenüber, für die sich jedoch in den meisten Fällen Erklärungen finden lassen: 1. Nach 15, 2 ziehen Paulus und Barnabas als Delegierte der Gemeinde von Antiochia nach Jerusalem; Gal 2, 2 hingegen erwähnt Antiochia nicht und führt die Reise auf eine Weisung des

Geistes zurück. Dies ist aber nur ein scheinbarer Widerspruch. Paulus verschweigt im Galaterbrief aus verschiedenen Gründen seine ehemals enge Bindung an Antiochia (s. zu 15,39). Im übrigen ist eine Weisung des Geistes (in der Gemeindeversammlung) durchaus mit einer Aussendung durch die Gemeinde vereinbar (vgl. 13,2f.). – 2. Titus, der nach Gal 2,1 Mitglied der antiochenischen Delegation war und an dem sich die Beschneidungsforderung der Gegner entzündete, wird in Apg 15 nicht genannt; offenbar war bereits in der hier zugrundeliegenden Tradition die Erinnerung an die Gestalt des Paulusmitarbeiters verblaßt. – 3. Paulus nennt als seine unmittelbaren Verhandlungspartner die drei „Säulen" Jakobus, Kefas (= Petrus), Johannes (Gal 2,9). Die Apg bestätigt zwar die durch die Reihenfolge bei Paulus implizierte Vorordnung des Jakobus, erwähnt aber Johannes nicht, was damit zusammenhängen dürfte, daß die von Lukas herangezogene Tradition lediglich an Petrus und Jakobus als Vertretern charakteristischer Positionen interessiert war. (Zur Frage des Lebensausganges des Zebedaiden Johannes s. zu 12,2). – 4. Nach 15,4. 6 treffen Paulus und Barnabas in Jerusalem auf zwei Gremien, die sich mit dem Streitfall befassen: die Gemeindeversammlung (V.4. 22) und die „Apostel und Ältesten" (V.6); Paulus hingegen erwähnt als seine Gesprächspartner lediglich die „Angesehenen", d.h. die drei „Säulen" (Gal 2,2. 6. 9). Hier dürfte die Apg im Recht sein. Denn daß Paulus die Gemeindeversammlung wie auch die Ältesten ignoriert, paßt gut zu seiner Tendenz: Er kann nicht eine Abhängigkeit von der Jerusalemer Gemeinde und ihren Ältesten zugestehen; die einzigen kompetenten Partner, die er anerkennt, sind die Apostel. – 5. Gal 2,2 spricht davon, daß Paulus sein Evangelium den „Angesehenen" vorgelegt habe, während Apg 15 davon nichts erwähnt, was damit zusammenhängen dürfte, daß die Frage nach der Legitimität des gesetzesfreien Evangeliums und seiner wesenhaften Übereinstimmung mit dem Evangelium der Judenchristen aus dem Gesichtskreis des Heidenchristen Lukas entschwunden ist. – 6. Gal 2,10 erwähnt als einzige Auflage, die die Jerusalemer gemacht haben, die Erhebung einer Kollekte für die Urgemeinde. Die Apg schweigt davon, obwohl sie von einer früheren Kollekte Antiochias für Jerusalem berichtet hatte (11,29f.) und – noch überraschender – obwohl Lukas offensichtlich auch von der späteren Kollekte des Paulus für Jerusalem weiß (24,17; zum Grund dieses Schweigens s. zu 21,15–26). – 7. Der letzte und schwierigste Differenzpunkt betrifft das sogenannte Apostedekret. Es handelt sich dabei um den auf Veranlassung des Jakobus an die Heidenchristen in Antiochia, Syrien und Zilizien ergehenden Erlaß, der ihnen die Enthaltung von „Götzenopferfleisch, Blut, Ersticktem und Unzucht" auferlegt (V.20. 29), und zwar im Sinne einer Minimalforderung, von deren Befolgung die Gewährung von Kirchengemeinschaft abhängt. Paulus dagegen betont mit großem Nachdruck in Gal 2,6, daß die maßgeblichen Männer in Jerusalem ihm außer der Kollekte keine weiteren Auflagen gemacht hätten. Ein Ausgleich zwischen beiden Aussagen ist unmöglich. Paulus hätte das Dekret, wäre es tatsächlich ein für ihn und seine Gemeinden verbindliches Verhandlungsergebnis gewesen, keineswegs verschweigen können, denn es läuft auf eine zumindest partielle Unterstellung der Heidenchristen unter das Gesetz hinaus. Die Argumentation des Paulus steht und fällt jedoch mit dem Nachweis, daß die Jerusalemer damals den Heidenchristen die völlige Freiheit vom Gesetz zugestanden haben.

Woher kommt aber dann das Dekret, wenn es nicht ursprüngliches Ergebnis des Apostelkonzils gewesen ist, und wie ist es in den lukanischen Bericht geraten? Handelt es sich um eine in der Kirche des Lukas lebendige Tradition, die er fälschlich auf die Apostel zurückführt (E. Haenchen)? Aber nichts deutet darauf hin, daß diese Bestimmungen in der heidenchristlichen Kirche des Lukas in Geltung gestanden hätten. Wahrscheinlicher ist eine andere Erklärung: Das Apostelddekret ist in der Tat von Jakobus erlassen worden, allerdings erst nach dem Apostelkonzil. Lukas hätte demnach, vielleicht veranlaßt von seinen Quellen, fälschlich zwei zeitlich getrennte Vorgänge ineinandergeschoben. In der Tat gibt uns der Galaterbrief einen Anhaltspunkt für diese Vermutung. Paulus berichtet dort von dem sogenannten Antiochia-Zwischenfall, der sich nach dem Apostelkonzil zugetragen hat (Gal 2,11–21): Der in Antiochia weilende Petrus gibt auf Weisung einer von Jakobus gesandten Delegation die Tischgemeinschaft mit den Heidenchristen auf und löst dadurch eine tiefgreifende Krise in der Gemeinde aus. Demnach ist offenbar das Problem der Tischgemeinschaft zwischen Juden- und Heidenchristen im Gefolge des Apostelkonzils für die Jerusalemer zum Problem geworden. Man hatte sich zwar grundsätzlich in Jerusalem zur vollen Kirchengemeinschaft mit den unbeschnittenen Gläubigen bekannt. Aber man glaubte es nun nicht zulassen zu dürfen, daß die judenchristlichen Minderheiten in den mehrheitlich heidenchristlichen Gemeinden unter Außerachtlassung des Gesetzes und seiner Reinheitsbestimmungen mit den Unbeschnittenen Tischgemeinschaft hielten.

Das Apostelddekret scheint nun die Reaktion des Jakobus und der mit ihm verbundenen Judenchristen auf die antiochenische Krise gewesen zu sein. Seine vier Bestimmungen entsprachen den Minimalforderungen, die das mosaische Gesetz hinsichtlich der kultischen Reinheit der im Lande lebenden Fremden erhoben hatte (3. Mose 17,10–14; 18,6–18.26), sowie den sogenannten noachitischen Geboten (1. Mose 9,4), die nach rabbinischer Theorie (Sanh 56b) für alle Menschen gelten sollten. Sie waren gedacht als eine Schutzbestimmung für die in gemischten Gemeinden lebenden Judenchristen, indem sie deren kultische Verunreinigung verhindern sollten.

Vermutlich hat Petrus ebenso wie Barnabas und die antiochenischen Judenchristen das Dekret akzeptiert und es in seiner eigenen Missionstätigkeit weiter vertreten. Indirekt läßt sich nämlich aus Gal 2,11–21 erschließen, daß Paulus seinen Standpunkt der radikalen Gesetzesfreiheit in jenem Konflikt nicht durchzusetzen vermochte. Wenn aber Petrus das Dekret als Ausführungsbestimmung für die Entscheidung des Apostelkonzils tradierte, dann ist auch damit zu rechnen, daß es bereits in der von Lukas benutzten petrinisch gefärbten Tradition unmittelbar mit dem Apostelkonzil verbunden worden ist.

Es fehlt nicht an Hinweisen dafür, daß das Dekret in einigen Kirchengebieten zeitweise in Geltung stand (Offb 2,14.20). Paulus jedoch hat es in seinem Missionsgebiet nicht eingeführt. So setzt die Argumentation von 1. Kor 8 voraus, daß es in Korinth keine verbindlichen Bestimmungen gab, die das Essen von Götzenopferfleisch verboten hätten. Einen weiteren indirekten Beleg bietet 21,25, wo Jakobus Paulus bei seinem letzten Jerusalembesuch über das Dekret als über eine ihm bislang fremde Sache unterrichtet. –

Der westliche Text von 15,1–34 bietet einige auffallende Varianten, die zwar keine Ursprünglichkeit beanspruchen können, jedoch auslegungsgeschichtlich von Interesse sind. Vorherrschend ist dabei die Tendenz, die Konturen der Auseinandersetzung schärfer zu profilieren und einige kräftige Akzente zu setzen. So wird hier das Vorspiel in Antiochia stärker an das Folgende angebunden und zugleich dramatisch ausgestaltet: Die aus Jerusalem Herabkommenden fordern nicht nur die Beschneidung, sondern (in Angleichung an V.5) auch das „Wandeln nach der Sitte des Mose" (V.1). Paulus setzt dem heftigen Widerstand entgegen: „Paulus aber sagte, sie würden so bleiben, wie sie zum Glauben gekommen waren, und er versteifte sich darauf" (V.2a). Darauf zitieren die Jerusalemer Abgesandten Paulus und Barnabas nach Jerusalem, um sie dort vor dem Tribunal der Apostel zur Rechenschaft zu ziehen: „Die aus Jerusalem Herabgekommenen geboten ihnen, nämlich Paulus und Barnabas sowie einigen andern, hinaufzuziehen zu den Aposteln und Ältesten nach Jerusalem, um sich mit ihnen über diesen Streitfall auseinanderzusetzen" (V.2b). Die Initiative für den Jerusalembesuch liegt also bei den Jerusalemern, die als Ankläger gezeichnet werden, nicht mehr bei der antiochenischen Gemeinde.

In der zentralen Jerusalemer Verhandlungsszene hebt der westliche Text die Petrusrede gegenüber der Jakobusrede auffallend hervor, indem er in ihrer Einleitung hinzufügt, Petrus habe „im Geiste" geredet (V.7), und an ihrem Ende ausdrücklich die Zustimmung der Ältesten zu dem von Petrus Gesprochenen vermerkt (V.12a). Hier könnte die im westlichen Text vielfach feststellbare antijudaistische Tendenz federführend gewesen sein.

Wohl die bekannteste Variante der Apg bietet der westliche Text des Aposteldekretes (V.20; vgl. auch V.29): „... sondern ihnen zu gebieten, sich zu enthalten von der Befleckung der Götzen, von Unzucht und von Blut – und, was man nicht will, daß es einem zugefügt werde, das tut anderen nicht an". Hier wurde von den ursprünglich vier Verboten das am eindeutigsten rituell ausgerichtete, nämlich das des Essens von „Ersticktem", ausgelassen. Zugleich wurde den drei restlichen Weisungen im Sinne eines übergreifenden Interpretamentes die sogenannte „goldene Regel" in negativer Fassung angefügt (vgl. Mt 7,12; Lk 6,31), wodurch sich eine erhebliche Sinnverschiebung vom Kultisch-Rituellen auf das Moralische hin ergab. Denn in diesem veränderten Kontext bezieht sich das Verbot der „Befleckung der Götzen" nicht mehr auf den Genuß kultisch geschlachteten Fleisches, sondern – allgemein – auf den Götzendienst, und ebenso ist mit „Blut" nicht mehr „Blutgenuß", sondern Blutvergießen im Sinne des 5. Dekaloggebotes gemeint. Indem so das Dekret uminterpretiert wird zum Grundkanon christlicher Moral, wird seine ursprüngliche judaisierende Tendenz eingeebnet in den die heidenchristliche Großkirche der nachapostolischen Zeit beherrschenden Moralismus.

B 1 Die Ausgangskonstellation wird sehr zurückhaltend beschrieben: Leute aus Judäa kommen nach Antiochia und stören den Gemeindefrieden, indem sie die Beschneidung der Heidenchristen als heilsnotwendig fordern. Lukas will den Anschein vermeiden, als handle es sich um direkte Abgesandte der Jerusalemer. Den Gedanken, daß die Apostel selbst direkt oder indirekt die seiner bisherigen Darstellung nach zwischen Jerusalem und Antiochia bestehende Harmonie (11,22.27–30; 12, 24f.) gestört haben könnten, läßt er gar nicht erst aufkommen. Die Herkunftsangabe „Judäa" ist einerseits betont neutral gehalten, weil sie den Blick nicht unmittelbar nach Jerusalem lenkt (vgl. 9,31; 11,1), sie ist andererseits aber deutlich genug, um den judenchristlichen Standpunkt der Eindringlinge zu umreißen. Die Beschneidung ist diesem Standpunkt nach nicht etwa nur eine zusätzliche Bedingung für das Heil, die zum Glauben an Christus hinzukäme, sondern sie ist absolut fundamental: Nur der Beschnittene gehört zum Gottesvolk und kann so das diesem endzeitlich verheißene Heil empfangen. Zur Debatte steht also nicht weniger als das Recht der Unbeschnittenen, zur Kirche zu gehören. Kein Wunder, 2 daß diese Forderung erregte Auseinandersetzungen hervorruft und Paulus und Barnabas, die Bahnbrecher der von Antiochia ausgehenden Heidenmission, dabei Wortführer der heidenchristlichen Sache werden. In dieser schwierigen Lage faßt die Gemeinde – gedacht ist wohl wiederum an eine Vollversammlung (14,27) – den Beschluß, eine Delegation unter Führung von Paulus und Barnabas nach Jerusalem zu senden, um dort eine Klärung herbeizuführen. Überraschend werden neben den Aposteln als den Trägern kirchlicher Autorität die „Ältesten" genannt (doch vgl. 11,30). Hierin spiegelt sich die neue Situation, die in der Leitung der Jerusalemer Gemeinde eingetreten ist: Anscheinend hat sich dort im Zusammenhang mit der Übernahme der Gemeindeleitung durch Jakobus (vgl. 12,17) und dem Ausscheiden des Petrus die Ältestenverfassung durchgesetzt, was die Rückwendung zu einer stärker traditionsgebundenen jüdischen Verfassungsform bedeutete. Darüber, welche Apostel damals noch in Jerusalem anwesend waren, erfahren wir ebensowenig wie über die Aufteilung der Leitungskompetenzen zwischen ihnen und den Ältesten.

Die reisefertige Delegation wird von der Gemeinde – wohl in einem Gottesdienst 3 (vgl. 13,3) – feierlich verabschiedet. Sie zieht auf dem Landweg nach Jerusalem und besucht dabei die von den Hellenisten gegründeten Gemeinden in Phönizien (11,19) und Samarien (8,4–25). Lukas benutzt diese Gelegenheit, um den Leser ganz nebenbei an die weite Ausbreitung der Kirche in jener Zeit zu erinnern und, darüber hinaus, um zu zeigen, daß die Antiochener mit ihrer Sache nicht allein standen, sondern unter den Christen breite Zustimmung fanden.

Am Anfang der Ereignisse in Jerusalem steht ein Bericht der Delegation vor der 4 dortigen Gemeindeversammlung *(ekklēsia)* in Anwesenheit der Apostel und Ältesten. Eigentlich würde man an dieser Stelle eine Darlegung des den Anlaß der Reise bildenden Konflikts erwarten. Aber Lukas will mit einem positiven Bild einsetzen. Mit einer fast formelhaften, 14,27 aufnehmenden Wendung (vgl. auch V. 12) wird der Inhalt des Berichtes umschrieben. Gedacht ist dabei wohl an die Ereignisse auf der vorhergegangenen Missionsreise: In ihnen hat sich Gott als mächtig erwiesen und seinen Willen zur Einholung der Heiden in die Kirche sichtbar unter Beweis gestellt. Jeder der Anwesenden müßte – das will Lukas andeuten – von da her erkennen können, daß der Streitfall bereits durch Gott im Sinne des Paulus und Barnabas vorentschieden worden ist. Trotzdem erhebt sich Widerspruch – aller- 5 dings nicht aus der ganzen Gemeinde, sondern nur seitens eines bestimmten Flügels. Die pharisäischen Christen fordern Beschneidung der Heiden und Unterstellung unter das ganze Gesetz.

6 Die Szene wechselt: die eigentliche Gemeindeleitung, bestehend aus Aposteln und Ältesten, bemüht sich in einer geschlossenen Sitzung um eine Klärung des Streitfalles. Lediglich Paulus und Barnabas sind als unmittelbar Betroffene anwesend. Eine Reihe von Auslegern (E. Haenchen, H. Conzelmann) folgerten freilich aus V. 12, daß es sich noch um die gleiche Versammlung wie in V. 4 handeln müsse. Aber Lukas gebraucht das dort erscheinende Wort *plēthos* (= Menge, Gemeinde) auch sonst für zahlenmäßig begrenzte Versammlungen (23,7; Lk 23,1). Spätestens hier tritt zutage, daß der Konflikt nicht nur von einer Randgruppe der Gemeinde ausgelöst wurde, sondern auch das Leitungsgremium erfaßt hat.

7 Petrus setzt nun zu einer Rede an, und sie ist zugleich sein letztes Wort in der Apg, ehe er von der Bildfläche verschwindet. Sein Auftreten an dieser Stelle überrascht insofern, als in 12,17 sein Weggang aus Jerusalem und der Übergang der Gemeindeleitung an Jakobus angedeutet worden waren. Der vorliegende Bericht widerspricht aber insofern dieser Mitteilung nicht, als er eindeutig Jakobus in der Funktion des Gemeindeleiters zeigt, bei dem die letzte Entscheidungsgewalt liegt (V. 19 ff.); er bietet darum auch keinen Anlaß zu einer problematischen Vordatierung des Apostelkonzils vor die Agrippa-Verfolgung (s. zu 11,27–30 und 12,1 ff.). Denn es ist gut denkbar, daß Petrus nach Abklingen der unmittelbaren Gefahr für ihn noch öfters in Jerusalem weilte. Auf alle Fälle aber lag der Schwerpunkt seiner Tätigkeit zu jener Zeit in der Mission, was durch den Inhalt der Rede auch bestätigt wird. Diese enthält nur zwei Gedanken: Die gesetzesfreie Heidenmission hat sich durch Gottes Handeln als seinem Willen gemäß erwiesen (V. 7b–9); den Heiden das Gesetz aufzuerlegen, ist darum unnötig und theologisch illegitim (V. 10f.). Der erste Gedanke ist bereits durch den Rechenschaftsbericht des Paulus (V. 4) vorbereitet. Eigentlich würde man erwarten, daß Petrus, hier anknüpfend, davon sprechen würde, daß Gott in den großen Taten, die Gott durch Paulus und Barnabas getan hat, seinen Heilswillen für die Heiden bekundet habe. Statt dessen führt er als Beleg sein eigenes Wirken unter den Heiden an, wobei er sich – so will Lukas es wohl verstehen – konkret auf die Korneliusgeschichte (10, 1–11, 18) bezieht. Dahinter steckt eine theologische Absicht des Lukas: Für ihn war der Vorgang in Cäsarea bereits die grundlegende Legitimation der Heidenmission; das Apostelkonzil ist seiner Meinung nach nichts weiter als die endgültige, gehorsame Aneignung der damals von Gott her durch das Wirken des Petrus vollzogenen Entscheidung durch die Kirche. Die Leser kennen diese Entscheidung bereits – die Petrusrede soll sie nur noch einmal in gedrängter Form daran erinnern. Die feierliche Wendung „von alten Tagen her" will andeuten, daß es sich bei der Korneliusbekehrung um ein im göttlichen Heilsratschluß begründetes Geschehen handelt. Dem gleichen Ziel dient die feierliche biblische Sprache imitierende Erwählungsaussage (1. Sam 16,9;

8 1. Kön 8,16. 44; 1. Chr 28,4f.). Und nun erzählt Petrus davon, wie Gott damals an den Heiden gehandelt hat: Als „der die Herzen kennt" setzte er sich über alle sichtbaren Unterscheidungsmerkmale, wie sie zwischen Juden und Heiden bestehen, hinweg (1,24; 10,34) und schenkte den Heiden die gleiche endzeitliche Gabe

9 wie den Judenchristen, nämlich den Geist (10,44). Aus dem Geistempfang aber folgt – und das ist eine Konsequenz, die in 10,44 ff. noch nicht direkt gezogen wurde – die Reinheit der Heiden. Denn in und mit dem Empfang des Geistes vollzieht sich

die Reinigung der Herzen und damit die Reinigung des ganzen Menschen durch den Glauben. Gemeint ist nicht irgendein Glaube als eine dem Menschen eignende Fähigkeit, sondern der Glaube an Jesus Christus (3,16; 20,21; 24,14), den Gott allein zu schenken vermag. Die Heidenchristen sind so den Judenchristen grundsätzlich gleichgestellt worden; Gott selbst hat die Scheidung zwischen den durch das Gesetz Gereinigten und den Unreinen aufgehoben.

Daraus ergibt sich die Folgerung: Es hieße Gott „versuchen", d.h. sich seiner 10 deutlichen Willenserklärung in den Weg stellen, wollte man den Heiden die Last des Gesetzes auferlegen. Dies um so mehr, als damit die offenkundige Tatsache verdeckt würde, daß Israel selbst nicht imstande war, alle Bestimmungen des Gesetzes einzuhalten. In Wirklichkeit haben auch die Judenchristen dem Gesetz gegenüber versagt; sie werden nicht wegen ihres Gesetzesgehorsams gerettet, sondern „durch die Gnade des Herrn Jesus". Damit aber stehen sie den Heidenchristen gleich, die nicht anders als sie das Heil aus Gnade und durch Glauben empfangen.

Diese Sicht des Gesetzes als eines Agglomerates schwer durchschaubarer und undurchführbarer Bestimmungen entspricht der Perspektive des lukanischen Heidenchristentums, das nichts mehr weiß von der Geborgenheit des Juden im Gesetz als der Ordnung des heilen Lebens. Jesus hatte das Gesetz nicht wegen seiner Undurchführbarkeit kritisiert, sondern wegen seines Kompromißcharakters, der den Blick auf die hinter ihm stehende totale Gehorsamsforderung Gottes verstellte (Mt 5,21–48), und Paulus hatte diesen Ansatz radikalisiert, wenn er davon sprach, daß das Gesetz nicht das gehorsame Einstimmen des Menschen in den Willen Gottes bewirkt haben, sondern statt dessen als Mittel seines selbstmächtigen Widerstandes gegen ihn mißbraucht worden sei und darum seine Funktion als Heilsweg verloren habe (Röm 7). Demgegenüber wird hier die Gesetzesproblematik zweifellos nivelliert. Trotzdem wird die entscheidende Einsicht aufrechterhalten, daß es 11 allein die Gnade Jesu ist, die Juden und Heiden Rettung schenkt, nicht jedoch das Gesetz. An diesem Punkt spricht der lukanische Petrus nahezu paulinisch. Freilich nur nahezu – denn Lukas hatte Paulus in 13,38f. von „Gerechtfertigtwerden" reden lassen, während er Petrus hier in der für diesen bezeichnenden Terminologie (2,21. 40; 4,9. 12) von „gerettet werden" sprechen läßt.

Die von Petrus vorgetragenen Argumente bewirken, daß der Streit verstummt. 12 Das der Rede folgende Schweigen soll zweifellos Zustimmung signalisieren. Nun kommen Barnabas und Paulus zu Wort. Sollte die Reihenfolge der Namen Relikt einer vorlukanischen Tradition sein, die Barnabas Paulus überordnete (vgl. zu 14,8–14)? – Beiden bleibt nichts mehr zu tun, als das erste Argument des Petrus (V.7–9) zu bestätigen, indem sie nochmals (vgl. V.4) von den großen Taten berichten, die Gott durch sie unter den Heiden getan hat. Dabei heben sie die Zeichen und Wunder als besondere sichtbare Erweise des Wirkens Gottes hervor.

Nun aber tritt Jakobus auf. Schon die Einleitung seiner Rede mit der Aufforde- 13 rung „Hört mich an!" läßt keinen Zweifel daran, daß hier die Autorität spricht, der das letzte Wort gehört. Die Anknüpfung an die Rede des Petrus, mit der er einsetzt, 14 bedeutet Zustimmung. Nur hier und 2.Petr 1,1 erscheint die Namensform Simeon. Sie ist eine griechische Transskription des hebräischen Namens Schim'on, während die sonst gebräuchliche Form Simon stärker gräzisiert ist. Lukas hat diese archaisierende Form wohl gewählt, um das Lokalkolorit zu verstärken. Aus der Anknüpfung heraus entwickelt Jakobus einen neuen Gesichtspunkt: Gott hat sich aus den Völkern der Welt heraus ein neues, seinem Namen, d. h. seiner Herrschaft, unterstehendes neues Volk gewonnen. Die Heidenchristen sind – das wird hier ausdrücklich anerkannt – das Gottesvolk der Endzeit, sie sind Kirche. Die entscheidende Frage, die sich dann aber stellt, ist, in welchem Verhältnis dieses „Volk aus den Heiden" zu dem bisherigen Gottesvolk steht. Sie wird beantwortet mittels des prophetischen Heilswortes Am 9,11f. Ursprünglich sprach sich in diesem dem Amosbuch wohl erst in nachexilischer Zeit angefügten Wort die Hoffnung aus, daß es zu einer machtvollen Erneuerung des zerfallenen Jerusalem kommen und daß dessen Herrschaft den Rest des Erzfeindes Edom, aber auch alle anderen Völker der näheren Umwelt umspannen werde. Dieses Wort hat auch die Qumran-Gemeinde stark beschäftigt (CD VII 16; 4Qflor I 12). Sie wußte sich als die wiederaufgerichtete verfallene Hütte Davids. Es ist anzunehmen, daß es auch in der Urgemeinde zur Begründung des eigenen ekklesiologischen Selbstverständnisses eine Rolle gespielt hat und daß Lukas es bereits als geformten Schriftbeweis vorgefunden hat. Er scheut nun freilich nicht den Anachronismus, dem Jakobus die LXX-Fassung in den Mund zu legen, in der Am 9,12 einen neuen Sinn gewonnen hat: Nicht mehr von der Herrschaft Jerusalems über die Völker ist hier die Rede, sondern davon, daß nach der Wiederaufrichtung Jerusalems „der Rest der Menschheit" und „alle Völker" den Herrn suchen werden. In dieser Fassung gewinnt das Zitat grundlegende Bedeutung für die lukanische Ekklesiologie. Diese geht davon aus, daß die Heidenkirche nicht eine neue, außerhalb der Kontinuität der Heilsgeschichte stehende Größe ist. Vielmehr haben zuerst die Apostel aus dem alten Gottesvolk das wahre Israel der Endzeit gesammelt (V. 16), damit nunmehr auch die Heiden aus allen Völkern in die Gemeinschaft des Gottesvolkes eingebracht werden können. Dieses kann seinem Wesen nach nur eines sein; es gibt nicht ein Gottesvolk aus den Heiden neben einem aus den Juden, sondern nur das eine Volk Gottes, das das erneuerte Israel ist und das zugleich die ganze Menschheit umfassen soll. Die äußeren Zeichen der Kontinuität und Identität Israels, Gesetz und Beschneidung, werden dabei ersetzt durch die vom Geist Gottes gewirkte Kontinuität des rettenden Glaubens (V. 9. 11). Der mit Wendungen aus Jes 45,21 gebildete Abschluß des Schriftbeweises unterstreicht, daß sich in alledem der uranfängliche Heilsratschluß Gottes verwirklicht.

Die Entscheidung, die Jakobus abschließend vorschlägt, soll der gewonnenen Einsicht Rechnung tragen, daß den Heiden das Gesetz nicht auferlegt werden darf; sie soll zugleich aber die als notwendig erkannte konkrete Lebensgemeinschaft von Juden- und Heidenchristen ermöglichen. Vier Forderungen sollen für die Heidenchristen verbindlich gemacht werden, die darauf zielen, ihnen jenes Minimum an ritueller Reinheit zu verleihen, das nötig ist, damit nach dem Gesetz lebende Judenchristen, die mit ihnen in Tischgemeinschaft treten, vor Verunreinigung geschützt werden: 1. Verbot der „Befleckung durch Götzen", womit der Genuß von heidnisch-kultisch geschlachtetem Fleisch (V. 29) und, darüber hinaus, die Teilnahme an heidnischen kultischen Mahlzeiten (1. Kor 10,20 ff.) gemeint ist. – 2. Verbot der „Unzucht", d. h. von Heiraten in für Juden verbotenen Verwandtschaftsgraden

(3. Mose 18,6–18; vgl. Bill II 728). – 3. Gebot der Enthaltung von „Ersticktem", d.h. von Fleisch, das im Blut erstickt ist. Gemeint ist damit alles Fleisch, aus dem nicht, wie bei der jüdisch-rituellen Schlachtung (Schächtung), das Blut entfernt worden ist. – 4. Verbot des Blutgenusses, d.h. des Verzehrs von Speisen, in denen Blut enthalten ist (3. Mose 17, 10. 12 ff.).

Der letzte Satz der Jakobusrede gibt Rätsel auf, denn es ist nicht ganz deutlich, worauf er sich begründend zurückbezieht. Soll er die Bekanntheit des Amoszitates (V. 16 f.) als eines Teiles der an jedem Sabbat in den Synagogen verlesenen Schriften unterstreichen? Aber dann wäre wohl kaum von „Mose" die Rede. Setzt man, was wahrscheinlicher ist, einen Bezug auf V. 20 voraus, dann ist der Sinn folgender: Das Dekret ist nötig, weil die Juden seit Urzeiten an das im Synagogengottesdienst verlesene Gesetz gebunden sind und ihnen nicht ohne weiteres zugemutet werden kann, sich davon zu lösen. 21

Der Vorschlag des Jakobus wird nun einer neuerlichen Versammlung der Gesamtgemeinde zur formellen Beschlußfassung vorgelegt und angenommen, ohne daß sich dagegen Widerspruch der Judaisten erhöbe. Und zwar entscheidet man sich dahingehend, daß zwei angesehene Gemeindeglieder als offizielle Gesandte der Jerusalemer Gemeinde nach Antiochia reisen und der dortigen Gemeinde einen Brief überbringen sollen, der die Bestimmungen des Dekrets enthält. Damit, daß man das Schreiben nicht Paulus und Barnabas mitgibt, sondern es von einer besonderen Delegation überbringen läßt, wird einerseits sein offizieller Charakter betont, andererseits die antiochenische Gemeinde geehrt. Judas Barsabbas ist uns nicht näher bekannt. Anders steht es mit Silas (aram. Namensform *Sch^eila*, latinisierte Form: Silvanus). Er war offensichtlich ein dem Paulus theologisch nahestehender Mann, denn dieser wählte ihn kurz darauf als seinen missionarischen Mitarbeiter (V. 40; 1. Thess 1,1; 2. Thess 1,1; 2. Kor 1,19; vgl. 1. Petr 5,12). Der Text des Schreibens entspricht der klassischen Form des hellenistischen Briefes (ähnlich wie der zweite in der Apg angeführte Brief 23,26). Das sogenannte Eingangsformular besteht aus einem Satz und enthält Absenderangabe, Empfängerangabe und Grußformel. Als Absender werden nur die Apostel und Ältesten, nicht aber die Gemeinde genannt, denn nur sie sind unmittelbar Autoritäten für die Gesamtkirche. Der gesamtkirchliche Horizont des Schreibens wird dadurch angedeutet, daß die Empfängerangabe nicht nur die Heidenchristen Antiochias, sondern darüber hinaus Syriens und Ziliziens nennt. Überraschend ist freilich, daß die von der ersten Missionsreise erreichten Gebiete keine Erwähnung finden. Zilizien mag schon im Vorgriff auf V. 41 genannt sein. Das eigentliche Briefkorpus wird mit einer klaren Distanzierung der Jerusalemer Autoritäten von den Judaisten und mit Worten höchster Anerkennung für Barnabas und Paulus eröffnet. Mit einer vermutlich gebräuchlichen Wendung (vgl. Röm 16,4) wird deren selbstloser Einsatz für die Sache Jesu Christi gewürdigt. Dieser Vorspann ist insofern mehr als eine bloße captatio benevolentiae, als er zumindest indirekt die Fronten klären hilft: Paulus und Barnabas kehren weder als Geschlagene noch als Leute, denen man einen unbequemen Kompromiß aufgenötigt hat nach Antiochia zurück; sie sind vielmehr in ihrem theologischen Standpunkt und in ihrer missionarischen Arbeit ausdrücklich anerkannt worden. In wesentlich kürzerer Form werden die beiden 22–23

24–26

27

Jerusalemer Delegaten genannt und zugleich zur mündlichen Interpretation der Entscheidung bevollmächtigt, die nunmehr erst in der dem Leser bereits bekannten Weise mitgeteilt wird, wenn auch gegenüber V.20 in Reihenfolge und Wortlaut

28–29 leicht verändert. Die berühmte Einführungsformel „der heilige Geist und wir haben beschlossen" soll weder eine gleichberechtigte Partnerschaft zwischen den kirchenleitenden Autoritäten und dem Heiligen Geist noch eine Verfügungsgewalt dieser über jenen zum Ausdruck bringen, sondern lediglich feststellen, daß die kirchenleitenden Männer nicht aus eigener Machtvollkommenheit und Willkür, sondern in ausdrücklicher Unterstellung unter den Willen des heiligen Geistes ihre Entscheidung getroffen haben (vgl. 1,24f.; 5,32). Ausdrücklich werden die vier Forderungen des Dekrets als unumgänglich notwendiges Minimum bezeichnet. Die Wendung, mit der deren Einhaltung empfohlen wird, ist doppeldeutig: „so werdet ihr recht tun" oder „so wird es euch wohl ergehen". Den stilgemäßen Abschluß des Schreibens bildet die in Profanbriefen übliche Grußformel „Lebt wohl!" – Insgesamt wird man das Schreiben V.23–29 aus stilistischen wie aus inhaltlichen Gründen als ein Produkt des Lukas zu werten haben.

30 Die Schlußszene spielt wie die Anfangsszene in Antiochia. Wieder wird dort eine Gemeindeversammlung einberufen – ob durch Paulus und Barnabas oder durch die

31 Jerusalemer Delegaten, bleibt offen –, auf der der Brief verlesen wird. Die Reaktion ist eindeutig positiv: Die antiochenischen Heidenchristen verstehen seinen Inhalt nicht als Last, sondern ganz in dem Sinne, wie er von den Jerusalemern gemeint war, als befreienden, tröstlichen Zuspruch: Sie dürfen sich nunmehr, auch ohne Beschneidung und Gesetz, als vollgültige Glieder des Gottesvolkes wissen; die

32–33 Einheit der Kirche ist gerettet. Die Jerusalemer Delegaten tun auftragsgemäß (V.27) das Ihre, um diese positive Wirkung zu sichern. Auch sie geben tröstlichen Zuspruch, wozu sie als Propheten in besonderer Weise befähigt sind (vgl. 1.Kor 14,3). Ihre Anwesenheit wird so zu einem sichtbaren Erweis der bestehenden vollen Kirchengemeinschaft zwischen Jerusalem und Antiochia. Als sie schließlich

(34) nach Jerusalem zurückkehren, wird ihnen ein feierlicher Abschied zuteil. Eine Reihe von Handschriften fügen hier eine etwas pedantische Zwischenbemerkung ein, die einen Ausgleich mit V.40 herstellen soll: „Silas aber beschloß, bei ihnen zu bleiben, lediglich Judas reiste ab." Aber eine echte Spannung zwischen V.33 und V.40 besteht schwerlich, zumal Lukas anscheinend damit rechnet, daß zwischen der Abreise der Delegaten und dem Aufbruch des Paulus ein längerer Zeitraum lag, in dem eine Rückkehr des Silas aus Jerusalem durchaus möglich war.

14. Schlußbemerkung 15,35

35 Paulus aber und Barnabas blieben in Antiochia, lehrten und verkündigten mit vielen andern das Wort des Herrn.

A/B Wieder stellt Lukas an den Abschluß eines großen Abschnitts seines Werkes eine
35 Situationsschilderung, die das Resultat der bisherigen Entwicklung sinnfällig zusammenfaßt. Die Gemeinde von Antiochia, der erste Kristallisationspunkt des

gesetzesfreien Heidenchristentums, ist nunmehr nach innen und außen hin stabilisiert. Und in ihrer Mitte sehen wir noch einmal Paulus und Barnabas, die beiden Männer, derer sich Gott bei der Sammlung der Heiden bisher bediente, bei dem für sie typischen Werk der Lehre und Verkündigung. Neben ihnen aber stehen bereits andere. Die Schar der Mitarbeiter wächst – die Kirche ist für die nächste Phase ihrer Ausbreitung gerüstet.

IV. Die paulinische Mission in Kleinasien und Griechenland 15,36–19,20

Auf dem Apostelkonzil war die Tür für die Einholung der Heiden in das Gottesvolk endgültig geöffnet worden. In dem nun einsetzenden Teil seines Buches berichtet Lukas von den unmittelbaren geschichtlichen Folgen dieses Ereignisses: Die Kirche durchbricht die bisherige lokale Begrenzung auf Palästina, Syrien und das südöstliche Kleinasien und erreicht mit ihrer Mission das westliche Kleinasien und Griechenland. Innerhalb weniger Jahre wird der ganze Raum um die Ägäis, das kulturelle Kerngebiet der antiken Welt, von der christlichen Botschaft durchdrungen. Im Mittelpunkt dieser beispiellosen missionarischen Expansion steht Paulus. Die lukanische Darstellung zeichnet von nun an ohne Unterbrechung seinen rastlosen Weg durch die Welt nach. Und zwar will Lukas zunächst zeigen, daß es der Geist Jesu war, der Paulus dazu bestimmt hat, sich nach Europa zu wenden (16,6–10). Der Übergang des Evangeliums von einem Kontinent auf den andern hat für ihn entscheidendes Gewicht. Es folgen eine Reihe von Berichten über Mission und Gemeindegründungen in verschiedenen Städten Mazedoniens und Griechenlands (Philippi: 16,11–40; Thessalonich: 17,1–9; Beröa: 17,10–15; Korinth: 18,1–17). Eine Sonderstellung nimmt der Bericht vom Aufenthalt des Paulus in Athen (17,16–34) ein, obwohl es hier zu keiner Gemeindegründung kommt. Lukas hat ihn geschaffen, um in paradigmatischer Weise die Konfrontation des Evangeliums mit der antiken Philosophie für seine Leser anschaulich werden zu lassen. Der äußere Höhepunkt des paulinischen Missionserfolges und damit zugleich das Ende des Hauptteils ist erreicht mit dem Bericht vom machtvollen Wirken des Paulus in Ephesus (18,19–19,20).

15,36–19,20

1. Der Aufbruch des Paulus aus Antiochia und seine Trennung von Barnabas 15,36–41

³⁶Nach einigen Tagen sprach Paulus zu Barnabas: „Wir wollen uns aufmachen und nach den Brüdern sehen in allen Städten, in denen wir das Wort des Herrn verkündigt haben, wie es ihnen geht!" ³⁷Barnabas wollte aber auch

Johannes, genannt Markus, mitnehmen. ³⁸Paulus jedoch bestand darauf, einen Mann, der sie in Pamphylien verlassen hatte und nicht mit ihnen ans Werk gegangen war, nicht mitzunehmen. ³⁹Es kam zu einer Auseinandersetzung, mit der Folge, daß sie sich trennten und Barnabas nach Zypern reiste, wobei er Markus mitnahm. ⁴⁰Paulus aber wählte sich Silas und brach auf, nachdem er von den Brüdern der Gnade des Herrn empfohlen worden war. ⁴¹Er durchwanderte Syrien und Zilizien und stärkte die Gemeinden.

A
36–41

Der Aufbruch des Paulus zu seinem großen missionarischen Unternehmen war durch einen folgenschweren Konflikt überschattet. Der knappe Bericht des Lukas könnte zunächst den Eindruck erwecken, als sei bei dem Streit zwischen Paulus und Barnabas, der zu ihrer Trennung führte, nur Persönliches im Spiel gewesen, nämlich die Ablehnung eines unzuverlässigen Mitarbeiters durch Paulus und das starrköpfige Festhalten an eben diesem Mitarbeiter durch Barnabas. Zieht man jedoch Gal 2,11–21 als Hintergrundinformation mit heran, so wird deutlich, daß der Streit um die Person des Johannes Markus nur ein Teilausschnitt aus einer grundsätzlichen theologischen Auseinandersetzung gewesen sein dürfte, in der nicht nur das Einvernehmen zwischen Paulus und Barnabas, sondern auch das Verhältnis zwischen Paulus und der antiochenischen Gemeinde tiefgreifend gestört worden ist. Paulus fand sich in Antiochia mit dem von ihm vertretenen Standpunkt des gesetzesfreien Evangeliums, der es nicht erlaubte, die Heidenchristen unter die jüdischen Reinheitsgesetze zu zwingen, gegenüber Petrus, Barnabas und der Mehrheit der Gemeinde isoliert, die in dieser Sache für einen Kompromiß von der Art plädierten, wie er dann wohl auch im weiteren Verlauf in Gestalt des „Aposteldekrets" (s. zu 15,20) zustandegekommen sein dürfte. Nach Gal 2,11. 14ff. sieht es auch nicht so aus, als hätte Paulus in der öffentlichen Auseinandersetzung mit Petrus damals seinen Standpunkt durchsetzen können. Anscheinend hat er die Konsequenz aus dieser Lage gezogen, indem er sich von der antiochenischen Gemeinde löste, um seine Missionsarbeit zunächst ohne den Rückhalt einer aussendenden Muttergemeinde weiterzutreiben; denn die Antiochener hätten die radikal gesetzesfreie Heidenmission, wie Palus sie als seine Aufgabe erkannt hatte, nicht mittragen und mitverantworten können. Paulus ist zwar später nochmals nach Antiochia gekommen (18,22), doch die frühere enge Bindung erneuerte sich nicht mehr. In seinen Briefen schweigt er über Antiochia fast ganz – ein deutliches Zeugnis für sein distanziertes Verhältnis. Was nun aber Johannes Markus betrifft, so scheint er ein Mann gewesen zu sein, der schon aufgrund seiner Herkunft der von der Jerusalemer Urgemeinde vertretenen Linie nahestand (s. zu 12,12). Wenn unsere Vermutung zutrifft, wonach er sich auf der ersten Missionsreise von Paulus und Barnabas getrennt hatte, weil er deren Verhalten gegenüber den Heiden nicht billigen konnte (13,13), dann spricht auch einiges dafür, daß Barnabas und die Antiochener ihn jetzt Paulus als Mitarbeiter aufnötigen wollten, um auf diese Weise die weitere Mission auf die Linie des angestrebten Kompromisses mit den Jerusalemern zu zwingen. Es war klar, daß Paulus dieses Ansinnen ablehnen mußte.

Die Frage, ob Lukas den Konflikt bewußt verharmlost hat oder ob er dessen wahre Hintergründe nicht mehr durchschaute, läßt sich nur schwer beantworten. Für das erste könnte seine durchweg zu beobachtende Tendenz der Minimalisierung innerkirchlicher Spannungen sprechen, für das letztere hingegen sein generelles Desinteresse an der Problematik des Gesetzes und allen damit zusammenhängenden Konflikten. Wahrscheinlich haben sich die ihm vorliegenden Informationen auf einige persönliche Angaben beschränkt, die er aufnahm, ohne weiter nach den Hintergründen zu fragen.

Die Initiative zu der neuen Reise geht von Paulus aus. Deutlich ist jedoch hier wie im folgenden (16,6/10) die Absicht des Erzählers, zu zeigen, daß der missionarische Aufbruch nach Europa nicht aus menschlicher Initiative und Strategie herzuleiten ist. Paulus will eigentlich nur in den im Zuge der ersten von Antiochia ausgehenden Mission gegründeten Gemeinden missionarische Nacharbeit treiben. Er hat nur ein ganz begrenztes Ziel. Wie aus dieser Unternehmung Zug um Zug durch das Eingreifen des Geistes etwas weit Größeres wird, soll der Leser bald erfahren; hier liegt auch das Spannungsmoment der weiteren Erzählung. Nach dem Konflikt reist Barnabas mit Johannes Markus zur Mission auf seine Heimatinsel Zypern (4,36) und wird in der Apg nicht mehr erwähnt. Markus fand möglicherweise später wieder Anschluß an Paulus (Phlm 24; Kol 4,10; vgl. 2.Tim 4,11). Nunmehr macht Paulus Silas zu seinem Mitarbeiter. Wir erfahren weder die Gründe für diese Wahl, noch für die neuerliche Anwesenheit des Silas in Antiochia (vgl. V.32). Die feierliche Verabschiedung durch die Gemeinde soll den Leser auf die Bedeutung der nunmehr beginnenden Reise vorbereiten. Diese führt zunächst zu den bereits bestehenden Gemeinden in Syrien und Zilizien, was insofern überraschend ist, als Lukas von ihrer Gründung bisher nicht berichtet hatte. Vermutlich hat Lukas von der Existenz dieser Gemeinden gewußt und benutzt nun die Gelegenheit, um den Hinweis auf sie nachzutragen (vgl. 9,31).

Die Epoche der großen paulinischen Mission und ihre Darstellung durch Lukas. 1. Nach der üblichen *Aufteilung des missionarischen Wirkens des Paulus* pflegt man 15,36–18,20 als die „zweite Missionsreise" zu bezeichnen. Doch dieser Terminus ist problematisch. Denn einmal ist es kaum möglich, die „zweite" und „dritte Missionsreise" klar voneinander zu trennen, auch wenn in 18,21–23 eine Reise des Paulus von Ephesus nach Syrien-Palästina erwähnt wird. Denn diese ist (auch im Falle ihrer von manchen Forschern bestrittenen Historizität) nicht im Sinne einer Rückkehr zur missionarischen Ausgangsbasis mit anschließender Neuaussendung zu verstehen. Sie stellt lediglich eine begrenzte Unterbrechung des missionarischen Wirkens des Paulus, nicht aber eine wirkliche Zäsur dar. Zum andern hat sich Paulus, auch wenn Lukas durch seine Darstellung den Eindruck eines ständigen Unterwegsseins erweckt, in jener Periode in Orten wie Korinth und Ephesus über relativ lange Zeit aufgehalten (18,3. 18. 20). Vor allem aber hat sich die Situation des Paulus gegenüber der von Antiochia ausgehenden ersten Missionsreise, bei der dieser Terminus noch angemessen erscheint, einschneidend verändert. Er hat sich von Antiochia gelöst. Die dortige Gemeinde ist nicht mehr Ausgangsbasis und Mitträgerin seiner Mission, sondern er treibt nunmehr seine Arbeit zunächst ganz auf sich selbst gestellt. Dann aber wird es Ziel seiner missionarischen Strategie gewesen sein, einige von ihm gegründete Gemeinden in Städten mit politischer Mittelpunktsfunktion wie Korinth und Ephesus so weit zu stabilisieren, daß

B
36

37–39

40–41

sie zu weit in ihre Umgebung ausstrahlenden christlichen Zentren und zu Ausgangsbasen für seine weitere Mission werden konnten. Zumindest im Fall von Ephesus ist ihm das zunächst auch gelungen. Über einige Jahre war es Vorort der paulinischen Mission im ägäischen Raum. Wir werden deshalb im folgenden statt von der „zweiten" und „dritten Missionsreise" von der Epoche der großen paulinischen Mission sprechen.

2. Die Epoche der großen Mission fällt etwa in die Jahre zwischen 48 und 55. Es ist dies die Zeit aus dem Leben des Paulus, die uns auch durch seine Briefe erschlossen wird. In ihnen finden sich Hinweise darauf, daß sich um 48 nicht nur der *Stil der Missionsarbeit des Paulus*, sondern auch *deren inneren Voraussetzungen* gewandelt haben. Wenn der Apostel nunmehr ganz auf sich selbst gestellt und ohne die Unterstützung einer sendenden Gemeinde den östlichen Teil der alten Welt durchzog, um ihn mit der Botschaft des Evangeliums zu erfüllen und schließlich rastlos weiter nach Westen drängte, so war dies nur möglich unter der Voraussetzung eines klar ausgeprägten Bewußtseins seines Auftrags und seiner Sendung. Paulus wußte sich durch den Auferstandenen mit dem Evangelium für die Heiden beauftragt (Gal 1,16); er war sich dessen gewiß, daß es seine heilsgeschichtliche Rolle sei, dem ganzen Erdkreis die herrscherliche Macht des Kyrios als dessen Herold anzusagen. Ja, er stellte seinen Auftrag deutlich unter ein eschatologisches Vorzeichen: Erst wenn die Heiden durch sein Wirken zu der ihnen von Gott bestimmten „Vollzahl" gebracht sind (Röm 11,25), kommt die Stunde der Rettung für das ungehorsame Israel, erst dann wird die Wiederkunft Christi erfolgen (Röm 11,25–27). Das Apostelkonzil bedeutete für Paulus nicht nur die Legitimation der Heidenmission, sondern – und das war für ihn ungleich wichtiger – die ausdrückliche Anerkennung seiner „Sendung zu den Heiden" (Gal 2,8) und damit seines Selbstverständnisses. Erst damit war die Voraussetzung für eine weltweite Missionskonzeption geschaffen. Der Missionar Paulus war nach dem Apostelkonzil und dem Antiochia-Zwischenfall ein anderer als zuvor.

3. Die *Darstellung der Apg* läßt nun freilich weder die missionarische Konzeption noch die hinter ihr stehende theologische Motivation klar erkennen. Das hat eine Reihe von Gründen: a) So will Lukas, vor allem in Kp 16, die große Mission nicht als ein von Paulus geplantes, sondern als ein ihm durch die Weisungen des Geistes aufgenötigtes Unternehmen erscheinen lassen, um so das Gottgewollte des Weges des Evangeliums nach Europa herauszustellen. b) Die eschatologische Dringlichkeit der paulinischen Mission ist ihm und seiner Generation fremd geworden. c) Vor allem aber muß Lukas hier mit einem sehr begrenzten und einseitigen Quellenmaterial arbeiten.

4. Was nun dieses *Quellenmaterial* betrifft, so läßt sich dessen Beschaffenheit nur sehr ungenau bestimmen. Auszugehen ist hier zunächst von den sogenannten *Wir-Stücken*, in der 1. Pers. Plur. gehaltenen Abschnitten, die in knapper Form über den Verlauf von Reisen informieren und die jeweils ganz unvermittelt innerhalb der Erzählung beginnen und enden (16,10–17; 20,5–15; 21,1–18). Die traditionelle Annahme, daß hier Lukas, der Begleiter des Paulus und Verfasser der Apg seine persönlichen Erinnerungen einbringe, muß ausscheiden. Denn warum sollte Lukas seine Augenzeugenschaft gerade bei relativ trockenen, nebensächlichen Details

ins Feld geführt haben, während er bei entscheidenden Vorgängen die Nähe des unmittelbar Beteiligten weder stilistisch noch inhaltlich erkennen läßt? Der gleiche Einwand ist andererseits auch gegen die These vorzubringen, daß die Wir-Stücke lediglich eine literarische Fiktion des Verfassers seien, der damit den Eindruck der Augenzeugenschaft erwecken wolle. Die Wir-Stücke stammen sicher aus dem Umkreis des Paulus, aber ihr Verfasser ist nicht Lukas. Im übrigen bilden sie wohl kein eigenes Quellenstück. Es zeigt sich vielmehr, daß der gesamte Missionsbericht durchzogen ist von Material, das den Wir-Stücken stilistisch und inhaltlich verwandt ist. Es sind dies knappe Mitteilungen, die von Reiserouten, besuchten Orten, Quartiergebern und besonderen Schwierigkeiten handeln und die Lukas direkt aus ihm vorliegenden Reiseberichten entnommen hat. Aus inhaltlichen und stilistischen Beobachtungen lassen sich darüber hinaus Anhaltspunkte für eine genauere Identifizierung dieses Quellenmaterials gewinnen. Demnach scheint Lukas für die Reise des Paulus durch Kleinasien, Mazedonien und Griechenland bis nach Korinth ein sehr knapp gefaßtes Itinerar, d.h. ein Wege- und Stationenverzeichnis aus dem Kreis der Paulusbegleiter benutzt zu haben. Elemente dieses Itinerars finden sich in 16,6–8. 10b. 11–15; 17,1–4. 10–11a. 15a. 17. 34; 18,1–5a. 7f. 11. Für die Dokumentation der Kollektenreise in Kp 20 und 21 dürfte Lukas dagegen auf einen wesentlich ausführlicheren Rechenschaftsbericht aus der Kollektendelegation zurückgegriffen haben (s. zu 20,1–6). Beide Quellenstücke waren streckenweise, aber nicht durchgehend, in der Wir-Form abgefaßt, die Lukas da, wo er sie vorfand, als Hinweis auf die Authentizität seines Materials stehen ließ.

2. Die Reise durch Kleinasien und die Wendung nach Griechenland 16,1–10

¹Er kam auch nach Derbe und Lystra. Und siehe, dort war ein Jünger namens Timotheus, der Sohn einer zum Glauben gekommenen Jüdin, aber eines griechischen Vaters war. ²Er stand bei den Brüdern in Lystra und Ikonion in gutem Ruf. ³Paulus wollte ihn als Begleiter mitnehmen, und er nahm ihn und beschnitt ihn wegen der Juden in jener Gegend. Sie wußten nämlich alle, daß sein Vater Grieche war. ⁴Als sie aber durch die Städte zogen, übergaben sie ihnen jene Beschlüsse zur Befolgung, die von den Aposteln und Ältesten in Jerusalem erlassen worden waren. ⁵So wurden die Gemeinden im Glauben gefestigt und nahmen täglich an Zahl zu.

⁶Sie durchzogen dann Phrygien und das galatische Land, nachdem sie vom heiligen Geist gehindert worden waren, das Wort in (der Provinz) Asien zu verkündigen. ⁷Nach Mysien gelangt, versuchten sie, nach Bithynien weiterzureisen, aber der Geist Jesu ließ sie nicht. ⁸Als sie Mysien durchzogen hatten, kamen sie nach Troas hinab. ⁹Und des nachts erschien dem Paulus ein Traumgesicht: ein Mazedonier stand da und bat ihn und sprach: „Komm herüber nach Mazedonien und hilf uns!" ¹⁰Als er das Gesicht gesehen hatte, suchten wir sofort nach Mazedonien zu kommen, indem wir den Schluß zogen, daß Gott uns dazu berufen habe, ihnen zu verkündigen.

Als Grundgerüst diente Lukas hier das Itinerar der Paulusbegleiter (s. Exk. zu 15,41), das wohl auch bereits die in der Wir-Form gehaltene protokollartige Bemerkung über den im Mitarbeiterkreis des Paulus gefaßten Entschluß zum Übergang nach Mazedonien (V. 10b) enthielt. Auffällig ist, daß weder (mit Ausnahme von V.1a) Ortsnamen mitgeteilt noch Gemeindegründungen erwähnt werden – und dies, obwohl Lukas von paulinischen Gemeinden in den Landschaften Phrygien und Galatien weiß (18,23). Anscheinend hat er aber alle diesbezüglichen Angaben seiner Vorlage radikal gekürzt, weil sie seinem schriftstellerischen Ziel im Wege standen, die Reise nach Kleinasien nur als Vorspiel der von Gott angeordneten Wendung nach Griechenland erscheinen zu lassen. Lukas tat ein übriges, indem er den Richtungssinn des Geschehens anhand der wohl von ihm geschaffenen Erzählung vom Traum des Paulus (V.9. 10a) anschaulich machte.

1b–3   Ein gesondertes Traditionsstück ist in V.1b–3 verarbeitet. Ob hinter diesem Bericht von der Beschneidung des Timotheus eine zuverlässige geschichtliche Erinnerung steckt, ist heftig umstritten. Timotheus stammte aus einer in jüdischen Augen illegitimen Mischehe zwischen einem griechischen Mann und einer jüdischen Frau (vgl. Bill II 741). Allerdings galten die Kinder aus einer solchen Ehe vor dem Gesetz als Juden und waren darum zu beschneiden. Insofern lag der Fall des Timotheus grundsätzlich anders als der des Heidenchristen Titus, dessen Beschneidung Paulus auf dem Apostelkonzil ausdrücklich verweigert hatte (Gal 2,3). Die Verfechter der Historizität verweisen darauf, daß es hier nicht darum gegangen sei, einem Heidenchristen das Gesetz als heilsnotwendig aufzuerlegen, sondern darum, die Zugehörigkeit eines Judenchristen zu Israel in aller Unmißverständlichkeit herauszustellen. In der Tat hat Paulus Gesetz und Beschneidung nicht emanzipatorisch aufgehoben, sondern lediglich ihren Charakter als Heilsordnung bestritten. Hinzu kommt der in V.3 angedeutete missionsstrategische Gesichtspunkt: Die Zugehörigkeit eines jüdischen Apostaten zu seinem Mitarbeiterkreis hätte das Verhältnis des Paulus zu den Juden von vornherein belasten müssen. Trotzdem bleiben gewisse Bedenken gegen die Historizität. Die nachträgliche Beschneidung eines getauften Christen hätte faktisch eine Relativierung der Taufe bedeutet, die mit dem paulinischen Taufverständnis unvereinbar wäre. Denn der Getaufte ist Glied der neuen Schöpfung, in der alle Gegebenheiten der alten Schöpfung, zu denen für Paulus auch die Beschneidung gehört, wesenlos geworden sind (1.Kor 7,17–24). Nach 1.Kor 4,17 hat es sogar den Anschein, als sei Timotheus von Paulus selbst bei seinem ersten Aufenthalt in Lystra bekehrt und getauft worden.

B   Die Reiseroute führt durch die zilizische Pforte. Erste Ziele sind die auf der er-
1–2 sten Missionsreise gegründeten Gemeinden von Derbe und Lystra (14,6ff. 20f.), und zwar in gegenüber damals umgekehrter Reihenfolge. In Lystra wird Timotheus von der Gemeinde, deren Glied er ist, Paulus als geeigneter Mitarbeiter empfohlen. Die persönlichen Angaben über ihn (s.o.) stehen nicht in Einklang mit der späteren Timotheus-Legende, die von einer christlichen Mutter und Großmutter des Timotheus weiß (2.Tim 1,5). Timotheus stand wohl von allen Mitarbeitern des Paulus diesem am nächsten (Phil 2, 19ff.). Er hatte am Missionswerk des Apostels entscheidenden Anteil (Phil 1,1; 1.Thess. 1,1; 3,2f.; 1.Kor 4,17; 16, 10f.). Später galt er in der Paulus-Schule als Wahrer seines theologischen und kirchlichen Erbes
3–4 (1.2.Tim). – Jeder Israelit kann die Beschneidung durchführen (Bill IV 28f.). Lukas benutzt die Beschneidungs-Episode, um gleich zu Beginn der großen Mission die

Loyalität des Paulus gegenüber den Jerusalemer Beschlüssen zu betonen (s. zu 15,20). Der Besuch der Gemeinden hat eine doppelte Wirkung: nach innen Festigung des Glaubensstandes, nach außen Wachstum.

Die ursprünglich geplante Reiseroute sollte wohl von Lykaonien direkt nach Westen über die dem Lykus- und Mäandertal folgende Straße nach Ephesus, der Hauptstadt der Provinz Asien, führen. Das hätte der Strategie des Paulus entsprochen, die darauf ausging, jeweils von den städtischen Zentren aus das Umland missionarisch zu erschließen. Aber dieser Plan wurde durch ein Eingreifen des Geistes Gottes verhindert. Man wird hier weniger an Visionen und Träume zu denken haben (trotz V. 10) als an konkrete Hindernisse und Schwierigkeiten, die als Weisungen des Geistes verstanden wurden. Welcher Art sie waren, bleibt allerdings verborgen. Die Missionare werden nach Norden abgedrängt, in die Landschaft Phrygien im östlichen Teil der Provinz Asien sowie in die Landschaft Galatien im nördlichen Teil der gleichnamigen Provinz. Daß Paulus in diesem von Kelten bewohnten, abgelegenen Gebiet Mission getrieben und die Gemeinden gegründet hat, an die er später seinen Galaterbrief richtete, wird uns hier verschwiegen (doch vgl. 18,23). Ein zweiter Plan wird entwickelt: man will nach Nordwesten durch die Landschaft Mysien nach Bithynien ziehen, um das Gebiet um den Bosporus mit seinen wichtigen Städten (Byzanz, Nikomedien) zu erreichen. Aber während der Reise durch Mysien treten wieder Ereignisse ein, die zu einer Richtungsänderung nötigen: Man zieht nunmehr geradewegs nach Westen zur Hafenstadt Troas. Auch hier entstand eine Gemeinde, wie wir allerdings erst später erfahren (20,2. 7ff.). Nun endlich ergeht in einem Traum direkt die göttliche Weisung, die indirekt durch die zweimalige Nötigung zur Änderung der Reisepläne vorbereitet worden war. Ein Mazedonier erscheint Paulus und spricht als Repräsentant seines Volkes die entscheidende Bitte aus: „Komm herüber und hilf uns!" Die Hilfe, um die es hier geht, ist die Rettung durch das Evangelium von Jesus Christus. Woran Paulus den Mann als Mazedonier erkannt hat – ob an seiner Tracht oder Sprache – interessiert den Erzähler nicht; er setzt voraus, daß eine von Gott ausgehende Weisung eindeutig und unmißverständlich ist. Nunmehr ist alle Unklarheit beseitigt. Die Missionare erkennen den Weg nach Mazedonien als die ihnen von Gott gesetzte Aufgabe. Erstmals geht hier der Bericht von der 3. Person in die 1. Person Plural über.

3. Paulus in Philippi 16,11–40

¹¹Wir schifften uns in Troas ein, gelangten in direkter Fahrt nach Samothrake, am folgenden Tage nach Neapolis ¹²und von dort nach Philippi. Das ist eine Stadt des ersten Bezirks von Mazedonien, eine Kolonie. In dieser Stadt hielten wir uns einige Tage auf. ¹³Am Sabbattag gingen wir vor das Stadttor hinaus an den Fluß, wo wir eine Gebetsstätte vermuteten, und wir setzten uns dort und sprachen zu den versammelten Frauen. ¹⁴Und eine Frau namens Lydia, eine Purpurhändlerin aus der Stadt Tyatira, eine Gottesfürchtige, hörte zu. Ihr tat der Herr das Herz auf, so daß sie auf das von Paulus Gesagte acht hatte. ¹⁵Als sie und ihr Haus getauft wurde, bat sie: „Wenn ihr zu der Überzeu-

gung gelangt seid, daß ich an den Herrn glaube, so kommt in mein Haus und bleibt da!" Und sie nötigte uns.

[16] Es geschah aber, als wir auf dem Weg zur Gebetsstätte waren, daß uns eine Sklavin begegnete, die einen Wahrsagegeist hatte und mit ihrem Wahrsagen ihren Herren großen Verdienst eingebracht hatte. [17] Sie lief Paulus und uns nach und schrie: „Diese Menschen sind Knechte des höchsten Gottes, sie verkündigen euch den Weg zum Heil!" [18] Dies tat sie viele Tage lang. Paulus aber wurde aufgebracht, er wandte sich um und sprach zu dem Geist: „Ich gebiete dir im Namen Jesu Christi, aus ihr auszufahren!" Und zur selben Stunde fuhr er aus. [19] Als aber ihre Herren sahen, daß die Aussicht auf ihren Verdienst ausgefahren war, ergriffen sie Paulus und Silas, schleppten sie auf den Marktplatz vor die Behörden [20] und führten sie den Prätoren vor mit den Worten: „Diese Männer stiften Aufruhr in unserer Stadt. Sie sind Juden [21] und verkünden Sitten, die wir als Römer weder annehmen noch befolgen dürfen." [22] Da nahm auch die Volksmenge Stellung gegen sie, und die Prätoren rissen ihnen die Kleider vom Leibe und befahlen, sie auszupeitschen. [23] Nachdem sie ihnen viele Schläge hatten versetzen lassen, warfen sie sie ins Gefängnis, und sie wiesen den Gefängnisaufseher an, sie sicher zu verwahren. [24] Auf diesen Befehl hin warf der sie in das innere Gefängnis und schloß ihre Füße in den Block. [25] Um Mitternacht beteten Paulus und Silas und stimmten Gott einen Lobgesang an, die übrigen Gefangenen aber hörten ihnen zu. [26] Da geschah plötzlich ein gewaltiges Erdbeben, so daß die Grundmauern des Gefängnisses erschüttert wurden. Sogleich aber öffneten sich alle Türen, und von allen fielen die Fesseln ab. [27] Da schreckte der Gefängnisaufseher aus dem Schlaf hoch, und als er die Türen des Gefängnisses offenstehen sah, zog er sein Schwert und wollte sich töten, da er der Meinung war, die Gefangenen seien entflohen. [28] Paulus aber rief mit lauter Stimme: „Tu dir kein Leid an! Wir sind ja alle hier!" [29] Da rief er nach Fackeln, sprang hinein und fiel zitternd vor Paulus und Silas nieder. [30] Dann führte er sie hinaus und sprach: „Ihr Herren, was muß ich tun, um gerettet zu werden?" [31] Sie aber sprachen: „Glaube an den Herrn Jesus, so wirst du und dein Haus gerettet werden!" [32] Und sie sagten ihm das Wort Gottes samt allen in seinem Hause. [33] Und noch zur gleichen nächtlichen Stunde nahm er sie zu sich und wusch ihnen die Striemen ab, und gleich darauf ließ er sich mit seinem ganzen Hause taufen. [34] Dann führte er sie in das Haus hinauf, setzte ihnen ein Mahl vor und jubelte mit seinem ganzen Hause darüber, daß er zum Glauben an Gott gekommen war. [35] Bei Tagesanbruch sandten die Prätoren die Liktoren mit dem Befehl: „Laß jene Leute frei!" [36] Diese Mitteilung gab der Gefängnisaufseher an Paulus weiter: „Die Prätoren haben hierher gesandt, ihr sollt freigelassen werden. So geht jetzt und zieht euren Weg in Frieden!" [37] Paulus aber sagte zu ihm: „Man hat uns, die wir römische Bürger sind, ohne Urteilsspruch öffentlich gezüchtigt und ins Gefängnis geworfen; jetzt will man uns heimlich abschieben? Das kommt nicht in Frage – sie sollen selbst kommen und uns hinausgeleiten!" [38] Die Liktoren meldeten den Prätoren diese Worte. Diese erschraken, als sie hörten, daß es sich um römische Bürger handelte, [39] und sie kamen und redeten ihnen zu, geleiteten sie und baten sie, aus der Stadt wegzugehen. [40] Da verließen sie das Gefängnis und gingen zu Lydia, und als sie die Brüder gesehen und ermutigt hatten, zogen sie fort.

Der erste Schritt des Evangeliums auf europäischem Boden, wie Lukas ihn dar- A
stellt, sieht nicht aus wie der Beginn eines unaufhaltsamen Siegeszuges. Er ist viel- 11–40
mehr ein Schritt in eine zunächst fremde und abweisende Umwelt, der von Orientierungsschwierigkeiten und Enttäuschungen begleitet ist. Was sich hier auswirkt, ist nicht so sehr ein allgemeiner Unterschied der Kultur und der Lebensverhältnisse der Gebiete diesseits und jenseits der Ägäis; sie alle waren ja wenigstens an der Oberfläche geprägt von der gleichen hellenistischen Kultur. Die Schwierigkeiten hängen vielmehr mit dem speziellen Charakter von Philippi als einer römischen Kolonie und damit als einem Gemeinwesen mit ganz spezifischen gesellschaftlichen und rechtlichen Verhältnissen zusammen. Hier kommt es zur ersten Konfrontation des Paulus und seiner Begleiter mit Repräsentanten der römischen Macht, und zwar erscheinen diese dabei in einem sehr ungünstigen Licht. Das ist auffällig, da ja Lukas sonst durchweg ein günstiges Bild der römischen Staatsmacht und ihres Verhaltens zur christlichen Mission zu zeichnen bemüht ist, so daß sich hier ein Indiz für die Authentizität des Berichteten zeigt. Aber auch sonst erweckt die Erzählung mit ihren vielen plastischen Details den Eindruck, als gründe sie sich auf gute historische Erinnerung.

Zwei in sie eingegangene Überlieferungselemente lassen sich mit relativer Sicherheit identifizieren. 1. Der in der Wir-Form gehaltene Abschnitt V.11–15 ist wohl 11–15
nahezu wörtlich dem Itinerar entnommen. Er ist gekennzeichnet durch einen nüchternen chronikartigen Erzählstil, der sich unter Verzicht auf alles novellistische Beiwerk auf die Nennung von Orten, Personen und Fakten beschränkt. – 2. Hinter 16–40
V.16–40 steht eine stark novellistisch gehaltene Missionserzählung, die von den Taten und Widerfahrnissen des Paulus in Philippi berichtete. Eine Reihe von Spannungen und Widersprüchen nötigen zu dem Schluß, daß sie von Lukas an mehreren Stellen erweitert und umgestaltet worden ist, wobei sich allerdings über das Ausmaß der lukanischen Redaktionsarbeit nur Vermutungen äußern lassen. So fällt auf, daß die Gefängnisszene (V.24–34) völlig ohne Verbindung mit dem nachfolgenden Kontext ist und letztlich der dramaturgischen Funktion entbehrt: Die Liktoren erfahren überhaupt nichts von den wunderbaren nächtlichen Vorgängen im Gefängnis (vgl. dagegen 5,24), die Gefangenen sind durch das Befreiungswunder ihrem Zugriff nicht entzogen (vgl. 12,11), vielmehr nimmt V.35 den Faden von V.24 wieder auf, als ob nichts gewesen wäre. Eine Ungereimtheit besteht auch darin, daß Paulus erst in V.37f. sein römisches Bürgerrecht zur Geltung bringt, d.h. erst nachdem er entehrende Geißelung und Gefangennahme erlitten hat. Die angemessene Gelegenheit dafür wäre doch die Verhörszene (V.20ff.) gewesen. Es sieht ganz so aus, als hätte erst Lukas die Berufung auf das römische Bürgerrecht und, damit verbunden, die Entschuldigung der Prätoren eingebracht (vgl. 22,25ff.), um so die negative Sicht der römischen Autoritäten seiner sonstigen Tendenz folgend zu mildern. Nach alledem ergibt sich als mutmaßlicher Inhalt des Traditionsstücks: Austreibung des Wahrsagegeistes als Anlaß des Konflikts (V.16–18) – Anklage vor den Prätoren, Geißelung und Inhaftierung (V.19–23) – Freilassung am folgenden Morgen und Ausweisung aus der Stadt (V.35. 39f.). Vielleicht hat das Traditionsstück darüber hinaus auch noch von der Bekehrung des Gefängnisaufsehers durch Paulus berichtet und damit Lukas das Ausgangsmotiv an die Hand gegeben, das ihn

zur erbaulich-legendarischen Gestaltung der Gefängnisszene in Analogie zu dem Befreiungswunder 12,5–11 veranlaßte. Die andere Möglichkeit, daß hinter V. 24– 34 eine ursprünglich eigenständige Überlieferung von einem Befreiungswunder gestanden haben könnte, wird deshalb kaum in Betracht kommen, weil die stilgemäße Pointe der Befreiung fehlt.

B 11   Die Reise geht zügig vonstatten – gleichsam als Bestätigung des Traumgesichts (V. 9 f.). In umgekehrter Richtung wird Paulus später fünf Tage unterwegs sein (20,6)! Zwischenstation ist die auf halbem Wege gelegene Insel Samothrake, auf der man übernachtet. Die Hafenstadt Neapolis (heute Kawalla) lag nahe der ganz Mazedonien in ostwestlicher Richtung durchquerenden *Via Egnatia*, der die Missionare auf dem Wege nach dem etwa 15 km landeinwärts gelegenen Philippi folg-
12 ten, wobei sie ein Küstengebirge zu überqueren hatten. Philippi verdankte seinen Namen wie auch seine erste wirtschaftliche Blüte dem Mazedonierkönig Philipp, Vater Alexanders d. Gr., der die nahegelegenen Goldminen ausbauen ließ. Nach der Schlacht von Actium (31 v. Chr.) wurde die Stadt zur römischen Kolonie *(Colonia Julia Augusta)*. Und zwar wurden auf Geheiß des Siegers Octavian dort Anhänger des geschlagenen Antonius angesiedelt, die ihren Landbesitz in Italien zugunsten von Veteranen des Octavian hatten räumen müssen. Gleichzeitig wurde die Stadt dem italischen Recht unterstellt. Ihre Bürger behielten die Privilegien, die sie auf italischem Boden hatten, insbesondere autonome Verwaltung und Steuerfreiheit. Heute erinnert nur noch ein Trümmerfeld an Philippi; die Malaria hat im Mittelalter die Stadt unbewohnbar werden lassen.

Genauere Situationskenntnis verrät die Bemerkung, Philippi sei „eine Stadt des ersten Bezirks von Mazedonien" gewesen; das damalige Mazedonien zerfiel nämlich in vier getrennte Bezirke (allerdings ist der griechische Text hier nicht ganz eindeutig). Die allgemeine Zeitangabe soll einen längeren Aufenthalt der Missio-
13 nare andeuten. Es ist bezeichnend, daß in dieser römischen Stadt die sonst übliche Anknüpfung an die Synagoge auf ungewohnte Schwierigkeiten stößt. Ganz ohne jede Auskunft und Führung müssen sie sich am Sabbat den Weg zum jüdischen Gotteshaus selbst suchen. Wenn sich ihre Schritte dabei zum nahegelegenen Fluß Gangites lenken, dann wohl deshalb, weil es damals vielfach üblich war, Synagogen in der Nähe von Gewässern zu errichten, um die rituellen Waschungen zu erleichtern. Aber war das, was sie dort fanden, wirklich eine Synagoge? Das griechische Wort *proseuchē* (= Gebetsstätte) kann zwar auch die Synagoge bezeichnen; aber wenn nur Frauen als anwesend erwähnt werden, so deutet dies kaum auf einen regulären Synagogengottesdienst hin, zu dem mindestens 10 Männer versammelt sein mußten (Bill IV 153). Man wird eher an eine Gebetsstätte unter offenem Himmel zu denken haben, wo sich am Sabbat einige Frauen aus dem Kreis der „Gottes-
14 fürchtigen" zum Gebet trafen. Lydia, die erste europäische Christin, ist insofern wohl typisch für die Zusammensetzung dieses Kreises, als sie in Philippi eine Fremde ist. Ihr Name – wiewohl als Personenname belegt – deutet zugleich ihre Herkunft an: Sie stammt aus der Stadt Thyatira in Lydien (Offb 2,18–29), die berühmt wegen ihrer Purpurindustrie war. Purpurstoffe waren eine teure Luxusware, der Handel mit ihnen war ein einträgliches Geschäft. So war Lydia sicher eine wohlhabende und unabhängige Frau. Summarisch wird ihre Bekehrung berich-

tet. Es kommt dem Erzähler darauf an, daß es Gott selbst ist, der in den Worten des Paulus wirkt, indem er ihr „das Herz öffnet". Dem Glauben folgt ganz selbstverständlich die Taufe. Wenn mit einer auch sonst im Neuen Testament auftauchenden formelhaften Wendung gesagt wird, daß sie „und ihr ganzes Haus" getauft worden sei (16,33; 18,8; 1.Kor 1,16), so steht dahinter die für den antiken Menschen selbstverständliche Voraussetzung, daß das „Haus", d.h. die Großfamilie, nicht nur Lebens- und Erwerbsgemeinschaft, sondern auch religiöse Gemeinschaft war. Der Familienvorstand strebte danach, sein gesamtes Hauswesen in die Sphäre des von Jesus geschaffenen Heils einzugliedern, sofern sich die Glieder dieses Hauswesens davon nicht selbst ausschlossen. Es ist sogar wahrscheinlich, daß bei der Taufe ganzer Häuser in frühchristlicher Zeit gelegentlich auch Kleinkinder mitgetauft worden sind. Für eine direkte Begründung der Kindertaufe aus dem Neuen Testament reichen diese Stellen jedoch nicht aus; hierzu bedürfte es der Ergänzung durch andere biblische Taufaussagen. – Nicht schon mit der Taufe hat der erste Erzählungsteil sein Ziel erreicht, sondern erst damit, daß durch sie die werdende Gemeinde in Philippi einen Kristallisationskern gewonnen hat. Lydia gewährt den Missionaren Quartier, und sie sammelt in ihrem Haus die erste Hausgemeinde auf europäischem Boden (V.40).

Die mit V.16 beginnende Szene setzt zunächst wiederum in der 1. Person Plural ein, um jedoch stufenweise (V.17: „Paulus und uns") in die 3. Person überzugehen. Das „Wir" gehört hier nicht zur Vorlage, sondern wurde von Lukas um der Angleichung an das Vorherige willen eingebracht. Ähnlich wie 14,11–18; 19,11–20. 23–40 erhalten wir hier anhand eines konkreten Falles einen Eindruck von den Problemen, mit denen die Mission bei ihrer Konfrontation mit einer tief im Alltagsleben verwurzelten heidnischen Religiosität zu ringen hatte. Die Fähigkeit einer Sklavin, übernatürliche Stimmen aus sich reden zu lassen und geheimnisvolle Orakelsprüche zu verkünden, wird von deren Besitzern kommerziell ausgenützt. Das hier erscheinende griechische Wort *pythōn* war ursprünglich der Name der das delphische Orakel behütenden Schlange, die Apollon getötet haben soll; später wurde es jedoch zur Bezeichnung eines Bauchredners, der, sei es durch Trick, sei es durch echte Inspiration, fremde Stimmen aus sich reden zu lassen vermag. Wir werden uns die Sklavin demnach konkret als Bauchrednerin vorzustellen haben. Seltsam ist allerdings, daß nicht sie selbst, sondern der aus ihr sprechende Geist als *pythōn* bezeichnet wird – doch das dürfte mit der Perspektive des Erzählers zusammenhängen, der hier eine Analogie zu den Dämonenaustreibungen Jesu sehen will: Für ihn ist die Sklavin von einem Dämon in Besitz genommen, und dieser ist das eigentliche Gegenüber, mit dem es Paulus zu tun hat. Jetzt erweist sich tatsächlich, daß der Dämon verborgene Wahrheit zu enthüllen vermag. Er legt das offen, was bisher in Philippi noch keiner außer Lydia erkannt hatte: Paulus und die Seinen sind „Diener des höchsten Gottes" (vgl. Mk 5,7; Lk 8,28). Freilich sind diese Worte im Mund des Dämons nicht Bekenntnis, sondern Provokation. Er kann nicht anders als die Macht, die ihm in der Person des Paulus entgegentritt, dazu herausfordern, ihre Überlegenheit in der konkreten Auseinandersetzung zu erweisen, denn eine Koexistenz zwischen ihm und dem höchsten Gott kann es nicht geben. In deutlichem Kontrast zu der Unruhe des Dämons steht die Gelassenheit des Paulus, die Aus-

druck seiner Überlegenheit ist. Erst nach mehrmaligem Anlauf läßt er sich aus der Reserve locken. Wieder erweist sich der Name Jesu als mächtig (s. zu 3,6. 16). Auf
19 seine Nennung hin muß der Dämon weichen. Spätestens hier wird aber die situationsbedingte Differenz zu anderen Wundergeschichten deutlich. Die Vorzeichen sind gleichsam vertauscht: An die Stelle des dankbaren Lobpreises für die Heilung eines Menschen tritt die Entrüstung derer, denen die Quelle ihres bisherigen Gelderwerbs versiegte. Wo das Religiöse in zynischer Weise vermarktet wird, da gilt auch der einzelne Mensch nur als Objekt zur Befriedigung des Gewinnstrebens. Die hier dargestellte Mentalität soll im Sinne des Erzählers als repräsentativ für die religiöse Situation der heidnischen Gesellschaft gelten. Die geschädigten Besitzer der Sklavin schleppen, offenbar unterstützt von einer aufgebrachten Menge, Paulus
20–21 und Silas vor die römische Behörde. V. 20 f. definiert diese genauer: Es handelt sich um die Prätoren oder *duumviri* (griech. *stratēgoi*), die in römischen Kolonialstädten für die Gerichtsbarkeit zuständig waren. Die Anklage versteckt sehr geschickt die privaten Interessen der geschädigten Sklavenbesitzer hinter den durch den Vorfall angeblich tangierten öffentlichen Belangen. Sie wirft Paulus und Silas Störung der inneren Ordnung der römischen Kolonie durch Propagierung fremder religiöser Gebräuche vor. Als erschwerend wird das Judentum der Angeklagten ins Feld geführt. Aus manchen Anzeichen läßt sich erschließen, daß der Übertritt zum Judentum für römische Bürger strafbar war. Auf alle Fälle aber wird hier bewußt an den in der römischen Gesellschaft weithin vorhandenen Antijudaismus appel-
22–23 liert. Das verfehlt denn auch, wie die folgenden Vorgänge zeigen, keineswegs seine Wirkung. Die anwesende Volksmenge macht ihrem Unmut lautstark Luft, mit der Folge, daß die Verhandlung tumultuarische Züge erhält. Die römische Rechtspflege erscheint hier in einem recht negativen Licht. Die Prätoren machen sich zu Werkzeugen der aufgeputschten Stimmung, indem sie, ohne ein Verhör durchgeführt zu haben, die Angeklagten öffentlich demütigen durch den Befehl, ihnen die Kleider herunterzureißen und sie auszupeitschen. Im kurz darauf geschriebenen 1. Thessalonicherbrief steht Paulus noch ganz unter dem Eindruck der Leiden und Mißhandlungen von Philippi (1. Thess 2,2; vgl. auch 2. Kor 11,23). Anschließend werden die beiden Missionare ins Gefängnis geworfen. Die betonte Anweisung, sie sicher zu
24 verwahren, soll das folgende Wunder vorbereiten. Dem gleichen dramaturgischen Zweck dient die umständliche Schilderung der Sicherungsmaßnahmen, die der Gefängnisaufseher einleitet: Er wirft die beiden nicht nur in den inneren Teil des Gefängnisses – man wird sich darunter ein unterirdisches Loch vorzustellen haben –, sondern schließt ihre Füße auch noch in den Stock, so daß sie völlig bewegungsunfähig werden.

25 Das nun einsetzende Befreiungswunder ist darin unspezifisch, daß es nicht eigentlich die Rettung der Gefangenen zum Ziel hat: Diese machen von der geschenkten Freiheit überraschenderweise keinen Gebrauch. Es geht vielmehr um die Demonstration der Macht des hinter den Gefangenen stehenden Gottes, durch die die Bekehrung des Gefängnisaufsehers ausgelöst wird. Nicht so sehr dem Schicksal der Gefangenen als dem wunderbaren Erweis göttlicher Macht gilt das Interesse des Erzählers, der hier – wohl unbewußt – auf vorgegebene Motive und Erzählmuster zurückgreift. Wenn die Eingekerkerten statt zu klagen zu mitternächtlicher Stunde

den Lobpreis Gottes anstimmen, so entspricht das dem Bild, das die Legende vom Verhalten unschuldig leidender Frommer entwirft: Der gefangene Josef preist „in fröhlicher Stimme mit Freude" seinen Gott (TestJos 8,5); Sokrates schreibt im Gefängnis Lobgesänge (Epikt diss II 6,26). Der machtvolle Lobgesang dringt durch die Mauern und wird von allen Gefangenen gehört. So wird er zum öffentlichen Zeugnis für die Macht Gottes, die sogleich von allen konkret erfahren werden soll. Denn er ruft alsbald Gottes Handeln auf den Plan in Gestalt eines Erdbebens, das sämtliche Türen des Gefängnisses aufsprengt und allen Gefangenen die Fesseln abfallen läßt. Gerade an diesem letzten Zug scheitert der Versuch, das Ganze rationalistisch unter Hinweis auf die in Mazedonien häufigen Erdstöße zu erklären. Hier handelt es sich nicht um die realistische Schilderung eines natürlichen Vorgangs, sondern um die Anwendung eines vorgegebenen Motivs: In den Bakchen des Euripides preisen die gefangenen Bakchen den Gott Dionysos – da fallen ihnen plötzlich „wie von selbst" die Fesseln von den Füßen und die Türen öffnen sich „ohne eine sterbliche Hand" (Eurip Bacch 443–447; vgl. auch Ov met XV 669ff.). Wunderbar und jenseits rational-psychologisierender Erklärungsmöglichkeiten ist auch alles weitere: Der jäh aus dem Schlaf gerissene Gefängniswärter, der sich aus Verzweiflung über die von ihm als selbstverständlich vorausgesetzte Flucht aller Gefangenen in sein Schwert stürzen will, wird just im kritischen Augenblick durch den lauten Anruf des Paulus von seiner unüberlegten Tat zurückgehalten; und dies, obwohl Paulus sein Verlies noch nicht verlassen hat. Paulus weiß auch sofort, daß alle Gefangenen noch in ihren Zellen sind. Und das ist das nächste Wunder: Offenbar hat Gottes Macht die Gefangenen an ihren Ort gebannt. Der Aufseher ruft nach Fackeln – es ist ja Mitternacht –, um sich selbst im Gefängnis von der Lage zu überzeugen. Dort identifiziert er sogleich Paulus und Silas als die Träger numinoser göttlicher Macht, die das wunderbare Geschehen ausgelöst haben, und tut das für einen Heiden in dieser Situation Naheliegende, wenn er ihnen als mutmaßlichen Götterboten die Proskynese erweist und sie nach den Bedingungen für seine Rettung vor ihrem Zorn fragt. Damit ist das Stichwort gefallen, an die die Evangeliumsverkündigung anknüpfen kann: Der Gefängniswärter erfährt nun von einer Rettung in einem viel umfassenderen Sinn. Sie liegt in dem Heil, das der Glaube an den „Herrn Jesus" empfängt. Und zwar schließt das Angebot dieser Rettung gleich das ganze „Haus" des Gefängnisaufsehers mit ein (vgl. V.15). Nun überstürzen sich die Ereignisse. Sogleich kommt es zu einer Verkündigung des „Wortes Gottes", die die ganze Familie des Gefängnisaufsehers zum Glauben führt. Dem Glauben aber folgt sogleich die Taufe. Sie wird an dem gleichen Brunnen (im Gefängnishof?) vollzogen, an dem der Gefängniswärter vorher den beiden Gefangenen die blutigen Geißelungsstriemen gewaschen hatte. Die Szene klingt aus mit einer Schilderung der Gastfreundschaft, die der dankbare Neubekehrte Paulus und Silas in seiner Wohnung gewährt. Das Mahl, zu dem er sie einlädt, steht im Zeichen der Freude und des Jubels des ganzen Hauses über das empfangene Heil. Nichts deutet jedoch darauf hin, daß Lukas dabei an eine Abendmahlsfeier gedacht hätte. – Nun hat das Evangelium in Philippi einen zweiten Stützpunkt neben dem Haus der Lydia gewonnen. Den Namen des Gefängnisaufsehers erfahren wir allerdings nicht, und das ist überraschend insofern, als die Überlieferung im allgemeinen die Namen der

Erstbekehrten festzuhalten pflegte. Alle Versuche einer Identifizierung mit in den Paulusbriefen genannten Personen (z.B. mit dem Stephanas von 1.Kor 1,16; 16,15) sind nutzlose Ratespiele.

35 Ganz unvermittelt wird der mit V.23 verlassene Hauptfaden der Erzählung wieder aufgenommen (nur der westl. Text bemüht sich, wie meist in solchen Fällen, um die Herstellung eines Überganges, wenn er die Entscheidung der Prätoren durch das nächtliche Erdbeben motiviert sein läßt). Noch sind – der Leser hätte dies über der dramatischen Nebenhandlung fast vergessen können – Paulus und Silas Gefangene des Magistrates. Doch die Dinge nehmen eine glimpfliche Wendung: Die Behörde hat anscheinend eingesehen, daß die rechtliche Basis für eine reguläre Verurteilung zu schwach ist und ordnet durch die Liktoren die Freilassung der Gefangenen und (wie aus V.39 zu entnehmen ist) ihre Ausweisung aus der Stadt
36 an. Der Gefängniswärter gibt diese Nachricht an sie weiter und verabschiedet sie
37 seinerseits mit dem biblischen Gruß „Geht in Frieden" (vgl. Lk 8,48). Doch nun tritt eine überraschende Wendung ein: Paulus will sich nach dem erlittenen Unrecht nicht sang- und klanglos abschieben lassen, sondern gibt sich den Behördenvertretern gegenüber als römischer Bürger zu erkennen und fordert Rehabilitierung. (Ob Silas, wie hier von Lukas unterstellt, ebenfalls römischer Bürger war, ist zumindest fraglich.) Nach der *Lex Julia* war eine Fesselung und Auspeitschung römischer
38–39 Bürger, zumal ohne Prozeß und Urteil, unzulässig (s. zu 22,29). Und in der Tat hat der Appell des Paulus an das Rechtsbewußtsein der Prätoren Erfolg, das düstere Bild römischer Rechtspflege hellt sich nachträglich etwas auf. Die Prätoren kommen persönlich, um sich zu entschuldigen; sie geleiten Paulus und Silas persönlich aus dem Gefängnis und tragen ihre Forderung auf Verlassen der Stadt in Form
40 einer höflichen Bitte vor. – Ehe die Missionare die Stadt endgültig verlassen, nehmen sie im Hause Lydias von ihr und den übrigen Gemeindegliedern – von deren Vorhandensein wir hier ganz unvermittelt erfahren – Abschied.

4. Paulus in Thessalonich 17,1–9

¹Sie reisten aber durch Amphipolis und Apollonia und kamen nach Thessalonich, wo eine Synagoge der Juden war. ²Nach seiner Gewohnheit ging Paulus zu ihnen hinein und predigte ihnen an drei Sabbaten, wobei er ihnen von den Schriften her ³eröffnete und darlegte, daß der Messias leiden und von den Toten auferstehen mußte. Und er sagte: „Dieser ist der Messias, Jesus, den ich euch verkündige". ⁴Und einige von ihnen ließen sich überzeugen und schlossen sich Paulus und Silas an, auch von den gottesfürchtigen Griechen eine große Menge sowie nicht wenige vornehme Frauen. ⁵Da wurden die Juden eifersüchtig, holten sich einige üble Burschen von den Eckenstehern heran, rotteten sich zusammen und versetzten die Stadt in Aufruhr, und sie zogen vor das Haus Jasons und suchten sie (Paulus und Silas) zur Volksmenge herauszuholen. ⁶Als sie sie aber nicht fanden, schleppten sie Jason und einige Brüder vor die Stadtpräfekten und schrien: „Die die ganze Welt in Aufruhr stürzen, sind auch hierher gekommen, ⁷und Jason hat sie aufgenommen! Und diese alle vergehen sich gegen die Gesetze des Kaisers, indem sie behaupten, ein anderer sei König, nämlich Jesus!" ⁸Sie

brachten das Volk und die Stadtpräfekten in Aufregung, als sie das hörten. ⁹Und erst nachdem sie von Jason und den anderen eine Kaution erhalten hatten, ließen sie sie frei.

Zur zweiten Gemeindegründung auf europäischem Boden kommt es in Thessalonich. Der Bericht darüber ist merkwürdig unausgeglichen. Er zerfällt in zwei sich formal stark unterscheidende, inhaltlich nur lose miteinander verknüpfte Teile: Der erste Teil, V. 1–4, erzählt in recht summarischer Weise vom Beginn der Mission und von ihren ersten Erfolgen. Lukas dürfte hier auf Angaben des Itinerars zurückgegriffen haben. Der zweite Teil, V. 5–9, berichtet von einem von den Juden angezettelten öffentlichen Tumult, der dem Wirken der Missionare ein Ende setzte. Der Stil ist hier anschaulich und dramatisch. Im Mittelpunkt des Geschehens stehen Jason und die Mitglieder seines Hauses. Paulus und seine Mitarbeiter treten jedoch auffälligerweise überhaupt nicht in Erscheinung. Der Erzähler operiert mit zwei Voraussetzungen, die dem Leser nicht mitgeteilt werden: 1. Jason war der Quartiergeber der Missionare. – 2. Diese hatten bereits vor dem Beginn des Tumultes sein Haus (und wahrscheinlich sogar die Stadt) verlassen (doch s. zu V. 10). Lukas hat hier vermutlich eine in der Gemeinde von Thessalonich umlaufende anekdotische Erzählung übernommen, die aus lokaler Perspektive von der Gefährdung Jasons, eines führenden Gemeindegliedes, im Zusammenhang mit der Flucht des Paulus berichtete. Daß die Gemeinde in ihrer Anfangszeit starken Pressionen seitens der Judenschaft ausgesetzt war, wird durch 1. Thess 2, 14 ff. bestätigt.

A
1–9

Die Missionare folgen der Via Egnatia, der großen Heerstraße, welche Rom mit dem Osten verband, in westlicher Richtung. Zwei Durchgangsstationen werden erwähnt: Amphipolis und Apollonia. Wenn es sich dabei um Übernachtungsstationen gehandelt hätte, so hätten Paulus und seine Mitarbeiter Tagesetappen von jeweils etwa 50–60 km zurückgelegt, was nur bei der Benutzung von Reittieren möglich gewesen wäre. Ob ihnen dafür die finanziellen Mittel zur Verfügung standen, ist allerdings fraglich. Eher ist zu vermuten, daß sie, wie die meisten Landreisen, so auch diese zu Fuß zurückgelegt haben. Das würde bedeuten, daß sie etwa 6 Tage unterwegs waren. – Thessalonich, das heutige Thessaloniki, war die Metropole Mazedoniens. Bei seiner Gründung (ca. 315 v.Chr.) hatte es seinen Namen zu Ehren der Halbschwester Alexanders des Großen, Thessalonike, erhalten, die die Gattin des Gründers, des Diadochen Kassander, war. In römischer Zeit war Thessalonich Sitz des römischen Prokonsuls von Mazedonien. Zugleich aber – und das gab ihm eine verfassungsmäßige Sonderstellung – war es eine freie Stadt mit eigenem Rat und Volksversammlung. Die Verwaltungsaufgaben wurden von 5–6 Stadtpräfekten (Politarchen) wahrgenommen. Grundlage für die wirtschaftliche Blüte der Stadt war der große natürliche Hafen an einer Bucht des Thermaischen Meerbusens. Ohne Zweifel war die Missionsstrategie des Paulus von vorherein darauf ausgerichtet, in diesem wichtigen Zentrum mit der Verkündigung des Evangeliums Fuß zu fassen, denn für eine hier gegründete Gemeinde ergaben sich Möglichkeiten der Ausstrahlung in die ganze Provinz hinein. Dieses Vorhaben wurde durch die Existenz einer großen jüdischen Gemeinde erleichtert. Paulus konnte hier anders als in Philippi (16, 13) ohne Schwierigkeiten seiner üblichen Praxis der Anknüp-

B
1

2 fung an die Synagoge folgen (vgl. 9,20; 13,5. 14; 14,1; 17,10. 17; 18,4; 19,8). An drei aufeinanderfolgenden Sabbattagen predigte er im Rahmen des jüdischen Gottesdienstes. Man wird nun allerdings aus dieser Zeitangabe nicht schließen dürfen, daß das Wirken des Paulus in Thessalonich nur knappe drei Wochen gedauert habe. Nach Phil 4,16 haben die Christen von Philippi dem Apostel mehrfach nach Thessalonich Unterstützung geschickt; das setzt einen längeren Aufenthalt voraus. Hinzu kommt, daß das enge Vertrauensverhältnis zwischen Paulus und der Gemeinde von Thessalonich, das der 1. Thessalonicherbrief andeutet (1. Thess 2,9–12. 17. 19f.; 3,6), sich schwerlich in einer so kurzen Zeit hätte entwickeln können. Das falsche Bild entsteht dadurch, daß Lukas sich hier auf Beginn und Ende des paulinischen Wirkens beschränkt, während er die Zeit des Wachstums und der
3 Konsolidierung in seinem Bericht übergeht. Vom Inhalt der Predigt teilt er uns nur Stichworte mit: Paulus habe den christologischen Schriftbeweis geführt, indem er gezeigt habe, daß die Schrift vom Leiden und Auferstehen des Messias spricht und daß sich diese ihre Ankündigungen im Weg und Geschick Jesu erfüllt haben, der so von Gott her als der Messias ausgewiesen ist. In ausgeführter Form hat Lukas diese Argumente schon mehrfach in den judenmissionarischen Predigten seines Buches dargeboten (z.B. 2,22–36; 3,18; 8,32–35; 13,27. 29; vgl. Lk 24, 25–27. 44–46).
4 Hier genügt es ihm, den Leser daran zu erinnern. – Unter der eigentlichen Judenschaft ist der missionarische Erfolg gering; nur „einige wenige" aus ihren Reihen lassen sich durch die Predigt des Paulus überzeugen. Hingegen ist ihre Wirkung auf die der Synagoge nahestehenden Griechen, die „Gottesfürchtigen", bedeutend. (Der westl. Text erwähnt hier zwei verschiedene Kreise: „Gottesfürchtige und Griechen"; doch das ist sicher eine sekundäre Glättung der üblichen Wendung „gottesfürchtige Griechen"). Das entspricht in etwa dem im 1. Thessalonicherbrief gezeichneten Bild einer im wesentlichen heidenchristlichen Gemeinde. Wenn der Missionserfolg unter den „vornehmen Frauen" besonders hervorgehoben wird, so wohl deshalb, weil es sich hier um einen für die Juden besonders kritischen Faktor handelte. Denn der Verlust der ihnen freundlich gesonnenen Frauen maßgeblicher Persönlichkeiten mußte für die Synagoge eine Einbuße an Sicherheit wie auch an Einflußmöglichkeiten bedeuten, die sie nicht hinzunehmen bereit war (s. zu 13,50).
5 Als Gegenmaßnahme bieten die Juden den Pöbel auf, wohl in der Absicht, den Eindruck entstehen zu lassen, als sei eine spontane Volksbewegung gegen die Christen losgebrochen als Gegenreaktion gegen deren angebliche Volksverhetzung und Unruhestiftung. Die von den Juden und ihren Helfershelfern aufgehetzte Menge rückt gegen das Haus des Jason vor, weil sie meint, die Gegner dort zu finden – allerdings vergeblich. Jason, der hier unvermittelt eingeführt wird, war der Quartiergeber des Paulus. Vermutlich war er einer der wenigen bekehrten Juden (V.4). Auf jüdische Herkunft läßt schon der Name schließen (Jason war häufiges griechisches Äquivalent für Jᵉhoschua bzw. Jesus), daneben auch das Verhalten der Juden ihm gegenüber. Über seinen weiteren Weg wissen wir nichts, zumal sein Name in den Thessalonicherbriefen nicht erscheint. (Für eine Gleichsetzung mit dem Röm 16,21 genannten Jason fehlen alle Anhaltspunkte. Spätere Überlieferung
6–7 machte ihn zum ersten Bischof von Thessalonich.) Als man die Gesuchten nicht findet – offenbar waren sie schon vorher angesichts der drohenden Gefahr von den

Christen aus der Stadt hinausgeschleust worden –, richtet sich der Volkszorn gegen Jason und einige Gemeindeglieder, derer man habhaft geworden ist. Man schleppt sie vor die Politarchen und erhebt Anklage gegen sie: Indem sie gefährliche subversive Elemente begünstigten, hätten sie sich indirekt der gleichen Vergehen schuldig gemacht. Die Anklage ist bewußt politisch gehalten, um auf die staatlichen Organe Eindruck zu machen und läuft auf folgende zwei Punkte hinaus: 1. Die Christen wollen eine weltweite Revolution anzetteln. – 2. Indem sie Jesus als ihren König proklamieren, bestreiten sie die Weltherrschaft des römischen Kaisers. – In der Formulierung des Lukas reflektieren diese beiden Anklagepunkte vermutlich das einseitig politische Mißverständnis des Evangeliums, auf das die Christen bis in seine Zeit hinein immer wieder bei Vertretern der römischen Staatsmacht stießen. Durch seine Darstellung hat er allerdings zugleich für die Widerlegung dieses Mißverständnisses Sorge getragen. Denn der Leser weiß ja nun: Die wahren Aufrührer sind nicht Paulus und die Seinen, sondern die, die solche Anklage gegen sie erheben! – Der Ausgang ist glimpflich: Da in Anbetracht der Unauffindbarkeit der 8–9 Missionare ein Beweis für das vorgebliche Vergehen nicht erbracht werden kann, lassen die Politarchen Jason nach Stellung einer Sicherheitssumme frei. Römischer Rechtspraxis entsprach es, daß diese bei einer Wiederholung des Vergehens verfiel. Aber zu solcher Wiederholung bestand kein Anlaß, denn mittlerweile hatten die Missionare längst die Stadt verlassen.

5. Die Mission in Beröa 17,10–15

¹⁰Die Brüder sandten Paulus und Silas sofort bei Nacht nach Beröa. Dort angekommen, gingen sie in die Synagoge der Juden. ¹¹Diese verhielten sich vornehmer als die in Thessalonich. Sie nahmen das Wort mit aller Bereitwilligkeit an und forschten täglich in der Schrift, ob es sich so verhielte. ¹²Viele von ihnen kamen zum Glauben, und auch von den angesehenen griechischen Frauen und Männern nicht wenige. ¹³Als aber die Juden von Thessalonich erfuhren, daß auch in Beröa das Wort Gottes durch Paulus verkündigt werde, kamen sie auch dorthin und stifteten Unruhe und Aufruhr im Volk. ¹⁴Da sandten die Brüder sogleich Paulus weg ans Meer. Silas und Timotheus blieben jedoch dort. ¹⁵Die Paulus geleiteten, brachten ihn bis nach Athen und reisten (von dort) ab mit dem Auftrag an Silas und Timotheus, so schnell wie möglich zu ihm zu kommen.

Lukas hatte als Traditionsgrundlage für diesen Bericht wohl kaum mehr zur A Verfügung als eine knappe Notiz des Itinerars, die den Aufenthalt des Paulus in 10–15 Beröa, seinen Missionserfolg bei den dortigen Juden sowie seine Weiterreise nach Athen (V. 10. 11a. 15a) erwähnt haben mag. Das Bild, das er daraus entwickelt, ist stark schematisch in deutlicher Anlehnung an den vorhergegangenen Thessalonich-Bericht (V. 1–9) gestaltet. Das gilt vor allem hinsichtlich der Begründung für die Abreise des Paulus (V. 13). Nach der Vorstellung des Lukas waren es zumeist Konflikte und Verfolgungen, die Paulus zur Beendigung seines Aufenthalts an einem Ort nötigten. Da er aber von einem solchen Konflikt in Beröa nichts wußte, half er sich, indem er die Verfolgung von der Judenschaft Thessalonichs ausgehen ließ (vgl. 14,19).

Aber sind der Aufenthalt des Paulus in dem abgelegenen Beröa und seine Weiterreise von dort aus nach Athen überhaupt historisch? Man hat dies neuerdings bestritten und zugleich eine interessante Hypothese aufgestellt (A.Suhl; W.Marxsen): In Wirklichkeit sei Paulus von Thessalonich aus auf der Via Egnatia weiter nach Westen gereist, mit der Absicht, von Illyrien aus die Adria zu überqueren und Rom zu erreichen. Seine Pläne seien jedoch durch das Klaudius-Edikt, das „alle Juden" aus Rom auswies (vgl. 18,2) durchkreuzt worden, so daß er, statt nach Italien überzusetzen, entlang der Westküste Griechenlands nach Athen gezogen sei. Als Beleg dafür verweist man auf das Selbstzeugnis des Paulus, wonach er „mehrfach versucht" habe, nach Rom zu kommen (Röm 1,13; 15,22) sowie auf Röm 15,19, wonach er „bis nach Illyrien" das Evangelium verkündigt habe. Trotzdem scheint hier Zurückhaltung geboten zu sein. Denn einmal ist es nicht Art des Lukas, Reiserouten und Aufenthalte des Paulus frei zu erfinden. Die Vermutung, Lukas habe aufgrund der Erwähnung eines gewissen Sopater aus Beröa in seinen Quellen (20,4) diese Reisestation selbständig eingetragen, hat keine große Wahrscheinlichkeit für sich. Zweitens aber wäre angesichts des großen Interesses, das Lukas an Rom und der Reise des Paulus dorthin hat, völlig unverständlich, daß er den frühen Plan einer Romreise und seine Vereitelung, wenn er davon gewußt hätte, völlig übergangen hätte. Denn diese Ereignisse hätten nur allzugut in sein theologisches Konzept gepaßt (s. zu 19,21).

B 10 Im Schutze der Nacht werden Paulus und Silas (der in V.15 erwähnte Timotheus bleibt hier ungenannt) aus der Stadt Thessalonich von den dortigen Christen herausgebracht. Die zeitliche Verknüpfung mit der Jason-Episode (V.5–9) bleibt unbestimmt. Meinung des Lukas ist es wohl, daß diese unmittelbar vorhergegangen ist und die Missionare während des Volkstumults noch innerhalb der Stadt versteckt gewesen waren. Beröa, ca. 80 km von Thessalonich entfernt, liegt südlich der großen Via Egnatia an der Straße nach Mittel- und Südgriechenland. Wenn Paulus die Absicht hatte, nach Athen und Korinth zu reisen, dann bot sich diese Stadt als erstes Etappenziel ganz natürlich an. Wieder erfolgt die Anknüpfung in der Synagoge; wieder auch (vgl. V.3) – das setzt Lukas hier stillschweigend voraus – predigt Pau-

11 lus das um den Schriftbeweis zentrierte christologische Kerygma. Das Echo, das er dabei findet, ist allerdings positiver als in Thessalonich: Die Juden überzeugen sich anhand eigenen Schriftstudiums von der Richtigkeit seines Schriftbeweises, und viele

12 von ihnen kommen so zum Glauben. Darüber hinaus kommt es wie in Thessalonich (V.4) zu einem beachtlichen missionarischen Erfolg in den maßgeblichen heidnischen Kreisen der Stadt. Offensichtlich hatte die Gemeindegründung Bestand, denn später hat sich Beröa aktiv an der großen paulinischen Kollekte beteiligt

13 (20,4). Nicht durch am Ort entstandene Schwierigkeiten, sondern durch einen Eingriff von außen wird dem Wirken des Paulus ein Ende gesetzt: Die ihm feindlich gesonnene Judenschaft von Thessalonich hat seinen Aufenthalt aufgespürt und schickt sich an, auch in Beröa nach gleichem Muster wie dort gegen ihn vorzugehen. Wieder wird ein öffentlicher Tumult inszeniert, wieder gelingt es jedoch, Paulus rechtzeitig aus der Stadt zu bringen und ihn nach seinem nächsten Reise-

ziel, Athen, zu geleiten. Im einzelnen sind nun allerdings die Angaben über den 14–15
Verlauf der Reise nach Athen unklar. Haben die Christen ihn von Beröa zunächst „ans Meer", d.h. in die Hafenstadt Pydna, gebracht, um durch Vortäuschung seiner Einschiffung für die Juden eine falsche Fährte zu legen, während Paulus dann in Wahrheit doch auf dem Landweg weiterreiste? (So versteht es der westl. Text, der in einer ergänzenden Bemerkung eine Erklärung dafür gibt, daß Paulus auf den weiteren Stationen dieses Weges nicht missioniert hat: „Er durchzog aber Thessalien: Er wurde nämlich gehindert, ihnen das Wort zu verkündigen.") Wahrscheinlich ist es jedoch die Meinung des Lukas, daß Paulus unter Begleitung einiger Christen aus Beröa den Weg nach Athen zur See zurückgelegt hat. Solche Begleitung war notwendig, nachdem die Mitarbeiter Silas und Timotheus in Beröa zurückgeblieben waren. An diesem Punkt besteht allerdings eine leichte Differenz zu 1.Thess 3,1f., wonach Timotheus Paulus nach Athen begleitet hatte und erst von dort aus nochmals nach Thessalonich zurückgesandt worden war. Lukas hat hier das komplizierte Hin und Her vereinfacht. Worauf es ihm ankommt, ist lediglich: Paulus ist in Athen ganz auf sich selbst gestellt. Die Gefährten, die er rufen läßt, treffen erst in Korinth (18,5) wieder mit ihm zusammen.

6. *Paulus in Athen 17,16–34*

¹⁶Während Paulus in Athen auf sie wartete, ergrimmte sein Geist in ihm, als er sah, daß die Stadt voller Götzenbilder war. ¹⁷Er redete in der Synagoge mit den Juden und Gottesfürchtigen und auf dem Marktplatz an jedem Tag mit den gerade Anwesenden. ¹⁸Einige aber von den epikureischen und stoischen Philosophen kamen in ein Gespräch mit ihm, und einige sagten: „Was will denn wohl dieser Körnerpicker sagen?", andere aber: „Er scheint ein Verkünder fremder Gottheiten zu sein", denn er verkündigte Jesus und die Auferstehung. ¹⁹Da nahmen sie ihn und führten ihn zum Areopag und sagten: „Können wir wohl erfahren, was das für eine neue Lehre ist, die du verkündigst? ²⁰Denn du bringst uns befremdliche Dinge zu Ohren. Wir möchten nun gerne wissen, wie es sich damit verhält!" ²¹Alle Athener aber und die dort ansässigen Fremden haben ja für nichts anderes Zeit, als etwas Neues zu sagen oder zu hören. ²²Da trat Paulus in die Mitte des Areopags und sprach: „Athener! Ich sehe, daß ihr in jeder Hinsicht ungewöhnlich religiös seid. ²³Denn als ich (durch die Stadt) ging und eure Heiligtümer besichtigte, fand ich einen Altar mit der Inschrift: Einem unbekannten Gott. Was ihr nun unwissend verehrt, das tue ich euch kund. ²⁴Gott, der die Welt und alles, was in ihr ist, geschaffen hat, er ist der Herr des Himmels und der Erde und wohnt (darum) nicht in von Menschenhand errichteten Tempeln, ²⁵er läßt sich auch nicht von Menschenhänden bedienen, als ob er etwas bedürfte, der er doch selbst allen Leben, Odem und alles gewährt! ²⁶Er schuf aus einem (Menschen) das ganze Menschengeschlecht, daß es auf der ganzen Oberfläche der Erde wohnen sollte; er bestimmte ihnen feste Zeiten und die Grenzen ihrer Wohngebiete, ²⁷damit sie Gott suchen sollten, ob sie ihn vielleicht ertasten und finden könnten. Denn in der Tat ist er ja nicht fern von jedem einzelnen von uns. ²⁸Denn in ihm leben wir und bewegen wir uns und sind wir, wie denn auch einige von euren Dichtern gesagt haben:

,Wir sind ja seines Geschlechtes.'

²⁹Da wir nun von Gottes Geschlecht sind, dürfen wir nicht meinen, die Gottheit sei (einem Götterbild aus) Gold, Silber oder Stein, einem Gebilde menschlicher Kunstfertigkeit und Überlegung gleich. ³⁰Über die Zeiten der Unwissenheit hat Gott nun hinweggesehen und läßt jetzt allen Menschen allenthalben Umkehr verkündigen, ³¹im Blick darauf, daß er einen Tag festgesetzt hat, an dem er den Erdkreis in Gerechtigkeit richten wird durch einen Mann, den er bestimmt hat, und er hat ihn gegenüber allen dadurch beglaubigt, daß er ihn von den Toten auferstehen ließ." – ³²Als sie aber von der Auferstehung der Toten hörten, da spotteten die einen, die anderen aber sagten: „Wir wollen dich darüber ein anderes Mal wieder hören." ³³So ging Paulus aus ihrer Mitte. ³⁴Einige Männer aber schlossen sich ihm an und kamen zum Glauben, darunter auch Dionysius, ein Mitglied des Areopags, eine Frau namens Damaris und andere mit ihnen.

Vers 24f.: *Jes 42,5;*   Vers 28: *Arat, Phaenomena 5;*   Vers 31: *Ps 9,9; 96,13.*

A
16–34

Rein historisch gesehen war der Aufenthalt des Paulus in Athen kaum mehr als eine beiläufige Episode ohne erkennbare Nachwirkungen. Paulus strebte von Mazedonien in das Zentrum der Provinz Achaia, nach Korinth, und der Weg dorthin führte ihn über Athen, die alte Metropole, deren klassische Blütezeit damals schon längst dahinten lag. Paulus scheint sich dort für kurze Zeit aufgehalten und auch gepredigt zu haben. Sein missionarisches Wirken blieb jedoch ohne nennenswerten Erfolg; zu einer Gemeindegründung kam es jedenfalls nicht. Die Nachrichten, die Lukas über den athenischen Aufenthalt des Paulus vorlagen, scheinen entsprechend dürftig gewesen zu sein. Das Itinerar hat schwerlich mehr darüber geboten als eine Notiz über die Predigttätigkeit des Paulus in der Synagoge und auf der Agora (V. 17) sowie über deren Erfolg, wobei es die beiden Namen des Areopagiten Dionysius und der Damaris überlieferte (V. 34).

Lukas hat nun allerdings diese kargen Angaben zum Anlaß genommen, eine Szene zu gestalten, die zu den schriftstellerischen Höhepunkten seines Buches, zugleich aber auch zu dessen umstrittensten Passagen gehört. Wir haben es hier mit einer ungemein geschlossenen, bis ins letzte kalkulierten Komposition zu tun, die von der unverwechselbaren Handschrift ihres Verfassers geprägt ist. Die Merkmale des lukanischen Stils begegnen uns hier in einer letzten Verfeinerung: kunstvoller noch als sonst ist die Rede (V. 22b–31) in den erzählerischen Rahmen eingepaßt, so daß sich ein bruchloser Spannungsbogen ergibt, deutlicher noch als sonst ist das Bemühen, das Lokalkolorit mit sprachlichen Mitteln einzufangen, gehäufter noch als sonst finden sich Zitate und Anspielungen, und zwar nicht nur auf biblische, sondern auch auf außerbiblische Texte sowie auf zeitgenössische philosophische Anschauungen. Was Lukas zu diesem erzählerischen Aufwand veranlaßte, war ohne Zweifel die Ortsangabe „Athen". Diese Stadt war der Ursprungsort griechischer Kunst, Religion und Philosophie; noch lange nach ihrem äußeren Niedergang war ihr Name für jeden halbwegs Gebildeten Symbol einer großen geistigen Tradition. Zweifellos wollte Lukas eine Schlüsselszene gestalten, die anhand der Begegnung des Paulus mit den athenischen Philosophen die kritische Konstellation veranschaulichen sollte, die sich überall da ergab, wo das Evangelium auf die von der Philosophie geprägte Religiosität der Gebildeten traf. Speziell um diese Konfrontation geht es hier, nicht jedoch um die Auseinandersetzung des Evangeliums mit dem polytheistischen Heidentum an sich. Lukas unterscheidet sehr genau zwischen verschiedenen Erscheinungsformen heidnischer Religiosität. So schildert er in 14,6–18 die Begegnung des Evangeliums mit einer primitiven polytheistischen Volksfrömmigkeit und in 16,16–18; 19,12–16 mit heidnischer Magie und Mantik. Hier dagegen sind die Gesprächspartner des Paulus die athenischen Philosophen, Männer also, die die heidnische Religiosität in ihrer sublimsten, am stärksten vergeistigten Form repräsentieren. Sie haben den naiven Polytheismus längst hinter sich gelassen und sind auf dem Wege zu einer spirituellen Auffassung, die „das Göttliche" (V.28) als die hinter allen Erscheinungen der Welt stehende geheimnisvoll-unsichtbare Macht begreifen möchte. Ganz in diesem Sinne behaftet die Redeeinleitung (V.22f.) die Gesprächspartner des Paulus bei einem zumindest latenten Unbehagen am Polytheismus. Indem sie auf ihre Suche nach einem „unbekannten Gott" angesprochen werden (V.23b), wird so etwas wie eine gemeinsame Gesprächsgrundlage zwischen Paulus und ihnen abgesteckt.

An diesem Punkt entzündet sich nun allerdings der Streit der neueren Ausleger. Die Frage ist: Hat Lukas von dieser Anknüpfung her die Kluft zwischen Paulus und den hellenistischen Philosophen einebnen und das Evangelium der damals herrschenden stoischen Popularphilosophie angleichen wollen? In der Tat enthält die Areopagrede eine Häufung von Motiven aus dem Bereich der stoischen Philosophie und der hellenistischen Mystik, wie sie innerhalb des Neuen Testaments einmalig ist: So der Schluß vom Wesen Gottes mit dem Hinweis auf die Unmöglichkeit seiner Verehrung in von Händen erbauten Tempeln (V.24; vgl. Plut mor 1034b; Lukian sacr 11), auf die Bedürfnislosigkeit Gottes (V.25; vgl. Sen epist 95,47; Corp Herm VI, 1 u.ö.), die pantheistisch klingende Trias „leben, sich bewegen, sein" (V.28), die in zahlreichen Varianten in der antiken Philosophie verbreitet ist (z.B. Plat Tom 37c; Plut mor 477c.d), das Zitat aus Arat phain 5 (V.28), das wiederum eng mit einer Wendung des bekannten Zeus-Hymnus des Stoikers Kleanthes verwandt ist („Dich zu rufen, geziemt ja den Sterblichen allen. Denn sie stammen aus deinem Geschlecht" [Klean fr 537]), schließlich die (im Griechischen neutrische) Rede von der „Gottheit" (V.29). Nimmt man hinzu, daß die einzigen explizit christlichen Wendungen der Rede in ihrem stark formelhaft geprägten Schlußsatz (V.31b) stehen, dann scheint sich der Schluß nahezulegen: Wir haben hier eine *„hellenistische Rede* von der wahren *Gotteserkenntnis"* vor uns, die sich auf Grund ihres stoischen Gedankengutes „als Fremdling im Neuen Testament" erweist (M.Dibelius).

Aber dieser Schluß, der sich auf eine isolierte Betrachtung der Einzelmotive gründet, ist einseitig. Berücksichtigt man den *Kontext* der Rede sowie ihren *form- und traditionsgeschichtlichen Hintergrund,* so ergeben sich eine Reihe von Beobachtungen, die zu einer Modifikation nötigen: 1. Lukas läßt Paulus nicht als Philosophen unter Philosophen, sondern als bevollmächtigten Verkündiger der Heilsbotschaft auftreten (V.23). Was er ihm in den Mund legt, ist nicht ein Beweis der Existenz Gottes aus Natur und Geschichte, der auf rationale Zustimmung zielt, sondern die Verkündigung des lebendigen Gottes und seines Heilswirkens, die auf Glaube und Umkehr zielt (V.30f.). – 2. Bereits die Rahmenerzählung nennt ausdrücklich als Thema der paulinischen Predigt „Jesus und die Auferstehung" (V.18b). Daraus folgt, daß die explizit christlichen Wendungen am Schluß der Rede (V. 31) trotz ihrer formelhaften Kürze deren eigentliches Ziel markieren sollen und keineswegs nur ein Anhang sind. – 3. Dies bestätigt sich anhand einer formgeschichtlichen Beobachtung. Die Rede folgt nämlich in ihrem Aufriß streng dem Schema der hellenistisch-judenchristlichen Heidenmissionspredigt von 1. Thess 1, 9f.; Hebr 6, 1f. mit seinen vier Gliedern (s. zu 14, 15–17): (1) Aufweis der Macht und Lebendigkeit Gottes des Schöpfers sowie der Nichtigkeit der Götzen; (2) Verkündigung des jetzt von diesem Gott her ergehenden Angebots von Umkehr und Glauben; (3) Ankündigung des Kommens Jesu als des (Menschensohn-)Weltrichters; (4) Begründung durch Hinweis auf die bereits erfolgte Auferweckung Jesu. Während in der Lystra-Rede nur die beiden ersten Glieder ausgeführt waren, wird hier das gesamte Schema reproduziert, wenn auch mit unterschiedlicher Gewichtung: Wiederum ist es das erste Glied, das besonders nachdrücklich expliziert wird (V. 24–29). Denn das Hauptinteresse des Erzählers war es, zu zeigen, wie Paulus die vom missionarischen Schema geforderte monotheistische Propädeutik auf die spezifische Situation des Gesprächs mit den heidnischen Philosophen hin abgewandelt hat. Eine entsprechende Explikation der letzten Glieder des Schemas konnte er sich dagegen sparen, da sie dem Leser bereits aus früheren Reden Bekanntes (z.B. 2, 36; 3, 19ff.; 10, 42) wiederholt hätte. Bereits die skizzenhafte Andeutung des Gesamtschemas genügte jedoch andererseits, um ihm den übergreifenden Bezugsrahmen zu signalisieren, innerhalb dessen Lukas die Aussagen von V. 24–29 verstanden wissen wollte. – 4. Aber auch was diese Aussagen im einzelnen betrifft, so wird man sie nicht ohne weiteres als direkte Anleihen des Lukas bei der zeitgenössischen Philosophie deklarieren können. Mehr spricht dafür, daß sie auf Traditionen beruhen, die ihm auf dem Umweg über das hellenistische Judentum zugekommen sind, wo sie im Zuge der *interpretatio graeca* der biblischen Religion rezipiert worden waren. Um den biblischen Gottesgedanken zu umschreiben, hatte man hier schon seit langem auf Motive heidnischer Philosophie zurückgegriffen und diese auf der Basis der Weisheitstheologie so weit als möglich mit Aussagen des Alten Testaments zur Deckung zu bringen gesucht. So hat – um nur ein besonders markantes Beispiel zu nennen – der jüdische Schriftsteller Aristobul (fr 4) bereits das Arat-Zitat (V. 28) zur Umschreibung der biblischen Schöpfungsaussagen herangezogen (Euseb pr ev XIII 12, 10–12). Was ursprünglich pantheistisch gemeint war, wird hier ganz unbedenklich als Beleg für die Allwirksamkeit und Allgegenwart des einen Schöpfergottes gebraucht. Die christliche Heidenmission hat das vom hellenistischen Judentum in seiner Auseinandersetzung mit dem griechischen Geist geschaffene Reservoir an Traditionen ganz unbedenklich übernommen.

Die *Gliederung* des Abschnitts ist kunstvoll. Der erzählerische Rahmen ist ganz auf die Rede ausgerichtet. So umreißt die Einleitung (V. 16–22 a) deren Ausgangssituation: Einerseits der Zorn des Paulus über die zahlreichen Götterbilder (V. 16), andererseits die von Befremden (V. 18) und distanzierter Neugier bestimmte Haltung der athenischen Philosophen gegenüber der Verkündigung des Apostels. Der kurze Schlußabschnitt (V. 32–34) schildert das zwiespältige Ergebnis der Rede: Die Philosophen verharren in Ablehnung beziehungsweise unverbindlicher Distanz (V. 32), nur einige wenige kommen zum Glauben (V. 34).

Die eigentliche Rede (V.22b–31) setzt mit einem Proömium (V.22bf.) ein, das
an die Situation der Hörer anknüpft und das Thema des Folgenden nennt: der
„unbekannte Gott". Ihr erster und bei weitem längster Teil, der dem ersten Glied
des missionarischen Schemas (s.o.) entspricht (V.24–29), ist lehrhaft ausgerichtet.
Er weist die Macht und Lebendigkeit Gottes, des Schöpfers, auf und übt von daher
Kritik an falschen Formen des heidnischen Kults. Und zwar geschieht dies in zwei
parallelen Gedankengängen: 1. *Gott und Welt* (V.24–25). Gott ist als der Schöpfer
des Kosmos der Herr aller Dinge – er kann darum weder in von Menschen gemachten Heiligtümern wohnen, noch ist er des Kultus bedürftig. – 2. *Gott und Mensch*
(V.26–29). Gott ist als der Schöpfer und Erhalter menschlichen Lebens den Menschen unmittelbar nahe – es ist darum verfehlt, ihn in toten Bildern zu verehren. –
Der zweite Redeteil (V.30–31) enthält in gedrängter Folge die eigentlich kerygmatischen Elemente des missionarischen Schemas: Das jetzt von Gott her an alle Menschen ergehende Angebot der Umkehr (V.30); der von Gott festgesetzte Tag des
Gerichtes über den ganzen Erdkreis (V.31a); die Auferweckung Jesu als Unter-
pfand des gegenwärtigen und kommenden Geschehens (V.31b).

Athen hatte zu jener Zeit kaum mehr als 5000 Einwohner und lebte von seiner
großen Vergangenheit. An Bevölkerungszahl und wirtschaftlicher Bedeutung war es
längst von Korinth, der aufstrebenden Hauptstadt der Provinz Achaia, überflügelt.
Aber die schon damals zahlreichen Bildungstouristen suchten in dem klein gewordenen Athen ehrfürchtig die Spuren eines Sokrates, Platon oder Perikles. Paulus
freilich kommt nicht als staunender Tourist in die alte Metropole des antiken Geistes; er sieht die Stadt ganz aus der kritischen Perspektive des jüdischen Frommen
gegenüber dem Heidentum. Die zahllosen Götterstatuen, der Stolz Athens, sind ihm
Zeichen falscher, sündiger Religiosität, die den Schöpfer im von Menschen Geschaffenen sucht, und erwecken darum seinen heiligen Zorn. Mit der Schilderung
dieser Reaktion wird bereits die Rede vorbereitet (vgl. V.29). Es entspricht seinem
üblichen Verfahren, wenn Paulus am Sabbat in der Synagoge predigt, um so Juden
und Gottesfürchtige zu erreichen. Ungewöhnlich ist jedoch, daß er an den Wochen-
tagen auf dem Markt – gemeint ist wohl der Töpfermarkt *(Kerameikos)* nordwestlich der Akropolis – unmittelbar zu den Heiden spricht (doch vgl. 14,7). Angesichts
der Kleinheit und Bedeutungslosigkeit der jüdischen Gemeinde in Athen mochte
sich dieser direkte Weg an die heidnische Öffentlichkeit nahelegen; seine Geschichtlichkeit anzuzweifeln besteht kein ernstlicher Grund. Für Lukas scheint allerdings
die der Tradition entnommene Notiz der Anlaß gewesen zu sein, eine gedankliche
Parallele zu Sokrates herzustellen: Wie einst Sokrates, so spricht jetzt Paulus auf
dem Marktplatz von Athen zu den Menschen und setzt sich mit den Vertretern
philosophischer Schulen auseinander! Entsprechende Assoziationen klingen auch
im folgenden (V.18. 19) mehrfach an. Von den vier klassischen athenischen Philosophenschulen – Stoiker, Epikureer, Peripatetiker und Akademiker – nennt Lukas
nur die beiden ersten. Von ihnen hatten damals allein die Stoiker noch größere
Bedeutung. Die rationale Strenge und Durchsichtigkeit ihres Lehrsystems, das die
Welt als von Gott bis ins kleinste sinnvoll geordneten Zusammenhang verstehbar
und dem einzelnen Menschen seinen Platz darin einsichtig machte, sowie die impo-
nierende Kraft ihres Ethos, nicht zuletzt aber auch einige überragende Lehrergestal-

ten wie der Grieche Epiktet und der Römer Seneca ließen sie in der frühen römischen Kaiserzeit zur herrschenden philosophischen Richtung werden. Demgegenüber hatte der Epikureismus seine einstige Bedeutung fast völlig eingebüßt. Er war zu einer flach diesseitig-ästhetisierenden Lebensanschauung geworden, die jeden Gedanken an eine jenseitige Wirklichkeit des Göttlichen verwarf. Man hat zuweilen versucht, die Stellungnahmen gegenüber Paulus in V. 18 b. 19 b. 20. 32 auf beide Schulen aufzuteilen und den Epikureern die schroff-spöttische Abweisung, den Stoikern dagegen das distanzierte Interesse zuzuweisen. Doch das läßt sich vom Text her nicht begründen. Weder legen die unbestimmten Einführungsformeln in V. 18 b. 19. 32 Identifizierungen mit jeweils einer der beiden Gruppen nahe, noch treten in den Stellungnahmen für sie spezifische Einstellungen zutage. Lukas will mit den verschiedenen Voten vielmehr nur die Skepsis kennzeichnen, mit der man Paulus in Athen von vornherein begegnet ist. Im übrigen denkt er sich als die entscheidenden Gesprächspartner des Paulus die Stoiker; die Argumentation der Rede ist ganz auf sie zugeschnitten. Die erste Reaktion soll die Überheblichkeit der Philosophen gegenüber Paulus zum Ausdruck bringen. „Körnerpicker" ist ein geläufiges griechisches Spottwort, das jemanden bezeichnet, der seinen geistigen Aufwand dadurch bestreitet, daß er fremde Gedanken mühsam zusammensucht. Kaum positiver ist die zweite Reaktion, die möglicherweise auf die gegen Sokrates erhobene Anklage anspielt, „neue" Götter in Athen einführen zu wollen (Xen mem I 1,1). Hier ist allerdings nicht von „neuen", sondern deutlich abwertend von „fremden" Gottheiten die Rede. Man sieht in Paulus einen Propagandisten eines obskuren orientalischen Kultes, in dessen Zentrum das Götterpaar „Jesus und Anastasis" steht; offensichtlich mißversteht man nämlich die neben Jesus genannte Auferstehung (griech. *anastasis*) als Namen einer weiblichen Kultgottheit. Die „Gottheiten", die Paulus verkündigt, sind für die athenischen Philosophen von vornherein keine ernsthaft diskutablen Größen, sondern ganz einfach befremdlich und exotisch.

19 Wenn sie dennoch seine Botschaft genauer hören wollen, ihn zu diesem Zweck aus dem lauten Gewühl des Marktplatzes zu dem stillen Areopag, dem nordwestlich der Akropolis gelegenen Aresfelsen, bringen, so ist dies kein Zeichen ihrer Aufgeschlossenheit, sondern lediglich ihrer unverbindlichen Neugierde. Nun ist allerdings das Wort „Areopag" doppeldeutig; es kann auch die athenische Behörde für Erziehung und Wissenschaft bezeichnen, deren ursprünglicher Tagungsort der Areshügel gewesen war. Von daher haben manche Ausleger vermutet, V. 19 handle in Wahrheit davon, daß die Philosophen Paulus dieser Behörde (bzw. einem ihrer Ausschüsse) vorgeführt hätten, damit diese ihn wegen seiner illegitimen Verkündigung fremder Gottheiten einem Verhör unterziehen sollte. Doch hat diese Deutung keinen Anhalt am Text. Nichts läßt im Folgenden darauf schließen, daß Lukas eine Verhörszene hätte schildern wollen. Und was die Rede des Paulus betrifft, auf die hin die Rahmenerzählung ja angelegt ist, so steht sie nicht im Zeichen der Verteidi-
20 gung, sondern ganz in dem der Verkündigung. – In direkter Rede ergeht nun seitens der Philosophen an Paulus die Aufforderung, das Neuartige und Befremdliche
21 seiner Botschaft genauer darzulegen. Allerdings beeilt sich Lukas in einer an den Leser gerichteten Zwischenbemerkung, die Motivation dieses Wissenwollens klarzustellen: Es ist, wie schon die ersten Reaktionen (V. 18 b) zeigten, nicht die Offen-

heit für eine bisher unerkannte Wahrheit, sondern die sprichwörtliche athenische Neugierde! Man will die seltsamen Ansichten des exotischen Wanderpredigers anhören, weil man sich davon eine amüsante Abwechslung verspricht, aber man ist weit davon entfernt, ihn als Gesprächspartner zu akzeptieren. Die Möglichkeit zu einem echten Dialog zwischen Paulus und den Philosophen ist von deren Seite bereits verbaut, ehe die Rede begonnen hat.

Wenn Lukas mit einer feierlich klingenden Einleitungsformel dem Leser das Bild 22 des in Rednerhaltung auf der höchsten Stelle des Areshügels stehenden Paulus vor Augen ruft, so will er damit vermutlich andeuten: Paulus läßt sich durch die zweifelhafte Ausgangssituation nicht daran hindern, die ihm aufgetragene Botschaft mit vollem Ernst zu verkündigen und um den Dialog mit seinen Zuhörern zu werben. In diesem Sinne versucht er den athenischen Philosophen in der Redeeinleitung (V. 22 b–23) so weit wie möglich entgegenzukommen. Bereits der erste Satz ist eine captatio benevolentiae, deren Hintergründigkeit man allerdings nicht übersehen sollte: Paulus nennt die Athener „religiös"; er gebraucht dabei aber einen Begriff, der sowohl Frömmigkeit als auch Aberglauben einschließt. Die Begründung, die er 23 für dieses Urteil liefert, knüpft an V. 16 an und trägt zugleich eine dort noch ausgesparte wichtige Einzelheit nach: Paulus hat beim Durchwandern der Stadt unter den vielen Götterstatuen und Heiligtümern auch einen Altar mit der Inschrift „einem unbekannten Gott" gesehen. Nicht Vielfalt und Reichtum des athenischen kultischen Lebens veranlassen ihn zu diesem bedingt positiven Urteil – die negative Stellungnahme von V. 16 wird nicht zurückgenommen –, sondern diese eine Altarinschrift. Zwei Fragen stellen sich hier: 1. Was hat es mit dieser Inschrift historisch auf sich? – 2. Wie ist das positive Urteil über sie zu verstehen?

1. Eine Inschrift „einem unbekannten Gott" ist weder durch die antike Literatur bezeugt, noch durch die Archäologie nachgewiesen. Hingegen gibt es bei antiken Schriftstellern Hinweise auf Heiligtümer und Altäre, die einer Mehrzahl von Göttern gewidmet waren. Auch die pluralische Widmung „unbekannten Göttern" scheint hinreichend bezeugt. So berichtet Pausanias (I 1,4), daß sich auf der Straße von Phaleron nach Athen „Altäre von als unbekannt bezeichneten Göttern, Heroen und Kindern des Theseus und Phaleros" befunden hätten, und er weiß auch von einem „unbekannten Göttern" gewidmeten Altar nahe dem großen Zeus-Altar im Heiligtum von Olympia. In diesem Sinn korrigiert bereits Hieronymus (ad Tit I 12): „Die Altarinschrift lautete freilich nicht so, wie Paulus behauptete, ‚dem unbekannten Gott', sondern ‚den Göttern Asiens, Europas und Afrikas, den unbekannten und wandernden Göttern'." Solche Inschriften blieben ganz im Rahmen massiv polytheistischer Vorstellungen: Man wollte sicher gehen, keine Götter aus dem großen Pantheon bei der kultischen Verehrung zu übersehen und sich dadurch deren Zorn zuzuziehen; deshalb bedachte man neben den bekannten auch die unbekannten Götter mit Altären. – Daß Lukas aus ihm zugänglichen Berichten oder gar aus eigener Anschauung einen Altar mit einer singularischen Inschrift gekannt haben sollte, ist unwahrscheinlich. Eher ist anzunehmen, daß er die ihm aus Berichten bekannte pluralische Form in den Singular verwandelte, um sie als Themaangabe der Paulusrede verwendbar zu machen.

2. Lukas will damit keineswegs die Inschrift im Sinn des Monotheismus umdeuten und damit unterstellen, die Athener hätten in Wahrheit ja schon immer von dem einen Gott gewußt und ihn gesucht. Es will beachtet sein, daß er keinen bestimmten Artikel hinzufügt, sondern die unbestimmte Form „einem unbekannten Gott" beibehält. Auch die Fortsetzung ist neutrisch formuliert: nicht „*den* ihr unwissend verehrt", sondern „*was* ihr unwissend verehrt". Die Verehrung des unbekannten Gottes wird überdies von ihm bewußt unter das Vorzeichen der „Unwissenheit" gestellt. Der Gedanke, den die idealistische Philosophie der Neuzeit hier hat finden wollen, daß das schweigende Verehren des Unbekannten und Unnennbaren die höchste Form der Religiosität sei, liegt ihm dabei denkbar fern. Er wertet die Inschrift zunächst als ein Zeichen für das Ungenügen und Versagen des Polytheismus. Indem die Athener diesen Altar aufstellten, haben sie ihre Unfähigkeit bekundet, die Wirklichkeit des Göttlichen mit ihrem Bilderkult angemessen zu erfassen. Zugleich aber ist die Inschrift für Lukas ein Beweis für die Ahnung der Athener, daß diese Wirklichkeit jenseits des Bereiches des kultisch Objektivierbaren liegt. Sie markiert gleichsam die Stelle, an der die athenische Frömmigkeit noch offen ist für wahre Gotteserkenntnis. Allerdings: mehr als eine Ahnung, ein unbestimmtes Offensein, gesteht ihnen der lukanische Paulus nicht zu. Der wahre Gott bleibt unbekannt, seine Verehrung geschieht in Unwissenheit und darum in Unverbindlichkeit! Die höchste und letzte Möglichkeit, die heidnisch-polytheistischer Frömmigkeit zugestanden wird, ist also ein solches Ahnen, das zugleich das Eingeständnis ihres defizitären Charakters in sich schließt.

Nun richtet sich die Rede freilich, wie ihr Fortgang zeigt, nicht an naive Polytheisten, sondern an die geistige Elite Athens. Lukas scheint davon auszugehen, daß zumindest die primär angesprochenen Stoiker dem Polytheismus entwachsen waren und einen philosophischen Monotheismus vertraten und daß darum Paulus mit seiner Kritik am Polytheismus sowie auch mit der in V. 23 b implizierten These, daß die Suche nach dem wahren Gott nur dem möglich sei, der Polytheismus und Bilderkult hinter sich gelassen habe, auf ihre Zustimmung rechnen konnte. An diesem Punkt vollzieht sich die Anknüpfung des Redners an die Voraussetzungen seiner Hörer. Zugleich aber zeigt sich auch die Distanz, die beide trennt. Denn Paulus fährt nicht fort: „was ihr unwissend verehrt, will ich euch nun (durch philosophische Deduktion) genauer zur Kenntnis bringen!", sondern: „was ihr unwissend verehrt, das verkündige ich euch!". Die Unwissenheit könnte nun enden, allerdings nicht durch die Vermittlung zusätzlichen Wissens über Gott, sondern durch das Angebot von Umkehr und Glaube, das der lebendige Gott selbst durch seinen Beauftragten jetzt ergehen läßt.

24 Mit einer zentralen Aussage setzt der erste Redeteil ein: Der wahre Gott, den Paulus verkündigt, ist der Schöpfer und Lenker der ganzen Welt. Wir haben hier ein deutliches Beispiel für das Verfahren des Lukas vor uns, biblische Aussagen dem hellenistischen Denken zugänglich zu machen. Er lehnt sich nämlich eng an Jes 42,5 (LXX) an, wobei er die Wendung „Himmel und Erde" dadurch interpretiert, daß er ihr den für Hellenisten näherliegenden Begriff „Kosmos" voranstellt. Den Sinn der alttestamentlichen Aussagen insgesamt faßt er kommentierend zusammen, wenn er Gott den „Herrn" *(kyrios)* des Himmels und der Erde nennt.

Denn ihm kommt es darauf an, zu zeigen: der Schöpfergott ist nicht nur der erste Beweger, der das kunstvolle Gefüge des Kosmos in Gang gesetzt hat, sondern er ist auch der, dessen Macht dieser Kosmos zu jeder Zeit untersteht und ohne den nichts in ihm geschieht. Aus dieser thetischen Aussage über Gott werden nun zwei kritische Folgerungen hinsichtlich des heidnischen Kultes gezogen: Die *erste* betrifft seine Orte: Als der Weltschöpfer wohnt Gott nicht in Gebilden von Menschenhand. Kein Tempel ist in seiner Endlichkeit imstande, das Unendliche zu fassen. Damit wird ein klassisches Argument stoischer Kultkritik aufgenommen (z.B. Plut mor 1034b: „Es ist ein Lehrsatz des Zeno: ‚den Göttern soll man keine Heiligtümer erbauen ...'"), dessen sich auch das hellenistische Judentum in seiner Kritik am heidnischen Kultus bediente (Or Sib 4,8) und das von den Jerusalemer Hellenisten um Stephanus auch gegen den Jerusalemer Tempel ins Feld geführt wurde (s. zu 7,48). – Die *zweite* Folgerung setzt sich mit dem Vollzug des Kultus 25 auseinander: Gott als der Herr über den Kosmos verfügt frei und unbegrenzt über alle Dinge; er ist darum bedürfnislos und braucht nicht von Menschen ihm dargebrachte Gaben und Leistungen. Auch dieses Motiv der Bedürfnislosigkeit Gottes entstammt griechisch-philosophischer Tradition (z.B. Plut mor 1052a; Plat Tim 33d. 34b) und ging von dort in das Gedankengut des hellenistischen Judentums über (2. Makk 14,35; 3. Makk 2,9; Jos ant VIII 111; Phil spec leg 1,271), was durch seine Nähe zu dem klassischen biblischen Motiv der Unangemessenheit des Opferkultes (Ps 50,8–13) erleichtert wurde. Auch Lukas sieht in ihm eine Interpretation biblischer Aussagen, denn er verbindet es wiederum mit einer Anspielung auf Jes 42,5, wenn er davon spricht, daß Gott „allen Leben, Odem und alles" gibt (Jes 42,5: „... der Odem gibt dem Menschengeschlecht auf ihr und Lebenshauch denen, die über sie hinwandeln"). Konkret denkt er dabei an den biblischen Schöpfungsbericht (1. Mose 2,7; vgl. Weish 1,7. 14). Damit bestätigt sich noch einmal, daß er nicht Aussagen über Gottes ruhendes Sein im Sinne einer philosophischen Gotteslehre machen, sondern im Sinne des biblischen Schöpfungsglaubens von dem Gott sprechen will, der als der Lebendige seiner Schöpfung schaffend und handelnd gegenübersteht.

Der zweite Argumentationsgang (V. 26–29) wendet sich dem Verhältnis Gottes 26 zu den Menschen zu. Konstruktion und Sprache des Satzes V. 26f. sind sehr schwierig und haben darum verschiedene Deutungsversuche herausgefordert. Von dem Hauptverbum „er schuf" sind die beiden finalen Infinitive „um zu wohnen" und „um zu suchen" abhängig, die allerdings sehr hart und unverbunden nebeneinanderstehen. (Faßte man dagegen das griech. Wort *poiein*, das wir mit „schaffen" wiedergegeben haben, als bloßes Hilfsverbum mit der Bedeutung „lassen" auf, was rein sprachlich möglich wäre, so ergäbe sich ein ganz anderer Sinn: „Er ließ ... wohnen ..., um zu suchen ..."). Doch dagegen sprechen die Verwendung von *poiein* in V. 24 ebenso wie die Anspielung auf Adam in V. 26). Wieder ist das Schöpfungsgeschehen im Blick: „Aus einem" hat Gott das ganze Menschenvolk geschaffen. Der Name Adams wird freilich nicht genannt (ebenso bleibt in V. 31 der Name Jesu ausgespart). Rechnete Lukas damit, daß auch die Heiden Geschichten über den Ursprung der Menschheit aus einem ersten Menschen kannten? Die Blickrichtung ist universalistisch; es soll gezeigt werden, daß die Menschen in ihrer Gesamtheit wie auch als einzelne immer schon mit Bekundungen des lebendigen Gottes zu tun hatten: Die Wendungen „das ganze Menschenvolk" und „auf der ganzen Oberfläche der Erde" bereiten das „jeder einzelne von uns" (V.27) vor. – Gott hat die Menschheit geschaffen, um ihr – so die beiden finalen Infinitive – eine doppelte Bestimmung zu geben: Sie soll die Erde bewohnen und ihn suchen. Sachlich sind beide Aussagen jedoch nicht gleichgeordnet, sondern verhalten sich zueinander wie Grund und Folge: Gott hat den Menschen als seinen Geschöpfen die Erde als sicheren Wohnraum angewiesen, damit sie ihn als seine Geschöpfe suchen. In diesem Sinn wird der erste Infinitiv entfaltet als eine Aussage über die Fürsorge und Leitung, die der Schöpfer seinen Geschöpfen laufend zuteilwerden läßt. So ist bei den „Zeiten", die er den Menschen gesetzt hat, wohl an den fruchtbringenden Wechsel der Jahreszeiten zu denken (vgl. 14,17; 1.Kl 20,4.8), während unter den „Grenzen des Wohnens" wahrscheinlich die festabgegrenzten, sicheren Lebensräume zu verstehen sind, die Gott den Menschen zugewiesen hat. Auch hier wird ein traditionelles biblisches Motiv aufgenommen: Man preist den Schöpfer dafür, daß er den Wohnsitz der Menschen, das feste Land, gegen das Meer, den Inbegriff des Lebensfeindlichen und Chaotischen, abgegrenzt hat (Ijob 38,8–11; Spr 8,28f.; Jer 5,22). Es geht hier also um das heilvolle, dem Menschen zugewandte Wirken Gottes in der Natur; von einer naturphilosophischen Betrachtungsweise oder gar einem Gottesbeweis aus der sinnvollen Gestaltung der Natur (so M.Dibelius) zu reden, besteht in Anbetracht der Aussagen von V.27 (s.u.) jedoch kein Anlaß. Einige Ausleger (M.Pohlenz; B.Gärtner) haben eine geschichtstheologische Deutung des schwierigen Satzes versucht: Mit den „Zeiten" seien die verschiedenen geschichtlichen Epochen der Menschheitsgeschichte, mit den „Grenzen des Wohnens" die Grenzen, die die Siedlungsgebiete der Völker voneinander trennen, gemeint. In diesem Falle wäre hier das wechselvolle Auf und Ab in der Geschichte der Völker als Beweis für Gottes Regiment über die Geschichte angeführt. Aber abgesehen davon, daß diese geschichtstheologische Perspektive, noch dazu in so knapper Andeutung, sich dem schöpfungstheologischen Duktus der gesamten Rede schwer einfügen würde, wäre sie nicht geeignet, das Aussageziel von V.26f. zu stützen: Daß Gott jedem Volk durch sein Wirken an ihm Anlaß gegeben hat, ihn zu suchen, läßt sich nicht mit einem geschichtstheologischen Durchblick, sondern nur mit dem Hinweis auf die Wohltaten, die alle Völker von ihm erfahren, begründen. Hinzu kommt, daß das Begriffspaar „Zeiten und Grenzen" in seiner hier vorauszusetzenden schöpfungstheologischen Bedeutung bereits vom Alten Testament her vorgegeben war (Ps 74, 12–17; Jer 31,35; vgl. auch 1QM IX 12f.; 1QH I 13f. 19).

27 Der ersten schöpfungsmäßigen Bestimmung der Menschen, den ihnen von Gott bereiteten und erhaltenen Lebensraum in Besitz zu nehmen (1.Mose 1,28), korrespondiert die zweite: sie sollen Gott suchen. Aber was ist darunter zu verstehen? „Gott suchen" ist eine der schillerndsten Wendungen der Areopagrede. In der Sprache der griechischen Philosophie ist „Suchen" Terminus für das rationale Aufsuchen und Untersuchen des Wahren (z.B. Plat apol 19b; 23b; Gorg 457d; vgl. auch 1.Kor 1,22), in der der Bibel dagegen hat die Wendung „Gott suchen" einen ungleich weiteren, zugleich existentielleren Sinn: Sie meint die gesamte Gott zugewandte Lebenshaltung des Menschen, dessen Eingehen auf Gottes

Angebot der heilvollen Gemeinschaft mit ihm (Am 8,12; Ps 14,2; 53,3; Röm 3,11; 10,20 u.ö.). Man wird urteilen müssen, daß Lukas mit der Wahl dieser Wendung bewußt an griechische philosophische Terminologie anknüpft, sie aber zugleich – vielleicht eher unbewußt – dem Sinn des biblischen Redens vom Suchen Gottes annähert, allerdings ohne ihn ganz zu erreichen. Es geht ihm um ein Suchen, das zu einem Erkennen Gottes des Schöpfers aus seiner Schöpfung führt. Aber sein Ziel ist nicht nur das Wissen von Gottes Sein, sondern die rechte Gottesverehrung, wie ja umgekehrt die Folge des Nichterkennens nicht nur ein defizitäres Wissen von Gott, sondern die falsche Gottesverehrung, der Götzendienst, ist (V.29). Für den stoischen Philosophen galt es überdies als selbstverständlich, daß sachgemäßes Fragen nach der Welt und dem in ihr waltenden Gott immer zu einer eindeutigen Erkenntnis führen müsse. Von da her erweist sich die Art und Weise, wie Lukas von der Möglichkeit solcher Erkenntnis spricht, als der philosophischen Vorstellung vom Suchen Gottes fremd. Er tut dies nämlich in einem indirekten Fragesatz, der schon durch seine sprachliche Form (Optativ!) andeutet, daß es sich hier nicht um eine realisierte, sondern nur um eine hypothetische Möglichkeit des Menschen handelt. Gleichsam in Gestalt einer Gott in den Mund gelegten Frage wird hier das zusammengefaßt, was der Schöpfer auf Grund seines den Menschen zugewandten Handelns von jenen zu erwarten ein Recht hat, nämlich daß sie ihn finden. Ob es aber wirklich dazu kommt, bleibt zumindest unsicher. Diese Unsicherheit wird bildkräftig durch das Verbum „ertasten" *(psēlafaō)* zum Ausdruck gebracht, das in der LXX das Herumtappen im Dunklen bezeichnet (5.Mose 28,29; Ri 16,26; Jes 59,10). Man wird hier weder einerseits eine Theorie über die Möglichkeit menschlicher Gotteserkenntnis oder gar über einen dem Menschen eingeborenen Drang zur Suche nach Gott, noch andererseits einen theologischen Lehrsatz über das durch die Sünde verdunkelte Erkenntnisvermögen des Menschen hineinlesen dürfen. Was Lukas sagen will, ist nur dies: Gott hat von seiner Seite aus alles getan, um sich finden zu lassen, und der Mensch ist darum auf die Verpflichtung, ihn zu suchen, ansprechbar. Die Antwort auf die Frage, wie Gott auf angemessene Weise jetzt gesucht und gefunden werden kann, bleibt zunächst noch ausgespart.

Stattdessen fügt Lukas ein weiteres Argument dafür an, daß Gott der Schöpfer sich durch sein Wirken den Menschen erkennbar gemacht hat: Er hat nicht nur die Menschen geschaffen und mit seiner ständigen Fürsorge begleitet (V.26), sondern er ist jedem einzelnen von ihnen auch unmittelbar nahe (V.27. 28a). Hier treffen wir nun auf jene Aussagen der Rede, die stoischem Denken am nächsten zu kommen scheinen. Ein zentraler Lehrsatz der Stoa handelt von der natürlichen Gottesverwandtschaft des Menschen. Die Vorstellung vom Wesen der Götter ist ihm als einem vernünftigen Wesen von Natur mitgegeben, denn er ist dem Göttlichen „von Natur eingepflanzt, mehr noch: mit ihm verwachsen" (Di Prus or XII 28ff.; vgl. auch Sen ep 41,1). Auch das Alte Testament spricht zwar von der Nähe Gottes zum Menschen (5.Mose 4,7. 30; Ps 139,5), hat dabei jedoch ausschließlich seine Bereitschaft zum helfenden Eingreifen für die Seinen im Blick. V.28 erlaubt keinen Zweifel daran, daß Lukas die Nähe Gottes tatsächlich im Sinne einer Gottesverwandtschaft des Menschen verstanden wissen will. Er erläutert das Nicht-fern-Sein von Gott zunächst mit einer stark pantheistisch klingenden Dreierformel, die er vermutlich direkt aus stoischer Tradition übernommen hat und die in einer aufsteigenden Reihe die leibliches Leben und geistiges Sein gleichermaßen umfassende Verbindung zwischen Mensch und Gott beschreibt (Plat Tim 37 c.d; Plut mor 477 c.d). Lukas interpretiert die Trias allerdings nicht pantheistisch, sondern, wie das folgende Zitat des Dichters (Arat phain 5) erweist, als Beleg für die Gottesverwandtschaft des Menschen, und diese wiederum deutet er nicht ontologisch, sondern schöpfungstheologisch: Gott ist dem Menschen nahe, weil er ihn zu seinem Bilde geschaffen hat (1. Mose 1,26 f.). Für ihn ist das „in ihm leben wir" eine unmittelbare Fortführung von V.25: „... er gewährt allen Leben". Mit seiner biblischen Umdeutung des heidnischen Dichterwortes betritt Lukas keineswegs Neuland, sondern folgt damit der Tradition des hellenistischen Judentums, das derartige philosophische Sätze zur Erklärung des biblischen Gottesgedankens heranzuziehen pflegte (s.o.). Auffälliger und zugleich auch problematischer als die Art der Verwendung des Zitates ist die Weise, in der es eingeführt wird: Hier soll nicht nur beiläufig das bisher Gesagte durch einen verwandten Gedanken illustriert werden (vgl. z.B. 1. Kor 15,33), sondern es soll mit dem Gewicht der Autorität zitiert werden. Obwohl nur ein einziges Dichterwort wörtlich wiedergegeben wird – es ist die erste Hälfte einer griechischen Hexameter-Zeile –, ist in der Einführungsformel von „einigen Dichtern" die Rede. Daraus ist schwerlich zu folgern, daß die vorhergegangene Dreierformel ebenfalls ein Zitat sei, wohl aber, daß der Leser das Arat-Zitat als repräsentativ für inhaltlich verwandte Dichter- und Philosophenworte verstehen soll. Es ist möglich, daß Lukas konkret an die ganz ähnliche Formulierung des Zeus-Hymnus des Kleanthes denkt (s.o.). Wie dem aber auch sei: Die Worte der Dichter gewinnen hier geradezu die Funktion eines Schriftbeweises! Aus ihrer Konvergenz mit dem Wort der Schrift folgert Lukas, daß sie nicht anders als dieses als normatives Zeugnis der Wahrheit über Gott, Welt und Mensch beansprucht werden können. Er kennt noch keinen formalisierten theologischen Offenbarungsbegriff, und so kann er ganz unbefangen die Dichterworte als Zeugnisse für die Einheit und Unteilbarkeit der Wahrheit nehmen, in der sich Gott seinen Geschöpfen, den Menschen, mitgeteilt hat.

29 Analog zu V.24b.25, wo aus dem Schöpfertum Gottes die Unmöglichkeit seiner Verehrung in Tempeln gefolgert worden war, wird hier aus dem Verhältnis Gottes zu den Menschen eine praktische Konsequenz gezogen, und zwar gegen die Bilderverehrung. Der logische Zusammenhang mit dem Vorigen ist nicht ganz eindeutig: Inwiefern ergibt sich aus der Gottesverwandtschaft des Menschen die Unmöglichkeit, Gott in menschengestaltigen Bildern zu verehren? Im Sinne des zugrundeliegenden Verkündigungsschemas, das den lebendigen Gott den nichtigen Götzen gegenüberstellt (14,15; 1. Thess 1,9), könnte man das Bindeglied in der Lebendigkeit des Menschen suchen: Als dem lebendigen Gott unmittelbar verwandt hat der Mensch Leben; es ist darum widersinnig, wenn er den lebendigen Gott in Bildern sucht, die eben dieser ihn mit Gott verbindenden Lebendigkeit ermangeln. Näher liegt jedoch vom Text selbst her eine andere Deutung: V.29 betont nicht die Unlebendigkeit der Bilder, sondern daß sie „Gebilde" des Menschen sind. Nimmt man das zusammen mit der Aussage von V.28, wonach die Gottesverwandtschaft des Menschen in seinem Geschaffensein zum Ebenbild Gottes gründet, so ergibt sich folgender Ge-

dankengang: Der mit dem Schöpfer in so enger Beziehung stehende Mensch müßte wissen, daß das von ihm selbst Geschaffene dem wahren Gott in keiner Weise zu entsprechen vermag. Damit wird letztlich nur das Grundmotiv der alttestamentlichen Polemik gegen den heidnischen Bilderkult aufgenommen und weitergeführt (z. B. Jes 40,18 f.; 44,9 f.; 46,5 ff.; Weish 13–15): Götzenbilder sind Versuche des Menschen, Gott verfügbar zu machen und verfehlen ihn gerade darum, weil sie sein Wesen als Schöpfer, kraft dessen er in einem unaufhebbaren Gegenüber zum Menschen und der Welt steht, nicht darstellen können. – Der vorausgesetzten Redesituation entsprechend fehlt der Kritik jedes Moment der Anklage (vgl. dagegen 14,15 f. und vor allem Röm 1,18 ff.); eher läßt sich aus ihr ein Werben um Zustimmung heraushören. Lukas scheint sich dessen bewußt zu sein, daß es unter den griechischen Philosophen jener Zeit eine verbreitete Bilderkritik gab, die sich z. T. ähnlicher Argumente bediente (z. B. Plut mor 167 df.; vgl. Max Tyr X). Diese Kritik wurde jedoch keineswegs allgemein geteilt. Seite an Seite mit ihr begegnet auch eine philosophische Rechtfertigung des Bilderkultes. So antwortet Dion von Prusa, der Zeitgenosse Domitians und Trajans, auf den Einwand, daß das Bild nur tote Materie sei, mit dem doppelten Hinweis auf die Sehnsucht des Menschen nach der Nähe des Göttlichen und auf die kraft ihres geistlichen Wesens zur Vermittlung solcher Nähe fähige Kunst (Di Prus XII 60 f.). Hier wird also aus der gleichen Prämisse (der Gottesverwandtschaft des Menschen) ein radikal entgegengesetzter Schluß gezogen! Lukas geht auf diese Position nicht ein; es ist fraglich, ob er, der die heidnische Bilderverehrung nur aus der dem Urchristentum überkommenen Perspektive des hellenistischen Judentums zu sehen gelernt hatte, sie überhaupt zur Kenntnis genommen hat.

Zu Beginn des kurzen zweiten Redeteils (V. 30 f.) wird das Urteil von V. 23 abschließend bestätigt: Auch das Beste, Geistvollste und Reflektierteste an heidnischer Religiosität ist letztlich „Unwissenheit". Ihre Ahnung eines unbekannten Gottes, ihr Suchen nach der Nähe des Göttlichen werden anerkannt als Indizien einer Gottesverwandtschaft, bei denen man sie behaften kann – nicht jedoch als ausbaufähige Position! Der Redner konstatiert nicht ein Defizit an Gotteserkenntnis, das sich durch konsequenteres Verfolgen des bisherigen Erkenntnisweges beheben ließe, sondern eine grundsätzliche Fehlhaltung, die nur durch Gottes Eingreifen behoben werden kann. Gott selbst schafft jetzt eine Möglichkeit zur Umkehr. Lukas vermeidet zwar das Wort „Sünde", aber indem er der „Unwissenheit" die Umkehr als Korrelat zuweist und sie zugleich in den Horizont des Gerichts stellt, deutet er an, daß sie für ihn nicht nur intellektuelles Defizit, sondern existentielles Fehlverhalten ist: es besteht letztlich darin, daß sich der Mensch schuldhaft der Gemeinschaft mit Gott dem Schöpfer entzogen hat. Das „jetzt" markiert eine Zeitenwende: Mit der Auferweckung Christi – die allerdings erst in V. 31b erwähnt wird – hat eine neue Epoche im Verhältnis zwischen Gott und Menschheit begonnen. Gott läßt das schuldhafte Fehlverhalten der Heiden ihm gegenüber in der Vergangenheit ungestraft (eine direkte Begründung dieser Nachsicht durch den sühnenden Tod Jesu wie in Röm 3,25 fehlt hier freilich), um jetzt auf eine neue Weise mit ihnen in Verbindung zu treten, nämlich durch die weltweite Verkündigung. Wieder wird ein starker universalistischer Akzent gesetzt: „Allen Menschen überall" wird die Verkündigung, deren Inhalt der Umkehrruf ist, zuteil; das entspricht dem auf die ganze Welt (V.24) und jedes Volk (V.26) bezogenen Handeln des Schöpfers. Gott, der alle Menschen von Anfang an zu sich in Beziehung gesetzt hat, will, daß sie alle nunmehr umkehren und in seine Gemeinschaft zurückfinden. Ihren drängenden Ernst und ihre Verbindlichkeit erhält die Umkehrforderung durch die Ansage des kommenden Gerichts, die in Worte aus Ps 9,9 gekleidet ist. In ihm werden alle zur Rechenschaft gezogen werden – das bisherige Übersehen hat ein Ende. Über die zeitliche Nähe dieses Gerichtes wird nichts gesagt; entscheidend ist vielmehr zweierlei: 1. die Gewißheit seines Kommens, die verbürgt ist durch die Auferweckung Jesu (vgl. 1,11), dessen Name hier freilich ebensowenig genannt wird wie der Adams (V.26), sowie (2.) seine Bindung an Jesus als den von Gott Auferweckten (2,36; 10,42). Gottes Tat an Jesus in seiner Auferweckung ist hier als Demonstration dafür gesehen, daß er sein endzeitliches Handeln begonnen hat, und Jesus ist der, der dieses Handeln vor aller Welt repräsentiert. Auffallend ist, daß das griech. Wort *pistis*, das sonst im Neuen Testament fast durchweg die Bedeutung „Glaube" hat, hier in einer stehenden Wendung erscheint, die sich nur übersetzen läßt mit „einen Erweis erbringen", „beglaubigen" (so Jos ant II 218; XV 260; Pol II 52,4). Lukas hat diese Wendung wohl bewußt gewählt. Wie er in der ganzen Rede geprägte christliche Begriffe vermeidet, so will er auch hier nicht direkt vom Glauben sprechen: Nur ein indirekter Anklang soll dem christlichen Leser einen Hinweis auf das geben, was Ziel aller Verkündigung ist: „Obwohl der Glaube den Athenern etwas völlig Unbekanntes war, hat er mit dieser Wendung wenigstens höchst elegant darauf angespielt" (J.A. Bengel). Wer die Verkündigung von der Auferstehung hört, erfährt in unüberbietbarer Deutlichkeit, was Gott mit ihm und der Welt vor hat. Die angemessene Antwort darauf kann nur der Glaube sein.

32 Eben diese Antwort aber verweigern die athenischen Hörer. Wie bei den Juden (4,2; 7,54; 13,45) wird auch bei den Griechen die Auferstehungsbotschaft zum entscheidenden Anstoß, der die Ablehnung auslöst. Indem Paulus sie bezeugt, verkündigt er einen Gott, der Heil nicht als letzte Steigerung und Überhöhung vorfindlicher menschlicher Existenz gewährt, sondern aus einem neuen endzeitlichen Handeln das Leben aus dem Tode schafft (Röm 4,17). Damit aber gibt er sich vor seinen aufgeklärten Zuhörern der Lächerlichkeit preis. Daß diese ihn gerade an dieser Stelle zum Abbruch der Rede genötigt hätten, wird freilich nur um der dramatischen Pointe willen berichtet. In Wirklichkeit ist die Rede ein in sich abgeschlossenes Ganzes: Das kerygmatische Schema ist bis zum Ende durchgeführt. Zwei verschiedene Weisen der Ablehnung werden vor Augen geführt, die sich im Modus, nicht aber im Kern voneinander unterscheiden. Die einen üben offenen Spott, die anderen fertigen Paulus mit der unverbindlich-nichtssagenden Vertröstung auf ein andermal ab (vgl. 2,13; 24,25). Ist Paulus also in Athen gescheitert, etwa, weil er die Situation seiner Hörer nicht richtig beurteilt oder gar, weil er das Evangelium nicht kraftvoll genug verkündigt hätte? Manche ältere Ausleger wollten V.32 in der Tat so verstehen; sie vermuteten, Paulus habe unter dem Eindruck des Fehlschlages in Athen seine Predigtweise revidiert, den Versuch einer Anknüpfung an heidnische natürliche Theologie aufgegeben und die aus den großen Briefen bekannte Kreuzestheologie entwickelt. Lukas sieht es jedoch anders. Die einzige

ausgeführte Predigt des Paulus vor Heiden, die er bringt, soll selbstverständlich kein Beispiel einer mißlungenen Predigt sein, sondern im Gegenteil zeigen, welche Mühe Paulus sich machte, der jeweiligen Verkündigungssituation gerecht zu werden. Wenn er den Abgang des Paulus „aus ihrer Mitte" betont schildert, so deutet er damit an: Versagt haben die Hörer! Das athenische Heidentum hat seine Stunde verfehlt, das einmalige Angebot ausgeschlagen. Und der Leser soll wissen, daß solche Ablehnung mit zum Weg der Verkündigung durch die Welt gehört. – Fast anhangsweise erfahren wir, daß die Predigt des Paulus in Athen nicht ganz ohne Echo geblieben ist. Zwei Namen von Menschen, die zum Glauben fanden, werden genannt. Von ihnen hat vor allem der des Dionysios von alters her Interesse auf sich gezogen und Anlaß zu Spekulationen gegeben. Er wird eingeführt als Areopagite, d.h. als Mitglied des Rates für Erziehung und Wissenschaft (s. zu V.19). Sollte seine Erwähnung im Itinerar von Lukas zum Anlaß genommen worden sein, die Rede mit dem Areopag zusammenzubringen? Das ist allerdings unwahrscheinlich, da Lukas, wie gezeigt (s.o.), an den Areshügel, nicht jedoch an die Areopag-Behörde denkt. Spätere Überlieferung ließ Dionysios zum ersten Bischof von Athen werden, und im 5. Jahrhundert hat gar ein spätantik-mystisch-neuplatonischer Theologe seine Werke unter dem Pseudonym Dionysios Areopagita veröffentlicht.

Die Areopagrede und Paulus. Daß die Areopagrede nicht die verkürzte Wiedergabe einer von Paulus in Athen tatsächlich gehaltenen Rede sein kann, bedarf heute keines besonderen Beweises mehr. Die Frage nach dem Verhältnis zwischen Paulus und der Areopagrede muß darum auf einer anderen Ebene gestellt werden: Wie verhält sich die in der Rede zu Wort kommende Theologie zu der Theologie des Heidenapostels? Dabei ergeben sich einige augenfällige Unterschiede: 1. Paulus spricht zwar auch von der Möglichkeit einer natürlichen Gotteserkenntnis der Heiden (Röm 1,18ff.; 1.Kor 1,18ff.), beurteilt sie aber weit negativer, als dies in der Rede geschieht: Die Heiden hätten Gott zwar erkennen können, haben ihm aber faktisch die Verehrung verweigert (Röm 1,21). Dagegen Lukas: Die Heiden haben, obwohl sie Gott nicht kannten, ihn doch unwissend verehrt (V.23). – 2. Nach Paulus unterstehen die Heiden wegen ihres Ungehorsams dem Zorn Gottes (Röm 1,18ff.); Gott hat sie an die Folgen ihrer eigenen Verirrungen dahingegeben (Röm 1,28). Nach Lukas sind die Heiden lediglich unwissend. Der Aspekt des Schuldhaften klingt nur ganz indirekt an, und Gott hat sie lediglich in ihrer Unwissenheit belassen (V.30). – 3. Für Paulus steht im Mittelpunkt der Heilsbotschaft die Rechtfertigung und Versöhnung des Sünders durch das Kreuz Christi (Röm 3,21ff.; 5,1ff.). Lukas dagegen zentriert die Heilsbotschaft um die als eschatologische Wende verstandene Auferweckung Jesu; das Kreuz bleibt dabei völlig ausgeblendet.

Hat Lukas mit seiner Rede Paulus verfehlt, sein Bild verfälscht? Diese Frage ist trotzdem zu verneinen, sobald man ihn an seinen eigenen Intentionen mißt. Lukas will nicht Paulus als unverwechselbares Individuum zeichnen, er hat an den spezifischen Eigenheiten der paulinischen Theologie nur begrenztes Interesse. Für ihn ist Paulus vielmehr der große Repräsentant der ersten Epoche der Heidenmission, an dem ihn weniger das Individuelle als das Typische interessiert. Darum legt er ihm eine Predigt in den Mund, wie sie seiner Kenntnis und Überzeugung nach in bestimmten Situationen der Heidenmission jener Anfangszeit gehalten worden sein mußte. Der Ausgangspunkt ist für ihn dabei ein traditionelles missionarisches Schema. Und eben damit wird er Paulus in gewisser Weise doch gerecht. Denn dieses Schema bildet auch den Ansatzpunkt für die Verkündigung des „historischen" Paulus; seine Elemente lassen sich u. a. auch in Röm 1,18–32 und Röm 3,25 ff. nachweisen, allerdings in einer dem spezifisch paulinischen theologischen Idiom anverwandelten Weise. So hilft uns die Areopagrede dazu, zu erkennen, in welchem Maße Paulus in vorgegebenen hellenistisch-jüdischen Traditionen verwurzelt war.

7. Paulus in Korinth 18,1–17

¹Danach schied er von Athen und gelangte nach Korinth. ²Und er fand einen Juden namens Aquila, der aus Pontus stammte und kürzlich aus Italien gekommen war, und Priszilla seine Frau; Klaudius hatte nämlich angeordnet, daß alle Juden Rom zu verlassen hätten. Zu ihnen kam er, ³und da er das gleiche Handwerk ausübte wie sie, blieb er bei ihnen und arbeitete. Sie waren nämlich Zeltmacher von Beruf. ⁴An jedem Sabbat aber sprach er in der Synagoge und suchte Juden und Griechen zu überzeugen. ⁵Als dann Silas und Timotheus aus Mazedonien ankamen, ging Paulus ganz im (Dienst am) Wort auf, er bezeugte den Juden, daß Jesus der Messias sei. ⁶Als sie sich aber widersetzten und lästerten, schüttelte er seine Kleider aus und sprach zu ihnen: „Euer Blut komme über euer Haupt! Ich meinerseits bin daran unschuldig und gehe von jetzt an zu den Heiden." ⁷Und er ging von dort weg und begab sich in das Haus eines Gottesfürchtigen namens Titius Justus, dessen Haus an die Synagoge angrenzte. ⁸Der Synagogenvorsteher Krispus aber kam mit seinem ganzen Hause zum Glauben an den Herrn, und viele Korinther, die das hörten, kamen (ebenfalls) zum Glauben und ließen sich taufen. ⁹Es sprach aber der Herr des Nachts in einem Traumgesicht zu Paulus: „Fürchte dich nicht, sondern rede und schweige nicht, ¹⁰denn ich bin mit dir, und niemand soll Hand an dich legen, um dir etwas Böses anzutun! Denn ich habe ein großes Volk in dieser Stadt." ¹¹Er ließ sich (dort) für ein Jahr und sechs Monate nieder und lehrte unter ihnen das Wort Gottes. ¹²Als aber Gallio Statthalter von Achaia war, erhoben sich die Juden einmütig gegen Paulus und führten ihn vor den Richterstuhl ¹³mit der Anklage: „Dieser Mann da verführt die Leute, in gesetzwidriger Weise Gott zu verehren!" ¹⁴Als nun Paulus gerade den Mund auftun wollte, sagte Gallio zu den Juden: „Wenn ein Unrecht oder ein Vergehen vorläge, ihr Juden, würde ich eure Klage selbstverständlich entgegennehmen. ¹⁵Sind es aber Streitigkeiten um Lehre, Personen und euer Gesetz, so seht selbst zu! Ich bin nicht gewillt, darüber Richter zu sein." ¹⁶Und er wies sie vom Richterstuhl fort. ¹⁷Da ergriffen alle den Synagogenvorsteher Sosthenes und verprügelten ihn vor dem Richterstuhl. Gallio aber kümmerte sich überhaupt nicht darum.

Vers 9 f.: Jes 41,10; 43,5; Jer 1,8.

A 1–17 Unter allen paulinischen Gemeinden ist uns die in Korinth am besten bekannt. Das liegt zunächst daran, daß Paulus selbst in seiner Korintherkorrespondenz ein scharf konturiertes Bild dieser Gemeinde zeichnet und uns unmittelbar an den verschiedenen Stadien des konfliktreichen Verhältnisses, das ihn mit ihr verband, teilnehmen läßt. Aber auch die Apg informiert uns über diese Gemeinde ungewöhnlich genau und, aufs ganze gesehen, auch historisch zuverlässig. Sie gibt damit eine wichtige Ergänzung zu den Briefen, da sich ihr Bericht auf die Anfangszeit der Gemeinde vor den späteren großen Erschütterungen und Konflikten bezieht. Der Bericht ist nicht (wie z.B. 16,11–40; 17,16–34) als geschlossene szenische Einheit angelegt, sondern fügt eine Reihe von knappen Einzelinformationen über Personen, Vorgänge und Entwicklungen mosaikartig zusammen, die den Eindruck der Authentizität erwecken, auch wenn eine genaue Abgrenzung und Herleitung der von Lukas verwendeten Traditionen nicht möglich ist. Immerhin hat es den Anschein, als sei einiges dem Itinerar der Paulusbegleiter entnommen: die Mitteilungen über die Anfänge des Paulus in Korinth und seine Quartiergeber Aquila und Priszilla (V.1–4), über die Ankunft seiner Mitarbeiter (V.5a), über seinen Umzug in das Haus des Titius Justus, die Bekehrung des Synagogenvorstehers Krispus und deren Auswirkungen (V.7f.) sowie über die Dauer des korinthischen Aufenthaltes (V.11). Die kleine Erzählung vom Scheitern des jüdischen Anklageversuchs vor Gallio und der anschließenden Prügelei (V.12–17) mit ihrem kräftigen Lokalkolorit und ihren burlesken Zügen könnte der Überlieferung der korinthischen Gemeinde entstammen, die sich damit ihrer Anfänge erinnerte. Lukas hat dieses Material durchweg überarbeitet. Direkte Ergänzungen aus seiner Feder sind jedoch nur an zwei Stellen wahrscheinlich zu machen: Er hat die Trennung des Paulus von der Synagoge seiner theologischen Konzeption gemäß ausgeführt (V.5b.6) und zur Begründung der Aufenthaltsdauer des Paulus ein Traumgesicht eingeführt (V.9f.), seiner Neigung entsprechend, den Gang des Geschehens durch unmittelbare himmlische Weisungen begründen zu lassen (vgl. 10,44; 16,9f.; 23,11; 27,23f.). Darüber hinaus hat er einen klar disponierten erzählerischen Ablauf hergestellt: 1. Die Anfänge in Korinth (V.1–4). – 2. Die Trennung von der Synagoge (V.5–8). – 3. Der Entschluß des Paulus, zu bleiben (V.9–11). – 4. Das Scheitern der jüdischen Anklage gegen Paulus (V.12–17).

Anders als das geschichtsträchtige Athen war Korinth eine neue Stadt ohne B Tradition. Das alte, hochberühmte Korinth war 146 v.Chr. zerstört worden. Aber 1 die begünstigte geographische Lage auf der schmalen Landbrücke zwischen Attika und der Peloponnes, die den Saronischen Golf im Südosten und den Korinthischen Golf im Nordwesten trennte, mußte das Neuerstehen einer Handels- und Hafenstadt geradezu herausfordern. So gründete Julius Cäsar das neue Korinth, das ihm zu Ehren den offiziellen Namen *Laus Julia Corinthus* erhielt. Cäsar suchte die griechische Tradition zu brechen, indem er die Stadt zur römischen Kolonialstadt machte und römische Freigelassene ansiedelte. Oberschicht und Verfassung waren römisch, alle wichtigen Inschriften jener Zeit sind lateinisch. In der Folgezeit strömten Menschen aus Italien und Griechenland, aber auch aus den orientalischen Provinzen des Reiches – unter ihnen auch zahlreiche Juden – herbei, um das Wirtschaftswunder zu erleben. 27 v.Chr. wurde die Stadt Sitz des Prokonsuls von Achaia. Zwei Häfen dienten dem Warenumschlag: Lechaion an der Westküste, Kenchreä an der Ostküste. Das äußere Bild der Stadt wurde bestimmt von einer stattlichen, streng rechteckigen Agora, überragt vom Apollon-Tempel und umgeben von Ladengewölben und Säulenhallen. In ihrem südlichen Teil befand sich der Richterstuhl (das *bēma*) des römischen Statthalters, eine aus mächtigen Quadern errichtete Tribüne. Es versteht sich, daß in dieser Stadt mit ihrem bunten Bevölkerungsgemisch auch das religiöse Leben ungemein vielfältig war. Asiatische Kulte fanden hier ebenso ihre Anhänger wie die Mysterienreligionen. Die soziokulturellen Voraussetzungen dafür, daß auch die christliche Botschaft hier bereitwillige Hörer fand, waren gegeben, zugleich aber auch die Gefahr, daß diese Botschaft mit anderen religiösen und weltanschaulichen Strömungen vermischt wurde. Der Bericht der Apg veranschaulicht das erstere, während die Korintherkorrespondenz fast auf jeder Seite das letztere erkennen läßt.

Paulus kam zunächst allein nach Korinth, nachdem er Timotheus und Silas von Athen aus nach Thessalonich zurückgeschickt hatte (s. zu 17,14ff.). Die Reise nahm, auf dem Landweg und zu Fuß zurückgelegt, drei bis vier Tage in Anspruch.

2 Nach seiner Ankunft suchte er, wie üblich, in der jüdischen Gemeinde Anschluß sowie – und das war gerade bei einem längeren Aufenthalt wichtig – eine Möglichkeit, sich seinen Lebensunterhalt zu verdienen. Beides boten ihm der Jude Aquila und seine Frau Priszilla (Paulus selbst nennt sie Priska: Röm 16,3; 1.Kor 16,19; vgl. 2.Tim 4,19). Dieses Ehepaar war im Zuge der Judenverfolgung des Kaisers Klaudius, die nach dem römischen Geschichtsschreiber Sueton (Cl 25,4) 49 n.Chr. stattfand, aus Rom vertrieben worden. Der Hinweis darauf gibt uns einen wichtigen Anhaltspunkt für die Datierung, der nachher ergänzt wird durch die Erwähnung des Gallio (s. zu V.12): Die Ankunft Aquilas und Priszillas in Korinth scheint noch nicht lange zurückzuliegen.

Dem Bericht des Sueton ist aber auch zu entnehmen, daß die durch das Eindringen des Christentums in die römische Judenschaft ausgelösten Spannungen und Tumulte den Anlaß für die Claudius-Verfolgung geliefert hatten („Die Juden vertrieb er [= Klaudius] aus Rom, weil sie, von Chrestus [= Christus?] aufgehetzt, fortwährend Unruhen stifteten."). Von da her legt sich die Vermutung nahe, daß Aquila und seine Frau bereits in Rom Christen geworden waren. Sie wird dadurch bestätigt, daß Lukas nichts von ihrer Bekehrung durch Paulus berichtet. In diesem Fall ist aber damit zu rechnen, daß es bereits eine kleine, um sie gescharte judenchristliche Gruppe in Korinth vor dem Eintreffen des Paulus gegeben hat. Später begegnen uns Aquila und Priszilla wieder als seine engen Mitarbeiter (V.18.26;

3 1.Kor 16,19). Paulus hatte, wie jeder Rabbinenschüler (s. zu 9,1ff.), ein Handwerk gelernt, er war „Zeltmacher". Da die Zelte zumeist aus Leder angefertigt wurden, konnte diese Bezeichnung jedoch auch ganz allgemein für Lederarbeiter und Sattler angewandt werden. In der Werkstatt seines Zunftgenossen Aquila arbeitete er so

4 die Woche über; lediglich am Sabbat war er für die Verkündigung frei. Als deren Ort bot sich zunächst, wie überall, die Synagoge an, wo er Juden und Gottesfürchtige mit seiner Botschaft erreichen konnte.

5 Diese beengte Ausgangssituation verändert sich mit der Ankunft der Mitarbeiter. Nun wird missionarische Arbeit größeren Stiles möglich. Ein wichtiger Grund dafür wird zwar hier nicht genannt, kann jedoch indirekt erschlossen werden: Silas und Timotheus haben aus Thessalonich und Philippi finanzielle Zuwendungen für Pau-

lus mitgebracht, so daß er nunmehr von der Arbeit um den täglichen Lebensunterhalt wenigstens teilweise entlastet ist (Phil 4, 15 f.). Allerdings wird Paulus schwerlich für die Dauer seines weiteren Aufenthaltes in Korinth ganz auf eigene Handarbeit verzichtet haben. Dem widerspricht der Hinweis auf die Mühsal bei der eigenen Hände Arbeit in 1.Kor 4, 12 ebenso wie die ganz praktische Erwägung, daß die mazedonischen Spenden schwerlich ausgereicht hätten, um den Unterhalt für ihn und seine Mitarbeiter während anderthalb Jahren zu bestreiten (von den anfallenden Reisekosten einmal ganz abgesehen!). Der Inhalt der Predigt des Paulus in der Synagoge wird nur knapp angedeutet und im übrigen als den Lesern bekannt vorausgesetzt (vgl. 17, 3. 11). Wieder, wie so oft (vgl. 13, 45), erhebt sich gegen sie 6
der Widerstand der Juden. Das veranlaßt Paulus, mit der symbolischen Geste des Abschüttelns des Staubes von den Kleidern (s. zu 13, 51) seine Abwendung von ihnen und seine Hinwendung zu den Heiden anzuzeigen. Das begleitende Wort stellt klar: Paulus hat die ihm aufgetragene Verpflichtung als Bote des Evangeliums ihnen gegenüber voll erfüllt. Die Verantwortung für die Folgen ihres Verhaltens fällt darum allein auf sie zurück. „Blut" ist hier Metapher für schwere, lebenszerstörende Schuld (vgl. Mt 27, 25). Gemeint ist: Die Juden ziehen sich durch ihr Verhalten den tödlichen Urteilsspruch Gottes zu. Die Trennung kommt äußerlich 7
dadurch zum Ausdruck, daß Paulus seine Predigt aus der Synagoge in das ihr angrenzende Haus des Titius Justus verlegt. (Sicher ist hier nicht gemeint, daß Paulus seine bisherige Wohnung bei Aquila aufgegeben hätte. So versteht es allerdings der westl. Text, anscheinend, weil er in Aquila einen noch unbekehrten Juden sieht). Dieser Titius Justus, von dem wir nur hier hören, wird, wie die Lage seines Hauses vermuten läßt, ein Gottesfürchtiger gewesen sein. Daß Paulus ausgerechnet dort das neue Zentrum seines Wirkens einrichtete, mußte in den Augen der Synagogenmitglieder als zusätzliche Provokation erscheinen. Das gleiche gilt von der unmittel- 8
bar anschließend berichteten Bekehrung des Synagogenvorstehers (vgl. zu 13, 15) Krispus, denn sie war ein Erfolg mit weitreichender Öffentlichkeitswirkung für Paulus. Mit ihr wurde der Beweis dafür geliefert, daß die christliche Bewegung auch abgelöst von der Synagoge lebensfähig war. Die Taufe dieses angesehenen Mannes samt seiner ganzen Familie (zur Frage des „Hauses" s. zu 16, 33) durch Paulus und sein Evangelium setzte ein Zeichen, dem viele folgten. Paulus erwähnt in 1.Kor 1, 14.16, daß er Krispus, wie auch die anderen Erstbekehrten Achaias, Stephanas (1.Kor 16, 15) und Gaius, selbst getauft habe. Die Erzählung des Lukas enthält allerdings zwei Schwierigkeiten, die zu Zweifeln an der historischen Richtigkeit der in ihr vorausgesetzten Abfolge der Ereignisse Anlaß geben: 1. Es erscheint seltsam, daß der Synagogenvorsteher Krispus erst nach dem Bruch des Paulus mit der Judenschaft bekehrt wird. – 2. Es läge eigentlich nahe, daß diese Bekehrung zum Anschluß weiterer *Juden* an Paulus führt; in V.8 ist jedoch seltsamerweise eine Signalwirkung auf *heidnische* Korinther vorausgesetzt. Diese Schwierigkeiten würden sich auflösen, wenn man den Gang der Ereignisse so rekonstruieren könnte: Krispus, der Synagogenvorsteher, der das Auftreten des Paulus im jüdischen Gottesdienst ermöglicht hatte, wurde von ihm bekehrt; diesem schlossen sich viele der Gottesfürchtigen an; daraufhin mußte Paulus mit seiner Predigt aus der Synagoge in das Haus des Titius Justus umziehen. Lukas hätte dann die Ereig-

nisse umgestellt, um Raum für die dramatische Darstellung des Konflikts mit den Juden (V. 6) zu gewinnen.

9–10 Das Traumgesicht, in dem der erhöhte Christus selbst zu Paulus spricht, hat im Erzählungszusammenhang die Funktion, die besondere Bedeutung seiner Arbeit in Korinth herauszustellen und damit zugleich die außergewöhnliche Länge seines Aufenthaltes zu begründen. Die Botschaft des Erhöhten ist ganz in biblischer Sprache stilisiert: Die Formel „Fürchte dich nicht, ich bin bei dir!" ist stereotypes Element alttestamentlicher Heilszusagen (Jes 41,10; 43,5; Jer 1,8) und die Weisung „Rede und schweige nicht" klingt an 5. Mose 31,6; Jos 1,9 an. Paulus erfährt hier eine Bekräftigung der Zusage, die er vom Erhöhten bei seiner Berufung (9,15) erhalten hatte. Dabei geht es freilich nicht um die innere Situation des Paulus; der Erzähler will nichts von Furcht des Paulus andeuten, die einer Überwindung durch einen Eingriff von oben bedurft hätte. Beherrschend ist vielmehr der missionstheologisch-ekklesiologische Aspekt: Es soll verdeutlicht werden, daß es Werk und Auftrag des Erhöhten selbst ist, was sich im Wirken des Paulus realisiert. Weil der himmlische Herr selbst beschlossen hat, sich in Korinth ein „Volk" zu sammeln, darum ist für seinen Zeugen und Boten die Aufgabe fest abgesteckt. Niemand wird ihn an ihrer Ausführung hindern können. Wie in 15,14 ist mit „Volk" die Kirche
11 gemeint, die Gott sich aus den Heiden „für seinen Namen" sammelt. Paulus weiß daraufhin, was er zu tun hat; er läßt sich für eineinhalb Jahre in Korinth nieder, um dort die Kirche zu bauen. Diese Zeitangabe bezieht sich höchstwahrscheinlich auf die Gesamtdauer des korinthischen Aufenthaltes und nicht nur auf die Zeit nach dem Konflikt mit den Juden.

12a Die folgende Episode bestätigt anschaulich die an Paulus ergangene Zusage des Erhöhten: Auch Anfeindungen und Intrigen können ihn an seinem Wirken in Korinth nicht hindern, weil der Herr selbst ja dahinter steht! Daß sich mit ihr der Name des Statthalters Gallio verbindet, ist für die Auslegung von unschätzbarer Bedeutung, denn damit wird uns ein für die ganze Chronologie des Urchristentums entscheidender Fixpunkt an die Hand gegeben.

Gallio und die Chronologie des Urchristentums. Lucius Junius Gallio Annaeanus war Sohn des aus dem spanischen Cordoba stammenden Rhetors M. Annaeus Seneca und Adoptivsohn des L. Junius Gallio, eines reichen Römers. Sein jüngerer Bruder war Seneca, der bekannte Philosoph, Dichter und Erzieher des Kaisers Nero. Später sollte er, wie dieser, ein Opfer der Intrigen am Hofe Neros werden. Seine Statthalterschaft in Korinth fällt jedoch noch in die Regierungszeit des Klaudius und läßt sich dank eines glücklichen archäologischen Fundes genau datieren. Eine in Delphi gefundene Inschrift enthält einen Erlaß des Klaudius an die Stadt Delphi, der Gallio als Prokonsul von Achaia nennt und zu Anfang des Jahres 52 ergangen ist. Die Statthalterschaft über senatorische Provinzen war eine einträgliche Pfründe, die angesehenen Männern vom römischen Senat jeweils nur für ein Jahr übertragen wurde; der Amtsantritt erfolgte allgemein im Frühsommer. Wenn also Gallio Anfang 52 Prokonsul war, so dürfte seine Amtszeit von Frühsommer 51 bis Frühjahr 52 gegangen sein. In diesen Zeitraum fällt seine Begegnung mit Paulus. Aber wie lassen sich die anderthalb Jahre des Aufenthaltes des Paulus (V.11) mit der Amtsperiode des Gallio in Korrelation bringen? Der Text gibt weder einen Anhaltspunkt dafür, daß der Vorfall von V. 12 ff. unmittelbar nach dem Amtsantritt des Gallio lag, noch dafür, daß Paulus dadurch zur Abreise genötigt worden wäre; V. 18a scheint im Gegenteil eine längere Anwesenheit des Paulus nach dem Konflikt vorauszusetzen. So bleibt uns als Anhaltspunkt die Angabe über die Klaudius-Verfolgung in V. 2: Diese lag bei der Ankunft des Paulus in Korinth noch nicht allzulange zurück. Hinzu kommen reisetechnische Erwägungen: Paulus wird im Herbst in Korinth angekommen sein und wird es im übernächsten Frühjahr wieder verlassen haben. Am wahrscheinlichsten ist, daß sein Aufenthalt zwischen Herbst 50 und Frühjahr 52 lag. Der Zusammenstoß mit Gallio mag dann in der Tat zu Anfang von dessen Statthalterjahr erfolgt sei. (Zu Datierungsfragen s. auch 11,27; 15,1.)

Die Juden sind dazu entschlossen, in ihren Kampf gegen Paulus die staatliche Gewalt einzuschalten. Sie bemächtigen sich seiner und schleppen ihn vor den Statthalter, um vor ihm als dem höchsten Vertreter der richterlichen Gewalt ihre Anklage vorzubringen. Den äußeren Rahmen der nun einsetzenden Szene bildet die Agora, wo eine große Volksmenge um das *bēma*, den offiziellen Richtersitz, versammelt ist. Die Anklage der Juden ist ganz undeutlich formuliert. Ihr Sinn mag, analog zu 16,20, gewesen sein: Paulus stiftet durch seine Verkündigung öffentliche Unruhe und verstößt damit gegen das staatliche Gesetz! Der Statthalter durchschaut das Ganze sofort als ein plumpes Manöver. In seiner Antwort, in deren Tonfall die ganze Verachtung des römischen Aristokraten gegenüber dem Judentum mitschwingt, erklärt er den Fall zu einer innerjüdischen Streitigkeit, in die sich einzumischen nicht seines Amtes sein kann. Ein konkretes Vergehen gegen staatliche Gesetze – etwa im Sinne des Stiftens von Aufruhr und öffentlicher Unruhe – kann Paulus nicht nachgewiesen werden. Und ihre Differenzen über ihre Lehren, ihre Überlieferungen und ihr religiöses Gesetz sollen die Juden gefälligst untereinander austragen, ohne die römische Staatsmacht damit zu belästigen. Ohne Widerspruch erst abzuwarten, jagt Gallio die Juden vom Richterstuhl weg. Auch diese Geste mag man als Zeichen seiner Judenfeindschaft interpretieren. Im Sinne des Lukas ist sein Verhalten ein weiteres Beispiel dafür, daß die römischen Behörden die unwissentliche Schutzmacht des Paulus sind. Damit wird das den Schlußteil des Buches beherrschende Motiv angedeutet. – Der Schluß der Szene ist ebenso burlesk wie merkwürdig. Die das *bēma* umstehende Volksmenge fällt über den Synagogenvorsteher Sosthenes, den Sprecher der Judenschaft, her und verprügelt ihn. Die Judenverachtung des Gallio (das vom neuzeitlichen Rassismus geprägte Wort Antisemitismus sollte man dafür besser vermeiden!) wirkt als auslösender Funke für den Volkszorn, der sich gegen Sosthenes – er war offenbar der Nachfolger des Krispus (V. 8) – richtet. Ganz abwegig ist die zuweilen vorgeschlagene Erklärung, die Juden (und nicht die Heiden) hätten Sosthenes, der identisch sei mit dem späteren Begleiter des Paulus (1. Kor 1,1), verprügelt, weil er insgeheim bereits Christ gewesen sei und darum die Sache der Judenschaft nicht wirkungsvoll genug vertreten habe. Lukas hätte uns diese Pointe gewiß nicht vorenthalten! – Wichtiger ist eine andere Frage: Inwiefern bedeutet es für Paulus einen Sieg und die Möglichkeit zu weiterem ungestörten Wirken in Korinth, wenn Gallio seinen Fall zum innerjüdischen Problem erklärt? Aus Thessalonich und Beröa hatte er ja wegen Nachstellungen der Judenschaft weichen müssen (17,9. 18). Zudem hatte die Synagogengemeinde die Möglichkeit zu harten disziplinarischen Maßnahmen gegen ihre Mitglieder, bis hin zu den 39 Geißelhieben (2.Kor 11,24; vgl. Mt 10,17). Aber anscheinend war die korinthische Synagogengemeinde zu schwach und einflußlos und möglicherweise auch bereits durch die christliche Mission zu stark unterwandert, um noch zu wirksamen Maßnahmen gegen Paulus und seine Gefährten imstande zu sein. In der ganzen Gallio-Szene bietet sie ja ein Bild der Schwäche, von der Kraftlosigkeit ihrer Anklage bis hin zu ihrer Unfähigkeit, dem geprügelten Sosthenes Beistand zu leisten.

8. *Paulus auf Reisen 18,18–23*

[18] Paulus aber blieb noch geraume Zeit. Dann verabschiedete er sich von den Brüdern, um zusammen mit Priszilla und Aquila zu Schiff nach Syrien zu reisen, nachdem er sich in Kenchreä das Haupt hatte scheren lassen; er hatte nämlich ein Gelübde. [19] Sie gelangten nach Ephesus, und dort ließ er jene zurück. Er selbst aber ging in die Synagoge und predigte den Juden. [20] Als diese ihn baten, länger bei ihnen zu bleiben, willigte er nicht ein, [21] sondern verabschiedete sich mit den Worten: „Ich will wieder zu euch zurückkommen, wenn Gott es will!" Dann reiste er aus Ephesus ab [22] und ging in Cäsarea an Land, zog hinauf (nach Jerusalem), um die Gemeinde zu begrüßen, zog hinab nach Antiochia, [23] und nachdem er dort einige Zeit zugebracht hatte, durchzog er nacheinander das galatische Land und Phrygien und stärkte alle Jünger.

A
18–23
Dieses Reisesummarium ist unklar und schwierig. Lukas hat zwar die Angaben über die verschiedenen Reisestationen in V. 18b. 22. 23 zweifellos aus einer Tradition entnommen; er bietet sie aber in so verkürzter Form dar, daß aus ihnen kein klares Bild von Ablauf und Motivation dieser Reise entsteht. Wir sind darum auf sekundäre Rückschlüsse angewiesen. Immerhin läßt sich so viel mit Sicherheit sagen: Die herkömmliche Auslegung, die hier den Übergang von der „zweiten" zur „dritten" Missionsreise sehen möchte, hat weder an dem hier in Umrissen sichtbar werdenden geschichtlichen Sachverhalt, noch an der lukanischen Darstellung einen Anhalt (s. den Exkurs zu 15,36).

Wenn Paulus nunmehr Antiochia wieder aufsuchte, so kann es ihm nur darum gegangen sein, nach seinen Erfolgen in Galatien, Mazedonien und Achaia die Verbindung mit der Muttergemeinde des Heidenchristentums auf einer neuen Ebene wiederherzustellen, alte Spannungen abzubauen und den Willen zur kirchlichen Gemeinschaft in die Tat umzusetzen, nicht jedoch, sich erneut in Abhängigkeit von Antiochia zu begeben. Einiges deutet darauf hin, daß der konkrete Anlaß für diese neuerliche Kontaktaufnahme die Planung und Vorbereitung der Kollekte für Jerusalem gewesen sein dürfte (s. zu V. 23). Auf alle Fälle handelte es sich lediglich um eine zeitweilige Unterbrechung der Mission im ägäischen Raum. Ehe Paulus deren nächstes großes Ziel, Ephesus, ansteuerte, reiste er noch einmal nach Osten, um die mit seiner Mission verbundene gesamtkirchliche Verpflichtung wahrzunehmen. Und zwar haben bereits während seiner Abwesenheit Aquila und Priszilla, vielleicht auch noch andere seiner Gefährten, mit der Arbeit in Ephesus begonnen. In diese Richtung deuten sowohl V. 19a als auch V. 24–28.

Die lukanische Darstellung ist von der Absicht bestimmt, den Übergang des Paulus von Korinth nach Ephesus trotz der durch die Reise nach Syrien bedingten Unterbrechung als möglichst unmittelbar erscheinen zu lassen. In den weitgehend von ihm selbst gestalteten Versen 19–21 erzählt Lukas darum sehr betont, daß Paulus bereits auf dem Wege nach Osten in Ephesus Station gemacht, in der Synagoge gepredigt und sein weiteres Wirken in Aussicht gestellt habe. Auch wenn Lukas der Tradition, die die Anfänge der ephesinischen Gemeinde nicht mit Paulus verband, ihr Recht geben mußte, so wollte er doch wenigstens Paulus die Ehre der Erstlingspredigt in Ephesus lassen.

Die unbestimmte Zeitangabe soll verdeutlichen: die Abreise des Paulus aus Korinth stand nicht im Zusammenhang mit dem Zwischenfall vor Gallio (V. 12–17) und erfolgte ohne äußeren Zwang. Das Reiseziel wird zunächst pauschal mit der Provinzbezeichnung „Syrien" umschrieben. Damit kann Palästina grundsätzlich mitgemeint sein, das damals politisch eine Untereinheit der Provinz Syrien bildete (vgl. 20,3), aber wahrscheinlich hatte die Quelle primär die Provinzhauptstadt Antiochia im Blick. Daß Paulus von Korinth bis Ephesus gemeinsam mit Priszilla und Aquila reiste, dürfte eine historisch zuverlässige Nachricht sein. Dieses Ehepaar, das nunmehr zu seinen engsten Mitarbeitern gehört, verlegte seinen Wohnsitz nach Ephesus (1. Kor 16,19); es ordnete damit seine berufliche Situation und sein privates Leben ganz der missionarischen Strategie des Paulus unter. Solche Freizügigkeit setzte ein großes Maß an finanzieller Unabhängigkeit voraus. Wenige Jahre später kehrten beide nach Rom zurück (Röm 16,3–5) – möglicherweise wieder in der Funktion von Vorläufern des Paulus. Es ist im übrigen sicher kein Zufall, wenn hier, wie auch V. 26; Röm 16,3; 2. Tim 4,19 Priszilla an erster Stelle genannt wird; vielmehr spiegelt sich darin die überragende Bedeutung dieser Frau für das paulinische Missionswerk. Anscheinend haben Priszilla und Aquila die Schiffspassage des Paulus bis Ephesus bezahlt. Daß sie ihm dort später wieder Quartier und Arbeitsplatz gaben, wird zwar nicht gesagt, ist aber nach Lage der Dinge zu vermuten.

Rätsel gibt die Bemerkung auf, daß Paulus sich im Zusammenhang mit einem Gelübde vor der Abreise aus dem korinthischen Osthafen Kenchreä die Haare habe schneiden lassen. Daß sie sich auf Paulus, und nicht etwa (was sprachlich an sich möglich wäre) auf Aquila bezieht, ist angesichts der Konzentration der Erzählung auf Paulus kaum zweifelhaft. Aber um welche Art von Gelübde kann es sich gehandelt haben? Man hat zumeist an ein Nasiräatsgelübde gedacht. Wer es, zumeist als Dank für die Errettung aus Gefahr, auf sich nahm, hatte für eine gewisse Zeit auf berauschende Getränke und das Scheren des Haupthaares zu verzichten. Gelöst konnte ein solches Gelübde nur am Jerusalemer Tempel werden (vgl. 21,23f.). Dort ließ man sich die Haare scheren und brachte Opfer dar (Bill II 749ff.). Demnach kann es sich hier schwerlich um die Beendigung des Gelübdes handeln. Oder sollte das letzte Haareschneiden vor dessen Beginn gemeint sein? Das gäbe zwar insofern einen guten Sinn, als dann das Gelübde im Zusammenhang mit den Gefahren der beginnenden Reise gesehen werden könnte und als (zumindest nach Meinung des Lukas) diese Reise ja tatsächlich nach Jerusalem führte (s. zu V. 22). Aber der Wortlaut, der das Haareschneiden eindeutig als Teil (und nicht nur als Vorbereitung) des Gelübdes kennzeichnet, steht dieser Deutung im Wege. So bleibt nur die Vermutung, daß Lukas, der von jüdischen kultischen Ordnungen nur sehr vage Kenntnisse hatte, hier eine Bemerkung seiner Quelle falsch verstanden hat. Er hat diese Bemerkung aufgenommen, weil sie ihm Gelegenheit gab, die Treue des Paulus zum Judentum zu demonstrieren (s. zu 16, 3).

19 Ephesus, an der Mündung des Kaystros gelegen, war eine der größten Städte des römischen Imperiums, von deren einstigem Glanz heute noch die Ruinen eindrucksvoll Zeugnis geben. Nachdem der König Attalos II. sie 133 v. Chr. zusammen mit dem ganzen Königreich Pergamon testamentarisch den Römern vermacht hatte, wurde sie Hauptstadt der römischen Provinz Asien und Sitz des Prokonsuls. Seine wirtschaftliche Bedeutung gewann Ephesus als Umschlagplatz zwischen Orient und Okzident, wobei der heute längst verlandete Hafen eine wichtige Rolle spielte. Nicht minder wichtig war Ephesus als kultisches Zentrum. Der Kult der ephesinischen Artemis hatte weit über die Stadt hinaus Verbreitung gefunden. Ihre Statue stand in dem mächtigen Artemistempel, der zu den 7 Weltwundern der Antike zählte (s. zu 19, 24). Paulus hatte bereits zu Anfang seines großen Zuges nach Westen, aus dem Innern Kleinasiens kommend, Ephesus erreichen wollen. Doch dieser Plan hatte sich – aus welchen Gründen auch immer – zerschlagen (16, 7). Statt dessen war er nach Mazedonien und Achaia gedrängt worden. Nachdem dort die ersten Gemeinden gegründet waren, mußte es für Paulus nahe liegen, in einer nochmaligen Wendung nach Osten das bisher Versäumte nachzuholen und auch im Zentrum der wichtigen Provinz Asia einen Stützpunkt des Evangeliums zu errichten. Erst nach Erfüllung dieser Aufgabe konnte sein Blick weiter nach Westen gehen (19, 21).

20 Die sicher von Lukas konstruierte Synagogenszene wirkt farblos, ja ungelenk. Die Predigt des Paulus findet ein freundliches Echo bei den Juden. Von da her würde man erwarten, daß er sich zu einem längeren Aufenthalt entschlösse. Daß er statt dessen alsbald wieder abreist, überrascht um so mehr, als dafür keine Erklärung gegeben wird. (Erst der westliche Text liefert sie nach, wenn er Paulus sagen läßt: „Ich muß das kommende Fest unter allen Umständen in Jerusalem verbringen.") Aber Lukas nimmt diese Unebenheit in Kauf, weil er schon an dieser Stelle
21 dem Leser das Bild des in Ephesus predigenden Paulus einprägen will. Die Formel „wenn Gott es will", mit der Paulus seine Wiederkehr ankündigt, war in der Antike weit verbreitet (Epikt diss I 1, 17; christliche Belege: 1. Kor 4, 19; 16, 7; Hebr 6, 3; Jak 4, 15).

22 Auch der weitere Reiseverlauf wirft Probleme auf. Daß Paulus, statt, wie von V. 18 b her zu erwarten gewesen wäre, nach Seleuzia, dem Hafen Antiochias, zu gelangen, in Cäsarea an Land geht, mag man mit den Windverhältnissen erklären: Im Sommer herrschte ein starker Nordostwind vor, der für ein aus Ephesus kommendes Schiff die Anfahrt auf Seleuzia unmöglich machen konnte. Schwieriger ist jedoch die folgende Bemerkung „er zog hinauf, die Gemeinde zu begrüßen". Daß Lukas dies im Sinne eines Besuches des Paulus in Jerusalem verstanden wissen

möchte, steht außer Zweifel. Denn nur nach Jerusalem zieht man „hinauf" (vgl. 11,2; 15,2; 21,15; Lk 18,31 u.ö.); vor allem aber ist die absolut gebrauchte Bezeichnung „die Gemeinde" *(hē ekklēsia)* allein der Jerusalemer Urkirche vorbehalten (s. zu 8,3). Ein solcher Jerusalembesuch des Paulus zum damaligen Zeitpunkt ist jedoch unwahrscheinlich. Hätte er stattgefunden, so hätte Paulus ihn in dem wenig später geschriebenen Galaterbrief, in dem er kritisch Rechenschaft über sein Verhältnis zu den Jerusalemern gibt (Gal 1f.), sicher erwähnt. So wird hier ein Fehlschluß des Lukas vorliegen. Aus der Angabe der Quelle, daß Paulus in Cäsarea an Land gegangen sei, folgert er, daß dies nur zum Zweck eines Besuches in Jerusalem geschen sein könnte.

In Antiochia hat Paulus vermutlich mit der dortigen Gemeinde über die Wiederaufnahme und Weiterführung der Kollekte für Jerusalem verhandelt. Ursprünglich war diese Kollekte nur der antiochenischen Gemeinde und der von ihr ausgehenden Mission auferlegt worden. Paulus mußte jedoch daran gelegen sein, auch die Gemeinden seines Missionsgebietes in sie einzubeziehen, um so ein sichtbares Zeichen für die Einheit der Kirche aus Juden und Heiden zu setzen (vgl. 2. Kor 8f.; Röm 15, 25–33). Dafür bedurfte er der Zustimmung der Antiochener. In diesem Zusammenhang stand wohl auch die Gewinnung des Antiocheners Titus für das paulinische Missionswerk. Titus, der bereits zur Zeit des Apostelkonzils Mitarbeiter des Paulus gewesen war (Gal 2,1ff.), ihn jedoch auf der Griechenlandmission anscheinend nicht begleitet hatte, spielt von nun an wieder eine wichtige Rolle im Kreis des Paulus, und zwar im Zusammenhang mit der Kollekte: Paulus entsendet ihn nach Korinth, um für sie zu werben und ihre Einsammlung zu organisieren (2. Kor 8,16; 12,17f.). Von alledem erwähnt Lukas freilich nichts, wie er überhaupt die Kollekte mit Schweigen übergeht (s. zu 21,15–26). 23

Von Antiochia aus reist Paulus ein zweites Mal durch die galatischen Gemeinden (vgl. 16,6). Dieser neuerliche Besuch, der auch durch Gal 4,13 indirekt bestätigt wird, dient der Festigung der Gemeinden sowie auch der Werbung für die Kollekte. Der Einbruch der Irrlehrer, der den Anlaß für die Abfassung des Galaterbriefes gab, dürfte erst kurze Zeit nach der Weiterreise des Paulus erfolgt sein. – Die weitere Reiseroute geht nach Westen durch die Landschaft Phrygien, der großen Hauptstraße zur ägäischen Küste folgend. Das Ziel ist Ephesus, das zum Zentrum der letzten Phase des missionarischen Wirkens des Apostels werden sollte.

9. Apollos in Ephesus und Korinth 18,24–28

²⁴Ein Jude namens Apollos, der Herkunft nach Alexandriner, ein gelehrter Mann, kam nach Ephesus; er war stark in den Schriften. ²⁵Dieser war unterrichtet über den Weg des Herrn, und im Geiste brennend sprach er und lehrte genau über Jesus, kannte aber nur die Taufe des Johannes. ²⁶Dieser begann freimütig in der Synagoge zu predigen. Als ihn aber Priszilla und Aquila hörten, nahmen sie ihn mit sich und setzten ihm den Weg Gottes genauer auseinander. ²⁷Als er aber nach Achaia gehen wollte, schrieben die Brüder (in Ephesus) den Jüngern (in Korinth) einen Brief, in dem sie sie aufforderten, ihn aufzunehmen. Dort angelangt, war er den Gläubigen durch die Gnade eine große Hilfe.

²⁸ Denn kraftvoll widerlegte er die Juden, indem er öffentlich durch die Schriften bewies, daß Jesus der Messias sei.

A
24–28
Ehe Lukas sich dem Wirken des Paulus in Ephesus zuwendet, schiebt er einen Bericht über Vorgänge aus der Anfangszeit der dortigen Gemeinde ein, bei denen Paulus nicht in Erscheinung tritt. Das ist kompositorisch geschickt, weil dadurch die Zeit der Abwesenheit des Paulus von Ephesus (s. zu V.19) überbrückt wird. Paulus – so soll der Leser erfahren – findet bei seiner Rückkehr auf Grund des Wirkens von Priszilla und Aquila bereits eine lebendige Gemeinde vor, die in die Reihe der übrigen paulinischen Gemeinden integriert ist und mit ihnen in regem Austausch steht (V.27). Dieses Verfahren erweist sich darüber hinaus aber auch als historisch sachgemäß, denn die hier von Lukas aufgenommenen Überlieferungen, bestehend aus einer Personaltradition über Apollos und seine Bekehrung (V.24–26) sowie aus einer Nachricht über dessen Übergang von Ephesus nach Achaia (V.27), dürften in die allererste Anfangszeit der Gemeinde vor der Ankunft des Paulus verweisen. Das läßt sich aus dem 1. Korintherbrief erschließen, dessen Aussagen über Apollos sich überdies dem Bild, das unser Abschnitt von dieser bedeutenden Gestalt des Urchristentums zeichnet, überraschend gut einfügen und es zugleich ergänzen. Apollos hat nach dem Gemeindegründungsaufenthalt des Paulus in Korinth als Prediger und Missionar gewirkt, und zwar in einer Weise, die ihn gegenüber der Gemeinde als völlig unabhängig von Paulus auswies (1.Kor 1,12). Anscheinend hatte er vorher keinen Kontakt zu ihm gehabt. Zur Zeit der Abfassung des 1. Korintherbriefes hielt sich Apollos zwar in Ephesus auf (1.Kor 4,6), gehörte jedoch nicht zum unmittelbaren Mitarbeiterkreis des Apostels; dieser hatte kein Weisungsrecht über ihn (1.Kor 16,12). Überhaupt war das Verhältnis zwischen Paulus und ihm von einer seltsamen Ambivalenz: Paulus respektierte Eifer und Einsatz des Apollos (1.Kor 3,6), konnte jedoch die kritische Distanz zu ihm kaum verbergen (1.Kor 3,12–15). Anscheinend hatte er die nicht unbegründete Sorge, daß die pneumatisch-ekstatische Art des Apollos (vgl. V.25) die Neigung der Korinther zu unkontrolliertem Enthusiasmus noch weiter fördern könnte.

Aber was war Apollos vor seiner Begegnung mit Aquila und Priszilla? Diese Frage markiert das zentrale Problem des Abschnitts. Nach der Darstellung des Lukas wäre er bereits christlicher Missionar gewesen und hätte die Gabe des Geistes sowie die volle Erkenntnis der Bedeutung der Geschichte Jesu besessen; sein einziges Defizit wäre gewesen, daß er nichts über Notwendigkeit und Charakter der christlichen Taufe wußte, sondern nur die Bußtaufe des Johannes kannte (V.25). Doch das ist extrem unwahrscheinlich. Ein Christentum, das von Jesus wußte, ohne von seiner Abgrenzung gegenüber dem Täufer zu wissen und ohne mit dem Ruf zum Glauben die Aufforderung zur Taufe zu verbinden, hat es nie gegeben. Eine Reihe von Forschern (E. Käsemann, E. Haenchen, H. Conzelmann) vermuteten deshalb, Apollos sei ein von Paulus unabhängiger christlicher Missionar gewesen, den Lukas bewußt auf das Niveau eines zweifelhaften Halbchristen herabgedrückt habe, um sodann mittels der von ihm erfundenen Szene der Unterweisung durch die Paulus-Gefährten (V.26b) dessen Gleichschaltung mit der paulinischen Mission und damit dessen Einbeziehung in die apostolische Kirche berichten zu können.

Aber in diesem Falle wäre zu erwarten, daß er Paulus selbst diese Einholung des Apollos in die Kirche hätte vollziehen lassen, und daß er dabei zumindest eine Übertragung des Geistes erwähnt hätte, wie das gerade der Vergleich mit dem als angebliche Parallele gern herangezogenen Auftritt des Petrus in Samarien (8,14–17) nahelegt. So bleibt als wahrscheinlichste Lösung die, daß Apollos ein jüdischer Missionar war, der möglicherweise in Beziehung zur Täuferbewegung stand. Darauf deutet seine Bezeichnung als „Jude" (V.24) hin; dieser Terminus meint in der Apostelgeschichte fast durchweg den nichtgläubigen Juden (z.B. 14,4; anders steht es nur in 10,28; 21,39; 22,3, wo die jüdische Abstammung von Christen als entscheidend wichtig betont werden muß). Lukas hat die Szene mit Priszilla und Aquila sicher in der Tradition vorgefunden, wo sie den Sinn einer Bekehrung hatte. Er hat allerdings – entgegen dieser Tradition – in Apollos bereits einen Christen gesehen, weil er die teilweise ebenfalls der Tradition entstammenden Aussagen über dessen schriftgemäße Lehre und pneumatische Redegabe (V.25) mißverstanden hat: Nach Meinung des Lukas muß ja, wer die Schrift recht versteht, zugleich erkennen, daß Jesus ihre Erfüllung ist (vgl. 17,3. 11). Und so wird bei ihm die ursprüngliche Bekehrung zu einer bloßen Belehrung, die das bisherige defizitäre Christentum des Apollos ergänzt, wobei nach Meinung des Lukas diese Ergänzung in der Lehre vom Geist und von der Taufe auf den Namen Jesu bestanden haben dürfte.

Der Name Apollos ist eine Kurzform von Apollonios (so der westl. Text). Der Hinweis auf den Herkunftsort Alexandria, die damalige Hochburg hellenistisch-jüdischer Schriftgelehrsamkeit und Philosophie, trägt bereits zur Charakteristik des Apollos bei: Er war anscheinend ein rhetorisch gebildeter Schriftgelehrter alexandrinischer Prägung. Auch die weiteren Prädikationen umreißen sein Profil als das eines glänzenden Redners und subtilen Theologen, dessen Stärke die Schriftauslegung war. Die Wendung „der Weg des Herrn" ist gut jüdisch; sie bezeichnet den dem Menschen vom Herrn gebotenen Wandel, d.h. die ethische Belehrung (Jer 7,23; Dt 5,33; Ex 32,8 u.ö.; vgl. auch 1QS VIII 13f. sowie Mk 12,14). Daß Apollos „im Geiste glühte", mag ursprünglich nur Umschreibung seiner glühenden Beredsamkeit und ekstatischen Art gewesen sein, die erst Lukas im Sinne einer Begabung mit dem heiligen Geist gedeutet hat (vgl. Röm 12,11). Daß Jesus im Mittelpunkt der Verkündigung des Apollos gestanden habe, ist sicher ebenfalls eine von Lukas stammende Erklärung. Die Taufe, die Apollos „kannte", war eschatologische Bußtaufe im Sinne der jüdischen Täuferbewegung, deren zentraler Exponent Johannes gewesen war, nicht jedoch, wie die christliche Taufe auf den Namen Jesu, Eingliederung in den Wirkbereich des Heiligen Geistes. Priszilla und Aquila – wieder steht der Name der Frau zuerst (s. zu V.18) – halten sich als Judenchristen zunächst an die Synagoge. Dort hören sie die Predigt des Apollos. Im Anschluß an den Gottesdienst kommt es zu einer persönlichen Begegnung, deren Resultat seine Bekehrung (bzw. im Sinne des Lukas: die genauere Belehrung) ist. Ganz unvermittelt und nebenbei erfahren wir von der Existenz einer christlichen Gemeinde in Ephesus. Inwieweit diese auf das Wirken des judenchristlichen Ehepaars zurückgeht, muß offen bleiben. Daß es unter der starken Judenschaft der Stadt bereits vorher eine judenchristliche Gruppe gegeben haben könnte, ist durchaus denkbar.

Die ephesinischen Christen schreiben für Apollos, der sich sogleich in den Dienst der Mission stellt und seine bisherige Existenz als wandernder Lehrer nunmehr unter christlichem Vorzeichen fortsetzen möchte, einen Empfehlungsbrief, der sein Wirken in Achaia vorbereiten soll. Daß er nicht an der Mission des Paulus und seiner Gefährten teilnimmt, sondern seinen eigenen Weg geht, wirft ein Schlaglicht auf seinen Willen zur Selbständigkeit. In Korinth wendet er sich an die Juden, und zwar „öffentlich", da nach dem Bruch der dortigen Gemeinde mit der Synagoge (V. 6) eine Predigt in der Synagoge nicht mehr möglich war.

10. Paulus und die Johannesjünger in Ephesus 19, 1–7

¹Während Apollos in Korinth war, gelangte Paulus nach einer Reise durch das Hochland nach Ephesus. Dort traf er einige Jünger ²und sprach zu ihnen: „Habt ihr den heiligen Geist empfangen, als ihr zum Glauben gekommen seid?" Sie antworteten: „Wir haben nicht einmal gehört, daß es einen heiligen Geist gibt!" ³Da fragte er: „Worauf seid ihr denn dann getauft?" Sie erwiderten: „Auf die Taufe des Johannes!" ⁴Da sprach Paulus: „Johannes hat eine Bußtaufe getauft und dem Volk gesagt, sie sollten an den glauben, der nach ihm kommen werde, nämlich an Jesus." ⁵Als sie das hörten, ließen sie sich auf den Namen des Herrn Jesus taufen. ⁶Und als ihnen Paulus die Hände auflegte, kam der heilige Geist über sie, und sie redeten in Zungen und prophezeiten. ⁷Es waren aber insgesamt etwa zwölf Männer.

Über zwei Jahre hat *Paulus in Ephesus* zugebracht (19,10; vgl. 20,31). Bringt man für die Besuchsreise nach Syrien und in die früher gegründeten Gemeinden Galatiens (vgl. 18,18–23) etwa ein Jahr in Anschlag, so ergibt sich nach unserer bisherigen Chronologie (s. zu 18,1), daß dieser Aufenthalt etwa von Frühjahr 53 bis Frühsommer 55 anzusetzen ist. Schon seine zeitliche Länge gibt ihm ein besonderes Gewicht; länger als in Ephesus ist Paulus während seiner großen Ägäismission an keinem anderen Ort geblieben! Viele Indizien aus den Briefen des Apostels lassen aber auch erkennen, daß diese Periode von großer Bedeutung für das Wachstum und die innere Stabilisierung der paulinischen Mission gewesen ist und daß sie darüber hinaus eine Reihe von dramatischen äußeren Ereignissen gebracht hat. In sie fällt der Galaterbrief, in dem Paulus auf den Einbruch judaistischer Gegner in die galatischen Gemeinden mit der ersten großen schriftlichen Entfaltung der Botschaft vom gesetzesfreien Evangelium und der Rechtfertigung aus Glauben reagiert. In sie fällt auch der 1. Korintherbrief sowie der Ausbruch des Konfliktes mit der korinthischen Gemeinde, der Paulus zu einem spontanen Kurzbesuch in Korinth (2. Kor 2, 1–11) sowie nach dessen unbefriedigendem Ausgang zu einem weiteren Brief nach Korinth (vermutlich 2. Kor 10–13; vgl. 7,8) veranlaßt. In sie fällt ferner die planmäßige Organisation des Kollektenwerkes für Jerusalem und damit die Festigung der Verbindung mit den bisher gegründeten Gemeinden. Einiges spricht auch dafür, daß Paulus und seine Mitarbeiter weit in das Hinterland von Ephesus vorgestoßen sind und die Städte im Hermos- und Mäandertal, die uns in den Sendschreiben der Offenbarung (Offb 2 f.) als Sitze alter christlicher Gemeinden begegnen, missionarisch erschlossen haben. Anscheinend ergab sich in Ephesus auch ein sehr harter Konflikt mit den Juden, der zu einer dramatischen Zuspitzung der äußeren Lage des Apostels führte, aus der er nur mit knapper Not gerettet werden konnte (2.Kor 1,8).

Von alledem schweigt Lukas: Noch auffälliger ist jedoch, daß er – anders als bei seinen sonstigen Missionsberichten – das Verhältnis des Paulus zur örtlichen Synagoge und die Ablösung der entstehenden Gemeinde von dieser relativ unbetont schildert (19,8–10). Sein Interesse gilt hier einer anderen Thematik, nämlich der Abgrenzung der Gemeinde von der heidnisch-synkretistischen Umwelt und ihrer Behauptung in dieser. So lenkt er zunächst in V. 1–7 den Blick auf jüdisch-synkretistische Täuferkreise, sodann, in 19,11–20, auf die Magie und schließlich, in 19,23–40, auf eine tief im gesellschaftlichen Leben verankerte heidnische Volksfrömmigkeit. Diese thematische Konzentration ist schwerlich durch bloße Zufälligkeiten der Quellenlage bedingt. Sicher hat Lukas über das Wirken des Paulus in Ephesus mehr gewußt. So trägt er in der Milet-Rede (20,17–38) den wichtigen Aspekt des inneren Ausbaus der Gemeinde nach. Hier ist es ihm jedoch zunächst darum zu tun, zum Abschluß der großen paulinischen Mission ein möglichst typisches Bild der Situation der heidenchristlichen Kirche in ihrem religiösen Umfeld zu zeichnen. Dieses Verfahren ist insofern sachgemäß, als die ephesinische Lokaltradition offensichtlich eine Reihe von Überlieferungen enthielt, aus denen hervorging, daß das Thema der religiösen Umwelt für diese Gemeinde in der Tat besonders bedrängend gewesen ist.

Die erste dieser Überlieferungen, die Lukas mitteilt, handelt von der Bekehrung einer Gruppe von Täuferjüngern durch Paulus. Die Täuferbewegung hatte sich vom Ostjordanland aus in kurzer Zeit bis nach Kleinasien ausgebreitet, wo sie in häretischen Randgruppen des Judentums immer neue Anhänger fand. Für die christlichen Gemeinden wurde sie zu einer zuweilen bedrohlichen Konkurrenz, weil sie in ihrem äußeren soziologischen Erscheinungsbild für Außenstehende kaum von jenen zu unterscheiden war (vgl. Joh 3,25f.): Hier wie dort war das entscheidende Kennzeichen der Zugehörigkeit ein Taufbad, hier wie dort bildeten sich örtliche Gruppen von Jüngern durch Abspaltung von der Synagoge. Eben diese scheinbare Nähe kommt bereits in der Form der vorliegenden Erzählung, die nicht erst Lukas geschaffen haben dürfte, gut zum Ausdruck: Paulus identifiziert die Täuferjünger zunächst nicht als Außenstehende. Was sich hinter diesen „Jüngern" (V. 1) verbirgt, wird erst in einem Gespräch (V.2–4) aufgedeckt, das die zentralen Unterscheidungsmerkmale aus christlicher Sicht benennt: die Täuferjünger kennen keine Taufe auf den Namen Jesu und sie wissen nichts von der gegenwärtigen Macht des heiligen Geistes! Es ist nicht ausgeschlossen, daß dieses Gespräch als Vorbild und Muster für die Auseinandersetzung von christlichen Gemeinden mit Täuferjüngern überliefert worden ist. Jedenfalls übersieht die vielfach (u.a. von E. Käsemann) vertretene These, Lukas habe die „Jünger" als Christen verstanden, deren einziger Mangel in ihrer Nichtzugehörigkeit zur apostolischen Kirche gelegen habe, gleichermaßen die innere Struktur dieser Erzählung wie ihre Funktion im Kontext. Daß für Lukas ein enger Zusammenhang zwischen ihr und der Apollos-Geschichte (18,24–28) bestanden haben sollte, ist unwahrscheinlich; die einzige Berührung besteht darin, daß beidemal die Johannestaufe erwähnt wird (18,25).

B Der Anfang greift zurück auf 18,23: Paulus reist vom anatolischen Hochland,
1 d.h. aus Galatien und Phrygien, nach Ephesus. Die Erzählung kommt ohne Umschweife zur Sache: Paulus trifft dort auf einen Kreis von „Jüngern"; bei welcher Gelegenheit und unter welchen Umständen das geschah, interessiert sie nicht. Es ist bewußte erzählerische Technik, daß eine genauere Charakterisierung dieses Kreises zunächst unterbleibt. Wie für Paulus, so bietet sich auch für den Leser zunächst nur die Außenansicht: Es könnte sich um eine christliche Gruppe handeln, zumal „Jün-
2 ger" in der Apg fast durchweg Bezeichnung der christlichen Gemeinde ist. Erst die kritische Nachfrage deckt den wahren Sachverhalt auf. Paulus will wissen, ob diese „Jünger" bei ihrer Eingliederung in die Kirche den Geist empfangen haben. „Zum-Glauben-Kommen" meint nämlich nicht den Beginn des subjektiven Glaubensstandes, sondern den äußeren Vollzug des Christwerdens (vgl. 2,44; 4,32; 9,42; 15,5; 17,12.34; 18,8 u.ö.). Die Frage zielt also letztlich auf die Taufe! Die erste Antwort ergibt, daß Paulus etwas vorausgesetzt hatte, was sich als unrichtig erweist: Die „Jünger" sind nicht „zum Glauben gekommen", denn sie wissen nichts vom Geist. Dabei geht es nicht um ein theoretisches Wissen über den Heiligen Geist: Auch Johannes hatte das Kommen des Geistes für die Endzeit angekündigt (Mt 3,11; Lk 3,16). Für ihn und seine Jünger war der Geist jedoch nicht, wie für die Jünger Jesu, eine die gegenwärtige Situation bestimmende Wirklichkeit, in der sich die Ver-
3 heißung Gottes für die Erneuerung der Welt zu erfüllen beginnt. Die zweite Frage zielt folgerichtig auf die Taufe, denn in Verbindung mit ihr vollzieht sich die Verleihung des Geistes für die Glaubenden (s. zu 2,38; 8,17). Und zwar ist diese Frage ganz von der christlichen Praxis her formuliert: Taufe kann für den Christen ja nur Taufe „auf den Namen Jesu" sein (2,38; Röm 6,3; 1.Kor 1,13.15; 12,13; Gal 3,27). Wenn die Täuferjünger darauf mit der merkwürdigen Wendung, sie seien „auf die Taufe des Johannes" getauft, antworten, dann deshalb, weil der Eindruck vermieden werden soll, als habe es eine Taufe „auf den Namen des Jo-
4 hannes" in Analogie zu der auf den Namen Jesu gegeben. Die Erwiderung des Paulus stellt das Verhältnis zwischen beiden Taufen klar: Die Johannestaufe war lediglich Bußtaufe; mit ihr und der sie begleitenden Predigt hat der Täufer das Kommen Jesu vorbereitet und zum Glauben an ihn aufgefordert (vgl. Lk 3,5ff. 15ff.; Apg 13,24). Sie ist also ihrem eigenen Wesen nach durch die Erscheinung
5 Jesu und das Kommen des Geistes überholt. Die einzig mögliche und legitime Taufe kann darum jetzt nur noch die auf den Namen Jesu sein. Wenn sich die Täuferjünger ihr nun unterziehen, so ist dies also weder eine Wiedertaufe, noch eine Ergänzung der Johannestaufe, sondern der Vollzug von etwas radikal Neuem, durch den
6 sie der Veränderung der heilsgeschichtlichen Situation Rechnung tragen. Nach dem Taufbad empfangen die Männer den Geist durch die Handauflegung des Paulus. Er ist kein Charisma neben der Gabe der Taufe, sondern eben der Geist, der nach Lukas für die christliche Taufe konstitutiv ist. Die Geistübertragung durch Handauflegung im Anschluß an die Taufe scheint dem liturgischen Brauch der lukanischen Kirche entsprochen zu haben (s. zu 10,44ff.). Wenn sie gesondert erwähnt wird, so soll damit das wichtigste Unterscheidungsmerkmal zur Johannestaufe noch einmal herausgestellt werden. Die Realität des Geistempfangs erweist sich
7 alsbald in Glossolalie und ekstatischen Erscheinungen (s. zu 10,46). Die seltsam

nachklappende Zahlenangabe ist wohl ohne tiefere Bedeutung. Die runde Zahl – „etwa Zwölf" – soll zeigen: es war nur eine verhältnismäßig kleine Schar.

11. Die Trennung von der Synagoge 19,8–10

⁸Er ging dann in die Synagoge, predigte dort voll Freimut drei Monate lang und suchte vom Reich Gottes zu überzeugen. ⁹Als sich einige verstockten und den Gehorsam verweigerten, indem sie den ‚Weg' vor der Volksmenge schmähten, trennte er sich von ihnen und sonderte die Jünger ab und predigte täglich im Hörsaal des Tyrannos. ¹⁰Das geschah aber zwei Jahre lang, so daß alle Bewohner Asiens das Wort des Herrn hörten, Juden wie Griechen.

Zum letztenmal erscheint hier das Grundschema, nach dem die Apg die paulinische Mission zeichnet: Anfang in der Synagoge – durch die Juden verschuldete Trennung der entstehenden Gemeinde von ihr. Die summarische Art, in der es hier durchgeführt wird, wie auch die Häufung lukanischer Lieblingsformulierungen weisen den Abschnitt als Werk des Lukas aus. Immerhin dürften die Zeit- und Ortsangaben guter Tradition entstammen, deren konkrete Gestalt uns jedoch nirgends mehr greifbar wird. **A 8–10**

Nach der lukanischen Darstellung war Paulus bereits auf dem Weg nach Syrien in der Synagoge von Ephesus als Prediger aufgetreten und freundlich empfangen worden (18,19f.). Eine Anknüpfung an diese Situation fehlt hier ebenso wie eine Erklärung für die vergleichsweise lange Zeit – drei Monate – seines Predigens in der Synagoge. Mit dem Begriff „Reich Gottes" pflegt Lukas den Inhalt der Verkündigung von Jesus zusammenzufassen (s. zu 8,12; 20,25; 28,23.31). Schließlich weckt aber doch die Predigt des Paulus den inneren Widerstand eines Teils der Judenschaft: Sie „verstocken sich", d.h. sie verschließen sich schuldhaft der Heilsbotschaft (vgl. 28,27) und bringen öffentlich vor den versammelten Synagogenbesuchern (diese sind wohl mit der „Menge" gemeint) Verleumdungen und Beschimpfungen gegen die Gemeinde vor, deren alte Selbstbezeichnung „der Weg" hier wieder erscheint (s. zu 9,2). Dieser krawallartige Tumult ist für Paulus das Signal zum Auszug. Insofern unterscheidet sich die Situation allerdings von der üblichen, daß mit ihm die bereits bestehende christliche Gemeinde auszieht, die sich bisher zum Synagogengottesdienst gehalten hatte. Daß sie, analog der Jerusalemer Urgemeinde in ihrer Frühzeit, daneben bereits eigenständige Mahlversammlungen in den Häusern hatte (vgl. 2,42–46), wird man allerdings voraussetzen müssen. Der neue Versammlungsraum, den Paulus nun gewinnt, gibt ihm auch die äußeren Möglichkeiten dafür, eine größere Öffentlichkeit anzusprechen: Der „Hörsaal des Tyrannos", in dem er jetzt täglich lehrt – während die Synagoge nur am Sabbat zur Verfügung gestanden hatte –, war wahrscheinlich das Privatauditorium, in dem der Rhetor Tyrannos zu unterrichten pflegte. Der westliche Text malt die näheren Modalitäten aus: Paulus habe von „der 5. bis zur 10. Stunde" (d.h. von 11 Uhr vormittags bis 4 Uhr nachmittags) gelehrt, in den Stunden der allgemeinen Mittagsruhe also, während denen der Rhetor seinen Hörsaal nicht selbst beanspruchte. Die **B 8** **9**

Gemeinde ließ Paulus bei diesen in ihrem Charakter von den am Abend des „Herrntages" stattfindenden gottesdienstlichen Versammlungen deutlich unterschiedenen Missionsveranstaltungen nicht allein, sondern bekundete durch ihre Anwesenheit, daß sie diese mit trug. – Die „zwei Jahre" der Predigt im Hörsaal sind wohl zu den „drei Monaten" von V. 8 gesondert hinzuzuzählen (s. zu 20,31). Die Breitenwirkung ist groß: Alle Bewohner der Provinz Asien (also der Landschaften Mysien, Lydien, Ionien, Phrygien und Karien) hatten die Möglichkeit, das Evangelium zu hören! Diese sachlich gewiß übertreibende Bemerkung umschreibt immerhin das Ziel der paulinischen Mission richtig: Von der Metropole aus sollte das Ganze der jeweiligen Provinz erschlossen werden. Daß Paulus und seine Mitarbeiter während der ephesinischen Zeit auch selbst Mission im Umland getrieben haben, ist im übrigen durchaus wahrscheinlich.

12. *Der Sieg des Paulus über Magie und Synkretismus 19,11–20*

¹¹Und ungewöhnliche Machttaten wirkte Gott durch die Hände des Paulus, ¹²so daß man ihm sogar Schweiß- und Taschentücher von der Haut wegzog, um sie den Kranken aufzulegen. Dadurch wichen von ihnen die Krankheiten, und die bösen Geister fuhren aus.
¹³Es versuchten aber auch einige der herumziehenden jüdischen Exorzisten, die von den bösen Geistern Besessenen mit dem Namen des Herrn Jesus zu besprechen, indem sie sprachen: „Ich beschwöre euch bei Jesus, den Paulus verkündigt!" ¹⁴Es waren aber (besonders) sieben Söhne eines jüdischen Hohenpriesters Skeuas, die dies taten. ¹⁵Der böse Geist aber antwortete ihnen: „Jesus kenne ich und von Paulus weiß ich; wer aber seid ihr?" ¹⁶Und der Mensch, in dem der böse Geist war, stürzte sich auf sie, zwang sie nieder und überwältigte sie allesamt, so daß sie nackt und wundgeschlagen aus jenem Hause fliehen mußten.
¹⁷Das wurde allen Juden und Griechen, die in Ephesus wohnten, bekannt, und es überkam sie alle Furcht, und der Name des Herrn Jesus wurde gepriesen. ¹⁸Viele aber von denen, die zum Glauben gekommen waren, kamen, bekannten und teilten ihre Zauberpraktiken mit. ¹⁹Und viele von denen, welche Zauberkünste getrieben hatten, trugen die Zauberbücher zusammen und verbrannten sie vor aller Augen. Und man schätzte ihren Wert und kam auf fünfzigtausend Silberstücke. ²⁰So wuchs und erstarkte das Wort des Herrn mit Macht.

Á
11–20 Die christliche Gemeinde mußte sich in heidnischer Umwelt nicht nur in offener Konkurrenz gegenüber anderen Religionen und Kultgemeinschaften ihren Lebensraum erkämpfen, sondern gleichzeitig der stets latenten Gefahr einer Vermischung ihrer Glaubensgrundlagen mit Elementen anderer Religionen, d. h. dem Synkretismus, entschlossenen Widerstand entgegensetzen. Der Sog des Synkretismus war naturgemäß am stärksten auf der Ebene primitiver volkstümlicher Religiosität. Exorzisten und Magier bedienten sich bei ihren zweifelhaften Praktiken eines krausen Gemischs heiliger Namen und Formeln aus den verschiedensten Religionen, wobei jüdische Elemente eine erhebliche Rolle spielten. Gerade Ephesus war in der

Spätantike ein berühmt-berüchtigtes Zentrum der Magie: Für Zauberbücher kam die Bezeichnung „ephesinische Schriften" auf (Plut mor 706e). Es ist von daher nicht überraschend, daß eine aus Ephesus stammende Tradition sich mit diesem Thema auseinandersetzt.

Lukas scheint diese Tradition in V. 14–17 stark verkürzt wiederzugeben. So ist von den ursprünglich sicher vorhandenen Angaben über Ort, Anlaß und Situation nur noch die – im jetzigen Kontext unmotivierte – Erwähnung des „Hauses" in V. 16 zurückgeblieben. Trotzdem sind aus dem Vorhandenen noch Rückschlüsse über Gattung und Sitz im Leben dieser Tradition möglich. Sie demonstriert anhand des Geschicks jüdischer Exorzisten, daß der illegitime Gebrauch des Namens Jesu gefährliche Folgen haben kann. Trotz der unübersehbaren burlesken Züge wird die Pointe durch die chorschlußartige Wendung in V. 17 markiert: Das Geschehen löst in der Öffentlichkeit von Ephesus eine heilsame Scheu aus, denn nun ist offenkundig, was jene erwartet, die den heiligen Namen für magische Zwecke mißbrauchen! Es handelte sich demnach um eine legendarische Erzählung, deren Funktion es war, eine bestehende Norm zu schützen. Ob sie ursprünglich bereits mit der Gestalt des Paulus verbunden war, ist nicht ganz eindeutig; immerhin spricht einiges dafür, daß die Erwähnung seines Namens in V. 15 auf Tradition zurückgeht und nicht erst durch Lukas eingetragen wurde.

Lukas hat nun diese Tradition zum Mittelpunkt einer von ihm selbst geschaffenen dreiteiligen Komposition gemacht, wobei er vermutlich weitere Nachrichten aus Ephesus verwendet hat, z.B. die über die Verbrennung der Zauberbücher (V. 19). Im Einleitungsteil (V. 11f.) schildert er als auslösenden Faktor und zugleich als positiven Gegensatz zum Kommenden die Wundertätigkeit des Paulus. Die eigentliche Erzählung (V. 14–16) hat er mit einer Exposition (V. 13) ergänzt, die den berichteten Vorgang in einen größeren Zusammenhang einzeichnet. Den Schlußteil (V. 17–20) hat er gegenüber der Vorlage stark erweitert: Neben der Wirkung auf die allgemeine Öffentlichkeit (V. 17) stellt er auch die auf die Glieder der christlichen Gemeinde dar (V. 18–20).

Zum verkündigenden Wort tritt die helfende Tat. Es gehört für Lukas zum stereotypen Bild der Zeugen der Anfangszeit, daß diese die Vollmacht zu außergewöhnlichen Zeichen und Machttaten besaßen (5,12; 9,32–43). Man hat zwar immer wieder vermutet, er habe hier durch die Hervorhebung der Wunderkraft des Paulus eine bewußte Parallele zu dem Summarium über die Wunder des Petrus in Jerusalem (5,15) schaffen wollen, doch dürfte, wie der Blick auf den Kontext nahelegt, sein erzählerisches Interesse in Wahrheit auf einen ganz anderen Punkt gerichtet gewesen sein. Er will betonen, daß Gott selbst es ist, der „durch die Hände des Paulus" wirkt (vgl. 14,3). Daß er nicht aus eigener Machtvollkommenheit über Gott bzw. über göttliche Kräfte verfügt, sondern nur dienendes Werkzeug des souverän handelnden Gottes ist, das unterscheidet den legitimen Zeugen Jesu vom Magier und Gaukler. Es bedeutet für Lukas keinen Widerspruch zu diesem Gedanken, wenn er nun Paulus als einen in seiner ganzen Leiblichkeit von dem Fluidum heilender übernatürlicher Kräfte gleichsam durchtränkten Gottesmann zeichnet. Nicht nur seine Worte (vgl. 9,40; 14,10) und die Berührung durch seine Hände vermögen Heilung zu wirken, sondern die heilenden Kräfte strömen auch ohne sein Wissen auf Gegenstände über, die mit seinem Leib in Berührung kommen (vgl. 5,15; Mk 5,27ff.). Die Bewohner von Ephesus machen deshalb Jagd auf Wäschestücke des Paulus, um durch deren Auflegung Kranke zu heilen und Dämonen auszutreiben. Mit den Schweißtüchern sind wahrscheinlich Tücher gemeint, die man auf dem Kopf trug, während die Bedeutung der „Taschentücher" nicht ganz klar ist: Entweder Tücher aus Leinwand, die man in der Hand trug, um damit die Feuchtigkeit des Gesichts abzutrocknen, oder Schurze, die man bei der Arbeit trug. Lukas enthält sich jeder Wertung dieser Vorgänge. Weder verurteilt er sie als unangemessene Exzesse primitiv-heidnischer Volksfrömmigkeit, noch stellt er sie als einen Normalfall christlicher Frömmigkeit dar. Hier ist der lukanische Paulus denkbar weit von dem geschichtlichen Paulus entfernt, der gegenüber den sich auf seine Person richtenden Wundererwartungen mit kritischer Zurückhaltung reagiert hat (vgl. 2.Kor 12,12), weil für ihn das wahre Zeichen des Apostels das ihn bis in sein

13 äußeres Erscheinungsbild hinein prägende Kreuz war (2.Kor 12,9f.). Die lukanische Darstellung verliert freilich etwas von ihrer Befremdlichkeit, sobald man erkennt, daß sie nicht Selbstzweck ist, sondern das Folgende vorbereitet: Der überwältigende Erfolg des legitimen christlichen Wundertäters läßt die Gegenseite nicht ruhen; sie versucht, sich der hier wirksamen Kräfte zu bemächtigen, nicht wissend, daß sich diese Kräfte jeder Verfügbarkeit durch Menschen entziehen. Wandernde jüdische Exorzisten, Leute also vom gleichen Schlage wie der Magier Elymas (s. zu 13,4–12), bedienen sich bei ihren Beschwörungen des Namens Jesu (vgl. Mk 9,38f.). In der Tat überliefert uns ein spätantiker Zauberpapyrus die Formel: „Ich beschwöre dich bei Jesus, dem Gott der Hebräer" (PGM 4, 3019f.). Die Exorzisten haben kein unmittelbares persönliches Verhältnis zu Jesus: Er ist für sie nur

14 der, „den Paulus verkündigt". Ein Hoherpriester Skeuas – der Name ist die gräzisierte Form des lateinischen *Scaevas* – ist uns nicht bekannt. Aber wahrscheinlich sind die sieben Exorzisten ohnehin nur Gaukler fragwürdiger Herkunft, die sich zur Steigerung ihres Ansehens vor dem Volk ihrer Verbindung mit geheimnisvollen

15 jüdischen Autoritäten rühmen. Die Antwort, die der von den Exorzisten besprochene Dämon durch den Mund des von ihm besessenen Kranken gibt, enthält die eigentliche Pointe. Der Dämon gibt einerseits zu erkennen, daß er grundsätzlich durch den Namen Jesu bezwingbar ist; Jesus ist der, dem alle bösen Mächte sich unterwerfen müssen (Lk 4,31–37). Andererseits jedoch bestreitet er diesen Exorzisten das Recht, sich auf Jesus zu berufen. Der Jesus-Name läßt sich nicht usurpieren, er wirkt nur im Munde derer, die zu seinem Gebrauch dadurch legitimiert sind, daß sie sich selbst der Macht Jesu unterstellen. Sehr subtil ist die Differenzierung zwischen Jesus und Paulus: Der Dämon „kennt" Jesus, d.h. er erkennt ihn in seiner Herrschermacht an und weiß sich ihr ausgeliefert, und er „weiß von" Paulus, d.h. er weiß, daß Paulus der allein legitimierte Vertreter der Macht Jesu ist. Die anschließende Frage „wer aber seid ihr?" ist rein rhetorisch. Sie kennzeichnet die Exorzisten als Leute, von denen der Dämon weder etwas weiß noch zu wissen

16 braucht, weil sie keine Macht vertreten, die er zu fürchten hätte. Seinen Worten läßt der Dämon alsbald die Tat folgen, die seine Unbezwingbarkeit durch den usurpierten Jesus-Namen höchst handgreiflich demonstriert. Der Besessene entfaltet unter seiner Macht übermenschliche Kräfte, fällt über die Beschwörer her, reißt

ihnen die Kleider vom Leib und verprügelt sie. Nackt und blutig geschlagen müssen sie das Feld räumen.

Gegenüber der Öffentlichkeit wird ihre Niederlage zu einer indirekten Demonstration der Macht Jesu. Er selbst ist dem Mißbrauch seines Namens entgegengetreten: Dies wird von allen, die bisher mit diesem Namen ungestraft Magie treiben zu können meinten, als deutliche Warnung verstanden. Wenn vom Lobpreis des Jesus-Namens die Rede ist, so ist damit aber wohl auch die Unterstellung vieler unter dessen positive Macht, d.h. eine Ausweitung des missionarischen Erfolges, gemeint. Besonderer Nachdruck liegt jedoch auf den innergemeindlichen Folgen des Geschehens. Viele Neubekehrte legen öffentlich vor der Gemeinde ein Bekenntnis über ihre bisherigen magischen Praktiken ab. Sie decken damit auf, daß für sie, wie einst für den samaritanischen Magier Simon (vgl. 8,13), die äußere Hinwendung zu Christus nur ein Mittel zum Zweck gewesen war, das ihnen Zugang zu geheimnisvollen Kräften eröffnen sollte. So wird der gefährliche synkretistische Untergrund der Gemeinde gleichsam ausgetrocknet. Die Abwendung der Christen von Magie und Synkretismus wird durch einen öffentlichen Akt eindrucksvoll demonstriert: Die Zauberbücher und Einzelblätter mit Zaubersprüchen, die man bisher als geheimen Besitz gehütet hatte, werden ans Licht gebracht und zu einem gewaltigen Scheiterhaufen geschichtet. Die Angabe des Wertes soll die Größe der Aktion unterstreichen: Ein Silberstück (= Denar) entspricht dem Tagelohn eines Arbeiters (vgl. Mt 20,2).

Die feierliche Schlußbemerkung (vgl. 5,41f.; 9,31; 15,35) stellt das Geschehen in einen größeren Zusammenhang und zieht zum Abschluß der großen paulinischen Mission ein Fazit. Innerlich und äußerlich konsolidiert steht die Kirche unter den Heiden nunmehr da. Durch ihre Existenz hat das Wort des Herrn sichtbar seine Macht erwiesen.

V. Paulus als Zeuge des Evangeliums in Jerusalem und Rom 19,21–28,31

1. Prolog: Der Entschluß des Paulus, nach Jerusalem und Rom zu reisen 19,21–22

²¹Als diese Dinge sich erfüllt hatten, faßte Paulus im Geiste den Entschluß, durch Mazedonien und Achaia zu ziehen und dann nach Jerusalem zu reisen. Er sprach: „Nachdem ich dort gewesen bin, muß ich auch Rom sehen!" ²²Er sandte sodann zwei seiner Gehilfen, Timotheus und Erastus, nach Mazedonien und blieb selbst (zunächst noch) für eine gewisse Zeit in Asien.

Den der Tradition, möglicherweise dem Itinerar, entnommenen Angaben von V.22 schaltet Lukas den von ihm selbst geschaffenen V.21 vor. Auf diese Weise gelingt es ihm, einen entscheidenden Wendepunkt zu markieren. Das missionarische Werk des Paulus ist abgeschlossen; nun soll der neue, letzte Abschnitt seines Weges beginnen, der von zwei Stationen bestimmt sein wird: Jerusalem und Rom. Die Funktion von V. 21 für den Schlußteil ist mit der von 1,8 für das ganze Buch vergleichbar.

Der Schlußteil der Apostelgeschichte. Apg 19,21–28,31 ist der am wenigsten bekannte und beachtete Teil der Apg. Die großen Szenen, die sich dem Bewußtsein der Christenheit eingeprägt haben, entstammen durchweg den früheren Abschnitten des Werkes. Hinzu kommt, daß durch die Abfolge einer Reihe von inhaltlich ähnlichen Passagen beim oberflächlichen Leser der Eindruck einer gewissen Monotonie entstehen mag. Und der scheinbar offene Schluß (28,31) läßt leicht die Empfindung des Unfertigen und Fragmentarischen aufkommen. Doch nichts wäre falscher, als zu meinen, man könne in diesem Schlußteil ein Nachlassen der schriftstellerischen und theologischen Intensität des Lukas konstatieren. Im Gegenteil: Wir haben hier den in der Anlage einheitlichsten und geschlossensten Teil des ganzen Buches, seinen eigentlichen Höhepunkt, vor uns! Wenn das übersehen wird, so liegt das nur daran, daß der Leser mit falschen Vorstellungen und Erwartungen an diesen Teil herangeht. Einige Hinweise auf formale und inhaltliche Charakteristika seien deshalb hier vorausgeschickt. 1. Der erzählerische Rhythmus verändert sich gegenüber den früheren Teilen des Werkes. Kurze Einzelszenen treten immer mehr zurück gegenüber großflächigen erzählerischen Einheiten, die zumeist unmittelbar miteinander verknüpft werden, so daß der Leser den Eindruck bekommt, Zeuge eines lückenlosen, kontinuierlichen Geschehenszusammenhanges zu sein. – 2. Im Mittelpunkt dieses Geschehenszusammenhanges steht Paulus. Allerdings nicht mehr als der große Heidenmissionar und Gemeindegründer, sondern als der leidende Zeuge Jesu Christi zwischen Jerusalem und Rom. Dem entspricht, daß die zahlreichen Redekompositionen, mit Ausnahme der den Abschied von der bisherigen Tätigkeit markierenden Milet-Rede (20,17–38), durchweg der Verteidigung des Evangeliums vor Juden und Heiden dienen (22,1–21; 24,10–21; 26,1–23; 28,17–28). – 3. Durch den ganzen Abschnitt zieht sich ein einheitlicher Spannungsbogen, der durch die beiden Stationsangaben Jerusalem und Rom konstituiert wird. Paulus will erst Jerusalem, dann Rom besuchen – aber schon in Jerusalem scheint sich durch die Feindschaft der Juden sein Schicksal zu vollenden, der Weg nach Rom scheint abgeschnitten (21,27–30). Doch nun tritt Rom auf den Plan, vertreten durch römische Militärs (21,35–40; 23,10. 14–35) und Prokuratoren (24,22–27; 25,1–26,32), die sich ohne eigenes Wissen als Beschützer des Paulus gegen den Zugriff der Juden erweisen. Ihnen ist es zu danken, wenn Paulus sein ihm von Gott gesetztes Ziel, Rom, endlich doch erreicht, wenn auch als Gefangener. Die erzählerische Spannung lebt davon, daß das Erreichen dieses Zieles, das ihm durch ein Gesicht des erhöhten Christus (23,11) nochmals ausdrücklich zugesagt wird, immer wieder gefährdet wird, durch die Jerusalemer Juden (25,1–3) ebenso wie durch Naturmächte wie Seesturm (Kp 27) und Schlangenbiß (28,3–6). Wenn Paulus schließlich trotz aller Widerstände die Welthauptstadt erreicht (28,16), kann der Leser gewiß sein, daß damit Gottes eigene Sache zu ihrem Ziel gekommen ist. –

4. In diesem Weg nach Rom, findet die Weisung des Auferstandenen von 1,8 ihre letzte Erfüllung, und zwar nicht nur im Sinne einer weiteren Expansion des Evangeliums in die heidnische Welt hinein, deren Zentrum die Welthauptstadt ist, sondern – und das ist entscheidend – im Sinne einer heilsgeschichtlichen Wende. Diese wird signalisiert durch die den letzten Teil durchziehende Spannung Jerusalem – Rom. Beide Städte sind nicht nur Reisestationen des Paulus, sondern heilsgeschichtliche Symbole. Das ist im Falle Jerusalems ganz eindeutig. Es ist Zentrum der Geschichte Israels wie auch – was Lukas besonders stark betont – der Ort, an dem Gottes Handeln an Jesus zur Vollendung kommt und an dem er die Kirche als das Israel der Endzeit sammelt (2,1–41). Es ist nun auffällig, daß beginnend mit 19,21 Jerusalem von Lukas in eine veränderte Beleuchtung gerückt wird: Es ist nunmehr das Zentrum der Gegner des Evangeliums, des sich dem Handeln Gottes verschließenden Judentums, und für Paulus, den Träger des Evangeliums, ein Ort tödlicher Gefahren (20,22f.; 21,10f.). Auch die Existenz der Urgemeinde in Jerusalem kann dieses düstere Bild nicht mehr aufhellen (21,15–26). Das endzeitliche Gottesvolk der Kirche hat dort von nun an keine Stätte mehr; Gott weist ihm einen neuen Mittelpunkt an – Rom. Dort, im Zentrum der heidnischen Welt, wird es Raum zu freier, ungehinderter Entfaltung haben (28,31). – 5. Der Weg des Paulus von Jerusalem nach Rom ist kein Triumphzug, sondern ein Leidensweg. Paulus ist der leidende Zeuge des Evangeliums – die Ankündigung von 9,16 erfüllt sich. Mehrfach deutet Lukas Parallelen zwischen der Passion Jesu und dem Leiden des Paulus an (z.B. 21,11; 22,30–23,9): Der Zeuge Jesu wird gleichsam in das von Jesus durch seine Passion gesetzte Bild des leidenden Zeugnisses für die Sache Gottes vor der Welt hineingezogen. Es kann auch nicht zweifelhaft sein, daß Lukas vom Märtyrertod des Paulus in Rom gewußt hat (20,25). Wenn er am Schluß des Buches darüber schweigt, so hat dies vermutlich Gründe, die mit der inneren Situation der römischen Gemeinde, aus deren Perspektive Lukas schreibt, zusammenhängen.

Die Wendung „als diese Dinge sich erfüllt hatten" will das Gewicht der Stunde spüren lassen. Sie blickt zurück auf das bisherige Wirken des Paulus, zumindest aber auf die Epoche der großen Mission (vgl. 14,26): Erfolgreich am Ziel eines langen Weges angekommen, faßt Paulus einen neuen Plan. Kein äußeres Ereignis drängt ihn dazu. Was aber ist sein Motiv? Historisch wissen wir, daß es die Jerusalem-Kollekte war (Röm 15,25), doch sie wird von Lukas konsequent verschwiegen. Für ihn ist der wahre Grund des Entschlusses Gottes Wille und Plan. Der Weg nach Jerusalem soll über Mazedonien und Achaia führen, also durch die Gebiete des bisherigen Wirkens des Paulus in Europa (16,9–18,18). Ein Anklang an Jesu Ankündigung seines Weges zum Leiden nach Jerusalem (Lk 9,51; auch dort steht das Verbum *poreuomai* = reisen; vgl. Lk 22,22. 33. 39) scheint beabsichtigt. Aber Jerusalem wird für Paulus nicht das Ende sein: Er „muß" auch Rom sehen. Hier erscheint das unpersönliche Verbum *dei* (= man muß), das eine von Gott verhängte Bestimmung umschreibt (z.B. Mk 8,31; 9,11; 13,7.10; Lk 21,9; Apg 1,16; 3,21; 4,12). Weil der Weg des Paulus nach Rom nach Gottes Willen notwendig ist, darum wird auch das feindliche Jerusalem ihn nicht hindern können. Zwei seiner Mitarbeiter sendet Paulus bereits voraus: Timotheus, dessen große Bedeutung in der Apg nicht recht sichtbar wird (16,1; 20,4), sowie den uns im übrigen unbekannten Erastos (der schwerlich mit dem Röm 16,23 erwähnten korinthischen Stadtrendanten identisch ist; vgl. ferner 2.Tim 4,20). Diese Entsendung des Timotheus kann nicht mit der 1.Kor 4,17; 16,10 angekündigten nach Korinth identisch sein, denn jene lag erheblich früher. An ihrer Geschichtlichkeit zu zweifeln besteht trotzdem kein Anlaß. Timotheus und Erastus werden zusammen mit dem hier wieder nicht erwähnten Titus (s. zu 18,23) die Kollekte organisiert haben (2.Kor 2,12f.; 7,6; 12,18), während Paulus noch für kurze Zeit in Ephesus – der Provinzname „Asien" steht hier für die Hauptstadt (vgl. 20,16) – blieb.

2. Der Aufstand der Silberschmiede in Ephesus 19,23–40

[23] Zu jener Zeit kam es zu einem beträchtlichen Aufruhr wegen des „Weges". [24] Denn ein Silberschmied namens Demetrius, der silberne Artemistempel herstellte, verschaffte (damit) den Handwerkern beträchtlichen Verdienst. [25] Diese sowie die dabei beschäftigten Arbeiter holte er zusammen und sprach: „Leute! Ihr wißt, daß von diesem Gewerbe unser Wohlstand kommt, [26] und ihr seht und hört, daß dieser Paulus nicht nur hier in Ephesus, sondern nahezu in ganz Asien viel Volk durch Überredung zum Abfall veranlaßt hat, indem er behauptete, die von Händen gemachten Götter seien keine (wirklichen) Götter. [27] Damit droht nicht nur unser Geschäftszweig in Mißkredit zu kommen, sondern auch das Heiligtum der großen Göttin Artemis der Verachtung anheimzufallen und diese (selbst) ihre Majestät einzubüßen, die doch ganz Asien und der Weltkreis verehrt." [28] Als sie das hörten, gerieten sie voll Zorn und schrien laut: „Groß ist die Artemis der Epheser!" [29] Und die ganze Stadt wurde von dem Tumult erfüllt, und sie stürmten wie ein Mann in das Theater und schleppten die Mazedonier Gaius und Aristarch mit, die Reisegefährten des Paulus. [30] Als Paulus aber unter das Volk gehen wollte, da ließen ihn die Jünger nicht. [31] Auch einige von den Asiarchen, die mit ihm befreundet waren, ließen ihm die Mahnung zugehen, er solle sich nicht in das Theater begeben. [32] Die einen schrieen dies, die andern das. Es war eine ganz tumultuarische Versammlung, und die meisten wußten überhaupt nicht, weshalb sie zusammengekommen waren. [33] Einige aus der Menge unterrichteten den Alexander, als ihn die Juden vorschickten. Alexander aber winkte mit der Hand und wollte dem Volk eine Verteidigungsrede halten. [34] Als man aber merkte, daß er Jude war, da brach es wie eine einzige Stimme aus allen hervor, und sie schrieen an die zwei Stunden: „Groß ist die Artemis der Epheser!" [35] Endlich brachte der Stadtsekretär die Menge zum Schweigen und sprach: „Leute von Ephesus! Gibt es denn auch nur einen Menschen, der nicht weiß, daß die Stadt der Epheser die Tempelhüterin der großen Artemis und des vom Himmel gefallenen Bildes ist? [36] Da das außer allem Zweifel steht, solltet ihr euch beruhigen und nichts Unüberlegtes tun. [37] Ihr habt diese Männer hierhergebracht, die weder Tempelschänder, noch Lästerer unserer Gottheit sind. [38] Sollten aber Demetrius und seine Zunftgenossen eine Klage gegen irgendjemanden vorzubringen haben, so sind dafür Gerichtstage und Statthalter zuständig; da mögen sie einander verklagen. [39] Wenn ihr aber darüber hinaus noch etwas begehrt, kann das in der ordentlichen Volksversammlung erledigt werden. [40] Wir laufen nämlich Gefahr, wegen der heutigen Vorgänge des Aufruhrs bezichtigt zu werden, da kein Anlaß gegeben ist,

mit dem wir uns wegen dieses Tumultes rechtfertigen könnten." Und mit diesen Worten löste er die Versammlung auf.

Die letzte der drei Erzählungen, die der Situation der ephesinischen Christen in ihrer religiösen Umwelt gewidmet sind (vgl. 19,1–7.11–20), wirft ein Schlaglicht auf die heidnische Volksfrömmigkeit. Dabei geht es keineswegs um Probleme, wie sie in der direkten missionarischen Konfrontation entstanden (vgl. 14,8–18; 17,16–34). Vielmehr wird in einer erstaunlich scharfsichtigen Analyse, der die ironischen Untertöne nicht fehlen, der sozio-kulturelle Hintergrund heidnischer Religiosität ausgeleuchtet. Dabei wird deutlich, wie sich Religiosität, Patriotismus und wirtschaftliches Interesse zu einem untrennbaren Ganzen miteinander verbunden haben. A 23–40

Die Erzählung weist ein ungemein dichtes Lokalkolorit auf. Dazu gehört auch, daß Personen, wie z.B. der Jude Alexander (V.33) und der Stadtsekretär (V.35) ohne nähere Einführung als bekannt vorausgesetzt werden. Der Schatten des Paulus liegt zwar über dem Ganzen (V.26), doch sein persönlicher Auftritt bleibt auf eine relativ unwichtige Nebenszene (V.30f.) beschränkt, von der es den Anschein hat, als hätte erst Lukas sie eingefügt. Überhaupt fehlt der Erzählung eine zentrale Gestalt; denn der Silberschmied Demetrius erscheint nur in der Exposition. Der eigentliche Handlungsträger ist das Volk von Ephesus. Den Grundstock bildete wohl eine ephesinische Lokaltradition, die die Erinnerung an eine kritische Situation aus der Frühzeit der Gemeinde festhielt und die in ihr gewonnene entscheidende Erfahrung als Pointe fixierte: In ihrem Kampf gegen den Polytheismus überschreiten die Christen die Grenzen der Legalität nicht; sie sind deshalb rechtlich unangreifbar (V.37). Was nun die tatsächlichen historischen Zusammenhänge betrifft, so stellt sich die Frage, ob die schwere Krise, die Paulus in Ephesus durchleiden mußte und die ihn nahezu „am Leben verzweifeln" ließ (2.Kor 1,8), eine unmittelbare Folge des Aufstands der Silberschmiede gewesen ist. In diesem Fall hätte Lukas oder bereits seine Überlieferung die Vorgänge verharmlost. Allerdings bietet der Text keinerlei konkrete Anhaltspunkte für eine solche Vermutung. Eher wird die Krise im Zusammenhang von Ereignissen gestanden haben, die Lukas – wie so vieles aus der ephesinischen Zeit des Paulus – unberücksichtigt gelassen hat.

Die Erzählung setzt mit einer Themaangabe ein: Es handelt sich um einen „beträchtlicher Aufruhr wegen des ,Weges'". (Zur Bezeichnung des Christentums als „Weg" vgl. 9,2; 19,9.) Die ephesinische Artemis hat von Hause aus nichts zu tun mit der jungfräulichen Jagdgöttin der Griechen. Sie ist vielmehr die asiatische „Große Mutter" und steht in enger Verwandtschaft mit der phrygischen Muttergottheit Kybele. Der Name Artemis wurde erst im Rahmen der griechischen Interpretation der orientalischen Religionen auf sie übertragen. Im Adyton, dem innersten Heiligtum des berühmten Artemisions, stand ihr Kultbild, dessen wichtigste Merkmale uns aus unzähligen plastischen Nachbildungen bekannt sind: ein mit Binden umwickelter, sich stark nach unten verjüngender Unterkörper, ein mit zahlreichen, Fruchtbarkeit symbolisierenden, Brüsten (Stierhoden?) bedeckter Oberkörper sowie ein von der Mondscheibe umrahmtes Haupt, das die Mauerkrone, das Attribut der Stadtgottheit, trägt. Das Artemision hatte gewaltige Ausmaße: Es bil- B 23 24

dete ein Rechteck von 120 zu 70 m und war von 128 Säulen von 19 m Höhe umgeben. Diese Dimensionen spiegeln die Bedeutung des ephesinischen Kults wider, der weit über die Stadt hinaus ausstrahlte und einen ständigen Strom von Pilgern anzog. Besonders volkstümlich war das große Fest, das alljährlich zu Ehren der Göttin im Bezirk des Artemisions gefeiert wurde. Dieser Kultbetrieb war für die Stadt ein wichtiger Wirtschaftsfaktor. Zahlreiche Kunsthandwerker fanden in der Devotionalienindustrie Arbeit und Brot. Silberne Nachbildungen des Artemisions, wie sie hier als ihr hauptsächliches Produkt erwähnt werden, wurden allerdings von den Archäologen in Ephesus nicht gefunden. Aber es ist gut möglich, daß Lukas an aus Silber getriebene Amulette denkt, die im Relief das Kultbild der Artemis im Mittelpunkt einer den Tempel andeutenden Säulenfront zeigten. Ein entsprechendes Terrakotta-Relief der Kybele ist bekannt. Demetrius scheint Zunftmeister des Devotionaliengewerbes gewesen zu sein. Damit oblag ihm die Vertretung von dessen Interessen in der
25 Öffentlichkeit. Er beruft die Handwerksmeister sowie die ihnen unterstehenden Arbeiter zu einer Vollversammlung ein, um die Gefahr zur Sprache zu bringen, die
26 für diesen Gewerbezweig durch das Wirken des Paulus entstanden ist: Wenn die christliche Mission weit über Ephesus hinaus die Menschen von der Nichtigkeit der alten Götter überzeugt und sie dazu bringt, ihre Bilder zu verwerfen, so ist das eine Geschäftsschädigung, die man nicht tatenlos hinnehmen kann. Der Vorwurf gegen Paulus, er behaupte, die von Händen gemachten Götter seien keine wirklichen Götter, ist ganz vom Standpunkt naiver Volksfrömmigkeit aus formuliert (s. zu
27 17,29). Mit deutlicher Ironie deckt das Referat der Demetrius-Rede die Verquikkung von Religion, Patriotismus und Kommerz auf. Dabei will der Erzähler nicht in Frage stellen, daß Demetrius aus subjektiv ehrlicher Überzeugung spricht. Er stellt ihn als einen Mann dar, der sich eine sein Leben in allen Bezügen bestimmende Ideologie zurechtgelegt hat: Nach ihr ist sein Gewerbe ein Dienst zur größeren Ehre der Göttin und zum Ruhm der mit ihrem Namen so eng verbundenen Stadt. Bräche es zusammen, so wäre dies nicht nur eine wirtschaftliche, sondern zugleich eine
28 religiöse Katastrophe! Die Rede verfehlt ihre Wirkung nicht. Die empörte Versammlung bricht spontan in den Bekenntnisruf aus: „Groß ist die Artemis der Epheser!" Dies ist letztlich nichts weiter als der verzweifelte Versuch, die Brüchigkeit der religiös-ideologischen Basis durch die Flucht in rauschhafte kollektive Emotionen auszugleichen. Was Demonstration der inneren Stärke und Geschlossenheit der Artemis-Verehrer sein soll, offenbart in Wahrheit nur deren Schwäche: Sie haben dem Glauben der christlichen Gemeinde, der in der personhaften Bindung jedes einzelnen ihrer Glieder an den lebendigen Herrn und der Erfahrung seiner Gegenwart im Geist gründet, nichts entgegenzusetzen, als die lautstarke Selbstbestätigung des Kollektivs, die trotz aller Anstrengungen keine den Glauben tragende Wirklichkeit zu schaffen, ja nicht einmal deren Fehlen glaubhaft zu über-
29 spielen vermag. Wie ein Fieber greift die Erregung auf die ganze Stadt über. Ob der sich nun entwickelnde öffentliche Tumult von Demetrius und seinen Leuten bewußt inszeniert ist, bleibt dabei offen. Erst der westliche Text deutet den Vorgang so, wenn er sie mit dem Bekenntnisruf auf den Lippen „nach draußen stürmen" läßt. Die Massen stürmen in das Große Theater, das mit seinen über 24 000 Sitzplätzen für Versammlungen dieser Art der gegebene Ort war. Irgend jemandem ist

es gelungen, zwei Mitarbeiter des Paulus, Aristarch aus Thessalonich und Gaius aus Derbe, aufzuspüren. Man schleift sie nun mit, offenbar in der Absicht, sie im Theater als Sündenböcke der Volkswut preiszugeben. Sie befinden sich also in höchster Gefahr. Paulus will sie nicht im Stich lassen, aber Glieder der Gemeinde 30 hindern ihn daran, sich in den tobenden Hexenkessel zu begeben. Überraschen- 31 derweise schalten sich auch noch hochgestellte Persönlichkeiten des öffentlichen Lebens mit einer Warnung an Paulus ein, nämlich „einige von den Asiarchen". Diese waren städtische Abgeordnete zur Bundesversammlung der Provinz Asien, auf deren jährlichen Tagungen innenpolitische und sakrale Fragen behandelt wurden. Lukas benutzt diese Gelegenheit, um zu zeigen, daß das Christentum in Ephesus bereits Sympathisanten in den höchsten Kreisen hatte. Mittlerweile 32 macht sich der Tumult gleichsam selbständig. Die wenigsten der wild durcheinanderschreienden Menschen im Theater wissen von seinem eigentlichen Anlaß. Dies wäre nun eigentlich für Demetrius die Gelegenheit, durch eine Anklagerede gegen die Christen die aufgestauten Emotionen in die von ihm gewünschte Richtung zu kanalisieren – aber zu einer solchen Rede kommt es überraschenderweise nicht. Statt dessen erscheint eine neue Gestalt auf der Bildfläche: der Jude Alexander. Die 33 Motivation seines Auftritts läßt sich dem Wortlaut von V. 33 nur unklar entnehmen. Anscheinend haben die Juden Grund zu der Befürchtung, der Volkszorn könnte sich auch gegen sie richten, und sie informieren deshalb Alexander, der wahrscheinlich Ältester der jüdischen Gemeinde war, von der drohenden Gefahr und bitten ihn zugleich, etwas dagegen zu tun. Er macht denn auch den verzweifelten Versuch, sich vor der Menge Gehör zu verschaffen (vgl. 21,40), um die Judenschaft gegen den Verdacht zu verteidigen, sie habe sich an der Paulus vorgeworfenen bilderfeindlichen Propaganda beteiligt. Doch er erreicht damit die entgegenge- 34 setzte Wirkung. Sobald ihn die Menge als Juden identifiziert, steigert sich der Tumult zu einem weiteren Höhepunkt: Die Menge schreit ihn brutal nieder und wiederholt zwei Stunden lang in Sprechchören den Bekenntnisruf der Epheser (V. 28). Der Vorgang liefert nicht nur einen weiteren Beleg für die Judenfeindschaft in griechischen Städten (vgl. 18,14ff.); er ist vor allem deshalb aufschlußreich, weil er zeigt, daß die Christen in den Augen der heidnischen Bevölkerung von Ephesus als ein radikaler Flügel der Juden galten, der die Bilderfeindschaft der Synagoge in aggressiver Weise öffentlich vertrat. Nun tritt die Stadtverwaltung in Aktion, und 35 zwar in Gestalt des Stadtsekretärs, eines hohen Magistratsbeamten, der die Beschlüsse der Volksversammlung auszufertigen hatte. Er kann sich Gehör verschaffen für eine kurze Rede, die deutlich auf den Ton der Beschwichtigung gestimmt ist. Geschickt schmeichelt er dem Selbstbewußtsein der Menge, indem er zunächst eine patriotische Note anschlägt: Der Ruhm der Stadt Ephesus und ihres Heiligtums sei so fest gegründet, daß ihm nichts und niemand etwas anhaben könne. Er erinnert an den bekannten Ehrentitel von Ephesus als „Tempelhüterin der Artemis" sowie an die unmittelbare himmlische Herkunft des berühmten Bildes der Göttin. (Der Glaube, sie seien vom Himmel gefallen, verband sich übrigens mit zahlreichen antiken Götterbildern und heiligen Steinen.) Wer wollte das alles plötzlich in Frage 36 stellen? Die einzige Gefahr könnte darin bestehen, daß die Einwohner von Ephesus selbst durch Tumulte und Übergriffe das positive Image ihrer Stadt beschädigten.

37 Nun kommt der Stadtsekretär konkret auf die Vorwürfe des Demetrius gegen die Christen, die repräsentiert sind durch Gaius und Aristarch, zu sprechen. Von den strafwürdigen Vergehen der Tempelschändung und der Lästerung von Heiligtümern spricht er sie ausdrücklich frei. Er stellt damit keineswegs in Abrede, daß sie grundsätzlich die Nichtigkeit heidnischer Idole behauptet haben (V.26), aber er
38 sieht darin kein Vergehen, das strafrechtlich belangt werden könnte. Damit ist die Anklage des Demetrius vor aller Öffentlichkeit abgewiesen. Der Stadtsekretär stellt ihm und seinen Leuten allerdings anheim, noch auf dem ordentlichen Rechtsweg
39 gegen die christliche Gemeinde zu klagen. Die dafür zuständigen Instanzen sind die Gerichtstage, die der Statthalter regelmäßig in den größeren Städten der Provinz zu halten pflegte, sowie die ordentliche Volksversammlung, zu der in regelmäßigen
40 Abständen alle erwachsenen Männer der Stadt zusammenkamen. Die Rede klingt aus mit einer Warnung: Unbegründeter Aufruhr könnte unliebsame Folgen haben. Ob dabei an Sanktionen seitens der römischen Staatsmacht oder lediglich an Schäden für das Ansehen der Stadt gedacht ist, muß angesichts der schwebenden Formulierung offen bleiben. Jedenfalls hat die Rede die beabsichtigte Wirkung: Die Menge zerstreut sich, die drohende Gefahr für die Gemeinde ist abgewendet.

3. Die letzte Reise des Paulus nach Griechenland 20,1–6

¹Nachdem sich der Aufruhr gelegt hatte, ließ Paulus die Jünger zu sich kommen und ermahnte sie; dann verabschiedete er sich von ihnen, um nach Mazedonien zu reisen. ²Er zog durch jene Gegenden und ermahnte die dortigen Gemeinden in vielen Predigten. Sodann kam er nach Griechenland, ³wo er drei Monate zubrachte. Da von den Juden ein Anschlag gegen ihn geplant wurde, als er sich gerade anschickte, von dort aus per Schiff nach Syrien zu reisen, entschloß er sich, durch Mazedonien zurückzureisen. ⁴In seiner Begleitung befanden sich Sopater, der Sohn des Pyrrhus, aus Beröa, aus Thessalonich Aristarch und Sekundus, und Gaius aus Derbe und Timotheus, aus Asien Tychikus und Trophimus. ⁵Diese reisten voraus und warteten auf uns in Troas. ⁶Wir aber fuhren per Schiff nach den Tagen der ungesäuerten Brote von Philippi aus ab und stießen nach fünf Tagen in Troas zu ihnen. Dort hielten wir uns sieben Tage auf.

A Lukas nimmt in V.2b den Faden eines Reiseberichtes auf, der den Weg des Pau-
1–6 lus und seiner Begleiter von Ephesus bis nach Jerusalem nachzeichnet und bis 21,18 reicht. Dieser Bericht, der sich durch ein peinlich genaues Stationenverzeichnis sowie exakte Zeitangaben (z.B. V.6. 15f.; 21,4. 7f. 18) auszeichnet, entstammt zweifellos der Tradition. Schwerlich entstammt er jedoch dem gleichen Itinerar, das Lukas in Kp 16–19 benutzt hatte (s. Exkurs zu 15,41). Wahrscheinlicher ist, daß Lukas hier eine neue Quelle aufgreift, nämlich ein offizielles Protokoll über die Kollektenreise. In diese Richtung deutet vor allem die Namensliste in V.4, die in kunstvoller sprachrhythmischer Anordnung – zwei jeweils in sich chiastisch gebaute Glieder stehen einander parallel gegenüber – Namen und Herkunftsort der Kollektenabgeordneten der Gemeinden aufzählt. Auch das in V.5 wieder in Er-

scheinung tretende, den Bericht bis zu seinem Ende begleitende „Wir" ließe sich von da her zwanglos erklären. Demgegenüber läßt sich aus dem Umstand, daß dieses „Wir" ausgerechnet in Philippi einsetzt, wo der Faden der früheren „Wir"-Passagen geendet hatte (16,16) weder folgern, daß mit V. 5 eine in Kp 16 abgebrochene Quelle wieder aufgenommen wird, noch gar, daß hier die eigene Stimme des Lukas laut wird, der Paulus in Philippi verlassen hatte, um nun wieder zu ihm zu stoßen. Auf alle Fälle gehört nämlich V.4 bereits zur Tradition. – Lukas hat den Reisebericht, der in 20,2b–6. 14–16; 21,1–17 nur wenig überarbeitet zugrundezuliegen scheint, durch die Troas-Episode (20,7–13) und die Abschiedsrede von Milet (20,17–38) unterbrochen. Von seiner Hand stammen im vorliegenden Abschnitt auch die Einleitung (V.1) sowie die Einfügung des Namens des Timotheus in die Namensliste (V.4), die er, wie es den Anschein hat, um die Namen der Delegierten einiger Gemeinden (Philippi und Korinth) gekürzt hat.

Aus freiem Entschluß, nicht etwa durch die Folgen des Aufstandes der Silberschmiede genötigt, beendet Paulus seinen Aufenthalt in Ephesus. Er beruft eine Gemeindeversammlung ein, um Abschied zu nehmen. Nur die Ältesten der Gemeinde wird er noch einmal treffen (vgl. V. 17–38). Hauptziele dieser Reise, die nach unseren bisherigen chronologischen Überlegungen (s. zu 18,18–23) in die Jahre 55 und 56 fiel, waren die Festigung der früher gegründeten Gemeinden sowie die Erhebung der Kollekte für Jerusalem, von der Lukas allerdings schweigt. Daneben ist es hier und dort aber auch zu neuen missionarischen Aktivitäten gekommen. Der erste Teil dieser Reise war stark von der Zuspitzung der Krise in der korinthischen Gemeinde überschattet (s. NTD 7, Einleitung). Kurz ehe Paulus Ephesus verließ, hatte er Titus mit dem sogenannten Tränenbrief (2. Kor 10–13) nach Korinth gesandt (2. Kor 2,4. 13). Er selbst reiste, vermutlich auf dem Landweg der kleinasiatischen Küste folgend, über Smyrna und Pergamon nach Troas, wo er mit dem von Korinth auf dem Landweg über Mazedonien dorthin vorausreisenden Titus zusammenzutreffen hoffte. Zu seiner Enttäuschung fand Paulus ihn jedoch dort noch nicht vor, und so kürzte er den Aufenthalt in Troas, trotz sich dort bietender außergewöhnlich guter Missionsmöglichkeiten, ab, um ihm voller Unruhe weiter nach Mazedonien entgegenzureisen. (2.Kor 2,12f.). Dort – vermutlich in Philippi – traf er endlich mit Titus zusammen, der ihm gute Nachrichten über die Entwicklung in Korinth zu überbringen vermochte. Nach Röm 15,19 hat Paulus im Anschluß an den Besuch der früher gegründeten Gemeinden auch noch einen Vorstoß in den an der Adria gelegenen westlichen Teil Mazedoniens unternommen, um von dort aus, der Küstenstraße folgend, nach Achaia – wofür hier, entgegen sonstigem lukanischem Sprachgebrauch, die allgemeine Bezeichnung „Griechenland" steht – zu reisen. Paulus mag dort etwa Anfang Dezember eingetroffen sein. Während des dreimonatigen Winteraufenthaltes, der die volle Befriedung der Gemeinde in Korinth brachte, verfaßte er den Römerbrief. Sein ursprünglicher Plan war, mit dem ersten Beginn der Reisesaison, d. h. wohl etwa Mitte März, mit einem direkten Schiff nach Syrien-Palästina (vgl. 18,18) zu reisen. Das hätte ihm nicht nur die Möglichkeit gegeben, zum Paschafest in Jerusalem einzutreffen, sondern auch noch im gleichen Jahre Rom, ja vielleicht sogar Spanien, zu erreichen (Röm 15,24). Er mußte diesen Plan jedoch kurzfristig fallen lassen, weil er

B
1

2

3

erfuhr, daß man auf dem in Aussicht genommenen Schiff – vielleicht einem Schiff mit jüdischen Festpilgern – einen Anschlag gegen sein Leben geplant hatte. Da er damit rechnen mußte, auch auf jedem anderen von Korinth auslaufenden Schiff in die gleiche Gefahr zu geraten, entschloß er sich zu dem Umweg über Mazedonien, bei dem er wohl wenigstens teilweise die Küstenschiffahrt benutzte. Einige der Kollektenvertreter (schwerlich alle, s. zu V. 5), vermutlich Tychikus und Trophimus, reisten mit einem direkten Schiff von Korinth nach Troas, um dort Paulus und die übrigen zu erwarten, vielleicht auch, um von dort ausgehende günstige Schiffsverbindungen zu erkunden. Weil Lukas von der Kollekte schweigt, entsteht der Eindruck, als seien die hier Genannten durchweg unmittelbare missionarische Mitarbeiter des Paulus. Dies ist aber nur im Fall des – von Lukas hier eingeschobenen – Timotheus eindeutig richtig. Auch wenn man davon ausgeht, daß die von den Gemeinden mit der Überbringung der Kollekte Beauftragten bewährte Gemeindeglieder waren, die jeweils am Ort mit Paulus zusammengearbeitet hatten und sein Vertrauen genossen, so bleibt festzustellen, daß sie als Vertreter ihrer Gemeinden nach Jerusalem reisten, um dort die Realität der Heidenkirche und ihre Gemeinschaft mit der Urgemeinde sichtbar unter Beweis zu stellen. Aristarch aus Thessalonich ist sicher mit dem in 19,29; 27,2 genannten Paulusmitarbeiter Aristarch aus Mazedonien identisch, hingegen ist Gaius aus Derbe wahrscheinlich ein anderer Träger dieses häufigen Namens als der dort ebenfalls erwähnte Mazedonier Gaius. Tychikus wird Kol 4,7; Eph 6,21; Tim 4,12; Tit 3,12 als Bote des Paulus für die kleinasiatischen Gemeinden erwähnt, Trophimus aus Ephesus erscheint 21,29 nochmals in der Begleitung des Paulus (vgl. auch 2.Tim 4,20). Die Reisegesellschaft ist zeitweilig in zwei Teile aufgespalten. Während ihre nach Troas vorausgereisten Mitglieder dort warten, durchzieht Paulus mit der Mehrheit, die sich in dem hier einsetzenden „Wir" des Berichtes zu Wort meldet, Mazedonien und feiert das Paschafest in seiner Lieblingsgemeinde Philippi. Die „Tage der ungesäuerten Brote" sind die sieben dem Pascha vorausgehenden Tage (12,3), die für jeden Juden pflichtmäßige Ruhetage waren. Paulus hat mit Selbstverständlichkeit an solchen jüdischen Sitten fesgehalten. Die Verschiebung des ursprünglichen Zeitplans wird hier deutlich (vgl. V. 16). Nach der Festwoche geht es per Schiff weiter nach Troas. Für diese in der Gegenrichtung bei der ersten Überfahrt nach Europa (16,11) in zwei Tagen zurückgelegte Strecke benötigt man nun wegen ungünstigeren Windes fünf Tage.

4. Die Erweckung des Eutychus 20,7–12

⁷Am ersten Wochentag, als wir zum Brotbrechen versammelt waren, redete Paulus zu ihnen, da er am folgenden Tag abreisen wollte, und er dehnte seine Rede bis nach Mitternacht aus. ⁸Es waren zahlreiche Lampen in dem Obergemach, wo wir versammelt waren. ⁹Ein junger Mann namens Eutychus, der auf der Fensterbrüstung saß, wurde von einem tiefen Schlafbedürfnis befallen, da Paulus immer weiter redete, und vom Schlaf überwältigt stürzte er vom dritten Stockwerk hinab. Man hob ihn tot auf. ¹⁰Da ging Paulus hinab, warf sich über ihn, umfaßte ihn und sagte: „Regt euch nicht auf, denn seine Seele ist in ihm!"

¹¹Dann ging er wieder hinauf, brach das Brot und aß, und nachdem er noch lange bis zum Morgenanbruch geredet hatte, ging er so weg. ¹²Sie brachten aber den Knaben lebend und wurden (dadurch) nicht wenig getröstet.

Lukas unterbricht den nüchternen Reisebericht, indem er eine dramatische Einzelepisode einblendet. Daß es ihm dabei nicht nur um erzählerische Abwechslung zu tun ist, legt sich von ihrem Inhalt her nahe: Sie zeichnet nämlich Paulus in seiner Funktion als Leiter und Mittelpunkt der christlichen Gemeinde und ergänzt damit die bisherige Paulus-Darstellung der Apg, die sich im wesentlichen auf das missionarische Wirken beschränkt hatte, um einen wichtigen Aspekt. Anscheinend wollte Lukas durch sie die Milet-Rede (20,17–38) vorbereiten, in der eben dieser Aspekt breit ausgeführt wird. Wir haben es hier mit einer vermutlich isoliert umlaufenden Paulus-Legende zu tun, die er ohne größere redaktionelle Änderungen übernommen hat. Lediglich die erzählerische Anknüpfung in V.7a dürfte sein Werk sein. Lukas läßt hier noch einmal das „Wir" des vorhergegangenen Reiseberichtes einfließen. In ihrer Form unterscheidet sich diese Legende charakteristisch von den Petrus-Legenden in 9,32–43. Steht dort das Wunder ganz im Mittelpunkt, so wird es hier mit geradezu unterkühlter Beiläufigkeit berichtet. Die geläufigen Motive der Wundererzählung fehlen zwar nicht ganz. Zu ihnen zählt der Gestus des Wundertäters (V.10) ebenso wie die Reaktion der Zuschauer (V.12). Aber sie bleiben dem erzählerischen Ziel untergeordnet, das vollmächtige Wirken des Paulus als Gemeindeleiter zu veranschaulichen. Seine Dynamik und Souveränität sind das eigentliche Thema. Einige Ausleger (M. Dibelius, E. Haenchen, H. Conzelmann) wollten in V.11 einen ungeschickten Einschub des Lukas sehen, der den Ablauf der ursprünglichen Wundergeschichte, in dem auf den Vollzug des Wunders (V.10) dessen öffentliche Konstatierung (V.12) unmittelbar gefolgt sei, störe. Aber eine solche „reine" Wundergeschichte hat es wohl nie gegeben. In Wirklichkeit lag bereits in der ursprünglichen Legende die erzählerische Pointe eben in der unbeirrbaren Selbstverständlichkeit, mit der Paulus unmittelbar nach erfolgter Totenerweckung den Gottesdienst fortsetzt, denn eben hierin wird seine Souveränität anschaulich. Die Konstatierung des Wunders (V.12) bleibt demgegenüber ganz am Rande. – Was den geschichtlichen Hintergrund der Erzählung betrifft, so bleiben wir auf Vermutungen angewiesen. Die Erwähnung des Namens „Eutychus" legt nahe, daß sie auf einen realen Vorfall zurückverweist, der ein namentlich bekanntes Gemeindeglied – wahrscheinlich der Gemeinde von Troas – betraf. Aus einem ursprünglichen Bewahrungswunder mag dann die Überlieferung schon sehr bald ein Rettungswunder gemacht haben.

Die Erzählung ist einer der ältesten Belege für die frühchristliche Sonntagsfeier. Der „erste Wochentag" ist der Tag nach dem Sabbat (1.Kor 16,2; Did 14,1). Er ist der „Herrntag" (Offb 1,10; Did 14,1; vgl. Ign Magn 9,1), an dem der Herr auferstanden war, um die Seinen um sich zu versammeln (Lk 24,1.36; Joh 20,19.26). Die Zeitangabe ist nun freilich insofern nicht ganz eindeutig, als nach jüdischer Zeitrechnung der Tag mit dem Abend des vorhergehenden Tages beginnt. Von daher ist die Möglichkeit diskutiert worden, ob der hier erwähnte nächtliche Gottesdienst nicht vielleicht schon in der Nacht vom Sabbat zum Herrntag anzusetzen

A
7–12

B
7

sei. Doch das ist unwahrscheinlich, da Lukas auch sonst zumeist die römische Tageseinteilung, die den Tag von Mitternacht bis Mitternacht rechnete, zugrundelegt (vgl. 4,3; 23,31f.) und da ferner ein Brief des Statthalters Plinius an den Kaiser Trajan aus dem Jahre 112 den christlichen Brauch des Mahlgottesdienstes am Sonntagabend bezeugt (Plin epist X 96). Nach seinem wichtigsten Teil wird der Gottesdienst als „Brotbrechen" bezeichnet (vgl. 2,42. 46). Auch die Wendung „sich versammeln" ist feststehender Terminus für den Gottesdienst (4,31; Mt 18,20; 1. Kor 5,4; Did 16,2; 1. Kl 34,7). Dieser begann mit der Wortverkündigung, von der dann schon früh feststehende liturgische Formeln zur eigentlichen Mahlfeier überleiteten (1. Kor 16,20–23). Und zwar ist im vorliegenden Fall noch die in 1. Kor 11,23 bezeugte ursprüngliche Ordnung der paulinischen Gemeinden vorauszusetzen, nach der das Sättigungsmahl noch nicht vom sakramentalen Essen und Trinken getrennt war. Wir haben uns also die Situation so vorzustellen: Die Gemeinde ist zu ihrem regulären Sonntagabendgottesdienst zusammengekommen; Paulus dehnt im Blick auf seine am nächsten Morgen bevorstehende Abreise den Wortverkündigungsteil in ganz ungewöhnlicher Weise aus, so daß der Mahlteil erst nach Mitternacht beginnen kann. Kein Wunder also, daß die Zuhörer, die ja

8 zumeist einen vollen Arbeitstag hinter sich haben, müde und hungrig werden! Ort des Gottesdienstes war eine Privatwohnung, denn die Mahlfeier war an einen Tisch und damit an das Haus gebunden (vgl. 2,42. 46) und eigene gottesdienstliche Versammlungsräume standen damals noch nicht zur Verfügung. Daraus, daß das „Obergemach" im dritten (bzw. nach unserer Rechnung: im zweiten) Obergeschoß lag, läßt sich schließen, daß es sich um eine Wohnung in einem großen Mietshaus gehandelt hat. Unklar ist, warum die Lampen erwähnt werden. Sollen dadurch heidnische Verdächtigungen abgewiesen werden, wonach das christliche Herrenmahl im Dunkeln stattfände und mit widernatürlichen Unzuchtshandlungen verbunden sei? Aber das ist ebenso unwahrscheinlich wie die Vermutung, wir hätten es hier mit einer besonderen Lichtsymbolik im Rahmen des frühchristlichen Gottes-

9 dienstes zu tun. Am nächsten liegt der Bezug auf das Folgende: trotz der hellen Beleuchtung kämpft der junge Bursche, der in dem überfüllten Raum gerade noch einen Platz auf der Fensterbrüstung hatte ergattern können, vergeblich gegen die Müdigkeit. Als die Predigt immer noch nicht enden will, geschieht das Unglück: Er schläft ein, verliert den Halt und stürzt aus dem Fenster, wohl in den Innenhof des Gebäudes. Herbeigeeilte Gemeindeglieder können nur noch den Tod feststellen.

10 Der Erzähler will nicht sagen, man habe ihn lediglich für tot gehalten, während Paulus erkannte, daß noch Leben in ihm war; er denkt vielmehr an einen wirklichen Todesfall und an eine tatsächliche Totenerweckung. Ganz knapp wird das Eingreifen des Paulus berichtet: Von der allgemeinen Unruhe veranlaßt, unterbricht er seine Predigt, eilt nach unten und ergreift, jedem Wort der Bitte oder Klage zuvorkommend, die Initiative. Er wirft sich über den Toten und umfaßt ihn: Mit dieser Schilderung seiner Gesten soll eine Parallele zu den Totenerweckungen des Elija (1. Kön 17,21) und Elischa (2. Kön 4,34) angedeutet werden. Über eine karge Andeutung des erfolgten Wunders geht auch sein anschließendes Wort nicht hinaus, mit dem er in einem keinen Widerspruch duldenden Ton den Zwischenfall für

11 beendet erklärt: Es ist kein Grund zur Aufregung, der Junge lebt ja! Und als ob

nichts vorgefallen wäre, setzt er den Gottesdienst fort. Nun feiert er mit der Gemeinde zu mitternächtlicher Stunde das Mahl des Herrn. Aber noch ist seine Spannkraft nicht erschöpft. Auch nach dem Ende des regulären Gottesdienstes denkt er nicht an Schlaf, sondern er predigt weiter, bis der neue Morgen heraufdämmert. Seine Verantwortung für die Gemeinde läßt ihn so die letzten Stunden bis zu seiner Abreise bis zum Äußersten auskaufen. Nun erst, nachdem die beherrschende Gestalt des Paulus von der Bildfläche verschwunden ist, befaßt sich die Erzählung in einem fast wie ein Nachtrag wirkenden Satz mit der Nachgeschichte des Wunders: Man überzeugt sich davon, daß Eutychus tatsächlich lebt und bringt ihn nach Hause. Die Gemeinde aber ist getröstet – Schrecken und Sorge haben sich tatsächlich als unbegründet erwiesen.

12

5. Die Reise von Troas nach Milet 20,13–16

¹³Wir aber gingen voraus auf das Schiff und fuhren nach Assos, wo wir Paulus wieder an Bord nehmen sollten. So hatte er es nämlich angeordnet, da er selbst zu Fuß gehen wollte. ¹⁴Als er in Assos wieder mit uns zusammentraf, nahmen wir ihn an Bord und fuhren nach Mitylene. ¹⁵Und von dort segelten wir am nächsten Tage ab und gelangten auf die Höhe von Chios. Am Tage darauf fuhren wir nach Samos hinüber, und am folgenden Tag kamen wir nach Milet. ¹⁶Paulus hatte nämlich beschlossen, an Ephesus vorbeizufahren, damit für ihn in Asien kein Zeitverlust entstehen sollte. Denn er war in Eile, um nach Möglichkeit am Pfingsttage in Jerusalem zu sein.

Die Erzählung nimmt nun wieder den Faden des traditionellen Reiseberichtes (s. zu V. 1–6) auf. Paulus trennt sich zunächst von der Reisegesellschaft. Während diese zu Schiff das Kap Lekton umfährt, wählt er selbst den abkürzenden Landweg, um erst in dem an der Südküste der Halbinsel Troas gelegenen Hafen von Assos an Bord zu gehen. Den Grund für diese Landreise verschweigt der Reisebericht. Wollte Paulus der hier wegen des fast ständigen stürmischen Nordostwindes besonders beschwerlichen Seefahrt entgehen? Als nächster Hafen wird Mitylene an der Ostküste von Lesbos angelaufen, und von dort geht es in drei Tagesreisen nach Milet. Man segelte anscheinend in diesen gefährlichen Küstengewässern nur tags; bei Anbruch der Dunkelheit ging das Schiff vor Anker. Minutiös werden auch die Übernachtungsstationen aufgeführt: die erste Nacht verbringt man auf der Höhe der Insel Chios, die zweite vor Samos. Besonders erklärt wird der Umstand, daß der Reiseweg Ephesus, das langjährige Zentrum des Wirkens des Paulus, nicht berührt. Paulus hatte vorsätzlich ein Schiff gewählt, das dort nicht anlegte, weil er in Eile war und begründeten Anlaß zu der Vermutung hatte, daß sich ein erneuter Aufenthalt in Ephesus zeitlich nicht ohne weiteres begrenzen lassen würde. Diese Erklärung erscheint plausibel; für die Vermutung, Paulus habe in Wahrheit um seiner Sicherheit willen nicht mehr riskieren können, Ephesus zu betreten, bietet 2. Kor 1,8–10 keine ausreichende Basis.

A/B
13–16
13

14–16

6. Die Abschiedsrede des Paulus in Milet 20,17–38

¹⁷Von Milet aus sandte er nach Ephesus und bestellte die Ältesten der Gemeinde zu sich. ¹⁸Als sie bei ihm eintrafen, sprach er zu ihnen: „Ihr wißt, wie ich mich vom Tage meiner ersten Ankunft in Asien an unter euch die ganze Zeit verhalten habe, ¹⁹nämlich im Dienst des Herrn mit aller Demut und Tränen und Anfechtungen, die mir durch die Anschläge der Juden widerfuhren; ²⁰wie ich nichts von dem zurückhielt, was (eurem Heil) zuträglich ist, indem ich es euch nicht verkündigt und gelehrt hätte, sowohl öffentlich wie auch in den Häusern. ²¹Juden und Griechen bezeugte ich die Umkehr zu Gott und den Glauben an unseren Herrn Jesus. ²²Und nun, siehe, gehe ich als ein vom Geist Gebundener nach Jerusalem, ohne zu wissen, was mir dort widerfahren wird, ²³außer daß mir der Heilige Geist von Stadt zu Stadt bezeugt, daß Fesseln und Drangsale meiner warten. ²⁴Aber ich lege auf mein Leben keinen Wert. Nur darum geht es mir, daß ich meinen Lauf vollende und den Dienst, den ich vom Herrn Jesus empfangen habe, (nämlich) das Evangelium der Gnade Gottes zu bezeugen. ²⁵Und siehe, nun weiß ich, daß ihr alle, unter denen ich umhergezogen bin, um das Reich zu verkündigen, mein Angesicht nicht mehr sehen werdet. ²⁶Darum bezeuge ich euch am heutigen Tage, daß ich rein bin von aller Blutschuld. ²⁷Denn ich habe nichts zurückgehalten, indem ich euch nicht den gesamten Willen Gottes verkündigt hätte. ²⁸Habt acht auf euch und die gesamte Herde, in der euch der heilige Geist zu Aufsehern gesetzt hat, um die Kirche Gottes zu weiden, die er sich durch sein eigenes Blut erworben hat. ²⁹Ich weiß, daß nach meinem Hingang reißende Wölfe bei euch eindringen werden, die die Herde nicht verschonen, ³⁰und aus euren eigenen Reihen werden Leute aufstehen, die Verkehrtes reden, um die Jünger hinter sich herzuziehen. ³¹Deshalb: seid wachsam! Denkt daran, daß ich drei Jahre lang Nacht und Tag unablässig jeden einzelnen mit Tränen ermahnt habe. ³²Und jetzt befehle ich euch Gott und dem Wort seiner Gnade, das die Macht hat, aufzubauen und das Erbteil unter allen Geheiligten zu verleihen. ³³Silber, Gold oder Gewänder habe ich von niemandem begehrt. ³⁴Ihr wißt selbst, daß diese (meine) Hände für meine und meiner Begleiter Bedürfnisse gesorgt haben. ³⁵In allem habe ich euch gezeigt, daß man so arbeiten und sich der Schwachen annehmen soll, daß man der Worte des Herrn Jesus gedenken soll; denn er selbst hat gesagt: Geben ist seliger als nehmen!" ³⁶Und indem er dies sprach, beugte er seine Knie mit ihnen allen und betete. ³⁷Alle brachen in heftiges Weinen aus, und sie fielen Paulus um den Hals und küßten ihn, ³⁸am meisten betrübt über das Wort, das er gesagt hatte, daß sie sein Angesicht nicht mehr sehen sollten. Dann geleiteten sie ihn auf das Schiff.

A
17–38
Noch einmal unterbricht Lukas den Reisebericht, um einen Ruhepunkt zu setzen. Er tut dies, um einen entscheidenden geschichtlichen Augenblick zu markieren: Paulus verläßt nun endgültig den ägäischen Raum, sein großes Missionswerk ist abgeschlossen. Diese besondere Situation prägt die Rede von Milet und gibt ihr innerhalb der Paulus-Reden der Apg eine Sonderstellung. Sie ist die einzige an Christen gerichtete Rede; sie ist, anders als alle übrigen Reden, nicht Reaktion auf eine bestimmte Situation von mehr oder weniger typischer Bedeutung, sondern situationsübergreifende Zusammenschau von Vergangenheit, Gegenwart und Zu-

kunft; sie ist schließlich auch die einzige Rede, in der Paulus sich selbst und sein Wirken zum Thema macht.

Die Frage nach dem geschichtlichen Hintergrund läßt sich nicht eindeutig beantworten. Lukas nimmt sich zwar große Freiheit im Ausgestalten von Ereignissen und Situationen, er erfindet sie jedoch kaum je völlig frei. So wird man die Möglichkeit, daß der traditionelle Reisebericht eine Nachricht von einem Zusammentreffen des Paulus mit Abgeordneten der ephesinischen Gemeinde enthielt, die Lukas als Ausgangsbasis zur Gestaltung der Szene gedient haben könnte, nicht leichthin abtun dürfen. Hätte Lukas sie völlig frei erfunden, so hätte er sich wohl auch die Freiheit genommen, ihr den plausibleren Rahmen eines ebenfalls erfundenen Zwischenaufenthaltes in Ephesus zu geben (vgl. V. 16). Dem steht nun freilich die Schwierigkeit gegenüber, daß sich der in V. 17 berichtete zeitraubende Vorgang nur schwer mit dem Zeitdruck, unter dem Paulus stand (V. 16), in Einklang bringen läßt (s. u.). Immerhin kann man die Möglichkeit nicht ausschließen, daß Paulus in Milet für mehrere Tage bis zur Abfahrt des nächsten Schiffes in Richtung Syrien festsaß und diesen unfreiwilligen Aufenthalt zu einer Kontaktaufnahme mit Gliedern der ephesinischen Gemeinde benutzt hat. Was nun die Rede selbst betrifft, so klingt sie ungleich stärker paulinisch als alle übrigen Reden des lukanischen Paulus. Um nur die hervorstechendsten Paulinismen zu nennen: Paulus bezeichnet sein Amt als ein „dem Herrn dienen" (V. 19; vgl. Röm 7,6; 12,11; 14,18; Phil 2,22); er weiß sich mit seinem Zeugnis gleichermaßen an Juden und Griechen gewiesen (V. 21; vgl. Röm 1,16; 10,12; 1.Kor 1,24; 10,32; 12,13; Gal 3,28); Inhalt dieses Zeugnisses ist das „Evangelium" (V. 24; vgl. Röm 1,1; 15,16; 2.Kor 11,7), in dem Gottes „Gnade" nach dem Menschen greift (Röm 5,2. 15; 1.Kor 1,4; 3,10 u.ö.) – wobei allerdings die Wendung „Evangelium der Gnade Gottes" den Paulusbriefen fremd ist –; er „ermahnt" die Gläubigen (V. 31; das Verb *noutheteō* erscheint im Neuen Testament nur bei Paulus, z.B. Röm 15,14; 1.Kor 4,14; 1.Thess 5.12. 14); im Mittelpunkt der christologischen Aussage steht das Motiv der Erlösung durch das „Blut", d.h. das sühnende Sterben Jesu (V. 28; vgl. Röm 3,25), das sonst bei Lukas fast völlig fehlt. Diese Anklänge reichen freilich weder aus, um die Rede direkt auf Paulus zurückzuführen, noch um die Benutzung von Paulusbriefen durch Lukas wahrscheinlich zu machen. Sie sind lediglich Indizien dafür, daß Lukas Traditionen aufgenommen hat, die in den paulinischen Gemeinden noch lebendig waren und in denen die Erinnerung an Verkündigung und Wirken des Apostels ihren Niederschlag gefunden hatte. Insgesamt erweist sich die Rede jedoch als ein Werk des Lukas, und zwar aus folgenden Gründen: 1. Sprache und Stil sind überwiegend lukanisch. – 2. Die in ihr sich spiegelnde kirchliche Situation ist die einer späteren Zeit: Sie setzt die Ältestenverfassung voraus (V. 17), die es in den paulinischen Gemeinden zu Anfang jedoch noch nicht gegeben hat (s. zu V. 28). – 3. Die Perspektive, aus der heraus Paulus hier gesehen wird, ist ebenfalls die einer späteren Zeit. Zwar hat sich der Apostel in seinen Briefen mehrfach als Vorbild für das sittliche Verhalten der Christen dargestellt und zu seiner Nachahmung aufgefordert (1.Kor 4,16; 11,1f.; Gal 4,12; Phil 3,17); hier jedoch geht es um mehr, nämlich um die verpflichtende Kraft des paulinischen Erbes für die nachfolgenden Generationen. Paulus erscheint im verklärten Licht einer Vergangenheit, auf die eine in veränderten geschichtlichen Verhältnissen lebende Kirche zurückblickt (V. 29 f.), um sich an ihr für ihren weiteren Weg zu orientieren. Er wird als der ideale Hirte und Gemeindeleiter gezeichnet, der in seinem Dienst eine verpflichtende Norm für die nach ihm kommenden gemeindlichen Amtsträger gesetzt hat.

Von ihrer Gesamtthematik wie von den in ihr verarbeiteten Motiven her erweist sich die Rede als der Gattung der Abschiedsreden zugehörig. Im Alten Testament wie im nachbiblischen Judentum finden sich eine Reihe von Reden, in denen große Gottesmänner angesichts des nahenden Todes vor ihren Nachfolgern und Anhängern über ihr Wirken Rechenschaft ablegen und diese zur Wahrung ihres Erbes verpflichten. So ist das 5. Mosebuch (Deuteronomium) durchweg als Abschiedsrede des Mose stilisiert (vgl. ferner 1. Mose 47, 29–49, 33; Jos 23, 1–24, 30; 1. Sam 12, 1–25; Tob 14, 3–11; 1. Makk 2, 49–70; Jub 20, 1–10; 21, 1–25; 22, 7–30; 4. Esr 13; syrBar 31–34). Stereotyp erscheinen dabei folgende Motive: Konstatierung der Todesnähe, Versammlung der Zuhörer, Paränese, prophetischer Ausblick auf die Zukunft, Selbstentlastung des Sterbenden, Tod bzw. Entrückung. Der Sitz im Leben der Abschiedsrede ist die geschichtliche Ortsbestimmung der Institution bzw. Gruppe durch die Besinnung auf das ihr anvertraute Erbe. Nicht dem persönlichen Schicksal der jeweils im Mittelpunkt stehenden Gestalt der Vergangenheit gilt das Interesse, sondern der von ihr ausgehenden geschichtlichen Wirkung. Die nachgeborene Generation gelangt zum Verständnis ihres eigenen Standorts, indem sie sich darüber Rechenschaft leistet, wie weit sie durch das Erbe der Vergangenheit bestimmt ist und was sie von diesem Erbe in der Zukunft zu bewahren vermag. Es versteht sich, daß die Gattung der Abschiedsrede gerade da Bedeutung gewinnt, wo die geschichtliche Kontinuität zum Problem geworden ist. Und eben dies war im Urchristentum beim Übergang von der zweiten zur dritten Generation der Fall. So enthält das Neue Testament eine Reihe von Abschiedsreden, die durchweg dieser Epoche entstammen. Neben Abschiedsreden Jesu (Lk 22, 14–38; Joh 13–17) finden sich solche des Petrus (2. Petr) und vor allem des Paulus. So ist der 2. Timotheusbrief als Abschiedsreden des Heidenapostels konzipiert. Er, und mit ihm die Pastoralbriefe generell, bilden innerhalb des Neuen Testaments die nächste Analogie zur Milet-Rede.

Der Aufbau der Rede ist relativ locker: Rückblick und Ausblick – teils auf Paulus, teils auf die Gemeindevertreter bezogen – Tröstung und Warnung sind die tragenden Motive, die das Ganze in ständigem Wechsel durchziehen. Allenfalls wird man einen vorwiegend persönlichen Teil (V. 18–27) von einem vorwiegend paränetischen Teil (V. 28–35) unterscheiden können, wobei die Abfolge der Themen in beiden Teilen auffallend parallel ist: Dienst an der Gemeinde (V. 18 f. = V. 28) – Zeugnis des Wortes (V. 20 f. = V. 29–31) – Unverfügbarkeit der Zukunft (V. 22–25 = V. 32).

B 17 Das an der Südseite des einst tief in das Land einschneidenden, heute verlandeten latmischen Meerbusens gegenüber der Mäander-Mündung gelegene Milet war eine der traditionsreichsten griechischen Städte im westlichen Kleinasien. Von seinem Glanz zeugen heute noch die mächtigen Mauern des antiken Theaters. Die Entfernung von Milet nach Ephesus beträgt etwa 60 km auf dem Landweg. Paulus hätte also – die Historizität der Angaben vorausgesetzt – auf die Ankunft der Ältesten etwa 5 Tage warten müssen. Der Rederahmen erwähnt „Älteste", die dann in der Rede selbst als „Aufseher" (*episkopoi*) angesprochen werden (V. 28). In dieser Doppelbezeichnung spiegelt sich die Verfassung der kleinasiatischen Gemeinden zur Zeit des Lukas: Die paulinische Episkopenverfassung (Phil 1,1) verschmolz um jene Zeit mit der den paulinischen Gemeinden ursprünglich fremden palästinischen Ältestenverfassung (s. zu 14,23; 15,6). Das gleiche Entwicklungsstadium wird auch durch 1.Tim 3,1–7; Tit 1,5–9 bezeugt. – Der erste Redeteil setzt ein mit einem persönlichen Rückblick des Paulus auf sein Wirken in Asien, d.h. in Ephesus und Umgebung. Bereits hier durchdringen sich freilich Persönliches und Paränetisches: Indem der scheidende Paulus der durch die Ältesten vertretenen Kirche das Bild seines Dienstes hinterläßt, setzt er zugleich die Norm in Kraft, an der sich in Zukunft jedes dem „Herrn" (d.h. Jesus als dem Herrn der Kirche) verantwortliche Dienen messen lassen muß. Paulus hat dem Herrn gedient, indem er in rastlosem Einsatz und in totaler Selbstpreisgabe der Gemeinde diente (vgl. 2.Kor 4,5 ff.). Besonders eindrücklich hat sich das erwiesen in seiner „Demut", d.h. in seinem Verzicht auf alles Herrschenwollen, in seinen „Tränen", d.h. in der Inständigkeit seiner dem einzelnen nachgehenden Seelsorge (vgl. 2.Kor 2,4), und in seiner Bereitschaft, Verfolgungen auf sich zu nehmen (vgl. 2.Kor 4,8 ff.; 11,23 ff.). Nachdem er so äußere Gestalt und Bezugsfeld seines Dienstes beschrieben hat, kommt er auf dessen zentralen Inhalt zu sprechen, das „Bezeugen" des Wortes: Er hat weder in den öffentlichen Missionsveranstaltungen (vgl. 19,9) noch bei seiner Predigt in den eigentlichen Gemeindegottesdiensten „in den Häusern" etwas vom heilsnotwendigen Inhalt der Botschaft unterschlagen (vgl. V. 27). Seine Verkündigung enthielt stets das ganze, vollständige Evangelium! Lukas polemisiert hier wahrscheinlich gegen die Behauptung zeitgenössischer gnostisierender Gruppen, Paulus habe ihnen esoterische Lehren überliefert, die er der großen Menge der Bekehrten vorenthalten habe (vgl. Kol 1,28; 1.Joh 2,20), und er stellt demgegenüber fest: die Lehre, wie sie in der Kirche unter Berufung auf die großen Zeugen der Anfangszeit überliefert wird, enthält die unverkürzte Summe der christlichen Wahrheit. Allein an sie hat man sich in Zukunft zu halten. Der Inhalt dieser Lehre wird hier nicht mehr entfaltet; es genügt der Hinweis auf die dem Leser bereits bekannten Predigten vor Juden (z.B. 2,14–36; 13,16–41) und Griechen (14,15– 17; 17,22–31). Dabei wird die sachliche Einheit des juden- und heidenmissionarischen Kerygmas sprachlich durch die Stilform der Verschränkung der Glieder (Chiasmus) angedeutet: für das erstere ist der „Glaube an den Herrn Jesus", für das letztere die „Umkehr zu Gott" charakteristisch. Nun wendet sich Paulus seiner persönlichen Zukunft zu, indem er eine verhüllte Leidensankündigung ausspricht (V. 22–25). Diese nimmt die Stelle der für die Gattung der Abschiedsrede konstitutiven Ankündigung des nahen Todes ein (z.B. 1.Mose 47,29; 1.Kön 2,1; 1.Makk 2,49; Test Jud 1,1; Test Jos 1,1). Allerdings ist diese Zukunft für Paulus nicht in ihren Einzelheiten vorhersagbar und damit verfügbar; sie ist ganz dem Wirken des Heiligen Geistes anheimgegeben, als dessen Gefangener er nach Jerusalem geht. Paulus betrachtet sich als einen vom Geist Gefesselten, der dem über ihn von Gott verhängten Geschick nicht mehr ausweichen will und kann (vgl. zu 19,21). Positiv bedeutet dies, daß sein weiterer Weg ganz der Führung und Offen-

23 barung durch den Geist untersteht (vgl. Lk 2,25–27). Was ihm der Geist bereits angekündigt hat, sind Verfolgungen und Bedrängnisse, die ihn in Jerusalem erwarten. Mit der Erwähnung dieser Offenbarungen des Geistes spielt Lukas bereits im Vor-
24 griff auf die von ihm in 21,4 und 11 wiedergegebenen Traditionen an. V.24 kann nur als Ankündigung des nahen Todes des Paulus verstanden werden. Dieser ist in der umschreibenden Redensart von der Vollendung des Laufes (vgl. 13,25; 2.Tim 4,7) deutlich angesprochen. Paulus gibt gern sein Leben hin um der Vollendung seines Laufes und um des ihm anvertrauten Dienstes willen, denn er weiß, daß der von Jesus mit einem besonderen Dienst (*diakonia*; vgl. 1,17) Betraute bereit sein muß, sich in die von Jesus vorgeprägte Existenz des leidenden Zeugen vor der
25 Welt hineinziehen zu lassen (9,16). Verstärkt wiederholt sich die Todesankündigung, wenn Paulus nun von der Endgültigkeit seines Abschieds spricht. Der Kreis der Angesprochenen weitet sich hier über die Vertreter der Kirche von Ephesus hinaus auf allen paulinischen Missionsgemeinden aus: Sie alle werden ihn nicht mehr wiedersehen! Lukas drückt mit dieser Formulierung Paulus „gewissermaßen die Märtyrerkrone aufs Haupt" (M. Dibelius). Sie schließt die Möglichkeit aus, daß er von einem erneuten Wirken des Apostels im Osten nach seiner römischen Gefangenschaft gewußt haben könnte. Das Martyrium besiegelt und beglaubigt abschließend
26 für die Gemeinde den Dienst des Paulus (vgl. Eph 4,1; Phlm 9). Das Scharnier zwischen dem persönlichen und paränetischen Teil und damit die Mitte der Rede bildet das feierliche Zeugnis der Schuldlosigkeit, mit dem Paulus die Untadeligkeit und Auftragsgemäßheit seiner Amtsführung unterstreicht. Solche Selbstentlastung ist ein in Abschiedsreden häufiges Motiv (1.Sam 12,2–5; 1.Chr 29,2–5. 17; Jub 21,2f. u.ö.). Mit „Blutschuld" ist hier nicht Schuld an der Vernichtung leiblichen Lebens, sondern Schuld am ewigen Tod eines Menschen gemeint: Wenn ein Glied der christlichen Gemeinde das Heil verfehlt und dem Verderben verfällt, so kann
27 dies nicht Paulus angelastet werden (vgl. 18,6). Der folgende Satz begründet das näher, indem er den Gedanken von V.20 variiert: Die Verkündigung des Paulus enthielt den gesamten Willen Gottes ohne Verkürzung und Entstellung, er hat seinen Hörern nichts von dem für sie Heilsnotwendigen (V.20) vorenthalten. Paulus hat also sein Amt als Zeuge, der dazu berufen war, der Kirche das sie begründende, ihr Leben tragende Evangelium zu vermitteln, seinem Auftrag gemäß ausgeführt. Wenn dennoch Menschen des Heiles verlustig gehen, so trifft die Schuld dafür die nach ihm auftretenden Irrlehrer, die die Heilsbotschaft verkürzen und verändern (V.29f.). Indirekt sind hier bereits die gemeindlichen Amtsträger angesprochen: Sie treten nun, da Paulus Abschied nimmt, in die Verantwortung dafür ein, daß auch in Zukunft in der Kirche die ganze Heilsbotschaft verkündigt wird.
28 Im paränetischen Teil wird die die ganze Rede beherrschende Frage der Kontinuität der Kirche direkt angesprochen. Träger dieser Kontinuität sind die zur Leitung der Gemeinde beauftragten Männer, die hier nicht wie in V.17 als „Älteste", sondern als „Aufseher" bezeichnet werden. Das Wort *episkopos*, das sich nur sehr unzureichend mit „Aufseher" übersetzen läßt und aus dem sich das deutsche Wort „Bischof" entwickelt hat, wählt Lukas hier sicher nicht nur, um die für ihn in seiner kirchlichen Situation bereits selbstverständliche Verschmelzung des auf jüdische Wurzeln zurückgehenden Ältestenamtes mit dem in hellenistischer Umwelt entstan-

denen Aufseheramt (Phil 1,1) auf Paulus zurückzuführen, sondern auch deshalb, weil es besser als die Bezeichnung „Ältester" geeignet war, Wesen und Inhalt des gemeindlichen Leitungsamtes theologisch zu beschreiben. Er konnte nämlich auf eine Tradition zurückgreifen, die den ursprünglich der hellenistischen Verwaltungssprache entstammenden Begriff *episkopos* von der biblischen Gedankenwelt her interpretierte, indem sie ihn mit dem alttestamentlichen Bild (Sach 11,16; 10,3; Ez 34,11f.) des seine Herde leitenden Hirten verband (1.Petr. 2,25; 5,2; vgl. Eph 4,11). Eine interessante Analogie zu diesem Interpretationsprozeß findet sich in der Essenersekte, die das Amt ihres „Aufsehers" (*m^e baqqēr*) ebenfalls mit dem Hirtenbild zusammenbrachte (CD XIII 7ff.). Es ist nun wichtig zu sehen, daß dieses Hirtenbild im Neuen Testament durchweg auch einen christologischen Bezug hat, der hier zumindest indirekt angesprochen wird. Jesus Christus selbst ist ja der eigentliche Hirte (1.Petr 2,25), sein Amt ist das des Sammelns und Bewahrens der verstreuten Schafe (vgl. Mk 14,27 par Mt 26,31; Mt 10,6; 15, 24; Lk 19,10; Joh 10,11f.; 21,15ff.). Er überträgt den Hirten die Sorge um die Kirche, die er durch sein Blut erworben hat und die darum sein Eigentum ist und bleibt, und er wird bei seiner Wiederkunft von ihnen Rechenschaft über ihren Dienst fordern (Lk 12,41–48). Das gemeindliche Leitungsamt gehört also nach Meinung des Lukas zum Wesen der Kirche, es bringt die für ihr Leben in der weitergehenden Geschichte unabdingbare Kontinuität zum Ausdruck. Hier ist nun allerdings eine wichtige Abgrenzung erforderlich. Man hat Lukas immer wieder unterstellt, für ihn hänge diese Kontinuität daran, daß das von Jesus und den Aposteln ausgehende Amt in der Kirche in einer historisch nachprüfbaren Abfolge der Amtsträger weitergegeben worden sei. Doch sprechen eine Reihe von Gründen klar dagegen, in Lukas einen Vertreter des Prinzips der „apostolischen Sukzession" zu sehen: 1. Das Amt des Paulus als unmittelbar von Jesus bevollmächtigtem „Zeugen" ist, wie das der „Zwölf" auf die Anfangszeit der Kirche beschränkt und erlischt mit dem Tode seines Trägers. Nirgends deutet Lukas die Möglichkeit seiner Übertragbarkeit an. Auch die Miletrede spricht nur davon, daß die Ältesten in eine Teilfunktion, die Paulus innerhalb seines Auftrags wahrgenommen hatte, nämlich die der Gemeindeleitung, eintreten sollen. – 2. V.28 kann nicht im Sinn einer Amtsübertragung verstanden werden. Lukas denkt sich zwar die Ältesten der Missionsgemeinden als durch Paulus in ihr Amt eingesetzt (s. zu 14,23), doch spielt dieser Gedanke für ihn hier gerade keine Rolle. Er leitet das Amt der Gemeindeleiter gerade nicht direkt von seinem Amt ab, sondern betont das unmittelbare Berufungsverhältnis, in dem diese zum erhöhten Herrn stehen: Jesus selbst hat sie „durch den heiligen Geist zu Aufsehern gesetzt"! – 3. Es fehlen Anweisungen für die Weitergabe des Amtes, wie man sie im Rahmen eines Sukzessionsprinzips eigentlich erwarten müßte. – 4. Es fehlt ferner jeder Ansatz zu einer Differenzierung innerhalb der Amtsträger, wie er sich im Neuen Testament erstmals in 1.Tim 5,17 andeutet. Lukas setzt anscheinend voraus, daß es in jeder Gemeinde noch einen Kreis von Ältesten gibt, deren Aufgaben grundsätzlich gleich sind. Auch das spricht gegen den Sukzessionsgedanken. – Die Ältesten sind Hirten „der Kirche Gottes"; ihr Dienst ist nicht nur auf die Ortsgemeinde bezogen, sondern steht, wie die traditionelle Formulierung „Kirche Gottes" (1.Kor 1,2; 10,32; 15,9; Gal 1,13 u.ö.) andeutet, in Zusammenhang mit dem Handeln Gottes, durch das er weltweit sein endzeitliches Heilsvolk sammelt. Der folgende Relativsatz stellt uns vor unlösbare Schwierigkeiten. Lukas hat sicherlich nicht vom „Blut Gottes" sprechen wollen. Die patripassianische Aussage, daß Gott selbst den Erlösertod erlitten habe, scheidet für diese Frühzeit noch aus. Wenig hat auch die Vermutung für sich, wonach zu übersetzen wäre „durch das Blut des Eigenen", d.h. des eigenen, eingeborenen Sohnes Gottes. Denn es gibt keine Parallele im Neuen Testament, in der „der Eigene" den Sohn bezeichnet. Am wahrscheinlichsten ist, daß Lukas die formelhafte Wendung „die Kirche Gottes" unverbunden neben eine traditionelle Formel stellte, die davon sprach, daß Christus die Seinen durch sein „Blut", d.h. durch seine sühnende Lebenshingabe erworben hat (vgl. 1.Petr. 1,19; Eph 1,7; Offb 1,5), ohne den Subjektwechsel zu kennzeichnen. Auf alle Fälle handelt es sich hier um formelhafte Tradition, denn wo Lukas eigenständig formuliert, vermeidet er es, vom Sühnetod Jesu zu sprechen. Immerhin jedoch zeigt V.28, daß er die Sühntodvorstellung mehr oder weniger selbstverständlich voraussetzt, auch wenn sie für sein eigenes theologisches

29 Denken keine zentrale Rolle spielt. Der Blick des Redners geht nun in die Zukunft, wenn er von den bevorstehenden Gefährdungen der Gemeinde durch Irrlehrer spricht, die die Amtsträger mit ihrem Wortzeugnis abwenden müssen. Die Gefährdung wird eine doppelte sein. Einmal werden Irrlehrer von außen eindringen; sie werden in unmittelbarer Fortführung des Hirtenbildes von V.28 als rei-
30 ßende Wölfe bezeichnet (Mt 7,6; Lk 10,3; Joh 10,12). Zum andern aber werden Irrlehrer inmitten der Kirche selbst erstehen. Von ihnen droht noch größere Gefahr, weil sie mit ihrem Anspruch, die christliche Botschaft noch besser und wirkungsvoller zu vertreten als die herkömmliche Verkündigung, ahnungslose Christen zu ihren Anhängern machen und damit zum Abfall verführen. Wieder, wie schon in V.20 und 26, spielt Lukas damit auf die akute Bedrohung durch gnostisie-
31 rende Irrlehrer an. Die Gemeindeleiter können diesen Gefahren nur mit Wachsamkeit begegnen. Dem Vorbild des Paulus (V.19) folgend, sollen sie sich in nachgehender Seelsorge jedem einzelnen Irrenden und Gefährdeten zuwenden, um ihn zur
32 Wahrheit zurückzuführen. Wie das weitere persönliche Geschick des Paulus (V.22–25), so untersteht auch die Zukunft der Ältesten und der von ihnen repräsentierten Kirche allein dem unverfügbaren Wirken des Geistes. Paulus übergibt die Gemeinde „dem Herrn und dem Wort seiner Gnade" (vgl. 14,23); damit wird der Blick auf das gelenkt, was letztlich die Kontinuität der Kirche schafft. Das Amt garantiert für Lukas trotz der hohen Bedeutung, die er ihm beimißt, nicht die Wirksamkeit des Geistes, es ist vielmehr selbst der im Wort gegenwärtigen Macht des Geistes unterstellt. Das Wort Gottes allein ist mächtig, die Kirche zu „erbauen" – hinter dieser Wendung steht das im Neuen Testament verbreitete Bild der Kirche als des Gottestempels der Endzeit (1.Kor 3,9–14. 16f.; Eph 4,12 u.ö.) – und den Glaubenden das zukünftige Heil zu erschließen; das Amt ist dabei sein dienendes Werkzeug. Zugleich wird hier deutlich, daß für Lukas das Wort nicht einfach identisch ist mit einem bestimmten, durch die ersten Zeugen den Amtsträgern übergebenen Bestand an fixierter Tradition. Das Wort manifestiert sich in der Tradition, geht aber nicht in ihr auf. Der lukanische Paulus übergibt bei seinem Abschied den Amtsträgern nicht das Wort als festes Lehrdepositum, er unterstellt sie vielmehr dem Wort als

der heilvoll in der Geschichte wirkenden Kraft Gottes (vgl. dagegen 1.Tim 6,20; 2.Tim 1,12. 14). Indem Lukas dies betont, erweist er sich als Theologe des Wortes. – Abschließend wird in auffälliger Ausführlichkeit die Frage des Unterhaltes der 33–34 Amtsträger behandelt, wobei Persönliches und Paränetisches unmittelbar miteinander verzahnt sind. Paulus hat in seinem Verzicht auf Unterhalt durch die Gemeinde ein Beispiel der Uneigennützigkeit der Amtsführung gegeben, das für die kirchlichen Amtsträger unbedingt verpflichtend ist. Offenbar liegt hier ein wichtiges Unterscheidungsmerkmal gegenüber den von außen eindringenden Irrlehrern (vgl. 1.Thess 2,3f.) wie auch gegenüber den innerkirchlichen Falschlehrern (Gal 4,17; 2.Kor 11,8f.; 12,13; 2.Tim 3,2. 6–9; Tit 1,11; 2.Petr 2,3; Did 11,5f. 9. 12), für die eigensüchtiges Gewinnstreben als charakteristisch gilt. Paulus weist seinen Zuhörern seine verarbeiteten Hände vor, um so sichtbar zu demonstrieren, daß er sich während seiner Tätigkeit in den Gemeinden ausschließlich durch eigene Arbeit den Lebensunterhalt verdient hat (s. zu 18,3). Ja, er hat nicht nur für sich selbst, sondern auch für seine missionarischen Mitarbeiter das tägliche Brot beschafft! Mit dieser Darstellung simplifiziert Lukas den geschichtlichen Sachverhalt. Paulus hat zwar da, wo die Gefahr von Mißverständnissen gegeben war, auf Unterhalt durch die Gemeinden verzichtet (1.Kor 9,15); er hat jedoch grundsätzlich an seinem und der übrigen Missionare Recht auf Unterhalt festgehalten (1.Kor 9,3–15) und er hat von den mazedonischen Gemeinden tatsächlich finanzielle Unterstützung empfangen (vgl. 18,5ff.; Phil 4,10–20). Auf gar keinen Fall reichte jedoch der Ertrag seiner Arbeit aus für den Unterhalt seines Mitarbeiterstabes. Lukas macht das, was für Paulus persönliche situationsbedingte Ausnahme war, zum Prinzip für alle Gemeindeleiter: ihnen soll der Empfang von Unterhalt durch die Gemeinde in jeder Form verwehrt sein. Dieser Rigorismus spiegelt schwerlich die faktischen Gegebenheiten in den paulinischen Gemeinden zur Zeit des Lukas wider (vgl. 1.Tim 5,17); eher wird man ihn als Ausdruck der für Lukas charakteristischen radikalen Kritik an Besitz und Reichtum zu sehen haben (s. zu 4,32–35). Nicht nur um der Glaubwür- 35 digkeit ihres Amtes willen sollen die Gemeindeleiter mit eigenen Händen arbeiten, sondern auch – und hier kommt ein neuer paränetischer Gesichtspunkt ins Spiel –, weil sie so der Gemeinde ein verpflichtendes Beispiel für den Stil christlichen Lebens vermitteln können: Man soll arbeiten, damit man andere nicht belastet und die Schwachen unterstützen kann (vgl. 2.Thess 3,7–12). Die Grundhaltung des Christen ist das Geben. Das wird abschließend belegt mit einem Wort Jesu. Lukas stellt damit den Hinweis auf die letzte Autorität, der sich Paulus verpflichtet weiß, an das Ende der Rede. Freilich ist dieses angebliche Jesuswort in Wirklichkeit ein griechisches Sprichwort. Nach Thukydides (II 97,4: „es ist angenehmer zu geben als zu nehmen") war es ursprünglich ein persischer Grundsatz (vgl. Plut mor 173d; PlutCaes 16). Vielleicht hat Lukas es bereits in der paränetischen Tradition seiner römischen Gemeinde vorgefunden (1.Kl 2,1) und irrtümlich für ein Jesuswort gehalten. Die Form ist durch die Angleichung an Jesu Seligpreisungen (Lk 6,20ff.; Mt 5,3ff.) leicht verchristlicht. Lukas mag das Wort als Zusammenfassung der Weisungen Jesu über das Almosengeben (Lk 6,38; 10,30–37) verstanden haben.

Bei der Gestaltung der Abschiedsszene gibt Lukas seiner Vorliebe für menschlich 36 ergreifende Situationen Raum (vgl. 9,39; 12,13ff.; 21,13f.). Nach Abschluß der

Rede kniet Paulus mit den Ältesten nieder zum gemeinsamen Gebet. Das Knien als Gebetsgestus hatte das Heidenchristentum vom Judentum (1.Kön 8,54; Esr 9,5;
37-38 Dan 6,11) übernommen (vgl. Eph 3,14). Dann aber werden alle, die Ältesten wie auch Paulus, vom Schmerz des Abschieds überwältigt, von dem man weiß, daß er ein Abschied für immer sein wird. Nach tränenreichen Umarmungen geleitet man Paulus endlich auf das Schiff, das ihn seinem Ziel Jerusalem entgegenführen soll.

7. Die Reise von Milet nach Cäsarea 21,1–14

¹Als wir uns von ihnen losgerissen hatten und abgefahren waren, kamen wir auf geradem Kurs nach Kos, am folgenden Tag nach Rhodos und von dort nach Patara. ²Und da wir dort ein Schiff fanden, das (direkt) nach Phönizien fuhr, bestiegen wir es und segelten ab. ³Wir sichteten Zypern, ließen es aber links liegen, fuhren nach Syrien und landeten in Tyrus. Denn dort sollte das Schiff seine Ladung löschen. ⁴Wir machten die (dortigen) Jünger ausfindig und hielten uns dort sieben Tage auf. Diese sagten Paulus durch den Geist, er solle nicht nach Jerusalem hinaufziehen. ⁵Als wir die Tage verbracht hatten, brachen wir zur Weiterfahrt auf, wobei uns alle, samt Frauen und Kindern, bis vor die Stadt geleiteten. Und am Strand beugten wir die Knie und beteten; ⁶dann nahmen wir voneinander Abschied: Wir gingen an Bord, jene kehrten nach Hause zurück. ⁷Wir aber setzten dann die Seereise von Tyrus aus fort und gelangten nach Ptolemais; wir begrüßten die (dortigen) Brüder und blieben einen Tag bei ihnen. ⁸Tags darauf segelten wir ab und gelangten nach Cäsarea; wir gingen in das Haus des Evangelisten Philippus aus dem Kreis der Sieben und kehrten bei ihm ein. ⁹Dieser hatte vier jungfräuliche Töchter, die Prophetinnen waren. ¹⁰Als wir uns mehrere Tage dort aufgehalten hatten, kam aus Judäa ein Prophet namens Agabus herab, ¹¹und er kam zu uns und nahm den Gürtel des Paulus, fesselte sich Füße und Hände und sagte: „Das spricht der Heilige Geist: Den Mann, dem dieser Gürtel gehört, werden die Juden in Jerusalem so binden und in die Hände der Heiden ausliefern!" ¹²Als wir das hörten, baten wir und die Einheimischen ihn dringend, nicht nach Jerusalem hinaufzugehen. ¹³Da erwiderte Paulus: „Was soll es, daß ihr weint und mir das Herz brecht? Ich bin ja bereit, mich in Jerusalem nicht nur binden zu lassen, sondern sogar zu sterben für den Namen des Herrn Jesus!" ¹⁴Als er sich nicht überreden ließ, wurden wir still und sagten: „Des Herrn Wille geschehe!"

A   Die Erzählung folgt nun wieder dem bis zur Ankunft in Jerusalem (V.17) rei-
1–14 chenden Reisebericht aus dem Kreis der Kollekten-Delegaten (s. zu 20,1–6), dem eine geradezu pedantisch genaue Schilderung des Reiseverlaufes mit allen Tagesetappen und Übernachtungsstationen eigentümlich ist. Die beiden an Paulus ergehenden Warnungen hinsichtlich der in Jerusalem drohenden Gefahren (V.4b.10–14) scheinen zwar auf den ersten Blick aus dem Rahmen zu fallen. Trotzdem spricht einiges dafür, daß zumindest V.4b und der Kern der Agabus-Episode (V.10–14) bereits im Reisebericht vorhanden waren und nicht erst von Lukas einkomponiert worden sind. Denn einmal bezieht sich Lukas in 20,23 auf das an Paulus „von Stadt zu Stadt" ergehende Zeugnis des Geistes, was voraussetzt, daß er entspre-

chende Angaben der Tradition vorliegen hatte. Zudem hätte Lukas schwerlich den Geist Paulus vor dem Weg nach Jerusalem warnen lassen, denn das stünde im Widerspruch zu 20,22. Andererseits lag es nahe, daß die Begleiter des Paulus bei ihrem Bericht über diese schicksalshafte Reise besonderes Gewicht auf die sie begleitenden Vorzeichen und Vorahnungen des kommenden Unheils legten. Allerdings hat Lukas die Agabus-Episode sehr frei ausgestaltet, um in sie seine Sicht des Weges des Paulus einzubringen.

Das von Milet kommende Schiff folgte dem Verlauf der kleinasiatischen Küste. Im Hafen der lyzischen Stadt Patara, der am Abend des dritten Reisetages erreicht wurde, nahmen Paulus und seine Begleiter die Möglichkeit wahr, von dem langsamen Küstenschiff auf ein Schiff umzusteigen, das direkten Kurs über das offene Meer und an der Südküste von Zypern vorbei in Richtung Phönizien nahm. Das bedeutete einen erheblichen Zeitgewinn, da man auf dem offenen Meer auch nachts segeln konnte. Bei günstigem Wind ließ sich diese Strecke in etwa drei Tagen zurücklegen. Die Schilderung des Reiseverlaufs mit seinen ständigen Schiffswechseln und Aufenthalten gibt uns ein anschauliches Bild von den Schwierigkeiten damaligen Reisens. Hatte man nicht das seltene Glück, ein direktes Schiff zu finden, so war man auf mehr oder weniger zufällige Anschlüsse angewiesen; blieben sie aus, so konnte man tage-, ja wochenlang in einem Hafen festsitzen. Ob der siebentägige Aufenthalt in der traditionsreichen phönizischen Hafenstadt Tyrus durch ein solches Warten auf Anschluß bedingt war oder ob die Reisegesellschaft mit dem gleichen Schiff weiterfuhr und nur das Löschen von Ladung abzuwarten hatte, muß offen bleiben. Paulus benützte die Gelegenheit, um der kleinen christlichen Gemeinde der Stadt, die auf das Wirken der Hellenisten zurückging (vgl. 11,19; 15,3) einen Besuch abzustatten. Daß die Reise nach Jerusalem ihn in größte Gefahr bringen würde, mußte für alle, die auch nur eine leise Ahnung von den dortigen Verhältnissen hatten, auf der Hand liegen; Paulus selbst hat sie mit bösen Vorahnungen angetreten (Röm 15,30ff.). So ist es keineswegs überraschend, wenn die Christen von Tyrus versuchten, ihn durch Warnungen, die sie in ehrlicher Überzeugung auf eine Weisung des Heiligen Geistes zurückführten, von seinem Vorhaben abzubringen. Von seiner Reaktion wird nicht berichtet, wohl aber von dem überaus herzlichen Abschied, den ihm die Gemeindeglieder bereiteten. Einzelne Züge der Szene erinnern an 20,36–38. Sollte Lukas sie als Modell für den Abschied von Milet benutzt haben? – Das Schiff folgt nunmehr der Küste. Nach einem eintägigen Aufenthalt in Ptolemais, der wiederum Gelegenheit zur Einkehr bei einer christlichen Gemeinde gibt, wird in einer weiteren Tagesfahrt Cäsarea erreicht, wo die Schiffsreise endet. Es ist auffällig, daß Paulus einen siebentägigen Aufenthalt in Tyrus um einer noch dazu umständlichen, durch einen weiteren Zwischenaufenthalt verzögerten Schiffsreise nach Cäsarea willen in Kauf nimmt, während er zu Fuß die gleiche Strecke in drei bis vier Tagen hätte zurücklegen können. Der Grund dafür könnte sein, daß er wegen des von der Delegation mitgeführten Kollektengeldes das größere Risiko der Landreise scheute. In Cäsarea bleiben Paulus und die Seinen bei Philippus, dem ehemaligen Glied des Kreises der hellenistischen „Sieben" (vgl. 6,5) und maßgeblichen Träger der frühen Mission im Küstengebiet (8,4–40). Anscheinend hatte Philippus inzwischen die Wandermission aufgegeben, um in

Cäsarea seßhaft zu werden. Nach wie vor erscheint er jedoch als Repräsentant eines ausgesprochen prophetisch-charismatisch bestimmten Milieus (vgl. zu 8,26–40), das durch die Erwähnung seiner vier jungfräulichen, als christliche Prophetinnen wirkenden Töchter charakterisiert wird. Schwer deutbar ist der ihm beigelegte Titel „Evangelist". Die Alte Kirche sah in den Evangelisten Nachfolger der Apostel, die, wie jene, die Oberaufsicht über ganze Kirchenprovinzen führten (Euseb, KG V 10,2; III 37,2 f.). Aber es ist unwahrscheinlich, daß die Bezeichnung hier in diesem Sinn gebraucht ist. Eher umschreibt sie hier wie in 2.Tim 4,5 die Funktion des Ge-
10 meindeleiters. Daß Paulus jetzt, wo er nicht mehr von Schiffsverbindungen abhängig ist und nur noch einen kurzen Landweg nach Jerusalem vor sich hat, noch einen mehrtägigen Aufenthalt einlegt, scheint nicht zu dem Termindruck zu passen, dem seine Reise unterliegt (vgl. zu 20,16). Entweder konnte er sich diese Verzögerung leisten, weil er nun sicher war, Jerusalem zum Pfingstfest zu erreichen, oder die Zeitangabe wurde von Lukas eingefügt, der damit vor der Ankunft in Jerusalem noch einen Ruhepunkt setzen wollte. Daß der Prophet Agabus plötzlich in dem prophetischen Milieu des Hauses des Philippus auftaucht, überrascht weniger als der Umstand, daß Lukas ihn als dem Leser unbekannte Gestalt einführt, obwohl er bereits in 11,28 von ihm erzählt hatte. Letzteres ist ein Indiz, daß Lukas hier einer Quelle
11 folgt. Wie in 11,28, so gibt Agabus auch hier eine Weissagung kommenden Unheils. Und zwar vollführt er eine symbolische Handlung, die in allen Einzelheiten den Zeichenhandlungen alttestamentlicher Propheten gleicht (z.B. 1.Kön 11,29ff.; Jes 8,1–4; 20,1ff.; Jer 19,1ff.; 27,2ff.; Ez 4–5). Er nimmt Paulus den Gürtel ab, um sich damit zu fesseln. Dieser Gürtel war kein Ledergurt, sondern ein langes Tuch, das man, mehrfach um den Leib gewickelt, als Gürtel trug (Bill I 564f.). Die Handlung wird begleitet von der Deutung, die als Zusage Gottes die Verwirklichung des Angekündigten garantiert: „Das spricht der Heilige Geist" steht für die alttestamentliche Botenformel „So spricht Jahwe". Der Vorgang hat keineswegs den Sinn einer pädagogischen Demonstration, die kommende Möglichkeiten handgreiflich vor Augen führen soll; ihm eignet vielmehr Geschichtsmächtigkeit. Im Auftrag Gottes nimmt der Prophet durch seine Handlung das in der Botenformel angekündigte Geschehen zeichenhaft vorweg und garantiert damit dessen tatsächliche zukünftige Verwirklichung. Agabus sagt Paulus nicht, was er tun bzw. unterlassen soll, sondern nur, was geschehen wird. Er wird in Jerusalem von den Juden gefesselt und den Heiden ausgeliefert werden. Die Juden haben Paulus weder gefesselt noch direkt den Römern ausgeliefert (V. 30. 33). Sie haben jedoch – und darin hat sich die Ankündigung im Sinn des Erzählers erfüllt – durch ihr Verhalten seine Gefangenschaft bei den Römern verursacht. Überdies ist nicht auszuschließen, daß Lukas erst seinerseits die Übergabe an die Heiden eingefügt hat, um so die Ankündigung des Agabus stärker an die dritte Leidensankündigung Jesu (Mk 10,33 par
12 Lk 18,32) anzugleichen. Die Zeugen der Szene nehmen diese fälschlich als Warnung vor einem Geschick, dem Paulus noch ausweichen könnte, und wollen ihn von der Reise nach Jerusalem abbringen. Paulus hingegen hat die Ankündigung des
13 Agabus richtig verstanden. Zwar erweist er sich von den in seiner Umgebung aufwallenden Gefühlen, die Lukas wieder einmal recht eindringlich zu schildern vermag, keineswegs unberührt – das Schluchzen seiner Freunde bricht ihm fast das

Herz –, doch widersteht er der Versuchung, sich durch sie von seinem Ja zu dem Willen Gottes, dem er unterstellt ist, abbringen zu lassen (vgl. Mk 8,33). Er ist nicht nur bereit, in Jerusalem Gefangenschaft zu erdulden, sondern – und hier gehen seine eigenen Worte bedeutsam über die Ankündigung des Agabus hinaus – auch den Tod für den Namen des Herrn Jesus zu erleiden (vgl. 15,26). Wenn Paulus so die Leidens- zur Todesankündigung steigert, so soll damit nicht eine bloße Möglichkeit, sondern eine Realität angedeutet werden: Er spricht noch einmal sein ausdrückliches Ja zu seinem Martyrium! Auf dieses Wort hin verstummen die 14 anderen und erklären im Sinne des Paulus und für ihn: „Der Wille des Herrn geschehe!" Mit dem Willen des Herrn ist hier ohne Zweifel der Wille Gottes, nicht Jesu, gemeint (vgl. 9,15f.; 18,21; 22,14). Leben und Werk des Paulus stehen seit seiner Berufung (9,15) unter dem „Muß" des göttlichen Willens. Darin besteht eine unmittelbare Entsprechung zwischen ihm und Jesus, die gerade im Umkreis des Leidens besonders deutlich hervortritt. Es ist sicher kein unbeabsichtigter Zufall, wenn hier das Wort anklingt, mit dem Jesus in Getsemani sein Leiden als Gottes Willen annahm (Lk 22,42).

8. Der Empfang in Jerusalem 21,15–26

15 Nach diesen Tagen rüsteten wir zum Aufbruch und zogen nach Jerusalem hinauf. 16 Es kamen auch einige Jünger aus Cäsarea mit uns und verschafften uns Quartier bei einem Zyprier Mnason, einem altbewährten Jünger. 17 Als wir in Jerusalem eintrafen, nahmen uns die Brüder freundlich auf. 18 Am folgenden Tage ging Paulus mit uns zu Jakobus; auch alle Ältesten waren anwesend. 19 Und er begrüßte sie und legte im einzelnen dar, was Gott durch seinen Dienst unter den Heiden getan hatte. 20 Als sie es hörten, priesen sie Gott und sagten zu ihm: „Du siehst, Bruder, wie viele Zehntausende von zum Glauben Gekommenen es unter den Juden gibt, und alle sind Eiferer für das Gesetz. 21 Man hat ihnen aber über dich berichtet, daß du alle Juden, die unter den Heiden wohnen, den Abfall von Mose lehrst, indem du sagst, sie sollten ihre Kinder nicht beschneiden und nicht mehr nach den Vorschriften wandeln. 22 Was soll nun werden? Selbstverständlich werden sie hören, daß du gekommen bist. 23 Tu nun das, was wir dir sagen! Wir haben hier vier Männer, die ein Gelübde auf sich genommen haben. 24 Nimm sie zu dir, weihe dich mit ihnen und übernimm die Kosten für sie, damit sie sich das Haupt scheren lassen können! Alle werden daraufhin einsehen, daß an dem, was man ihnen von dir berichtet hat, nichts ist, sondern daß auch du in Treue zum Gesetz wandelst. 25 Was aber die zum Glauben gekommenen Heiden anlangt, so haben wir beschlossen und angeordnet, daß sie sich freihalten sollen von Götzenopferfleisch, Blut, Ersticktem und Unzucht." 26 Da nahm Paulus die Männer zu sich, weihte sich am folgenden Tage mit ihnen und ging in den Tempel, um die Erfüllung der Tage der Weihe anzukündigen, bis für jeden von ihnen das Opfer dargebracht würde.

Vers 26: 4. Mose 6,13–20.

In seiner vorliegenden Gestalt läßt dieser Bericht eine Reihe von Fragen offen. Da A findet eine Zusammenkunft des Paulus und seiner Gefährten mit den Leitern der 15–26

Jerusalemer Urgemeinde statt, die, nach dem äußeren Rahmen zu urteilen (V. 18), kaum weniger offizielles Gepräge hat als das Apostelkonzil (vgl. 15,4. 6) – doch wir erfahren nicht, was ihr Anlaß war. Denn kann es wirklich nur darum gegangen sein, einen Missionsbericht des Paulus anzuhören (V. 19. 20 a)? Da weist Jakobus als Sprecher der Ältesten im Ton einer kaum verhüllten Drohung darauf hin, daß die Ankunft des Paulus eine gefährliche Situation heraufbeschworen hat (V. 22). Aber warum rät er ihm nicht, sich durch seine schleunige Abreise aus dieser Gefahr zu begeben und den gefährdeten Frieden wiederherzustellen, sondern fordert ihn statt dessen zu einer öffentlichen Demonstration seiner Gesetzestreue auf? Das Problem kann demnach nicht nur in der momentanen Anwesenheit des Paulus in Jerusalem bestehen. Aber worin besteht es dann? Schwerlich in dem gestörten persönlichen Verhältnis zwischen Paulus und den Vertretern des radikal gesetzestreuen Flügels der Urgemeinde (V. 20f.). Denn Paulus war von ihnen in keiner Weise abhängig. Die Forderung der Ältesten muß demnach weniger mit Interessen des Paulus als mit solchen der Urgemeinde zusammenhängen. Aber eben über diese erhalten wir keine Auskunft.

Das Dunkel lichtet sich, sobald man erkennt, daß diese Erzählung einer musikalischen Partitur gleicht, in der gerade die melodieführende Stimme ausgespart worden ist. Was Lukas verschweigt, ist, daß Paulus zusammen mit den Vertretern der Gemeinden seines Missionsgebietes jene Kollekte überbrachte, die für ihn jahrelang im Mittelpunkt allen Planens und Denkens gestanden hatte, weil sie für ihn zeichenhafte Demonstration der Einheit der Kirche aus Juden und Heiden war. Setzt man diese fehlende Mittelstimme ein, so ergibt sich mit einmal ein sinnvoller Zusammenhang aller scheinbar disparaten Töne und Motive. Paulus hatte die Jerusalem-Reise mit großem Bangen angetreten, denn er war nicht sicher, ob die Urgemeinde die Liebesgabe der Heidenchristen überhaupt annehmen würde (Röm 15,30f.). Die Ablehnung aber war für ihn gleichbedeutend mit dem Scheitern seines Lebenswerkes der kirchlichen Einheit. Diese Befürchtungen fanden konkrete Nahrung darin, daß die äußere und innere Lage der Jerusalemer Kirche seit dem Apostelkonzil schwieriger geworden war. In den Jahren nach der Thronbesteigung Neros (54 n.Chr.) wuchs in Judäa der jüdische Nationalismus, der Einfluß des Zelotentums verstärkte sich, und ein offener Terror gegen alles Griechische griff um sich, der alle Züge eines Kulturkampfes in sich trug (Jos ant XX 159f.). Es war dies eine Entwicklung, in der sich unaufhaltsam die Katastrophe des jüdischen Krieges (66 n.Chr.) vorbereitete. Die Urgemeinde war den Nationalisten durch ihre Verbindung mit Hellenisten von vornherein verdächtig; sie konnte sich nur behaupten, indem sie ständig ihre Treue zum Gesetz unter Beweis stellte. Bedingt durch diese äußere Lage, hatte sich auch ihr inneres Spektrum verschoben: Der streng gesetzestreue Flügel gewann die Oberhand, und der Herrnbruder Jakobus, der in den früheren Auseinandersetzungen (s. zu 11,1–18; 15,13–21) die konservativere Richtung vertreten hatte, sah sich nun gleichsam auf den linken Flügel gedrängt. Nichts deutet darauf hin, daß Jakobus sein früheres grundsätzliches Ja zur gesetzesfreien Heidenmission (15,19; Gal 2,9) und zur Kirchengemeinschaft mit den Heidenchristen zurückgenommen hätte. Er sah jedoch deutlich genug, daß die streng gesetzestreu-pharisäische Gemeindemehrheit ihm im Falle einer bedingungslosen

Annahme der Kollekte die Gefolgschaft versagen würde. Man warf in diesen Kreisen Paulus nämlich vor, daß er die Vereinbarungen des Apostelkonzils gebrochen hätte, und begründete dies mit dem Hinweis auf die Entwicklung in den gemischt heiden- und judenchristlichen Gemeinden (V. 21). Hinzu kam, daß eine allzu selbstverständliche Annahme des Geldes von Unbeschnittenen die ohnehin schwierige Situation der Jerusalemer Judenchristen unter ihren Landsleuten noch weiter hätte belasten müssen. Als der kluge Taktiker, der er war, versuchte Jakobus beiden Seiten eine goldene Brücke zu bauen: Paulus sollte mit einem Teil des Kollektengeldes die Auslösung des Nasiräatsgelübdes von vier armen Judenchristen bezahlen und an den damit verbundenen kultischen Akten teilnehmen. Durch eine solche Demonstration der Treue zu Gesetz und Kult würde er, so hoffte Jakobus, den Vorwurf, er verleite die Diasporajuden zum Abfall vom Gesetz, zumindest vordergründig widerlegen, ohne sich dabei etwas zu vergeben, und die radikal gesetzestreuen Judenchristen würden daraufhin ihren Widerstand gegen die Annahme der Kollekte aufgeben.

Rekonstruiert man die Vorgänge in dieser Weise, so findet auch das Schweigen des Lukas seine Erklärung. Er übergeht die Kollekte nicht etwa, weil sie in seinen Augen unwichtig gewesen wäre, sondern – paradoxerweise – weil er von ihrer überragenden Bedeutung wußte! Ihm war aus seinen Quellen bekannt, daß die Jerusalemer das Opfer der Heiden nicht angenommen haben. Daß sie es nach dem spektakulären Scheitern der Demonstration des Paulus (V. 27–36) doch noch angenommen haben sollten, ist ja in der Tat kaum vorstellbar. Lukas muß über das Scheitern des Einheitswerkes des Paulus schweigen, weil er andernfalls das für seine Theologie fundamentale Bild einer einheitlichen Kirche aus Juden und Heiden an einer entscheidenden Stelle in Frage gestellt hätte.

Ohne Zweifel liegt seiner Darstellung zuverlässiges Material zugrunde, das jedoch so selektiv benutzt ist, daß Rückschlüsse über seine Gestalt und Herkunft unmöglich sind. Denkbar wäre immerhin, daß der Reisebericht der Kollektendelegation (s. zu 20,1ff.) nicht schon mit der Ankunft in Jerusalem (V.17) endete, sondern auch noch einen Rechenschaftsbericht über die versuchte Kollektenübergabe enthielt, den Lukas hier benutzt hätte. Ebensogut kann er aber auch auf mündliche Informationen aus dem Kreis der Paulusbegleiter zurückgegriffen haben.

Für die Strecke von Cäsarea nach Jerusalem – ca. 100 km – waren auch bei Benutzung eines Wagens zwei Tage erforderlich. Einige Christen aus Cäsarea geben der Reisegesellschaft Geleit und bereiten für sie Quartier. Unklar ist, ob das Haus des Mnason die letzte Unterwegsetappe markierte oder ob es der Ort war, der Paulus und den Seinen in Jerusalem Unterkunft gewährte. Der westliche Text, der mit einer Sonderlesart sich für die erste Möglichkeit entscheidet („und als sie in eine Ortschaft kamen, kehrten sie bei einem Zyprier Mnason ein"), dürfte hier im Recht sein, denn der zugrundeliegende Reisebericht wird schwerlich das letzte Nachtquartier vor der Ankunft in Jerusalem unerwähnt gelassen haben. Zudem ist es unwahrscheinlich, daß ein hellenistischer Judenchrist wie Mnason unter den zu jener Zeit herrschenden Verhältnissen in Jerusalem leben konnte. In Jerusalem angekommen, findet die Delegation freundliche Aufnahme bei den „Brüdern": Damit ist wohl kaum eine erste Begegnung mit der Gesamtgemeinde umschrieben,

denn das widerspräche V. 22; es soll lediglich angedeutet werden, daß Gemeinde-
18 glieder Paulus und den Seinen Gastfreundschaft gewährten. Am folgenden Tage kommt es zu der entscheidenden Begegnung mit der Gemeindeleitung. Es ist kein informeller Besuch bei Jakobus, sondern eine Zusammenkunft von streng amtlichem Charakter. Protokollarisch exakt wird vermerkt, daß alle Ältesten anwesend sind. Die Szene ist ähnlich wie in 15,6 ff. – nur daß die Apostel fehlen. Sie bzw. die von Lukas mit ihnen identifizierten Zwölf (s. Exk. zu 1,26) waren zu dieser Zeit
19 schon längst von der Bildfläche verschwunden. Nach der feierlichen Begrüßung gibt Paulus zunächst einen detaillierten Bericht über seine Missionsarbeit. Das Leitmotiv ist dabei das gleiche wie in 15,4.12 (vgl. auch 11,18; 14,27): Alles, was er ge-
20 tan hat, war letztlich Gottes eigenes Werk. Dem entspricht der Lobpreis Gottes, mit dem die Hörer den Bericht quittieren (vgl. 11,18). Aber nun kommt Jakobus – ihn haben wir uns, obwohl nicht mehr genannt, als Sprecher der Ältesten vorzustellen – auf das anstehende Problem zu sprechen. Mit fast drohendem Unterton verweist er darauf, daß es mittlerweile in der Gemeinde „Zehntausende" gläubig gewordener Juden gibt, die streng nach dem Gesetz leben. Diese Zahl ist ebenso unrealistisch wie die früheren Angaben über die in Jerusalem Bekehrten (2,41. 47; 4,4; 5,14). Wie jene nennt sie Lukas aber nicht ganz unbedacht: Er will bei dieser Gelegenheit den Leser wissen lassen, daß die Jerusalemer Gemeinde inzwischen (vgl. 9,31; 15,5) weiter gewachsen ist, so daß nunmehr ein Großteil Israels den Weg in die
21 Kirche gefunden hat. Diese christlichen Pharisäer haben starke Vorbehalte gegen Paulus zunächst einen detaillierten Bericht über sein Missionsarbeit. Das Leit-Gemeinden die Juden zum Abfall vom Gesetz und zu heidnischer Lebensweise veranlaßt. Lukas hält diese Gerüchte für völlig gegenstandslos; er hat sich durchweg bemüht, Paulus als korrekten, gesetzestreuen Juden darzustellen (s. zu 16,1–3). Der wirkliche Sachverhalt ist jedoch differenzierter. Hier wird nämlich ein Problem angesprochen, das im Gefolge des Apostelkonzils in den gemischten Gemeinden aufgebrochen war: Müssen die Judenchristen in heidenchristlichen Gemeinden auch weiter nach dem mosaischen Gesetz leben? (s. Exk. zu 15,1–36). Die Jerusalemer um Jakobus erwarteten dies als Selbstverständlichkeit. Paulus hingegen hat die Judenchristen nicht zur Beibehaltung des Gesetzes verpflichtet, sondern ihnen völlige Freiheit gegeben. Er hat sie freilich nicht – und hierin ist der Vorwurf tatsächlich falsch – von sich aus zur Preisgabe des Gesetzes veranlaßt, wie er auch selbst jüdischer Sitte verpflichtet geblieben ist.
22–24 Daß Paulus in Jerusalem ist und – so ist sinngemäß zu ergänzen – daß er das Opfer der Heiden mitgebracht hat, kann seinen Kritikern nicht verheimlicht werden. Es muß also etwas geschehen, was sie zum Verstummen bringt. Und zwar fordert Jakobus, daß Paulus durch seine aktive Teilnahme an einem kultischen Akt seine Treue zum Gesetz in aller Öffentlichkeit unter Beweis stellen soll. Dem in Fragen des jüdischen Kults unbewanderten Lukas, vermutlich sogar schon seiner Quelle, ist hier nun freilich eine kleine Verwechslung unterlaufen. Es kann unmöglich darum gegangen sein, daß Paulus sich zusammen mit vier christlichen Nasiräern (zum Nasiräatsgelübde vgl. 18,18) „weihen" ließ, um für die Dauer von sieben Tagen (s. V. 27) in ihr Nasiräat einzutreten. Die Mindestdauer des Nasiräatsgelübdes betrug nämlich 30 Tage. Was Jakobus wollte, war wohl lediglich, daß Paulus die

kostspielige Auslösung des Nasiräats für die vier mittellosen Judenchristen übernehmen sollte. Diese erfolgte im Tempel: Dort wurden dem Nasiräer zunächst vom Priester die Haare geschnitten, sodann wurde ein Opfer (Sündopfer, Brandopfer und Heilsopfer) dargebracht, wobei das abgeschnittene Haar ins Feuer, auf dem das Opfertier gekocht wurde, geworfen wurde. Daß wohlhabende Leute das „Scheren", d.h. das damit verbundene Ausweihopfer, bezahlten, war ein häufiger Brauch (vgl. Bill II 755 ff.). Nun mußte sich freilich der Auslösende, wenn er sich in besonderer Weise verunreinigt hatte, z.B. wenn er aus dem Ausland kam, vorher selbst reinigen durch zweimaliges Besprengen mit Entsündigungswasser, und zwar am dritten und am siebten Tage der Reinigungszeit, die mit der Anmeldung beim Priester begann. Darauf nun scheinen sich die „7 Tage" (V.27) zu beziehen. Paulus mußte zunächst nach seinem Auslandsaufenthalt im Tempel die levitische Reinheit wiederherstellen lassen, ehe die Ausweihungszeremonie für die vier Nasiräer stattfinden konnte. – Es ist keineswegs unmotiviert, sondern hat im Zusammenhang 25 seinen guten Sinn, wenn Jakobus seine kleine Rede mit einem Hinweis auf das Apostoldekret abschließt (s. zu 15,20). Er will damit sagen: Das entscheidende Problem, das mit der Ankunft des Paulus akut geworden ist, ist das der Judenchristen in den gemischten Gemeinden; was das andere Problem der Stellung der Heidenchristen in diesen Gemeinden betrifft, so kann es hier außer Betracht bleiben, weil es bereits durch das Dekret im Sinne Jerusalems gelöst ist. – Lapidar wird die 26 Befolgung der Weisung durch Paulus berichtet: Er geht am nächsten Tag zusammen mit den Nasiräern zum Tempel, um seine Entsühnung einzuleiten und zugleich das Auslösungsopfer, das unmittelbar am Ende der 7-Tage-Frist erfolgen sollte, anzumelden.

Man hat nun immer wieder gefragt: Ist es denkbar, daß der geschichtliche Paulus, der kompromißlos das Gesetz als Heilsweg ablehnte, sich in der hier dargestellten Weise verhalten haben könnte? Doch solche meist emotional bestimmten Zweifel haben alle historischen und theologischen Argumente gegen sich. Historisch spricht alles dafür, daß Paulus die von ihm geforderte Leistung tatsächlich erbracht hat; niemand hätte auch nur den geringsten Grund gehabt, sie ihm anzudichten. Theologisch aber ist zu konstatieren, daß er damit keineswegs seinen Prinzipien untreu geworden ist. Er hat lediglich die Freiheit, zu der er sich selbst ausdrücklich bekannte, den Juden ein Jude zu werden, praktiziert (1.Kor 9,20). Er hat sich zwar gegen jeden Versuch gewandt, das Heil im Gesetzesgehorsam zu finden, aber er hat keineswegs jegliche Gesetzesobservanz unter Juden verboten.

9. Die Verhaftung des Paulus 21,27–36

27 Als nun die sieben Tage im Begriff standen, vollendet zu werden, sahen ihn die Juden aus Asien im Tempel, wiegelten die ganze Volksmenge gegen ihn auf, ergriffen ihn 28 und schrien: „Israeliten, zu Hilfe! Das ist der Mensch, der vor allen Leuten überall Lehren vorbringt, die sich gegen das (Gottes-)Volk, das Gesetz und gegen diesen Ort richten, und jetzt hat er sogar Griechen in den Tempel geführt und diesen heiligen Ort entweiht." 29 Sie hatten nämlich vorher den Epheser Trophimus mit ihm in der Stadt gesehen und meinten, Paulus habe ihn

in den Tempel mitgenommen. ³⁰Da geriet die ganze Stadt in Bewegung, und es gab einen Volksauflauf, und man packte Paulus und zerrte ihn aus dem Tempel, und sogleich wurden die Tore geschlossen. ³¹Und als sie versuchten, ihn umzubringen, erging Meldung an den Tribunen der Kohorte, ganz Jerusalem sei in Aufruhr. ³²Dieser nahm sofort Soldaten und Centurionen und eilte zu ihnen hinab. Als sie den Tribunen und die Soldaten sahen, hörten sie auf, auf Paulus einzuschlagen. ³³Da trat der Tribun hinzu, verhaftete ihn und befahl, ihn mit zwei Ketten zu fesseln, und fragte, wer er sei und was er getan habe. ³⁴In der Volksmenge schrie der eine dies, der andere das. Da er wegen des Tumults nicht imstande war, etwas Zuverlässiges in Erfahrung zu bringen, gab er Befehl, ihn in die Kaserne abzuführen. ³⁵Als er an die Treppe kam, mußte er wegen des Drängens des Volkes von den Soldaten getragen werden. ³⁶Denn die Volksmenge drängte nach und schrie: „Weg mit ihm!"

A
27–36

Mit der Verhaftung des Paulus ist ein Wendepunkt der Erzählung erreicht. Von hier bis zum Ende seines Buches kann Lukas, zumindest was den äußeren Gang der Ereignisse betrifft, nur noch von einem Gefangenen und dessen wechselnden Schicksalen berichten. Trotzdem gelingt es seiner Erzählkunst, keinen Augenblick lang den Eindruck aufkommen zu lassen, als sei Paulus nur passives Objekt der über ihn verfügenden Mächtigen. Statt dessen zeigt er immer wieder aufs neue, daß Paulus auch da, wo er den Gang der Ereignisse nicht mehr aktiv zu bestimmen vermag, beherrschend in deren Zentrum steht, weil er auch in seiner Gefangenschaft und seinem Leiden der ist, durch den sich Gottes geschichtsmächtiger Wille verwirklicht. Auch äußerlich verändert sich von 21,27 an der Rhythmus der Erzählung: Sie wird breiter, die einzelnen sehr detailfreudig gestalteten Episoden sind unmittelbar ineinander verflochten, so daß ein durchlaufender Haftbericht des Paulus entsteht. Ohne Zweifel kann sich Lukas hierbei auf gute, historisch zuverlässige Traditionen stützen. Die paulinischen Gemeinden verfolgten aus der Ferne das Schicksal ihres Apostels mit regem Interesse (Phil 1,12–17) und tauschten Informationen darüber, die ihnen von Christen aus dem Umkreis des Apostels zugingen, untereinander aus (Kol 4,7; Eph 6,21). Daß dabei schon früh die einzelnen Nachrichten zu zusammenhängenden Berichten verbunden worden sind, liegt nahe, auch wenn uns ein unmittelbarer Beleg für die Existenz solcher Haftberichte nicht überliefert worden ist. Jedenfalls spricht manches dafür, daß nicht erst Lukas einzelne Informationen zu einem Ganzen verbunden hat, sondern daß ihm bereits ein zusammenhängender längerer Bericht über die Haft des Paulus in Jerusalem und Cäsarea vorgelegen hat, dem er in den Abschnitten 21,27–36; 22,24–29; 23,12–24,23.26f.; 25,1–12 folgt. Dieser Bericht lieferte Lukas allerdings nur das Grundgerüst der Daten und Fakten. Im übrigen hat er die Ereignisse so erzählt, daß sie für die theologische Interpretation, die er ihnen gab, transparent wurden. So wird im vorliegenden Abschnitt seine interpretatorische Absicht an drei Punkten erkennbar: 1. Er betont, daß „ganz Jerusalem" geschlossen gegen Paulus steht (V. 30); 2. er hebt den verhängnisvollen Augenblick, in dem Paulus Fesseln angelegt werden, erzählerisch hervor (V. 33); 3. er läßt den römischen Offizier, der die Verhaftung vollzieht, trotzdem und zugleich als Retter des Paulus vor den Juden in Erscheinung treten (V. 35f.).

Apg 21,27–33: Tumult im Tempel

Am letzten der sieben Tage seiner Reinigungsfrist (s. zu V.24.26) begibt sich Paulus in den Tempel, um sich dem abschließenden Reinigungsritus zu unterziehen und um – wohl unmittelbar daran anschließend – die vier Nasiräer auszulösen. In eben diesem Augenblick, als die von Jakobus gestellte schwierige Bedingung fast erfüllt ist, bricht das Verhängnis herein. Diasporajuden aus Asien – d.h. wohl aus Ephesus – erkennen dort in Paulus ihren Todfeind wieder. Sie halten ihn fest und alarmieren gleichzeitig ihre umstehenden Volksgenossen. Die erste Anschuldigung, die sie erheben, ist wohl von Lukas formuliert und soll den allgemeinen Grund der Feindschaft der Juden gegen Paulus zusammenfassend benennen: Er richte sich mit seiner Botschaft gegen das Gottesvolk und seine heiligen Institutionen, Gesetz und Tempel (vgl. 6,13). Konkreter und gefährlicher ist die zweite Anschuldigung, die sich auf die augenblickliche Situation bezieht: Paulus habe unreine Heiden in den Tempel geführt und damit seine Nichtachtung des heiligen Ortes handgreiflich demonstriert. Nichtisraeliten durften zwar den Tempelplatz betreten; der Zugang zum inneren Vorhof war ihnen jedoch bei Todesstrafe verboten. Eine Schranke *(soreg)* am Fuß der Treppe, die zu einer dem inneren Vorhof vorgelagerten Terrasse *(chel)* emporführte, markierte die Grenze, bis zu der sie vordringen durften. Eine der dort angebrachten Warnungstafeln wurde bei einer Ausgrabung gefunden. Sie trug in griechischer und lateinischer Sprache die Inschrift: „Kein einem anderen Volk Angehöriger darf eintreten in die Schranke und Umwallung um das Heiligtum. Wer dabei ergriffen wird, verursacht sich selbst die darauf folgende Todesstrafe" (Bill II 761f.). – Diese zweite Anschuldigung beruhte allerdings auf einem Irrtum, wie der Erzähler glaubhaft versichert. Die ephesinischen Juden haben Paulus kurz vorher mit dem ihnen ebenfalls aus Ephesus bekannten Trophimus (20,4) in der Stadt gesehen, und dieser Umstand löst in ihnen die Überzeugung aus, daß Paulus das Vergehen, das sie ihm aufgrund seiner angeblichen Feindschaft gegen den Tempel zutrauen, auch tatsächlich begangen hat. „Eiferer, die etwas meinen, irren häufig" (J.A. Bengel). Sofort entsteht unter den Juden ein Tumult, der vom Tempel auf die ganze Stadt übergreift. Man zerrt Paulus aus dem „Heiligtum", d.h. aus dem Frauenvorhof, heraus auf den Tempelplatz, um ihn dort zu lynchen. Das Tempelinnere darf nicht durch einen Mord entweiht werden (2.Chron 24,20ff.; Mt 23,35). Wenn zugleich die levitische Tempelpolizei die vom Tempelplatz in den Frauenvorhof führenden Tore verschließt, so soll damit Paulus der Fluchtweg in den Schutz des Tempels abgeschnitten werden. Da, im Augenblick höchster Gefahr, erscheint die römische Besatzungsmacht auf der Bildfläche. Der in Jerusalem stationierten, etwa 1000 Mann starken Kohorte diente die den Tempelplatz an seiner Nordwestecke überragende Burg Antonia als Kaserne. Von dort ließen sich Unruhen im Tempel sofort erkennen und unter Kontrolle bringen, was vor allem zu den Zeiten der großen Wallfahrtsfeste wichtig war. So bedrohlich erscheint der Aufruhr, daß der Standortkommandant selbst an der Spitze eines größeren Kommandos zu seinem Schauplatz eilt. Der Tribun – seinen Namen Klaudius Lysias werden wir später erfahren (23,26) – kommt gerade noch rechtzeitig, um den Mord an Paulus zu verhindern. Er verhaftet ihn jedoch unverzüglich, weil er der Überzeugung sein muß, in ihm einen Unruhestifter und Rebellen vor sich zu haben. Bildkräftig wird die Fesselung mit zwei Handketten beschrieben: Die Prophetie des

Agabus hat sich erfüllt (vgl. 21,10f.)! Als geschickter Taktiker will der Tribun den Anschein vermeiden, als sehe er in Paulus das Opfer ungerechtfertigter Ausschreitungen. Er befragt nicht Paulus, sondern die Juden und gibt ihnen so Gelegenheit, ihre Beschuldigungen gegen Paulus vorzubringen. Aber dieses Entgegenkommen führt nicht zum Ziel; die sachlichen Fragen gehen im wilden Geschrei der Menge unter (vgl. 19,32). Ja, als die Soldaten sich anschicken, den gefesselten Paulus in die Burg Antonia abzuführen, nimmt der Tumult noch einmal für ihn bedrohliche Formen an. Um ihn vor dem Zugriff der nachdrängenden Menge zu schützen, müssen die Soldaten Paulus die Treppe zur Burg Antonia hinauftragen. Als das Volk sieht, daß ihm sein Opfer nun endgültig entzogen wird, läßt es seiner ohnmächtigen Wut freien Lauf. In wilden Sprechchören, die weithin über den Tempelplatz schallen, fordert es den Tod des Paulus (vgl. 22,22). Vielleicht war die geschichtliche Wirklichkeit weniger dramatisch. Daß die Soldaten ihn die Treppe hinauftragen mußten, könnte ganz einfach darin seinen Grund gehabt haben, daß der fast zu Tode geprügelte Paulus nicht mehr imstande war, selbst zu gehen. Lukas jedenfalls will mit dieser Volksszene zeigen: Jerusalem hat nun endgültig und abschließend das Angebot des Evangeliums abgewiesen. Damit ist es vom Ort des Heils zum Ort des Unheils geworden. Die Tatsache, daß es in Jerusalem noch eine christliche Gemeinde gibt, ändert daran nichts, daß es seine heilsgeschichtliche Stellung verloren hat. Und in der Tat kommt Lukas mit keinem Wort mehr auf die Urgemeinde zu sprechen.

10. Die Rede des Paulus vor der Burg Antonia 21,37–22,29

37 Als man Paulus gerade in die Kaserne hineinbringen wollte, sagte er zu dem Tribunen: „Ist es mir erlaubt, dir etwas zu sagen?" Der erwiderte: „Kannst du denn Griechisch? 38 Dann bist du also nicht der Ägypter, der vor einiger Zeit einen Aufstand angezettelt und die viertausend Sikarier in die Wüste geführt hat?" 39 Da sagte Paulus: „Ich bin ein Jude aus Tarsus in Zilizien, Bürger einer nicht unbedeutenden Stadt. Ich bitte dich, gestatte mir, zum Volk zu sprechen!" 40 Als er es erlaubte, gebot Paulus, auf der Treppe stehend, dem Volk mit einer Handbewegung Ruhe. Nachdem tiefe Stille eingetreten war, redete er in hebräischer Sprache zu ihnen:
22 1 „Brüder und Väter, hört meine Verteidigungsrede, die ich an euch richte!" 2 Als sie hörten, daß er sie auf hebräisch ansprach, wurden sie noch stiller. Und er sprach: 3 „Ich bin Jude, geboren in Tarsus in Zilizien, doch aufgewachsen in dieser Stadt, zu den Füßen des Gamaliel streng nach dem väterlichen Gesetz ausgebildet, ein Eiferer für Gott, wie ihr alle bis heute. 4 Ich habe diesen Weg bis zum Tode verfolgt, indem ich Männer und Frauen verhaftete und in den Kerker einlieferte, 5 wie mir der Hohepriester und der ganze Ältestenrat bestätigen kann. Von ihnen habe ich Briefe an die Brüder erhalten und bin nach Damaskus gereist, um die dortigen (Christen) gefangen nach Jerusalem zu schaffen, damit sie bestraft würden. 6 Als ich aber unterwegs war und mich Damaskus näherte, geschah es, daß gegen Mittag plötzlich ein gewaltiges Licht vom Himmel her mich umstrahlte. 7 Ich stürzte zu Boden und hörte eine Stimme, die zu mir sprach: ‚Saul, Saul, warum verfolgst du mich?' 8 Ich aber

antwortete: ‚Wer bist du, Herr?' Er sprach zu mir: ‚Ich bin Jesus, der Nazoräer, den du verfolgst.' ⁹Meine Begleiter sahen zwar das Licht, hörten aber die Stimme nicht, die zu mir sprach. ¹⁰Da sagte ich: ‚Was soll ich tun, Herr?' Der Herr aber sprach zu mir: ‚Steh auf und geh nach Damaskus. Dort wird dir alles gesagt werden, was dir zu tun aufgetragen ist.' ¹¹Da ich aber wegen des Glanzes jenes Lichtes nicht mehr sehen konnte, wurde ich von meinen Begleitern an der Hand geführt und kam so nach Damaskus. ¹²Ein gewisser Hananias, ein Frommer nach dem Gesetz, der bei allen dort lebenden Juden in gutem Ruf stand, ¹³kam zu mir, trat auf mich zu und sprach zu mir: ‚Saul, Bruder, werde wieder sehend!' Und zu der gleichen Stunde konnte ich ihn erblikken. ¹⁴Da sagte er: ‚Der Gott unserer Väter hat dich erwählt, seinen Willen zu erkennen, den Gerechten zu schauen und die Stimme aus seinem Munde zu hören, ¹⁵denn du sollst sein Zeuge sein vor allen Menschen für das, was du gesehen und gehört hast. ¹⁶Und nun – was zauderst du? Steh auf, laß dich taufen und deine Sünden abwaschen, indem du seinen Namen anrufst!' ¹⁷Als ich (dann) nach Jerusalem zurückkehrte und im Tempel betete, geriet ich in Ekstase ¹⁸und schaute ihn, wie er zu mir sprach: ‚Beeile dich und verlasse Jerusalem rasch, denn sie werden dein Zeugnis über mich nicht annehmen!' ¹⁹Ich erwiderte: ‚Herr, sie wissen doch, daß ich es war, der die, die an dich glauben, einkerkern und in den Synagogen prügeln ließ. ²⁰Und als das Blut deines Zeugen Stephanus vergossen wurde, stand ich selbst dabei, billigte es und bewachte die Kleider seiner Mörder.' ²¹Da sprach er zu mir: ‚Geh, denn ich will dich weit hinaus zu den Heiden senden!'"

²²Bis zu diesem Wort hörten sie ihm zu; dann erhoben sie ihre Stimme und riefen: „Hinweg vom Erdboden mit diesem da! Er darf nicht leben!" ²³Als sie so schrien, ihre Kleider zerrissen und Staub in die Luft warfen, ²⁴gab der Tribun den Befehl, ihn in die Kaserne zu bringen, und sagte, man solle ihn dort unter Geißelung verhören, um so herauszufinden, aus welchem Grund sie so gegen ihn schrien. ²⁵Als man ihn schon zur Auspeitschung ausstreckte, sagte Paulus zu dem dabeistehenden Centurio: „Ist es bei euch erlaubt, einen Römer, noch dazu ohne Urteil, zu geißeln!" ²⁶Als das der Centurio hörte, ging er zu dem Tribunen, meldete ihm das und sagte: „Was willst du tun? Der Mann ist nämlich Römer!" Da eilte der Tribun selbst herbei und fragte ihn: „Sage mir, bist du Römer?" Er antwortete: „Ja!" ²⁸Der Tribun erwiderte: „Ich habe dieses Bürgerrecht für teures Geld erworben." Da sagte Paulus: „Ich aber habe es durch Geburt." ²⁹Da ließen die, die ihn verhören sollten, sogleich von ihm ab, und der Tribun hatte einen Schrecken bekommen, als er erfuhr, daß er Römer war, weil er ihn hatte fesseln lassen.

Wieder, wie so oft, charakterisiert Lukas die besondere Bedeutung einer Situation, indem er eine bildkräftige Szene schafft, in deren Mittelpunkt eine Rede steht. Die Annahme, daß es sich hier um die historisch getreue Wiedergabe von wirklichen Ereignissen handeln könnte, verbietet sich angesichts der Häufung von Unwahrscheinlichkeiten. Zunächst, was den szenischen Rahmen betrifft: daß der Tribun, der seinen Gefangenen eben noch nur mit äußerster Mühe vor dem Zugriff der entfesselten Volksmasse hatte bewahren können, nicht alles daransetzt, um ihn möglichst schnell in der Burg Antonia in Sicherheit zu bringen, ist ebenso unwahrscheinlich wie daß er ihm auf seine Bitte hin die Erlaubnis zu einer öffentlichen

A
21, 37–22, 29

Rede erteilt haben sollte. Vollends unvorstellbar ist auch, daß es Paulus gelungen sein sollte, den mordlüsternen Mob mit einer Handbewegung zum geduldigen Zuhören zu veranlassen (V. 40). Und was die Rede selbst anlangt, so fällt auf, daß sie keinerlei Stellungnahme zu den konkreten Vorgängen im Tempel, die den Lynchversuch an Paulus ausgelöst haben, enthält. Paulus widerlegt nicht, wie man eigentlich erwarten müßte, den entscheidenden Vorwurf, er habe den Tempel durch die Mitnahme eines Heiden entweiht (21,28); statt dessen gibt er eine Rechtfertigung seines ganzen bisherigen Lebensweges angesichts seiner endgültigen Verwerfung durch die Juden Jerusalems. Der eigentliche Adressat dieser Rede ist also nicht die Volksmenge auf dem Tempelplatz, sondern der Leser. Möglich ist allenfalls, daß das zweite Gespräch mit dem Tribunen, in dem Paulus sein römisches Bürgerrecht zur Geltung bringt (22,24–29), auf eine Vorlage in dem von Lukas benutzten Prozeßbericht zurückgeht (s. zu 21,27–40). Aber auch das ist nicht sicher, da es

22,1–21 Merkmale lukanischer Erzähltechnik aufweist. Der Rede selbst liegt zum größten Teil Material zugrunde, das Lukas dem Leser bereits vorgeführt hat, nämlich die Bekehrungslegende des Paulus (9,1–22; s. dort). Es wird ergänzt durch einige biographische Daten (22,3), die Lukas aus der in den Gemeinden umlaufenden Paulus-Überlieferung entnehmen konnte. Das einzige wesentliche neue Element ist der Bericht von der Vision des Paulus im Tempel (22,17–21), der an die Stelle tritt, an der in 9,19–30 die Predigt in Damaskus und Jerusalem stand. Seine Herkunft ist rätselhaft. Lukas hat ihn kaum ganz frei erfunden. Es ist hingegen denkbar, daß er auf einen Strom volkstümlicher Paulus-Tradition zurückgeht, in dem die Bindung des Paulus an Jerusalem stark betont wurde.

Weit interessanter als dieses Material ist in diesem Fall die Weise, in der Lukas es verwertet. Er stellt es nämlich in den Dienst einer ungemein konsequenten Argumentation, wobei er ihm, wie der Vergleich mit 9,1–22 zeigt, überraschend neue Lichter aufsetzt. Die Rede gibt sich zunächst als persönliche Verteidigungsrede des Paulus: Er will zeigen, daß er den Boden jüdischer Tradition, auf dem er durch Herkunft und Geburt stand (V. 1–3), niemals verlassen hat und daß er den Namen eines „Eiferers für Gott" (V. 3) mit Recht auch für sich beanspruchen darf. Auch das Widerfahrnis von Damaskus hat ihn dem wahren Judentum nicht entfremdet; im Gegenteil: jeder überzeugte Pharisäer hätte sich damals in seiner Lage ebenso verhalten müssen wie er (V. 4–16). Alles ist hier bewußt auf den Grundtenor der Solidarisierung des Paulus mit seinen Gegnern gestimmt. So wird auch das Damaskus-Ereignis gewissermaßen jüdisch „eingefärbt" (V. 12. 14). Alles daran, was jüdische Hörer hätte provozieren müssen, wird ausgeblendet. So bleibt unausgesprochen, daß es bei Paulus einen Bruch mit dem traditionellen pharisäischen Gesetzesverständnis bewirkte. Das ist nun freilich keine Leisetreterei des Lukas, sondern soll die überraschende Pointe des letzten Redeteils (V. 17–21) vorbereiten. Hier entpuppt sich die scheinbare Selbstverteidigung als Angriff von unerhörter Radikalität: Der von den Juden verworfene Jesus erscheint am heiligen Ort und spricht das Verwerfungsurteil über sein Volk aus, das Paulus nun am gleichen heiligen Ort öffentlich verkündigt. Nicht er ist, indem er an Jesus als den Erfüller der Verheißung glaubte, dem Judentum untreu geworden, sondern seine Gegner. Indem sie sein Zeugnis von Jesus verwarfen, haben sie ihre eigene Unbelehrbarkeit dokumentiert. Und darum liegt die Zukunft der Verheißung bei den Heiden (vgl. 28,28). Jerusalem und der Tempel aber scheiden aus der Heilsgeschichte aus. So erweist sich diese Rede als das abschließende Zeugnis des Paulus vor dem jüdischen Volk.

Am oberen Ende der Treppe angekommen, noch ehe die Soldaten das Tor der Burg Antonia hinter ihm verschließen können, gelingt es Paulus, den Tribunen anzusprechen. Er tut dies mit ausgesuchter Höflichkeit und in elegantestem Griechisch. Vor allem das letztere überrascht den römischen Offizier, weil es seinen Verdacht widerlegt, Paulus sei identisch mit einem ägyptischen Juden, der kurz vorher einen Aufruhr angezettelt hatte und nach dessen Zerschlagung auf mysteriöse Weise verschwunden war. Wir wissen von dem Vorgang durch Berichte des Josephus (ant XX 169; bell II 261–263 f.): Der Ägypter hatte zunächst seine Anhänger im Lande gesammelt, führte sie dann in die Wüste und schließlich auf den Ölberg. Dort wollte er die Mauern Jerusalems – wie einst Josua die Mauern Jerichos – zusammenstürzen lassen. Der Prokurator Felix trat ihm jedoch entgegen und zersprengte seine Anhängerschaft. Ein eindeutiger Fehler ist Lukas nur bei der Angabe über deren Zahl unterlaufen. Er mag auf eine Verlesung zurückgehen, denn der griechische Zahlbuchstabe für 4000 ähnelt dem für 30000. Nicht ganz korrekt ist es auch, wenn er diese Anhänger Sikarier nennt. Denn mit diesem lateinischen Lehnwort (*sicarii* = Dolchmänner) bezeichnete man jüdische Terroristen, die einzeln vom flachen Land in die Hauptstadt eindrangen und die Bevölkerung durch Terroranschläge verunsicherten (Jos bell II 224 f.). Aber anscheinend ist diese Bezeichnung schon bald allgemein auf alle Aufständischen angewandt worden. Ganz unglaubhaft ist allerdings, daß Paulus durch sein fließendes Griechisch seine Nicht-Identität mit dem Ägypter bewiesen haben könnte. Lukas scheint nicht zu wissen, daß die meisten der ägyptischen Juden Griechisch sprachen. Was er mit dieser Episode will, ist jedoch eindeutig: Die Distanz des Paulus und damit des Christentums von allen politisch gefährlichen Aufstandsbewegungen soll aus dem Munde eines Vertreters der römischen Macht ausdrücklich bestätigt werden. – Paulus stellt sich nun, nicht ohne Unterton des Stolzes, als Diasporajude und Bürger der berühmten Stadt Tarsus vor. Er verschweigt jedoch noch sein römisches Bürgerrecht; der Ausspielung dieses entscheidenden Trumpfes wird eine besondere Szene vorbehalten sein (22,24–29). Lukas verzichtet darauf, zu begründen, warum der Tribun Paulus in dieser kritischen Lage die Redeerlaubnis gibt. Ihm hier mit moderner Psychologie nachzuhelfen, besteht kein Anlaß. In seinen Augen erforderte die ungemein bildkräftige Situation ganz einfach eine Deutung für den Leser: Paulus steht zum letztenmal im Tempel, gefesselt, und um ihn das Volk von Jerusalem, das seinen Tod fordert. Paulus nimmt mit einer typischen Geste die Haltung des Redners ein (vgl. 12,17; 13,16; 26,1). Daß es ihm damit auf Anhieb gelang, den tosenden Hexenkessel zum Schweigen zu bringen, ist für Lukas angesichts der Autorität, die er der Persönlichkeit seines Helden zuschreibt, eine Selbstverständlichkeit. Paulus spricht „Hebräisch" – d.h. die aramäische Umgangssprache – und weist sich schon dadurch als Jude unter Juden aus (vgl. 22,2). Die Anrede ist betont ehrerbietig; als „Väter" pflegte man sonst nur Mitglieder des Synedriums zu bezeichnen (vgl. 7,2). Paulus kennzeichnet seine Rede als persönliche Apologie, mit der er

sich wegen der gegen ihn erhobenen Beschuldigungen rechtfertigen will. Konkret hat er dabei den Vorwurf von 21,28a im Blick, er lehre gegen Gottesvolk, Gesetz und Tempel. Die Anschuldigung der Tempelschändung durch Einführung eines
3 Heiden (21,28b) bleibt dagegen ganz außer Betracht. Bereits die biographischen Angaben, mit denen Paulus einsetzt, sind ganz auf den Zweck der Rede hin ausgerichtet. Das „ich bin Jude" ist gleichsam das Motto, dem alles folgende untersteht. Paulus will beweisen, daß er von den Anfängen seines Daseins bis in die Gegenwart ungebrochen im Judentum stand. Trotz mancher äußerer Anklänge liegt hier ein markanter Unterschied zu Phil 3,2–7, wo Paulus auf seine jüdische Vergangenheit unter dem Vorzeichen des Bruches und der durch die Begegnung mit Christus eingetretenen totale Umwertung aller Werte zurückblickt. Im einzelnen folgt die Aufzählung einem geläufigen hellenistischen Schema, das die drei Stadien des Werdeganges eines Mannes nennt: Geburt, Kleinkinderzeit, Erziehung. Das Schwergewicht der beiden ersten Glieder liegt auf den Orten: Paulus ist zwar in Tarsus geboren, aber von klein auf in Jerusalem aufgezogen worden, so daß diese Stadt faktisch als seine Heimat gelten kann (vgl. 23,16–22). Anscheinend ist seine Familie nach Jerusalem umgezogen, als er noch ein Kleinkind war. Bezeichnenderweise wird hier anders als 21,39 der Geburtsort Tarsus nur ganz nebenbei erwähnt: Mit seiner Herkunft aus der hellenistischen Bildungsmetropole kann Paulus die Jerusalemer Juden nicht beeindrucken; für sie gilt eine andere Werteskala als für den römischen Tribunen. Lukas schöpfte das Material für diese Angaben vermutlich aus der in den Gemeinden noch lebendigen Erinnerung an Paulus und seine Biographie, die zwar im Kern auf Erzählungen des Apostels selbst zurückging, daneben aber auch manche unhistorischen Ausschmückungen erfahren hatte. Die Angaben über Geburt und Kindheit sind sicher, die über das Gesetzesstudium unter Rabban Gamliel I. (s. zu 5,34ff.) wahrscheinlich zuverlässig. Trotz Gal 1,22 (s. zu 9,1f.) spricht nichts ernsthaft dagegen, daß Paulus sich von seiner Berufung in Jerusalem aufhielt und daß er dort „zu Füßen" eines Schriftgelehrten „saß" – eine Formulierung, die die Praxis des Lehrhauses widerspiegelt, wo der Rabbi auf einem Lehrstuhl, der Schüler aber vor ihm auf der Erde saß (Bill II 763ff.). Daß dieser Lehrer Gamaliel, der Enkel des großen Hillel war, ist nicht ausgeschlossen, zumal sich bei Paulus Spuren hillelitischer Tradition nachweisen lassen. Der Schluß von V.3 schlägt die Brücke zur Gegenwart: Paulus weiß sich mit seinen Hörern zusammen-
4–5 geschlossen in seinem auf das Gesetz gegründeten Eifer für Gott. Auch das, was er über seine Verfolgertätigkeit sagt (vgl. 9,1f.), ist ganz auf den Ton der Solidarisierung gestimmt. So werden die Juden von Damaskus „Brüder" genannt, während die dortigen Christen in scheinbar distanziert-objektivierender Perspektive als „der Weg" (vgl. zu 9,2) bezeichnet werden. Hoherpriester und Synedrium werden ausdrücklich als Zeugen für die Korrektheit des damaligen Verhaltens des Paulus aus jüdischer Sicht angeführt.
6–11 Der nun folgende Bekehrungsbericht (V.6–16) schließt sich in seinem ersten Teil (V.6–11) eng an den Wortlaut von 9,3–9 an. Neu sind: in V.6 „um Mittag" und das „gewaltige" Licht (zwei sachliche Steigerungen: das Licht überstrahlt selbst die helle Mittagssonne); in V.8 die Apposition „der Nazoräer", die sich gut in eine Rede vor jüdischen Hörern einfügt (s. zu 2,22); in V.9 die vorgezogene und gegen-

über 9,7 inhaltlich veränderte Bemerkung über die Begleiter; diese sahen zwar das Licht, hörten aber nicht die Stimme. (Nach 9,7 hatten sie zwar die Stimme gehört, den Sprecher jedoch nicht gesehen, was freilich nicht heißt, daß sie die Lichterscheinung, aus der heraus Jesus sprach, nicht wahrgenommen hätten). Lukas will hier anscheinend betonen, daß sich das Folgende (V. 10) ausschließlich zwischen Jesus und Paulus abspielt. In V. 10 erhält die Weisung Jesu an Paulus einen bestimmten Klang: Ihm soll in Damaskus gesagt werden, was ihm „zu tun aufgetragen ist". Zweifellos ist damit (anders als 9,6) bereits an Dienst und Sendung des Paulus gedacht. Schließlich erfolgt nach V. 11 die Blendung „wegen des Glanzes jenes Lichtes"; sie verliert damit den Charakter der Strafe, den sie nach 9,8 hatte. – Stärker sind die Veränderungen im zweiten Teil des Bekehrungsberichtes (V. 12– 16). Einerseits kürzt Lukas hier gegenüber 9,10–18 stark, wobei er beim Leser die Kenntnis der hier nur mehr angedeuteten Vorgänge voraussetzen kann, andererseits bringt er ganz neue Akzente ein. Die beiden korrespondierenden Visionen (9,10–16) werden übergangen. Ganz unvermittelt erscheint Hananias bei Paulus; und zwar wird er – wieder im Blick auf die Redesituation – als gesetzestreuer Jude, der großes Ansehen in der Judenschaft genießt, eingeführt; daß Hananias damals schon Glied der christlichen Gemeinde war, weiß ja nur der Leser! Hananias vollzieht zunächst die knapp in formelhaftem Wunderstil (vgl. 9,40; Mk 10,52 par; Lk 18,42) erzählte Heilung, um sodann eine ausführliche Deutung des Damaskus-Geschehens zu geben (V. 14–16). Auch hier fällt zunächst der judaisierende Ton auf: Als Handelnder und Berufender wird anders als in 9,17 nicht der „Herr", sondern der „Gott unserer Väter" genannt (vgl. 3,13; 5,30); er hat Paulus erwählt und ihn der Erscheinung des von ihm Auferweckten teilhaftig werden lassen. Dabei wird sogar der den Juden verhaßte Jesus-Name vermieden und durch den neutraleren jüdischen messianischen Titel „der Gerechte" (vgl. 3,14) ersetzt. Wichtiger, weil für das lukanische Paulusbild bedeutsam, ist jedoch, daß hier eindeutiger als in Kp 9 das Damaskus-Geschehen als direkte Berufung durch den Auferstandenen dargestellt wird. So erscheint Hananias hier lediglich als Interpret dessen, was in der Begegnung Jesu mit Paulus bereits geschehen ist. Er stellt zunächst die Bedeutung des Widerfahrnisses klar: Gott hat Paulus zum Erkennen, Sehen und Hören erwählt. Das Erkennen ist dabei unmittelbar auf das Sehen und Hören bezogen. Dadurch, daß Paulus den Auferstandenen geschaut und seine Stimme gehört hat, kam er zur Erkenntnis des göttlichen Willens; er erfuhr die Auferweckung Jesu als Mitte des göttlichen Heilsplanes. Sodann benennt Hananias die sich daraus für den weiteren Weg des Paulus ergebenden Folgen: Weil er so von Gottes Handeln an Jesus überführt worden ist, soll er nun vor allen Menschen Zeuge dessen sein, was er sah und hörte. Ganz eindeutig wird Paulus hier also in seiner Funktion als Zeuge des Auferstandenen unmittelbar neben die Zwölf gestellt (s. den Exk. zu 1,15–26). Das Referat der Worte des Hananias schließt mit einer Aufforderung zur Taufe, deren Sinn – Reinigung von den Sünden – hier nur angedeutet wird (vgl. 2,38). Unerwähnt bleibt die Verleihung des Geistes (9,17).

Die Rede erreicht ihren Wendepunkt, indem Paulus nun auf die Vision zu sprechen kommt, die ihm im Jerusalemer Tempel erschienen war. Diese gehört nach der lukanischen Darstellung in den Zusammenhang des ersten Jerusalembesuchs des Paulus nach seiner Berufung (s. zu 9,26–30). In 9,29f. hatte Lukas sie allerdings noch unerwähnt gelassen – wahrscheinlich bewußt. Er begründete dort die Abreise des Paulus aus Jerusalem lediglich mit Tötungsabsichten hellenistischer Juden. Paulus geriet während des Gebets im Tempel – wieder ein Zug, der die selbstverständliche Kontinuität seiner jüdischen Frömmigkeit betonen soll – in den Zustand der Ekstase (vgl. 10,10f.; 11,5), und er schaute Jesus als den Erhöhten. Daß Jesus im Tempel in Erscheinung trat und sich damit zumindest indirekt als Herr über das Heiligtum auswies, ist die erste deutliche Provokation für die Hörer der Rede. Sie wird nur dadurch leicht gemildert, daß der Name Jesu ausgespart bleibt. Man hat die Szene immer wieder als eine mit dem Damaskus-Ereignis konkurrierende Berufungsvision deuten wollen. Doch das ist sie zumindest in der vorliegenden Form nicht. Zwar enthält sie Motive von Berufungsgeschichten, doch erscheinen diese in einer seltsamen Umkehrung. Der Erhöhte gibt Paulus nämlich gerade nicht den Auftrag zur Verkündigung in Jerusalem, sondern weist ihn an, die

19–20 Stadt, die sein Zeugnis ablehnt, schleunigst zu verlassen! Dem Stil von Berufungs- und Epiphanieszenen (9,13; 10,14; vgl. Jer 1,6) entspricht der Widerspruch, der sich hier allerdings nicht gegen den Verkündigungsauftrag, sondern, in genauer Umkehrung, gegen das Verbot der Verkündigung an Israel richtet. Paulus verweist auf seine eigene Biographie: Gerade als einem, der sein untadeliges Judentum als Verfolger der Christen unter Beweis gestellt hat, müßte es ihm doch gelingen, sein Volk mit der rettenden Botschaft zu erreichen; schon sein Lebensweg müßte ihn in den Augen der Juden als glaubwürdigen Zeugen der von ihm vertretenen Sache erscheinen lassen. Auf wen sonst als auf den ehemaligen Verfolger sollten sie

20 hören? Als Höhepunkt der Verfolgertätigkeit des Paulus wird seine Beteiligung an der Steinigung des Stephanus (7,58) besonders erwähnt. Dabei wird Stephanus mit dem Ehrentitel eines „Zeugen" belegt, und zwar in deutlichem Zusammenhang mit der Erwähnung seines vergossenen „Blutes", d.h. seiner Lebenshingabe für Jesus. Hier bahnt sich bereits das altkirchliche Verständnis des Märtyrers (= Zeugen) im Sinne des Blutzeugen an. (Noch weiter in diese Richtung geht die Lesart einiger

21 Handschriften: „deines ersten Zeugen"). – Der Erhöhte läßt den Einspruch des Paulus nicht gelten. Streng und kategorisch klingt seine abschließende Weisung: Paulus soll Jerusalem verlassen; sein weiteres Wirken soll den Heiden gelten, zu denen Jesus selbst ihn in Zukunft senden wird. Wörtlich genommen müßte sich aus dieser Stelle die Konsequenz ergeben, daß Paulus mit allen seinen Versuchen, die Juden zu gewinnen, denen Lukas so breiten Raum einräumte, letztlich gegen die Weisung Jesu verstoßen hätte. Aber diese Konsequenz ist sicher nicht im Sinn des Lukas. Er versteht die Weisung vielmehr proleptisch: Sie soll erst von nun an im weiteren Weg des Paulus verwirklicht werden, nachdem all sein Bemühen um sein Volk gescheitert ist. Die eigentlich provozierende Spitze der Rede liegt darin, daß den Hörern bescheinigt wird: Sie haben, indem sie Paulus verwarfen, der ihnen überzeugend wie kein anderer wahres Judentum vorgelebt hat, ihre Unbelehrbarkeit endgültig erwiesen. Und noch mehr: Sie haben durch ihr eigenes Verhalten

22–23 dem Urteil des verhaßten Jesus über sie recht gegeben. – Diese Spitze wird verstanden; die brüskierten Zuhörer brechen in wildes Wutgeschrei aus. In den erregten Rufen, die seinen Tod fordern, geht die Stimme des Paulus unter. Freilich ist dieser von den Hörern erzwungene Abbruch auch hier wieder (vgl. 4,1; 17,32; 23,7) nur literarisches Stilmittel. In Wirklichkeit ist alles, was zu sagen war, gesagt.

Damit, daß der Tribun Paulus nun endgültig in die Burg bringen läßt, wird zu einer neuen spannungsgeladenen Szene übergeleitet. Paulus soll verhört werden. Das römische Strafrecht machte es zur Regel, daß bei der Vernehmung von Nichtbürgern und Sklaven die Folter angewandt werden mußte. Es handelt sich also um keine besondere Schikane des Tribunen, wenn er für Paulus ein peinliches Verhör anordnet. Dies war vielmehr für ihn der normale Weg, um herauszufinden, ob Paulus ein Übertreter der von den Römern geschützten Tempelordnung oder ein gemeingefährlicher Aufrührer war. Schon haben die Soldaten Paulus für die Auspeitschung auf eine Pritsche festgebunden, doch da erhebt er Protest, indem er sich auf sein römisches Bürgerrecht beruft (s. zu 16,22f.). Das Verhör eines römischen Bürgers auf der Folter und darüber hinaus seine Fesselung ohne gültigen Urteilsspruch waren durch zwei römische Gesetze, die *Lex Porcia* und die *Lex Julia*, verboten. Von dem das Verhör beaufsichtigenden Centurio eilends herbeigerufen, schaltet sich nun der Tribun selbst ein. Er läßt sich die überraschende Tatsache, in Paulus einen römischen Bürger vor sich zu haben, aus dessen Mund noch einmal ausdrücklich bestätigen. Seine Achtung für den Gefangenen steigt noch weiter, als er im Fortgang des Gespräches erfährt, daß dieser das heißbegehrte römische Bürgerrecht nicht wie er selbst käuflich erworben, sondern durch Geburt ererbt hat. Diese kleine Episode soll die Überlegenheit des Paulus herausstellen: Er ist in seinem gesellschaftlichen Rang sogar dem römischen Offizier überlegen! Im übrigen wird man hier nicht psychologisieren dürfen: Nicht die Entwicklung des persönlichen Verhältnisses zwischen Paulus und dem Tribunen interessiert hier den Erzähler, sondern die Bedeutung des römischen Bürgerrechtes für das Verfahren gegen Paulus, die hier erstmals in Erscheinung tritt. Der Schluß der Szene birgt eine Unklarheit: Zwar unterbleibt das peinliche Verhör, und der Tribun gibt durch sein Erschrecken zu erkennen, daß es gegen das Gesetz war, wenn er Paulus in Ketten legen ließ. Warum läßt er ihm aber dann die Ketten nicht sogleich abnehmen, sondern läßt ihn statt dessen zumindest über Nacht (V.30) weiter in Fesseln? Bereits einige alte Handschriften haben versucht, diesen Widerspruch zu tilgen, indem sie das sofortige Lösen der Fesseln des Paulus berichteten.

11. Paulus vor dem Synedrium 22,30–23,11

³⁰Um Klarheit darüber zu gewinnen, warum er (Paulus) von den Juden angeklagt wurde, ließ er ihn am folgenden Tage von den Fesseln losmachen, befahl den Hohenpriestern und dem gesamten Synedrium, zusammenzukommen und ließ Paulus hinbringen und ihnen vorführen. 23 ¹Paulus blickte das Synedrium offen an und sprach: „Brüder, ich habe mein Leben mit einem in jeder Hinsicht guten Gewissen vor Gott geführt bis zum heutigen Tage!" ²Da befahl der Hohepriester Hananias den Umstehenden, ihn auf den Mund zu schlagen. ³Daraufhin sagte Paulus zu ihm: „Dich wird Gott schlagen, du getünchte Wand! Und du sitzt da, um mich nach dem Gesetz zu richten und

befiehlst in gesetzwidriger Weise, mich zu schlagen?" ⁴Die Umstehenden sagten: „Du wagst es, den Hohenpriester Gottes zu beschimpfen?" ⁵Da sagte Paulus: „Ich wußte nicht, Brüder, daß er der Hohepriester ist. Denn es steht geschrieben: ,Dem Fürsten deines Volkes sollst du nicht fluchen.'" ⁶Da aber Paulus wußte, daß der eine Teil aus Sadduzäern, der andere aus Pharisäern bestand, rief er laut in das Synedrium hinein: „Brüder, ich bin Pharisäer, Sohn von Pharisäern. Wegen der Hoffnung auf Auferstehung der Toten stehe ich vor Gericht!" ⁷Als er dies sagte, gab es eine Auseinandersetzung zwischen den Pharisäern und den Sadduzäern, und die Versammlung spaltete sich. ⁸Denn die Sadduzäer behaupten, es gebe weder eine Auferstehung noch Engel noch Geist; die Pharisäer dagegen bekennen sich zu dem allen. ⁹Es entstand ein großes Geschrei, und einige Schriftgelehrte von der Pharisäerpartei standen auf und erklärten in scharfem Ton: „Wir finden an diesem Menschen nichts Böses. Könnte nicht ein Geist oder Engel zu ihm gesprochen haben?" ¹⁰Es kam zu einem großen Tumult, und der Tribun fürchtete, Paulus könnte von ihnen zerrissen werden. Darum gab er den Befehl, die Wache solle herabkommen, um ihn aus ihrer Mitte herauszuholen und in die Kaserne zu verbringen. ¹¹In der folgenden Nacht aber trat der Herr zu ihm und sprach: „Sei guten Mutes! Denn wie du meine Sache in Jerusalem bezeugt hast, so mußt du auch in Rom Zeugnis ablegen!"

23,3: *Ez 13,10–15*;   23,5: *2. Mose 22,27.*

A
2,30–23,11

Diese Erzählung bietet eine Häufung historischer Unwahrscheinlichkeiten, die innerhalb des lukanischen Werkes ohne Vergleich bleibt. Ist es schon verwunderlich, daß der römische Tribun, statt sogleich selbst Paulus ohne Fesseln und ohne Folter zu verhören, ihn bis zum nächsten Morgen gefangen läßt, um dann zur Wahrheitsfindung über seinen Gefangenen ein jüdisches Gremium einzuschalten, so ist es völlig undenkbar, daß er die Vollmacht hatte, von sich aus das Synedrium einzuberufen und daß er als unreiner Heide – womöglich noch mit weiteren Soldaten (V. 10) – der Sitzung beiwohnen durfte. Und selbst wenn: wie hätte er dem Gang der auf Aramäisch geführten Verhandlung folgen können? Voller Unwahrscheinlichkeiten ist aber auch der Verlauf der Sitzung: daß der Hohepriester Paulus schlagen läßt (V.2), daß Paulus ihn zunächst verflucht (V.3), um sich sogleich damit zu entschuldigen, er habe den Hohenpriester nicht erkannt (V.5); daß es ihm schließlich gelingt, Sadduzäer und Pharisäer so gegeneinander auszuspielen, daß eine theologische Grundsatzkontroverse zwischen ihnen ausbricht und die ganze Szene im Tumult endet (V.6–10). Unklar ist schließlich auch der Charakter der Verhandlung: nach 22,30 sollte sie eine Vernehmung sein, nach 23,6 dagegen erscheint sie als ein offizielles Gerichtsverfahren. Nimmt man noch dazu, daß die Szene für den weiteren Fortgang der Ereignisse ganz ohne Folgen bleibt (vgl. 23,12–15), so fällt das Urteil über ihren historischen Wert nicht schwer: Sie beruht weder auf einem geschichtlichen Vorgang noch auf älterer Überlieferung. Lukas selbst hat sie frei geschaffen.

Schwieriger ist das Urteil für ihre schriftstellerische und theologische Bedeutung. Man kann sich schwerlich dem Eindruck entziehen, daß Lukas hier das Niveau der übrigen von ihm geschaffenen Szenen nicht erreicht. Das Ganze wirkt mühsam und konstruiert. Was Paulus hier sagt und tut, fügt weder seinem Bild einen neuen Zug hinzu, noch markiert es den Richtungssinn des weiteren Geschehens. Statt dessen wird er als Taktiker gezeichnet, dem es gelingt, mit etwas fragwürdigen Winkelzügen eine für ihn schwierige Situation hinter sich zu bringen. Auch die naheliegende Vermutung, Lukas habe mit dieser Szene eine Parallele zum Verhör Jesu vor dem Synedrium (Lk 22,66–71) schaffen wollen, bestätigt sich vom Text her nicht, denn es finden sich in ihm weder direkte noch indirekte Anklänge. Welche Absicht verfolgte Lukas aber dann? Von der Beobachtung aus, daß der erzählerische Schwerpunkt in der Kontroverse zwischen Sadduzäern und Pharisäern (V. 7–10) liegt, scheint sich eine Antwort zu ergeben: Lukas will zeigen, daß das Judentum, das sich der Heilsbotschaft verschlossen hat, seine innere Identität und äußere Glaubwürdigkeit verloren hat. Weil der Pharisäismus, der das echte Judentum repräsentiert, nicht zu der Einsicht bereit war, daß sein Glaube im Christentum zur Erfüllung kommt, ist er orientierungslos geworden. Während der Gang der Heilsgeschichte von Jerusalem weg führt, bleiben dort sinnlos streitende jüdische Parteien zurück.

Auch das anschließende Traumgesicht (V. 11) ist zweifellos von Lukas geschaffen. Es soll dem Leser helfen, über der Fülle der Einzelereignisse die große thematische Leitlinie im Auge zu behalten: Paulus hat sein Zeugnis für die Sache Jesu in Jerusalem zum Abschluß gebracht; der Herr selbst wird nun dafür sorgen, daß er mit diesem Zeugnis Rom erreichen wird (s. zu 19,21).

Weil sein Versuch, ein peinliches Verhör anzustellen, gescheitert ist, versucht der Tribun am folgenden Morgen auf andere Weise, über seinen Gefangenen Klarheit zu gewinnen. Er geht zunächst davon aus, daß Paulus sich gegen das jüdische Recht vergangen hat. Das Nächstliegende ist für ihn darum, das Synedrium als höchste jüdische Rechtsinstanz einzuschalten. Er begnügt sich allerdings nicht damit, dessen Auskunft einzuholen, sondern er ruft es zu einer Vollsitzung zusammen, um ihm Paulus gegenüberzustellen. Formal bleibt der Vorgang auf der Ebene eines Verhörs. Nachdem Paulus – noch dazu als römischer Bürger – Gefangener der Römer war, war eine Überstellung an die Gerichtsbarkeit des Synedriums ausgeschlossen. (Zu Zusammensetzung und Tagungsort des Synedriums s. zu 4,5.) Der Tribun selbst begleitet den nun von seinen Fesseln gelösten Paulus und wohnt der Sitzung bei. B 22,30

Bereits deren Beginn sprengt die Regeln der Verfahrensordnung. Noch ehe der den Vorsitz führende Hohepriester konkrete Anklagepunkte – etwa die angebliche Schändung des Tempels (21,28) – benennen und das Verhör eröffnen kann, ergreift Paulus selbst das Wort, wobei er durch seinen den Ratsmitgliedern fest zugewandten Blick seine Furchtlosigkeit bekundet: Sein Gewissen ist rein, denn sein ganzes Leben war auf Gott und die Erfüllung seines Willens ausgerichtet! Diese lapidare Erklärung gewinnt erst dann ihren Sinn, wenn man sie als Zusammenfassung des Zeugnisses vor den Juden Jerusalems (22,1–21) liest. Denn dort hatte Paulus dargelegt, daß Treue zum Gesetz und zu den Verheißungen seinen Lebensweg kontinuierlich bestimmt haben. Hananias war seit ca. 48 Hoherpriester (Jos ant XX 103); er wurde noch während der Amtszeit des Felix abgesetzt (Jos ant XX 180) und später als Römerfreund von den Zeloten ermordet (Jos bell II 441 f.). 23,1

2

Sein protokollwidriges Verhalten – er läßt Paulus durch einen Gerichtsdiener auf den Mund schlagen – bringt symbolisch zum Ausdruck, daß er die Erklärung des
3 Paulus für eine unverfrorene Lüge hält. Die bekannte jüdische Verwünschungsformel „Gott wird dich schlagen" (Sch°bu 4, 13), mit der Paulus ihm antwortet, ist möglicherweise als Prophezeiung seiner späteren Ermordung gemeint. Das Schimpfwort „getünchte Wand" enthält eine Anspielung auf Ez 13, 10: Der Hohepriester gleicht einem Mann, der einer brüchigen, aus Lehm geschichteten Wand durch einen hellen Anstrich den Anschein der Festigkeit gibt „und so die im Hause Wohnenden zu Sicherheit und Stolz verleitet" (W. Zimmerli). Damit deutet der Redner die innere Brüchigkeit und Unwahrhaftigkeit des durch den Hohenpriester repräsen-
4–5 tierten Judentums an. Darauf aufmerksam gemacht, daß der so Beschimpfte der Hohepriester ist, macht er allerdings sogleich einen Rückzieher und entschuldigt sich: Er wollte nicht die Tora übertreten, die Unbotmäßigkeit gegenüber dem Oberen verbietet! Im Sinne des Lukas soll hier die unbedingte Gesetzestreue des Paulus
6–7 demonstriert werden. – Unmittelbar nach diesem Intermezzo reißt Paulus wieder die Initiative an sich. Mittels eines taktischen Manövers macht er sich die latenten theologischen Spannungen zwischen dem pharisäischen und dem sadduzäischen Flügel des Synedrium zunutze, indem er sich als treuer und konsequenter Pharisäer vorstellt: In Wahrheit steht er vor Gericht – eine Wendung, die dem Charakter der Szene als bloßes Verhör widerspricht –, weil er einen zentralen theologischen Lehrsatz bekennt, den die Sadduzäer ablehnen, nämlich die Auferstehung der Toten (vgl. 4, 1 f.). Wenn die Pharisäer ihn und seine Botschaft verwerfen, so treiben sie damit letztlich die Geschäfte ihrer theologischen Gegner, der Sadduzäer. Wieder zeichnet Lukas hier sein simplifizierendes Bild von den Christen als den wahren
8 Pharisäern. Nicht weniger schematisch ist seine Sicht der Sadduzäer: Für ihn sind sie aufgeklärte Skeptiker, die alle auf übernatürliche Realitäten verweisenden religiösen Lehren – also auch die über die Existenz von Engeln und Geistern – ablehnen. In Wirklichkeit waren sie jedoch radikale Traditionalisten, die den Auferste-
9 hungsglauben wegen der fehlenden Bezeugung in der Tora ablehnten. Trotz ihrer Durchsichtigkeit ist die Taktik des Paulus erfolgreich: Die pharisäischen Schriftgelehrten lassen sich die unerwartete Chance nicht entgehen, gegen ihre sadduzäischen Kontrahenten aufzutrumpfen, indem sie in provozierendem Ton feststellen, die Erscheinung Jesu, auf die sich Paulus berief, könne ein Beweis für die Richtigkeit ihres Engel- und Geisterglaubens sein. Sie nehmen es dabei sogar in Kauf, Unschuldserklärung für Paulus abgeben zu müssen. Die Szene endet im totalen
10 Tumult. So verrannt haben sich die beiden Parteien in ihren Streit, der alsbald in Handgreiflichkeiten ausartet, daß sie darüber den Anlaß ihrer Sitzung völlig vergessen. Schleunigst läßt der Tribun die Wache aufmarschieren, um seinen Gefangenen aus dem Gewühl retten und in die sichere Burg zurückbringen zu lassen – fast wiederholt sich hier die Situation im Tempelvorhof (21, 32–36). Seinem Ziel jedoch, die Wahrheit über Paulus zu erfahren, ist der Offizier kaum nähergekommen.
11 Inmitten allgemeiner Ratlosigkeit und Verwirrung ist Paulus der einzige, der Gewißheit über den weiteren Verlauf der Ereignisse haben darf. Ihm eröffnet Christus selbst in einer nächtlichen Vision (vgl. 18, 9 f.; 27, 23 f.), daß er das ihm von

Gott selbst gesetzte Ziel erreichen wird. Das „Muß" umschreibt den göttlichen Plan, der sich im Weg des Paulus verwirklicht und der weder durch Menschen noch durch Naturgewalten gehindert werden kann (vgl. 9,16; 19,21).

12. Die Überführung des Paulus nach Cäsarea und ihre Vorgeschichte 23,12–35

¹²Als es Tag geworden war, zettelten die Juden eine Verschwörung an und verpflichteten sich mit Eiden, weder zu essen noch zu trinken, bis sie Paulus getötet hätten. ¹³Es waren mehr als vierzig, die sich auf diese Weise verschworen. ¹⁴Sie wandten sich an die Hohenpriester und die Ältesten und sagten: „Wir haben uns mit einem Eid verschworen, nichts zu uns zu nehmen, bis wir Paulus getötet haben. ¹⁵So tretet ihr jetzt mit dem Synedrium an den Tribunen heran und fordert, er solle ihn zu euch herabführen lassen, weil ihr seinen Fall genauer untersuchen wollt. Wir sind dann bereit, ihn umzubringen, noch ehe er eintrifft!" ¹⁶Aber der Sohn der Schwester des Paulus erfuhr von diesem Komplott. Da kam er und ging in die Kaserne und berichtete es Paulus. ¹⁷Da rief Paulus einen der Centurionen herbei und sagte: „Bringe diesen jungen Mann zum Tribunen, er hat ihm nämlich etwas mitzuteilen!" ¹⁸Der nahm ihn mit, brachte ihn zum Tribunen und sagte: „Der Gefangene Paulus hat mich gerufen, um mich zu bitten, diesen jungen Mann zu dir zu bringen; er habe dir etwas zu sagen." ¹⁹Da nahm ihn der Tribun bei der Hand, führte ihn beiseite und fragte ihn unter vier Augen: „Was ist es, was du mir zu melden hast?" ²⁰Er sagte: „Die Juden haben beschlossen, dich zu bitten, morgen Paulus in das Synedrium hinunterzubringen, weil sie (angeblich) seinen Fall genauer untersuchen wollen. ²¹Du nun laß dich nicht auf ihre Bitte ein! Es lauern ihm nämlich mehr als vierzig Mann von ihnen auf, die sich mit einem Eid verschworen haben, weder zu essen noch zu trinken, bis sie ihn ermordet haben, und jetzt stehen sie schon bereit in Erwartung deiner Zusage." ²²Der Tribun entließ den jungen Mann und schärfte ihm ein: „Sag' es niemandem, daß du mich davon unterrichtet hast!" ²³Und er ließ zwei von den Centurionen rufen und sagte: „Haltet 200 Soldaten bereit zum Abmarsch nach Cäsarea sowie 70 Reiter und 200 Leichtbewaffnete, ab neun Uhr abends! ²⁴Auch soll man Maultiere bereithalten, um Paulus auf ihnen sicher zum Statthalter Felix zu bringen." ²⁵Und er schrieb einen Brief folgenden Inhalts: ²⁶„Klaudius Lysias dem hochangesehenen Statthalter Felix seinen Gruß. ²⁷Diesen Mann, den die Juden ergriffen hatten und gerade töten wollten, habe ich, indem ich mit der Truppe eingriff, herausgeholt, da ich erfuhr, daß er Römer ist. ²⁸Und da ich den Grund in Erfahrung bringen wollte, um dessentwillen sie ihn beschuldigten, ließ ich ihn in ihr Synedrium hinabbringen. ²⁹Da fand ich, daß man ihn wegen Streitfragen ihres Gesetzes beschuldigte, ohne daß eine Anklage vorlag, die Tod oder Gefängnis nach sich zöge. ³⁰Als mir aber angezeigt wurde, daß ein Anschlag auf den Mann vorbereitet sei, habe ich ihn sofort an dich überstellt und den Anklägern geboten, die Sache gegen ihn bei dir vorzubringen." ³¹Dem Befehl gemäß nahmen die Soldaten Paulus und brachten ihn bei Nacht nach Antipatris. ³²Am nächsten Tag ließen sie die Reiter mit ihm weiterziehen, sie selbst aber kehrten in die Kaserne zurück. ³³Jene übergaben nach ihrer Ankunft in Cäsarea dem Statthalter den Brief und führten ihm Paulus vor. ³⁴Nachdem er gelesen hatte,

fragte er ihn, aus welcher Provinz er stamme, und als er erfuhr, aus Zilizien, sagte er: ³⁵ „Ich werde dich verhören, sobald auch deine Ankläger da sind." Er gab Befehl, ihn im Prätorium des Herodes in Gewahrsam zu halten.

A
12–35

Diese in detailfreudiger Breite, ja mit einer gewissen Umständlichkeit abrollende Erzählung geht sicher auf Tradition zurück. Einiges spricht dafür, daß sie Teil des Prozeßberichtes war (s. zu 21,27–36), in dem sie direkt an 22,29 anschloß. Auf jeden Fall aber steht sie zu der von Lukas geschaffenen Verhörszene vor dem Synedrium (23,1–11) in einer deutlichen Spannung. Wir erfahren zwar, daß von den jüdischen Autoritäten ein Verhör des Paulus vor dem Synedrium beantragt werden soll (V. 15) und daß der römische Tribun diesem Ansinnen jedenfalls nicht negativ gegenübersteht (V. 20); mit keinem Wort wird jedoch erwähnt, daß bereits ein solches Verhör – wenn auch auf die Initiative des Tribunen und nicht des Synedriums hin – stattgefunden hat, und erst recht fehlt jede Begründung darüber, was den Römer nach dem Fiasko jenes ersten Verhörs, das nicht nur in der Sache ergebnislos geblieben war, sondern auch den Gefangenen – immerhin einen römischen Bürger! – in unmittelbare Lebensgefahr gebracht hatte, veranlaßt haben könnte, sich ohne zwingende rechtliche Notwendigkeit auf ein weiteres Experiment der gleichen Art mit ebenso ungewissem Ausgang einzulassen. Aber selbst wenn eine solche Begründung versucht würde, bliebe ein derartiges Verhalten des Tribunen historisch gesehen völlig unglaubhaft. Lukas konnte sich anscheinend mit einem lediglich von den jüdischen Autoritäten geplanten, aber nicht wirklich zustandegekommenen Verhör vor dem Synedrium nicht zufriedengeben; er wollte und mußte von einer letzten Begegnung zwischen Paulus und den Vertretern des offiziellen Judentums berichten und hat darum 22,30–23,11 in den Prozeßbericht eingeschoben –. Im übrigen läßt die vorliegende Erzählung trotz aller anekdotischen Ausschmückung die tatsächlichen geschichtlichen Gegebenheiten relativ klar erkennen. Auf der einen Seite stehen die jüdischen Autoritäten. Sie können zwar auf eine Unterstellung des römischen Bürgers unter ihre Jurisdiktion im Augenblick nicht mehr hoffen, doch versuchen sie alles, um das in Gang kommende römische Verfahren gegen ihn in ihrem Sinne zu beeinflussen. Darüber hinaus versagen sie auch dem Plan ihnen nahestehender Kreise, den verhaßten Paulus, ohne erst den unsicheren Prozeßausgang abzuwarten, gewaltsam zu beseitigen, ihr Wohlwollen nicht. Auf der anderen Seite steht der römische Tribun, der, in jüdischen religiösen Fragen unbewandert, bei seiner Untersuchung des Falles auf die Auskünfte der offiziellen jüdischen Instanzen angewiesen ist. Schwerlich hätte er selbst allerdings das Gerichtsverfahren durchführen können. Als römischer Bürger mußte Paulus nach der Voruntersuchung an die nächsthöhere Instanz, d. h. an den Statthalter, überstellt werden. Doch dies hatte an sich keine Eile; es hätte genügt, bis zum nächsten Gerichtstag des Statthalters in Jerusalem damit zu warten. Die begründete Sorge um das Leben des Gefangenen veranlaßt den Tribunen jedoch, die sofortige Überführung des Paulus zum Statthalter nach Cäsarea anzuordnen.

Im Gesamtplan der lukanischen Erzählung hat der Abschnitt eine wichtige Funktion. Er markiert den endgültigen Abschied des Paulus von Jerusalem, das hier noch einmal in höchst dramatischer Weise als Unheilsbereich gekennzeichnet wird, und seinen Übergang in den Machtbereich Roms. Lukas akzentuiert das Geschehen in seinem Sinn durch den von ihm geschaffenen Brief des Tribunen an den Statthalter (V. 26–30). In ihm wird die Rolle Roms als unwissentlicher Schutzmacht des Paulus herausgestellt und zugleich dessen Schuldlosigkeit in römischer Sicht betont.

Der geplante Mordanschlag gegen Paulus paßt gut in das Bild der innenpolitischen Situation Jerusalems in der Zeit der Prokuratoren Felix und Festus, wie es uns auch von anderen Quellen vermittelt wird. Offensichtlich handelte es sich um Mitglieder einer zelotischen Freiheitsbewegung, die als „Dolchmänner" (*sicarii*) Attentate auf Leute ausübten, die sich in ihren Augen gegen die Reinheit Israels, seines Glaubens und seines Tempels, vergangen hatten. Getreu ihrem biblischen Vorbild Pinhas (4. Mose 25, 7 ff.), der in einem Augenblick höchster Not unter Umgehung des ordentlichen Gerichtsweges einen offenkundigen Sünder inmitten der Volksmenge tötete, fühlten sie sich zu einer offiziellen Femejustiz berufen, die dann einschritt, wenn die offizielle Strafverfolgung von Gesetzesübertretern versagte. Eben dies aber mußten sie befürchten in dem Augenblick, als die Römer das Verfahren gegen Paulus in ihre Hand genommen hatten. Zwar haßten die Zeloten den sadduzäischen Priesteradel, der die Mehrheit im Synedrium bildete, als Römerfreunde und Verräter der jüdischen Sache; trotzdem ist es nicht unglaubhaft, daß der gemeinsame Haß gegen Paulus beide Gruppen zusammenführte und daß die Sadduzäer den Anschlag gegen ihn als stille Komplizen unterstützten. Mit einem feierlichen Schwur, der die Form einer Selbstverfluchung hat („verflucht will ich sein, wenn ...") verpflichten sich die Dolchmänner, Paulus umgehend zu beseitigen (vgl. Bill II 767; s. dort auch zur Möglichkeit, das Gelübde durch einen Schriftgelehrten wieder lösen zu lassen). Gelegenheit dazu soll seine Überführung von der Burg Antonia zum Sitzungssaal des Synedriums (s. zu 4,5) schaffen. Man will um Paulus und die ihn begleitenden Soldaten herum ein künstliches Gedränge inszenieren – deshalb wohl die große Zahl von über 40 Männern –, aus dem heraus dann einer blitzschnell den tödlichen Dolchstoß führen soll. Alles ist so eingefädelt, daß auf die Ratsmitglieder selbst kein Verdacht fallen kann. Noch ehe der Plan ausgeführt werden kann, erfährt Paulus freilich durch einen Neffen davon. Seine Haft ist so leicht, daß er ohne weiteres Besuch empfangen kann. Daß der Neffe – Sohn einer in Jerusalem verheirateten Schwester des Paulus – darum in das Komplott eingeweiht war, weil er selbst zelotischen Kreisen nahestand, wird man angesichts der Verwurzelung der Familie des Paulus im streng gesetzestreuen Judentum (22, 3; vgl. Phil 3, 5 f.) annehmen dürfen, sowie auch, daß bei dem jungen Mann die familiäre Bindung über den Gesetzeseifer gesiegt hat. Paulus veranlaßt, daß der Neffe mit seiner Botschaft zum Tribunen gebracht wird. Die nun folgende Szene mit ihren breiten Wiederholungen soll die Spannung steigern: Wird der Römer die Gefahr begreifen? Wird er bereit sein, seinen Gefangenen zu schützen? Es zeigt sich alsbald, daß er sich so verhält, wie man es von einem pflichtbewußten und korrekten Offizier erwarten muß. Er führt den Jüngling in eine stille Ecke, weil er weiß, daß in Jerusalem die Wände Ohren haben; er läßt sich ausführlich über das für den nächsten Tag geplante Komplott informieren – die Zeitangabe wird in V. 20 gegenüber V. 14 nachgetragen –; und er ist umsichtig genug, den Jüngling seinerseits zum Schweigen gegenüber Dritten zu verpflichten, um Spielraum für das zu gewinnen,

B
12–15

16

17–22

23 was jetzt zum Schutz des Paulus getan werden muß. Während die nichtsahnenden Verschwörer noch letzte Vorbereitungen für ihren Anschlag treffen, läßt er seinen Gefangenen durch einen Trupp Soldaten nach Cäsarea eskortieren. Die Angaben über die Stärke dieses militärischen Aufgebotes sind allerdings reichlich unrealistisch; indirekt sollen sie dem Leser die Größe der von den Juden drohenden Gefahr vor Augen führen. Die Gesamtstärke der römischen Truppen in Jerusalem betrug 1000 Mann. Demnach wäre fast die Hälfte der Garnison ausgerückt, um Paulus zu geleiten. (Einige Handschriften schieben hier eine erklärende Bemerkung ein: Der Tribun habe so ungewöhnliche Vorsichtsmaßnahmen getroffen, weil er fürchtete, er werde bei einem Angriff auf Paulus als von den Juden bestochen angeklagt werden.) Das griechische Wort, das wir mit „Leichtbewaffnete" übersetzen *(dexiolaboi)*, ist in der zeitgenössischen Literatur nicht belegt und daher von unsicherer Bedeutung. Auf alle Fälle ist die Vorstellung die, daß die Fußtruppen in einem nächtlichen Geschwindmarsch Paulus durch die Zone gesteigerter Gefahr im Umkreis von Jerusalem geleiten, um dann dorthin zurückzukehren, während der weitere Transport von der Kavallerie übernommen wird (s. zu V. 31). Paulus darf von Anfang an

24 reiten. Daß von mehreren ihm zur Verfügung gestellten Maultieren die Rede ist, hat die Phantasie der Ausleger stark beschäftigt: Hat man ein Ersatztier mitgeführt, weil das erste Tier den schnellen Ritt bis Cäsarea nicht durchhalten konnte, oder –

25–26 weniger wahrscheinlich – trug das zweite Tier das Gepäck? Der – in Wirklichkeit von Lukas formulierte – Brief des Tribunen an den Statthalter ist ein Musterbeispiel für Form und Stil des hellenistisch-römischen Privatbriefes (s. zu 15,22f.); lediglich der sonst obligatorische Schlußgruß „Lebe wohl" fehlt (er wird von mehreren Handschriften nachgetragen). Im Briefeingang muß Lukas dem Tribunen einen Namen geben. Daß ihm der Name Klaudius Lysias überliefert worden ist, ist ganz unwahrscheinlich; er dürfte seiner freien Erfindung entstammen. Der Statthalter Antonius Felix, dessen Name hier erstmals genannt wird, war eine in jeder Hinsicht zwielichtige Figur. Er war ein Parvenu; von Herkunft ein Freigelassener, war er als Bruder eines Günstlings des Kaisers Klaudius in seine hohe Stellung gekommen. Nach Tacitus (Hist V 9) hat er „königliche Macht in der Gesinnung eines Sklaven ausgeübt". Durch geschickte Eheschließungen wußte er seine Karriere zu fördern. Seine erste Frau, eine römische Prinzessin, die von Antonius und Kleopatra abstammte, ebnete ihm den Weg in Regierungskreise. Später, als Prokurator, heiratete er die jüdische Prinzessin Drusilla, eine Schwester Agrippas II. (s. zu 24,24), was sein Verhältnis zu den Juden erleichterte. Die Daten seiner Amtszeit sind strittig; nach der wahrscheinlichsten Berechnung hat er 52/53 sein Amt angetreten (Jos bell II 247; ant XX 137f.) und ist 58 durch Festus abgelöst worden. Während für die vom Senat eingesetzten Statthalter (= Prokonsuln) der senatorischen Provinzen die Amtszeit auf zwei Jahre eingegrenzt war (s. zu 18,12), gab es für Festus als vom Kaiser eingesetzten Prokurator einer imperatorischen Provinz eine solche zeitliche

27 Begrenzung nicht. Das eigentliche Briefcorpus (V. 27–30) rekapituliert zunächst in stark vereinfachter Form den bisherigen Gang der Ereignisse seit der Verhaftung des Paulus. Lukas benutzt die Gelegenheit, um die entscheidenden Punkte zusammenzufassen, die der Leser behalten soll: 1. Paulus ist römischer Bürger und untersteht damit der Gerichtsbarkeit des römischen Statthalters; 2. seine Rettung vor

den zum Mord entschlossenen Juden ist der römischen Macht zu danken; 3. ihm 28–29
kann kein Vergehen im Sinn des römischen Strafrechts nachgewiesen werden; 4.
nach römischer Sicht stehen hinter den gegen ihn erhobenen Beschuldigungen lediglich innerjüdische religiöse Streitigkeiten, die außerhalb der Zuständigkeit der römischen Rechtsprechung liegen. Das Schreiben schließt mit einem Ausblick auf das 30
Kommende, der wiederum im Blick auf den Leser formuliert ist: Der Tribun hat die
jüdischen Ankläger an den Prokurator verwiesen (was er in Wirklichkeit allerdings
frühestens am nächsten Morgen tun konnte, als er sicher sein konnte, daß Paulus
dem Zugriff der Juden tatsächlich entzogen war). Vor ihm wird es nun zum Prozeß
kommen. –

Auch die Angaben über das Tempo der Reise erscheinen wenig realistisch: In 31–33
einem nächtlichen Geschwindmarsch sei das 60 km von Jerusalem entfernte, am
östlichen Rand der Küstenebene zwischen Lydda und Cäsarea gelegene Antipatris
erreicht worden, und gleich anschließend, ohne Pause, hätten sich die Fußtruppen
auf den Rückweg nach Jerusalem gemacht. Historisch dürfte daran lediglich sein,
daß die Fußtruppen als zusätzlicher Schutz das berittene Kommando durch die
besonders gefährliche nähere Umgebung von Jerusalem geleiteten, kaum jedoch
weiter als wenige km über die Stadtmauer hinaus. In einem Tagesritt von weiteren
40 km erreichen die Reiter Cäsarea am Meer, die Residenz des Statthalters (s. zu
8,40). Felix veranstaltet sogleich ein kurzes Vorverhör, das lediglich dem Zweck 34–35
dient, seine Zuständigkeit für den vorliegenden Fall zu klären. Nach der damaligen
Rechtssituation war der Normalfall, daß der Statthalter der Provinz, in der das
Vergehen begangen worden war, für seine Aburteilung zuständig war (*forum delicti*). Daneben gab es jedoch auch grundsätzlich die Möglichkeit, den Prozeß an die
Gerichtsbarkeit der Herkunftsprovinz des Angeklagten (*forum domicilii*) zu überweisen. Sinnvoll ist die Frage nach der Heimatprovinz des Paulus nur, wenn man
annimmt, daß der Prokurator die Möglichkeit, den heiklen Fall in die Zuständigkeit einer anderen Provinz abzuschieben, erkunden wollte. Warum aber machte er
von dieser Möglichkeit dann doch keinen Gebrauch? Der Grund dafür könnte
darin gelegen haben, daß Zilizien damals noch den Status eines der Provinz Syrien
angeschlossenen separaten Verwaltungsbezirkes hatte und daß es der Legat von
Syrien ablehnte, mit vergleichsweise geringfügigen Rechtsfällen wie diesem behelligt zu werden. Eine Rolle gespielt haben könnte auch der Umstand, daß Tarsus, die
Heimatstadt des Paulus, eine *civitas libera* war, deren Bürger der Provinzialgerichtsbarkeit nicht unterstanden. Die eigentliche Vernehmung verschiebt Felix bis zur
Ankunft der jüdischen Ankläger. Bis dahin wird Paulus gefangen gehalten im ehemaligen Palast Herodes des Großen, der nunmehr als Amtssitz des Statthalters
(*domus praetoria*) diente.

13. Die Verhandlung vor dem Prokurator Felix 24,1–23

¹Nach fünf Tagen kam der Hohepriester Hananias mit einigen Ältesten und
einem Anwalt, Tertullus, (von Jerusalem) herab. Sie erstatteten beim Statthalter
Anzeige gegen Paulus. ²Nachdem man ihn gerufen hatte, begann Tertullus die

Anklagerede: „Durch dich ist uns umfassender Friede geschenkt geworden, und durch deine Fürsorge sind diesem Volk Reformen zuteil geworden. ³Das erkennen wir, hochverehrter Felix, allezeit und allerorten mit großer Dankbarkeit an. ⁴Ich will deine Geduld nicht über Gebühr in Anspruch nehmen, sondern bitte dich nur, uns in deiner Güte kurz Gehör zu schenken. ⁵Wir haben nämlich festgestellt, daß dieser Mann eine Pest ist, daß er Unruhen unter allen Juden der Welt anstiftet und ein Rädelsführer der Sekte der Nazoräer ist. ⁶ᵃEr hat auch versucht, den Tempel zu schänden; dabei haben wir ihn festgenommen. ⁸ᵇWenn du ihn verhörst, kannst du all die Dinge, um deretwillen wir ihn verklagen, selbst in Erfahrung bringen." ⁹Die Juden bekräftigten seine Anklage und bestätigten, daß es sich tatsächlich so verhalte. ¹⁰Paulus aber erwiderte, als ihm der Statthalter durch ein Zeichen die Rede frei gab, das folgende: „Ich weiß, daß du seit vielen Jahren Richter über dieses Volk bist; darum bringe ich in Zuversicht meine Verteidigung vor. ¹¹Wie du selbst feststellen kannst, ist es nicht mehr als zwölf Tage her, daß ich nach Jerusalem hinaufzog, um anzubeten. ¹²Und weder im Tempel fanden sie mich mit jemandem disputierend oder Aufruhr unter dem Volk erregend noch in den Synagogen oder irgendwo in der Stadt. ¹³Sie können dir auch keine Beweise für die Vergehen erbringen, deren sie mich nun beschuldigen. ¹⁴Dies aber bekenne ich vor dir, daß ich gemäß dem Weg, den sie eine Sekte nennen, dem Gott der Väter diene. Ich glaube an all das, was im Gesetz steht und was in den Propheten geschrieben ist, ¹⁵und habe die gleiche Hoffnung auf Gott, in der auch diese hier stehen, nämlich daß eine Auferstehung der Gerechten und der Ungerechten kommen wird. ¹⁶Darin übe ich mich auch selbst, vor Gott und den Menschen in jeder Hinsicht ein ungetrübtes Gewissen zu bewahren. ¹⁷Nach vielen Jahren (der Abwesenheit) hatte ich mich (in Jerusalem) eingefunden, um meinem Volk Liebesgaben zu bringen und zu opfern. ¹⁸Im Zusammenhang damit traf man mich im Tempel an, als ich mich einer Weihe unterzog, und dies ohne Volksauflauf und ohne Tumult. ¹⁹Und zwar waren es einige Juden aus Asien (, die mich antrafen); sie müßten eigentlich vor dir erscheinen und Anklage erheben, falls sie etwas gegen mich vorzubringen hätten. ²⁰Oder diese da sollen (wenigstens) sagen, welches Vergehen sie fanden, als ich vor dem Synedrium stand, ²¹außer jenem einen Satz, den ich, in ihrer Mitte stehend, ausgerufen habe: ‚Wegen der Auferstehung der Toten stehe ich heute vor eurem Gericht!'" ²²Da eröffnete ihnen Felix, der über den ‚Weg' genau unterrichtet war, den Beschluß, die Verhandlung zu vertagen, und sagte: „Sobald der Tribun Lysias kommt, werde ich eure Sache entscheiden." ²³Er befahl dem Centurio, ihn weiter in Haft zu halten, ihm jedoch Erleichterung zu gewähren und keinen der Seinen zu hindern, ihn zu bedienen.

A 1–23 Paulus ist der Unheilssphäre Jerusalems entronnen und in den unmittelbaren Machtbereich Roms überführt worden. Allerdings, so hat es zunächst den Anschein, nur äußerlich: denn die Repräsentanten Jerusalems, die Delegation der jüdischen Ankläger, erscheinen alsbald wieder auf der Szene, um ihr Ziel der Vernichtung des Paulus mit unverminderter Energie weiter zu verfolgen. Es wird jedoch alsbald deutlich, daß mit dem Übergang nach Cäsarea eine grundlegende Veränderung der Atmosphäre verbunden ist: Die neuerliche Konfrontation des Paulus mit seinen jüdischen Gegnern vollzieht sich auf dem Boden römischer Rechtsstaatlichkeit. Erst jetzt, wo sich der römische Statthalter des Falles annimmt, beginnt sich der Nebel von Emotionen, Intrigen und Gruppeninteressen, der bislang über ihm lag, zu lichten, so daß seine Konturen klar vor Augen treten können. In diesem Sinn versteht Lukas jedenfalls die Szene. Er will in ihr die den Prozeß des Paulus bestimmende Grundsituation möglichst exakt charakterisieren. Sie ist eine *Dreieckskonstellation* zwischen den Juden, Paulus und dem römischen Richter. Die *jüdischen Ankläger* sind bestrebt, dem Fall einen politischen Anstrich zu geben, indem sie Paulus als jüdischen Aufrührer denunzieren. *Paulus* kann diese Anklagen widerlegen und betont seine strikte Loyalität gegenüber den staatlichen Gesetzen. Der *römische Richter* gibt zwar zu erkennen, daß er von der Haltlosigkeit der Anklage und damit von der Schuldlosigkeit des Angeklagten überzeugt ist; bei aller Fairneß erweist er sich jedoch als durch politische Rücksicht auf die Juden in seinem Handlungsspielraum eingeengt. Beherrscht wird die Szene durch das Rededuell zwischen dem Anwalt Tertullus und Paulus. Die Reden beider sind streng parallel zueinander aufgebaut. Sie setzen jeweils mit einer rhetorisch ausladenden *captatio benevolentiae* ein (V. 2–4.10), es folgen die Anklagepunkte (V. 5 f.) bzw., in gleicher Reihenfolge, deren Widerlegungen (V. 11–18); sie schließen mit der Aufforderung an den Statthalter, sich selbst durch weitere Vernehmungen zu überzeugen (V. 8 b. 19–21). Lukas breitet hier Argumente und Gegenargumente so übersichtlich vor dem Leser aus, damit dieser sich selbst ein Bild von der objektiven Schuldlosigkeit des Paulus machen kann. – Hinter der Szene steht sicher relativ zuverlässige Überlieferung, zumindest was die Grunddaten betrifft. Lukas fand sie wahrscheinlich im Rahmen des ihm vorliegenden Haftberichtes vor (s. zu 21,27–36). Die Reden sind, wie alle Reden der Apg, vorwiegend sein Werk. Allerdings gibt es Anhaltspunkte dafür, daß die Anklagepunkte (V. 5 f.) ganz und die Argumente, mit denen Paulus sie widerlegt (V. 11–19), zum Teil in der Tradition bereits aufgeführt waren. So fällt auf, daß nur hier (V. 17) die von Lukas sonst beharrlich verschwiegene Kollekte erwähnt wird (s. zu 21,15–26) sowie daß zwischen V. 10 und V. 20 ein deutlicher Bruch besteht: Man erwartet hier eigentlich eine rhetorische Aufforderung an die Adresse der Juden aus Asien, ihren Vorwurf auf Tempelschändung (21,27f.) durch klare Zeugenaussagen zu präsizieren; statt dessen wendet sich Paulus hier ganz unvermittelt an die Ratsmitglieder, um sie auf sein Zeugnis vor dem Synedrium (vgl. 23,6) anzusprechen. Anscheinend hat Lukas durch diese Wendung, wie auch schon in V. 15, das für ihn zentrale Thema des Auferstehungszeugnisses einbringen wollen.

Das Synedrium zeigt durch sein Verhalten, wie wichtig ihm der Fall des Paulus ist: Bereits fünf Tage nach seiner Ankunft in Cäsarea erscheint dort eine Delegation von Ratsmitgliedern, an dessen Spitze kein Geringerer als der Hohepriester Hananias selbst steht, um vor dem Statthalter formell Klage gegen Paulus zu erheben. Damit ist das offizielle Gerichtsverfahren eröffnet. Es ist ein Verfahren vor einem römischen Gerichtshof und nach römischem Recht. Deshalb kommt es für die Juden darauf an, ihre Klage so zu formulieren, daß der Eindruck vermieden wird, es handle sich lediglich um innerjüdische religiöse Streitigkeiten, die außerhalb des Zuständigkeitsbereiches römischer Rechtsprechung liegen (vgl. 18,15; 23,29). Paulus muß eines Vergehens im Sinne des römischen Strafrechtes überführt werden. Dies zu bewirken ist Aufgabe des Anwalts Tertullus, dem sie die Anklage übertra-

gen haben. Trotz seines römischen Namens war er vermutlich Diasporajude. Auf alle Fälle war er aber ein Kenner sowohl des römischen wie auch des jüdischen
2–4 Rechts. Nachdem der Statthalter den Angeklagten hat herbeirufen lassen, hält Tertullus sein Plädoyer. Es entspricht dem Stil solcher Reden, daß am Anfang in üppigen rhetorischen Wendungen das segensreiche Wirken der hochgestellten Adressaten gerühmt und deren geduldige Bereitschaft zum Anhören des vorzutragenden Anliegens erbeten wird. Als Kenner seines Metiers schreckt Tertullus dabei vor handfesten Übertreibungen nicht zurück. Felix hatte zwar durch brutale Maßnahmen gegen jüdische Aufständische (s. zu 21,38) für Ruhe im Lande gesorgt, doch mit seiner hier gerühmten Fürsorge für das jüdische Volk war es nicht allzu
5 weit her; in Wahrheit war er unter den Juden weithin verhaßt. Die eigentliche Anklage umfaßt drei Punkte: 1. Paulus hat unter den Juden der ganzen Welt *Unruhe gestiftet*. Die Wirkung seines Auftretens gleicht der einer gefährlichen Seuche, die den Organismus des Gemeinwesens zerstört. Was ihm damit zur Last gelegt wird, ist die Verleitung zum Aufruhr (*seditio*) gegen die staatliche Gewalt. Indirekt wird hier aus dem Mund des jüdischen Anklägers die weltweite Ausstrahlung des Wirkens des Paulus bestätigt. Der Anklang an die von den Juden vor Pilatus gegen Jesus erhobene Anklage (Lk 23,2) ist sicher beabsichtigt: Wie der Meister, so wird auch der Jünger der politischen Unruhestiftung und Volksverführung bezichtigt. – 2. Hier knüpft der zweite Anklagepunkt an: Paulus sei ein *Rädelsführer der Nazoräersekte*. Nicht die Sektenbildung als solche begründet einen strafbaren Tatbestand. Wenn die christliche Gemeinde hier als jüdische Sonderrichtung (griech. *hairesis*) neben anderen wie den Sadduzäern (s. zu 5,17) oder den Pharisäern (15,5) dargestellt wird, so entspricht das zunächst dem Bild, wie es sich aus der Sicht Außenstehender ergab (vgl. 28,22, Just dial 17,1; 108,2). Die Existenz solcher Sonderrichtungen war an sich völlig legitim. Entscheidend ist vielmehr, daß es die „Nazoräer" sind (zur Bezeichnung s. 2,22; 6,15). Sie werden hier, wie ihr Gründer Jesus, als staatsfeindlich hingestellt: Ihr Bekenntnis zu Jesus als dem Messias
6 a macht sie der Konspiration gegen den Kaiser verdächtig (vgl. 17,7). – 3. Paulus hat sich versuchter *Tempelentweihung* schuldig gemacht. Hier wird in vorsichtig modifizierter Form auf den Vorwurf der Juden aus Asien Bezug genommen, der unmittelbarer Anlaß zur Festnahme des Paulus gewesen war (vgl. 21,28f.). Dies war wegen der römischen Schutzbestimmungen für den Tempel (s. zu 21,28f.) ein Vergehen, das auch vor einem römischen Gericht geltend gemacht werden konnte. –
8 b Der Redner schließt, rhetorisch wieder sehr geschickt, mit der Aufforderung, der Statthalter möge Paulus selbst verhören. Das soll andeuten: die Anklagepunkte sind
(6 b–8 a) so evident, daß Paulus alles wird eingestehen müssen. (Der westl. Text und andere Handschriften beziehen V. 8 a, offenbar angeregt durch 24,22, auf Klaudius Lysias und fügen darum zwischen 6 a und 8 b eine den Sinn verändernde Erweiterung ein: „⁶ᵇWir wollten ihn nach unserem Gesetz richten. ⁷Aber der Tribun Lysias kam dazu und entriß ihn mit aller Gewalt unseren Händen ⁸und verwies seine Ankläger an dich: wenn du ihn (d.h. Lysias) verhörst, kannst du all die Dinge, um deretwillen wir ihn (d.h. Paulus) verklagen, selbst in Erfahrung bringen." So gut wie aller spricht
9 gegen die Ursprünglichkeit dieser Variante.) – Nachdem Tertullus geschlossen hat,

versuchen die Delegationsmitglieder seinem Plädoyer durch ihre ausdrückliche Zustimmung noch zusätzliches Gewicht zu geben.

Durch Kopfnicken fordert der Prokurator nun den Angeklagten auf, sich zu den Anklagepunkten zu äußern. Paulus setzt, ebenfalls stilgemäß, mit der Bitte um das Wohlwollen des Statthalters ein. Er formuliert sie freilich ungleich zurückhaltender als sein Kontrahent, wenn er Felix als kundigen, im Umgang mit jüdischen Angelegenheiten erfahrenen Richter lobt und von da her seine Zuversicht begründet, jener werde den wahren Sachverhalt durchschauen. Sodann nimmt Paulus zu den drei Anklagepunkten Stellung: 1. Was den Vorwurf der Anstiftung zum Aufruhr betrifft, so kann er zumindest für die Zeit seines letzten Aufenthalts in Jerusalem eindeutig widerlegt werden. Denn wegen seiner Kürze läßt sich dieser Aufenthalt leicht überblicken: Niemand kann ihn während dieser zwölf Tage als Agitator im Tempel oder sonst in der Öffentlichkeit gesehen haben; nachweislich hatte seine Anwesenheit im Tempel nur religiöse Gründe. Paulus führt hier also einen Alibi-Beweis. Die „zwölf Tage" sind von seiner Ankunft in Jerusalem an gerechnet: 1.–2. Tag: Ankunft (21,17) und Verhandlung mit der Urgemeinde (21,18); 3.–9. Tag: die Reinigung (21,27); 10.–11. Tag: Arrest in der Burg Antonia (22,30; 23,12); 12. Tag: Transport nach Cäsarea (23,32). Auffällig ist die Verengung dieses Anklagepunktes. Paulus beschränkt sich auf die letzten Tage in Jerusalem, während Tertullus ihm weltweite Agitation unter der Judenschaft vorgeworfen hatte. Er setzt mit seiner Argumentation anscheinend voraus, daß die Rechtsprechung des Felix nur für Straftaten zuständig ist, die innerhalb seines Machtbereiches, d.h. in Judäa-Samaria, begangen wurden und durch Zeugen bewiesen werden können. – 2. Den zweiten Vorwurf kann und will Paulus nicht widerlegen; er rückt ihn jedoch in doppelter Hinsicht zurecht. Er ist tatsächlich eine der führenden Gestalten der christlichen Gemeinde; aber diese ist ihrem Selbstverständnis nach keine „Sekte" bzw. Sondergruppe, die durch Abgrenzung eine besondere Gruppenidentität im soziologischen Sinn entwickeln und pflegen will. Sie versteht sich vielmehr als der „Weg", und das bedeutet wohl in unserem Zusammenhang, daß sie sich als das endzeitliche Gottesvolk weiß, dem die ganze Verheißung gehört und das sich kompromißlos an den Willen Gottes hält. Damit ist die andere, entscheidende Korrektur des gegnerischen Vorwurfs vorbereitet: Das Christentum ist eben keine jüdische Sekte, sondern die wahre Erfüllung des Judentums. Wenn die jüdischen Gegner das Christentum als subversiv denunzieren, so ist das letztlich widersinnig; in Wahrheit ist das Bekenntnis zu Christus nichts anderes als die konsequente Erfüllung des Glaubens an den „Gott der Väter", d.h. den Gott Israels, und es ist genausowenig eine Gefährdung für den römischen Staat wie jener. Indem Paulus sich als Christ bekennt, bekennt er sich als treuer Jude (vgl. 22,1–21). Und zwar untermauert er dieses Bekenntnis durch den Hinweis auf zentrale jüdische Glaubensinhalte; neben dem Glauben an den Gott der Väter und an Gesetz und Propheten, d.h. an die Schrift, nennt er dabei in besonders betonter Weise die Hoffnung auf die Auferstehung aller zum Heil und zum Gericht (vgl. Dan 12,2; Joh 5,29; Mt 25,31ff.; Offb 20,12ff.). Das überrascht insofern, als gerade nach der eigenen Darstellung des Lukas an der Auferstehungsfrage die unheilbare Kluft zwischen Pharisäern und Sadduzäern aufgebrochen war (vgl. 23,6–9). Aber für Lukas sind nur die Pharisäer ernstzunehmende Vertreter des Judentums; er hat darum keine Bedenken, den abweichenden Standpunkt der Sadduzäer hier mit Schweigen zu übergehen. V. 16 führt zum Ansatz des Anklagepunktes zurück: Weil Paulus an die doppelte Auferstehung und damit an das zukünftige Gericht glaubt, bemüht er sich um ein ungetrübtes Gewissen vor Gott und Menschen. Das heißt praktisch: Man darf von ihm auch erwarten, daß er sich streng an die staatlichen Gesetze hält und nichts Ordnungswidriges tut (vgl. 23,1). – 3. Zuletzt geht Paulus auf die Anklage der versuchten Tempelentweihung ein. Was er dazu vorbringt, sind ganz knappe, stichwortartige Angaben, die in dieser Form nur dem Leser verständlich sind, der die Fakten bereits kennt. Neu ist lediglich der – wohl der Tradition entstammende – Hinweis auf die Kollekte. V. 17 liefert die nähere Begründung für die Aussage von V. 18: Paulus kam nicht, wie die Anklage ihm vorwirft, in den Tempel, um ihn zu entweihen, sondern lediglich, um sich einer Weihe zu unterziehen – und diese wiederum stand im Zusammenhang mit dem Zweck seiner Anwesenheit in Jerusalem, nämlich der Überbringung von Liebesgaben „für sein Volk" (vgl. 21,15–26). Natürlich waren die Gaben des Paulus nicht für die Juden im allgemeinen, sondern für die Jerusalemer Urgemeinde bestimmt. Doch das ist für Lukas gerade im Argumentationsrahmen dieser Rede, die sich um den Nachweis der Kontinuität von Christentum und Judentum bemüht, kein Widerspruch: Selbstverständlich repräsentiert in seinen Augen die Urgemeinde das zu seiner heilsgeschichtlichen Vollendung gelangte Israel. Paulus verweist nun auf die fragwürdige Begründung dieses Anklagepunktes: Hinter ihm steht lediglich die Behauptung von Juden aus der Provinz Asien, Paulus habe „Griechen in den Tempel eingeführt" (21,28). Wäre ihre Aussage tatsächlich hieb- und stichfest, dann – so deutet der Redner an – hätten die Ankläger schwerlich darauf verzichtet, sie als Belastungszeugen auftreten zu lassen. Angedeutet scheint überdies noch ein weiterer Gesichtspunkt zu sein: Nicht Paulus war es, der den Tumult im Tempel verursacht hat, sondern eben diese Juden, die sich jetzt der Aussage entziehen. In einer abrupten Wendung spricht Paulus abschließend die anwesenden Mitglieder des Synedriums an. Er erinnert sie an die fatale Verhörszene (22,30–23,11): Sie selbst haben damals kein Vergehen an ihm feststellen können außer – wie er mit deutlicher Ironie hinzufügt – seinem Bekenntnis zur Auferstehung der Toten! Das aber ist kein Vergehen im Sinne des römischen Strafrechtes; insofern findet hier die Vermutung des Tribunen Klaudius Lysias, daß hinter der Kontroverse zwischen Paulus und den Juden nur für die Römer uninteressante Streitfragen des jüdischen Gesetzes stehen (23,29), ihre ausdrückliche Bestätigung. Lukas will aber mit diesem Hinweis auf die Auferstehung noch etwas anderes andeuten: Wenn die Juden Paulus wegen der Hoffnung darauf aus ihrer Mitte ausstoßen, so begehen sie damit Verrat an einem zentralen Punkt ihres Glaubens (vgl. V. 15). Das heißt aber: sie selbst geben ihr Judentum preis!

Nachdem beide Parteien gesprochen haben, fällt die Entscheidung. Felix gibt der Klage nicht statt, da er sich von ihrer Haltlosigkeit überzeugen konnte und da er – wie dem überraschten Leser mitgeteilt wird – überdies über das Christentum bereits gut informiert ist und darum anscheinend von seiner Ungefährlichkeit für die staatliche Ordnung weiß. Eigentlich müßte er nun Paulus auf freien Fuß setzen.

Statt dessen taktiert er, wohl aus Rücksicht auf jüdische Emotionen, hinhaltend, indem er den Beschluß auf Vertagung des Prozesses bekannt gibt und diesen mit der Absicht begründet, erst noch den Tribunen Klaudius Lysias zum Fall zu hören. Paulus erhält lediglich Hafterleichterung und darf Besuche der „Seinen", d.h. der Glieder der Gemeinde von Cäsarea (vgl. zu 21,8–14), empfangen.

23

14. *Felix und Paulus 24,24–27*

²⁴Nach einigen Tagen erschien Felix mit seiner Frau Drusilla, einer Jüdin, ließ Paulus kommen und hörte ihn über den Glauben an Christus Jesus. ²⁵Als er aber von Gerechtigkeit, von Selbstbeherrschung und vom künftigen Gericht sprach, befiel Felix Angst, und er erwiderte: „Für diesmal ist es gut, geh! Wenn ich wieder einmal Zeit habe, will ich dich rufen lassen." ²⁶Zugleich hoffte er auch, von Paulus Geld zu bekommen. Deshalb ließ er ihn auch öfter kommen und unterhielt sich mit ihm. ²⁷Nach Ablauf von zwei Jahren erhielt Felix Porcius Festus als Nachfolger. Und um den Juden eine Gunst zu erweisen, ließ Felix Paulus als Gefangenen zurück.

Felix hat sich durch die vorangegangene Verhandlung von der Unschuld des Paulus hinlänglich überzeugen können. Er müßte ihn darum eigentlich freilassen, zumal der Tribun Klaudius Lysias, dessen Ankunft in Cäsarea Felix nach V.22 erst noch erwarten wollte, sich im Sinne seiner bereits brieflich niedergelegten Meinung (vgl. 23,29f.) geäußert haben mußte. Wenn der Prokurator Paulus dennoch in Gefangenschaft beläßt, so bedarf dies einer Erklärung. Wir erhalten sie in V.26 und 27, wo zwei Gründe für das Verhalten des Felix genannt werden: Er hoffte auf Bestechungsgelder (V.26), und er wollte den Juden einen Gefallen erweisen (V.27). Diese beiden Erklärungen schließen einander keineswegs aus, und sie stimmen überdies mit dem überlieferten Charakterbild des Felix überein (s. zu 23,26). Lukas hat sie sicher aus der Tradition übernommen; V.27, vielleicht auch V.26, mag zu dem von ihm benutzten Prozeßbericht gehört haben. Die kleine Szene V.24f. paßt nun mit dieser Überlieferung schlecht zusammen, denn sie zeichnet ein überwiegend positives Bild des Felix: Er begegnet Paulus achtungsvoll und korrekt, interessiert sich für seine Verkündigung, entzieht sich jedoch der persönlichen Konsequenz, die diese für ihn haben müßte. Lukas wird diese Szene wohl frei geschaffen haben. Auch sie steht im Zeichen seines Bemühens, die Vertreter Roms als korrekt und in ihrem Verhalten zu Paulus zwar distanziert, aber insgesamt wohlwollend darzustellen (vgl. 21,37ff.; 23,26ff.; 26,30ff.). Er konnte zwar die das Bild des Felix verdunkelnden Tatsachen nicht übergehen, wohl aber konnte er sie durch die Vorschaltung von V.24f. in den Hintergrund drängen.

A
24–27

Drusilla, die dritte Frau des Felix, war eine jüdische Prinzessin aus dem skandalumwitterten herodianischen Königshaus (s. zu 12,1). Sie war die Schwester Agrippas II. und Berenikes (vgl. 25,13). Unter Mithilfe des zypriotischen Magiers Atomos hatte Felix sie dazu gebracht, sich von ihrem ersten Mann, dem König Aziz von Emesa scheiden zu lassen und ihn, den Heiden, zu heiraten (Jos ant XX 141ff.). Wenn Lukas auf ihre jüdische Herkunft hinweist, so will er damit anscheinend ihr

B
24

Interesse an Paulus und seiner Verkündigung motivieren. Man hat darüber hinaus wegen V. 25 in dieser Szene eine von Lukas beabsichtigte Parallele zu der Konfrontation zwischen Johannes dem Täufer und Herodes Antipas wegen dessen ungesetzlicher Ehe mit Herodias (Lk 3,19) finden wollen. Aber nichts deutet darauf hin, daß die Rede des Paulus über „Gerechtigkeit, Enthaltsamkeit und zukünftiges Gericht" als Anspielung auf die Ehe des Felix gemeint sein könnte. Diese Stichworte sollen vielmehr eine auf die spezifische Situation eines römischen hohen Beamten zugeschnittene Zusammenfassung zentraler Inhalte des christlichen Glaubens geben: Es geht um verantwortliche Lebensführung vor Gott im Horizont des zukünftigen Gerichtes. Felix fürchtet sich, d.h. er schreckt vor dem verbindlichen Anspruch dieser Botschaft zurück. Mit der Attitude des vielbeschäftigten Mannes, den wichtigere Termine drängen, bricht er das Gespräch ab und vertröstet Paulus auf ein andermal. Mit ähnlichen Wendungen, die ein schnell erloschenes oberflächliches Interesse der Partner des Paulus signalisieren, pflegt Lukas öfters Gespräche zu beschließen (vgl. 17,32; 26,28). – Es kommt zwar zu weiteren Dialogen zwischen Felix und Paulus, aber sie haben ein anderes Thema: Der Statthalter will Paulus überreden, durch Bestechungsgeld seine Freilassung zu erkaufen. Die Frage, was ihn zu der Annahme bewogen haben könnte, daß Paulus über größere Geldmittel verfügte, stellt sich der Erzähler nicht; so denkt er schwerlich daran, daß der Statthalter aufgrund der Erwähnung der Liebesgaben (V.17) zu falschen Schlüssen verleitet worden sein könnte. Vielmehr bringt er ganz unbefangen Informationen ins Spiel, die über entsprechende Praktiken des Felix in Umlauf gewesen sein dürften. Über einen seiner Nachfolger, Albinus, berichtet Josephus (bell II 272ff.), daß er Gefangene, die er von seinem Vorgänger übernommen hatte, durch Lösegelder von deren Verwandten freikaufen ließ (vgl. auch ant XX 215). Zwei Jahre blieb Paulus so in Haft. Die Möglichkeit, die Zeitangabe nicht auf seine Haftdauer, sondern auf die Amtszeit des Felix zu beziehen, muß aus verschiedenen Gründen ausfallen (zu Datierungsfragen s. zu 23,24). Dann wird Felix abgelöst. Doch er macht von der bei einem solchen Statthalterwechsel oft geübten Möglichkeit, Gefangene, die wegen geringfügigerer Vergehen angeklagt waren, freizugeben, im Fall des Paulus keinen Gebrauch, weil er durch Rücksichten auf die Juden gebunden ist. Diese Begründung dürfte historisch zuverlässig sein. Felix war nach dem Niedergang seines Bruders Pallas bei Nero in Ungnade gefallen und wurde abgesetzt; zugleich verklagten ihn die Juden in Rom wegen schlechter Amtsführung (Jos ant XX 182ff.). Über seinen Nachfolger Porcius Festus wissen wir so gut wie nichts. Josephus berichtet von ihm keine Skandalgeschichten, was den Schluß erlaubt, daß er ein zuverlässiger und korrekter Beamter gewesen ist (bell II 271–287; ant XX 185–196).

15. Die Appellation des Paulus an den Kaiser 25,1–12

¹Drei Tage, nachdem Festus die Provinz betreten hatte, ging er von Cäsarea nach Jerusalem hinauf. ²Und die Hohenpriester und die Anführer der Juden erstatteten bei ihm Anzeige gegen Paulus und ersuchten ihn, ³ihnen seine Gunst dadurch zu erzeigen, daß er ihn nach Jerusalem überstellte; gleichzeitig

planten sie einen Anschlag, um ihn unterwegs zu ermorden. ⁴Festus erwiderte jedoch, Paulus sei in Cäsarea in Haft, und er selbst wolle sich in Kürze dorthin begeben. ⁵„Dann können ja die Zuständigen unter euch mit hinabkommen", sagte er, „und, wenn etwas Unrechtes an dem Mann ist, Anklage gegen ihn erheben." ⁶Nachdem er sich höchstens acht Tage bei ihnen aufgehalten hatte, zog er hinab nach Cäsarea; am folgenden Tag bestieg er den Richterstuhl und ließ Paulus vorführen. ⁷Als dieser erschienen war, umdrängten ihn die von Jerusalem gekommenen Juden und brachten zahlreiche schwere Beschuldigungen gegen ihn vor, ohne sie beweisen zu können, während sich Paulus verteidigte: „Ich habe mich weder gegen das Gesetz der Juden, noch gegen das Heiligtum noch gegen den Kaiser in irgendeiner Weise vergangen!" ⁹Festus aber, der den Juden eine Gunst erweisen wollte, erwiderte dem Paulus: „Bist du damit einverstanden, nach Jerusalem hinaufzugehen und dort deinen Prozeß vor mir führen zu lassen?" ¹⁰Da sagte Paulus: „Ich stehe vor dem Richterstuhl des Kaisers; da muß mein Prozeß geführt werden. Gegen die Juden habe ich mich in keiner Weise vergangen, wie auch du sehr wohl weißt. ¹¹Sollte ich im Unrecht sein und ein todeswürdiges Verbrechen begangen haben, so will ich mich nicht von der Todesstrafe freibitten. Sollten aber ihre Anklagen nichtig sein, so kann mich niemand ihnen (als Gunstbeweis) preisgeben. Ich lege Berufung an den Kaiser ein." ¹²Da beriet sich Festus mit seinen Beisitzern und gab dann folgenden Bescheid: „Du hast Berufung an den Kaiser eingelegt; du sollst vor den Kaiser kommen!"

Mit der Berufung an den Kaiser endete vermutlich der Lukas vorliegende traditionelle Haftbericht (s. zu 21,27). Paulus hatte nun das entscheidende Wort gesprochen, das seine Überstellung an einen anderen Richter auslöste; von seiner Haft in Palästina war nun nichts weiter mehr zu berichten. Für Lukas ist die Szene zwar keineswegs in diesem äußeren Sinne Abschluß; er hat jedoch ihre Bedeutung klar erkannt und alles getan, um ihr Gewicht entsprechend herauszustellen. So gibt er ihr eine wichtige Funktion innerhalb des den letzten Teil seines Werkes durchziehenden Spannungsbogens (s. zu 19,21): In ihr fällt für ihn die endgültige Entscheidung, die Paulus den ihm vom Herrn selbst vorgezeichneten Weg nach Rom öffnet; und zwar fällt sie just in dem Augenblick, als die Unheilssphäre Jerusalems, repräsentiert durch die Judenschaft, einen letzten, höchst gefährlichen Versuch macht, Paulus in ihren Bereich zurückzuholen. Alles bisher Erreichte, die ganze hindernisreiche und wunderbare Rettung aus der feindlichen Stadt (23,12–35), steht noch einmal auf dem Spiel (V.9). Doch da stellt Paulus den Antrag, der die Wende einleitet (V.11). In ihren Grundzügen dürften die hier gezeichneten Vorgänge geschichtlich sein. Festus, der neue Statthalter, mußte den Prozeß des Paulus neu aufrollen, und er wird zu Beginn seiner Amtstätigkeit bestrebt gewesen sein, den Juden so weit als möglich dabei entgegenzukommen, so daß Paulus, wollte er einen negativen Ausgang abwenden, keine andere Möglichkeit als die der Berufung an den Kaiser blieb. Daneben aber weist die Szene eine Reihe von Spannungen und Widersprüchen auf, die sich der historischen Erklärung widersetzen, jedoch dann einen guten Sinn erhalten, wenn man sie als Niederschlag der schriftstellerischen Intention des Lukas sieht. Lukas verfolgt zwei deutliche Anliegen: 1. Er will Festus unter allen Umständen positiv zeichnen; dieser erscheint, wie alle römischen Militärs und Beamten, als Repräsentant der unwissentlichen Schutzmacht des Paulus und hat sich

A
1–12

als solcher fair und freundlich zu verhalten. – 2. Er will Festus, wie schon vorher Klaudius Lysias (23, 28 f.) und Felix (24, 22) als Zeugen für die Unschuld des Paulus auftreten lassen (V. 18 f.). Was Lukas über das tatsächliche Verhalten des Festus zu berichten hat, steht dazu in Widerspruch. Denn wenn Festus Paulus nicht freigelassen hat, sondern ihn zu einer neuen Verhandlung nach Jerusalem zurückbringen wollte, dann war er entweder doch von der Schuld seines Gefangenen überzeugt, oder er war ein Opportunist, der seine Entscheidungen gegen die eigene Überzeugung traf! Lukas überbrückt diese Schwierigkeit elegant, indem er den Statthalter die für Paulus ungünstige Entscheidung in eine verbindlich klingende Frage (V. 9) kleiden läßt. Eine weitere wohl vorsätzlich belassene Unklarheit besteht darin, daß Festus zwar nur von einer Verlegung des von ihm geführten Prozesses nach Jerusalem spricht (V. 3), Paulus diese aber im Sinne einer Auslieferung an die Gerichtsbarkeit des Synedriums versteht (V. 11; vgl. auch V. 16). Lukas will dem Leser diese Interpretation als zutreffend nahelegen, möchte sie jedoch andererseits den Statthalter nicht direkt aussprechen lassen, denn mit einer Auslieferung an die Juden hätte dieser sich eines flagranten Rechtsbruches schuldig gemacht. Das vor einem römischen Tribunal begonnene Verfahren mußte nämlich dort auch zu Ende geführt werden.

B 1 Der neue Statthalter stürzt sich vehement in seine Geschäfte; der Leser soll spüren: jetzt weht ein frischer Wind, der auch die Sache des Paulus wieder in Bewegung bringen wird. Bereits drei Tage nach seinem Amtsantritt nimmt Festus, so seinen guten Willen bekundend, in Jerusalem Kontakte mit den führenden jüdischen Kreisen auf.
2 3 Es verwundert nicht, daß dabei der Fall des Paulus sogleich zur Sprache kommt. Die Juden nutzen die Unerfahrenheit des neuen Statthalters aus, indem sie von ihm als Zeichen seines guten Willens die Verlegung des Prozesses nach Jerusalem erbitten. Eine kurze Andeutung genügt, um zu zeigen: in Wirklichkeit sucht man eine Möglichkeit zum Mord an Paulus! Das Spiel von 23, 12 ff. droht sich zu wiederholen, wobei das Synedrium selbst noch deutlicher als dort als Urheber des Mordplans in Erscheinung tritt. Festus als zuverlässiger Beamter geht
4 darauf jedoch zunächst nicht ein; er weist ausdrücklich darauf hin, daß für ein
5 rasches Ingangkommen des Verfahrens gegen Paulus in Cäsarea gesorgt sei. Wenn es den Juden um dessen Beschleunigung zu tun sei, so könnten sie ihre Ankläger gleich mit dem Tross des Festus in die Statthalterresidenz reisen lassen. In seiner Äußerung über Paulus gibt sich Festus betont objektiv: Ob tatsächlich ein Vergehen im strafrechtlichen Sinn vorliegt, läßt er dahingestellt.

6 Der neue Statthalter bleibt bei der von ihm angeschlagenen raschen Gangart. Er hält sich nicht länger als unbedingt nötig in Jerusalem auf, und bereits am Tag nach seiner Rückkehr nach Cäsarea läßt er die Gerichtsverhandlung gegen Paulus stattfinden. Über ihren ersten Teil, das Plädoyer der Anklage und die Verteidigung des Paulus, berichtet Lukas bewußt summarisch; er will andeuten, daß beide Seiten nichts Neues gegenüber der Verhandlung vor Felix (24, 1–23) vorzubringen haben.
7 Wieder äußern die jüdischen Ankläger schwerwiegende Beschuldigungen (24, 5 f.),
8 wieder müssen sie die Zeugenbeweise dafür schuldig bleiben (24, 19). Aus der Verteidigungsrede des Paulus werden nur andeutungsweise die drei Hauptpunkte referiert, die – allerdings in veränderter Reihenfolge – die drei Punkte seiner Verteidi-

gung vor Felix (24,11–19) aufnehmen: Er hat sich gegen das jüdische Gesetz nichts zu Schulden kommen lassen, d.h. er ist nicht Anführer einer subversiven jüdischen Sonderrichtung, sondern vertritt das wahre Judentum (vgl. 24,14–16); er hat den Tempel nicht profaniert (vgl. 24,18f.); er hat schließlich auch nicht öffentlichen Aufruhr angezettelt (vgl. 24,11f.). Letzteres ist zweifellos mit dem Vergehen „gegen den Kaiser" gemeint, denn die Verleitung zum Aufruhr (*seditio*) galt als *crimen laesae maiestatis*, als Verletzung der kaiserlichen Majestät, und darauf stand Todesstrafe. Diese Formulierung ist insofern wichtig, als sie vollends deutlich macht, daß die Strategie der Anklage darauf ausging, Paulus als politischen Verbrecher hinzustellen. Schon von da her war an der Zuständigkeit des römischen Gerichtes nicht zu rütteln; eine Überstellung des Prozesses an das Synedrium konnte schon wegen des Charakters der Anklage nicht in Frage kommen. Um so überraschender ist die Wendung, die das Geschehen nun nimmt. Statt, wie man aufgrund des bisherigen Prozeßverlaufs eigentlich erwarten müßte, Paulus freizusprechen, gibt Festus zu verstehen, daß er den Prozeß nach Jerusalem zu verlegen gedenkt. Er will damit das Ansinnen des Synedriums akzeptieren, das er kurz vorher (V.4ff.) von sich gewiesen hatte. Die Ungeheuerlichkeit dieses Vorgangs ist nur äußerlich dadurch gemildert, daß Festus seine Absicht in eine Frage kleidet, über die Paulus entscheiden soll. Denn wer dürfte sich einer noch so undeutlich geäußerten Absicht eines römischen Statthalters widersetzen? Der neue Verfahrensgang in Jerusalem soll, wie ausdrücklich gesagt wird, unter dem Vorsitz des Festus stehen. Aber Lukas meint nicht ein römisches Tribunal, bei dem die Juden lediglich als Ankläger bzw. Zeugen fungieren, sondern er denkt an ein Verfahren nach dem Muster der von ihm dargestellten Synedriumsszene 22,30–23,11: Unter dem Vorsitz des Römers sollen die Juden Paulus verhören und das Urteil über ihn sprechen (vgl. V.20). Diese Vorstellung ist allerdings ebenso irreal wie die Szene 22,30–23,11. Paulus durchschaut die Absicht des Festus genau. In seiner Antwort beharrt er zunächst auf seinem Recht, vor dem Richterstuhl des Kaisers, der allein für ihn zuständig sei, sein Verfahren zum Abschluß bringen zu lassen. Der Statthalter repräsentiert nach römischem Recht die richterliche Macht des Kaisers. Paulus deutet damit an, daß das Verfahren in Jerusalem, selbst wenn es nominell unter dem Vorsitz des Festus stünde, nicht mehr ein legitimes römisches Rechtsverfahren wäre. Ohne die einem hochgestellten Römer gegenüber gebotene Höflichkeit des Tones zu vergessen, erhebt Paulus sodann einen Vorwurf, der in der Sache härter nicht sein könnte: Wenn Festus ihn nicht freilasse, sondern den Prozeß unter Einschaltung der Juden in Jerusalem weiterführen solle, so handle er gegen bessere Einsicht allein aus opportunistischer Rücksichtnahme. Paulus würde sich, wie er ausdrücklich betont, einer verdienten Strafe nicht entziehen wollen; dazu sei sein Respekt vor Recht und Gesetz zu groß. Wenn ihn Festus aber den Juden ausliefere, so sei dies eine klare Beugung des Rechtes, der er sich widersetzen müsse, und zwar aus Respekt vor eben diesem Recht. Für einen Augenblick verkehren sich die Fronten: Während Festus, der dazu berufen ist, die römische Rechtsstaatlichkeit zu wahren, versagt, ist es Paulus, der für ihre Prinzipien eintritt. Er tut dies, indem er von dem äußersten Rechtsmittel Gebrauch macht, das ihm als römischem Bürger zur Verfügung steht, der Berufung an das kaiserliche Gericht in Rom. Viele Einzelheiten des römischen Appellationsrechtes liegen für uns trotz intensiver Forschung im Dunkeln. Mit einer gewissen Sicherheit wird man lediglich dies sagen können: Es handelt sich hier nicht um die *appellatio*, das Recht des Verurteilten, an einen Amtskollegen des verurteilenden Beamten oder einen Volkstribunen zu appellieren, sondern um die *provocatio*, das alte Recht, das römische Bürger vor Hinrichtung und Folter ohne Prozeß sowie vor Gerichtsurteilen von Magistraten außerhalb Italiens schützte. Das römische Bürgerrecht des Paulus (16,37ff.) wird zwar hier nicht mehr gesondert erwähnt, ist aber zweifellos als Rechtsgrund für die Berufung vorausgesetzt (s. zu 22,23–29). Unklar ist, ob die Berufung sich auf Kapitalprozesse beschränkte, ob sie nur vor oder auch nach dem Urteilsspruch des Provinzstatthalters möglich war und

12 ob sie von dessen Zustimmung abhängig war. Nach der Darstellung des Lukas jedenfalls bedurfte sie solcher Zustimmung, die Festus nach einer Konsultation mit seinen Beisitzern erteilt. Die feierlich-formelhaften Worte, in die sie gekleidet ist, sollen dem Leser zugleich den Richtungssinn des Geschehens vor Augen führen. Die Berufung an Rom ist ja im Sinne des Lukas zugleich eine Berufung gegen Jerusalem! Paulus ist damit endgültig dem jüdischen Bereich entrissen; die Zusage Jesu (23,11) ist auf dem Weg zu ihrer sichtbaren Erfüllung ein Stück weitergekommen.

16. Festus und Agrippa 25,13–22

¹³Nach Verlauf einiger Tage kamen König Agrippa und Berenike nach Cäsarea, um Festus ihre Aufwartung zu machen. ¹⁴Nachdem sie sich bereits mehrere Tage dort aufgehalten hatten, trug Festus dem König den Fall des Paulus vor und sagte: „Da ist ein Mann von Felix als Gefangener zurückgelassen worden, ¹⁵gegen den gleich nach meiner Ankunft in Jerusalem die Hohenpriester und die Ältesten der Juden Anzeige erstatteten und dessen Verurteilung sie verlangten. ¹⁶Ich erwiderte ihnen, daß es bei den Römern nicht Brauch sei, einen Menschen (als Gunstbeweis) preiszugeben, bevor der Angeklagte den Anklägern persönlich gegenübergestellt worden ist und er Gelegenheit bekommen hat, sich gegen die Anklage zu verteidigen. ¹⁷Als sie nun hierher kamen, vertagte ich die Sache nicht mehr weiter, sondern setzte mich am folgenden Tage auf den Richterstuhl und befahl, den Mann vorzuführen. ¹⁸Die Ankläger, die gegen ihn auftraten, brachten jedoch keine Beschuldigung hinsichtlich solcher Verbrechen vor, wie ich sie vermutet hatte, ¹⁹sondern hatten lediglich einige Streitfragen ihrer eigenen Religion gegen ihn ins Feld zu führen; auch ging es um einen gewissen Jesus, der gestorben ist und von dem Paulus behauptet, er sei am Leben. ²⁰Da ich in solchen Streitfragen nicht Bescheid weiß, fragte ich ihn, ob er nicht nach Jerusalem gehen und sich dort wegen dieser Angelegenheiten richten lassen wolle. ²¹Da jedoch Paulus Berufung einlegte, um für die richterliche Entscheidung Seiner Majestät aufgehoben zu werden, befahl ich, ihn in Haft zu halten, bis ich ihn zum Kaiser sende." ²²Da sagte Agrippa zu Festus: „Ich möchte diesen Mann gern selbst hören!" „Morgen", antwortete er, „sollst du ihn hören!"

A   Paulus hatte Berufung an den Kaiser eingelegt. Damit war sein Prozeß vor Festus
13–22 unwiderruflich abgeschlossen. Alles, was dem Statthalter zu tun blieb, war, den

Angeklagten so schnell wie möglich auf den Weg nach Rom zu bringen und die Akten dorthin weiterzugeben. Die zwei Szenen (25,13–22; 25,23–26,32), die Lukas vor der Schiffsreise nach Rom einschiebt, halten den Gang der Handlung auf. Dafür, daß er sich hier auf Tradition beziehen könnte, fehlt jeder Anhaltspunkt. Beide Szenen erweisen sich vielmehr nach Inhalt und Stil als ganz von ihm geschaffen. Welche Absicht verfolgte er aber dann mit ihnen? Es entspricht seiner Methodik der Geschichtsschreibung, entscheidende Entwicklungen und Geschehensphasen nicht durch abstrakte Erörterungen zu kommentieren, sondern ihre Bedeutung dem Leser in dramatischen Episoden konkret vor Augen zu führen (vgl. z.B. 1,4–11; 10,1–11,18; 17,16–34; 20,17–38). So dienen auch diese zwei Szenen dazu, die im Verlauf des bisherigen Prozeßberichts entstandenen Fragen zusammenfassend zu beantworten und die Vorgänge in das Licht zu rücken, in dem der Leser sie sehen soll. Die erste Szene soll vor allem das Verhalten des Festus, das nach V.1–21 als inkonsequent, opportunistisch und Paulus gegenüber feindselig erscheinen konnte, deuten. Das erfundene Gespräch mit dem König Agrippa gibt Lukas die Möglichkeit zu zeigen: Festus hat nicht nur als korrekter römischer Beamter gehandelt; er hat auch die Unschuld des Paulus klar erkannt; seine Schwierigkeiten rührten lediglich daher, daß er, verständlicherweise, den religiösen Hintergrund der jüdischen Anklage nicht zu durchschauen vermochte. Formal bildet das Gespräch eine deutliche Entsprechung zu dem Brief des Klaudius Lysias (23,26–30), der die Ereignisse von der Verhaftung des Paulus bis zu seiner Überführung nach Cäsarea ebenfalls aus römischer Sicht kommentiert. Wie dort nimmt sich auch hier Lukas die Freiheit, den äußeren Hergang wie auch die Beweggründe der handelnden Personen leicht zu variieren.

Es trifft sich, daß Festus kurz nach seinem Antrittsbesuch in Jerusalem (V.1ff.) selbst einen prominenten Antrittsbesuch erhält. Zum letztenmal innerhalb des Neuen Testaments treten damit Mitglieder der unverwüstlichen herodianischen Dynastie (s. zu 12,1–23) in Erscheinung. Agrippa II. war der Sohn Agrippas I. Ihn seinem Vater als König Judäas nachfolgen zu lassen, war zwar dem Kaiser Klaudius angesichts der dortigen nationalistischen Krisenstimmung als nicht opportun erschienen, aber die unverbrüchliche Gunst des Kaiserhauses für die Herodianer ließ Agrippa trotzdem zum König werden. Er erhielt ein Herrschaftsgebiet im Nordosten Palästinas (Gaulanitis-Batanäa-Trachonitis). Seine Schwester Berenike (eigentl. *Ferenike*, lat. *Veronica*), mit der er im Inzest zusammenlebte, war eine bekannte femme fatale jener Epoche. Eine ihrer früheren Ehen war sie mit ihrem Onkel Herodes II., dem König von Chalkis, eingegangen. Später wurde sie die Mätresse des Kaisers Titus, den nur die Rücksicht auf die öffentliche Meinung von einer Ehe mit ihr abzuhalten vermochte. Ihre jüngere Schwester Drusilla (vgl. 24,24) war die Frau des Prokurators Felix. Lukas will hier freilich nicht auf das fragwürdige Privatleben des königlichen Geschwisterpaares anspielen. Was ihn allein interessiert, ist der Umstand, daß Agrippa der letzte jüdische König war. Irgendwann während des mehrtägigen Besuches bringt Festus die Rede auf den Fall des Paulus. Der Vorgang in Jerusalem, von dem er zunächst berichtet, erscheint dabei gegenüber V.2f. in einem neuen Licht: Das gesamte Synedrium – nicht nur Hoherpriester und Ältestenkollegium (so V.2) – hat die Verurteilung des Paulus

16 gefordert! Dies war ein eindeutig widerrechtliches Ansinnen. Festus hat daher korrekt und pflichtgemäß gehandelt, wenn er es unter Hinweis auf die römischen Rechtsgrundsätze zurückwies, nach denen der Angeklagte Gelegenheit haben mußte, sich persönlich gegen die erhobenen Beschuldigungen im Rahmen eines
17–19 ordentlichen Gerichtsverfahrens zu verteidigen. Sodann schildert der Statthalter seine Eindrücke von diesem Verfahren: Was die Ankläger da zur Sprache brachten, waren nicht, wie er aufgrund des Verhaltens des Synedriums erwartet hatte, Delikte im Sinne des römischen Strafrechtes, sondern innerjüdische religiöse Streitfragen, die ihm als Römer ebenso unverständlich wie belanglos vorkommen. In seiner Sprache und Begrifflichkeit bringt Festus dabei zum Ausdruck, daß der eigentliche Streitpunkt die Auferstehung Jesu gewesen sei (vgl. 24, 14. 21): Von einem gewissen Jesus sei die Rede gewesen, von dem die Juden behaupteten, er sei tot, während Paulus darauf bestanden habe, daß er lebe. Auf die Anklage der Majestätsbeleidigung (V.8) kommt Festus nicht zu sprechen, was keineswegs überraschend ist.
20 Lukas will nämlich den Vorschlag der Prozeßverlegung nach Jerusalem hier mit der von Festus selbst erklärten Unzuständigkeit begründen, was nur unter der Voraussetzung möglich ist, daß dieser höchst politische Anklagepunkt keine Rolle spielte. Damit gerät das Verhalten des Römers wieder in ein positiveres Licht, denn die Möglichkeit, daß er Paulus aus Opportunismus den Juden habe ausliefern wollen, ist damit abgewiesen. Darüber hinaus wirkt seine Unzuständigkeitserklärung als Erweis der Unschuld des Paulus. Es handelt sich ja nur um belanglose religiöse Querelen – über sie soll das Synedrium, das für sie zuständig und kompetent ist, ein
21–22 Urteil sprechen! Der ahnungslose Festus hatte die Überstellung des Paulus nach Jerusalem für nahezu gleichbedeutend mit einer Haftentlassung gehalten. Um so unbegreiflicher ist es für ihn, daß Paulus, statt von dieser Möglichkeit Gebrauch zu machen, nun an den Kaiser Berufung eingelegt hat. Denn dadurch war er genötigt, dem Kaiser berichten zu müssen (V.26). Agrippa zeigt, wie Festus erwartet hatte, Interesse an diesem seltsamen Fall und äußert den Wunsch, Paulus kennenzulernen. Kurz und bündig, wie ein echter Römer spricht, gibt ihm der Statthalter seine Zusage.

17. Paulus vor Agrippa und Berenike 25,23–26,32

²³Am nächsten Tage kamen Agrippa und Berenike mit großem Hofstaat und betraten den Audienzsaal in Begleitung von Tribunen und maßgeblichen Persönlichkeiten aus der Stadt, und auf einen Befehl des Festus hin wurde Paulus vorgeführt. ²⁴Und Festus sprach: „König Agrippa und alle Mitanwesende! Hier seht ihr den Mann, um dessentwillen die gesamte jüdische Bevölkerung in Jerusalem und hier mich bedrängt hat mit der lautstarken Forderung, er dürfte nicht mehr leben. ²⁵Ich aber konnte nicht feststellen, daß er irgendetwas Todeswürdiges getan hat. Als er selbst an Seine Majestät Berufung einlegte, faßte ich den Beschluß, ihn dorthin zu schicken. ²⁶Allerdings weiß ich dem Herrn über ihn nichts Genaues zu schreiben. Deshalb ließ ich ihn euch, besonders aber dir, König Agrippa, vorführen, damit ich nach erfolgtem Verhör weiß, was ich schreiben soll. ²⁷Widersinnig erscheint es mir nämlich, einen Gefangenen (zum

Kaiser) zu schicken, ohne die gegen ihn vorliegenden Schuldgründe anzugeben." **26** ¹Da sprach Agrippa zu Paulus: „Es ist dir gestattet, für dich selbst zu sprechen!"

Da streckte Paulus seine Hand aus und hielt folgende Verteidigungsrede: ²„Ich schätze mich glücklich, König Agrippa, daß ich mich heute vor die im Blick auf alle Anklagen, welche die Juden gegen mich erheben, verteidigen kann, ³da du ein hervorragender Kenner aller jüdischen Sitten und Lehrfragen bist. Darum bitte ich dich, mich in Geduld anhören zu wollen. ⁴Meine Lebensweise von Jugend auf, wie sie sich von Anfang an in meinem Volke und in Jerusalem gestaltet hat, wissen alle Juden. ⁵Da sie mich von Anbeginn kennen, können sie, wenn sie nur wollen, bezeugen, daß ich nach der strengsten Richtung unserer Religion gelebt habe, nämlich als Pharisäer. ⁶Und nun stehe ich wegen der Hoffnung auf die durch Gott an unsere Väter ergangene Verheißung vor Gericht. ⁷Zu ihrer Erfüllung zu gelangen, hofft unser Zwölfstämmevolk in unablässigem Gottesdienst Tag und Nacht. Um dieser Hoffnung willen werde ich von den Juden angeklagt, o König! ⁸Warum denn gilt es bei euch als unglaubhaft, daß Gott Tote auferweckt? ⁹Ich meinerseits war jedenfalls der Meinung, gegen den Namen Jesu des Nazoräers viel Feindseliges unternehmen zu müssen. ¹⁰Das tat ich denn auch in Jerusalem, und viele der Heiligen sperrte ich selbst in die Gefängnisse, nachdem ich von den Hohenpriestern dazu bevollmächtigt worden war, und wenn sie hingerichtet werden sollten, stimmte ich dafür. ¹¹Und überall in den Synagogen zwang ich sie häufig durch Folterstrafen zum Lästern, ja, meine Raserei gegen sie ging so weit, daß ich sie bis in auswärtige Städte verfolgte. ¹²Als ich dabei, ausgestattet mit Vollmacht und Auftrag der Hohenpriester, nach Damaskus reiste, ¹³da sah ich mitten am Tage vor mir auf der Straße, o König, ein Licht, heller als der Glanz der Sonne, das mich und die mit mir Reisenden vom Himmel her umstrahlte. ¹⁴Da stürzten wir alle auf die Erde, und ich hörte eine Stimme zu mir auf Hebräisch sprechen: ‚Saul, Saul, warum verfolgst du mich? Es ist schwer für dich, gegen den Stachel auszuschlagen!' ¹⁵Da sprach ich: ‚Wer bist du, Herr?' Der Herr sprach: ‚Ich bin Jesus, den du verfolgst. ¹⁶Doch steh auf und stelle dich auf deine Füße! Denn dazu bin ich dir erschienen, um dich zum Diener und zum Zeugen dessen zu erwählen, was du von mir geschaut hast und was du von mir noch zu schauen bekommen wirst. ¹⁷Ich werde dich erretten vor dem Volk und vor den Heiden, zu denen ich dich senden will, ¹⁸um ihre Augen zu öffnen, so daß sie sich von der Finsternis zum Licht wenden und von der Macht des Satans zu Gott und Vergebung der Sünden und ein Erbteil unter den Heiligen durch den Glauben an mich empfangen.' ¹⁹Darum, König Agrippa, bin ich der himmlischen Erscheinung nicht ungehorsam geworden, ²⁰sondern habe verkündigt, zuerst den Leuten in Damaskus und Jerusalem, dann dem ganzen Lande Judäa und den Heiden, sie sollten umkehren, sich hinwenden zu Gott und Werke tun, die der Umkehr entsprechen. ²¹Deshalb haben mich die Juden im Tempel ergriffen und versucht, mich umzubringen. ²²Da Gott mir bis zum heutigen Tage Hilfe hat zukommen lassen, stehe ich hier als Zeuge für Kleine und Große und sage nichts außer dem, was auch die Propheten und Mose als zukünftiges Geschehen angekündigt haben, ²³daß nämlich der Messias leiden müsse und daß er als der Erste aus der Auferstehung der Toten dem Volk und den Heiden Licht verkündigen werde."

²⁴Als er sich so verteidigte, rief Festus mit lauter Stimme: „Du bist wahnsinnig, Paulus! Das viele Studieren treibt dich in den Wahnsinn!" ²⁵Paulus sagte

darauf: „Ich bin nicht wahnsinnig, erlauchter Festus, sondern spreche wahre und vernünftige Worte. [26]Über diese Dinge weiß ja der König, an den ich mich voll Zuversicht wende, sehr genau Bescheid. Ich bin sicher, daß ihm nichts davon verborgen geblieben ist. Denn dies ist ja nicht etwa in einem Winkel geschehen. [27]König Agrippa, glaubst du den Propheten? Ich weiß, du glaubst ihnen!" [28]Da sprach Agrippa zu Paulus: „Es fehlt nicht viel, und es gelingt dir, mich dazu zu überreden, den Christen zu spielen!" [29]Paulus erwiderte: „Ich möchte Gott wohl bitten, daß über kurz oder lang nicht nur du, sondern alle meine heutigen Zuhörer so werden, wie ich bin, abgesehen von diesen Fesseln." [30]Da erhoben sich der König und der Statthalter, Berenike und die übrigen Teilnehmer, [31]und im Hinausgehen unterhielten sie sich und sagten: „Dieser Mann tut nichts, worauf Tod oder Gefängnis steht!" [32]Agrippa aber sagte zu Festus: „Dieser Mann könnte jetzt frei sein, wenn er nicht Berufung an den Kaiser eingelegt hätte!"

26,14: *Eurip Bacch* 795; 26,17: *Jer* 1,8; *1.Chron* 16,35; 26,18: *Jes* 42,7. 16.

A
25,23–26,32

Wie die vorige Szene (25,13–22), mit der sie eng zusammengehört, ist auch diese von Lukas frei geschaffen worden. Und zwar ist der erzählerische Aufwand, den er hier investiert hat, besonders auffällig angesichts der Bedeutungslosigkeit des berichteten Vorgangs für den äußeren Geschehensablauf. Der Prozeß des Paulus in Cäsarea ist ja unwiderruflich abgeschlossen; es handelt sich also weder um ein weiteres Verhör (trotz V.26) noch gar um eine neue Verhandlung. Was immer hier an neuen Gesichtspunkten auftauchen mag – es muß ohne Einfluß auf den Gang des Verfahrens bleiben. Lukas hat auch deutlich Mühe, eine äußere Begründung für die Szene zu finden: Nach V.26 ist Festus hinsichtlich seines Berichtes an den Kaiser in Verlegenheit und hofft, weitere Informationen über Paulus durch eine Gegenüberstellung mit Agrippa, dem Experten für jüdische Fragen, zu gewinnen. Als ob es nicht genügt hätte, wenn er das Protokoll des Verfahrens nach Rom geschickt hätte! Aber es hat den Anschein, als hätte Lukas selbst dieser Begründung nicht allzuviel Gewicht beimessen wollen, denn am Schluß (26,30ff.) bleibt der Bericht an den Kaiser unerwähnt. Konsequenter wird in Aufbau und Gestaltung des Ganzen ein anderer Motivationsversuch durchgehalten: Die Vorführung des Paulus ist demnach in den Augen des Festus ein ebenso interessantes wie skurriles Divertissement, das er seinen erlauchten Gästen bietet (25,22; 26,24. 28).

Freilich hat Lukas seinerseits diese Szene nicht geschaffen, um seine Leser zu unterhalten, sondern um ihnen am Ende des Prozeßberichtes eine Gesamtdeutung des Geschehens unter *zwei Aspekten* zu vermitteln.

25,24–16,1

1. Der erste Aspekt betrifft *den eigentlichen Prozeß*. Gerade weil Lukas keinen Freispruch berichten kann, liegt ihm daran, die Schuldlosigkeit des Paulus im strafrechtlichen Sinne möglichst unmißverständlich herauszustellen. Zu diesem Zweck bietet er hier neben dem römischen Statthalter, der die Schuldlosigkeit aus römischer Sicht bereits bezeugt hat (25,18f.), den König Agrippa als weiteren Zeugen für die Schuldlosigkeit aus jüdischer Sicht auf (26,32). Agrippa ist für diese Funktion besonders geeignet, da er einerseits nominell als Jude gilt und mit den Fragen des jüdischen Rechts vertraut ist (25,26), andererseits jedoch in denkbar großer Distanz zu den Kreisen des offiziellen Judentums steht, die sich gegen Paulus und

die von ihm vertretene Sache verschworen haben. Anders als die Mitglieder des Synedriums vermag er den jüdischen Rechtsstandpunkt objektiv zu vertreten. Die Parallele zu der Herodes-Agrippa-Szene des lukanischen Passionsberichtes (Lk 23,6–12) ist nicht zufällig. Auch dort zieht der von der Unschuld Jesu zwar überzeugte, aber durch die Juden verunsicherte Prokurator den jüdischen König als Gutachter heran; auch dort ist dessen Verhalten dem Angeklagten gegenüber vorwiegend durch Neugier bestimmt (Lk 23,8); auch dort ist das Ergebnis eine – allerdings symbolisch ausgedrückte – Unschuldserklärung (Lk 23,11).

2. Der zweite Aspekt betrifft *den Weg und das Zeugnis des Paulus*. Ihm ist die Rede 26,2–23 gewidmet. Anders als die bisherigen Paulus-Reden im Rahmen des Prozeßberichtes, die durch die jeweilige äußere Situation bestimmte Auseinandersetzungen mit Gegnern und Anklägern waren (22,1–21; 23,1.6b; 24,10–21), greift diese weit über die unmittelbare Rahmensituation hinaus. Lukas läßt in ihr Paulus in dem Augenblick, als er sich anschickt, Judäa endgültig zu verlassen, seinen bisherigen Weg und sein Zeugnis in einen großen heilsgeschichtlichen Rahmen einzeichnen. Das Thema der Rede ist die Verheißung Israels. Ihr erster Teil (26,2–8) macht deutlich, daß ihr Verständnis der eigentliche Streitpunkt im Verfahren gegen Paulus ist (26,8). Zugleich kommt der Anspruch des Paulus, das wahre Verheißungsverständnis zu verkörpern, zur Sprache. Er, der im Geiste dieser Verheißung als strenger pharisäischer Jude aufgewachsen ist, steht nun wegen seiner Hoffnung auf ihre Erfüllung – und das heißt nach Lukas: wegen seines Auferstehungsglaubens – vor Gericht! Im zweiten Teil (26,9–21) führt Paulus anhand seiner Biographie den Nachweis, daß er und nicht das Judentum in ungebrochener Treue zur Verheißung steht. Seine Verheißungstreue erwies sich in seinem Gehorsam gegenüber Jesus, dem Erfüller der Verheißung (26,19f.), sie manifestiert sich in dem Zeugnis, zu dem ihn eben dieser Jesus berufen hat. Der Schlußteil (26,22f.) faßt den Inhalt des Zeugnisses des Paulus in zwei Punkten zusammen, die zugleich die bleibende Differenz zum Judentum markieren: a) In Jesu Leiden und Auferstehung hat sich die Schrift erfüllt. b) Diese an ihr Ziel gekommene Verheißung ist nicht nur den Juden, sondern auch den Heiden als „Licht" zu verkündigen.

26,2–23

Der dritte Bericht von der Bekehrung des Paulus (26,12–18), der im Zusammenhang dieser Rede erscheint, weicht ungleich stärker als der zweite (22,6–16) von 9,1–22 ab. Die wunderhaften und erbaulichen Züge des Damaskus-Ereignisses treten hier völlig in den Hintergrund. Von Blindheit und Wieder-sehend-werden des Paulus ist nicht mehr die Rede, für Hananias und seine Mittlerfunktion ist kein Platz mehr. Denn – und dies ist der augenfälligste Unterschied – die Berufung des Paulus erfolgt hier direkt aus dem Munde des Erhöhten im Rahmen der Christophanie (26,16–18). Man hat diese Abweichungen damit erklären wollen, daß Lukas hier eine andere Tradition als in Kp 9 verarbeitet habe. Doch dafür ergeben sich keinerlei Anhaltspunkte. Lukas modifiziert vielmehr den ihm bekannten Bericht so, daß er sich dem kerygmatischen Ziel der Rede einordnet. Er will betonen: Weil Jesus als der Erfüller der Verheißung Paulus in seinen Dienst genommen hat, darum erweist sich Paulus mit seinem Zeugnis als Werkzeug und Vollstrecker dieser Verheißung: Durch ihn spricht letztlich Jesus Christus selbst (26,23b). Es ist wichtig zu erkennen, daß dem Wort „Licht" dabei geradezu leitmotivische Funk-

26,12–18

tion zukommt. Es ist Symbol für die Wahrheit, die für Paulus bei seiner Berufung erschlossen wurde (26,13) und deren Träger er seither geworden ist (26,18.23). Es kann kein Zweifel daran bestehen, daß gerade in dieser kerygmatischen Stilisierung des Damaskusereignisses die eigene theologische Sicht des Lukas besonders deutlich zutage tritt. Für Lukas handelte es sich nicht nur um eine Bekehrung, sondern um eine Berufung, durch die der Auferstandene selbst Paulus eine einmalige und unverwechselbare heilsgeschichtliche Funktion zugewiesen hat, nämlich die des Zeugen (26,16). Was die Christuserscheinung betrifft, so konnte er sie zwar nicht als letzte Erscheinung des Auferstandenen deuten (vgl. 1.Kor 15,8), denn daran hinderte ihn sein Theologumenon von der Himmelfahrt als Abschluß der Auferstehungserscheinungen (s. zu 1,1–11); sie war jedoch für ihn nicht nur eine himmlische Vision unter anderen, sondern ein besonderer Akt der Selbstkundgabe des Auferstandenen und Erhöhten. Sicher ist auf alle Fälle, daß Lukas diese Sicht, die sich der von Paulus selbst vertretenen (vgl. auch Gal 1,10–16) wenigstens in den zentralen Punkten annähert, nicht hätte vermitteln können, wenn er von der Bedeutung, die das Damaskusereignis für Paulus selbst hatte, nichts mehr gewußt hätte.

B Mit königlichem Prunk und begleitet von einem großen Hofstaat zieht das königliche Paar in den Audienzsaal der Statthalterresidenz ein, wo das angekündigte Schauspiel stattfinden soll. Die Schilderung mag nicht ganz frei von ironischen Untertönen sein: Agrippa ist zwar ein wirklicher König – aber Lukas weiß auch um die Fadenscheinigkeit dieses Königtums, das fehlende Macht durch äußeren Pomp ersetzen muß. Festus läßt Paulus vorführen und eröffnet die Veranstaltung mit einer Ansprache, die im wesentlichen die gleichen Gesichtspunkte enthält, die er schon am Vortag dem König mitgeteilt hatte (V. 14–21). Eine leichte Variante liegt darin vor, daß hier nicht nur die jüdischen Führer als Widersacher des Paulus erscheinen (vgl. V.15); das ganze jüdische Volk hat vielmehr seinen Tod gefordert! Das ist eine deutliche Anspielung auf 21,36. Stark betont der Statthalter die von ihm festgestellte Schuldlosigkeit des Paulus (vgl. 23,29; 25,18; 26,31). Seine Verlegenheit rührt aus folgendem eklatantem Widerspruch, dessen Ursache er nicht begreift: Ein ganzes Volk fordert den Tod eines Mannes, der für einen streng rechtlich denkenden römischen Beamten als objektiv schuldlos gelten muß. Sollte er vielleicht einen entscheidenden Faktor übersehen haben? Aufklärung erhofft er sich von einer Gegenüberstellung des Gefangenen mit dem König. Sie soll seinem Bericht an den Kaiser Material liefern. V.26 enthält den ältesten uns bekannten Beleg für die Anwendung des absolut gebrauchten Titels „Herr" (griech. *kyrios*) auf den Kaiser, die nach allem, was wir sonst wissen, sich erst zur Zeit Domitians einbürgerte. Aber vermutlich trägt Lukas den ihm aus seiner Zeit vertrauten Sprachgebrauch in die des Nero zurück. Auf diesem Hintergrund gewann das Bekenntnis der Christen zu dem einen *kyrios* Jesus Christus (1.Kor 8,6) besondere polemische Stoßrichtung gegen den Kaiserkult. (Von ihr ist in 26,15 allerdings noch nichts zu spüren). Lukas verwendet Termini der Gerichtssprache: „vorführen", „Verhör" (25,26), „Verteidigungsrede" (26,1). Anscheinend versteht er den Vorgang als ein außerhalb des regulären Verfahrens stehendes und darum inoffizielles Verhör.

26,1 Dessen Leitung überträgt der Statthalter Agrippa als dem dazu berufenen Experten. An ihn richtet Paulus darum auch seine Verteidigungsrede, die er wieder mit

der üblichen Rednergeste (vgl. 13,16; 19,33; 21,40) beginnt. Am Anfang ihres 2–3
ersten Teils (V.2–8) steht eine kunstvoll gebaute *captatio benevolentiae* (vgl.
24,3f. 10), die die Kompetenz des Königs für die zur Debatte stehenden Fragen
rühmt und um sein huldvolles Gehör für das Folgende bittet. Paulus kann sich
streng auf die jüdischen Anklagen, und das heißt: auf die religiöse Seite seines Falles, beschränken. Klarheit darüber, daß er sich keines politischen Verbrechens
schuldig gemacht hat, kann er nach allem bisherigen bei seinen Zuhörern voraussetzen. Die folgenden Angaben zur Person haben den gleichen Duktus wie die in 4–5
22,3. Lukas konzentriert sie, da er die Einzelheiten inzwischen als dem Leser bekannt voraussetzen kann, auf das für den vorliegenden Argumentationsgang Entscheidende, nämlich auf die tiefe Verwurzelung des Paulus im Judentum. Die Herkunft aus Tarsus (22,3; vgl. 23,34) bleibt nunmehr unerwähnt. Worauf es ankommt, ist, daß Jerusalem, die heilige Stadt des Judentums, das Lebenszentrum des
Paulus gewesen ist, und daß er als Pharisäer die konsequenteste Form jüdischer
Existenz praktiziert hat. Was dieses sein Leben als Jude prägte und trug, war der
Glaube an die den Vätern zuteilgewordene, in der Schrift niedergelegte Verheißung.
Hier nun springt die Rede plötzlich in die Gegenwart: Wenn eben wegen dieses 6–7
Verheißungsglaubens Paulus jetzt angeklagt wird, so ist dies absurd, denn es läuft
letztlich darauf hinaus, da ihm sein jüdisches Volk sein treues und konsequentes
Judentum zum Vorwurf macht! Die Folgerung, die sich darin andeutet, ist, daß
sich in dieser Anklage das Judentum von der Hoffnung, die seine Existenz durch
die Jahrhunderte getragen und gehalten hat, lossagt. Diese Argumentation setzt (1.)
voraus, daß die pharisäische Auferstehungshoffnung in allen Verheißungen der
Schrift bereits so eindeutig vorbereitet ist, daß sie gewissermaßen als die für jeden
einsichtige Summe aus diesen gelten kann, sowie (2.), daß die christliche Auferstehungshoffnung in der pharisäischen Hoffnung ohne Rest aufgeht. Die Problematik 8
dieses Ansatzes tritt in der rhetorischen Frage von V.8 deutlich zutage. Demnach
käme es für die Juden lediglich darauf an, die Auferstehung Jesu als Erfüllung ihrer
Auferstehungshoffnung anzuerkennen, was ihnen um so leichter fallen müßte, als
ihnen aufgrund eben dieser Hoffnung die Tatsache als solche, „daß Gott Tote
auferweckt", keineswegs „unglaubhaft" ist. Lukas geht hier allzu schnell darüber
hinweg, daß christliche Hoffnung vom Heilsgeschehen von Kreuz und Auferstehung her eine Struktur gewonnen hat, die sich von der aller zeitgenössischen jüdischen Hoffnungen – von denen die pharisäische keineswegs die einzige ist – grundlegend unterscheidet: Sie erwartet Auferstehung der Toten nicht mehr nur als ein
zukünftiges Handeln Gottes, in dem sich die Verheißungen erfüllen, sondern bezieht ihre Kraft daraus, daß Gott bereits in der Auferweckung Jesu, des Erstlings
der Entschlafenen (1.Kor 15,23), die Zukunft für die Seinen hat beginnen lassen
(doch vgl. V.23).

Der zweite Redeteil (V.9–21) setzt ein mit dem Rückblick auf die Verfolgertätig- 9
keit (V.9–11). Deren Motivation ergibt sich indirekt aus dem Vorhergegangenen:
Paulus meinte, gegen die Jesusgläubigen vorgehen zu müssen, weil er damals so
wenig wie seine jüdischen Volksgenossen noch jetzt bereit war, die Auferstehung
Jesu als Gottes Tat anzuerkennen und für glaubhaft zu halten. Dabei hätte er es
doch eigentlich als auferstehungsgläubiger Pharisäer besser wissen müssen. Der

"Name" Jesu umschreibt die Jesus zugehörige Sphäre, d. h. nicht nur ihn selbst,
10–11 sondern auch die an ihn Glaubenden (vgl. 4,17f.; 5,28. 40f.; 9,15f.). Anders als
9,1 f. und 22,4 f. ist hier von einer Verfolgertätigkeit des Paulus in Jerusalem selbst
die Rede (vgl. 8,3). Das dürfte auf der gleichen Linie liegen wie die Betonung Jerusalems in V.4: Der vorchristliche Paulus wollte dem Namen Jesu in der heiligen
Stadt, der er so eng verbunden war, keinen Raum geben. Aufgrund der Vollmacht
der Hohenpriester war er zu Verhaftungsaktionen in Jerusalem berechtigt, ja er hat
sogar für Todesurteile gegen Christen gestimmt, was voraussetzt, daß Lukas ihn für
ein pharisäisches Mitglied des Synedriums hält. Er hat auch sonst alles getan, um
die Stadt von dem seiner Meinung nach verwerflichen Irrglauben zu reinigen: Christen, die er in den verschiedenen Synagogengemeinden der Stadt aufspürte, nötigte
er durch Geißelung zum „Lästern". Dieser Terminus ist hier in seiner christlichen
Bedeutung gebraucht; er meint das Abschwören des Namens Jesu (vgl. 13,45;
18,6). Nun erst wird die Verfolgertätigkeit in auswärtigen Städten (unter ihnen
auch in Damaskus) erwähnt (vgl. 9,1 f.). Sie erscheint hier als unmittelbare Fortführung der Jerusalemer „Säuberungsaktion": Paulus will nun auch der Christen habhaft werden, die sich durch Flucht aus Jerusalem seinem Zugriff entziehen wollten.
Insgesamt erhalten wir hier ein Bild des Christenverfolgers Paulus, das nicht nur
über die geschichtliche Wirklichkeit, sondern auch über die bisherige Darstellung
des Lukas erheblich hinausgeht. Paulus wird hier gezeichnet als der Generalbevoll-
12–13 mächtigte des Synedriums für die endgültige Ausrottung des Jesusglaubens. Um so
größer erscheint auf diesem Hintergrund die Lebenswende vor Damaskus. Bei der
Schilderung der Christophanie wird noch deutlicher als in 22,6 die Helligkeit des
vom Himmel her aufstrahlenden Lichtes hervorgehoben: Selbst am Mittag ist es
noch bei weitem mächtiger als die Sonne! Und zwar ist dieses Licht von vornherein
Medium und Symbol der an Paulus ergehenden Offenbarung. Von einer Blendung
ist nicht mehr die Rede – die Komponente des Strafwunders fehlt hier völlig (vgl.
9,8 f.; 22,11). So haben auch die Reisebegleiter, obwohl sie erwähnt werden, keine
14 dramaturgische Funktion mehr. Die überwältigende Macht des Lichtes wirft zwar
auch sie zu Boden (s. dagegen 9,7), seine eigentliche Bedeutung gewinnt es jedoch
nur für Paulus, und zwar in Verbindung mit den ihm allein geltenden Worten des
Erhöhten. Daß Jesus Hebräisch spricht – gemeint ist natürlich wieder die aramäische Umgangssprache (vgl. 21,40) –, wird hier ausdrücklich erwähnt, vielleicht, um
von da her die hebräische Namensform „Saul" zu begründen. Neu gegenüber 9,4;
22,7 ist das sich an die Frage des Erhöhten anschließende griechische Sprichwort,
das ursprünglich den Bakchen des Euripides (794 f.) entstammt (vgl. zu 16,26). Es
bedeutet hier sinngemäß: Widerstand gegen meine Macht ist für dich ebensowenig
möglich, wie sich ein Zugtier gegen den Stachelstock seines Treibers zur Wehr
setzen kann. Jesus unterstellt Paulus seiner Herrschaft und macht ihn zu deren
15–18 Werkzeug. Damit ist das Thema der kleinen Jesusrede (V. 16–18), die sich an das
Erscheinungsgespräch von V.15 (vgl. 9,5; 22,8) anschließt, bereits angeschlagen.
In ihr geht es nämlich um Wesen und Ziel der jetzt Paulus zuteilwerdenden Berufung. Und zwar ist sie gleichermaßen von geprägten Formulierungen der christlichen Gemeindesprache wie von alttestamentlichen Reminiszenzen durchsetzt, die
den Leser an den Sprachklang alttestamentlicher Prophetenberufungen erinnern

sollen, ohne jedoch direkt an bestimmte Stellen anzuspielen. (Ein direktes Zitat findet sich lediglich in V. 17). Die Rede beginnt mit einem Berufungswort (V. 16), das die Christophanie unmittelbar als Berufung deutet: Christus ist dem Paulus erschienen, um ihn zu seinem Diener und Zeugen zu machen. Die hier verwendete Terminologie ist bedeutsam. Denn einmal entspricht die Wendung, mit der die Christuserscheinung bezeichnet wird *(ōfthēn)*, dem in den ältesten Auferstehungstraditionen (1. Kor 15,5 ff.; Lk 24,34) verwendeten Terminus bis auf die kleine situationsbedingte Abweichung, daß hier die erste statt der dritten Person *(ofthē)* erscheint. Zum andern sind „Diener" *(hyperetēs*; vgl. Lk 1,2) und vor allem „Zeuge" *(martys*; vgl. 1,8; Lk 24,48) Termini, mit denen Lukas vorzugsweise die besondere Funktion des Zwölferkreises umschreibt (s. zu 1,8). Daraus ist zu folgern, daß Lukas hier de facto das Amt des Paulus mit dem der „zwölf Apostel" unmittelbar zusammenschließt. Wie jene, so ist auch Paulus für ihn bevollmächtigter Zeuge des Auferstandenen und Träger seiner Weisungen für die Kirche. Die Wendung, mit der der Gegenstand dieser Diener- und Zeugenschaft umschrieben wird, ist sprachlich ebenso umständlich wie sachlich schwierig. Die von manchen Auslegern vorgeschlagene vereinfachende Lesart: „... was du gesehen hast und was dir gezeigt werden wird" läßt sich allerdings kaum als ursprünglich begründen. Ohne auf die textliche Problematik dieser Stelle im einzelnen einzugehen, kann doch so viel gesagt werden: Die Damaskus-Erscheinung begründet zwar nach Meinung des Lukas die Funktion des Paulus als Zeuge, sie ist aber nicht das einzige, was seinem Zeugnis Inhalt und Gestalt gibt. Sie leitet vielmehr eine Reihe von Widerfahrnissen ein, in denen Christus ihm seinen Willen kundtut und seinen Weg konkret bestimmt. Man wird hier in erster Linie an die Tempelvision in 22,17 zu denken haben, vielleicht auch an Visionen wie 16,9f.; 18,9; 23,11. Lukas will damit die Damaskus-Erscheinung keineswegs in eine Reihe mit diesen visionären Widerfahrnissen stellen. Beides verhält sich für ihn vielmehr zueinander wie Grund und Folge: Weil der Erhöhte Paulus damals zu seinem Werkzeug gemacht hat, darum bestimmt er je und dann durch Kundgabe seines Willens den Einsatz dieses Werkzeuges. An das Berufungswort schließt sich eine Schutzverheißung an, die auf das Wirken des Paulus ausblickt: Er wird aus den Verfolgungen der Juden und Heiden errettet werden, denn zu beiden ist er ja gesandt. Daß diese Sendung der der Propheten analog ist, wird durch ein Zitat aus dem Berufungsbericht des Jeremia (Jer 1,8) angedeutet. Lukas versteht den Auftrag des Paulus als universal. Er ist für ihn nicht nur Zeuge für die Heiden (vgl. Gal 1,16), sondern für alle Menschen (22,15), wobei sich sein Zeugnis allerdings in der heilsgeschichtlichen Abfolge: ‚zuerst die Juden, dann die Heiden' realisiert (vgl. 22,17ff.). V. 18 umreißt den Zweck der Sendung des Paulus: Darum geht es, daß Juden und Heiden durch Umkehr und Glaube dem Machtbereich des Bösen entrissen und der heilvollen Herrschaft Jesu Christi unterstellt werden. Geläufige missionarische Terminologie, wie sie sich im Anschluß an bestimmte alttestamentliche Motive entwickelt hatte, wird hier aufgenommen, wenn die Bekehrung als „Öffnung der Augen" (Jes 42,7) und als Wendung „vom Dunkel zum Licht" (Jes 42,16) beschrieben ist (vgl. Eph 6,12; Jak 1,17). Besonders groß ist die Ähnlichkeit zu den liturgisch geprägten Taufaussagen von Kol 1,12–14. Vom Kontext her gewinnt die Lichtmetaphorik noch ge-

steigerte Bedeutung: So, wie die Augen des Paulus selbst durch die Christuserscheinung geöffnet worden sind, soll er nun durch seine Predigt die Augen anderer öffnen. Mit ihr ist ein Geschehen in Gang gesetzt, das nicht auf Paulus beschränkt bleiben kann, sondern alle Menschen in der ganzen Welt erreichen und verändern
19 will. – Mit einer Wiederholung der Anrede an König Agrippa (vgl. V.2) zeigt der Redner an, daß die Christusrede beendet ist und nun er selbst wieder das Wort nimmt, um das Fazit zu ziehen. Er tut dies wiederum anhand seiner Biographie. Indem er dem Auferstandenen, der die Erfüllung der Verheißung ist, gehorchte, hat er sich selbst seinem Volk gegenüber als legitimer Anwalt dieser Verheißung erwiesen. Seine Mission gründet nicht in einer eigenmächtigen Entscheidung gegen sein Volk, sondern im Gehorsam gegen die himmlische Offenbarung, in der sich die
20 Hoffnung dieses Volkes abschließend erfüllt hat. Der kurze Abriß der paulinischen Missionstätigkeit steht unter dem leitenden Gesichtspunkt, deren universale Ausrichtung (vgl. V.17) anschaulich zu machen: Zuerst wandte sich Paulus an die Juden in Damaskus (vgl. 9,19–22), Jerusalem (9,28) und Judäa, dann ging er zu den Heiden (9,29). Von da her ist wohl auch die Erwähnung des „ganzen Landes Judäa" zu verstehen, die weder vom Eigenbericht des Paulus (Gal 2,7f.), noch von
21 der Darstellung der Apostelgeschichte gedeckt wird. Diese universale Mission war es, die ihm den unversöhnlichen Haß der Juden zuzog, und sie bewog, ihm nach dem Leben zu trachten. Mit dem letzteren wird konkret hingewiesen auf den versuchten Lynchmord im Tempelvorhof, vor dem ihn das Eingreifen der Römer gerettet hatte (21,31). Auf die Inhalte der offiziellen jüdischen Anklage (24,5–8) braucht Paulus hier nicht mehr einzugehen, denn sie haben sich längst als gegenstandslos erwiesen. Jetzt kann es nur noch darum gehen, die hinter ihnen verborgene, eigentliche Motivation der Juden freizulegen. – Damit hat Paulus endgültig
22–23 die Gegenwart erreicht. Sie ist dadurch bestimmt, daß er als Zeuge für Jesus Christus und die in ihm erfüllte Verheißung vor einem römischen Statthalter und einem jüdischen König zu stehen vermag. Aller Widerstand der Juden hat das nicht verhindern können – die Schutzverheißung des Erhöhten (V.17) hat sich sichtbar erfüllt. Das gibt Grund zu der Hoffnung, daß dieses Zeugnis auch in Zukunft durch menschlichen Widerstand ungehindert weitergehen wird (vgl. 28,31). Wenn Paulus den zentralen Inhalt dieses Zeugnisses zusammenfaßt, so gibt er zugleich damit eine Analyse der Differenzen, die bleibend zwischen Kirche und Judentum stehen und das Nein des letzteren, das ein Nein des Ungehorsams ist, herausfordern. Den einen Differenzpunkt bildet die Christologie: Das Judentum verschließt sich der Einsicht, daß Christus als der Leidende und Auferstandene die Erfüllung der Schrift ist (vgl. 2,25–36; 3,22–24; Lk 24,44–47), was um so unbegreiflicher ist, als Jesus durch seine Auferweckung ausdrücklich als der ausgewiesen worden ist, auf den Israels Hoffnung von Anfang an ausgerichtet war (vgl. V.6f.). Der zweite Differenzpunkt liegt in dem universalen Anspruch des Zeugnisses: Jesus als die Erfüllung der Hoffnung ist allen Menschen, nicht nur den Juden, als „Licht" zu verkündigen. Nach dem Wortlaut verstanden wäre Jesus als der Auferstandene, in dem sich Israels messianische Hoffnung erfüllt hat, es selbst, der das Licht für Israel und die Heiden verkündet. Und in der Tat ist er es ja, der durch seinen Weg die Erneuerung Israels zum Gottesvolk der Endzeit ermöglicht und durch seine Weisung die Hineinnahme

der Heiden in dieses Gottesvolk angeordnet hat. Paulus ist bei alledem nur sein Werkzeug.

Wieder gebraucht Lukas das Kunstmittel der scheinbaren Unterbrechung der Rede (vgl. 17,32; 22,30); in Wirklichkeit ist alles, was zu sagen war, gesagt. Wieder auch läßt er die Hörer sich dem unbedingten Anspruch der Botschaft durch Ausweichmanöver entziehen (vgl. 17,32; 24,25), hier allerdings nicht, ohne ihnen wenigstens eine indirekte und partielle Zustimmung in den Mund zu legen. So verschanzt sich der pragmatisch-nüchtern denkende römische Statthalter hinter seinem engen Wirklichkeitsverständnis, wenn er meint, die Auferstehungsverkündigung als Produkt abwegiger gelehrter Spekulationen, die die Basis des gesunden Menschenverstandes verlassen haben, abtun zu können. Immerhin erkennt er damit jedoch die große Gelehrsamkeit des Paulus an. In der Form höflich, in der Sache aber bestimmt, widerspricht Paulus: Sein Zeugnis besteht nicht aus weltfremden Spekulationen, sondern aus wahrer und vernünftiger Rede! Im Hintergrund steht hier das in der hellenistischen Literatur geläufige Gegensatzpaar: Wahnsinn (d.h. Maßlosigkeit und Unkontrolliertheit des Denkens) – Vernunft (d.h. besonnen-realitätsbezogenes Denken). Was Paulus zu sagen hat, ist darum „vernünftig", weil es Anhalt hat àn einem realen Geschehen, das im Raum der Geschichte sichtbar hervorgetreten ist. Wirken und Schicksal Jesu haben sich nicht in einem versteckten Winkel abgespielt, sondern vor der Öffentlichkeit Palästinas. Jeder Jude kann und muß davon wissen – selbstverständlich auch der König Agrippa, den Paulus darum zum Zeugen anruft. Dieses Motiv der Öffentlichkeit und Erkennbarkeit des Christusgeschehens ist ein zentrales lukanisches Theologumenon (vgl. 2,22; Lk 24,18; anders Paulus: 1.Kor 2,6–16). Paulus geht noch einen Schritt weiter, indem er Agrippa direkt als Juden anspricht. Als solcher müßte er nicht nur vom Jesusgeschehen wissen, sondern auch die Verheißungen der Propheten kennen. Damit aber hätte er alle Voraussetzungen, um der Botschaft des Paulus zu glauben. Aber Agrippa entzieht sich dem beschwörenden Appell und weicht in die Unverbindlichkeit aus. In einer elegant zwischen Ernst und Ironie balancierenden Wendung erkennt er die Überzeugungskraft der paulinischen Rede an, um sich für seine Person zugleich ihrem Anspruch zu entziehen. Die Replik des Paulus ist keineswegs von geringerer rhetorische Eleganz. Sie greift das Wort des Königs auf und macht aus dessen ironisch formuliertem Wunsch einen real erfüllbaren. Paulus läßt sich weder durch offenen Widerstand, noch durch distanzierte Ironie in seinem Ziel irremachen, denn er ist überzeugt davon, daß Gott selbst zuletzt der Wahrheit zum Durchbruch verhelfen wird, die er vertritt. Dabei darf er es wagen, sich selbst als Norm darzustellen: Alle sollen so werden wie er, der den Übergang von der Finsternis zum Licht vollzogen hat, um ihn nun durch sein Zeugnis auch anderen zu ermöglichen. Der einschränkende Hinweis auf seine Fesseln deutet nicht ohne überlegene Ironie die Widersinnigkeit seiner Situation an: Als der Gebundene ist er der einzige, der die wahre Freiheit vertritt, zu der alle nach Gottes Willen gelangen sollen.

Die Versammlung ist beendet. Das letzte, was dem Leser mitgeteilt wird, ist das Gespräch, das König und Statthalter beim Verlassen des Saales führen. In ihm ist nicht mehr, wie man erwarten möchte, von dem Bericht an den Kaiser die Rede, der ja den Anlaß des Verhörs geliefert hatte (25,26), sondern ausschließlich von der Unschuld des Paulus. Daß sich beide, Festus und Agrippa, im Blick auf sie einig sind, ist die entscheidende Einsicht, die Lukas an dieser Stelle abschließend dem Leser vermitteln möchte. Es hat besonderes Gewicht, wenn Agrippa als neutraler Beobachter die Appellation des Paulus an den Kaiser geradezu bedauert, weil sie seine Freilassung verhindert hat, die andernfalls nach Lage der Dinge eine Selbstverständlichkeit gewesen wäre.

18. Seefahrt und Schiffbruch 27,1–44

¹Als dann unsere Abfahrt nach Italien festgesetzt war, übergab man Paulus und einige andere Gefangene einem Centurio namens Julius von der kaiserlichen Kohorte. ²Wir bestiegen ein Schiff aus Adramyttium, das die Häfen Asiens anlaufen sollte, und stachen in See. Zu unserer Gruppe gehörte auch der Mazedonier Aristarch aus Thessalonich. ³Am nächsten Tage legten wir in Sidon an, und da Julius dem Paulus freundlich gesinnt war, erlaubte er ihm, zu seinen Freunden zu gehen, um sich pflegen zu lassen. ⁴Und von dort stachen wir in See und segelten, da wir Gegenwind hatten, im Windschatten der (Ost-)Küste von Zypern, ⁵durchfuhren das Meer längs der Küste von Zilizien und Pamphylien und kamen so nach Myra in Lyzien. ⁶Dort machte der Centurio ein Schiff aus Alexandria ausfindig, das nach Italien fuhr, und brachte uns an Bord. ⁷Tagelang machten wir nur wenig Fahrt und kamen nur mit Mühe auf die Höhe von Knidos, weil der Wind uns nicht vorankommen ließ. So segelten wir in den Windschatten der (Ost-)Küste von Kreta auf der Höhe von Salmone. ⁸Mühsam fuhren wir an ihr entlang, bis wir an einen Platz mit dem Namen „Guthafen" in der Nähe der Stadt Lasäa kamen. ⁹Da nun schon viel Zeit verstrichen war und die Seefahrt bereits gefährlich war, nachdem das Fasten schon vorüber war, warnte Paulus ¹⁰und sagte zu ihnen: „Leute, ich sehe voraus, daß die Weiterfahrt mit Ungemach und großem Schaden nicht nur für das Schiff und seine Ladung, sondern auch für unser Leben verbunden sein wird." ¹¹Aber der Centurio verließ sich auf den Kapitän und den Reeder mehr als auf das, was Paulus sagte. ¹²Da der Hafen zum Überwintern ungeeignet war, beschloß die Mehrheit, von dort in See zu stechen und zu versuchen, Phönix zu erreichen, einen Hafen auf Kreta, der nach Südwesten und Nordwesten offen ist, und dort zu überwintern. ¹³Als ein leichter Südwind aufkam, meinten sie, der Durchsetzung ihres Vorhabens sicher zu sein, lichteten die Anker und segelten nahe der Küste von Kreta entlang. ¹⁴Nach kurzer Zeit jedoch brauste von der Insel her ein Sturm, den man Euraquilo nennt. ¹⁵Da das Schiff mitgerissen wurde und nicht mehr mit dem Bug in den Wind zu bringen war, gaben wir es ihm preis und ließen es treiben. ¹⁶Nachdem wir in den Windschatten einer kleinen Insel namens Klauda gelangt waren, gelang es uns nur mit äußerster Mühe, das Beiboot in der Gewalt zu halten; ¹⁷als sie es hochgezogen hatten, wandten sie Hilfsmaßnahmen an, indem sie das Schiff mit Tauen untergürteten. Und aus Furcht, in die Syrte verschlagen zu werden, warfen sie den Treibanker aus und ließen sich so dahintreiben. ¹⁸Da wir vom Sturm in harte Bedrängnis gebracht wurden, warfen sie am nächsten Tage Ladung über Bord. ¹⁹Und am dritten Tage warfen sie sogar die Schiffsgeräte eigenhändig ins Meer. ²⁰Mehrere Tage

lang waren weder Sonne noch Gestirne zu sehen und ein schweres Unwetter setzte uns zu; so schwand schließlich jede Hoffnung auf unsere Rettung. [21] Auch herrschte allgemeine Appetitlosigkeit. Da trat Paulus unter sie und sagte: „Leute! Man hätte auf mich hören und nicht von Kreta wegfahren sollen; man hätte sich dann dieses ganze Ungemach und diesen Schaden erspart. [22] Jetzt aber bitte ich euch dringend, guten Mutes zu sein. Kein einziges Menschenleben soll verloren gehen – nur das Schiff. [23] In dieser Nacht trat nämlich ein Engel des Gottes, dem ich gehöre und dem ich diene, zu mir [24] und sprach: ‚Fürchte dich nicht, Paulus! Du mußt vor den Kaiser treten, und siehe, Gott hat dir alle deine Reisegefährten geschenkt.' [25] Darum seid guten Mutes, Leute! Denn ich vertraue Gott, daß es so geschehen wird, wie es mir gesagt worden ist. [26] Wir werden auf einer Insel stranden."

[27] Als nun die vierzehnte Nacht kam, seit wir auf der Adria trieben, da bemerkten die Schiffsleute um Mitternacht, daß Land auf sie zukam. [28] Sie warfen das Senkblei und maßen zwanzig Faden. Und als sie nach einer kurzen Weile nochmals loteten, maßen sie fünfzehn Faden. [29] Weil sie fürchteten, wir könnten auf Klippen auflaufen, warfen sie vom Heck vier Anker aus und flehten den Tag herbei. [30] Als aber die Seeleute vom Schiff zu flüchten versuchten und das Beiboot unter dem Vorwand herabließen, sie müßten auch vom Bug aus Anker auswerfen, [31] sagte Paulus zu dem Centurio und den Soldaten: „Wenn diese Leute nicht auf dem Schiff bleiben, so gibt es für euch keine Rettung!" [32] Daraufhin kappten die Soldaten die Haltetaue des Beibootes und ließen es davontreiben. [33] Bis der Morgen heraufzog, redete Paulus allen zu, sie sollten Nahrung zu sich nehmen, und sagte: „Heute ist schon der vierzehnte Tag, den ihr ohne Nahrung mit Warten zubringt, ohne etwas zu euch zu nehmen. [34] Deshalb bitte ich euch dringend, etwas zu essen. Das ist nämlich im Interesse eurer Rettung. Denn keiner von euch soll ein Haar auf seinem Haupte verlieren." [35] Nach diesen Worten nahm er Brot, dankte Gott vor aller Augen, brach es und begann zu essen. [36] Da faßten alle neuen Mut, und auch sie nahmen Speise zu sich. [37] Wir waren aber insgesamt 276 Seelen auf dem Schiff. [38] Als sie von der Speise gesättigt waren, erleichterten sie das Schiff, indem sie das Getreide ins Meer warfen. [39] Als es dann Tag wurde, konnten sie zwar das Land nicht erkennen, bemerkten jedoch eine Bucht mit flachem Strand, auf den sie nach Möglichkeit das Schiff auflaufen lassen wollten. [40] Und sie kappten die Anker und ließen sie ins Meer fallen. Gleichzeitig lösten sie die Haltetaue der Steuerruder, holten das Vorsegel vor den Wind und steuerten auf den Strand zu. [41] Sie gerieten auf eine dem Strand vorgelagerte Sandbank und ließen das Schiff auflaufen, wobei sich der Bug einrammte und unbeweglich festsaß, während das Heck von der Gewalt (des Aufpralls) zerbrach. [42] Da entschlossen sich die Soldaten, die Gefangenen zu töten, damit keiner schwimmend entkommen könnte. [43] Der Centurio jedoch, der Paulus retten wollte, hinderte sie an der Ausführung ihres Beschlusses. Er gab den Befehl, diejenigen, die schwimmen konnten, sollten zuerst über Bord springen und das Land zu erreichen suchen, [44] und die übrigen teils auf Brettern, teils auf Schiffstrümmern (oder: teils auf den Schultern der Schiffsleute). Und so kam es, daß alle aufs Land gerettet wurden.

Reisen war in der Antike eine abenteuerliche, mit Gefahren für Leib und Leben verbundene Angelegenheit. In 2. Kor 11 erwähnt Paulus einige der gefährlichen Situationen, die er auf seinen zahlreichen Reisen zu bestehen hatte und hebt dabei

A
1–44

besonders seine Erlebnisse auf See hervor: „Dreimal habe ich Schiffbruch erlitten, eine Nacht und einen Tag über dem Meeresgrund habe ich durchgemacht" (2. Kor 11,25). Von da her braucht es uns an sich nicht zu überraschen, wenn der letzte Bericht über eine Reise des Paulus sich zu einer dramatischen Abenteuererzählung ausweitet, auch wenn diese nach Form und Vokabular – es häufen sich Wendungen aus der nautischen Sprache – im ganzen Neuen Testament ohne Analogie ist. Überraschender ist eher, daß Lukas bislang in seinen zahlreichen Reiseberichten von allen Abenteuern und Gefährdungen des Paulus geschwiegen und sich auf die nüchterne Wiedergabe von Orten und Routen beschränkt hat. Denn daß er entsprechende Traditionen gekannt hat, ist mit Sicherheit anzunehmen.

Der Bericht ist vorwiegend in der „Wir"-Form gehalten. Und zwar ist er unter allen sogenannten Wir-Berichten der Apg (s. zu 16,11) der einzige, der das bringt, was man von einem Augenzeugenbericht erwarten möchte, nämlich farbige und bis ins Detail hinein konkrete Schilderungen der Vorgänge um Paulus. Trotzdem sprechen gewichtige Gründe gegen die Annahme, daß wir hier einen unmittelbaren, die Vorgänge auf der letzten Reise des Paulus historisch zuverlässig wiedergebenden Augenzeugenbericht eines Paulusgefährten oder gar des Lukas selbst vor uns hätten: 1. Das Bild, das von der Rolle des Paulus während der Seereise gezeichnet wird, ist in jeder Hinsicht historisch undenkbar. Er berät den Kapitän und den römischen Offizier (V. 10 f.), hält Ansprachen an die Besatzung (V. 21–26. 33 f.) und ergreift im entscheidenden Augenblick die Initiative, um Gefahr abzuwenden (V. 31); er ist der eigentliche Mittelpunkt des Geschehens. Die Wirklichkeit sah sicher anders aus. Paulus reiste nicht als bevorzugter, vornehmer Passagier, sondern als Glied eines Gefangenentransports und brachte vermutlich die meiste Zeit angekettet unter Deck zu. – 2. Der Bericht ist in sich uneinheitlich. Die von Paulus handelnden Szenen (V. 9 b–11. 21–26. 31. 33–37) stehen sprachlich und inhaltlich in Spannung zum Kontext. So wird die verhängnisvolle Entscheidung zur Fortsetzung der Fahrt zweimal ganz unterschiedlich erklärt: nach V. 9 b–11 kommt sie zustande, weil Centurio, Kapitän und Reeder die Warnung des Paulus leichtfertig in den Wind schlagen; nach V. 12 dagegen wird sie von der Mehrzahl der Verantwortlichen (zu denen Paulus nicht gehört) getroffen, weil ihnen ein Überwintern in Guthafen unmöglich erscheint. Ein Widerspruch besteht auch hinsichtlich der Beurteilung des Zwischenfalles mit dem Beiboot: nach V. 30. 32 erscheint dessen Preisgabe als eine vorschnelle Kurzschlußreaktion, die dann auch verhängnisvolle Folgen hat (V. 39–44), nach V. 31 dagegen als von Paulus veranlaßte Handlung, die dem Interesse aller dient. Bestimmte Motive und Wendungen erscheinen nur in den Paulus-Szenen und bilden eine augenfällige thematische Klammer zwischen ihnen. So dient das Motiv der Appetitlosigkeit der Besatzung sowohl in V. 21 als auch in V. 33 als Ausgangspunkt für die Reden des Paulus (vgl. auch V. 10 mit V. 21, V. 24 mit V. 34). Löst man die Paulusszenen heraus, so ergibt das übrige einen lückenlosen Erzählzusammenhang von überraschender Folgerichtigkeit. – 3. Die Wir-Form erweist sich an zwei entscheidenden Stellen (V. 1 und V. 6) als sinnwidrig und künstlich. Es entsteht hier nämlich der Eindruck, als seien die Berichterstatter, die sich im „Wir" zu Wort melden, zusammen mit Paulus als Gefangene an Bord gebracht worden. In Wirklichkeit kann es sich allenfalls darum gehandelt haben, daß ein oder mehrere Gefährten des Paulus, um ihm nahe bleiben zu können, als freie Passagiere an Bord der Schiffe gingen, auf denen er als Gefangener transportiert wurde. Ist aber das „Wir" hier sekundär von Lukas eingebracht, so ist die Möglichkeit, daß es auch an allen übrigen Stellen der Erzählung ein von ihm eingeführtes literarisches Stilmittel sein könnte, zumindest nicht ganz auszuschließen.

Aus diesen Beobachtungen meinten einige Forscher (M. Dibelius, H. Conzelmann) die Konsequenz ziehen zu müssen, daß hinter Kp 27 keinerlei authentische Augenzeugenerinnerung stehe; entweder habe Lukas eine vorgefundene literarische Reiseschilderung übernommen und sie durch die eingeschobenen Paulus-Szenen seinen literarischen Zwecken dienstbar gemacht, oder er habe das Ganze in Anlehnung an ein gängiges literarisches Klischee, das ihm aus antiken Romanen bekannt war, selbständig und frei geschaffen. Solche radikalen Urteile gehen jedoch zu weit. Bei genauer Beobachtung ergibt sich nämlich, daß der vorliegende Bericht durchaus individuelle Züge trägt, die ihn von den klischeehaften Seesturm- und Schiffsbruchserzählungen, mit denen antike Autoren ihr Publikum zu unterhalten pflegten, unterscheiden. Der Seesturm selbst wird nämlich mit einem vergleichsweise bescheidenen Aufgebot dramatischer Mittel erzählt: Er bildet lediglich den Abschluß der Chronik einer unglücklichen Seereise, die durch Wind- und Strömungsverhältnisse so verzögert wurde, daß sie sich in die ungünstige Jahreszeit hinein ausdehnen mußte. Eine antike Seegeschichte vergleichbarer Thematik ist uns jedoch nicht bekannt. Im übrigen ist die betonte Nennung des Mazedoniers Aristarch (V. 2) ein starkes Indiz dafür, daß Lukas sich hier auf authentisches Material stützt. Aristarch, der Mitglied der Kollektendelegation gewesen war (19,29; 20,4), hat anscheinend Paulus auf der Reise nach Rom begleitet und später den Gemeinden über ihren Verlauf Rechenschaft gegeben. Sein Bericht läßt sich in etwa rekonstruieren: Er dürfte 27,1–9a. 12–20. 27–30. 32. 38–44; 28,1.11–13. 14b. 16b. umfaßt und auch die Weiterreise von Malta aus bis zur Ankunft in Rom behandelt haben.

Lukas hat diese Vorlage durchgehend sprachlich überarbeitet und sie vor allem durch die Einfügung der Paulus-Szenen (V. 9b–11. 21–26. 31. 33–37) seiner Konzeption unterstellt. Und zwar liegen zwei Intentionen, die ihn bei seiner Redaktion leiteten, offen zutage. 1. Während die Vorlage über den gefangenen Paulus nur weniges zu berichten wußte (V. 3. 43), machte er ihn zur zentralen Gestalt. Wie schon im Prozeßbericht, so ist Paulus auch auf seiner letzten Reise, obwohl äußerlich ein Gefangener, in Wahrheit der, der den Gang des Geschehens bestimmt. Unter der schriftstellerischen Hand des Lukas wächst die Gestalt Paulus hier (und in Kp 28) über normales Menschenmaß hinaus: Paulus ist der einzige, der die Situation in jedem Augenblick klar übersieht (V. 10. 21. 31), der inmitten von Panik und Verzweiflung Hoffnung stiftet und dadurch die andern mitreißt (V. 33 ff.); ja, er ist der, der im Auftrag Gottes Rettung vermittelt (V. 24. 34). – 2. Für Lukas werden Seesturm und Schiffbruch zu erzählerischen Mitteln, um die von Gott selbst gesetzte Notwendigkeit der Romreise des Paulus zu unterstreichen. Nachdem alle Versuche der „Unheilssphäre" Jerusalems, Paulus festzuhalten, gescheitert sind und durch die Appellation an den Kaiser der Weg nach Rom geöffnet scheint, werfen sich die Elemente Paulus in den Weg. Aber auch sie können ihn nicht daran hindern, sein Ziel zu erreichen, weil Gott selbst ja ihm dieses Ziel vorgezeichnet hat

(V. 24). – Enthält die Erzählung darüber hinaus noch weitere theologische Bezüge? Die Parallelität der Szenerie könnte zunächst eine beabsichtigte Entsprechung zur Jonageschichte (Jon 1) vermuten lassen: Paulus, der Gehorsame, um dessentwillen die Schiffsbesatzung aus dem Sturm gerettet wird, als Gegenbild des ungehorsamen Jona, der durch seine Anwesenheit das ganze Schiff gefährdet. Doch da der einzige direkte Anklang an die Jonageschichte (V. 19 = Jon 1,5) auch zufällig zustandegekommen sein kann, sollte man hier zurückhaltend urteilen, zumal keineswegs sicher ist, ob Lukas die Jona-Erzählung gekannt hat. Noch weniger hat die weitergehende Vermutung einiger Ausleger für sich, Lukas habe in Kp 27 in Parallelität zum Schicksal Jesu das Sterben des Paulus schildern wollen, um dann die Ankunft in Rom als seine Auferstehung zu deuten. Gewiß sind im Alten Testament die den Menschen überflutenden und verschlingenden Wasser bevorzugtes Bild für Lebensgefahr und Tod (z.B. Ps 42,8; 66,12; 69,2f. 15; Jes 43,2), und im Neuen Testament wird das Geschick des ins Meer geworfenen Jona zum Bild des Todesschicksals Jesu (Mt 12,40 vgl. Jon 2,1). Hätte Lukas diese Beziehung wirklich im Auge gehabt, so hätte er sicher nicht gezögert, sie dem Leser durch Anklänge an entsprechende alttestamentliche Aussagen deutlich ins Bewußtsein zu bringen. Auffallenderweise verzichtet Lukas hier jedoch auf das Stilmittel der Einfärbung in alttestamentliche Sprache, das er sonst überall da einzusetzen pflegt, so es ihm um die Herstellung von biblischen Assoziationen zu tun ist.

B 1   Die römische Behörde veranlaßt, daß Paulus mit dem nächsten Gefangenentransport nach Rom überführt wird. Der mit seiner Leitung beauftragte Centurio gehört der syrischen Hilfstruppe an, die wie andere Auxiliarkohorten den Ehrentitel *Cohors Augusta* führen durfte.

2   Für den Transport bediente man sich privater Schiffe, die Fracht und zahlende Passagiere beförderten. So war es für Aristarch und die anderen Paulus-Gefährten, die den Apostel möglicherweise nach Rom begleiteten, nicht schwierig, mit an Bord zu kommen. Die erste Etappe wird auf einem Schiff mit Heimathafen Adramyttium (südöstlich von Troas) zurückgelegt, das die Häfen an der kleinasiatischen Westküste anlaufen soll: Mit „Asien" ist hier nicht die Provinz im strengen Sinn, sondern das größere Gebiet, dessen Metropole Ephesus

3   war, gemeint. Ein erster Aufenthalt, der dem Löschen und Laden von Fracht dient und sich darum wohl in die Länge zieht, wird in der alten phönizischen Hafenstadt Sidon eingelegt. Paulus erhält eine besondere Vergünstigung: der Centurio erlaubt ihm, „zu seinen Freunden" – gemeint sind damit die Glieder der christlichen Gemeinde (vgl. 3.Joh 15; Joh 15,14; Lk 12,4) – zu gehen, um sich unter ihrer Fürsorge von den durchlittenen Strapazen etwas zu erholen. Ohne Zweifel stand er auf diesem Landausflug unter der Bewachung eines Soldaten (vgl. 28,16). Lukas hat diese Episode kaum erfunden; sie ist für ihn jedoch wichtig als weiterer Erweis für die wohlwollende Korrektheit, mit der die Vertreter Roms Paulus begegneten (s. zu

4–5   22,22–29; 24,24–27). Auf der Weiterfahrt hat das Schiff mit ungünstigen Windverhältnissen zu kämpfen; die Kette der witterungsbedingten Widrigkeiten, die zur Verzögerung der Reise führen, setzt ein. Um sich vor dem im Frühherbst im östlichen Mittelmeer wehenden Westwind zu schützen, fährt das Schiff an der Ostküste von Zypern entlang. Sodann folgt es der Küste von Zilizien und Pamphylien, wobei ihm die in unmittelbarer Küstennähe herrschende starke Westströmung sowie die nachts vom Land zur See wehenden Winde die Fortsetzung des Westkurses ermöglichen, wenn auch unter großen Mühen. In der Hafenstadt Myra wird ein Schiffswechsel vorgenommen. Da der Getreidetransport von Ägypten nach Rom wegen der Windverhältnisse häufig über Myra lief, ist es für den Centurio nicht schwer, hier ein nach Italien segelndes Schiff ausfindig zu machen. Selbstverständlich bringt er nur die Gefangenen an Bord, während die Paulusbegleiter als freie Passagiere zusteigen (zu dem mißverständlichen „Wir" s. o.). Nun verstärken sich die witterungsbedingten Schwierigkeiten. Nur langsam kommt das Schiff gegen den Westwind voran. Die Route führt zunächst nördlich an Rhodos, sodann südlich an der Hafenstadt Knidos vorbei, um schließlich auf Kreta zuzulaufen. Beim Kap Salmone, der Nordostspitze Kretas, erreicht das Schiff den Windschatten der Insel, um dann ihrer Ost- und Südküste weiter zu folgen.

Die Bucht von „Guthafen" (*Kaloi Limenes*), in der es schließlich vor Anker geht, ist heute ebensowenig genau lokalisierbar wie die Stadt Lasäa, in deren Nähe sie lag. Wahrscheinlich handelte es sich um eine nach Osten offene Bucht östlich von Kap Lithinos. Die bisherige Fahrt hatte viel Zeit gekostet, der Oktober war bereits angebrochen. Die Zeitangabe ist jüdisch; das Fasten, fünf Tage vor dem Großen Versöhnungstag, dem 10. Tischri (September/Oktober), war bereits vorüber. Nach dem 15. September galt die Schiffahrt über das offene Meer als gefährlich, und zwischen dem 1. November und dem 10. März galt der Grundsatz *mare clausum* (das Meer ist geschlossen). An die Fortsetzung der Fahrt nach Italien ist so wohl nicht zu denken. Was zur Entscheidung steht, ist jedoch, ob ein Überwintern in Guthafen riskiert werden kann, oder ob man versuchen soll, einen sicheren Hafen zu erreichen (s. zu V. 12). In der hier von ihm eingeschobenen Paulus-Szene (V. 9b–11) verschiebt Lukas jedoch das Bild der Situation: Er läßt den Eindruck entstehen, als hätte Paulus die für das Schiff Verantwortlichen vor der leichtfertigen Absicht einer Weiterfahrt nach Italien gewarnt. Es ist für Lukas nicht nur selbstverständlich, daß Paulus als erfahrener Reisender die Witterungsgefahren besser erkennt als die für das Schiff Verantwortlichen, sondern auch, daß er in prophetischer Vollmacht die Zukunft zu erkennen vermag (vgl. V. 23 ff.). Lukas irrt wohl auch darin, daß er dem Centurio die Entscheidungskompetenz über die Fahrt des Schiffes zubilligt; in Wirklichkeit lag sie bei dem Kapitän und dem Schiffseigentümer, der, wie damals meist üblich, die Fahrt mitmachte. Für Lukas gelten beide jedoch nur als Ratgeber des Centurio, der mit seinem verhängnisvollen Beschluß zur Fortsetzung der Fahrt ihnen, und nicht den Warnungen des Paulus, folgt. Der wieder der Vorlage zugehörige V. 12 schildert den Vorgang anders (s. zu V. 9): Weil sich die Bucht von Guthafen trotz ihres Namens für eine Überwinterung nicht eignet, beschließt die Mehrheit der Schiffsleute, weiterzufahren, um den dafür günstigeren Hafen Phönix zu erreichen. Phönix ist vermutlich identisch mit der heutigen Phineka-Bai westlich von Kap Muros. Diese ist heute zwar zum Ankern untauglich, aber seit der Zeit des Paulus hat sich der Boden um etwa 5 m gehoben. Ein aufkommender leichter Südwind scheint die ersehnte Gelegenheit zum Hafenwechsel zu geben. Das Schiff verläßt die Bucht, um im Schutz der Küste die kurze Tagesfahrt nach dem ca. 80 km entfernten Phönix anzutreten. Doch schon bald, nämlich nach der Umfahrung von Kap Matala, gerät das Schiff in einen von den hohen Gebirgen Kretas

durch eine Talschlucht herabbrausenden Fallwind, der es aus der Landnähe auf die offene See treibt. Sein Name, Euraquilo, ist eine griechisch-lateinische Mischbildung der hellenistischen Schiffersprache (aus griech. *euros* = Ostsüdostwind und lat. *aquilo* = Nordwind), die in sich widersprüchlich ist. Es muß sich bei ihm um
15 einen Nordostwind gehandelt haben. Der verzweifelte Versuch, das Schiff mit dem Bug gegen den Wind zu bringen und in dieser Stellung zu verankern, mißlingt, es ist
16 hilflos dem Sturm ausgeliefert, der es nach Südosten abtreibt. Auf der Höhe der Insel Klauda (oder Kauda) ergibt sich eine akute Gefahr: Das für An- und Ablegemanöver unerläßliche Beiboot, das bisher, wie meist üblich, im Schlepp mitgeführt wurde, wird von den Wogen gegen das Schiff getrieben und droht, es leck zu schlagen. Es gelingt, wahrscheinlich im Windschatten der Insel, es auf Deck zu hieven.
17 Wie die von den Seeleuten getroffenen „Hilfsmaßnahmen" zu verstehen sind, ist nicht ganz eindeutig. Das Wort könnte auf das Vorherige bezogen sein; dann wäre an die Betätigung eines Flaschenzuges zur Einholung des Beibootes zu denken. Oder aber (so unsere Übersetzung) es bezieht sich auf das Folgende: die Seeleute gaben dem Schiff „Hilfen", indem sie es untergürteten. Vermutlich hat man Taue der Länge nach um das Schiff gelegt und sie mit einer Winde gespannt, um so die Widerstandsfähigkeit zu erhöhen. Wenn angesichts des nicht nachlassenden Sturms die Angst erwacht, man werde in die 600 km entfernte Große Syrte mit ihren gefürchteten Sandbänken abgetrieben, so ist dies als Symptom der allgemeinen Panik zu verstehen. Worin die getroffene Gegenmaßnahme besteht, ist wiederum nicht ganz klar. Am wahrscheinlichsten ist, daß man den Treibanker ausgeworfen hat (so unsere Übersetzung). Dieser bestand aus einer breiten Holzfläche, die durch ein Gewicht am unteren Ende und eine leere Tonne am oberen senkrecht im Wasser gehalten wurde, und die, an einem Seil hinter dem Schiff hergeführt, dessen Fahrt verlangsamte. Nicht ganz ausgeschlossen ist aber auch, daß ein Reffen der Segel
18–19 gemeint ist. Es folgen weitere Notmaßnahmen: Zunächst wird ein Teil der Ladung über Bord geworfen, um das vom eindringenden Wasser schwer gewordene Schiff zu erleichtern; schließlich gibt man sogar Reserverahen und Takelwerk dem Meer
20 preis. Da es noch keinen Kompaß gab, war Orientierung nur nach den Gestirnen möglich. Der bedeckte Himmel, der den Blick auf diese verwehrt, bewirkt Des-
21 orientierung, die wiederum allgemeine Mutlosigkeit auslöst. Die zweite Paulus-Szene, die Lukas hier einfügt, ist in ihrem Stil ausgesprochen literarisch und wird der vorausgesetzten Situation kaum gerecht. Denn daß Paulus im Tosen des Sturms auf dem von Brechern überrollten Schiff vor der von der Seekrankheit geschwächten Besatzung eine Rede in gewählten griechischen Wendungen gehalten haben sollte, ist schwer vorstellbar. Mit vorsichtigem Tadel erinnert Paulus zunächst an die Mißachtung seiner früheren Warnungen (V. 10). Daß er mit diesen im Recht war, ist jetzt vor aller Augen und braucht darum nicht mehr besonders betont zu wer-
22 den. Was folgt, ist jedoch nicht eine Bekräftigung der Unheilsankündigung, sondern die tröstliche Ankündigung einer glücklichen Wendung: Alle werden mit dem Le-
23–24 ben davonkommen, lediglich das Schiff wird verlorengehen! Paulus nennt auch den Grund dafür, daß er sich nun in dieser Weise korrigieren kann: Eine nächtliche Erscheinung hat ihn dessen gewiß gemacht, daß sein Gott ihn trotz aller Widerstände das ihm gesetzte Ziel, Rom, erreichen und ihn vor dem Kaiser Zeugnis

ablegen lassen werde. Der göttliche Schutz, dem er auf dieser Reise untersteht und der in seiner besonderen heilsgeschichtlichen Funktion gründet, soll aber nun gleichsam auch auf alle übrigen Schiffsinsassen ausstrahlen. Gott hat sie ihm „geschenkt" – sir dürfen an der Rettung, die er seinem Zeugen gewährt, Anteil bekommen. Lukas ist sich dessen bewußt, daß Paulus zu polytheistischen Heiden spricht. Er läßt ihn darum das nächtliche Gesicht in einer auch diesem Hörerkreis verständlichen Sprache berichten. So umschreibt die Wendung „der Gott, dem ich gehöre und dem ich diene" die Tatsache, daß Paulus vollmächtiger Bote und Zeuge des wahren Gottes ist. Aus dem gleichen Grund tritt auch an die Stelle einer Christus-Erscheinung, die einer längeren Erklärung bedurft hätte (vgl. 23, 11), die Erscheinung eines Engels als ein auch für Heiden begreifbarer Vorgang. Von ähnlicher 25 Zurückhaltung ist der folgende Appell an die Hörer bestimmt. Paulus kann die Heiden nicht direkt zum Vertrauen auf den Gott, der ihnen noch nicht verkündigt worden ist, auffordern; er kann sie lediglich bitten, angesichts seines eigenen Vertrauens auf die unbedingte Treue Gottes Mut zu fassen. Damit nimmt er die Nichtglaubenden in den Ausstrahlungsbereich seines Glaubens hinein. Die Rede schließt 26 mit einer konkreten prophetischen Voraussage: Das Schiff wird alsbald auf eine Insel treffen.

Zwei Wochen trieb das Schiff in der „Adria". Gemeint ist damit nicht das Mee- 27 resbecken zwischen Balkan und Italien, sondern das Meer zwischen Sizilien und Kreta, das von antiken Geographen (Ptol III, 4, 1; 15, 1; vgl. Jos vit 15) zur Adria gerechnet wurde. Da erkennen die Seeleute mitten in der Nacht Anzeichen für die Nähe von Land. Welcher Art diese waren, wird nicht gesagt; vielleicht hörten die geübten Ohren der Seeleute das Tosen der auf die Küste schlagenden Brandung. Es handelte sich um die Insel Malta, was der Leser freilich erst 28, 1 erfährt. Sie liegt ca. 800 km westlich von Kreta; demnach muß sich der Wind inzwischen stark auf Ost gedreht haben. Zwei unmittelbar nacheinander erfolgende Lotungen, die 28 36 bzw. 27 m Tiefe ergeben, lassen die Vermutung zur Gewißheit werden. Nun 29 müssen schleunigst Maßnahmen ergriffen werden, um das Stranden des Schiffes zu verhindern. Man wirft Anker aus, und zwar nicht, wie gewöhnlich, vom Bug, sondern vom Heck, um so die Gefahr zu vermeiden, daß das Schiff sich dreht und dabei den Wogen die Breitseite bietet. Die Matrosen lassen sodann das Beiboot ins 30–32 Wasser, um von ihm aus zusätzlich auch noch Buganker zu setzen – in dieser Situation eine durchaus sinnvolle Maßnahme. Dabei kommt es aber zu einem merkwürdigen Zwischenfall: Die Soldaten meinen, daß dieses Manöver nur ein Vorwand sei, und daß in Wahrheit die Besatzung mit dem Boot an Land fliehen wolle, um das Schiff und seine Insassen hilflos ihrem Schicksal preiszugeben. Um das zu verhindern, kappen sie die Seile der Aufhängung des Bootes, so daß dieses ins Meer fällt und sogleich abgetrieben wird. Daß die Matrosen wirklich fliehen wollten, muß jedoch als ausgeschlossen gelten. Denn nachts im Boot auf eine unbekannte Küste zuzufahren wäre gleichbedeutend mit Selbstmord gewesen. In dieser Situation bot das vor Anker liegende Schiff immer noch den besten Schutz. Das Kappen der Haltetaue war demnach nichts weiter als eine Panikreaktion der seeunerfahrenen Soldaten, die sich in diesem Augenblick an populäre Schauergeschichten über die Flucht von Schiffsbesatzungen erinnerten – es handelt sich hier nämlich um ein

verbreitetes Romanmotiv. Jedenfalls besiegelten sie damit den Verlust des Schiffes. Denn da das Boot verloren war, blieb keine andere Möglichkeit mehr, an Land zu kommen, als das Schiff stranden zu lassen. Lukas nimmt jedoch den Fluchtversuch für bare Münze. So läßt er ihn in dem von ihm eingeschobenen V. 31 durch Paulus,
33 der sich dadurch als Retter erweist, vereitelt werden. Als Retter tritt Paulus auch in der letzten ihm gewidmeten Szene (V. 33–37) in Erscheinung. Wieder erkennt er die nächstliegende Notwendigkeit. Besatzung und Passagiere sind durch die vierzehntägige Seekrankheit geschwächt. Nur wenn sie wieder essen und zu Kräften kom-
34 men, können sie die entscheidenden nächsten Stunden bestehen. Noch in der Nacht tritt er unter die verängstigten, apathisch gewordenen Menschen, fordert sie zum Essen auf und spricht ihnen in einer aus dem Alten Testament bekannten sprichwortartigen Wendung (1. Sam 14, 45; 2. Sam 14, 11; 1. Kön 1, 52; vgl. Lk 21, 18)
35 Mut zu. Nach der Weise des jüdischen Hausvaters spricht er vor aller Augen das Dankgebet über dem Brot (vgl. Mk 6, 41 par; 8, 6 par) und beginnt selbst zu essen.
36 Damit ist der Bann bei den übrigen gebrochen: Sie folgen seinem Beispiel und essen bis sie satt sind. Einige Handschriften erwähnen eine Austeilung des Brotes durch Paulus. Sie deuten damit die Mahlzeit als Eucharistiefeier, und neuere Ausleger sind ihnen in diesem Verständnis gefolgt. Schwerlich zu Recht. Die Vorstellung, daß Paulus einer überwiegend aus Nichtchristen bestehenden Gruppe das Herrenmahl gereicht haben sollte, lag Lukas denkbar fern. Er versteht das Mahl, das er in Analogie zu jüdisch-christlichen Mahlsitten schildert, als einen Akt der Ermutigung und
37 vielleicht auch als ein Wunder, durch das Paulus die Seekrankheit geheilt hat. Wenn an dieser Stelle die Zahl der Schiffsinsassen genannt wird, so soll das besagen: So viele Menschen waren es, die Paulus gerettet hat! An sich ist die Zahl durchaus möglich; antike Schiffe boten Platz für bis zu 600 Menschen (Jos vit 15). Daß sie eine Dreieckszahl ist (276 ist die Summe aller Zahlen von 1–24), gab ihr für den antiken Leser einen von Lukas sicher beabsichtigten geheimnisvollen Klang.
38 In der Morgendämmerung trifft man die ersten Vorbereitungen zur Landung. Will man das Schiff auf den Strand auflaufen lassen, so hängt alles davon ab, daß es einen möglichst geringen Tiefgang hat. Darum wirft man die Weizenladung kurzerhand ins Meer. Der Weizen muß in Säcken verpackt gewesen sein; hätte er, wie vielfach üblich, offen und nur von Brettern abgedeckt im Laderaum gelegen, so
39 hätte das Entladen viele Stunden in Anspruch genommen. Bei Tagesanbruch wird das Land sichtbar; daß die Seeleute es nicht erkennen, ist freilich kein Wunder, da die übliche Schiffahrtsroute nicht an Malta vorbeiführte. Die Bucht ist wahrscheinlich mit der heutigen Paulus-Bucht nahe der Nordwestecke der Insel Malta iden-
40 tisch. Um die Landung zu erleichtern, läßt man die Ankertaue ins Meer gleiten und macht die Steuerruder, die beim Ankern hochgebunden waren, wieder manövrierfähig. Ferner setzt man auf dem Vormast das kleine Vorsegel hoch, um dem Schiff
41 wieder etwas Fahrt zu geben. Nun rächt sich jedoch der Verlust des Beibootes. Mit ihm hätte man eine Fahrrinne von hinreichender Tiefe auskundschaften können. So aber läuft das Schiff auf eine Untiefe in der Einfahrt zur Bucht, wobei sein Vorderteil unter der Wucht des Aufpralls zerbricht. In der Tat findet sich am Eingang der Paulus-Bucht eine Bank aus weichem Ton. Sie liegt heute 6 m unter Wasser; zur
42 Zeit des Paulus waren es nur 4 m. Wieder kommt es nun unter den Soldaten zu

einer Panikreaktion (vgl. V.32): Sie wollen die Gefangenen töten, weil sie offenbar fürchten, im Falle ihrer jetzt möglichen Flucht zur Rechenschaft gezogen zu werden. Aber der Centurio verhindert durch sein entschlossenes Auftreten diesen Plan und sorgt für eine geordnete Evakuierung des havarierten Schiffes, bei der niemand zu Schaden kommt. Wieder (vgl. V.3) betont der Erzähler in diesem Zusammenhang das besondere Wohlwollen des römischen Offiziers für Paulus. Das schwierige Unternehmen gelingt – alle werden gerettet. Die Zusage, die Paulus gegeben hatte, hat sich erfüllt. 43–44

19. Paulus auf Malta 28,1–10

¹Nach unserer Rettung erfuhren wir, daß die Insel Malta hieß. ²Die Eingeborenen erwiesen uns ganz ungewöhnliche Gastfreundschaft; sie zündeten nämlich einen Holzstoß an und holten uns alle wegen des anhaltenden Regens und der Kälte zu sich heran. ³Als aber Paulus einen Haufen Reisig zusammenraffte und auf den Scheiterhaufen legte, da fuhr infolge der Hitze eine Schlange heraus und biß sich an seiner Hand fest. ⁴Als die Eingeborenen das Tier an seiner Hand hängen sahen, sagten sie zu einander: „Ganz gewiß ist dieser Mensch ein Mörder. Aus dem Meer hat er sich zwar gerettet, doch die Gerechtigkeit(sgöttin) läßt ihn nicht am Leben!" ⁵Er aber schüttelte das Tier von sich ab ins Feuer, ohne daß er Schaden nahm. ⁶Sie erwarteten jedoch, daß er anschwellen oder plötzlich tot umfallen werde. Als sie geraume Zeit gewartet hatten, ohne daß sie etwas Ungewöhnliches an ihm bemerkten, änderten sie ihre Meinung und sagten, er sei ein Gott.
⁷In der dortigen Gegend waren Landgüter, die dem Ersten der Insel – er hieß Publius – gehörten. Dieser nahm uns drei Tage auf und bewirtete uns freundlich. ⁸Es begab sich aber, daß der Vater des Publius mit fiebriger Ruhr darnieder lag. Paulus ging zu ihm, betete, legte ihm die Hände auf und heilte ihn. ⁹Daraufhin kamen auch die übrigen Inselbewohner, die an Krankheiten litten, und wurden geheilt. ¹⁰Sie überhäuften uns mit vielerlei Ehren, und bei unserer Abreise gaben sie uns alles mit, was wir brauchten.

In den der Überlieferung entnommenen Bericht über die Romreise (s. zu 27,1–44) hat Lukas zwei Wundergeschichten eingefügt, in deren Mittelpunkt Paulus steht. Sie nehmen innerhalb der Apg eine Sonderstellung ein, denn während die übrigen Apostelwunder durchweg einen Bezug zur Heilsbotschaft haben, scheint ein solcher hier zu fehlen. Das Wunder ist nicht Hinweis auf die Macht des Namens Jesu, der auf Glauben zielt, sondern Demonstration der übernatürlichen Macht des Wundertäters. Es scheint allein der persönlichen Verherrlichung des Paulus zu dienen, der hier geradezu Züge eines göttlichen Menschen annimmt (V.6.10). Daß er nicht aus eigener Vollmacht, sondern als Zeuge Jesu redet und handelt, bleibt unerwähnt, ebenso wie die Meinung der Eingeborenen, er sei ein Gott (V.6), unwiderlegt bleibt (vgl. dagegen 14,15ff.!). Das ist um so befremdlicher, als Lukas hier offensichtlich nicht auf Überlieferung zurückgegriffen, sondern beide Wundergeschichten selbst mehr oder weniger frei geschaffen hat. Nichts deutet nämlich darauf hin, daß wir hier Teile einer christlichen Paulusüberlieferung A 1–10 vor uns hätten. Allenfalls wäre denkbar, daß hinter V. 2–6 eine volkstümliche Tradition steht, die von dem Jesuslogion Lk 10, 19 her die Immunität des Paulus gegen Schlangenbiß als Zeichen dafür deutete, daß er ein wahrer Bote Jesu sei.

Welche Absicht verfolgte Lukas aber mit dieser Erzählung? Man täte ihm Unrecht, wollte man sie nur als Ausdruck einer naiv-unreflektierten Paulusverehrung, die die Grenze des theologisch Vertretbaren außer acht läßt, erklären. Sieht man genauer zu, so zeigt sich nämlich, daß die Erzählung trotz ihrer unleugbaren Fragwürdigkeit eine sehr genau reflektierte Funktion innerhalb der lukanischen Paulusdarstellung hat. Sie soll nämlich vor dem Abschluß der Romreise noch einmal die beiden Gesichtspunkte herausstellen, die Lukas bereits in Kp 27 zu leitenden Motiven gemacht hatte: Paulus muß sein Ziel erreichen, weil er unter göttlichem Schutz steht (vgl. 27, 23 ff.), und er erweist sich gegenüber allen als Helfer und Retter (vgl. 27, 31. 33–37).

1. So macht die Schlangenbiß-Episode (V. 2–6) noch einmal deutlich, daß Paulus in besonderer Weise unter dem Schutz Gottes steht. Seiner Rettung aus dem Seesturm folgt eine zweite wunderbare Rettung vor tödlicher Gefahr; Gott hat damit ein doppeltes Zeugnis für die Absicht gegeben, die er mit Paulus verfolgt. Lukas nimmt hier zwei verbreitete Motive auf: das des Gottesurteils und das der rächenden Gerechtigkeit. Es war die Überzeugung des antiken Menschen, daß das Wunder der Rettung vor tödlicher Gefahr als göttliche Beglaubigung der Schuldlosigkeit eines Menschen zu verstehen sei (für jüdische Parallelen s. Bill II 772). Andererseits wußten volkstümliche Erzählungen und Weisheitsregeln davon, daß der Gerechtigkeitswille der Gottheit den Frevler zuletzt doch zur Strecke bringt. – 2. Die Episode von der Heilung des Vaters des Publius (V. 8 f.) zeichnet noch einmal das Bild des Retters und Helfers Paulus. Lukas dürfte sie, wie wörtliche Anklänge vermuten lassen, in Analogie zu Lk 4, 38 f. gebildet haben. Das letzte Wunder, das er von Paulus berichtet, wird gleichsam zum Spiegelbild des ersten Wunders Jesu.

B 1 Von der Landung in Malta an erinnert so gut wie nichts mehr daran, daß Paulus ein Gefangener ist. Die Soldaten und Bewacher sind spurlos von der Bildfläche verschwunden, um nur noch einmal kurz in V. 16 aufzutauchen. Die Form der Wir-Erzählung wird zwar beibehalten, doch wechselt das Wir seinen Inhalt: War es in Kp 27 auf alle Schiffsinsassen bezogen, so meint es jetzt nur noch Paulus und seine christlichen Gefährten. Daß dieser Bruch übergangslos und unmotiviert erfolgt, ist ein deutliches Anzeichen dafür, daß das Wir in V. 1–10 künstliches Stilmittel des Lukas ist. 2 Die Unterschicht der Einwohner von Malta bestand aus Puniern, die einen phönizischen Dialekt sprachen. Wenn Lukas sie als „Eingeborene" (wörtl. „Barbaren") bezeichnet, so spricht aus ihm die natürliche Distanz des gebildeten Hellenisten gegenüber Menschen, die weder Griechisch noch Latein verstanden. Die Eingeborenen kommen den Schiffbrüchigen – gedacht ist dabei nur an Paulus und seine Begleiter – hilfsbereit entgegen. Da es in der Nähe der Bucht weder ein schützendes Dach noch einen wärmenden Herd gibt, machen sie am Strand ein Feuer, damit die Ausgefrorenen und Durchnäßten sich wärmen und ihre Kleider 3 trocknen können. Wieder wie schon so oft (vgl. 27, 10 f. 31, 33 f.) ist es Paulus, der die Initiative ergreift und das tut, was die Situation erfordert: Er sammelt Brennmaterial, um das Feuer zu erhalten. In dem Augenblick, als er das Reisigbündel in die Flammen werfen will, schießt, von der Hitze aufgeschreckt, eine Giftschlange daraus hervor und beißt sich an seiner Hand fest. Die Eingeborenen erkennen nicht nur sofort sachkundig die Tödlichkeit des Schlangenbisses, sie deuten den Vorgang auch im Sinne ihres religiösen Weltbildes: Wenn ein soeben mit knapper Not dem Tod in den Wogen Entronnener nun auf diese Weise ums Leben kommt, so kann er nur ein Mörder sein, den jetzt die Rache der Gerechtigkeitsgöttin Dike trifft. Ob es bei den Puniern eine Entsprechung zur griechischen Dike gab, braucht man hier nicht zu fragen; Lukas legt ihnen hier einfach einen griechischen Gedanken in den Mund. Äußerlich unbewegt, schüttelt Paulus das Tier ab, so daß es ins Feuer fällt. Die erwartete Wirkung des Giftes bleibt aus. Es kommt nicht einmal zu einer Schwellung, die auf eine längerfristige Wirkung schließen ließe. Da schlägt das Urteil über Paulus in sein Gegenteil um: Statt für einen Mörder, den die Rache der Gottheit trifft, halten sie ihn nun für einen Gott, der die Kräfte der Unsterblichkeit in sich trägt. Lukas läßt dieses Urteil unkorrigiert stehen. Was ihn hier interessiert, ist, anders als in der Lystra-Szene (14,15), nicht die sich darin manifestierende religiöse Desorientiertheit polytheistischer Heiden und die Antwort des Evangeliums auf diese. Ihm geht es allein darum, zu zeigen: die göttliche Lenkung, die über dem Weg des Paulus steht, ist so augenfällig, daß selbst Heiden sie erkennen und in ihrer – gewiß unzulänglichen – religiösen Begrifflichkeit zum Ausdruck bringen müssen.

Die übergangslos anschließende zweite Szene spielt auf einem vornehmen Landgut. Sein Besitzer Publius war, wie der Titel „Erster der Malteser" vermuten läßt, kein Römer, sondern eine maßgebliche Persönlichkeit der einheimischen Führungsschicht. Warum er Paulus und seine Begleiter für die übliche dreitägige Periode der antiken Gastfreundschaft eingeladen hat, erfahren wir nicht. Die Hoffnung, in ihm einen Wunderarzt für seinen kranken Vater zu finden, bildet nach Meinung des Lukas jedenfalls nicht das Motiv, denn er stellt erzählerisch keinen Zusammenhang zwischen dem Kommen des Paulus und der Krankheit her. Wahrscheinlich ist es sogar seine Meinung, daß erst nach seinem Kommen der Vater erkrankt ist. Paulus muß nicht gebeten werden. Wieder tut er von sich aus das Notwendige. Der heilenden Geste geht das Gebet voran: Mit diesem wichtigen Zug deutet Lukas an, daß Paulus, anders als Jesus (vgl. Lk 4,40), nicht aus eigener Kraft und Vollmacht zu heilen vermag, sondern lediglich durch sein Gebet die Hilfe Jesu vermittelt (vgl. 9,34. 40). Dieser Vorgang hat zur Folge, daß sich der Ruf des Paulus als Wundertäter auf der ganzen Insel verbreitet: Er habe, wie Lukas in einer reichlich plerophorischen, chorschlußartigen Wendung erzählt, sämtliche Kranken Maltas geheilt (vgl. 19,11) und dafür als Dank alle nur denkbaren Ehren empfangen. Will er damit andeuten, daß man ihn als göttlichen Menschen gefeiert habe (vgl. V.6)? Daß er von einer Predigttätigkeit des Paulus nichts berichtet, braucht uns nicht zu überraschen. Denn daß Paulus dort tatsächlich nicht gepredigt hat, war eine offenkundige Tatsache, über die sich Lukas als Historiker weder hinwegsetzen konnte noch wollte.

20. Paulus gelangt an sein Ziel 28,11–16

¹¹Nach drei Monaten fuhren wir auf einem alexandrinischen Schiff ab, das auf der Insel überwintert hatte; es trug als Schiffszeichen die Dioskuren. ¹²Wir landeten in Syrakus und blieben dort drei Tage. ¹³Von da segelten wir der Küste entlang und kamen nach Rhegium. Und da am nächsten Tage Südwind aufkam, erreichten wir innerhalb von zwei Tagen Puteoli. ¹⁴Dort trafen wir Brüder an und ließen uns von ihnen überreden, sieben Tage bei ihnen zu bleiben. Und so kamen wir nach Rom. ¹⁵Von dort kamen uns die Brüder, die Nachricht über uns erhalten hatten, bis Forum Appii und Tres Tabernae entgegen, um uns zu begrüßen. Als Paulus sie sah, dankte er Gott und faßte Mut. ¹⁶Als wir dann nach Rom hineinkamen, erhielt Paulus die Erlaubnis, zusammen mit dem Soldaten, der ihn zu bewachen hatte, privat zu wohnen.

A 11–16 Noch einmal nimmt Lukas den Faden des Romreise-Berichtes auf, als dessen Verfasser wir Aristarch identifizieren zu können meinten (s. zu 27,1–44). Einige Indizien deuten jedoch darauf hin, daß er seine Vorlage redaktionell nicht unbeträchtlich erweitert hat. Eines davon ist der Umstand, daß die Ankunft in Rom zweimal erzählt wird (V. 14b. 16a). Nun könnte man allerdings V. 14b auch als bewußte erzählerische Vorwegnahme verstehen, mit der angedeutet werden soll, daß der Einzug in Rom bereits mit den ersten Begegnungen mit römischen Christen (V. 15) begonnen habe. Daß man mit dieser einfachen Erklärung nicht auskommt, ergibt sich aus der notwendigen Einsicht, daß V. 14a redaktionell sein muß. Denn daß Paulus, der immerhin als Glied eines Gefangenentransportes unterwegs war, auf eigenen Entschluß hin einen siebentägigen Aufenthalt in Puteoli hätte einlegen können, ist historisch undenkbar. Ist aber V. 14a redaktionell, so muß das gleiche von V. 15 gelten; denn daß römische Christen Paulus entgegenkommen konnten, hat zur Voraussetzung, daß die Nachricht von seiner Ankunft während seines Aufenthaltes in Puteoli ihm nach Rom vorauseilen konnte. Daraus folgt: Lukas hat seine Vorlage, die V. 11–13. 14b. 16b umfaßte, durch die Hinzufügung von V. 14a. 15. 16a so ausgestaltet, daß aus einem nüchternen Bericht von der letzten Reiseetappe die Schilderung eines feierlichen Triumphzuges wurde.

Nichts erinnert mehr an einen Gefangenentransport. Daß das Leben des Paulus nach wie vor auf dem Spiel steht, scheint uns der Erzähler vergessen machen zu wollen über dem einen, was ihm wichtig ist: Paulus erreicht in triumphaler Weise das Ziel, das am Ende eines langen, schweren Weges steht. Gottes Plan mit ihm – und das heißt zugleich: mit dem Evangelium, dessen Repräsentant er ist – hat sich damit gegen alle Widerstände durchgesetzt. Paulus hat nun endgültig den Unheilsbereich Jerusalems hinter sich gelassen. Vor ihm liegt Rom, die Welthauptstadt, die nach Gottes Willen der neue Lebensraum des Evangeliums sein soll. Rom repräsentiert für Lukas den Raum der Freiheit. Dem entspricht es, daß er alle Züge tilgt, die daran erinnern, daß Paulus äußerlich als Gefangener in Rom einzieht.

Etwas ist im vorliegenden Abschnitt überraschend und merkwürdig: Die römische Christenheit, die durch zwei Delegationen Paulus feierlich einholt, wird nur hier erwähnt, im folgenden jedoch mit Schweigen übergangen. Es ist, als würde hier gleichsam ein gewaltiger Triumphbogen errichtet, der ins Leere führt. Anscheinend hatte Lukas für dieses Schweigen gute Gründe, die mit der Geschichte dieser seiner Gemeinde zusammenhingen (s. zu 28,17–31f.). Er hilft sich über die hier liegende offenkundige Peinlichkeit dadurch geschickt hinweg, daß er, statt vom Verhältnis des Paulus zur römischen Gemeinde zu berichten, nur von seiner Begegnung mit einzelnen ihm wohlgesonnenen römischen Christen außerhalb der Stadt erzählt.

Der Winteraufenthalt auf Malta ist mit drei Monaten auffallend kurz angesetzt. B Geht man davon aus, daß die Strandung Anfang November erfolgte, so wäre demnach die Abreise auf Mitte Februar zu datieren. Im allgemeinen wurde die Schiffahrt jedoch erst Anfang März wiedereröffnet. Das ägyptische Schiff, auf das der Gefangenentransport gebracht wird, trägt das Schutzzeichen der Dioskuren, entweder in Form einer Gallionsfigur oder eines auf beiden Seiten des Buges aufgemalten Bildes. In der Tat war der Kult der göttlichen Zwillinge, die als Retter in Seenot galten, in Ägypten besonders verbreitet. Nach einer Zwischenlandung in Syrakus 12–14 geht die Reise erstaunlich schnell vonstatten: Die Strecke zwischen Rhegium (dem heutigen Reggio di Calabria) und Puteoli (heute: Pozzuoli), ca. 350 km, wird in zwei Tagen zurückgelegt. Puteoli war damals der Haupthafen Italiens für den Überseehandel; erst später wurde es von Ostia überflügelt. Der letzte Teil der Strecke, etwa fünf Tagereisen, wird von hier aus zu Fuß zurückgelegt. Man folgt dabei zunächst der *Via Campana* bis Capua, dann der *Via Appia*. Wie schon in V. 1–10, meint auch in V. 14f. das „Wir" nur Paulus und die Seinen: Sie suchen in Puteoli die Christengemeinde auf und genießen eine ganze Woche lang deren Gastfreundschaft. Die Erzählung weckt den Eindruck, als sei Paulus völlig freier Herr seiner Zeit gewesen. Unter- 15 dessen hat sich bei den römischen Christen die Kunde von der bevorstehenden Ankunft des Paulus herumgesprochen. Die erste Delegation, die ihm entgegenzieht, trifft ihn bei Forum Appii, 65 km von Rom entfernt, die zweite in Tres Tabernae („Drei Kneipen"), 50 km vor der Stadt. Die Bemerkung, daß Paulus bei der Begegnung mit ihnen Gott gedankt und Mut gefaßt habe, wird man nicht psychologisierend dahin deuten dürfen, daß er vorher mutlos gewesen sei – Lukas hatte sich bemüht, das Gegenteil ständig zu beweisen (vgl. 27,23ff. 36). Sie enthält vielmehr implizit ein positives Urteil über die römischen Christen: Paulus dankt Gott für ihr Vorhandensein und faßt Mut im Blick auf sie. In Rom angekommen, wird Paulus die 16 leichtestmögliche Form der Haft gewährt, wie sie bei Untersuchungsgefangenen praktiziert werden konnte. Statt in ein Gefängnis geworfen zu werden, darf er zusammen mit einem ihn bewachenden Soldaten eine Mietwohnung beziehen, „außerhalb der Prätorianer-Kaserne", wie einige Handschriften des westlichen Textes verdeutlichend hinzufügen.

21. *Paulus in Rom 28,17–31*

¹⁷Nach drei Tagen lud er die Führer der dortigen Juden zu sich; als sie versammelt waren, sprach er zu ihnen: „Was mich betrifft, Brüder, so habe ich nichts getan, was sich gegen das Volk oder die Satzungen der Väter gerichtet hätte. Trotzdem bin ich von Jerusalem aus als Gefangener in die Hände der Römer überliefert worden. ¹⁸Diese wollten mich auf Grund der Untersuchung

freilassen, weil sie keine todeswürdige Schuld an mir feststellen konnten. ¹⁹Da aber die Juden Einspruch erhoben, sah ich mich genötigt, Berufung an den Kaiser einzulegen – nicht etwa, um eine Anklage gegen mein Volk zu erheben. ²⁰Aus diesem Grunde habe ich gebeten, euch sehen und mit euch reden zu dürfen. Denn wegen der Hoffnung Israels trage ich diese Fesseln." ²¹Da sagten sie zu ihm: „Wir haben weder ein dich betreffendes Schreiben aus Judäa erhalten, noch ist einer der Brüder gekommen und hat über dich etwas Böses berichtet oder geredet. ²²Wir würden aber gern von dir selbst hören, was für Ansichten du vertrittst. Denn von dieser Sekte ist uns immerhin bekannt, daß sie überall auf Widerspruch stößt."

²³Nachdem sie für ihn einen Tag bestimmt hatten, kamen sie in noch größerer Zahl zu ihm in die Wohnung, und er erklärte und bezeugte ihnen vom Morgen bis zum Abend das Reich Gottes und suchte sie, ausgehend vom Gesetz des Mose und den Propheten, von der Sache Jesu zu überzeugen. ²⁴Und die einen ließen sich von dem, was er sagte, überzeugen, die anderen dagegen blieben ungläubig. ²⁵Untereinander uneins brachen sie auf, nachdem Paulus noch dies eine Wort gesagt hatte: „Treffend hat der Heilige Geist durch den Propheten Jesaja zu euren Vätern gesagt:

²⁶‚Geh zu diesem Volke und sprich:
Hören sollt ihr und nicht verstehen;
sehen sollt ihr und nicht erkennen.
²⁷Denn verstockt ist das Herz dieses Volkes;
mit ihren Ohren hören sie schwer,
und ihre Augen haben sie geschlossen,
damit sie mit ihren Augen nicht sehen
und mit ihren Ohren nicht hören
und mit ihrem Herz nicht verstehen
und sich nicht bekehren, und ich sie nicht heile.'

²⁸Kund soll euch also sein, daß zu den Heiden dies Heil Gottes gesandt ist; und die werden es hören!" ³⁰Er blieb volle zwei Jahre in seiner Mietswohnung und empfing alle, die zu ihm kamen. ³¹Er verkündigte das Reich Gottes und lehrte von dem Herrn Jesus Christus mit allem Freimut ungehindert.

Vers 26f.: Jes 6,9f.;   Vers 28: Ps 67,3.

A 17–31 Lukas schließt sein Werk mit einer Darstellung des Wirkens des Paulus in Rom. Der Vorhang fällt, ohne daß wir etwas über die Fortsetzung seines Prozesses vor dem Kaiser und über sein weiteres Geschick erfahren. Man hat daraus folgern wollen, daß entweder die Apg unvollendet sei oder daß Lukas ein weiteres, drittes Werk geplant, aber nicht zur Ausführung gebracht habe. Nichts deutet jedoch in diese Richtung. Vielmehr hat Lukas die von ihm frei und ohne Traditionsgrundlage geschaffene Szene als machtvollen Schluß angelegt. Mit ihr enthüllt er das Ziel, auf das die ganze bisherige Erzählung nicht nur der Apg, sondern auch des dritten Evangeliums zuläuft und von dem her sie erst ins rechte Licht gesetzt wird. Paulus ist in Rom: Damit ist der Auftrag des Auferstandenen an seine Zeugen, das Evangelium bis zu den Enden der Erde zu bringen (1,8), erfüllt. Mehr noch – eine heilsgeschichtliche Epoche, deren zentrales Kennzeichen die Bezeugung des Reiches Gottes für Israel war (V.23), ist damit abgeschlossen. Begonnen hatte sie mit

Johannes dem Täufer (13,24), ihren Höhepunkt erreicht in Wirken und Verkündigung Jesu, und sich sodann im Zeugnis der Zwölf und des Paulus fortgesetzt. Ihr Ende wird dadurch markiert, daß Paulus, der letzte der unmittelbar von Jesus beauftragten Zeugen der Anfangszeit, aus Jerusalem, der Stadt der Erfüllung der Verheißung für Israel und der ersten Sammlung des wahren Gottesvolkes aus Israel, nach Rom, in das Zentrum der heidnischen Welt, kommt. Jerusalem hat ihn und das von ihm repräsentierte Evangelium verworfen (22,22), aber Gott hat ihn auf wunderbare Weise errettet und ihm den Weg nach Rom und zum Zeugnis vor der heidnischen Welt eröffnet. In der Begegnung des Paulus mit Vertretern der römischen Judenschaft läßt Lukas die sich nun vollziehende Wende sinnfällig werden: Paulus konstatiert abschließend die Verstockung der Juden (V. 26 f.) und kündigt die endgültige, uneingeschränkte Wendung des Evangeliums zu den Heiden an, „und die werden es hören" (V. 28). Von jetzt an soll nicht mehr versucht werden, Israel als ganzes in das Gottesvolk der Endzeit einzubringen. Die große Aufgabe, die Gott seinen Boten stellt, ist die, ihm aus den Heiden sein Volk zu sammeln. Die heidenchristliche Kirche ist die Kirche, der die Zukunft gehört.

Diese heidenchristliche Kirche am Ausgang des 1. Jahrhunderts kann jedoch nur dann den Aufbruch in diese Zukunft wagen, wenn sie sich ihrer eigenen Identität bewußt geworden ist. Lukas will ihr dabei helfen, indem er in seinem Geschichtswerk den Nachweis führt, daß sie, obwohl sie sich äußerlich grundlegend von der Kirche der Anfangszeit unterscheidet, in einer ungebrochenen Kontinuität zu ihr steht. Er führt ihr, indem er Gottes Heilshandeln nachzeichnet, vor Augen, daß sie die Kirche ist, wie Gott sie im Prozeß der Heilsgeschichte hat entstehen lassen. Zugleich will er sie daran erinnern, daß sie dank dieses heilsgeschichtlichen Handelns Gottes in einer unaufhebbaren Kontinuität mit Israel und seiner Geschichte steht. Sie ist Erbin aller Verheißungen, und das heißt: sie ist das wahre Israel. Und zwar ist Paulus für Lukas Symbol und Garant dieser bleibenden inneren Kontinuität der Kirche mit ihren Anfängen und, darüber hinaus, mit Israel. Weil das Christentum des Paulus das wahre Judentum ist (vgl. 26,6 f. 22 f.), darum ist auch sein Übergang von Jerusalem nach Rom, seine endgültige Wendung zu den Heiden, nicht Ausbruch aus der Kontinuität des Gottesvolkes, sondern, im Gegenteil, deren Wahrung. Nicht Paulus und mit ihm die Heidenchristen haben das wahre Israel verlassen, sondern seine jüdischen Gegner haben dies getan, indem sie ihn verwarfen.

Die auffällige Orientierung der Apg auf Rom hin erklärt sich am besten von der Annahme her, für die auch sonst vieles spricht, daß Lukas Glied der römischen Gemeinde war. Offensichtlich will Lukas die Ankunft des Paulus in Rom als das die Situation seiner Kirche bis in seine Gegenwart hinein grundlegend bestimmende Schlüsselereignis deuten. Gerade die Schlußszene läßt keinen Zweifel daran, daß für ihn Rom dadurch zum Mittelpunkt der Kirche geworden ist, der Jerusalem abgelöst hat. Das ist ein kirchliches Selbstverständnis, das weitgehend dem des um 96 ebenfalls in Rom geschriebenen 1. Klemensbriefes entspricht. Und zwar sieht Lukas die Zukunft der Kirche auf dem Boden Roms betont optimistisch: Rom wird ihr das geben, was ihr Jerusalem versagte, nämlich Raum zur freien Entfaltung und die Möglichkeit zu ungehinderter Verkündigung des Evangeliums (V. 31).

Dieser optimistische Schluß wäre überzeugender ausgefallen, wenn Lukas von einem Freispruch des Paulus durch das kaiserliche Gericht hätte berichten können. Aber eben dieses glückliche Ende konnte er nicht melden, weil die geschichtliche Wirklichkeit offenbar anders ausgesehen hat. Lukas weiß, daß Paulus in Rom den Märtyrertod erlitten hat und er deutet das auch an anderer Stelle an (vgl. 20,25. 38); hier jedoch zieht er es vor, davon zu schweigen, um das positive Bild Roms als eines Raumes der Freiheit für das Evangelium und seine Boten nicht zu beeinträchtigen. In unmittelbarem Zusammenhang damit scheint auch sein nicht minder auffälliges Schweigen über das Verhältnis des Paulus zur römischen Christengemeinde (s. zu V. 11–16) zu stehen. Einige Forscher (E. Haenchen, H. Conzelmann) haben vermutet, Lukas lasse in V. 17–31 die römische Gemeinde unerwähnt, weil er den Eindruck erwecken wolle, daß erst Paulus in Rom das bis dahin dort unbekannte Evangelium verkündigt habe. Aber in diesem Fall hätte er die Existenz römischer Christen in V. 15 ebenfalls verschweigen müssen. Ungleich mehr hat die Vermutung für sich, daß Lukas über die Gemeinde schweigt, weil er weiß, daß ihr Verhältnis zu Paulus nicht eindeutig war. Sie wird nämlich durch eine Reihe von weiteren Anhaltspunkten gestützt. So wird man die Bemerkung in 1.Kl 5,2ff., wonach Petrus und Paulus in Rom „wegen Eifersucht und Neid" zu Tode gekommen sind, dahingehend verstehen müssen, daß innergemeindliche Kontroversen und Parteiungen zumindest zu den indirekten Ursachen für den Lebensausgang der beiden Apostel gezählt haben. Das entspricht den bitteren Bemerkungen, die Paulus in dem vermutlich während seiner römischen Gefangenschaft verfaßten Philipperbrief über die zwiespältige Haltung der lokalen Christengemeinde ihm gegenüber macht (Phil 1,15ff.). Offenbar hat sich die römische Gemeinde nicht geschlossen hinter Paulus gestellt. Es ist nicht undenkbar, daß aus Gruppenrivalitäten gespeiste Intrigen mit Schuld getragen haben an der schlimmen Wendung, die sein Prozeß schließlich genommen hat. Lukas hat diese Vorgänge verschwiegen, sei es, um in seiner römischen Gemeinde nicht alte Wunden aufzureißen, sei es, um das von ihm durchweg programmatisch gezeichnete Bild einer von Konflikten freien kirchlichen Harmonie nicht noch am Schluß seines Werkes zu beeinträchtigen.

B 17 Bereits drei Tage nach seiner Ankunft nimmt Paulus Kontakt zu den römischen Juden auf. Der Grund dafür liegt nicht wie sonst in seiner Absicht, zunächst bei den Juden mit seiner Verkündigung anzuknüpfen (vgl. z.B. 13,14; 14,1; 18,4 u.ö.), sondern hat mit seinem bevorstehenden Prozeß zu tun: Er will herausfinden, ob sie ihren Einfluß gegen ihn zur Geltung zu bringen beabsichtigen. Entsprechende Befürchtungen waren nicht ganz unbegründet, da die römischen Juden gute Beziehungen zum kaiserlichen Hof unterhielten. Josephus erzählt von einem Fall, in den sich die dem Judentum nahestehende Gemahlin des Nero, Poppäa Sabina, sowie sein jüdischer Lieblingsschauspieler Aliturus einschalteten (Jos vit 13–16). Unter den Führern der Juden, die Paulus zu sich kommen ließ, haben wir uns die Ältesten und Synagogenvorsteher vorzustellen. Darüber, was sie bewogen haben könnte, der Aufforderung eines ihnen völlig unbekannten Volksgenossen Folge zu leisten, reflektiert Lukas nicht. In einer kurzen Rede (V. 17b–20) stellt Paulus sich und seinen Fall vor. Die summarische Bemerkung, er habe sich weder etwas gegen das

„Volk", d.h. gegen Israel, noch gegen „die Satzungen der Väter" zuschuldenkommen lassen, muß man sich sinngemäß durch die Apologien 22,1–16; 26,2–23 gefüllt denken. Lukas vermeidet hier die nochmalige Wiederholung der bereits bekannten paulinischen Argumentation. Sehr summarisch ist auch der folgende 18–19 Abriß des bisherigen Verfahrensganges: Weder ist nämlich Paulus von seinen jüdischen Gegnern – hier unter dem die Unheilssphäre kennzeichnenden Begriff „Jerusalem" subsumiert – den Römern ausgeliefert worden (vgl. 21,31ff.), noch war es der Einspruch der Juden, der die Absicht der Römer, ihn freizulassen, vereitelt hat (25,11). Lukas vereinfacht die Vorgänge, um das nach seinem Verständnis Entscheidende herauszuarbeiten: Die Juden haben sich als die Feinde des Paulus erwiesen, indem sie ihn, wie einst schon Jesus, „in die Hände der Römer überliefert" (vgl. 21,11) und trotz eindeutiger Schuldlosigkeit seine Vernichtung weiter betrieben haben; die Römer dagegen waren von Anfang an von seiner Schuldlosigkeit überzeugt und haben entsprechend gehandelt. Trotz alles Bösen, was sein Volk ihm zugefügt hat, ist Paulus jedoch nicht zu seinem Feind geworden. Er will, wie er betont, das Appellationsverfahren nicht dazu benutzen, um seinerseits Israel anzuklagen, sondern er sucht auf diesem ihm letztlich von seinem Volk aufgezwungenen Wege einzig und allein sein Recht. Es geht ihm, wie der westl. Text erläuternd hinzufügt, nur darum, sein „Leben vor dem Tode zu retten". Er hat die Führer der 20 römischen Juden zu sich gerufen, um ihnen Gelegenheit zu geben, sich aus eigenem Augenschein davon zu überzeugen, daß er nicht ihr Feind ist, sondern vielmehr wie kein anderer für den zentralen Inhalt des Glaubens und der Hoffnung Israels einsteht: Letztlich ist es ja die Auferstehungshoffnung Israels, um deretwillen er als Gefangener vor ihnen steht. Auch diese Feststellung, mit der die Rede schließt, ist eine summarische Zusammenfassung von dem Leser bereits bekannten Argumenten (vgl. 23,6; 24,15; 26,6f.).

Die Antwort der Juden ist überraschend. Sie behaupten, weder durch offizielle 21 Mitteilungen seitens der Jerusalemer Behörden noch durch private Informationen etwas Belastendes über Paulus erfahren zu haben. Das ist in Anbetracht der lebhaften Kontakte zwischen der zahlreichen Judenschaft Roms und Palästina wie auch angesichts der erbitterten Feindschaft des offiziellen Judentums gegen Paulus (vgl. 14,19; 17,13; 21,27f.; Röm 15,31) historisch schwer denkbar. Kaum glaubhafter 22 ist auch die weitere Behauptung der römischen Juden, von der christlichen Gemeinde nichts zu wissen, als daß sie eine jüdische Sonderrichtung oder Sekte sei (vgl. 15,5; 26,5), die von allen übrigen Richtungen des Judentums mit Entschiedenheit abgelehnt werde. Denn in Rom gab es schon sehr früh eine größere Christengemeinde, zwischen der und der Judenschaft es vielfältige Berührungen und Konflikte gegeben haben muß (vgl. 18,2). Beide Behauptungen stehen im Dienst der schriftstellerischen Intention des Lukas. Er will anscheinend eine Situation konstruieren, die es ihm erlaubt, modellhaft zu zeigen, daß auch Paulus und dem Christentum gegenüber völlig unvoreingenommene Juden sich dem Anspruch des Evangeliums verschließen. Das erste Gespräch endet allerdings zunächst noch hoff- 23 nungsvoll: Die Juden wollen mehr über die von Paulus vertretene Sache wissen und vereinbaren darum mit ihm einen weiteren Besuch, dessen Termin sie nun ihrerseits bestimmen.

Fast bruchlos blendet die Erzählung zu diesem zweiten Gespräch über, zu dem nicht nur die Führer der römischen Judenschaft, sondern ein größerer Kreis von Mitgliedern der Synagogengemeinden sich bei Paulus einfinden. Darüber, ob seine Wohnung so viele Menschen zu fassen vermochte, reflektiert Lukas nicht. Sie weitet sich unter seiner Hand gleichsam zu einer imaginären Synagoge (vgl. 2, 1. 6), in der Paulus zum letztenmal zu Juden predigt. Nun geht es nicht mehr um Paulus und seinen bevorstehenden Prozeß, sondern allein um die Heilsbotschaft, deren vollmächtiger Zeuge er ist. Noch einmal werden seine Treue und Unermüdlichkeit ins Bild gerückt (vgl. 20, 11. 20): Er redet einen vollen Tag lang zu den Juden. Der Inhalt seiner Verkündigung wird in zwei knappen Wendungen zusammengefaßt, die den Leser auf bereits Bekanntes verweisen sollen: 1. „das Reich Gottes" ist der Oberbegriff; gemeint ist damit die Heilsbotschaft in ihrer Gesamtheit (vgl. 8, 12; 19, 8); 2. „die Sache Jesu" (wörtl.: „das über Jesus"), d. h. Wirken und Geschick Jesu, ist der zentrale Inhalt dieser Heilsbotschaft. Und zwar denkt Lukas, wie die Näherbestimmung zeigt, speziell an den Schriftbeweis, der den Weg Jesu als Erfül-

24–25 lung des Alten Testaments deutet (vgl. 3, 21 ff.; 10, 43; 17, 3; Lk 24, 26 ff.). Die Reaktion der Juden ist wegen ihrer Zwiespältigkeit enttäuschend. Nicht darauf liegt der Akzent, daß doch immerhin einige sich durch die Worte des Paulus überzeugen ließen – daß sie zum Glauben gekommen wären, wird bezeichnenderweise nicht gesagt –, sondern daß diese Worte unter den Juden Entzweiung und Streit bewirken. Noch einmal zeigt sich, daß Israel als ganzes im Unglauben beharrt und sich dem angebotenen Weg in das endzeitliche Gottesvolk der Kirche aus Juden und Heiden verschließt. Und ebenso zeigt sich, daß Israel durch diesen Ungehorsam die Identität mit sich selbst und den Zusammenhang mit Glauben und Hoffnung der Väter verliert (vgl. 23, 9 f.). Das Bild der untereinander zerstrittenen Juden soll

26–27 veranschaulichen, wie hoffnungslos es um das Judentum steht. Mit dem „Posaunenton eines Jesajazitates" (A. Harnack) setzt Paulus dem Disput ein Ende. Es handelt sich dabei um den sogenannten Verstockungsbefehl Gottes an Jesaja aus dessen Berufungsvision (Jes 6, 9 f.). Dieses geheimnisvolle Gotteswort wurde im Urchristentum vielfach angeführt zur Beantwortung der Frage, warum die Botschaft des Evangeliums nicht das ihr zukommende Gehör fand (vgl. Mk 4, 12; Mt 13, 14 f.; Lk 8, 10; Joh 12, 40). Dabei hielt man sich zumeist an den gegenüber dem hebräischen Urtext abgemilderten Wortlaut der LXX (eine Ausnahme bildet Joh 12, 40), der die Verstockung nicht als durch die Predigt des Propheten gewirktes Werk Gottes, sondern als Schuld des Volkes versteht; damit wurde aus dem Verstockungsbefehl eine Verstockungsansage. Lukas interpretiert das Wort als eine Ankündigung zukünftigen Geschehens durch den Heiligen Geist, die damals aus dem Munde Jesajas an die Väter erging, um jetzt in der Gegenwart erfüllt zu werden. Wie der Heilige Geist in der Schrift das Heilsgeschehen in Christus vorweg verheißen hat (vgl. 1, 16; 4, 25), so hat er auch die Verstockung Israels vorweg angekündigt. Paulus hat mit seiner Verkündigung alles getan, um die Juden zum Sehen, Hören und Verstehen zu bringen; sie aber haben Augen, Ohren und Herz vor seiner Botschaft verschlossen. Damit haben sie sich selbst außerhalb des Heils gestellt. Dieses Geschehen, so rätselhaft es ist, muß als Teil des in der Schrift angekündigten göttlichen Geschichtsplanes anerkannt werden. Das Jesaja-Zitat besiegelt seine Endgültigkeit. Von jetzt an wird es zwar einzelne Juden geben, die zum Glauben kommen, aber eine Umkehr Israels in seiner Gesamtheit steht nicht mehr zu erwarten. Die heilsgeschichtliche Zukunftsperspektive von Röm 9–11, die über die gegenwärtige Verstockung hinaus auf eine zukünftige Bekehrung Israels blickt, macht sich Lukas also nicht zu eigen. Das abschließende Fazit aus dem Munde des 28 Paulus unterstreicht noch einmal, was bereits das Jesaja-Zitat erkennen ließ: Es vollzieht sich eine endgültige, nicht mehr rückgängig zu machende Wende. Der lukanische Paulus hatte zwar bereits im pisidischen Antiochia (vgl. 13,46) und in Korinth (18,6) die Abwendung von den Juden und die Hinwendung zu den Heiden angekündigt. Was nunmehr geschieht, steht jedoch auf einer anderen Ebene. Es geht nicht mehr um eine lokal begrenzte Neuorientierung der Mission, sondern um die Proklamation eines Grundsatzes, der in Zukunft überall für die Mission gelten soll: Von nun an soll das Heil uneingeschränkt den Heiden angeboten werden. Von ihnen ist das zu erwarten, was Israel der Botschaft schuldhaft versagt hat, nämlich die Bereitschaft zum Hören! In programmatischer Weise läßt Lukas Paulus in seinem letzten Wort das Zitat Jes 40,5 aufnehmen, mit dem er in seinem Evangelium den Beginn des Wirkens Jesu kommentiert hatte: „Und sehen soll alles Fleisch das Heil Gottes" (Lk 3,6).

(Der Reichstext und der westl. Text schieben hier als V. 29 noch einen Satz ein, (29) der den negativen Ausgang der Szene V. 23–28 unterstreicht: „Und als er das gesagt hatte, gingen die Juden weg und stritten heftig untereinander.")

Wie die großen Hauptabschnitte seines Werkes (vgl. 1,13f.; 5,42; 9,31; 30–31 15,35; 19,20), so läßt Lukas auch dieses als ganzes mit einem kurzen Epilog enden, der in knappen Zügen dem Leser das erreichte Ziel vor Augen stellt. Paulus wirkt in Rom; damit schließt sich der Erzählungsbogen, der mit 1,8 seinen Anfang nahm. Er ist zwar nach wie vor ein Untersuchungsgefangener, der seine Wohnung nicht verlassen darf (vgl. V. 16), aber die Intensität seines Wirkens vermag diese äußere Beschränkung auszugleichen. So wird seine Wohnung zum Ort der Verkündigung und der Begegnung mit vielen Menschen. Wer die Besucher sind, sagt Lukas nicht; vermutlich denkt er nicht nur an Heiden, die die Heilsbotschaft hören wollen, sondern auch an Glieder der römischen Gemeinde (s. zu V. 15). Der Inhalt der Botschaft wird wieder mit den schon bekannten Formeln beschrieben: das „Reich Gottes" (vgl. 1,3; 19,6; 28,23) und „der Herr Jesus Christus (vgl. V. 23). Ein leiser Schatten schiebt sich in den Rand des harmonischen Bildes in Gestalt der Zeitangabe: „volle zwei Jahre" konnte Paulus so wirken. Lukas weiß demnach, daß dieser Zustand zu Ende ging, und wohl auch, daß das Geschick des Paulus danach eine schlimme Wendung nahm (vgl. 20,25. 38). Aber er verdrängt bewußt diesen Schatten durch die beiden letzten Worte, die er wohl als programmatischen Ausblick auf den weiteren Weg der Kirche verstanden wissen will: Seiner Überzeugung nach hat Paulus, indem er „mit Freimut ungehindert" in Rom wirkte, in prototypischer Weise die Möglichkeit erprobt, die nunmehr der ganzen Kirche offen steht und von der sie Gebrauch zu machen hat. Soweit sich dieser Zukunftsausblick auf das Verhalten der römischen Staatsmacht bezog, sollte er sich als nicht unproblematisch erweisen. Denn die Gewißheit des Lukas, daß das Imperium eine Kirche, die sich wie Paulus um ein loyales Verhalten zu ihr bemüht, nicht behindern, sondern ihr Raum für Wachstum und Entfaltung gewähren werde, wurde schon wenige Jahre später durch die Domitianische Verfolgung widerlegt (vgl. Offb 13; 17). Nicht widerlegt, sondern durch die geschichtliche Erfahrung bestätigt wurde jedoch, daß die Kirche, wo sie wie Paulus die ihr anvertraute Botschaft mit Freimut, d.h. im Vertrauen auf die ihr vom Geist verliehene Vollmacht, in die Welt hineinträgt, durch keine äußere Macht an der Erfüllung dieses ihres Auftrags gehindert werden kann.

Namen- und Sachweiser

Bearbeitet von Walter Kotschenreuther

A

Abendmahl 1,4f.; 2,42.46; 16,34; 19,9; 20,7.11; 27,36
Abraham 3,25; 7,2ff.; 13,26
Abschiedsrede *(Milet)* 20,17–38
Agabus 11,28; 21,10
Agrippa I. 10,1; 12,1–23; 12,20.21f.
Agrippa II. 23,25; 25,13.23; 26,1
Ägypten, Ägypter 7,22; 21,38
Älteste (in Christengemeinden) 11,29; 14,23; 15,2.6; 20,17.28; 21,18
Altar in Athen 17,23
Amt (→ Älteste, → Apostel, → Bischof, → Lehrer) 6,1–7; 6,6; 14,4.23; 20,17–35.28
Antiochia *(Syrien)* 9,23–25; 11,19–26.27–30; 12,24; 13,1–3; 15,1f.35.36–41; 18,22
Antiochia *(Pisidien)* 13,14
Antiochiazwischenfall 15,1–33; 15,36–41
Apollos 18,24ff.; 19,1
Apologetische Motive 3,13; 20,20; 21,21; 21,38; 23,28f.; 24,22; 25,18; 25,23–26,32; 26,24–27; 26,31; 28,17
Apostel Einl. 2.4; Exkurs zu 1,25; 1,1f.3. 21f.; 1,15–26; 1,21f; 8,1; 14,1–7; 14,4
Apostledekret 15,20f.; 15,1–33; 21,25
Apostelkonzil 15,1–33
Apostelliste 1,13.26
Aquila (und Priszilla) 18,1f.18.26
Arabien 9,23–30
Areopagrede Exkurs zu 17,34; 17,16–34
Aristarch 19,29; 20,4; 27,2
Armenfürsorge 4,32; 6,1f.; 9,36; 10,2.4
Artemis 19,24
Asien 6,9; 16,6; 19,22.26; 21,27
Athen 17,16
Auferstehung (Auferweckung) 1,1f.3; 2,24.32; 4,2; 7,54; 10,44; 13,33.36; 17,18. 32; 22,13f.23,6f.; 26,8.24f.

B

Barjesus Elymas 13,6f.
Barnabas 4,26.36; 9,27; 11,22f.; 13,1.4. 13ff.; 14,12.14; 15,36–39; 15,12

Bedürfnislosigkeit Gottes 17,25
Behörden (Stellungnahme zum Christentum) 11,26; 13,12.50; 16,20f.38f.; 17,6f. 16f.; 18,14ff.; 19,31f.35ff.; 24,20f.; 25,19f.; 27,2
Bekehrungserzählungen 8,26; 16,14.30–34; 18,27; 22,6–16; 26,15f.
Bekenntnisformeln 2,34; 8,10.37; 10,36. 42; 11,20
Beröa 17,10; 20,4
Berenike 23,25; 25,13.23; 26,1
Beschneidung 11,3; 15,5; 16,1
Besitz → Gütergemeinschaft
Bischof (→Amt) 1,20; 6,2; 20,28
Briefe in der Apg 15,23–29; 23,25–30
Brotbrechen → Abendmahl
Buchwidmung 1,1
Bürgerrecht, römisches 16,22f.37; 22, 25ff.; 23,28; 25,10f.
Buße → Umkehr

C

Cäsarea 8,40; 9,30; 10,1; 21,7; 23,24f.
Christentum und Judentum 2,22.29.36; 4,5–21; 5,17–42; 11,19–26; 13,46; 18, 6f.18; 19,8–10; 26,22f.; 28,26f. (→ Judentum, Stellung zum Christentum)
Christenverfolgungen → Verfolgungen
Christologie (→ Erhöhung → Jesus → Erniedrigung) Exkurs zu 2,21; 2,36; 3,13–15; 3,22; 5,30–32; 7,17–43; 8,35; 10,36. 41f.; 13,26–31
Christuserscheinungen 7,55f.; 9,3.10; 18, 9; 22,17; 23,11; 26,14
Christus 1,9–11; 2,2; 3,21; 10,36; 13,32; 18,9f.
Chronologie, urchristliche Exkurs zu 18,12; 3,13ff.; 9,1f.; 9,23–30; 9,32–43; 11, 27ff.; 12,1–23; 15,1; 18,1f.12.18–23; 19,1–7.10; 20,2f.31; 23,24

D

Damaskus 9,3.10ff.23f.27
Dämonenaustreibungen 8,6; 16,18; 19,12–16

David 2,25–30; 7,45f.; 13,22f.36
Davidssohn 2,25–28; 13,36f.
Demetrius, Aufruhr des 19,23–40
Diakonie → Dienst
Diakone 6,2.6
Diasporajudentum 2,5; 6,9; 9,29; 13,14; 18,1f.; 19,17.33; 21,27f.39; 28,17
Dienen, Dienst 1,17; 6,2.6; 11,29; 20,18f.
Dionysios 17,34
Drusilla 24,24

E

Ehelosigkeit 21,9
Ekstase 2,4; 10,10ff.46; 11,5ff.; 18,25; 19,1; 22,17
Elymas → Barjesus
Enderwartung 1,6–11; 3,11–26; 3,20f.; 6,14; 10,35; 14,22; 17,31
Endgericht 17,31
Engelerscheinungen 1,10; 5,19; 8,26; 10, 2–4; 12,6.23; 27,23f.
Entrückung 1,1f.12; 8,39
Ephesus 18,19ff.; 19,1ff.; 19,22; 20,2
Erfüllung 2,1; 13,37; 26,22f.
Erhöhung 1,6–11; 2,33f.; 5,30–32; 7,56; 8,32f.
Erniedrigung 2,21; 8,32f.; 17,3
Erwählung 1,2; 2,39; 7,10; 9,15; 13,2.17
Eschatologie → Enderwartung
Essener Exkurs zu 4,34; 1,17; 5,11; 15,15; 20,28
Entychus 20,9
Evangelium 9,26–30; 19,10; 20,20
Exorzismen → Dämonenaustreibungen
Exorzisten, jüdische 13,4ff.; 19,13ff.

F

Fasten 9,9; 13,2; 14,23
Felix 21,38; 23,2.25; 24,1.22.24–27
Festus 23,25; 24,27; 25,1
Formeln 2,32; 3,15; 4,12
Formgeschichte (→ Formeln → Bekenntnisformeln → Heilsgeschichten → Dämonenaustreibungen → Reden → Abschiedsrede) Einl. 1; 2.4; 1,1f.; 3,1–10; 15,22f.; 17, 16–34; 20,17–38; 23,25
Fürbitte → Gebet

G

Galaterbrief, Verhältnis zur Apg Einl. 2,1; Exkurs zu 15,1–33; 9,1–22.26–30; 15,1–33; 18,22

Galatien 14,21; 16,6; 18,23; 19,1
Galiläa, Galiläer 2,7; 9,31; 14,8
Gallio Exkurs zu 18,12; 18,12ff.
Gamaliel 5,33; 22,3
Gaza 8,26
Gebet 1,14.24; 2,42.46; 3,1; 4,24–30; 6, 4; 7,59f.; 8,24; 10,2; 12,5; 13,3; 20,36
Gelübde 18,18; 21,22–24; 23,12–15
Geißelung 5,40; 16,22f.; 18,17; 22,19; 26,11
Geist Gottes/Jesu, „heiliger Geist" 1,6–8; 2, 2f.18ff.; 4,8; 8,28; 13,2; 16,7; 19,2f.; 20,22.32; 28,26f.
Geistbegabung, -empfang 2,33; 8,17f.; 8, 14ff.; 9,18; 10,44ff.; 11,28; 13,9; 15,9; 18,25; 19,2f.
Gemeinde (→ Kirche)
– Selbstprädikationen 2,21; 5,11; 9,2.15. 21.30
– Wachstum 1,15; 2,41.47; 4,4; 5,14; 6,7; 9,31; 11,25; 12,24; 13,43f.; 15,5; 17, 4; 19,20; 21,10
– Selbstverständnis 1,15; 2,39.41; 15,15–17
Gemeindeleitung 1,15.20; 1,24f.; 5,32; 6,2; 11,29; 13,1; 15,6f.28; 20,28; 21,18
Gemeindeversammlung 4,23; 5,12.42; 6,2; 12,12; 13,2; 14,27; 15,4.22f.30
Gemeinschaft 1,14; 2,42.46; 4,24; 5,12; 42; 15,19f.25.31
Gerechte, der 3,14; 7,52; 22,14
Gesellschaft 13,4–12; 16,16.19; 18,19; 19, 12.24–28
Gesetz 6,14; 7,36–38; 10,1–11, 18; 13,20; 15,1–33; 21,21
Gesichte 7,56; 9,10–12; 10,3.10ff.; 11, 5ff.; 16,9f.; 18,9f.; 22,17–21; 23,11; 27,23f.
Gewerbe, Handwerk 9,1ff.; 16,14; 18,3; 19, 24
Glaube 2,44; 3,6.16; 4,32; 6,7; 9,42; 13, 38f.; 14,22; 15,9; 17,12.34; 18,8; 19,2; 20,21
Gnosis Exkurs zu 8,25; 8,10
Gottes Wille, Plan 1,16; 2,22f.; 3,18; 4, 28; 8,26; 9,15f.; 14,27; 18,21; 20,22; 21,13; 22,13–15; 23,11; 28,6.26f.
Gottesdienst 4,31; 13,2f.; 20,7
Gotteserscheinung → Theophanie
Gottesknecht 3,13; 8,32f.; 13,46
Gottessohn 2,33; 8,37; 9,20; 13,33
Gottesfürchtiger 8,1.27; 10,2; 13,16; 17, 4; 18,7f.
Gottesvolk (→ Israel) 1,6–8.15; 2,18.39f.; 5,11; 14,27; 15,15–17.31; 24,14

Gottheiten, Götter 17,23; Apollo: 2,4; 16,
16; Artemis: 18,19; 19,24 ff.; Dike: 28,
4; Dioskuren: 28,11; Hermes: 14,12;
Zeus: 14,12 f.
Götzendienst 7,42 f.; 14,12 f.; 17,29; 28,6
Gütergemeinschaft Exkurs zu 4,36 f.; 2,
44 f.; 4,36 f.; 5,1–11; 4,32–35; 6,1;
11,29

H

Hannas 4,5 f.
Halle Salomos 3,11; 5,12
Hananias (Damaskus) 9,10; 22,12
Hananias (u. Saphira) 5,1–11
Hananias (Hoher Priester) 23,2; 24,1
Handauflegung 6,6; 8,17; 9,12.18; 10,
44; 13,3; 19,6
Heiden, Heidentum 14,16; 16,16; 17,29;
19,21–40
Heidenchristen 15,1–33
Heidenmission (→ Hellenistenmission → Samaritermission) 8,1; 10,1–11,18; 11,
19–26; 13,13.40 f.46; 14,8–18.15–17.
27; 15,7; 17,16–34; 19,26; 22,21
Heilige, der 3,14; 13,34 f.
Heiligen, die 9,13.32
Heilsgeschichte 3,13; 9,1–22; 13,17–25.
40,f.; 19,5; 21,36; 26,2–23; 27,24 f.; 28,
17–31
Heilsgemeinde 4,34 f.; 5,11
Heilungsgeschichten (→ Wunder) 9,32–43;
14,8–14; 19,12; 22,13 f.; 28,7–10
Hellenismus 17,16–34
Hellenisten 6,1–7; 15; 8,1; 9,19–26; 13,1.4
Hellenistenmission 11,19; 15,3; 21,4
Herodes Agrippa I. → Agrippa I.
Herodes Agrippa II. → Agrippa II.
Herr (Kyrios) 2,21.36; 9,27 f.; 10,36; 11,
20 ff.; 17,24; 25,24–27
Himmelfahrt 1,1–12; 1,12
Höchste, der 7,48; 16,17
Hoherpriester 5,21; 12,30; 23,2; 24,1; 25,2
Hoher Rat → Synedrium
Hungersnot 11,28 f.

I

Israel (→ Gottesvolk) 2,22 f.36; 3,12; 5,35
Itinerar 13,1.5; 18,1 ff.; 20,2 ff.

J

Jakobus (Herrenbruder) 1,14; 12,17; 15,
7.13
Jakobus (Sohn des Zebedäus) 1,26; 12,2

Jesus (→ Christologie→Erniedrigung→Paulus
und Jesus) 1,1 f.; 3,13.26; 10,37 ff.; 13,1
Jerusalem 1,4 f.; 8,25; 9,1.26; 18,22; 21,
36; 26,6
Johannes Markus 12,12.24 f.; 13,5.9; 15,37
Johannes (Sohn des Zebedäus) 12,2
Johannes der Täufer 1,4 f.; 13,24 f.; 24,24 f.
Joppe 9,36
Josef (AT) 7,9
Judäa 8,4; 9,31; 11,1; 15,1
Judaisten 11,2; 15,22 f.24 f.; 16,1–3; 21,
20
Judas der Galiläer (→ Sikarier) 5,36 f.
Judas Iskariot 1,15–26
Judentum
– Diasporajudentum 6,9; 9,29; 13,14;
18,2; 19,17.33; 21,27 f.; 28,17
– Palästinisches Judentum 6,12; 23,12–
15
– Verhältnis zum Christentum → Synagoge
3,2; 13,45.50; 14,5; 17,5
Judenchristen 1,6–8.15; 11,1.2.; 13,13;
16,1–3; 18,26; 21,20 f.
Judenfeindschaft 16,22 f.; 18,14 ff.; 19,16.
34

K

Kaiserkult 1,12; 12,1–23; 25,26
Kirche 1.4 f.9–11.15; 2,41; 5,11.42; 8,
17; 9,31; 20,28–30.32
Klaudius 18,12 f.; 23,26
Klaudius Lysias 21,31; 23,23.26; 24,19.
22
Knecht Gottes → Gottesknecht
Kodex D → westlicher Text
Kollekte 11,27–30; 17,12; 18,23; 20,1–6;
20,4; 21,15–26; 24,17
Kontrastschema Exkurs zu 2,21; 2,22–40;
3,13; 4,9 f.; 5,30–32; 10,39; 13,26.30
Korinth 18,1.27 f.; 20,2
Kornelius 9,10 ff.; 10,1; 15,7; 26,18
Kreuzigung Jesu (Passion) 3,13; 13,27
Krispus 18,8
Kultus
– jüdischer 3,1; 10,14 f.; 16,13; 18,18;
20,5 f.; 21,22–24.26
– christlicher 2,46 f.; 10,44; 13,2; 19,6
– heidnischer 18,19; 19,24

L

Lehre, Lehrer 2,42; 11,26; 13,1; 20,20
Leiden 3,14; 5,41; 9,16; 19,12; 20,24 f.;
21,11

Lydda 9,32
Lydia 16,14
LXX → Septuaginta

M

Macht
– Gottes → Wirksamkeit Gottes
– der Dämonen → Dämonenaustreibungen
Magie, Magier 3,12; 8,4–25.6.9; 13,8; 16,16–24; 19,11–20; 19,13.18f.
Mahlfeier → Abendmahl
Malta 27,27.39; 28,1
Maria
– Mutter Jesu 1,14
– Mutter des Johannes Markus 12,12
Markus, Johannes → Johannes Markus
Martyrium 7,54–60.58; 20,24f.38; 21,11–13; 22,20
Mazedonien 16,9f.; 18,5; 19,21; 20,1
Menschensohn 7,56; 10,42; 17,31
Messiaserwartung 1,12; 2,36; 5,36f.; 8,5; 21,38
Milet 20,17
Mission
– Missionsdienst 9,22; 13,5; 19,9
– Missionspredigt → Reden
– Missionszentrum 13,3; 16,6; 17,16–34; 19,10
– Missionsbericht 13,1–3; 19,1–7
– Wandermission 8,1.4.26.39; 13,3; 14,4; 18,27; 21,8f.
Mose; Mosezeit 3,22; 6,17–43; 7,17–43

N

Naherwartung 1,6–8; 2,17.21
Name Jesu 3,6.16; 5,27f.; 16,18; 19,13.15.17
Namenslisten 1,13.26; 6,5; 13,1; 20,4
Nasiräatsgelübde (→ Gelübde) 18,18; 21,22–24
Nazoräer, der 2,22; 3,6; 4,10; 6,14; 22,8; 26,9
Nazoräer, die 6,14; 9,2; 24,5

O

Obergemach 1,13; 9,39; 10,9; 20,7
Offenbarungsstätte 1,13
Ostern → Auferstehung → Pascha

P

Parusieerwartung 1,6–8.9–11; 3,20f.
Pascha 2,1; 12,3; 20,3.5

Paulus
– Biographie 7,58; 8,1.3; 9,11.30; 13,9; 20,2f.; 21,26.39; 22,3.20
– Christenverfolger 7,58; 8,1.3; 26,9.10f.
– Berufung 9,1–22; 22,4–16; 24,14f.; 26,6–18
– Missionar → Exkurs zu 15,40f.; 9,28; 13,3; 15,4.12; 18,9f.; 19,1–7.21; 20,2.20; 21,19; 26,20
– Mitarbeiter 9,27; 12,24f.; 13,5.13; 15,22f.40; 18,1f.5.17.23; 19,22.29; 20,4; 27,2
– Prozeß 21,27–36; 24,1–23; 25,6–12; 28,17–31
– Paulusbild des Lukas 9,26–30; 13,5.9; 14,1–7; 20,17–38; 26,15–17
– Verhältnis zu Selbstaussagen Einleitung 2.3; 9,1–22.23–25.26–30; 13,5.13; 14,22f.; 13,38f.; 17,2; 18,16
– Paulus und Jesus 21,13; 22,30–23,10; 25,32–26,23
Paulusbriefe Exkurs zu 17,34; 16,22f.; 17,2; 18,1–17; 18,5.7.18.24–28; 19,1–7.22; 20,2f.17–38.33f.
Petrus 1,15; 3,1; 4,8; 5,1ff.; 5,29; 9,32–35.36–43; 10,1–48; 12,3–17.17; 15,2.7
Pfingstereignis 2,1–13
Pharisäer 4,2.5f.; 5,17; 15,5; 23,6f.9; 26,7f.
Philippi 16,14; 20,2.5f.
Philippus 6,5; 8,5; 21,8f.
Philosophenschulen 17,18.27f.
Phrygien 18,23; 19,1
Politarchen 17,6f.
Polytheismus → Götter, Götzendienst
Porcius Festus 24,27; 25,1; 26,24.32
Priszilla 18,1f.18.26
Prophetie, Propheten
– alttestamentliche 2,4.17–21; 3,22–24; 7,39.52f.; 8,28.32ff.; 13,27f.; 25,15f.17
– christliche 11,27; 13,1; 15,32f.; 21,8f.11
Prozeß Jesu 4,26f.; 25,23–26,32
Pneumatiker 8,5.29.39; 21,8f.

Q

Qumran → Essener
Quellen 9,1–22.32–43; 13,1–3.6–12.13f. 43–45.49–52; 20,2–6.14–16; 21,1–17. 27–36

R

Rechtfertigung 10,43; 13,38f.; 15,10; 17,30
Reden
– Jakobus 15,13–20
– Paulus 13,15–41; 14,15–17; 17,22–31; 20,18ff.; 21,1ff.; 22,1–21; 24,10–21; 26,2–23; 27,21f.
– Petrus 2,14–41; 3,12–26; 4,8–12; 5, 29–32; 10,34ff.; 11,5–17; 13,16–41; 15,7
– Stephanus 7,2–53
– Tertullus 24,2–8
Reich Gottes 1,3; 8,12; 14,22; 18,12; 19, 8f.; 20,25; 28,23.31
Reinheitsgebote (→ Speisegebote) 10,14f.; 15,22; 21,22–24
Rom 1,6–8; 19,21; 23,11; 27,23f.; 28,14. 16.17–31
Retter 5,30–32; 13,23

S

Sabbat 1,12; 13,14.44; 15,21; 16,13; 17, 1; 18,4; 20,7
Sadduzäer 4,1f.; 5,1.7; 23,6; 25,1; 26,23
Säulen, die drei 15,1–33
Samaria, Samarien, Samaritaner 1,8; 8,1. 5.9.14.25; 9,31; 15,3
Samaritanermission 8,25
Sammelnotizen (Summarien) 1,13; 2,42–47; 4,32–35; 5,12–16.42; 9,31; 15,35; 19,20
Schöpfung, Schöpfer 14,14f.; 17,23–27
Schrift
– beweis 1,16.20; 2,16.25–28; 3,13.21f. 32–39; 4,11; 10,43; 15,15–17; 17,3. 11; 18,28; 28,23
– verständnis 2,25ff.33f.; 4,25.27ff.; 7, 47; 8,30–35; 13,33.36
– Typologese 2,1; 3,22; 7,17–43; 13,22
Schuld (der Juden) 2,37; 3,13.17; 18,6
Septuaginta (LXX) 4,24; 5,19; 7,14ff.; 8, 32 f.; 28,26f.
Sieben, die → Hellenisten 6,1–7; 6,5
Sikarier (→ Judas der Galiläer → Zeloten) 21,38; 23,12–15
Silas (→ Paulusmitarbeiter) 15,22f.40; 17, 14f.; 18,5
Simon Magus (→ Magie) Exkurs zu 8,25; 8,9f.18f.
Sohn Gottes → Gottessohn
Sonntagsfeier 19,9; 20,7
Speisegebote 10,14f.; 15,22
Statthalter 8,40; 13,7; 18,12; 19,12ff.; 19,35ff.; 23,34f.

Steinigung 7,57f.; 14,19f.
Stephanus 6.5.8; 7,55; 8,2; 11,19; 22,20
Sühntod 8,32; 20,35
Sühnopfer 13,27
Synedrium 4,1–22; 4,5f.; 5,21; 6,12ff.; 7,2; 22,4.30; 24,1.20f.; 25,15
Synagoge 6,9; 9.2.20; 13.5.14f.; 14,1; 15,21; 16,13; 17,1.10.17; 18,4.7.17; 19,8f,22,19; 24,12; 26,11
Synkretismus 8,10; 11,19–26; 13,4ff.12; 19,1–7.11–20

T

Taufe
– allgemein Exkurs zu 2,38; 18,25; 19,2f.
– und Heiliger Geist 2,38; 8,17; 10,45f.; 19,2
– Bußtaufe 2,38; 13,24; 18,25; 19,4f.
– eines „Hauses" 16,5.33; 18,8
– Taufhindernis 8,36; 9,18; 10,47
Taufsekte, -bewegung 13,24f.; 18,25; 19, 3
Tarsus 9,30
Tempel (Jerusalem) 2,1.46; 3,2.11; 5,12f.; 6,14; 7,44.48ff.; 21,18–31
Tertullus 24,1f.2
Thessalonich 17,1; 20,4
Timotheus 16,1; 17,14f.; 18,5; 19,22; 20, 4
Theophanie (→Gotteserscheinung)2,2; 9,37; 26,15f.
Titus 18,23; 20,2;
Traum 16,9; 18,9
Troas 16,8; 20,2.6

U

Umkehr 2,19.38.40; 3,18f.; 4,11; 5,31; 8,22; 10,42; 13,11.38
Unterhalt, Unterhaltsverzicht 18,3–5; 20, 33f.

V

Verfolgung 3,1ff.; 5,33; 8,1–3; 9,1f. 23ff.; 12,1–22; 14,5.19f.; 17,6f.9; 18, 12
Verheißung 1,4f.; 2,21.39; 3,13.18; 7,5; 13,24f.27; 20,3; 26,2–23.22f.
Verhörszenen 4,1–22; 5,27–40; 6,12–15; 16,20–22 (→ Paulus, Prozeß)
Vierzig Tage 1,3; 13,31
Volk Gottes → Gottesvolk

Völkerliste 2, 9–11
Via Egnatia 16, 11; 17, 1. 10–15
Vision → Gesichte

W

Weg, der (Selbstbezeichnung der Christen) 9, 1 f.; 18, 25; 19, 9. 23; 22, 4; 24, 14. 22
Wehen, messianische 2, 24; 11, 28; 14, 22
Westlicher Text 1, 14; 3, 11; 5, 1–34; 8, 36; 11, 28; 13, 8; 18, 7. 20; 19, 9. 29; 21, 15 f.; 24, 6–8; 28, 18
Wiederbringung aller 3, 21
Wiederkunft Christi → Parusieerwartung
Wir-Stücke 11, 28; 16, 10–17; 16, 16; 20, 5–15; 20, 6; 21, 1–18; 27, 1–44
Wirksamkeit Gottes 10, 44; 16, 9 f.; 18, 9 f.; 19, 11; 23, 11; 27, 23
Witwen, Witwenversorgung 6, 1; 9, 39
Wort
 – Gottes 4, 25. 31; 20, 32
 – Dienst am Wort 6, 2; 18, 5
 – Sprichworte 4, 32; 20, 35; 26, 14; 27, 34
 – Wortspiel 8, 29 f.; 13, 10
 – das „Wort" 4, 4; 8, 4; 10, 44; 11, 13; 17, 11
Wunder, Wundererzählungen 2, 43; 3, 1–10; 4, 30. 33; 5, 12. 19. 12–16; 6, 7; 9, 32–43; 12, 4–11; 13, 4–11; 14, 8–14; 14, 3; 16, 24–34; 19, 11 f.; 20, 7–12; 28, 1–10

Z

Zahlen 1, 3. 15; 13, 20; 19, 6
Zauberei → Magie
Zeichen 9, 8; 13, 11 (→ Wunder)
Zeloten 5, 36 f.; 23, 12–15
Zeugnis 1, 21; 2, 32; 3, 15. 17; 4, 8. 31; 5, 30–32; 26, 22 f.
Zeugen 1, 1 f.; 2, 32; 4, 20; 13, 31; 19, 11; 20, 20. 27; 22, 20
Zilizien 9, 23–25; 15, 24
Zungenrede 2, 4; 8, 17; 10, 46; 19, 6
Zypern 11, 19; 13, 4
Zwölf, die (→ Apostel) Exkurs zu 1, 25

Verzeichnis der Abkürzungen

Allgemeine Vorbemerkung. Die Schreibweise biblischer Orts- und Eigennamen folgt dem Ökumenischen Verzeichnis der biblischen Eigennamen nach den Loccumer Richtlinien.

Abkürzungen und Reihenfolge der neutestamentlichen Schriften im Gesamtwerk

Mk	Joh	1. Kor	Eph	1. Thess	1. Tim	Hebr	2. Petr	3. Joh
Mt	Apg	2. Kor	Phil	2. Thess	2. Tim	Jak	1. Joh	Jud
Lk	Röm	Gal	Kol	Phlm	Tit	1. Petr	2. Joh	Offb

Q = (hypothetisch erschlossene) Redenquelle in Mt und Lk.

Altes Testament (einschließlich Apokryphen)

Am	=	Amos
1., 2. Chron	=	1., 2. Buch der Chronik
Dan	=	Daniel
Esr	=	Esra
Ez	=	Ezechiel
Hab	=	Habakuk
Hos	=	Hosea
Ijob	=	Ijob(Hiob)buch
Jer	=	Jeremia
Jes	=	Jesaja
Jon	=	Jona
Jos	=	Josua
1., 2. Kön	=	1., 2. Buch der Könige
1., 2. Makk	=	1., 2. Buch der Makkabäer
Mi	=	Micha
Nah	=	Nahum
Neh	=	Nehemia
Ps	=	Psalmen
Ri	=	Buch der Richter
1., 2. Sam	=	1., 2. Buch Samuel
Sach	=	Sacharja
Sir	=	Buch Jesus Sirach
Spr	=	Buch der Sprüche
Tob	=	Buch Tobit

Jüdisches Schrifttum 2./1. Jh. v. Chr.

aethHen	=	Äthiopisches Henochbuch
CD	=	Damaskusschrift (Qumran)
Jub	=	Buch der Jubiläen
LXX	=	Septuaginta (griech. Übersetzung des Alten Testamentes)
3., 4. Makk	=	3., 4. Buch der Makkabäer

Or Sib	= Sibyllinische Orakel (jüd., christl. überarbeitete Propagandaschrift)
1QH	= Hymnenrolle (Hodajot) aus Qumran
1QM	= Kriegsrolle aus Qumran
1QS	= Sektenregel aus Qumran
4Q flor	= Florilegium aus Qumran
4Q test	= Testimonien-Sammlung aus Qumran
Test Gad	= Testament des Gad
Test Jos	= Testament des Josef

Jüdisches Schrifttum 1./2. Jh. n. Chr. und später

Aboth	= Aboth (Traktat aus Mischna/Talmud)
Ass Mos	= Assumptio Mosis (Himmelfahrt des Mose), Apokalypse (Anfang 1. Jh.)
Chag	= Chagiga (Traktat aus Mischna/Talmud)
4. Esr	= Esraapokalypse (Ende 1. Jh.)
Jos ant	= Josephus, Antiquitates Judaicae (Jüdische Altertümer) (Ende 1. Jh., Rom)
Jos bell	= Josephus, Bellum Judaicum (Jüdischer Krieg) (Ende 1. Jh., Rom)
Jos vit	= Josephus, Vita (Autobiographie) (Ende 1. Jh., Rom)
Jos As	= Josef und Asenet (hell.-jüd. Bekehrungsroman, frühes 1. Jh., Alexandria)
Lev R	= Leviticus Rabba (Auslegungsmidrasch zum 3. Mosebuch)
Phil migr Abr	= Philo von Alexandria (ca. 20 v. Chr.–50 n. Chr.), De migratione Abrahami
Phil spec leg	= Philo von Alexandria, De specialibus legibus
Phil Mos	= Philo von Alexandria, De vita Mosis
Ps Phil	= Pseudo-Philo
Sanh	= Sanhedrin (Traktat aus Mischna/Talmud)
Sch^{e}b	= Sch^{e}buot (Traktat aus Mischna/Talmud)
Schab	= Schabbat (Traktat aus Mischna/Talmud)
Th	= Theodotion (von der LXX abweichende Übersetzung des AT, 2. Jh.)

Nichtchristliches griechisches und römisches Schrifttum

App Samn	= Appian (röm. Historiker, 2. Jh. n. Chr.), Samnitica
Arat phain	= Aratus (geb. ca. 305 v. Chr., griech. Dichter), Phaenomena
Arist eth Nic	= Aristoteles (384–322 v. Chr., griech. Philosoph), Ethica Nicomachea
Aristob fr	= Aristobul, Fragmente
Athen	= Athenäus
Di Prus or	= Dion von Prusa (ca. 40–120 n. Chr., Vertreter der sogen. zweiten Sophistik), Orationes
Emp fr	= Empedokles (ca. 495–435 v. Chr., griech. Philosoph), Fragmente
Epikt diss	= Epiktet (ca. 50–130 n. Chr., Hauptvertreter der jüngeren Stoa), Dissertationes
Eurip Bacch	= Euripides (480–406 v. Chr., griech. Tragiker), Bakchen
Klean fr	= Kleanthes, Fragmente
Lukian sacr	= Lukian (ca. 120–180 n. Chr., griech. Schriftsteller) De Sacrificibus
Max Ty	= Maximus von Tyrus, Sophist und philosoph. Wanderredner, wirkte Ende 2. Jh. n. Chr. in Rom
Ov met	= Publius Ovidius Naso (43 v.–ca. 18 n. Chr., röm. Dichter), Metamorphosen
PGM	= Papyri Graecae Magicae (Griechische Zauberpapyri)
Plat apol	= Plato (428–348 v. Chr., athenischer Philosoph), Apologie des Sokrates
Plat Gorg	= Plato, Gorgias
Plat leg	= Plato, Leges (Gesetze)
Plat Tim	= Plato, Timaios
Plin epist	= Plinius der Jüngere (ca. 61–112 n. Chr., röm. Rhetor und Staatsmann), Episteln

Plut mor	=	Plutarch (ca. 50–120 n.Chr., röm. Geschichtsschreiber), Moralia
Pol	=	Polybius (ca. 200–120 v. Chr., griech. Historiker)
Sen epist	=	Lucius Annaeus Seneca (4 v.–65 n.Chr., röm. Philosoph, Politiker und Dichter), Epistulae
Strab	=	Strabon (ca. 63 v.–19 n.Chr., griech. Geograph)
Suet Cl	=	Cajus Suetonius Tranquillus (ca. 75–150 n.Chr., Historiker und Verfasser von Kaiserbiographien), Vita Claudii
Tac an	=	Cornelius Tacitus (röm. Geschichtsschreiber, Ende 1. Jh. n.Chr.), Annalen
Verg Aen	=	Publius Vergilius Maro (70–19 v.Chr., röm. Dichter), Aeneis
Xen hell	=	Xenophon (430–354 v.Chr., athen. Schriftsteller), Hellenica
Xen mem	=	Xenophon, Memorabilia (Denkwürdigkeiten)

Christliches Schrifttum 1./2. Jh. n.Chr. und später

Chrys hom Ac	=	Johannes Chrysostomus (354–407 n.Chr., Bischof von Konstantinopel), In Acta Apostolorum Homilia
Did	=	Didache (Kirchenordnung, Ende 1. Jh., Syrien)
Eus KG	=	Eusebius (ca. 263–339, Bischof von Cäsarea), Kirchengeschichte
Eus pr ev	=	Eusebius, Praeparatio Evangelica
Hebr Ev	=	Hebräerevangelium
Herm sim	=	Hirt des Hermas (Apokalypse, 1. Hälfte 2. Jh., Rom), Similitudines
Herm vis	=	Hirt des Hermas, Visiones
Hier Tit	=	Hieronymus (ca. 347–420 n.Chr., bedeutender Bibelübersetzer und -ausleger), Ad Titum
Hipp trad	=	Hippolytus (ca. 160–235), Traditio Apostolica
Iren adv haer	=	Irenäus, Bischof von Lyon († ca. 202 n.Chr.), Adversus Haereses
Ign Eph	=	Ignatius, Bischof von Antiochia (Märtyrertod in Rom ca. 110), Brief an die Epheser
Ign Mag	=	Ignatius von Antiochia, Brief an die Magnesier
Ign Röm	=	Ignatius von Antiochia, Brief an die Römer
Just apol	=	Justinus Martyr († ca. 165 n.Chr.), Apologie
Just dial	=	Justinus Martyr, Dialoge mit Tryphon
Ker Petr	=	Kerygmata Petrou
1. Kl	=	1. Klemensbrief (ca. 96 n.Chr., Rom)
2. Kl	=	2. Klemensbrief (Mitte 2. Jh.)
mart Pol	=	Martyrium des Polykarp
Pap fr	=	Papias von Hierapolis, Fragmente
Petr Ev	=	Petrusevangelium (Mitte 2. Jh.?)
Pol Phil	=	Polykarp, Bischof von Smyrna (Märtyrertod ca. 155), Briefe an die Philipper

Moderne Quellensammlungen und Textausgaben

Bill	=	(H.L. Strack-) P. Billerbeck, Kommentar zum Neuen Testament aus Talmud und Midrasch, I–IV, 1922–1961
Hennecke-Schneemelcher	=	E. Hennecke, Neutestamentliche Apokryphen in deutscher Übersetzung, hrsg. v. W. Schneemelcher, I, 1959, II, 1964.

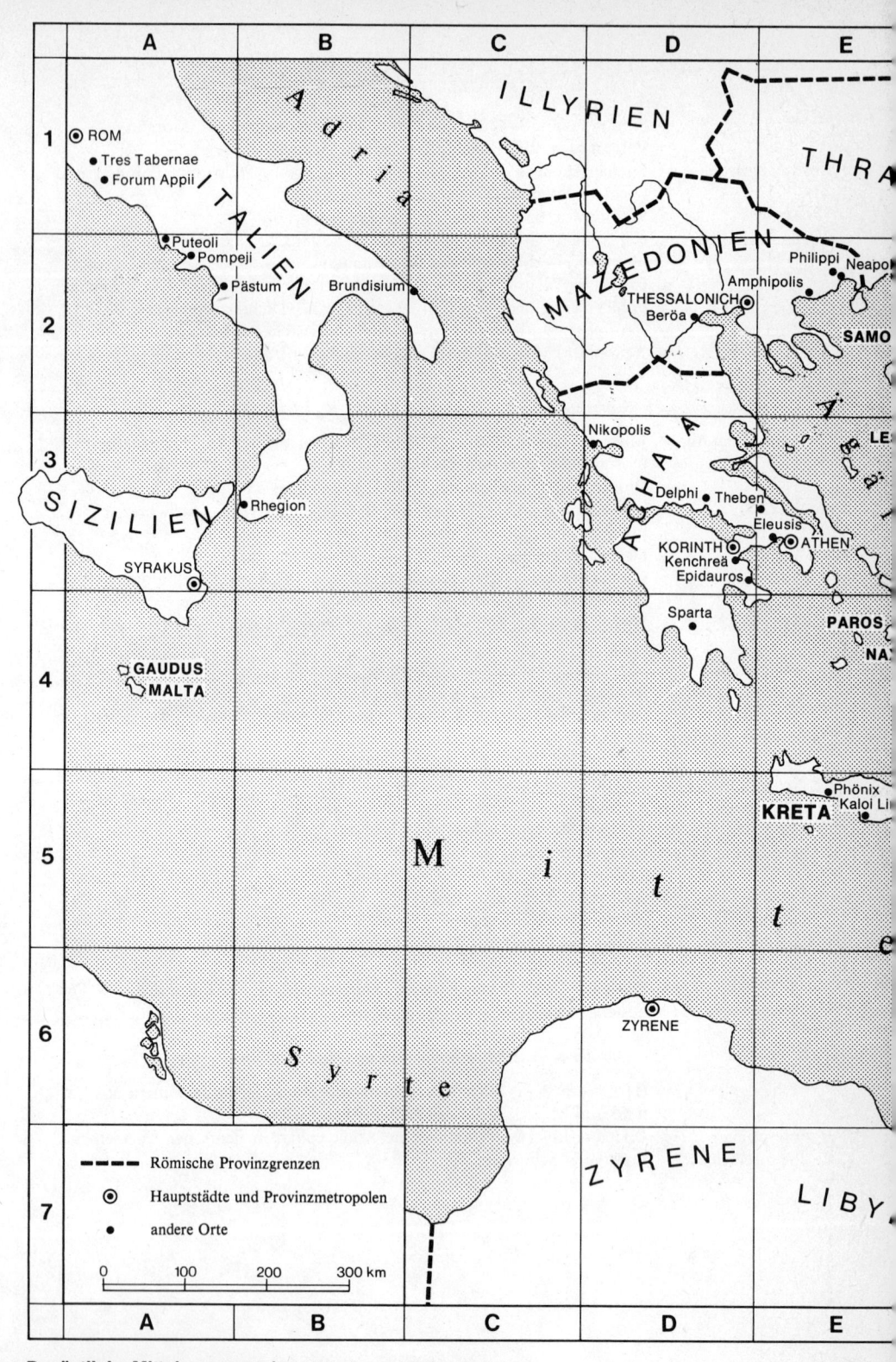

Der östliche Mittelmeerraum in neutestamentlicher Zeit.

Karte: Jürgen Roloff. Zeichnung: Theodor Schwarz. Aus: Reclams Bibellexikon. Hrsg. von Klaus Koch, Eckart Otto, Jürgen Roloff und Hans Schmoldt. Stuttgart: Reclam, 1978.

F
G
H
I
J
1
2
3
4
5
6
7
Schwarzes Meer
BITHYNIEN
BYZANZ
NIKOMEDIA
GALATIEN
AMASEIA
PONTUS
Halys
Sangatios
ANKYRA
GALATIEN
MYSIEN
Troas
Assos
Adramyttium
ASIEN
PERGAMON
Thyatira
Magnesia
Hermos
PHRYGIEN
Tatta-See
LYKAONIEN
CÄSAREA
KAPPADOZIEN
Pytamos
Mäander
Philadelphia
Smyrna
Sardes
LYDIEN
Hierapolis
Antiochia
Ikonion
EPHESUS
Tralles
Magnesia
Laodizea
Kolossä
Lystra
Derbe
ZILIZIEN
Kydnos
Saros
Milet
PATMOS
KOS
Halikarnassos
LYZIEN
PAMPHYLIEN
Perge
ATTALIA
TARSUS
Issos
ANTIOCHIA
Seleuzia
Orontes
Patara
Myra
Rhodos
Lindos
RHODOS
SYRIEN
Salamis
Paphos
ZYPERN
Byblos
DAMASKUS
Tyrus
Mittelmeer
Ptolemais
Tiberias
CÄSAREA
Pella
Sebaste
Gerasa
Jafo
Jordan
Lydda
JUDÄA
NABATÄA
JERUSALEM
Gaza
ALEXANDRIA
ARABIEN
Petra
ÄGYPTEN
Nil

Orteverzeichnis zur Karte

Adramyttium F 2
Alexandria G 7
Amaseia I 2
Amphipolis E 2
Ankyra H 2
Antiochia (Pisidien) H 3
Antiochia (Syrien) J 4
Assos F 2
Athen E 3
Attalia H 4

Beröa D 2
Brundisium C 2
Byblos J 5
Byzanz G 2

Cäsarea (Kappadozien) I 3
Cäsarea am Meer I 6
Chios F 3

Damaskus J 5
Delphi D 3
Derbe I 3

Eleusius E 3
Ephesus F 3
Epidauros D 3

Forum Appii A 1

Gaudus A 4
Gaza I 6
Gerasa J 6

Halikarnassos F 4
Halys I 1–3/J 2
Hermos F/G 3
Hierapolis G 3

Ikonion H 3
Issos J 4

Jerusalem J 6
Joppe (Jafo) I 6
Jordan J 5–6

Kaloi Limenes E 5
Kap Salmone F 5
Kenchreä D 3
Kolossä G 3
Korinth D 3
Kos F 4
Kreta E/F 4–5
Kydnos I 3–4

Laodizea G 3
Lesbos F 3
Lindos F 4
Lydda I 6
Lystra H 3

Mäander F/G 3
Magnesia F 3
Malta A 4
Milet F 3
Myra G 4

Naxos E 4
Neapolis E 2
Nikomedia G 2
Nikopolis D 3

Orontes J 4–5

Paphos H 5
Pästum A 2
Patara G 4
Patmos F 4
Paros E 4

Pella J 6
Pergamon F 3
Perge H 4
Petra J 7
Philadelphia G 3
Philippi E 2
Phönix E 5
Pompeji A 2
Ptolemais I 6
Puteoli A 2
Pytamos I 4/J 3–4

Rhegion B 3
Rhodos F 4/G 4
Rom A 1

Salamis I 4/5
Samothrake E 2
Sangatios G/H 2–3
Sardes F 3
Saros I 3–4
Sebaste J 6
Seleuzia J 4
Smyrna F 3
Sparta D 4
Syrakus A 3

Tarsus I 4
Tatta-See I 3
Theben E 3
Thessalonich D 2
Thyatira F 3
Tiberias J 6
Tralles F 3
Tres Tabernae A 1
Troas F 2
Tyrus J 5

Zypern H/I 4–5
Zyrene D 6

Inhalt

Einführung	1
Prolog: Die Weisung des Auferstandenen 1,1–26	16
Teil I: Die Anfangszeit in Jerusalem 2,1–5,42	37
Teil II: Das erste Stadium der Ausbreitung der Kirche 6,1–9,31	106
Teil III: Antiochia und die Anfänge des Heidenchristentums 9,32–15,35	158
Teil IV: Die Mission des Paulus in Kleinasien und Griechenland 15,36–19,20	235
Teil V: Paulus als Zeuge des Evangeliums in Jerusalem und Rom 19,21–28,1	287
Namen- und Sachweiser	377
Verzeichnis der Abkürzungen	383
Karte	386
Ortsverzeichnis zur Karte	388

Verzeichnis der thematischen Ausführungen (Exkurse)

Jesu Himmelfahrt	25
Die „Zwölf" – die Apostel – die „zwölf Apostel"	34
Die Reden der Apostelgeschichte	49
Die Bezeichnung Jesu als „Herr" (kyrios)	54
Ursprung und Bedeutung der christlichen Taufe	61
Die urchristliche Gütergemeinschaft – Ideal und geschichtliche Wirklichkeit	89
Simon Magus	137
Die erste Missionsreise	194
Apg 15,1–34 und der Bericht des Paulus (Gal 2,1–10)	225
Der westliche Text von 15,1–34	228
Die Epoche der großen paulinischen Mission und ihre Darstellung durch Lukas	237
Die Areopagrede und Paulus	267
Gallio und die Chronologie des Urchristentums	272
Der Schlußteil der Apostelgeschichte	288

DAS NEUE TESTAMENT DEUTSCH

Herausgegeben von Gerhard Friedrich und Peter Stuhlmacher

1. **Eduard Schweizer · Das Evangelium nach Markus**
   15., neubearb. Auflage (87. Tsd.) (5. Aufl. dieser Bearbeitung). 227 Seiten, kartoniert

2. **Eduard Schweizer · Das Evangelium nach Matthäus**
   15., durchges. Auflage (88. Tsd.) (3. Aufl. dieser Bearbeitung). 374 Seiten, kartoniert

3. **Karl Heinrich Rengstorf · Das Evangelium nach Lukas**
   17. Auflage (74. Tsd.), 298 Seiten, kartoniert

4. **Siegfried Schulz · Das Evangelium nach Johannes**
   14., verbess. Aufl. (78. Tsd.) (3. Aufl. dieser Bearbeitung). 268 Seiten, kartoniert

5. **Jürgen Roloff · Die Apostelgeschichte**
   17., völlig neu bearb. Aufl. (1. Aufl. dieser neuen Fassung). 389 Seiten, kartoniert
   Weiterhin lieferbar: Gustav Stählin. Die Apostelgeschichte. 16. Aufl.

6. **Paul Althaus · Der Brief an die Römer**
   13. Auflage (65. Tsd.). 164 Seiten, kartoniert

7. **Heinz-D. Wendland · Die Briefe an die Korinther**
   15. Auflage (64. Tsd.). 274 Seiten, kartoniert

8. **Jürgen Becker / Hans Conzelmann / Gerhard Friedrich**
   Die Briefe an die Galater, Epheser, Philipper, Kolosser, Thessalonicher und Philemon
   15., durchges. u. erg. Auflage (66. Tsd.) (2. Aufl. dieser Bearbeitung). 299 Seiten, kartoniert

9. **Joachim Jeremias / August Strobel**
   Die Briefe an Timotheus und Titus · Der Brief an die Hebräer
   11., neubearb. Auflage (56. Tsd.). 269 Seiten, kartoniert

10. **H. R. Balz / Wolfgang Schrage · Die „Katholischen" Briefe**
    Die Briefe des Jakobus, Petrus, Judas, Johannes
    12., durchges. u. überarb. Auflage (62. Tsd.) (2. Aufl. dieser Bearbeitung). 245 Seiten, kartoniert

11. **Eduard Lohse · Die Offenbarung des Johannes**
    12., durchges. Aufl. (64. Tsd.) (5., durchges. Auflage dieser Bearbeitung). 129 Seiten, kartoniert

Das Werk ist auch in vier Leinenbänden erhältlich.

Vandenhoeck & Ruprecht in Göttingen und Zürich

Jürgen Roloff

Das Kerygma und der irdische Jesus

Historische Motive in den Jesus-Erzählungen der Evangelien. 2. Auflage. 289 Seiten, kartoniert

„Diese Arbeit will zeigen, daß historisierende Motive bei der Entstehung und Weitergabe der Jesusgeschichten schon im vorliterarischen Stadium eine wichtige Rolle spielten, daß gerade sie oft die primären und durch alle Stufen der Tradition durchgehaltenen Motive der Evangelienschreibung waren."   *Theologische Revue*

Leonhard Goppelt

Theologie des Neuen Testaments

Hrsg. von Jürgen Roloff. 3. Auflage. 669 Seiten, Kunststoff (UTB 850). Gebundene Ausgabe in großem Format

„Im Blick auf die bemerkenswerte Tatsache intensiver Erforschung und Exegese des Neuen Testaments gerade durch jüdische Gelehrte in unserer Zeit darf hier angemerkt werden, wie wohl es Christen ansteht, das Verständnis ihres Jesusbildes zu überprüfen und zu vertiefen. Insbesondere auch zu solcher Arbeit finden wir Wesentlichstes im ersten Teil des vorliegenden Buches: „Jesu Wirken in seiner theologischen Bedeutung". Der zweite Teil, „Vielfalt und Einheit des apostolischen Christuszeugnisses", befaßt sich mit den Haupttendenzen der Urgemeinde, der paulinischen Theologie und der der nachpaulinischen Zeugnisse. Abschließend wird die Struktur der johanneischen Theologie aufgezeigt.
Ein auch für den theologischen Laien erfreulich gut lesbares Lehrbuch. Darüber hinaus leistet das Buch in seiner gründlichen Wissenschaftlichkeit dem Religionspädagogen eine gute Vorbereitungshilfe. Nicht zuletzt kann es Lesern empfohlen werden, die sich mit der formgeschichtlich bestimmten Darstellung kritisch auseinandersetzen wollen. An kritischer Betrachtung war dem Autor selbst gelegen. Deshalb bietet er in seinem zugleich problemorientierten Buch dem Leser Einblick in die Forschung und damit eine gute Grundlage für die eigene Urteilsbildung."   *Die Realschule*

„Obwohl für Goppelt die neutestamentliche Theologie nicht an die Stelle der systematischen Theologie tritt, deutet er an wichtigen Punkten die Bedeutung jener für diese an. Das ist eine wichtige Bereicherung des Buches."   *Theologische Literaturzeitung*

Vandenhoeck & Ruprecht in Göttingen und Zürich